Rechtsvergleichung und Rechtsvereinheitlichung

Herausgegeben von der
Gesellschaft für Rechtsvergleichung e.V.

49

Christoph Fischer

Weisungsrechte am Beispiel des Transportvertrages im deutschen, englischen und französischen Recht

Mohr Siebeck

Christoph Fischer, geboren 1984; Studium der Rechtswissenschaften und des Wirtschaftsrechts (LL.B.) an der Universität Osnabrück; Master-Studium (LL.M.), Université Paris I Panthéon-Sorbonne; Master-Studium (M.Jur.), University of Oxford; 2016 Promotion; Rechtsanwalt; seit 2017 Notarassessor, Hamburg.

ISBN 978-3-16-155160-4
ISSN 1861-5449 (Rechtsvergleichung und Rechtsvereinheitlichung)

Die Deutsche Nationalbibliothek verzeichnet diese Publikation in der Deutschen Nationalbibliographie; detaillierte bibliographische Daten sind im Internet über *http://dnb.dnb.de* abrufbar.

© 2017 Mohr Siebeck Tübingen. www.mohr.de

Das Buch wurde von Gulde Druck in Tübingen gesetzt, auf alterungsbeständiges Werkdruckpapier gedruckt und gebunden.

Vorwort

Die vorliegende Arbeit wurde im Wintersemester 2016/2017 von der Juristischen Fakultät der Universität Bayreuth als Dissertation angenommen. Das Manuskript wurde im Wesentlichen im Februar 2013 abgeschlossen. Für die Drucklegung wurden einige Hinweise auf zwischenzeitliche Rechtsänderungen aufgenommen und die verarbeitete Literatur weitestgehend aktualisiert.

Mein besonderer Dank gilt meinem verehrten Doktorvater, Herrn Prof. Dr. Martin Schmidt-Kessel, der meinen akademischen Lebensweg während meiner Mitarbeit an seinem Lehrstuhl und darüber hinaus entscheidend geprägt hat. Er hat mich und die Entstehung dieser Arbeit durch seinen Rat, seine fortdauernde Unterstützung sowie seine Offenheit und Diskussionsbereitschaft auf eine Weise gefördert und begleitet, die persönlich wie wissenschaftlich vorbildlicher und gewinnbringender nicht hätte sein können.

Ich danke außerdem Herrn Prof. Dr. Michael Grünberger für die Erstellung des Zweitgutachtens und seine wertvollen Anregungen.

Der Konrad-Adenauer-Stiftung danke ich für die großzügige Förderung der Arbeit durch ein Promotionsstipendium.

Mein tiefempfundener Dank gilt meiner Mutter Karin Fischer für die uneingeschränkte Unterstützung und Ermutigung während meiner gesamten Ausbildung und die mühevolle Arbeit des Korrekturlesens. Meiner Frau Lucie Fischer danke ich von Herzen für das Verständnis, den Rückhalt und die stete Motivation. Ihnen ist diese Arbeit gewidmet.

Hamburg, den 7. Mai 2017   Christoph Fischer

Inhaltsübersicht

Inhaltsverzeichnis IX

§ 1 Einleitung 1

Erster Hauptteil: Weisungsrechte im Gesamtsystem 13

§ 2 Weisungsrechte und allgemeines Vertragsrecht 13
§ 3 Allgemeine Ansätze zur rechtlichen Erfassung von
Weisungsrechten 70
§ 4 Weisungsrechte neben dem transportvertraglichen Weisungsrecht 123
§ 5 Zusammenfassung zum ersten Hauptteil 154

Zweiter Hauptteil: Das transportrechtliche Weisungsrecht . . . 161

§ 6 Allgemeine Fragen des transportrechtlichen Weisungsrechts . . . 161
§ 7 Die Ausgestaltung des transportvertraglichen Weisungsrechts
im Einzelnen 198
§ 8 Zusammenfassung zum zweiten Hauptteil 292

Dritter Hauptteil: Der Versuch einer allgemeinen Lehre
vom Weisungsrecht 297

§ 9 Verallgemeinerungsfähige Lösungsansätze 297

Zusammenfassung 329

Literaturverzeichnis 341

Sachverzeichnis 355

Inhaltsverzeichnis

Inhaltsübersicht VII
Abkürzungsverzeichnis XVII

§ 1 Einleitung 1
   I. Überblick über das Thema 1
   II. Das Transportrecht als Referenzgebiet 6
   III. Weisungen als einseitige Einwirkungsmöglichkeiten auf den
       Vertrag 7
   IV. Gang der Arbeit 9

Erster Hauptteil: Weisungsrechte im Gesamtsystem 13

§ 2 Weisungsrechte und allgemeines Vertragsrecht 13
   I. Weisungsrechte und die Bindung von Verträgen 14
      1. Die Bindungswirkung von Verträgen als zentrales Element
         der Vertragsrechtsordnung 16
      2. Die weitgehende Fokussierung der Theorien zur Erklärung
         der Bindungswirkung des Vertrages auf den Zeitpunkt des
         Vertragsschlusses 20
      3. Fehlende Eignung der Theorien zur Erfassung von
         Weisungrechten 24
      4. Versuch der Auflösung des Widerspruchs zwischen
         Vertragsbindung und Weisungsrechten 25
         a) Weisungsrechte zur Verwirklichung eines effektiven
           Selbstbestimmungsrechts 26
         b) Die Anforderungen des Grundsatzes der
           Bindungswirkung von Verträgen an die Ausgestaltung
           von Weisungsrechten 28
   II. Weisungsrechte und die Regeln über die Bestimmtheit von
      Verträgen 31
      1. Das französische Recht: Ausgangspunkt Art. 1129 CC (a. F.) . . 34
         a) Die Entwicklung der Anforderungen an die Bestimmtheit
           des Preises 35

aa) Die Rechtsprechung vor den Entscheidungen der
    Assemblée plénière vom 1. Dezember 1995   36
bb) Das *revirement* der *Assemblée plénière* vom
    1. Dezember 1995   38
b) Die Bestimmtheit der Vergütung bei der *louage d'ouvrage*,
    Art. 1710 CC   42
c) Der Bestimmtheitsgrundsatz für die
    vertragscharakteristische Leistung   45
  2. Die Bestimmtheit des Vertrages im deutschen Recht   49
  3. Das Erfordernis der *Certainty* im englischen Vertragsrecht . . .   50
III. Weisungsrechte als Unterfall des Gestaltungsrechts?   52
  1. Weite Verbreitung von Gestaltungsrechten im deutschen Recht .   53
  2. Schattendasein des *droit potestatif* im französischen Recht . . .   56
    a) Annäherung des *droit potestatif* an die *condition potestative*   59
    b) Übergang zu einer Ausübungskontrolle im Einzelfall anhand
      des Kriteriums des *abus*   63
  3. Beginnende Diskussion über *discretionary powers* im
    englischen Recht   67

§ 3 Allgemeine Ansätze zur rechtlichen Erfassung von
Weisungsrechten   70
  I. *Demogue's* Lehre vom *contrat d'aide*   71
  II. Art. 1794 CC bzw. § 649 BGB als Grundnorm des Weisungsrechts   78
    1. Der Regelungsgehalt von Art. 1794 CC und § 649 BGB   79
    2. Die Begründung der einseitigen, grundlosen
      Kündigungsmöglichkeit aus Sicht des Werkvertrages   83
      a) Die Interessenlage der Parteien   84
      aa) Das (besondere) Loslösungsinteresse des Werkbestellers   84
      bb) Das finanzielle Interesse des Werkunternehmers an der
         Vertragsdurchführung   85
      cc) Sonstige Interessen des Werkunternehmers an der
         Vertragsdurchführung   86
      b) Die Durchsetzung des allgemeinen schuldrechtlichen
        Prinzips, zur Annahme der Leistung nicht verpflichtet zu sein   89
    3. Der Modellcharakter des § 649 BGB für das gesamte
      Vertragsrecht   91
      a) *Peters'* Vorschlag zur weitreichenden Ausweitung von
        § 649 BGB   92
      b) Weitere Stimmen für eine Generalisierung von § 649 BGB .   94
      c) Kritische Analyse zum Vorschlag einer Verallgemeinerung des
        § 649 BGB   95
      d) Generelle Vertragsdurchführungspflicht nach *Weller*   100

    4. Die Rückführbarkeit von Weisungsrechten auf die Existenz
        eines freien Kündigungsrechts 103
        a) Der Erst-Recht-Schluss vom freien Kündigungsrecht auf
           Weisungsrechte 104
        b) Das wertungsmäßige Stufenverhältniss zwischen freien
           Kündigungsrechten und Weisungsrechten 105
        c) Der übertragbare Regelungsgehalt eines freien
           Kündigungsrechts für Weisungen 106
    5. Die Regelung des freien Kündigungsrechts bei *service contracts*
        im DCFR 108
    6. Die (irreführende) Betonung des Anspruchs auf die
        Durchführung des Vertrages im englischen Recht durch *White
        and Carter v. McGregor* 111
  III. Das einseitige Leistungsbestimmungsrecht nach § 315 BGB 116
    1. Ausdehnung des Anwendungsbereichs durch die Gerichte . . . 117
    2. Der Regelungsgehalt des § 315 BGB in Bezug auf Weisungen . 118
        a) Die Billigkeit in § 315 III BGB als Grenze von
           Weisungsrechten 119
        b) § 315 BGB als Grundlage auch für Weisungen, die
           Mehrarbeit auslösen 120
        c) Ausübung von Weisungsrechten als Gestaltungsrechte wie
           bei § 315 BGB 120
        d) Fehlende Vergütungsregeln in § 315 BGB 121
        e) Fehlende Grundlage für die Existenz von Weisungen 122

§ 4 Weisungsrechte neben dem transportvertraglichen Weisungsrecht 123
  I. Weisungsrecht beim Arbeitsvertrag 123
  II. Weisungsrechte im Rahmen selbstständig
     erbrachter Dienstleistungen 135
    1. Weisungsrecht beim Auftrag, dem *mandat* und der *agency* . . . 135
    2. Weisungsrecht beim Werkvertrag, dem *contrat d'entreprise*
       sowie dem *construction contract* 139
    3. Weisungsrecht bei *service contracts* im Rahmen des DCFR . . 147
  III. Weisungsrecht beim Kaufvertrag 151

§ 5 Zusammenfassung zum ersten Hauptteil 154

Zweiter Hauptteil: Das transportrechtliche Weisungsrecht . . . 161

§ 6 Allgemeine Fragen des transportrechtlichen Weisungsrechts . . . 161
  I. Übersicht über das transportrechtliche Weisungsrecht
     in den verschiedenen Rechtsordnungen 162
    1. Französisches Recht 162

2. Deutsches Recht 165
3. Englisches Recht 167
II. Konstruktion des transportrechtlichen Weisungsrechts 170
   1. Einseitige oder zweiseitige Vertragsänderung? 170
      a) Die Unschärfen des französischen Rechts 170
      b) Die leichte Tendenz des englischen Rechts zur einseitigen
         Einflussnahme auf den Vertrag 173
      c) Das vermeintliche Sonderproblem des englischen Rechts:
         Das Erfordernis der *consideration* 175
   2. Die Einordnung des transportrechtlichen Weisungsrechts
      als Gestaltungsrecht 178
   3. Rückführung des Weisungsrechts auf die Zugehörigkeit
      des Transportvertrages zu anderen Vertragstypen 179
      a) Der Transportvertrag als Unterfall des *mandat* 180
      b) Der Transportvertrag als Unterfall des Werkvertrages 181
   4. Fehlende Bezugnahme auf § 315 BGB im deutschen Recht . . . 183
   5. Der Sonderweg des englischen Rechts über das *bailment* 184
      a) Grundlagen des englischen *bailment* 184
      b) *Bailment* und der Transport von Gütern 188
      c) *Scothorn* als Ursprungsquelle der unsicheren Abgrenzung
         zwischen *bailment* und Vertrag als Grundlage des
         Weisungsrecht 189
      d) Weisungsrecht als *implied term*? 191
      e) Weisungsrecht allein auf sachenrechtlicher Grundlage 192
III. Rechtspolitische Begründung und zugleich Funktionen des
    transportrechtlichen Weisungsrechts 193
   1. Das Weisungsrecht als Flexibilisierungsinstrument der
      vertraglichen Beziehung 193
   2. Das Weisungsrecht als Sicherungsmittel 194

§ 7 Die Ausgestaltung des transportvertraglichen Weisungsrechts
    im Einzelnen 198
I. Inhaber des Weisungsrechts 198
   1. Kein Weisungsrecht seitens des Frachtführers 198
   2. Das Weisungsrecht des Absenders 199
   3. Empfänger 201
      a) Der Empfänger als regelmäßiger Inhaber des Weisungsrechts
         im englischen Recht 201
         aa) Eigentumsübergang einer Kaufsache bei
            Versendungskauf 203
         bb) Die Eigentumslage als Entscheidungskriterium für die
            Parteizugehörigkeit im Rahmen des Transportvertrages . 205

(1) *Privity of Contract* als ursprüngliche Grundregel im
englischen Recht 205
(2) Der Anknüpfungspunkt Eigentum für das Auffinden
des Klagebefugtem gegenüber dem Frachtführer . . . 208
(3) Ausnahmsweise: Parteistellung des Empfängers als
Nicht-Eigentümer auf Grund von Vertragsauslegung . 212
cc) Aufweichung der *ownership-rule* zugunsten einer starken
Vermutung bezogen auf den Empfänger als Vertragspartei 213
dd) Die Rolle des Absenders als *agent* für den Empfänger . . 219
ee) Ausnahmsweise Weisungsberechtigung des Absenders . 222
(1) Zwei-Personen-Verhältnis 222
(2) Drei-Personen-Verhältnis 223
(a) Der Absender ist der Eigentümer 223
(b) Parteistellung des Absenders auf Grund
vertraglicher Abrede 224
(c) Absender wird Vertragspartner, wenn er *bailee*
bzgl. des Transportgutes ist 225
ff) *Right of Stoppage in transit* 226
b) Der Übergang des Weisungsrechts auf den Empfänger im
französischen und deutschen Recht 229
aa) Französisches Recht 229
bb) Deutsches Recht 233
4. Die (fehlende) Bedeutung der Eigentumslage als
Zuordnungsinstrument für das Weisungsrecht in Frankreich
und Deutschland 235
5. Die Bedeutung von Transportpapieren als
Zuordnungsinstrument für das Weisungsrecht 237
a) Die Schutzfunktion von Transportpapieren für den
Frachtführer im Zusammenhang mit Weisungen 237
b) Die untergeordnete Rolle von Transportpapieren beim
(Straßen-)Landtransport im französischen und englischen
Recht 238
c) Ladeschein und Frachtbrief im deutschen Recht 239
d) Die große Bedeutung von Transportpapieren im
Seehandelsrecht 243
II. Grenzen des Weisungsrechts 250
1. Allgemeine Grenze des transportvertraglichen Weisungsrechts 251
a) Deutsches Recht 251
b) Französisches Recht 256
c) Englisches Recht 258
d) Sonderfälle: Unmöglichkeit und gesetzliche Verbote 259

2. Der Schutz der typischen Interessen des Frachtführers im
Rahmen von Transportverträgen 262
   a) Deutsches Recht 262
      aa) Nachteile für den Betrieb des Unternehmens des
         Frachtführers 262
      bb) Schäden für die Absender oder Empfänger anderer
         Sendungen 266
      cc) § 418 III HGB 268
      dd) Der Umgang mit unzulässigen Weisungen seitens des
         Frachtführers 269
   b) Französisches Recht 271
   c) Englisches Recht 272
      aa) Die Güter müssen während des Transports ohne
         unverhältnismäßigen Aufwand zugänglich sein 272
      bb) Weitere Grenzen nach *Cashmore* 273
3. Auffangtatbestand in Form von billigem Ermessen, *abus,
   reasonableness?* 274
III. Die Auswirkungen der Ausübung des Weisungsrechts auf den
Vergütungsanspruch 275
   1. Deutschland 275
      a) Aufwendungsersatz 275
      b) Vergütung 277
      c) Zwei Entscheidungen zur Verteilung des Kostenrisikos
         zwischen Weisungsberechtigtem und Frachtführer 279
   2. Frankreich 283
   3. England 285
      a) Anspruch auf Bezahlung der gesamten Fracht trotz
         weisungsbedingter Verringerung der Transportstrecke . . . 285
      b) Automatische Anpassung der Vergütung bei Mehrarbeit
         durch *implied contract* 286
      c) Die zusätzliche Vergütung muss *reasonable* sein 287
      d) Der Vergütungsanspruch des Frachtführers bei
         weisungsbedingt mehreren Empfängern 288
IV. Haftungsfragen 289
   1. Haftung des Frachtführers für die Nichtbefolgung rechtmäßiger
      Weisungen 289
   2. Haftung des Frachtführers für die Befolgung unzulässiger
      Weisungen 290

§ 8 Zusammenfassung zum zweiten Hauptteil 292

Dritter Hauptteil: Der Versuch einer allgemeinen Lehre vom Weisungsrecht 297

§ 9 Verallgemeinerungsfähige Lösungsansätze 297
  I. Weisungsrechte als (neuer) Regelfall ? 298
    1. Die (bislang unterschätze) Funktion von Weisungsrechten in
       Form der Flexibilisierung von Verträgen 298
       a) Das besondere Bedürfnis nach Flexibilität in Verträgen,
          bei denen die Erfüllung einen gewissen Zeitraum in
          Anspruch nimmt 299
       b) Die Komplexität des Vertragsgegenstandes als zusätzlicher
          Grund für ein Flexibilisierungsinteresse 299
       c) Volkswirtschaftliche Überlegungen 300
    2. Ausdehnung von Weisungsrechten auf welche Vertragstypen? . 301
       a) Die Unschärfen des Begriffs des Dienstleistungsvertrages . . 301
       b) Die zeitliche Streckung des Vertrages als allein nicht
          hinreichendes Abgrenzungsmerkmal 302
       c) Die fremdnützige Tätigkeit im Rahmen von
          „Tätigkeitsverträgen" als Auslöser für Weisungsrechte . . . 304
    3. Auswirkungen von Weisungsrechten auf das Vertragsgefüge . . 306
       a) Rechtsunsicherheit durch zu viel Flexibilität 306
       b) Missbrauchspotential insbesondere in nicht funktionierenden
          Märkten 307
       c) Vorteil für den Schuldner der vertragscharakteristischen
          Tätigkeit: Weniger Kündigungen auf Grund des
          Weisungsrechts? 308
       d) Verhältnis zur zweiseitigen Vertragsänderung 309
       e) Gesetzliche Regelung von Weisungsrechten oder
          Privatautonomie? 310
  II. Begründungsmöglichkeiten für Weisungsrechte 310
    1. Erst-Recht-Schluss / Minusmaßnahme zur freien Kündigung
       nach § 649 BGB und Art. 1794 CC 311
    2. § 315 BGB als Grundlage 312
    3. Stillschweigende Vereinbarung bei Abschluss des Vertrages . . 313
    4. Anknüpfung an das Eigentum 314
    5. Die Vertragsnatur als Begründung für Weisungsrechte 315
  III. Ausgestaltung als Gestaltungsrecht 315
  IV. Verallgemeinerungsfähige Grenzen 316
    1. Allgemeine Grenze: Keine Änderung der Kernpflichten 316
    2. Spezielle Grenzen durch typische Interessen des Dienstleisters
       sowie betroffener Dritter 317
    3. Einzelfallbezogenes Kriterium als flexible Grenze
       (etwa Billigkeit, *abus, reasonableness*) 319

V. Auswirkungen der Weisung auf den Vergütungsanspruch
des Dienstleisters 320
  1. Garantie des Ertragsteils der ursprünglichen Vergütung auf
  Grund der Bindungswirkung von Verträgen 320
  2. Zusätzliche Vergütung für Mehrarbeit 321
    a) Automatische Anpassung vs. Einigung über die Erhöhung
    der Vergütung 321
    b) Unterscheidung zwischen Aufwendungsersatz und
    Vergütung 322
    c) Berechnung der zusätzlichen Vergütung 324
      aa) Auf Grundlage des Vertrages 324
      bb) Unter Hinzuziehung objektiver Kriterien 324
    c) Vorschusspflicht zur Ausschaltung von Insolvenzrisiken . . 325
VI. Vorbild DCFR? 325
  1. Nur vordergründig Einführung eines einseitigen
  Modifikationsrechts 326
  2. Kritische Würdigung des Ansatzes des DCFR 326

Zusammenfassung 329

I. Wichtigste Fragestellungen 329
  1. Existenz von Weisungsrechten 329
  2. Grenzen von Weisungsrechten 331
  3. Vergütungsanpassungsmechanismen nach der Ausübung von
  Weisungen 332
II. Rechtsdogmatischer Rahmen 332
  1. Fehlende Systematisierung vorhandener Weisungsrechte 333
  2. Unterschiedliche Rechtstraditionen: Beispiel einseitige
  Einwirkungsmöglichkeit auf den Vertrag 333
III. Rechtspolitische Überlegungen 335
  1. Flexibilisierungsmechanismen als Ausdruck der
  Selbstbestimmung der Vertragsparteien 335
  2. Flexibilisierungsbedürfnis bei Tätigkeitsverträgen 335
IV. Lösungsvorschläge 336
  1. Einführung von Weisungsrechten (und freien
  Kündigungsrechten) bei allen Tätigkeitsverträgen 337
  2. Bestimmung der Grenzen von Weisungsrechten durch
  3-Stufen-Modell 338
  3. Vergütungsanpassung nach oben und Erhaltung des Ertragsteils 339
V. Ausblick 339

Literaturverzeichnis 341

Sachverzeichnis 355

Abkürzungsverzeichnis

Bar Rep.	The Bar Reports in all the Courts
BGBl.	Bundesgesetzblatt
BTL	Bulletin des transports et de la logistique
Bull. Civ.	Bulletin des arrêts de la Cour de cassation: Chambres civiles
Cass. ass. plén.	Cour de Cassation assemblée plénière
Cass. civ.	Cour de Cassation (Chambre civile)
Cass. com.	Cour de Cassation (Chambre commerciale)
CC	Code civil
CE	Conseil d'Etat
CLP	Current Legal Problems
Const LJ	Construction Law Journal
C.Rob.	Christopher Robinson's Admiralty Reports
D.	Recueil Dalloz
D. aff.	Dalloz affaires
D. chron.	Dalloz chronique
DH	Recueil hebdomadaire de jurisprudence Dalloz
DP	Recueil périodique et critique mensuel Dalloz
Ex	Court of Exchequer
H.&N.	Hurlstone & Norman's Exchequer Reports
IR	Informations rapides
J.B.L.	Journal of Business Law
JCP G	Semaine juridique édition Générale
JCL	Journal of Contract Law
JClCiv	Juris Classeur Civil
JClTransp	Juris Classeur Transport
JIML	The Journal of International Maritime Law
L.J. Rep.	Law Journal Reports
LQR	Law Quarterly Review
MLP	Modern Law Review
Rev. int. dr. comp.	Revue internationale du droit comparé
RDC	Revue des contrats
Req.	La Chambre des requêtes de la Cour de cassation française
RID comp.	Revue internationale de droit comparé
RTD civ.	Revue trimestrielle de droit civil
RTD com.	Revue trimestrielle de droit commercial et de droit économique
S.E.	South Eastern Reporter
S.W.	South Western Reporter
Somm. Com.	Sommaires commentés
Weekly R.	The Weekly Reporter

§ 1 Einleitung

I. Überblick über das Thema

Verträge werden von den Vertragsparteien unter anderem geschlossen, um die ungewisse Zukunft ein Stück weit planbarer zu machen. Das vertragliche Grundkonzept bestehend aus einem Vertragsschluss mittels Angebot und Annahme führt dazu, dass die Vorstellungen der Parteien zu einem bestimmten Zeitpunkt, namentlich dem Zeitpunkt des Vertragsschlusses, zum Vertragsinhalt werden. Diese Zuspitzung in zeitlicher Hinsicht wird komplettiert durch den Grundsatz der Bindungswirkung von Verträgen, der zur Folge hat, dass der Vertragsinhalt nach dem Zeitpunkt des Vertragsschlusses nicht mehr geändert werden kann, es sei denn durch einen neuen Vertrag. Gerade diese Unabänderlichkeit ist freilich auch die größte Qualität des Vertrages. Indem ein einmal geschlossener Vertrag nur unter ganz bestimmten Voraussetzungen (etwa auf Grund von Rücktritt, Anfechtung, Widerruf, Schadensersatz etc.) wieder aus der Welt geschafft werden kann und eine Nichterfüllung der vertraglich versprochenen Leistung – sofern keine Entlastungsgründe wie etwa Unmöglichkeit, fehlendes Vertretenmüssen etc. eingreifen – die Sanktionsmechanismen des Leistungsstörungsrechts, insbesondere Nacherfüllung und Schadensersatz, auslösen, kann der Vertrag überhaupt erst seine Rolle, ein Stück Rechtssicherheit für die Zukunft zu schaffen, erfüllen.

Die Kehrseite der Fokussierung auf einen bestimmten Zeitpunkt (den Vertragsschluss) und die ab dann zwingende Geltung der vertraglichen Vereinbarung ist die Überwälzung des Risikos der Verwendbarkeit der Leistung auf die jeweils andere Vertragspartei[1]. Der Geldgläubiger im Rahmen eines Vertragsverhältnisses wird höchst selten keine Verwendung für seine universal einsetzbaren Zahlungsmittel haben; höchstens wird er einmal im Einzelfall bereuen, einen bestimmten Gegenstand, über dessen materiellen oder immateriellen Wert er im Zeitpunkt des Vertragsschlusses anders gedacht hatte als nach Abwicklung des Vertrages, weggegeben zu haben. Deutlich leichter vorstellbar ist dagegen, dass der Gläubiger der vertragscharakteristischen Leistung im Nachhinein feststellt, dass er mit der Leistung weit weniger anfangen kann als er sich

---

[1] Siehe zur durch das Prinzip der Vertragsbindung bewirkten Risikoverteilung *Lorenz*, S. 29.

im Zeitpunkt des Vertragsschlusses vorgestellt hatte. So mag etwa der Käufer eines Schrankes in einem Abholmarkt nach einem halben Jahr zu dem Ergebnis kommen, dass ihm der Schrank doch nicht gefällt. Oder die Auftraggeberin eines Gartenbauunternehmers mag nach einigen Monaten feststellen, dass ihr die Gestaltung des Gartens vor den Umgestaltungsmaßnahmen doch viel besser gefallen hat. Der Käufer eines Hauses muss möglicherweise wenig später berufsbedingt die Stadt wechseln und kann deshalb das gekaufte Haus nicht mehr nutzen. Solche Fälle mögen – insbesondere, wenn es um bedeutende Summen und/oder Lebensentscheidungen geht – für den Einzelnen eine gewisse Härte und Tragik darstellen. Rechtlich betrachtet stellen sie den Juristen dagegen vor keinerlei Schwierigkeiten. Verwirklicht auf Seiten der Sach- bzw. Dienstleistungsgläubiger hat sich allein das allgemeine Lebensrisiko. Sofern keine Gewährleistungs- oder – abgesehen vom unbeachtlichen Motivirrtum – Anfechtungsgründe, oder andere Vertragsauflösungsmöglichkeiten wie etwa eine entsprechende Vereinbarung über ein Rücktrittsrecht o. ä. eingreifen, besteht keine Möglichkeit, den Vertrag rückgängig zu machen bzw. Veränderungen an der vertraglich erbrachten Leistung zu verlangen, die den aktuellen Vorstellungen entsprechen würden. Niemand würde auf die Idee kommen, an diesem Ergebnis zu zweifeln. Es gibt keinen sachlichen Grund, zu einer anderen Lösung dieser Fälle zu kommen – im Gegenteil: jede andere Lösung würde den Kerngehalt des Vertrages aushöhlen und zu einer wesentlichen Störung des Rechtsfriedens führen.

Nicht mehr so eindeutig verläuft die Suche nach dem richtigen Ergebnis allerdings, wenn man den zweiten geschilderten Fall etwas abändert und die Auftraggeberin mit den Umgestaltungsmaßnahmen nicht erst nach Abschluss der Arbeiten unzufrieden wird, sondern sie bereits während der Ausführung der Arbeiten bemerkt, dass sich ihre aktuellen Vorstellungen mit denen zum Zeitpunkt der Festlegung des vertraglichen Pflichtenprogrammes nicht mehr decken. Der erste Reflex des geschulten Juristen auch in solchen Fällen wäre die Betonung der Bedeutung des Zeitpunkts des Vertragsschlusses für die Festlegung des vertraglichen Pflichtenprogramms, das nachträglich nur durch einen Änderungsvertrag, also eine erneute zweiseitige Übereinkunft, abgeändert werden kann.

Aber ist eine solch starre Betrachtung des Vertrages wirklich sachgerecht? Spiegelt sie wirklich die Interessen der Vertragsparteien wider? Oder gibt es nicht Verträge, die bestimmte Charakteristika aufweisen, bei denen eine flexiblere Handhabung der genauen vertraglichen Pflichten den Parteien, oder zumindest dem Gläubiger der vertragcharakteristischen Leistung, stärker entgegenkommt? Ist es wirklich sinnvoll, bei der Errichtung eines Hauses bereits im Zeitpunkt des Vertragsschlusses alle Einzelheiten unabänderlich im Vertrag festzulegen, obwohl niemand ernsthaft behaupten würde, dass sich bei einem solchen Projekt jedwede Einzelheiten und Unwägbarkeiten voraussehen lassen? Wäre es nicht bei einem solchen Vertrag ohne Weiteres möglich, während der Durchführung des Vertrages die Pläne zur Errichtung des Hauses während der Arbeiten an die Wünsche des Bauherrn anzupassen? Am Ende erhielte der Bauherr das Haus, welches er schlussendlich tatsächlich haben wollte, während die andere Vertragspartei sich einem zufriedenen Kunden gegenüber sähe und die begehrte Vergütung, die womöglich auf Grund der Änderungen sogar noch gestiegen sein mag, bekäme.

Die Beispiele von Verträgen, in denen ein gewisses Maß an Flexibilität den Interessen der Vertragsparteien vermutlich stärker entspricht als starre Regelungen, ließe sind nahezu endlos fortsetzen. Diese Art von Verträgen lassen sich auf abstrakterer Ebene an dieser Stelle durch zwei Eigenschaften kennzeichnen, die das Bedürfnis nach Flexibilität auslösen. Zum einen handelt es sich um Verträge, bei denen zwischen dem Vertragsschluss und der Erfüllung ein gewisser Zeitraum liegt, so dass allein auf Grund des Zeitablaufs in die (ungewisse) Zukunft hinein Veränderungen eintreten können, die zu anderen Interessen als im Moment des Vertragsabschlusses führen können. Das extremste Beispiel in dieser Kategorie sind Dauerschuldverhältnisse (und hier klassischerweise der Arbeitsvertrag), aber auch sämtliche anderen Verträge, die nicht etwa wie der klassische Barkauf direkt nach Vertragsschluss auch erfüllt werden, sondern bei denen auf den Vertragsschluss eine Phase der Vertragsdurchführung folgt. In die zweite Kategorie gehören Verträge, die so komplex sind, dass es nicht möglich ist, jede Einzelheit im Zeitpunkt des Vertragsschlusses vorauszuplanen und festzulegen. Ein klassisches Beispiel hierfür sind etwa Bauverträge, also etwa der Bau eines Haus, oder erst Recht größere Projekte wie etwa der Bau von Industrieanlagen. Beide Kategorien überlappen sich freilich zu großen Teilen, denn die komplexen Verträge werden auch immer das Kriterium einer langen Erfüllungsphase aufweisen.

Das Recht hat verschiedene Möglichkeiten, auf das Problem von zeitlich gestreckten sowie komplexen Verträgen zu reagieren. Die einfachste Möglichkeit besteht darin, dass das Vertragsrecht keinerlei Regelungen zu einer möglichen Flexibilisierung des Vertragsinhalts bei den genannten Verträgen bereitstellt und vielmehr die Klärung dieser Frage gänzlich den Vertragsparteien überantwortet, die im Rahmen ihrer Privatautonomie entsprechende Abreden im jeweiligen Vertrag treffen können, wonach eine Partei nachträglich und einseitig auf das Pflichtenprogramm des Vertrages einwirken kann[2]. Die andere Möglichkeit besteht darin, schon von Gesetzes wegen bei bestimmten Verträgen einer Ver-

---

[2] Nicht selten vereinbart werden – insbesondere im Rahmen von Dauerschuldverhältnis-

tragspartei ein Recht zur nachträglichen Modifikation des Vertragsinhalts einzuräumen. Einer der Vertragstypen, der klassischerweise ein solches Weisungsrecht bereithält, ist der Transportvertrag. Transportverträge weisen eine gewisse zeitliche Streckung auf zwischen dem Zeitpunkt des Vertragsschlusses und der Erfüllung des Vertrages, also der Ablieferung des Transportgutes am Bestimmungsort. Während dieses Zeitraums mögen sich verschiedenste Veränderungen ergeben: So mag das Transportgut während des Transports weiterverkauft worden sein, so dass ein anderer Empfänger die Ware bekommen soll. Oder der Absender und Verkäufer einer Ware mag während des Transportes davon Kenntnis erlangt haben, dass der Empfänger und Käufer sich in finanziellen Schwierigkeiten befindet und deshalb der Absender die unbezahlte Ware wieder zu sich zurückbeordern möchte. Oder eine Firma, die sich von einem Transportunternehmen Waren aus dem Hamburger Hafen bringen lässt, bemerkt nach Abschluss des Transportvertrages, dass die Transportgüter auf Grund innerbetrieblicher Ereignisse nicht wie ursprünglich geglaubt im Werk in Osnabrück gebraucht werden, sondern vielmehr im Zweitwerk in Münster.

Mit der Entscheidung für eine solche nachträgliche, einseitige Einwirkungsmöglichkeit auf den Vertragsinhalt werden freilich eine ganze Reihe von Regelungsfragen hervorgerufen, auf die das Recht eine Antwort geben muss. Kernfragen eines jeden Weisungsrechts sind neben seinem Bestehen die Frage nach den Grenzen des Weisungsrechts sowie die Auswirkungen des Weisungsrechts auf die Gegenleistung, also den Preis bzw. die Vergütung für die andere Vertragspartei. Auf Grund der besonderen Struktur des Transportvertrages, der normalerweise ein Drei-Personen-Verhältnis bestehend aus Transportunternehmer, Absender und Empfänger aufweist, stellt sich im Rahmen des Transportvertrages die zusätzliche Frage nach der Inhaberschaft des Weisungsrechts. Daneben stellen sich allgemeinere Fragen aus dem Blickwinkel des allgemeinen Vertragsrechts, etwa danach, wie Weisungsrechte im Lichte des Grundsatzes der Vertragsbindung oder der Bestimmtheit von Verträgen zu sehen sind und ob für eine Theorienbildung zu Weisungsrechten Überkategorien wie etwa die des Gestaltungsrechtes nutzbar gemacht werden können.

Ob der Bezüge zum allgmeinen Vertragsrecht und der anspruchsvollen Fragen an die Ausgestaltung eines Weisungsrechts im Einzelnen ist es erstaunlich, dass es bislang kaum Forschung zu diesem Thema in der Rechtswissenschaft gibt. Zu Beginn des 20. Jahrhunderts gab es in Deutschland eine kaum zu erklärende Hochphase für Promotionen zum transportvertraglichen Weisungsrecht[3].

---

sen – Anpassungsklauseln, siehe hierzu etwa *Baur*, S. 23 f.; *Bilda*, S. 17 ff.; *Hau*, S. 333 ff; *Horn*, AcP 181 (1981), 255 [257 ff.].

[3] *Frölicher*, Das Verfügungsrecht des Absenders im Eisenbahnfrachtgeschäft und Frachtgeschäft, Leipzig 1913; *Höhn*, Das Verfügungsrecht über das Frachtgut während des Trans-

Freilich gibt es auch eine ganze Reihe von Arbeiten zum äußerst praxisrelevanten arbeitsvertraglichen Weisungs- oder Direktionsrecht[4]. Und auch eine neuere Dissertation zum transportvertraglichen Weisungsrecht in Deutschland liegt vor[5]. Gemeinsam ist diesen Arbeiten jedoch, dass sie weitgehend darauf verzichten, neben der Behandlung des jeweiligen Weisungsrechts im Detail auch den Blick zu weiten, um auch auf nachträgliche, einseitige Vertragsänderungsrechte in Zusammenhang mit dem allgemeinen Vertragsrecht einzugehen. Ebenso fehlen rechtsvergleichende Arbeiten zu diesem Thema. Vor diesem Hintergrund erscheint es äußerst reizvoll, mit dieser Arbeit den Versuch zu unternehmen, die beschriebene Forschungslücke ein Stück weit zu schließen und einen ersten Beitrag für eine weiterführende Diskussion dieses Themas vorzulegen.

---

portes, insbesondere des Eisenbahntransportes, Weimar 1910; *Leutke,* Das Verfügungsrecht beim Frachtgeschäft unter besonderer Berücksichtigung des Postfrachtgeschäftes, Berlin 1905; *Peters,* Das Verfügungsrecht des Absenders nach § 433 HGB, Leipzig 1907; *Wagner,* Das Verfügungsrecht des Absenders über das Frachtgut während des Transportes, Leipzig 1911; *Wetzig,* Das Verfügungsrecht des Absenders im Landfrachtverkehr nach Handelsrecht mit Einschluss des Eisenbahnverkehrs, Leipzig 1905; noch mehr Arbeiten lassen sich zur rechtlichen Stellung des Empfängers aufspüren, bei der das Weisungsrecht des Empfängers eine wichtige Rolle spielt: *Boerner,* Die Stellung des Empfängers im Frachtgeschäft, Leipzig 1912; *Damian,* Die rechtliche Stellung des Empfängers im Frachtgeschäft, Würzburg 1924; *Denicke,* Die Rechtsstellung des Empfängers im Frachtgeschäft des Handelsgesetzbuches mit Ausnahme des Eisenbahnfrachtgeschäfts, unter Berücksichtigung des Ladescheins, Celle 1910; *Goldammer,* Die Stellung des Empfängers im Frachtgeschäft, Leipzig 1910; *Henkel,* Die gesetzliche Regelung und juristische Konstruktion der Stellung des Empfängers im Frachtgeschäft nach dem 6. Abschnitt des 3. Buches des Handelsgesetzbuches vom 10. Mai 1897, Leipzig 1907; *Kolwey,* Die rechtliche Stellung des Empfängers im Frachtgeschäft, Bremen 1910, *Lange,* Die rechtliche Stellung des Empfängers im Frachtgeschäft (unter Ausschluss des Eisenbahnfrachtrechts) nach geltendem Handelsrecht, Leipzig 1905; *Putzger,* Die rechtliche Stellung des Empfängers im Landfrachtgeschäft hinsichtlich seiner Verfügungsbefugnis über das Gut nach geltendem Handelsrechte, Leipzig 1905; *Ubach,* Berechtigungen und Verpflichtungen des Empfängers gegenüber dem Frachtführer und Absender, Leipzig 1904; *Vogel,* Das Dispositionsrecht beim Transport, Zürich 1889; *Weil,* Die rechtliche Stellung des Empfängers im Frachtgeschäft unter Ausschluss des Eisenbahn- und Postfrachtrechtes nach geltendem deutschen Rechte, Straßburg 1907; *Wemme,* Das Recht des Empfängers im Frachtgeschäft, Leipzig 1909; *Winter,* Die Stellung des Empfängers im Frachtgeschäft nach dem sechsten Abschnitt im dritten Buche des Handelsgesetzbuches vom 10. Mai 1897, Leipzig 1905.

[4] Siehe nur auszugsweise etwa das grundlegende Werk von *Söllner,* Einseitige Leistungsbestimmung im Arbeitsverhältnis, Mainz 1966 sowie zuletzt *Moll,* Die Änderung der Arbeitsbedingungen durch den Arbeitgeber – insbesondere in der Unternehmenskrise Reichweite und Grenzen von Direktionsrecht und erweiterten Leistungsbestimmungsrechten, Frankfurt am Main 2009.

[5] *Meyer-Rehfueß,* Das frachtvertragliche Weisungsrecht, Hamburg 1995.

II. Das Transportrecht als Referenzgebiet

Wie sich bereits aus dem Titel dieser Arbeit ergibt, ist die vorliegende Arbeit weitgehend auf das transportvertragliche Weisungsrecht beschränkt. Es steht außer Frage, dass es aus Forschungsgesichtspunkten wünschenswert gewesen wäre, Weisungsrechte verschiedener Vertragstypen nebeneinander zum Gegenstand dieser Arbeit zu machen. Ebenso außer Frage steht jedoch, dass ein solcher Themenzuschnitt im Rahmen eines Dissertationsvorhabens nicht zu bewältigen wäre, zumal wenn es sich wie bei der vorliegenden Arbeit um eine rechtsvergleichende Dissertation handelt, die neben der deutschen mit der englischen und französischen zwei ausländische Rechtsordnungen behandelt.

Die Idee dieser Arbeit ist vor diesem Hintergrund, nur ein Weisungsrecht, namentlich das transportvertragliche Weisungsrecht, im Detail darzustellen und gleichzeitig als Referenzgebiet für die Ausführungen zu Weisungsrechten im Kontext des allgemeinen Vertragsrechts heranzuziehen.

Die Wahl fiel dabei auf das transportvertragliche Weisungsrecht, weil in allen drei zu untersuchenden Rechtsordnungen ein Weisungsrecht des Absenders bzw. Empfängers gegenüber dem Frachtführer seit langer Zeit unzweifelhaft etabliert ist, was etwa im Werkvertragsrecht oder beim Auftrag nicht in gleichem Maße gegeben wäre.

Das Transportrecht bringt freilich andererseits für seine Handhabbarkeit den großen Nachteil mit sich, dass es sehr zersplittert ist. Für die verschiedenen Transportarten wie Straßen-, Eisenbahn-, Luft- und Schiffstransport gibt es oft eigene Frachtrechtsordnungen. Darüberhinaus ist das Transportrecht ein Teilrechtsgebiet, das weit überdurchschnittlich internationalisiert ist und das nationale Recht bei grenzüberschreitenden Transporten weitgehend von den internationalen Konventionen (CMR für den Straßentransport, CIM für den Eisenbahntransport, Warschauer Abkommen für den Lufttransport sowie Hague-Visby, Hambourg Rules und zukünftig Rotterdam Rules für das internationale Seetransportrecht) verdrängt wird.

Im Rahmen der vorliegenden Untersuchung wird nicht der Versuch unternommen werden, das Weisungsrecht in jeder Teilrechtsordnung im Transportrecht in jeder der drei Rechtsordnungen im Detail zu untersuchen. Vielmehr wird es darum gehen, die wichtigsten Regelungen des transportvertraglichen Weisungsrechts im deutschen, englischen und französischen Recht herauszuarbeiten. Dies führt dazu, dass es eine gewisse Konzentration auf bestimmte transportrechtliche Teilrechtsordnungen gibt, je nachdem, wo das Weisungsrecht in Schrifttum und Gerichtspraxis in der jeweiligen Rechtsordnung die größte Rolle spielt. Im deutschen Recht etwa steht die Regelung des § 418 HGB im Vordergrund, weil sie – auch in Nachfolge des § 433 HGB a. F. – die ausführlichste Regelung eines

transportvertraglichen Weisungsrechts darstellt und gleichzeitig sich der An-
wendungsbereich der §§ 407 ff. HGB auf alle Transportverträge zu Lande, auf
Binnengewässern und mit Luftfahrzeugen erstreckt (s. § 407 III 1 Nr. 1 HGB).
Im französischen Recht beschränkt sich die Darstellung weitgehend auf das
Straßentransportrecht, wo es in Form der *contrat-types général* eine detaillierte
Regelung des transportvertraglichen Weisungsrechts gibt. Im englischen Recht
dagegen ist freilich das *case law* die entscheidende Rechtsquelle, wobei die
wichtigsten Fälle zum transportvertraglichen Weisungsrecht aus dem 19. Jahr-
hundert stammen und das Weisungsrecht in Zusammenhang mit Eisenbahntransporten betreffen, so dass bei den entsprechenden Teilen zum englischen
Recht das Eisenbahntransportrecht eine führende Rolle einnimmt.

Die internationalen Konventionen werden weitestgehend nur am Rande erwähnt, da sie – obschon ihre Praxisrelevanz außer Frage steht – für die hier interessierenden rechtlichen Grundsatzfragen weit weniger hilfreich sind, weil die
Regelungen der internationalen Konventionen weniger stark einer theoretischen
Analyse unterzogen werden und zugleich nicht einen ähnlichen Bewährungs-
prozess über einen längeren Zeitraum zu durchlaufen hatten wie die nationalen
transportrechtlichen Weisungsrechte.

III. Weisungen als einseitige Einwirkungsmöglichkeiten auf den Vertrag

Zur näheren Präzisierung des Arbeitsprogramms dieser Arbeit ist es angezeigt,
zu Beginn kurz zu klären, was mit den im Rahmen dieser Arbeit zu behandelnden Weisungsrechten gemeint ist. Nimmt man das deutsche Transportrecht zum
Ausgangspunkt, so wird das Weisungsrecht dort definiert als Recht einer am
Vertrag beteiligten Person (dem Absender oder Empfänger), nachträglich und
einseitig den Vertrag zu ändern[6]. Ob die durch die Ausübung eines bestehenden
Weisungsrechts herbeigeführte Modifikation des Vertragsinhalts auch tatsächlich als Vertragsänderung zu qualifizieren ist, für die nach § 311 I BGB grundsätzlich ein Änderungsvertrag erforderlich ist, oder ob es sich nur um eine bloße
Konkretisierung des Vertragsinhalts handelt, erscheint schon innerhalb des
deutschen Rechts deutlich unklarer, wenn der Blick auf andere Weisungsrechte
im Rahmen anderer Vertragstypen geweitet wird. So wird etwa beim auftragsrechtlichen Weisungsrecht eher von einer Konkretisierung des Vertragsinhalts
statt von einer Vertragsänderung gesprochen[7] und auch beim arbeitsvertraglichen Direktionsrecht gibt es ähnliche Tendenzen[8]. Auch die ausländischen

---

[6] *Basedow*, S. *292; Meyer-Rehfueß*, S. 5 f.; *Tunn*, TranspR 1996, 401 [404].
[7] Siehe infra *§ 4, II, 1.*
[8] Siehe infra *§ 4, I.*

Rechtsordnungen unterscheiden teilweise zwischen der Vertragsänderung oder der bloßen Vertragskonkretisierung bzw. der Vertragsänderung und der bloßen Veränderung der Vertragsbindungen oder auszuführenden Arbeiten unterhalb der Schwelle der Vertragsänderung[9].

Im Rahmen dieser Arbeit werden sowohl solche Weisungsrechte behandelt, mittels derer nach vorherrschender Auffassung eine Vertragsänderung herbeigeführt wird als auch solche, deren Ausübung eine bloße Konkretisierung des Vertrages herbeiführen. Der Grund hierfür ist darin zu sehen, dass es als nahezu willkürliche Unterscheidung erscheint, ob man ein Weisungsrecht als vertragsändernd oder vertragskonkretisierend einordnet. Geht man davon aus, dass eine Vertragsänderung als stärkerer Eingriff zu werten ist als eine Vertragskonkretisierung, so verläuft trotzdem die Grenze fließend zwischen beiden Arten der Vertragsmodifikation, weil eine genaue Definition, wann die Schwelle zur Vertragsänderung überschritten ist, nahezu unmöglich ist. Erschwerend kommt hinzu, dass sich ohnehin jede auf dem Vertragstyp beruhende Katalogisierung der jeweiligen Weisungsrechte in vertragsändernde und vertragskonkretisierende schon allein deshalb verbietet, weil für eine entsprechende Einordnung auf den Inhalt der Weisung im Einzelfall zu schauen ist und sich nicht – ohne Berücksichtigung des jeweiligen Inhalts der Weisung – pauschal im Vorfeld eine Zuordnung zu einer der beiden Kategorien vornehmen lässt. Eine Unterscheidung erscheint schließlich vor allem auch deshalb nicht sinnvoll, weil sich in beiden Fällen dieselben Sachfragen stellen, namentlich dahingehend, wie von rechtlicher Seite eine nachträgliche, einseitige Einwirkungsmöglichkeit einer Vertragspartei auf das vertragliche Pflichtenprogramm auszugestalten ist. Ob mittels dieser Einwirkungsmöglichkeit der Vertrag geändert oder bloß konkretisiert wird, ist vor diesem Hintergrund eine rein begriffliche Unterscheidung, die für sich genommen keinerlei Erkenntnisgewinn generiert.

Ebenfalls an dieser Stelle zu Beginn ist darauf hinzuweisen, dass diese Untersuchung dem Ansatz der funktionalen Rechtsvergleichung folgt[10]. Ausgangspunkt der funktionalen Rechtsvergleichung ist die „rechtsvergleichende[...] Grunderfahrung, daß zwar jede Gesellschaft ihrem Recht im wesentlichen die gleichen Probleme aufgibt, daß aber die verschiedenen Rechtsordnungen diese Probleme, selbst wenn am Ende die Ergebnisse gleich sind, auf sehr unterschiedliche Weise lösen."[11] Die daraus folgende Konzentration auf die Sachfra-

---

[9] Siehe infra etwa für den französischen Arbeitsvertrag *§ 4, I* und für den englischen *construction contract § 4, II, 2.*

[10] Siehe zur Methodik in der Rechtsvergleichung allgemein *Zweigert/Kötz*, S. 31 ff.

[11] *Zweigert/Kötz*, S. 33; siehe für eine Darstellung der Kritik an der Methode der funktionalen Rechtsvergleichung *Coendet*, S. 160 f. sowie *Unberath*, S. 27 ff.

gen unter weitgehender Ausblendung nationaler Rechtsinstitute und Dogmatik[12] hat nicht nur zur Folge, dass es für den im Rahmen dieser Untersuchung angestrebten Vergleich nicht nur unerheblich ist, ob eine nachträgliche, einseitige Einwirkungsmöglichkeit auf den Vertrag als Vertragsänderung oder -konkretisierung o. ä. tituliert wird, sondern dass es auch auf einen anderen Punkt für die vorliegende Untersuchung nicht ankommt. Sowohl dem englischen als auch dem französischen Recht ist Einseitigkeit im Rahmen von Vertragsverhältnissen noch fremder als dem deutschen Recht[13], so dass im Zusammenhang mit Weisungsrechten bei der Analyse der entsprechenden Regelungen in beiden ausländischen Rechtsordnungen nicht immer deutlich wird, ob sich das vertragliche Pflichtenprogramm tatsächlich allein auf Grund der Weisung des Weisungsberechtigten verändert oder ob vielmehr letztlich rechtstechnisch eine (eventuell aus Sicht dieser Rechtsordnungen allein vorstellbare) zweiseitige Vertragsänderung vorliegt, wobei die Partei, der gegenüber die Weisung ausgesprochen wurde, auf Grund der Weisung keine andere Wahl hat als der (zweiseitigen) Vertragsänderung zuzustimmen[14]. Wenn die Zustimmung damit zur reinen Formalie wird und unter Umständen sogar fingiert wird, lässt sich unter funktionalen Gesichtspunkten diese erzwungene zweiseitige Änderung des Vertrages mit der rein einseitigen Änderung des Vertrages mittels einer Weisung miteinander vergleichen.

IV. Gang der Arbeit

Die vorliegende Arbeit folgt in ihrer Struktur einer Dreiteilung. Der erste Hauptteil hat dabei das Ziel, das Phänomen von Weisungsrechten im Gesamtsystem des Vertragsrechts der drei zu untersuchenden Rechtsordnungen zu erfassen. Dieser geweitete Blickwinkel soll dazu dienen, Weisungsrechte nicht – wie bisher in der Regel geschehen – allein isoliert im Rahmen des jeweiligen Vertragstypen, in dessen Rahmen sie vorkommen, wahrzunehmen, sondern ein Gesamtbild des Rechts von Weisungsrechten zu schaffen, anhand dessen sich einerseits die Ausführungen zum transportrechtlichen Weisungsrecht als Referenzgebiet überprüfen lassen und das gleichzeitig die erforderlichen Grundlagen dafür schafft, den Versuch einer allgemeinen Lehre von Weisungsrechten zu unternehmen. Erforderlich hierfür ist, zunächst die bestehenden Bezüge und Reibungspunkte mit dem allgemeinen Vertragsrecht herauszuarbeiten (§ 2).

---

[12] Siehe *Zweigert/Kötz*, S. 33 f.

[13] Siehe etwa infra unter *§ 2, III, 1* die Ausführungen zur deutschen Lehre vom Gestaltungsrecht als Mittel zur einseitigen Einwirkung auf das Vertragsgeschehen, das weder im englischen noch im französischen Recht ein Äquivalent hat.

[14] Siehe zu dieser Problematik etwa infra *§ 6, II, 1* und *§ 9, III*.

Hierbei stellt sich vor allem die grundsätzliche Frage, inwieweit Weisungsrechte überhaupt mit dem zentralen Grundsatz des Vertragsrechts, wonach Verträge die Vertragsparteien binden, vereinbart werden kann, weil durch das Weisungsrecht eine Vertragspartei das Recht erhält, im Anschluss an den Vertragsschluss einseitig auf den Inhalt des Vertrages einzuwirken. Ebenfalls in starkem Maße berühren Weisungsrechte durch die durch sie geschaffene Einwirkungsmöglichkeit auf den Vertrag den im Vertragsrecht ebenfalls selbstverständlichen Bestimmtheitsgrundsatz. Ein wichtiger allgemeiner Bezugspunkt des Vertragsrechts aus der Sicht von Weisungsrechten ist schließlich die Kategorie des Gestaltungsrechts, die in den einzelnen zu untersuchenden Rechtsordnungen sehr unterschiedlich ausgeprägt ist.

Des Weiteren soll der erste Hauptteil dazu dienen, ebenfalls aus allgemeiner Perspektive mögliche Ansätze zur rechtlichen Erfassung von Weisungsrechten im Rahmen des bestehenden vertragsrechtlichen Systems herauszuarbeiten (§ 3), um im Rahmen des Versuchs einer allgemeinen Lehre vom Weisungsrecht nicht allein auf diejenigen Begründungsmuster zurückgreifen zu können, die (ausschließlich) im Rahmen des transportrechtlichen Weisungsrechts diskutiert werden. Der erste Hauptteil schließt mit einer Übersicht über andere spezielle Weisungsrechte neben dem transportvertraglichen Weisungsrecht (§ 4), um aufzuzeigen, in welchen Bereichen des Vertragsrechts Weisungsrechte von Bedeutung sind, was wiederum gleichzeitig Rückschlüsse für eine mögliche Verallgemeinerung von Weisungsrechten ermöglichen soll.

Der zweite Hauptteil widmet sich ausschließlich einer vertieften Darstellung des transportrechtlichen Weisungsrechts in seiner jeweiligen Ausprägung in den drei zu untersuchenden Rechtsordnungen. Dabei geht es sowohl um allgemeine Fragen des transportrechtlichen Weisungsrechts bzgl. dessen rechtlicher Konstruktion und rechtspolitischer Begründung (§ 6), aber insbesondere auch um die genaue Ausgestaltung des transportrechtlichen Weisungsrechts (§ 7). Auf Grund der häufig im Rahmen von Transportverträgen anzutreffenden Drei-Personen-Konstellation bestehend aus Frachtführer, Absender und Empfänger spielt bei der Ausgestaltung des transportrechtlichen Weisungsrechts die Frage der Inhaberschaft des Weisungsrechts entweder durch den Absender oder den Empfänger eine zentrale Rolle. Daneben zu behandeln sind die beiden zentralen Fragen im Rahmen eines jeden Weisungsrechts, namentlich, wo sich die Grenzen des jeweiligen Weisungsrechts befinden, sowie inwieweit sich die Ausübung des Weisungsrechts auf den Vergütungsanspruch der anderen Vertragspartei (hier: des Frachtführers) auswirkt.

Im dritten Hauptteil schließlich sollen die Erkenntnisse aus den vorherigen beiden Hauptteilen zusammengeführt werden, indem der Versuch einer allgemeinen Lehre von Weisungsrechten unternommen werden soll, die einerseits die gewonnenen Erkenntnisse systematisiert zusammenfassen soll, und dabei gleichzeitig Leitlinien bereitstellen soll, wie die Regelung von Weisungsrechten ausgestaltet ist bzw. ausgestaltet sein sollte.

Erster Hauptteil

Weisungsrechte im Gesamtsystem

In diesem ersten Hauptteil soll insbesondere der Frage nachgegangen werden, welche Bezüge Weisungsrechte zu übergeordneten Fragen des allgemeinen Vertragsrechts aufweisen (§ 2). Daneben wird darauf eingegangen, welche Ansätze es bislang gibt, Weisungsrechte rechtlich zu erfassen (§ 3). Der erste Hauptteil endet mit einem kurzen Teil über andere Weisungsrechte, die neben dem im Rahmen dieser Arbeit vertieft behandelten transportvertraglichen Weisungsrecht Bedeutung haben (§ 4).

§ 2 Weisungsrechte und allgemeines Vertragsrecht

Das Thema „Weisungsrechte" ist im vertragsrechtlichen Kontext vor allem deshalb so interessant, weil es gleich mehrere Berührungspunkte zu fundamentalen Fragen des allgemeinen Vertragsrechts gibt. Zunächst stellt sich die Frage, inwieweit Weisungsrechte, die einer Vertragspartei nachträglich und einseitig einer Vertragspartei erlauben, den Vertragsinhalt abzuändern, mit dem Grundsatz der Bindungswirkung von Verträgen zu vereinbaren sind (I.). Weisungsrechte geben außerdem dazu Anlass zu prüfen, ob der im Vertragsrecht geltende Bestimmtheitsgrundsatz im Falle der Existenz von Weisungsrechten berührt ist, weil in solchen Fällen Teile des Vertragsinhalts zur jederzeitigen Disposition einer der Vertragsparteien steht und damit möglicherweise der Vertrag nicht in ausreichendem Maße bestimmt ist (II.). Schließlich ist das Weisungsrecht auf Grund der Ausübung durch eine Partei ein Beispiel für Einseitigkeit im Rahmen von Vertragsverhältnissen, was Anlass gibt, Weisungsrechte auch in diesem Zusammenhang in größere Kategorien einzuordnen (III.).

I. Weisungsrechte und die Bindung von Verträgen

Vertragsrecht ist nicht denkbar ohne die Bindungswirkung von Verträgen. Rechtssubjekte gehen Verträge ein um damit für den Regelungsbereich des jeweiligen Vertrages Rechtssicherheit zu gewinnen[1]. Die Rechtssicherheit ergibt sich daraus, dass im Fall der Nichterfüllung der vertraglichen Pflichten durch die andere Vertragspartei auf Erfüllung geklagt werden kann bzw. jedenfalls – wie im englischen Recht vornehmlich – das Leistungsstörungsrecht eingreift, das auf Grund der drohenden Sanktion ‚Schadensersatz' die andere Partei indirekt zur Einhaltung ihrer Verpflichtungen anhält[2]. Gleichzeitig ist es nicht möglich, dass eine Partei einseitig nach dem Abschluss des Vertrages den Vertragsinhalt ändert. Das Prinzip der Bindungswirkung von Verträgen ermöglicht eine effektive Selbstbindung des Einzelnen und schafft damit die Voraussetzung, die aus Art. 2 I GG folgende Privatautonomie (Vertragsfreiheit)[3] zur Selbstbestimmung des Einzelnen als Kern der Menschenwürde in der Privatrechtsordnung wirksam zu verankern[4].

Das Prinzip der Vertragsbindung, so wünschenswert und fundamental es für das Vertragsrecht auch ist[5], kann allerdings dann problematisch sein, wenn die

---

[1] Die Funktion der Schaffung von Rechtssicherheit durch die Vertragsbindung erwähnt ausdrücklich etwa *Eckelt*, Vertragsanpassungsrecht, S. 45 f.; Auch *Weller*, S. 277 ff. nennt in seinem Abschnitt zur Legitimation der Vertragsbindung die Rechtssicherheit (S. 279 ff.) als einen von drei Gründen für die Bindungswirkung von Verträgen. Daneben seien die weiteren Gründe die Zukunftsdimension von Verträgen und die Vertragsgerechtigkeit (S. 278 f. bzw. S. 282 ff.). Ob man der Zukunftsdimension von Verträgen neben der Frage der Rechtssicherheit noch als eigenständigen Grund aufführen muss, statt ihn im Punkt Rechtssicherheit aufgehen zu lassen, darf man aber bezweifeln. Ebenso führt *Weller* seinen Grund der Vertragsgerechtigkeit letztlich auch wieder darauf zurück, „dass Verhandlungsergebnisse – mithin die im Vertrag in ein Gegenseitigkeits- bzw. funktionelles Äquivalenzverhältnis gesetzten Leistungen – nicht durch spätere Interessenänderungen *einseitig* in Frage gestellt werden können" (S. 284), so dass es letztlich doch auch hierbei wieder darum geht, dass die Parteien nach Rechtssicherheit streben.

[2] Siehe zur wichtigen Rolle des Leistungsstörungsrechts zur effektiven ex-post Durchsetzung des vertraglich Vereinbarten *Weller*, S. 354 f.

[3] Die Begriffe Privatautonomie und Vertragsfreiheit werden oft gleichgesetzt, siehe nur *Lorenz*, S. 17 und *Weller*, S. 154. Zur verfassungsrechtlichen Gewährleistung der Privatautonomie, siehe *Lorenz*, S. 18 ff.; *Oetker*, S. 18.

[4] Siehe zur Selbstbindung als „ethische[m] Korrelat der Selbstbestimmung" *Weller*, S. 157 f; zur Bedeutung der Selbstbestimmung für die Würde des Menschen grundlegend BVerfGE 49, 286 [298]; siehe auch *Lorenz*, S. 15, der die freie Selbstbestimmung des Menschen unter Verweis auf das zitierte Urteil des Bundersverfassungsgerichts als „Herzstück seiner Würde" bezeichnet.

[5] Siehe etwa *Lorenz*, S. 28, der die Bindungswirkung von Verträgen als „eines der bedeutendsten Prinzipien des geltenden Vertragsrechts" ansieht; Siehe auch *Oetker*, S. 248, der die Bedeutung des Prinzips der Bindungswirkung von Verträgen in sonst selten anzutreffender

Durchführung von Verträgen einen längeren Zeitraum in Anspruch nimmt, was durch eine besondere Komplexität des Vertragsgegenstandes (etwa beim Bau einer Anlage oder eines Hauses) noch verstärkt werden kann. *Oetker* hat das dann entstehende Spannungsverhältnis zwischen Vertragstreue auf der einen und Selbstbestimmung auf der anderen Seite überzeugend für Dauerschuldverhältnisse herausgearbeitet:

„Im Unterschied zum punktuellen Austauschvertrag weisen langfristige vertragliche Bindungen eine grundsätzlich andere Qualität auf; sie verpflichten den Schuldner zu einem in der Zukunft liegenden kontinuierlichen oder periodischen Tun oder Unterlassen, ohne daß er bei Abschluß des Vertrages seine eigene, in der Zukunft liegende Leistungsfähigkeit mit hinreichender Sicherheit prognostizieren kann. Es fehlt die sichere Grundlage für eine rationale Selbstbindung des einzelnen. Damit ist zugleich die Richtigkeitsgewähr der privatautonomen Entscheidung in Frage gestellt. Die Eingehung einer längerfristig angelegten vertraglichen Bindung mit kontinuierlich oder periodisch neu entstehenden Hauptleistungspflichten besitzt im Lichte der Selbstbestimmung einen janusköpfigen Charakter: Sie ist einerseits reale Ausübung des Selbstbestimmungsrechts, andererseits erlangt sie durch die zeitliche Dimension der vertraglich begründeten Leistungspflicht einen freiheitseinschränkenden Charakter."[6]

Zwar handelt es sich bei dem hier zuvörderst zu besprechenden Transportvertrag (sowie anderen Verträgen mit Weisungsrechten wie dem Auftrag oder dem Werkvertrag[7]) in aller Regel nicht um ein Dauerschuldverhältnis, da er das entscheidende Kriterium einer (wiederkehrenden) Leistung über einen längeren Zeitraum nicht erfüllt[8]. Die Gemeinsamkeit mit Dauerschuldverhältnissen liegt aber darin, dass sie, in abgeschwächter Form zwar, aber prinzipiell wie bei Dauerschuldver-

---

Deutlichkeit betont: „Eine auf der konsensualen Einigung der Privatrechtssubjekte aufbauende Privatrechtsordnung ist nur funktionsfähig, wenn sich die jeweiligen Erklärungsempfänger auf die Verbindlichkeit des abgegebenen Leistungsversprechens verlassen können." Und weiter: „Die Vertragstreue bzw. der Grundsatz »pacta sunt servanda« [...] besitzt [...] den Rang einer unverzichtbaren Funktionsvoraussetzung für eine freiheitlich verfaßte und auf der Vertragsfreiheit aufbauenden Rechtsordnung." Auch der BGH zielt in diese Richtung, wenn er feststellt, dass die Vertragsbindung „eine wesentliche Grundlage für ein funktionierendes, die Äquivalenz gegenseitiger Leistungen sicherndes Vertragsrechtssystem" darstellt, siehe BGHZ 89, 206, 211.

[6] *Oetker*, S. 252, siehe außerdem auch *Oetker*, S. 248 ff. Siehe ferner für die Bedeutung des Grundsatzes vertraglicher Selbstbestimmung in Bezug auf das außerordentliche Kündigungsrecht im Rahmen von Dauerschuldverhältnissen *Haarmann*, S. 124.

[7] Komplizierte Werkverträge, insbesondere im Anlagenbau, nähern sich auf Grund der Länge des Vertrages Dauerschuldverhälnissen an, siehe *Oetker*, S. 21 f. Der Arbeitsvertrag als ein weiterer Vertrag, der ein Weisungsrecht aufweist, ist dagegen ein klassisches Dauerschuldverhältnis.

[8] Siehe zu den erheblichen Schwierigkeiten bzgl. der Bestimmung von Begriff und Inhalt des Dauerschuldverhältnisses die grundlegenden Ausführungen bei *Oetker*, S. 66 ff. Siehe zum Begriff des Dauerschuldverhältnisses ebenfalls *Horn* in: Gutachten z. Überarb. d. Schuldrechts, Band 1, S. 551 [561].

hältnissen auf Grund der zeitlichen Streckung des Erfüllungszeitraums (und zum Teil ihrer Komplexität) zu einer Konfliktlage zwischen dem Prinzip der Vertragsbindung und der Selbstbestimmung der Vertragspartner führen. Dieses Spannungsverhältnis zwischen der einseitigen Befugnis, nachträglich auf den Vertragsinhalt einzuwirken und dem Grundsatz der Vertragsbindung wird auch vom BGH hervorgehoben, wenn er im Zusammenhang mit Zinsänderungsklauseln in AGB bei langfristigen Sparverträgen davon ausgeht, dass sich „[a]us der Fassung des § 308 Nr. 4 BGB sowie *aus dem das Vertragsrecht beherrschenden Rechtsgrundsatz der Bindung beider Vertragspartner* an eine von ihnen getroffene Vereinbarung […] ergibt […], dass gegen Klauseln in Allgemeinen Geschäftsbedingungen, die zu Gunsten des Verwenders ein Recht zur Änderung seiner Leistung vorsehen, die Vermutung der Unwirksamkeit spricht"[9].

Im Folgenden soll dargestellt werden, dass sich der Grundsatz der Bindungswirkung als Selbstverständlichkeit durch alle drei zu untersuchenden Rechtsordnungen zieht. Skizziert werden sollen dabei auch die Begründungsansätze für die Bindungswirkung von Verträgen innerhalb der unterschiedlichen Rechtsordnungen. Dies erscheint deshalb zunächst angezeigt, weil sich anhand der Begründungen der Bindungswirkung von Verträgen möglicherweise Rückschlüsse darüber ziehen lassen, inwieweit Weisungsrechte mit dem Prinzip der Bindungswirkung von Verträgen zu vereinbaren sind. Die Theorien zur Begründung des Prinzips der Bindungswirkung von Verträgen werden sich aber als untauglich hierfür herausstellen, weshalb ein eigenständiger Versuch zur Auflösung des Spannungsverhältnisses zwischen Vertragsbindung und Flexibilität im Rahmen von Verträgen zu unternehmen ist.

1. Die Bindungswirkung von Verträgen als zentrales Element der Vertragsrechtsordnung

In allen drei zu untersuchenden Rechtsordnungen stellt das Prinzip der Bindungswirkung von Verträgen – wenig überraschend – ein zentrales Element des Vertragsrechts dar. Am deutlichsten wird dies im französischen Recht, wo sich die Bindungswirkung des Vertrages (*force obligatoire*) explizit aus einer der bekanntesten Vorschriften des *Code civil*, namentlich Art. 1134 CC (a. F.[10]), er-

---

[9] BGH NJW 2004, 1588 (Hervorhebung durch den Verfasser). Ebenfalls ausdrücklich aufmerksam auf das Spannungsverhältnis zwischen einem Anpassungsinteresse einer Vertragspartei und dem Grundsatz der Vertragstreue macht *Horn* in: Gutachten z. Überarb. d. Schuldrechts, Band 1, 551 [567].

[10] Wenn im Folgenden von Art. 1134 CC (sowie anderen in Bezug genommenen Artikeln des *Code Civil*) die Rede ist, wird auf den Rechtszustand vor der Reform des französischen Schuldrechts durch die Ordonnance Nr. 2016-131 vom 10. Februar 2016 abgestellt. Im Wege dieser Reform ist Art. 1134 CC a. F. durch die Art. 1103 CC abgelöst worden.

gibt. Gemäß Art. 1134 al. 1 CC, dessen Wortlaut entscheidend von *Domat* beeinflusst wurde[11], binden Verträge diejenigen, die sie abgeschlossen haben: „Les conventions légalement formées tiennent lieu de loi à ceux qui les ont faites". Im Anschluss an *Domat* war es das Ziel der Redakteure des *Code Civil*, dass die Verpflichtungen aus einem Vertrag den gleichen Zwang auf die Vertragsparteien bewirken wie eine Pflicht, die sich aus dem Gesetz ergibt[12]. Weder die Vertragsparteien selbst noch der Richter sollen nach dieser Vorstellung die Möglichkeit haben, nachträglich den Vertrag zu verändern[13]; die Aufgabe des Richters erschöpft sich darin, die Klauseln des Vertrages anzuwenden und zu interpretieren[14]. Art. 1134 al. 2 CC ergänzt, dass Verträge nur in gegenseitigem Einvernehmen, oder wenn das Gesetz dies vorsieht, widerrufen werden können[15]. Für diese Regelung, die im deutschen Recht als Vertragsprinzip bezeichnet wird und in § 311 I BGB niedergelegt ist[16], ist im französischen Recht die Bezeichnung *mutuus dissensus* gebräuchlich[17].

Abgesehen von der Regelung des Vertragsprinzips in § 311 I BGB, wonach Vertragsänderungen grundsätzlich nur zweiseitig durchgeführt werden können, findet sich im deutschen Recht keine ausdrückliche Regelung des Prinzips der Bindungswirkung des Vertrages. Auch das deutsche Recht geht jedoch selbstverständlich vom Prinzip der Vertragsbindung aus. Es wird als gegeben vorausgesetzt[18]. Ohne es nie ganz auf die große Bühne des rechtswissenschaftlichen Diskurses gebracht zu haben, lodert in der deutschen Rechtswissenschaft aller-

---

[11] *Domat,* Loix civiles (Tome premier), 1ʳᵉ partie, livre I, titre I, sect. 2, n° 7: „Les conventions étant formées, tout ce qui a été convenu tient lieu de loi à ceux qui les ont faites m; & elles ne peuvent être révoquées que de leur confentement commun n […]"

[12] *Mazeaud/Mazeaud/Chabas/Chabas,* Rn. 721; siehe auch *Llorens,* S. 229; auch im deutschen Recht findet sich im Zusammenhang mit der Bindungswirkung von Verträgen der von *Flume* geprägte Begriff der *lex contractus,* siehe *Flume* AT II § 33/2, sowie weitgehend zustimmend *Lorenz,* S. 32.

[13] *Boyer,* Rép. civ. Dalloz, Contrats et Conventions Rn. 236; siehe auch *Fabre,* RTD civ. 1983, 1 [2 ff.].

[14] *LLorens,* S. 229.

[15] Siehe für eine grundlegende Behandlung der (zweiseitigen) Vertragsänderung *Ghozi,* S. 3 ff.

[16] *MüKo-Emmerich* § 311 Rn. 1.

[17] Vgl. insbesondere *Vatinet,* RTD civ. 1987, 252 ff.; siehe auch *Malaurie/Aynès/Stoffel-Munck,* Rn. 757; als „antithèse" zum *mutuus dissensus* bezeichnet *Delebecque,* Droit et Patrimoine 2004, 56 [57] die *rupture unilatéral.* Und an anderer Stelle wird er noch deutlicher: *Delebecque,* in: L'unilatéralisme et le droit des obligations, 61 [62]: „La résiliation unilatérale d'un contrat ne peut être acceptée et reconnue qu'avec prudence. Il est vrai que le solus dissensus peut se justifier par souci de protéger tel contractant et d'assurer une certaine liberté individuelle, puisqu'il s'agit toujours de libérer un contractant. Mais l'exercice de cette prérogative heurte de front le principe – essentiel – de la force obligatoire des contrats."

[18] *Lorenz,* S. 31 f.; *Oetker,* S. 248; siehe auch *Weller,* S. 275 f., der die Pflicht zur Vertrags-

dings eine Diskussion darüber, ob entgegen des keine Ausnahmen zulassenden Wortlauts des § 311 I BGB ausnahmsweise dann kein Vertrag zur Änderung eines bestehenden Schuldverhältnisses erforderlich sein soll, wenn die Änderungen nur geringfügiger Natur sind und entsprechend die andere Vertragspartei nicht über Gebühr belasten. Wenn der Vertragsgrundsatz tatsächlich an dieser Stelle lückenhaft wäre, könnte hier ein „Einfallstor" für Weisungsrechte bestehen, insbesondere wenn man davon ausgeht, dass die andere Partei von der einseitig herbeigeführten Vertragsmodifikation immer dann nur geringfügig belastet ist, wenn Weisungsrechte nur innerhalb enger Grenzen ausübbar sind und sich der Ändernde/Anweisende zur Übernahme der auf Grund der Weisung entstehenden Kosten bereit erklärt.

Am klarsten formuliert worden ist eine solche Auflockerung des in § 311 I BGB festgelegten Vertragsprinzips im Schrifttum bisher wohl von *Gerke*:

> „Richtig aber ist, daß der Schuldner verpflichtet ist, hinsichtlich der Einzelheiten der Erfüllungsart, den Anweisungen des Gläubigers Folge zu leisten. Diese Verpflichtung ist aber noch als eine Ausstrahlung des Vertrages anzusehen. Des Schuldners Kontrahierungswille muß so ausgelegt werden, daß er sich hat verpflichtet, den auf die Erfüllungsart beziehenden Weisungen des Gläubigers, z.B. bezgl. der Zahlstellen, Leistungsadressen, Leistungszeit, Verpackung, Versendung usw. Folge zu leisten und zwar auch etwaiger Konterorder, soweit für ihn dadurch keine neuerlichen im ursprünglichen Vertrage nicht vorgesehenen Sonderbelastungen entstehen; also insbesondere dann, wenn der Gläubiger die Kosten nach der nach seinen Wünschen erfolgenden Erfüllungsart übernommen hat. Es handelt sich also in diesen Fällen nicht so sehr um eine Aenderung des ursprünglichen Vertrages als vielmehr um eine endgültige Festlegung und Präzisierung. § 305 BGB ist nicht anwendbar."[19]

Gerke versucht ganz offensichtlich, Weisungen bzgl. der Erfüllungsart dadurch vom Vertragsprinzip auszunehmen, dass er sie schon gar nicht als Vertragsänderungen wertet, sondern bloß als Konkretisierungen des Vertragsinhalts, weshalb § 311 I BGB (bis zum Schuldrechtsmodernisierungsgesetz im Jahr 2002 § 305 BGB) schon gar nicht anwendbar sei. An anderen Stellen wird argumentiert, dass sich ein einseitiges Änderungsrecht durch Auslegung des Vertrages nach §§ 157, 242 BGB ergeben könne, wenn die Änderung den Vertragspartner nicht belastet[20]. Ähnlich wie bei *Gerke* mit dem Hinweis auf die Möglichkeit der Änderung der Leistungsadresse soll dabei etwa auch nach *Löwisch/Feldmann*

---

treue etwas umständlich aus § 311 I iVm. § 241 BGB sowie einem Umkehrschluss zu den Vertragsbeendigungstatbeständen des BGB, die als Ausnahmen konzipiert seien, hergeleitet.

[19] *Gerke*, S. 46 f.

[20] *Erman-Kindl* § 311 Rn. 7; *Staudinger-Löwisch/Feldmann* [2012] § 311 Rn. 60; *Soergel-Wolf* § 305 Rn. 37 stellt zur Begründung eines einseitigen Änderungsrechts in diesen Fällen allein auf § 242 BGB ab; siehe außerdem auch *Leonhard*, S. 650 f., der Ausnahmen vom Vertragsgrundsatz für unwesentliche Änderungen schon auf Grund der gesetzlichen Vorschriften in §§ 398, 414 sowie 267 BGB für möglich hält.

ein nachträgliches Verlangen zur Lieferung an einen Dritten möglich sein, sofern für die entsprechenden Mehrkosten aufgekommen wird[21]. Erfasst wäre damit bereits auf dieser allgemeinen vertragsrechtlichen Ebene etwa auch ein ganz besonders wichtiger inhaltlicher Bestandteil des transportvertraglichen Weisungsrechts, namentlich dergestalt, dass der Weisungsinhaber den Frachtführer anweisen kann, das Transportgut an einen anderen als den ursprünglich vereinbarten Empfänger zu liefern.

In der näheren Vergangenheit hat sich vor allem *Hau*[22] kritisch mit der Frage auseinandergesetzt, ob es für kleinere Änderungen des vertraglichen Pflichtenprogramms keines Änderungsvertrages iSd. § 311 I BGB bedarf. Er bezieht dabei deutlich Stellung gegen eine Aufweichung des in § 311 I BGB festgelegten Vertragsgrundsatzes und stützt seine Argumentation insbesondere auf den Wortlaut der genannten Norm, die keine Ausnahmen zugunsten von die andere Partei weniger belastenden Änderungen vorsieht[23]. Dies habe auch einen tiefer liegenden Grund, denn die Einführung einer Erheblichkeitsschwelle ziehe das Problem nach sich, die konkrete Erheblichkeit für die andere Vertragspartei ermitteln zu müssen[24]. Eine strenge Auslegung des § 311 I BGB verhindere solche Probleme, weil bei einer zweiseitigen Vertragsanpassung die Frage nach der zumutbaren Belastung von der anderen Partei dadurch beantwortet werde, ob sie sich mit der Vertragsmodifikation einverstanden erklärt, oder diese – wegen einer Überschreitung der Belastungsgrenze – ablehnt[25].

Haus Argumentation vermag insofern zu überzeugen als eine Regelung, die sich allein auf die Erheblichkeit einer Änderung bezieht und keinerlei nähere Konkretisierung der Grenzen des Abänderungsrechts liefert[26], tatsächlich große Rechtsunsicherheit schafft, wobei freilich zu bedenken ist, dass zumindest mit Zeitablauf damit zu rechnen ist, dass eine Konkretisierung durch die Rechtsprechung eintreten würde.

Nur sehr sparsam beschäftigt sich schließlich das englische Recht mit dem Grundsatz der Bindungswirkung des Vertrages. In den führenden englischen Lehrbüchern zum Vertragsrecht wird nur kurz auf den Grundsatz des *binding force of contract* eingegangen. Als zweifelsfrei wird man jedoch zumindest ansehen können, dass die Vertragsbindung im englischen Recht jedenfalls ausschließt, dass einseitige nachträgliche Vertragsänderungen seitens einer Ver-

---

[21] *Staudinger-Löwisch/Feldmann* [2012] § 311 Rn. 60; siehe auch *Erman-Kindl* § 311 Rn. 7.
[22] Vertragsanpassung und Anpassungsvertrag, S. 64 ff.
[23] *Hau*, Vertragsanpassung und Anpassungsvertrag, S. 65.
[24] *Hau*, Vertragsanpassung und Anpassungsvertrag, S. 65 f.
[25] *Hau*, Vertragsanpassung und Anpassungsvertrag, S. 67.
[26] Siehe zu den Grenzen der Ausübung von Weisungsrechten etwa infra *§ 7, II* sowie *§ 9, IV*.

tragspartei durchgeführt werden können[27]. Traditionell weniger klar ist dagegen etwa auf Grund der berühmten Ausführungen von *Holmes*[28], ob die Bindungswirkung englischer Verträge grundsätzlich geschwächt ist, weil sie im Fall des Vertragsbruchs nicht auf Naturalerfüllung, sondern bloß auf eine Kompensation in Geld gerichtet sei. Die enge Sicht *Holmes'* kann heute mit verschiedenenen Argumenten als überholt angesehen werden[29] und soll hier deshalb nicht näher vertieft werden.

Ein Grund dafür, dass englische Lehrbücher oftmals keinen Teil über das Prinzip des *binding force of contract* enthalten, kann möglicherweise auch darin gesehen werden, dass es scheint, als würden bei der Frage nach der Bindung (und entsprechenden Durchsetzbarkeit) von Verträgen andere Diskussionen von der breiten Diskussion über das Erfordernis der *consideration* überlagert, ohne deren Vorliegen ein Vertrag nach englischem Recht nicht bindend ist[30]. Freilich ist zu beachten, dass es bei der Frage, inwieweit und warum Verträge binden, nicht um die einzelnen Voraussetzungen eines bindenden Vertrages geht, wozu im englischen Recht die *consideration* gehört, sondern um die Frage, inwieweit und warum ein Vertrag bindet, wenn all diese Voraussetzungen erfüllt sind. Trotzdem steht im Ergebnis das Erfordernis der *consideration* letztlich doch auch im Zusammenhang mit einer der Begründungen im englischen Recht für die Bindungswirkung von Verträgen, der *bargain*-Theorie[31], weil das Erfordernis der *consideration* dazu dient, dass nur *bargains* und nicht etwa auch rein einseitige Rechtsgeschäfte ohne Gegenleistung (wie etwa die Schenkung) zum englischen Vertragsrecht zu zählen sind.

2. Die weitgehende Fokussierung der Theorien zur Erklärung der Bindungswirkung des Vertrages auf den Zeitpunkt des Vertragsschlusses

Eine vollständige und vertiefende Darstellung der zahlreichen existierenden Theorien zur Begründung der Bindungswirkung von Verträgen würde über den

---

[27] Vgl. *Wilken/Villiers*, Rn. 2.39.

[28] *Holmes*, S. 236: „The only universal consequence of a legally binding promise is, that the law makes the promisor pay damages if the promised event does not come to pass. In every case it leaves him free from interference until the time for fulfillment has gone by, and therefore free to break his contract if he chooses.".

[29] Siehe in der englischen Literatur nur *Chitty* I-*Whittaker* Rn. 1-036; siehe außerdem *Schmidt-Kessel*, in: *Remien*, Schuldrechtsmodernisierung und Europäisches Vertragsrecht, 85 [88], der die nicht zu unterschätzende Bedeutung der Gewährung von *specific performance* durch die Gerichte hervorhebt. Ausführlich hat zuletzt *Weller* S. 118 ff., insbesondere S. 127 ff., das Thema des Naturalerfüllungsinhalts des Vertrages im englischen Recht behandelt.

[30] Siehe hierzu nur *Chitty* I-*Treitel* Rn. 4-001 ff.

[31] Dazu sogleich infra *§ 2, I, 2*.

Umfang dieser Arbeit weit hinausgehen[32]. Es muss daher genügen, einen kurzen Überblick darüber zu geben, dass die Theorien zur Erklärung der Bindungswirkung von Verträgen in der Regel nicht auf die Auseinandersetzung mit Weisungsrechten zugeschnitten sind, weil sie spätere Änderungen des Vertrages nicht erklären wollen, sondern sich darin erschöpfen, die im Zeitpunkt des Vertragsschlusses ausgelöste Bindungswirkung des Vertrages zu erklären:

Mit Beginn der großen Kodifikationen am Ende des 18. Jahrhunderts intensivierte sich die Debatte über die Begründung der Bindungswirkung des Vertrages. Vor allem am Ende des 19. Jahrhunderts war die sog. Willenstheorie in der französischen Rechtswissenschaft verbreitet[33]. Sie wurde oft direkt auf den Text des *Code Civil*, insbesondere Art. 1134 CC gestützt, obwohl der *Code Civil* selbst sich nicht für die Willenstheorie entschieden hatte, sondern auf den Texten *Domats* aufbaute[34], dessen Inspiration wiederum auf eine Reihe älterer Texte zurückgeht, in denen die Willenstheorie noch keine Rolle gespielt hatte[35].

Die Kernaussage der Willenstheorie ist, dass es der gegenseitige Wille der Vertragspartner sei, der die *force obligatoire* des Vertrages begründe[36]. Der Mensch sei frei darin, sich Regeln zu unterwerfen[37]. Die starke Zuspitzung auf den Menschen als von seinem Willen gesteuertem Wesen lässt sich auf die Aufklärung zurückführen[38]. Durch die Herausstellung des Willens wird der Vertrag zu der Quelle des Rechts überhaupt[39]. Die Individuen sind mit Hilfe ihres Willens in der Lage, einen Vertrag zu schließen und damit ein für sie geltendes Gesetz zu erschaffen[40]. Auch in der deutschen Rechtswissenschaft fand die Willenstheorie etwa in *von Savigny*[41] und *Windscheid*[42] bedeutende Vertreter.

---

[32] Verwiesen sei daher etwa auf die grundlegende Arbeit *Unheraths*, in der die wichtigsten Strömungen und Vertreter zur Frage der Bindungswirkung des Vertrages aus rechtsphilosipher Perspektive zusammengetragen und dargestellt werden, s. *Unherath*, S. 21 ff.

[33] Vgl. *Malaurie/Aynès/Stoffel-Munck*, Rn. 748; *Starck/Roland/Boyer*, Rn. 4.

[34] Siehe supra *§ 2, I, 1*.

[35] Siehe hierzu *Gordley*, The Philosophical Origins of Modern Contract Doctrine, S. 217 f.

[36] Vgl. *Malaurie/Aynès/Stoffel-Munck*, Rn. 748; *Terré/Simler/Lequette*, Rn. 21.

[37] Vgl. *Malaurie/Aynès/Stoffel-Munck*, Rn. 748; *Starck/Roland/Boyer*, Rn. 6.

[38] Vgl. *Terré/Simler/Lequette*, Rn. 21.

[39] *Terré/Simler/Lequette*, Rn. 21.

[40] Vgl. *Mazeaud/Mazeaud/Chabas/Chabas* Rn. 116. Nach *Terré/Simler/Lequette*, Rn. 21 bringt dies auch etymologisch die Bezeichnung der Theorie als „*théorie d'l'autonomie de la volonté*" zum Ausdruck: Das Wort ‚Autonomie' stamme von dem griechischen Wort *autonomos* ab, das sich aus dem Präfix *auto* sowie dem Substantiv *nomos* zusammensetze. Letzteres korrespondiere mit dem lateinischen Wort *lex*, das Gesetz bedeute. Mithin bedeutete das Wort ‚autonomie' wörtlich übersetzt, sich selbst Gesetze zu geben.

[41] *V. Savigny*, S. 257 ff. sowie S. 263 ff.

[42] *Windscheid*, Wille und Willenserklärung, AcP 63, S. 72 ff.

Es gibt eine Reihe von Kritikpunkten, die sich der Willenstheorie entgegen halten lassen. Einer der Wichtigsten, der einen interessanten Zusammenhang zur Frage der Zulässigkeit von nachträglichen, einseitigen Vertragsänderungen aufweist, ist der Folgende: Wenn es so ist, dass allein der Wille der Vertragspartner dazu führt, dass der Vertrag bindet, warum ist es dann nicht möglich, den Vertrag abzuändern oder sogar zu beenden, wenn sich der Wille zu einem späteren Zeitpunkt ändert[43]? Sollte nicht die *„volonté actuelle, vivante"* der *„volonté passée, morte"* vorgehen[44]? Wenn der Wille tatsächlich eine solche Macht besitzt, dann müsste er doch auch in der Zeit nach dem Vertragsschluss weiterhin maßgeblich bleiben[45]. Das hätte für die hier zu untersuchenden Weisungsrechte die interessante Folge, dass ihre Zulässigkeit leicht begründbar wäre. Sie wären Ausfluss einer Willenstheorie, die zu jedem Zeitpunkt des „Vertragslebens" allein auf den (aktuellen) Willen der Vertragspartner abstellt. Von den Anhängern der Willenstheorie wurde diesem Argument freilich entgegengesetzt, dass sich der Wille der Vertragsparteien im Zeitpunkt des Vertragsschlusses getroffen habe und dass deshalb dieser Zeitpunkt der entscheidende sei[46]. Es kommt also allein auf den Willen zu einem bestimmten Zeitpunkt, dem Zeitpunkt des Vertragsschlusses, an.

Im deutschen Recht ist die Willenstheorie in der Rechtsdogmatik längst abgelöst worden von der Erklärungstheorie, die auf eine weitere Schwäche der Willenstheorie reagiert hat. Die Willenstheorie lässt nämlich Gesichtspunkte des Verkehrsschutzes außer Betracht. Nach der Erklärungstheorie ist eine Willenserklärung auch dann beachtlich, wenn sie nicht gewollt war, aber trotzdem dem Äußernden zugerechnet werden kann und gleichzeitig der Rechtsverkehr auf die Geltung der Erklärung vertrauen durfte[47]. Die Erklärungstheorie vermag allerdings ebenfalls keinen Beitrag dazu zu leisten, ob und warum auch eine nachträgliche Erklärung in Form einer Weisung trotz der seit dem Vertragsschluss geltenden Bindungswirkung möglich ist und gleichzeitig selbst neue Bindungswirkung entfaltet.

Weitere wichtige Ansätze zur Erklärung der Bindungswirkung von Verträgen sind vor allem Theorien, die den Zweck der Vertragsbindung in den Mittelpunkt stellen bzw. die Vertragsbindung vor dem Hintergrund von Nützlichkeits-

---

[43] *Gounot*, S. 345 f.; *Heuzé*, S. 70 f.

[44] Vgl. *Heuzé*, S. 71.

[45] Vgl. *Gounot*, S. 345 f.; *Terré/Simler/Lequette*, Rn. 28; siehe zu diesem weit verbreiteten Einwand gegen das ausschließliche Abstellen auf den Willen der Vertragsparteien auch *Bydlinski*, S. 69 mit weiteren Nachweisen aus der deutschsprachigen Literatur.

[46] Vgl. *Terré/Simler/Lequette*, Rn. 28.

[47] Siehe hierzu *Werba*, S. 17 ff. mit weiteren Nachweisen.

erwägungen bzw. aus ökonomischer Perspektive analysieren[48]. Auch ihnen ist gemeinsam, dass sie sie nicht mit nachträglich, einseitigen Vertragsänderungs-rechten beschäftigen.

Zur erst genannten Gruppe zählen vor allem diejenigen Vertreter, die die Selbstbestimmung des Menschen, oft verknüpft mit weiteren Elementen wie etwa Glück und ein erfülltes Leben[49], in den Mittelpunkt rücken. Solche sog. „ontologischen" Theorien stellen vor allem darauf ab, dass der Mensch ein selbst-bestimmtes Leben nur dann führen kann, wenn er sich – jedenfalls ein Stück weit, nämlich in Form der Selbstbindung durch Vertrag – selbst in seiner Freiheit beschränken kann um auf diese Weise seinen Zielen näher zu kommen[50].

Ghestin hebt vor allem die Nützlichkeit der Bindungswirkung für die Gesell-schaft und das Wirtschaftsleben hervor. Die Kernaussage seines Erklärungs-ansatzes ist, dass der Vertrag auf Grund des positiven Rechts binde, weil dies gesellschaftlich nützlich sei[51]. Insbesondere könne dadurch Rechtssicherheit gewonnen werden[52]. Durch den Vertrag werde versucht, die ungewisse Zukunft ein Stück weit vorhersehbarer zu machen[53]. *Ghestin* ergänzt, dass die *force ob-ligatoire* des Vertrages letztlich die Voraussetzung für ein modernes und libera-les Wirtschaftssystem sei[54]. Auch *Gounot* macht darauf aufmerksam, dass kein Verkäufer oder Vermieter seine Sache seinem Vertragspartner überlassen wür-de, wenn er nicht auf Grund der Bindungswirkung des Vertrages davon ausge-hen könnte, die dafür versprochene Gegenleistung zu erhalten[55].

Auch die im englischen Recht dominierende *bargain*-Theorie ist von Nütz-lichkeitsüberlegungen getrieben. Nach der *bargain*-Theorie bindet ein Vertrag, „weil dies der Effizienz des erzielten Interessenausgleichs, dem *bargain*, ge-schuldet ist."[56] Dies ist ein Grundansatz, der sich eindeutig auf den mit einem

---

[48] Siehe hierzu *Unberath*, S. 89 ff. bzw. 107 ff.

[49] Vgl. *Unberath*, S. 93 ff, S. 99 ff.

[50] Vgl. *Schmidt-Kessel*, in: *Remien*, Schuldrechtsmodernisierung und Europäisches Ver-tragsrecht, 85 [86].

[51] *Ghestin*, Formation du contrat, Rn. 229.

[52] *Ghestin*, Formation du contrat, Rn. 248.

[53] *Ghestin*, Formation du contrat, Rn. 248; vgl. hierzu auch *Gounot*, S. 354: „Les hommes sentent le besoin d'embrasser l'avenir dans un acte de prévision et de se l'assurer, de faire participer au commerce juridique des biens qu'ils n'ont pas encore, des efforts qu'ils ne pro-duiront que plus tard, d'obtenir contre des services actuels des avantages futurs, ou contre des avantages futurs des services actuels. Or le contrat obligatoire est précisément l'instrument juridique, merveilleux et souple, qui seul permet d'atteindre ces résultats."

[54] *Ghestin,* Formation du contrat, Rn. 249; siehe ausführlich zu den Auswirkungen der wirtschaftlichen Entwicklung auf das Konzept des Vertrages *Vasseur*, RTD civ. 1964, S. 5 ff.

[55] *Gounot*, S. 355.

[56] *Schmidt-Kessel*, in: *Remien*, Schuldrechtsmodernisierung und Europäisches Vertrags-recht, 85 [86].

Vertrag bezweckten Austausch wirtschaftlicher Werte bezieht und weniger
etwa den Willen oder das Verhalten der Parteien betont[57]. Zurückführen lässt
sich dies auf die Tatsache, dass das englische Vertragsrecht seit jeher stark vom
Wirtschaftsverkehr geprägt ist und daher kommerzielle Verträge als „*paradigm
of contract*" gelten[58]. Ausgedrückt letztlich durch das Erfordernis der *consideration* genügt es im *Common law* nicht, dass eine Partei die Vertragsbindung
will, so dass allein der Wille zur Bindung die Bindungswirkung des Vertrages
nicht zu erklären vermag[59].

Von der Vielzahl der ökonomischen Theorien soll hier die Theorie der relatio-
nalen Verträge besondere Erwähnung finden[60]. Charakteristikum sog. relatio-
naler Verträge ist, dass die Vertragsparteien, in der Regel im Rahmen längerer
Geschäftsbeziehungen, zum Zeitpunkt des Vertragsschlusses nicht vollständig
vorhersehen können, welche Regelungen im Rahmen des Vertrages benötigt
werden, so dass der Vertrag lückenhaft bleibt[61]. Diese Theorie ist sich also dem
Problem durchaus bewusst, dass in der Vertragswirklichkeit in vielen Fällen die
Parteien unmöglich bereits zum Zeitpunkt des Vertragsschluss alles regeln und
damit eine endgültige vertragliche Bindung hervorrufen können. Die Lösung
zur späteren Füllung dieser Lücken wird aber nicht zuvörderst in einseitigen,
nachträglichen Einwirkungsmöglichkeiten auf den Vertrag, sondern vor allem
in Nachverhandlungen, also zweiseitiger Verständigung gesehen[62].

3. Fehlende Eignung der Theorien zur Erfassung von Weisungrechten

Die vorliegende Untersuchung hat nicht zum Ziel, in die Diskussion über die
richtige Begründung der Bindungswirkung von Verträgen einzusteigen. Die
Skizzierung der unterschiedlichen Ansätze dient nur dazu, mögliche Ansätze
für die Auflösung des Spannungsverhältnisses zwischen der Bindung von Verträgen und Weisungsrechten herauszuarbeiten. Festzustellen ist jedoch, dass
keine der genannten Theorien darüber hinaus geht, allein die Bindungswirkung
von Verträgen zu erklären. Man mag den Theorien die fehlende Beschäftigung
mit der Frage, ob und wenn ja inwieweit Ereignisse in der Zukunft Einfluss
nehmen können auf die Bindungswirkung des Vertrages, auch gar nicht vorwer-

---

[57] *Beale/Fauvarque-Cosson/Rutgers/Tallon/Vogenauer*, S. 65.
[58] So ausdrücklich *Beale/Fauvarque-Cosson/Rutgers/Tallon/Vogenauer*, S. 65.
[59] *Beale/Fauvarque-Cosson/Rutgers/Tallon/Vogenauer*, S. 68.
[60] Siehe hierzu *Richter/Furubotn*, S. 184 ff.; *Schweizer*, S. 239 ff.
[61] *Richter/Furubotn*, S. 185; vgl. auch *Tillmanns*, S. 101 mit zahlreichen weiteren Nachweisen, insbesondere auch aus der einschlägigen amerikanischen Primärliteratur. Siehe daneben für grundlegende Ausführungen zur *relational contracts theory Staudinger-Martinek/
Omlor* [2017] Vorbem zu §§ 662 ff. Rn. 68 ff.
[62] *Richter/Furubotn*, S. 186.

fen, denn ihr primäres Anliegen ist es ja gerade, zunächst überhaupt zu erklären, warum Verträge binden und nicht, unter welchen Umständen diese Bindungswirkung nicht gilt. Wenn dies aber so ist, dann muss festgestellt werden, dass sich mit Hilfe der genannten Theorien keine Erkenntnisse darüber gewinnen lassen, wie weit die Bindungswirkung von Verträgen reicht und ob Weisungsrechte einen unzulässigen Eingriff in das Prinzip der Bindungswirkung von Verträgen darstellen. Ausnahmen oder zumindest Regeln über Ausnahmen vom Grundsatz der Bindungswirkung von Verträgen lassen sich durch ihre Fokussierung auf den Zeitpunkt des Vertragsschlusses und die nicht vorhandene Beschäftigung mit einer möglichen Auflösung der Bindung nicht erklären[63].

Wie *Tillmanns* treffend herausgearbeitet, ist bei Tätigkeitsverträgen und Dauerschuldverhältnissen, bei denen es nicht möglich ist, im Zeitpunkt des Vertragsschlusses sämtliche Pflichten zu fixieren bzw. nicht voraussehbar ist, wie sich zukünftige Entwicklungen auf das Vertragsgefüge auswirken, die Fokussierung allein auf den Zeitpunkt des Vertragsschlusses für die Festlegung der vertraglichen Pflichten jedenfalls zweifelhaft[64]. Die herkömmlichen Vertragstheorien sind nicht in der Lage, die Vertragswirklichkeit solcher Verträge abzubilden[65].

4. Versuch der Auflösung des Widerspruchs zwischen Vertragsbindung und Weisungsrechten

Nachdem festgestellt werden musste, dass jedenfalls die Begründungsansätze für die Bindungswirkung von Verträgen keine Hilfe bei der Auflösung des Spannungsverhältnisses zwischen der Bindungswirkung von Verträgen und Weisungsrechten bieten, soll im Folgenden versucht werden, einen eigenständigen Weg zur Auflösung des Spannungsverhältnisses zu finden.

Der Ausgangspunkt muss dabei sein, dass es sich nicht leugnen lässt, dass Weisungsrechte dem Prinzip der Bindungswirkung von Verträgen gegenüberstehen. Würde jeder Vertrag für beide Vertragsparteien unbeschränkt Weisungsrechte vorsehen, wäre die Bindungswirkung des Vertrages vollständig ausgehöhlt, denn jede Vertragspartei könnte jederzeit einseitig auf den Vertragsinhalt einwirken. Vor diesem Hintergrund erscheint es bei oberflächlicher Betrachtung als nahezu unmöglich, Weisungsrechte als mit dem Prinzip der

---

[63] Ebenfalls an der Fokussierung der Vertragstheorien auf den Moment des Vertragsschluss ist kürzlich *Rehberg*, Ritsumeikan Law Review 2011, 295 ff. gescheitert beim Versuch, anhand der Vertragstheorien zu erklären, dass der Arbeitnehmer Weisungen seines Arbeitgebers Folge zu leisten hat.

[64] Siehe *Tillmanns*, S. 99 f.

[65] Siehe hierzu nun auch *Rehberg*, S. 1048 ff., der zur vertragstheoretischen Erfassung nachträglicher, einseitiger Vertragsänderungsrechte das von ihm entwickelte Rechtfertigungsprinzip als hierauf passende Vertragstheorie zur Anwendung bringt.

Bindungswirkung von Verträgen vereinbar zu erklären. Dies mag jedoch anders
sein, wenn sich zeigen lässt, dass Weisungsrechte für die Vertragsparteien einen
Zweck erfüllen, der auch im Rahmen des Grundsatzes der Bindungswirkung
von Verträgen eine entscheidende Rolle spielt (a) und Weisungrechte gleichzeitig so augestaltet werden können, dass sie den Grundsatz der Bindungswirkung
von Verträgen nicht aushöhlen (b).

a) *Weisungsrechte zur Verwirklichung eines effektiven Selbstbestimmungsrechts*

Unabhängig von der Antwort auf die Frage, welcher Theorie man als theoreti-
schem Unterbau für das Prinzip der Bindungswirkung von Verträgen folgt,
wird man immer zu dem Ergebnis gelangen, dass Verträge und die daraus resultierende Selbstbindung der Vertragsparteien in Verbindung mit dem ebenfalls
für das Vertragsrecht grundlegenden Prinzip der Privatautonomie eine Ausformung der Selbstbestimmung jedes einzelnen Rechtssubjektes sind[66]. Privatautonomie wird nach *Flume* klassischerweise definiert als „Prinzip der Selbst-
gestaltung der Rechtsverhältnisse durch den einzelnen nach seinem Willen"[67].
Wie *Lorenz* zu Recht hervorhebt, steht die Bindungswirkung von Verträgen in
engem Bezug zur Privatautonomie, weil auch die Fähigkeit zur Selbstbindung
überaus wichtig ist für die Selbstbestimmung des einzelnen[68]. Nach dem bisher
Gesagten zur überaus zentralen Bedeutung des Prinzips der Bindungswirkung
von Verträgen für das Vertragsrecht wird man sogar sagen können, dass eine
effektive Selbstbindung und damit einhergehende Selbstbestimmung überhaupt
nur möglich ist, wenn es das Prinzip der Bindungswirkung von Verträgen gibt.
Das Prinzip der Bindungswirkung des Vertrages dient damit letztlich vor allem
dazu, in Verbindung mit dem Prinzip der Privautonomie Selbstbestimmung des
Einzelnen im Rahmen der Rechtsordnung zu ermöglichen.

Selbstbestimmung kann freilich nur dort funktionieren, wo der Einzelne ein
Mindestmaß an relevantem Wissen zur Verfügung hat um eine aufgeklärte Entscheidung treffen zu können. Weisungsrechte spielen – wie bereits erwähnt[69] –

---

[66] Besonders betont wird dieses Element freilich im Rahmen derjenigen Theorien, die die
Selbstbestimmung und Selbstbindung des Einzelnen in den Vordergrund rücken, vgl. supra
§ 2, I., 2.

[67] *Flume*, AT II § 1/1. Siehe auch grundlegend und mit weiteren Nachweisen *Lorenz*,
S. 15 ff.

[68] *Lorenz*, S. 28; *Oetker*, S. 250 spricht sogar ausdrücklich davon, dass „zwischen beiden
Grundprinzipien der Privatrechtsordnung [Vertragstreue und Selbstbestimmung] keine Di-
vergenz besteht, sondern sie [...] vielmehr eine für die Privatrechtsordnung konstitutive
Sinneinheit [bilden]."

[69] Siehe supra *§ 1, I.*

in solchen Verträgen eine Rolle, in denen auf Grund eines langen Erfüllungszeitraums (und unter Umständen auf Grund einer besonderen Komplexität des
Vertragsgegenstandes) die Wahrscheinlichkeit besonders groß ist, dass sich
noch vor (vollständiger) Vertragserfüllung eine Veränderung ergibt, die den
Vertrag weniger attraktiv für den Gläubiger der vertragscharakteristischen
Leistung werden lässt[70]. Auf Grund der Vertragsstruktur der genannten Verträge ist es für den Gläubiger der vertragscharakteristischen Leistung nicht möglich, überhaupt eine aufgeklärte Entscheidung über den Vertragsinhalt bis zum
Erfüllungszeitpunkt zu treffen, weil er nicht in die Zukunft blicken kann und
deshalb nicht vorauszusehen vermag, wie sich wichtige Umstände für seine Entscheidung zum Vertragsabschluss verändern mögen. Im Zeitpunkt des Vertragsschlusses ist echte Selbstbestimmung auf gesicherter Tatsachengrundlage
nur für den Zeitpunkt des Vertragsschlusses möglich. Provokant formuliert
kann dies dazu führen, dass das Prinzip der Bindungswirkung von Verträgen,
das dem Einzelnen zur Selbstbestimmung verhelfen soll, zur Falle für uner-
wünschte Verträge wird und damit – über den Zeitpunkt des Vertragsschlusses
hinausgehend – paradoxerweise die Verwirklichung von Selbstbestimmung verhindert[71]. Am deutlichsten lässt sich dies wiederum anhand von Dauerschuldverhältnissen vorführen, wo die drohende Ewigkeitsbindung und die damit einhergehende (komplette) Ausschaltung des Selbstbestimmungsrechts des Einzelnen der entscheidende Argumentationsstrang zur Durchbrechung der

---

[70] Es mag freilich auch eine Veränderung zu Gunsten des Gläubigers der vertragscharakteristischen Leistung geben oder eine Veränderung, die vornehmlich die andere Vertragspartei betrifft, aber diese Fälle können hier außer Betracht bleiben, weil sie nicht in Zusammenhang mit Weisungsrechten stehen.

[71] Dass es einen Zusammenhang zwischen effektiver Rechtssicherheit und Flexibilität
von Vertragsverhältnissen gibt, betont auch der DCFR auf der Ebene der *Principles*. Principle 22 (*V. Bar/Clive* DCFR, Full Edition, S. 47) mit dem Titel *Certainty and flexibility*: „A
more general question ist whether contractual security is better promoted by rigid rules or by
rules which […] leave room for flexibility. The answer probably turns on the nature of the
contract. In contracts for the purchase of certain commodities or types of incorporeal assets
where prices fluctuate rapidly and where one deal is likely to be followed rapidly by another
which relies on the first and so on within a short space of time, certainty is all important. […].
Certainty means security. However, in long term contracts for the provision of services of
various kinds (including construction services), where the contractual relationship may last
for years and where the background situation may change dramatically in the course of it, the
reverse is true. Here true security comes from knowledge that there are fair mechanisms in
place to deal with changes in circumstances. It is for this reason that the default rules in the
part of the DCFR on service contracts have special provisions on the giving of warnings of
impending changes known to one party, on co-operation, on directions by the client and on
variation of the contract." Siehe für Näheres zu den Regelungen „*directions by the client*"
sowie „*variation of contract*" im Rahmen von *service contracts* im DCFR, infra *§ 4, II, 3.*

Bindungswirkung von Verträgen durch das Kündigungsrecht im Rahmen von Dauerschuldverhältnissen ist[72]. Auch wenn Verträge, in denen Weisungsrechte vorkommen, nicht zwingend auf einen ähnlich langen Zeitraum wie Dauerschuldverhältnisse ausgelegt sind, lässt sich die Argumentation auf Grund der strukturellen Ähnlichkeit in Form der verlängerten Erfüllungsphase durchaus übertragen.

Weisungsrechte erlauben vor diesem Hintergrund die Nachjustierung des Vertrages und damit die Anpassung des Vertragsinhalts an das gegenwärtige Interesse des Gläubigers der vertragscharakteristischen Leistung. Sie verhelfen somit dem Selbstbestimmungsgrundsatz zur größtmöglichen Effektivität, weil sie – im Rahmen des Anwendungsbereichs des Weisungsrechts – verhindern, dass der Gläubiger der vertragscharakteristischen Leistung in einem Vertragsverhältnis gefangen ist, dessen nachteiligen Verlauf er nicht voraussehen konnte[73]. Der Schuldner der vertragscharakterischen Leistung wird umgekehrt – wie zu zeigen sein wird – jedenfalls bei einer ausgewogenen Gestaltung von Weisungsrechten, insbesondere hinsichtlich ihrer Grenzen und der Auswirkungen auf die Vergütung, nicht durch das nachträgliche Vertragsänderungsrecht der anderen Partei in seiner Selbstbestimmung in relevantem Maß beeinträchtigt.

b) Die Anforderungen des Grundsatzes der Bindungswirkung von Verträgen an die Ausgestaltung von Weisungsrechten

Gerade weil die mit Weisungsrechten mögliche Verwirklichung des Selbstbestimmungsgrundsatzes zur Auflösung des Widerspruchs zwischen dem Grundsatz der Bindungswirkung von Verträgen und Weisungsrechten nur dann führen kann, wenn die Interessen des Schuldners als Weisungsempfänger nicht übergangen werden, bleibt es freilich dabei, dass der Grundsatz der Bindungswirkung von Verträgen die Ausgestaltung von Weisungsrechtes in erheblichem Maße beeinflusst, indem ein Rahmen vorgegeben wird, innerhalb dessen sich Weisungsrechte bewegen müssen.

---

[72] Siehe *Oetker*, S. 251.

[73] Auch französische Autoren denken darüber danach, dass es letztlich nur eine rechtspolitische Entscheidung ist, ob man die Interessen desjenigen schützen will, bei dem sich keine Veränderung eingestellt hat oder denjenigen, bei dem sich etwas geändert hat, siehe *Lécuyer*, in: L'unilatéralisme et le droit des obligations, S. 47 [49]. Einer solchen Überlegung liegt offenkundig der Gedanke zu Grunde, die *force obligatoire* des Vertrages nicht als absolutes, unabänderliches Prinzip aufzufassen. Interessant ist in diesem Zusammenhang auch, dass man offenbar im *droit moderne* insgesamt eine Tendenz zur Auflockerung der *force obligatoire* zu erkennen vermag, so jedenfalls schon im Jahr 1962 *Marty/Raynaud*, Tome II, 1er Volume, N° 223, S. 206.

Der Grundsatz der Bindungswirkung von Verträgen setzt dabei sowohl eine erste Grenze für die Ausübung von Weisungsrechten und steuert zudem die Auswirkungen der Ausübung einer Weisung auf die Vergütung, weil erstere Frage das Problem aufwirft, inwiefern der Grundsatz der Bindungswirkung des Vertrages die Pflichten des Schuldners (hier: der vertragscharakteristischen Leistung) schützt, während die zweite Frage die „gegenüberliegende" Fragestellung betrifft, inwiefern der Grundsatz der Bindungswirkung des Vertrages im synallagmatischen Vertrag die Gläubigerstellung des Schuldners (der vertragscharakterischen Leistung) bzgl. der Gegenleistung schützt.

Ein Weisungsrecht ist darauf ausgerichtet, das Pflichtenprogramm der anderen Partei zu verändern, also auf der Schuldnerseite der Verpflichtung einzugreifen. Der Schuldner einer Leistung muss aber, damit der Grundsatz der Bindungswirkung von Verträgen nicht seinen Regelungsgehalt einbüßt und gleichzeitig auch das (im Rahmen des Vertragsschlusses ausgeübte) Selbstbestimmungsrecht des Schuldners verwirklicht bleibt, sein vertragliches Pflichtenprogramm – jedenfalls in groben Zügen – voraussehen können. Weil ein Schuldner also bei Vertragsschluss nur bestimmte Verpflichtungen eingehen wollte, und sich nicht im Laufe der Vertragsdurchführung grundsätzlich anderen Vertragsverpflichtungen entgegengesetzt sehen will, können Weisungsrechte mit den Grundsätzen der Bindungswirkung von Verträgen nur dann kompatibel sein, wenn das jeweilige Weisungsrecht nur in eng gehaltenen Grenzen ausgeübt werden kann. Die Grenzen müssen dafür sorgen, dass es weder möglich ist, der anderen Vertragspartei mittels des Weisungsrechts bei Vertragsschluss unvorhergesehene Pflichten „aufzudrücken" noch dürfen die typischen Interessen der anderen Partei durch die Weisung beeinträchtigt werden. Schon aus der Bindungswirkung von Verträgen und der damit in Zusammenhang stehenden Selbstbestimmung der Vertragsparteien ergibt sich damit, dass Weisungsrechte einerseits durch den jeweiligen Vertragsgegenstand bzw. die Kernpflichten des Vertrages beschränkt sind[74] und andererseits jedenfalls typische Interessen der anderen Vertragspartei als zusätzliche Grenze des Weisungsrechts geschaffen werden müssen, damit nicht der Vertrag allein zur Disposition einer Vertragspartei steht, indem ausschließlich auf ihre Interessen Rücksicht genommen wird, während die Interessen der anderen Partei keine Rolle spielen[75]. Aus dem Grundsatz der Bindungswirkung des Vertrages lassen sich damit

---

[74] Siehe hierzu etwa infra *§ 7, II, 1* zum Transportvertrag, wo sich das transportrechtliche Weisungsrecht nur auf die Beförderung des Gutes beziehen kann und nicht irgendwelche, dem Transportgewerbe möglicherweise fremde Pflichten mittels des Weisungsrechts in den Vertrag eingeführt werden können, sowie *§ 9, IV, 1.*

[75] Siehe hierzu infra *§ 7, II, 2:* Typische, einer Weisung entgegenstehenden Interessen auf Seiten des Frachtführers sind etwa, dass sich die Weisung nicht negativ auf den betrieblichen

Rückschlüsse ziehen, wie die Grenzen von Weisungsrechten auszugestalten sind[76].

Gleiches gilt auch für die Frage, wie sich die Ausübung einer Weisung auf die Vergütung auswirkt, also die Seite einer Verpflichtung, bzgl. der der Schuldner der vertragscharakteristischen Leistung sich in der Gläubigerposition befindet. Die Vertragsbindung zugunsten des Gläubigers wird durch dessen Erfüllungsanspruch durchgesetzt[77]. Sichergestellt wird damit, dass jede Vertragspartei dasjenige erhält, was sie sich von dem Vertrag erhofft hat, also in synallagmatischen Verträgen die Gegenleistung, für deren Erhalt sie überhaupt erst die eigene Verpflichtung eingegangen ist. Dieser Kern des Prinzips der Bindungswirkung von Verträgen darf durch ein Weisungsrecht nicht angetastet werden. Das bedeutet vor allem, dass es nicht möglich sein darf, mittels eines Weisungsrechts, das zu einer Verringerung des Leistungsumfangs führt, die Vergütung zu drücken, wie es auch etwa bei den freien Kündigungsrechten nach § 649 BGB bzw. Art. 1794 CC (oder § 415 HGB für das Transportrecht) nicht möglich ist[78].

Für die anderen Fälle, in denen Weisungen zu einer anderen als der ursprünglich geschuldeten Leistung oder zu Mehrarbeit führen, lässt sich in Bezug auf den Zusammenhang von Vergütungsanpassungsregelungen und dem Grundsatz der Bindungswirkung von Verträgen argumentieren, dass eine (automatische) Anpassung der Vergütung das Weisungsrecht[79] als weniger problematisch im Zusammenhang mit dem Prinzip der Bindungswirkung von Verträgen und der Selbstbestimmung der anderen Vertragspartei erscheinen lässt. Zwar bleibt es

---

Ablauf auswirkt oder Schäden für die Absender oder Empfänger anderer Sendungen drohen, siehe § 418 I 3 HGB. Siehe außerdem *§ 9, IV, 2.*

[76] Auch *Horn* in: Gutachten z. Überarb. d. Schuldrechts, Band 1 551 [581] weist im Hinblick auf die Vereinbarkeit nachträglicher Vertragsanpassungen und dem Grundsatz der Vertragsbindung in Zusammenhang mit der seitens der Arbeitsgerichte durchgeführten Billigkeitskontrolle von Weisungen des Arbeitgebers sowie der sonstigen, mit Hilfe von § 315 BGB durchgeführten Inhaltskontrolle (siehe zu beidem ausführlicher infra *§ 3, III, 1* sowie *§ 4, I*) auf die Bedeutung einer Grenze (hier: Billigkeit) hin, damit dem Grundsatz der Vertragsbindung ausreichend Rechnung getragen wird.

[77] Vgl. *Unberath*, S. 245.

[78] Weil die freien Kündigungsrechte den grundsätzlichen Erhalt der Vergütung (unter Abzug ersparter Aufwendungen sowie der Verrechnung anderweitigen Erwerbs bzw. dessen böswilliger Unterlassung) vorsehen, muss im Übrigen schon aus Wertungsgesichtspunkten ein Gleichlauf für die Vergütungsfolgen von Weisungsrechten, die den Leistungsumfang vermindern, gelten, weil sich Weisungsrechte mit einem solchen Inhalt als Teilkündigungen auffassen lassen und deshalb eine andere Regelung solcher (Teil-)Kündigungen die Vergütungsregelungen der freien Kündigungsrechte aushebeln könnte, siehe hierzu ausführlich infra *§ 3, II, 4, c)*, *§ 7, III, 1* und *2*, sowie *§ 9, V, 1.*

[79] Siehe zur (automatischen) Anpassung der Vergütung im Rahmen von Weisungsrechten, infra *§ 7, III* sowie *§ 9, V.*

dabei, dass die Selbstbestimmung der anderen Partei insofern direkt betroffen ist als sie sich nach Ausübung der Weisung einem vertraglichen Pflichtenprogramm gegenübersieht, das sie so nicht eingehen wollte (bzw. das sie jedenfalls bei Vertragsschluss so nicht voraussehen konnte). Es ist jedoch zu bedenken, dass es bei den Verträgen, bei denen Weisungsrechte in Betracht kommen, der Vertragspartei, die sich der Weisung gegenüber sieht, nicht auf die Durchführung des Vertrages in einer ganz bestimmten Weise ankommt (zumal auf Grund der beschriebenen erforderlichen engen Grenzziehungen für das Weisungsrecht ohnehin nur kleinere Abweichungen vom bei Vertragsschluss vereinbarten Pflichtenprogramm möglich sind), sondern das Interesse an dem Vertrag in allererster Linie darauf gerichtet ist (insbesondere, wenn es sich um Vertragsparteien handelt, die professionell ihre Dienste anbieten), eine Entlohnung in Geld für die erbrachten Leistungen zu erhalten. Vor diesem Hintergrund weicht der Vertrag, selbst wenn der Vertragsinhalt durch Weisung modifiziert oder erweitert wird, im entscheidenden Punkt für die andere Vertragspartei nicht von ihrer Vorstellung bei Vertragsschluss ab, wenn eine automatische Vergütungsanpassung auf Grund der Weisung erfolgt. Die automatische Vergütungsanpassung mindert damit den Eingriff in die Selbstbestimmung der anderen Vertragspartei und damit auch den Grad der Betroffenheit des Prinzips der Bindungswirkung des Vertrages. Die Frage der Anpassung der Vergütung auf Grund der Weisung und die Frage der Grenzen des Weisungsrechts stehen damit in gegenseitiger Wechselwirkung, weil sich die Grenzen des Weisungsrechts dann weiter fassen lassen, wenn die Änderung des Vertrages mittels des Weisungsrechts zu einer Anpassung der Vergütung an das neue vertragliche Pflichtenprogramm führt.

II. Weisungsrechte und die Regeln über die Bestimmtheit von Verträgen

Eine weitere wichtige und allgemeine Grundregel des Vertragsrechts besteht darin, dass Verträge ein klar definiertes Pflichtenprogramm haben müssen, mithin bestimmt sein müssen. Konkret hat der Bestimmtheitsgrundsatz zur Folge, dass sich die Vertragsparteien im Zeitpunkt des Vertragsschlusses über die wichtigsten Punkte des Vertrages einigen müssen. Man kann sich vor diesem Hintergrund durchaus die Frage stellen, inwiefern der Bestimmtheitsgrundsatz im Zusammenhang mit Weisungsrechten überhaupt zu thematisieren ist, denn man könnte sich auf den Standpunkt stellen, dass der Bestimmtheitsgrundsatz durch die Ausübung von Weisungsrechten überhaupt nicht betroffen ist, wenn man – wie im Rahmen dieser Untersuchung der Fall – davon ausgeht, dass Weisungrechte den Vertrag in einem bestimmten, vorher bereits im Vertrag festgelegten Punkt ändern und nicht mittels des Weisungsrechts erstmals ein Punkt festgelegt oder konkretisiert wird, der im Zeitpunkt des Vertragsschlusses offen gelassen wurde. Man wird schwerlich bestreiten können, dass ein Unterschied besteht zwischen einer (erstmaligen) einseitigen Leistungsbestimmung und der späteren einseitigen Änderung einer zuvor bestimmten Leistung: Nur in ersterem Fall scheint es sich auf den ersten Blick um eine Frage der Vereinbarkeit mit dem Bestimmtheitsgrundsatz zu handeln, weil eben zum Zeitpunkt des Vertragsschlusses nicht alle Punkte des Vertrages geklärt worden sind. Bei näherem Hinsehen weisen jedoch beide Fälle eine entscheidende Gemeinsamkeit auf, die ein näheres Eingehen auf den Bestimmtheitsgrundsatz im Vertragsrecht im Rahmen dieser Untersuchung rechtfertigt. Sobald sich eine Rechtsordnung dazu entscheidet, Ausnahmen vom Bestimmtheitsgrundsatz zuzulassen, stellt sich die Frage, inwieweit eine der Vertragsparteien[80] einseitig zu einem späteren Zeitpunkt die Leistung bestimmen kann. Bei der rechtlichen Ausgestaltung dieser einseitigen Einwirkungsmöglichkeit auf den Vertragsinhalt stellen sich die gleichen Sachfragen wie bei einem Weisungsrecht, weil in beiden Fällen einer Vertragspartei die Möglichkeit gegeben wird, den Vertragsinhalt zu bestimmen und offenkundig die andere Partei vor der Willkür der die Leistung bestimmenden Partei zu schützen ist. Vor diesem Hintergrund vermag es auch nicht zu überraschen, dass im deutschen Recht das Weisungsrecht des Arbeitgebers über Jahrzehnte (bis zur expliziten gesetzlichen Festschreibung des arbeitsvertraglichen Weisungsrechts in § 106 GewO) auf § 315 BGB, also die Regelung zur einseitigen Leistungsbestimmung, gestützt wurde[81] und es zugleich ständige Rechtsprechung des BGH ist, § 315 BGB über den Fall des arbeitsvertraglichen Weisungsrechts auch auf andere Fälle (analog) anzuwenden, in denen nachträglich eine im Zeitpunkt des Vertragsschlusses bestimmte Leistungspflicht abgeändert wird[82, 83].

Neben der soeben skizierten Möglichkeit, Regelungen zur einseitigen Leistungsbestimmung, etwa zu dessen Grenzen, auf Weisungsrechte zu übertragen (oder umgekehrt), ergibt sich eine weitere bedeutsame Wechselwirkung zwischen dem Bestimmtheitsgrundsatz (und seiner Durchbrechung durch einseitige Leistungsbestimmungsrechte) und Weisungsrechten, die vorliegend insbesondere für das französische Recht, das traditionell besonderen Wert auf den

---

[80] Freilich kommen auch Dritte als diejenigen in Betracht, die die zu erbringende Leistung zu einem späteren Zeitpunkt endgültig festlegen.

[81] Siehe hierzu näher infra *§ 3, III, 1* sowie *§ 4, I.*

[82] Siehe hierzu näher infra *§ 3, III, 1.*

[83] Insofern etwas verkürzt sind die Ausführungen bei *Meyer-Rehfueß*, S. 7, die eine Behandlung von § 315 BGB im Rahmen ihrer Monographie zum transportvertraglichen Weisungsrecht allein mit dem (für sich genommen richtigen) Hinweis ausschließt, dass bei einem Weisungsrecht nicht wie bei der einseitigen Leistungsbestimmung nach § 315 BGB ein bestimmter Punkt bewusst von den Parteien unter Vereinbarung eines einseitigen Leistungsbestimmungsrechts offen gelassen werde.

Bestimmtheitsgrundsatz legt[84], eine Rolle spielt. Der Umgang einer Rechtsordnung mit dem Bestimmtheitsgrundsatz und die Zulassung einseitiger Leistungsbestimmung als Kehrseite des Bestimmtheitsgrundsatzes gibt Aufschluss
darüber, inwieweit eine Rechtsordnung offen gegenüber einseitiger Festlegung
des vertraglichen Pflichtenprogramms und damit letztlich auch gegenüber Weisungsrechten ist[85]. Dies lässt sich mit der Überlegung veranschaulichen, dass
Weisungsrechte (in der hier definierten Form als einseitige, nachträgliche Vertragsänderungsrechte) nahezu unvorstellbar wären, wenn eine Rechtsordnung
den Bestimmtheitsgrundsatz im Vertragsrecht für absolut erklärt und damit
Leistungsbestimmungsrechte zur einseitigen Konkretisierung des vertraglichen
Pflichtenprogramms gänzlich ausschließt. Warum sollte es möglich sein, nachträglich den Vertrag durch Weisungsrecht zu ändern, wenn aber eine nachträgliche Konkretisierung der Leistung schlechterdings ausgeschlossen ist, weil
man offenbar die Vertragsparteien nicht der alleinigen Entscheidungsbefugnis
der anderen Partei und damit deren Willkür aussetzen will[86]? Könnten über die
Zulassung von Weisungsrechten nicht praktisch strenge Regeln zur Bestimmtheit ausgehöhlt werden, indem die Parteien zwar bei Vertragsschluss ein bestimmtes Leistungsprogramm festlegen, das jedoch auf Grund von Weisungsrechten im Laufe des Vertragsschlusses doch wieder zur (einseitigen) Disposition der Vertragparteien steht, so dass unter Umständen die Regeln zur
Bestimmtheit unzulässigerweise umgangen werden?

Die aufgezeigten Überlegungen verdeutlichen, warum es angezeigt ist, den
Bestimmtheitsgrundsatz und seine Durchbrechungen in den zu untersuchenden
Rechtsordnungen darzustellen. Das französische Recht nimmt dabei den größ-
ten Platz ein, weil dort der Bestimmtheitsgrundsatz eine tradionell besonders
hervorgehobene Rolle innehat(te).

---

[84] Hierzu sogleich infra § 2, II, 1.

[85] An dieser Stelle geht es dabei nicht in erster Linie um das Merkmal der Einseitigkeit,
das freilich ganz entscheidend ist und noch eingehend zu untersuchen sein wird (siehe etwa
infra § 2, III), sondern um das Element der Festlegung des vertraglichen Pflichtenprogramms
der anderen Partei, mithin also die einseitige Gestaltung des Vertrages, die eine grundsätzlich andere Qualität aufweist als andere einseitige Einwirkungsmöglichkeiten auf den Vertrag etwa in Form des Rücktritts oder der Anfechtung, womit der Vertrag beendet bzw. beseitigt wird. Siehe allerdings zu den wertungsmäßigen Gemeinsamkeiten von Vertragsbe-
endigungsrechten und Weisungsrechten die ausführlichen Erörterungen infra § 3, II, 4.

[86] Siehe zu entsprechenden Argumentationsmustern zum (früheren) französischen Recht
sogleich infra § 2, II, 1.

1. Das französische Recht: Ausgangspunkt Art. 1129 CC (a. F.[87])

Als einzige der drei zu untersuchenden Rechtsordnungen hat das französische Recht den Bestimmtheitsgrundsatz gesetzlich festgeschrieben. Nach Art. 1129 CC muss der Vertragsgegenstand bestimmt sein – und zwar im Zeitpunkt des Vertragsschlusses. Dies gilt nach dem Wortlaut der Norm jedenfalls bzgl. der Art des Gegenstandes (Art. 1129 al. 1 CC); die Menge braucht dagegen nicht bereits bei Vertragsschluss festzustehen, sofern sie sich nachträglich bestimmen lässt (Art. 1129 al. 2 CC). Ergänzt wird diese Regelung durch Art. 1108 CC, der die Grundvoraussetzungen des Vertrages aufzählt, und dabei als eine der vier Voraussetzungen den bestimmten Vertragsgegenstand (*objet certain*) nennt.

Das französische Recht hat damit traditionell den klaren Ausgangspunkt, dass die Bestimmtheit des Vertrages eines der Grundprinzipien des französischen Vertragsrechts ist[88]. Mit diesem Grundsatz werden vor allem zwei Ziele verfolgt: Zum einen soll so sichergestellt werden, dass sich die Parteien auch tatsächlich über das Essentielle, also über das, was geschuldet ist, geeinigt haben[89]. Zum Zweiten, und dies ist vor allem das Ziel, welches möglicherweise stark mit der Zulassung von Weisungsrechten kollidiert, soll durch den Bestimmtheitsgrundsatz vermieden werden, dass eine Vertragspartei der Willkür der anderen Vertragspartei ausgesetzt ist[90]. Die hohen Anforderungen an die Bestimmtheit des Vertrages haben zur Konsequenz, dass traditionell der Wille nur einer Vertragspartei (*volonté unilatéral*) während der Vertragsdurchführung keine Rolle spielt[91]. Selbst die Begründung, dass die einseitige Leistungsbestimmung, die im Zeitpunkt des Vertragsschlusses von beiden Vertragsparteien so vereinbart worden ist und deshalb – jedenfalls indirekt – auf dem Willen beider Vertragsparteien beruhe, genügt nach traditionellem Verständnis

---

[87] Wenn im Folgenden von Art. 1129 CC (sowie anderen, in Bezug genommenen Artikeln des Code Civil) die Rede ist, wird auf den Rechtszustand vor der Reform des französischen Schuldrechts durch die Ordonnance Nr. 2016-131 vom 10. Februar 2016 abgestellt. Im Wege dieser Reform ist Art. 1129 CC a. F. durch die Artt. 1163 ff. CC abgelöst worden, siehe zur neuen Rechtslage etwa *Bénabent* Rn. 160 ff.; *Malaurie/Aynès/Stoffel-Munck*, Rn. 597 ff.; *Labarthe*, JCP G 2016, 642; *Moury*, D. 2016, 1013 ff. Die französische Grundkonzpetion zur Bestimmtheit des Vertrages lässt sich aber weiterhin vor allem anhand der traditionellen Norm des Art. 1129 CC und der hierzu ergangenen Rechtsprechung aufzeigen, deren Entwicklung der vergangenen Jahrzehnte nun durch die Reform auch im Gesetz abgebildet wird.

[88] Siehe auch *Revet*, in: L'unilatéralisme et le droit des obligatioins, 31.

[89] *Malaurie/Aynès/Stoffel-Munck5*, Rn. 599; *Martin/Racine*, JClCiv., Art. 1126 à 1130, Fasc. 10 Rn. 19.

[90] *Martin/Racine*, JClCiv., Art. 1126 à 1130, Fasc. 10 Rn. 19; *Joel*, RTD com. 1997, 1; *Mestre*, RTD civ. 1995, 618 [620]. *Revet*, in: L'unilatéralisme et le droit des obligatioins, 31 [33].

[91] *Revet*, in: L'unilatéralisme et le droit des obligatioins, 31 [32].

nicht, weil dadurch der *bilatéralisme consubstantiel* des Vertrages verletzt werde[92]. Eine bloß indirekte Rückführbarkeit auf den gemeinsamen Willen wird also traditionell als nicht ausreichend angesehen um die direkte, einseitige Einwirkungsmöglichkeit der zur nachträglichen Leistungsbestimmung berechtigten Partei auszugleichen[93].

Eine Erklärung für die starke Zurückhaltung des französischen Rechts bzgl. der Berücksichtigung der *volonté unilatéral* scheint die folgende zu sein: Wenn man es zuließe, dass eine Vertragspartei nachträglich einseitig den Vertragsinhalt bestimmen kann, stünde man vor der Entscheidung, entweder diese Möglichkeit kontrolllos zuzulassen, was wenig sinnvoll erscheint, weil damit Willkür ermöglicht würde. Als Alternative könnte der Richter zum Kontrollorgan ernannt werden, der im Einzelfall die ordnungsgemäße Ausübung des einseitigen Leistungsbestimmungsrechts kontrolliert[94]. Wählte man diese zweite Option, hätte dies eine Kollision zur Folge mit dem klassischen Verständnis des Richters im französischen Recht, der auf dem Gebiet des Vertragsrecht darauf beschränkt sein soll, den Vertragsinhalt zu interpretieren und nicht etwa bei Lücken den Vertrag ergänzen können soll oder gar bei Ungleichgewichten die Möglichkeit haben soll, korrigierend in den Vertrag einzugreifen[95].

a) Die Entwicklung der Anforderungen an die Bestimmtheit des Preises

Anhand der Entwicklung der Rechtsprechung zur Bestimmtheit des Preises lässt sich im französischen Recht hervorragend nachzeichnen, wie rigide der traditionelle französische Ansatz bzgl. der Bestimmtheit in weiten Teilen des Vertragsrechts war und wie im Laufe der letzten Jahrzehnte der Bestimmtheitsgrundsatz durch die Rechtsprechung immer stärker aufgeweicht worden ist.

Der Preis (bzw. die Vergütung) lässt sich – wenn man die Bezahlung in Natur bei einer vereinfachenden Betrachtung außer Betracht lässt – definieren als Gegenleistung in Geld[96]. Beispiele sind der Kaufpreis beim Kauf, der Mietzins beim Mietvertrag oder die Vergütung beim Werkvertrag[97].

Relevanz hat die Frage nach der nachträglichen einseitigen Bestimmung eines Preises vor allem bei Dauerschuldverhältnissen (*contrats de longue durée*)[98].

---

[92] Vgl. *Revet*, in: L'unilatéralisme et le droit des obligatioins, 31 [33].

[93] *Revet*, in: L'unilatéralisme et le droit des obligatioins, 31 [33].

[94] Vgl. *Revet*, in: L'unilatéralisme et le droit des obligatioins, 31 [33 f.].

[95] Vgl. *Revet*, in: L'unilatéralisme et le droit des obligatioins, 31 [33 f.]; siehe auch *Corbisier*, RID comp. 1988, 767 [786] für eine Darlegung der Gründe für das traditionelle französische Verständnis der Aufgaben des Richters sowie weitere Nachweise.

[96] *Frison-Roche*, RTD civ. 1992, 269 [270].

[97] Vgl. *Frison-Roche*, RTD civ. 1992, 269 [270].

[98] *Frison-Roche*, RTD civ. 1992, 269 [271].

Im Gegensatz etwa zum Kaufrecht, in dem in Art. 1591 CC explizit geregelt ist, dass der Kaufpreis von den Parteien bestimmt worden sein muss, damit ein wirksamer Kaufvertrag zustande kommt, fehlt eine solche Regelung im *droit commun*[99]. Dies hat zur Folge, dass die gesetzliche Ausgangslage bzgl. der Anforderungen an die Bestimmtheit des Preises unklar ist und in der französischen Rechtswissenschaft Anlass zu regen Diskussionen gegeben hat.

Einerseits wurde argumentiert, dass die allgemein formulierten Erfordernisse an die Bestimmtheit des Vertrages in Art. 1108, 1129 CC auch den Preis bzw. die Vergütung mit einschließen, weil es sich bei dem zu zahlenden Geld letztlich auch um eine Sache (*chose*) handele, so dass sich schon aus den allgemeinen Normen ergebe, dass auch der Preis bzw. die Vergütung bestimmt sein müsse[100]. Für eine solche Überlegung spreche auch die systematische Stellung des Art. 1129 CC in *section III* des *Code Civil* betreffend „*L'objet et la matière du contrat*": Im Zusammenspiel mit Art. 1108 CC, der ein „*objet certain qui forme la matière de l'engagement*" als Grundvoraussetzung eines Vertrages nennt, ergebe sich daraus, dass nicht nur *l'objet de l'engagement,* sondern auch *l'objet de l'obligation de payer* bestimmt sein müsse[101]. Dies müsse schon deshalb so sein, weil sonst der Preisschuldner gar nicht wisse, was er schulde[102].

Gegen eine Erfassung des Preises in Art. 1129 CC spricht freilich, dass es bzgl. des Preises keinen Sinn macht, dass – wie Art. 1129 CC vorschreibt – die Sache nach seiner Art und Menge bestimmt ist[103]. Man kann sich deshalb fragen, ob Art. 1129 CC überhaupt auf den Preis Anwendung finden soll, oder nicht mit dem *objet* des Vertrages allein die vertragscharakteristische Leistung gemeint ist. Auch systematischen Überlegungen, wonach im Kaufrecht in Art. 1583 und Art. 1591 CC der Preis ausdrücklich neben dem *objet* genannt wird, während dies im allgemeinen Schuldrecht nicht der Fall ist, lassen sich anführen[104].

aa) Die Rechtsprechung vor den Entscheidungen der Assemblée plénière *vom 1. Dezember 1995*

Die Frage nach den Anforderungen an die Bestimmtheit des Preises hat die französische Rechtsprechung in den vergangenen Jahrzehnten sehr beschäftigt. Sie hat dabei verschieden strenge Maßstäbe angelegt: In den 70er Jahren des vergangenen Jahrhunderts versuchte die *Cour de Cassation* offenbar, eine enge

---

[99] *Joel,* RTD com. 1997, 1; *Ferrier,* RTD com. 1997, 49; *Terre/Simler/Lequette, Rn. 283.*
[100] Vgl. *Ghestin,* Formation du contrat, Rn. 702.
[101] *Ferrier,* RTD com. 1997, 49 [52].
[102] *Ferrier,* RTD com. 1997, 49 [52].
[103] *Loussouarn,* JCP 1979.II.19034.
[104] Siehe *Loussouarn,* JCP 1979.II.19034.

Auffassung von den Anforderungen an die Bestimmtheit des Preises mit einer weiten Auslegung der kaufrechtlichen Vorschrift des Art. 1591 CC durchzusetzen[105]. Es wurden nicht nur Kaufverträge im eigentlichen Sinne unter diese Vorschrift subsumiert, sondern auch solche, die zunächst auf allgemeinerer Ebene nur den Austausch von Waren organisieren, deren Gegenstand aber künftige Kaufverträge sind oder die ähnliche Wirkungen wie Kaufverträge haben[106]. Es handelte sich dabei vor allem um Sukzessivlieferungsverträge mit längerer Dauer, die darauf abzielten, Fachhändler oder Grossisten – oft unter Exklusivitätsvereinbarungen – in ein Vertriebsnetz einzugliedern[107].

Ende der 70er Jahre des vergangenen Jahrhunderts ging die *Cour de Cassation* mit drei Entscheidungen vom selben Tag[108] dazu über, ihre enge Auffassung nicht mehr auf Art. 1591 CC, sondern auf Art. 1129 CC zu stützen, indem sie argumentierte, dass es nicht nur dem Kaufrecht, sondern dem gesamten Vertragsrecht inhärent sei, dass die Parteien sich über die grundlegenden Elemente des Vertrages einigen müssten und es deshalb nicht möglich sei, die Entscheidung über ein solches Element einer der Vertragsparteien zu überlassen[109]. Die Konsequenz eines Verstoßes entweder gegen Art. 1591 CC oder Art. 1129 CC war, dass der Vertrag als nichtig anzusehen war[110].

Während der 80er Jahre wurde diese Rechtsprechung auf die verschiedensten Vertragstypen ausgeweitet[111], so dass in der Literatur von einer wahren *„chasse à la nullité pour indétermination du prix"* in dieser Zeit die Rede ist[112]. Ziel dieser Rechtsprechung war es – dem Grundgedanken folgend, keine Vertrags-

---

[105] Vgl. *Joel*, RTD com. 1997, 1; *Martin/Racine*, JClCiv., Art. 1126 à 1130, Fasc. 10 Rn. 28.

[106] *Martin/Racine*, JClCiv., Art. 1126 à 1130, Fasc. 10 Rn. 28.

[107] *Martin/Racine*, JClCiv., Art. 1126 à 1130, Fasc. 10 Rn. 28; Cass. com., 27 avril 1971, Bull. civ. 1971, IV, n° 107; Cass. com., 5 novembre 1971, Bull. civ. 1971, IV, n° 263 [jeweils Verträge zur Lieferung von Kraftstoff für den Betrieb einer Tankstelle]; Cass. com., 12 février 1974, D. 1974, 414 [Bierlieferungsvertrag].

[108] Cass. com., 11 octobre 1978, Bull. civ. 1978, IV, n° 223 bis 225.

[109] *Joel,* RTD com. 1997, 1; *Martin/Racine*, JClCiv., Art. 1126 à 1130, Fasc. 10 Rn. 29; siehe auch die Urteilsanmerkung von *Houin* D. 1979, Jurisp. 136 [137]: „Bien que le mot soit ambigu, il semble que l'article 1129 s'applique aux obligations de payer une somme d'argent et, par suite, un prix, comme à toutes les autres obligations. L'article 1591 ne serait qu'un cas d'application d'une règle plus large contenue dans l'article 1129."

[110] *Benabent*[12], Rn. 148; *Joel,* RTD com. 1997, 1 f.; Es handelte sich um die sog. *nullité absolue*, siehe *Carbonnier*, t. 4, Rn. 57; *Revet*, RTD com. 1997, 37 [38]. Die harte Sanktion der Nichtigkeit führte freilich nicht selten dazu, dass Parteien die Rechtsprechung zur Bestimmtheit des Preises nutzten um mit ihrer Hilfe (aus anderen Gründen) unliebsame Verträge loszuwerden, siehe *Aynès* D. 1993, chron., 25.

[111] Siehe für eine Liste der Rechtsprechung: *Corbisier*, RID comp. 1988, 767 [783] oder *Martin/Racine*, JClCiv., Art. 1126 à 1130, Fasc. 10 Rn. 29.

[112] *Terré/Simler/Lequette*, Rn. 288.

partei der Willkür der anderen Vertragspartei auszusetzen – nicht zuzulassen, dass die stärkere Vertragspartei der schwächeren Vertragspartei ihre Konditionen aufzwingen kann[113]. Es handelte sich also bezogen auf die schwächere Vertragspartei um ein *„instrument de protection"*[114].

bb) Das revirement der Assemblée plénière *vom 1. Dezember 1995*

Offenbar überzeugt von der starken Kritik an der bisherigen Rechtsprechung[115] nahm die *Cour de Cassation* ein bemerkenswertes *revirement* vor, das sich in zwei Etappen vollzog: Zunächst entschied die erste Kammer im Jahr 1994 in zwei Entscheidungen[116], dass es vor dem Hintergrund der Art. 1129 sowie Art. 1134 al. 3 CC für die Bestimmtheit und damit die Wirksamkeit des Vertrages genüge, wenn im Vertrag auf die Tarife eines Vertragspartners Bezug genommen werde, so dass der Preis bestimmbar ist. Das Telekommunikationsunternehmen *Alcatel* hatte in Verträgen über die Vermietung und Wartung von Telekommunikationseinrichtungen Klauseln benutzt, wonach nachträgliche Modifikationen seitens des Kunden, die exklusiv nur von *Alcatel* durchgeführt werden durften, zu einer Anpassung des Preises nach den zu diesem Zeitpunkt geltenden Tarifen führen. Eingeschränkt wurde diese Möglichkeit des Verweises auf einen Tarif zur späteren Bestimmbarkeit des Preises nur dadurch, dass *Alcatel* aus ihrer Exklusivstellung keinen *profit illégitime* durch überhöhte Preise ziehen dürfe, also gemäß Art. 1134 al. 3 den Grundsätzen von Treu und Glauben genügen müsse[117]. Durch diese Entscheidungen war somit ein erster Schritt auf dem Weg vollzogen, die Frage der Bestimmtheit bzw. der Bestimmbarkeit nicht mehr als Wirksamkeitsvoraussetzung eines Vertrages zu sehen, sondern

---

[113] Vgl. *Frison-Roche*, RTD civ. 1992, 269 [288]; die Disparität der Vertragspartner bei Rahmenverträgen ergibt sich daraus, dass die regelmäßig vereinbarte Exklusivitätsklausel zu einer Abhängigkeit vom Zulieferer führt, weil die andere Vertragspartei den Zulieferer auf Grund der vereinbarten Exklusivität des Vertragsverhältnisses nicht wechseln kann, s. *Corbisier*, RID comp. 1988, 767 [777].

[114] *Frison-Roche*, RTD civ. 1992, 269 [288]; vgl. auch ausführlich zur Schutzfunktion der alten Rechtsprechung: *Revet*, RTD com. 1997, 37 ff. sowie zur Frage von Ungleichgewichten zwischen den Vertragsparteien innerhalb von Rahmen- bzw. Sukzessivlieferungsverträgen *Loussouarn*, JCP 1979.II.19034.

[115] So vermutet jedenfalls *Aynès*, D. *1996*, Jurisp. 18 [19]. Siehe zur vielfältigen Kritik der Rechtsprechung *Aynès* D. 1993, chron., 25 [26 f.]; *Benabent*[12], Rn. 148; *Corbisier*, RID comp. 1988, 767 [785 f.]; *Ferrier*, RTD com. 1997, 49 f.; *Joel*, RTD com. 1997, 1 [2]; *Vogel*, D. 1995, chron. S. 155 (insbesondere mit Hinweis auf die Sonderstellung des französischen Rechts im Gegensatz zu anderen Rechtordnungen in dieser Frage sowie der Unvereinbarkeit der Rechtsprechung mit anderen Rechtsgebieten (S. 160 ff.)).

[116] Zwei Entscheidungen: Cass. civ. 1re, 29 octobre 1994, JCP 1995.II.22371.

[117] Vgl. Cass. civ. 1re, 29 octobre 1994, JCP 1995.II.22371.

sie zu den Fragen des Missbrauchs und der Heranziehung der Grundsätze von Treu und Glauben in die Vertragsdurchführung zu verlagern[118]. Es wird nicht mehr generell das Risiko einer willkürlichen Behandlung durch eine Vertragspartei in den Vordergrund gestellt, sondern durch die Grenze des *bonne foi* und *profit illégitime* das konkrete Verhalten der jeweiligen Vertragspartner *a posteriori* überprüft[119].

Noch grundlegender ging im darauffolgenden Jahr am 1. Dezember 1995 die *Assemblée plénière* der *Cour de Cassation* in vier Entscheidungen vor[120]. Im krassen Gegensatz zur jahrelangen Rechtsprechung entschied die *Cour de Cassation* nun, dass „*l'article 1129 du Code civil n'étant pas applicable à la détermination du prix*". Und weiter wurde ausgeführt:

> „lorsqu'une convention prévoit la conclusion de contrats ultérieurs, l'indétermination du prix de ces contrats dans la convention initiale n'affecte pas, sauf disposition légales particulières, la validité de celle-ci, l'abus dans la fixation du prix ne donnant lieu qu'à résiliation ou indemnisation."

Das *revirement* hat also zur Konsequenz, dass Art. 1129 CC nicht länger auf den Preis anwendbar ist[121]. Nur noch der Missbrauch (*abus*) bei der einseitigen Festsetzung des Preises wird sanktioniert und dies auch nicht mehr durch die Nichtigkeit des Vertrages, sondern durch ein Rücktritts- und Schadensersatzrecht der anderen Vertragspartei[122]. In den nachfolgenden Jahren wurde diese Rechtsprechung auch auf andere Vertragstypen ausgedehnt[123], so dass die *Cour de Cassation* im Jahr 2004 ganz allgemein befand: „*l'article 1129 du Code civil n'est pas applicable à la détermination du prix en toute matière.*"[124]

---

[118] *Benabent*[12], Rn. 148.

[119] *Ghestin* JCP 1995.II.22371; *Mestre, RTD* civ. 1995, 358 [359]; siehe auch *Aynès*, D. 1993, chron., 25 [27], für den die pauschale Sanktion der *nullité* im Vergleich zu einer Prüfung des Fehlverhaltens im Einzelfall ein wesentlicher Kritikpunkt an der alten Rechtsprechung war.

[120] Vier Entscheidungen: Cass. ass. plén., 1er décembre 1995, Bull. civ. ass. plén. N° 7[2 Entscheidungen zu Rahmenverträgen, bei denen die Nichtfestlegung des Preises im Rahmenvertrag für die nachfolgend zu schließenden Verträge als mit Art. 1129 CC vereinbar angesehen wurde], N° 8 [Franchisevertrag, dessen Klausel, wonach sich der Preis nach dem geltenden Tarif des Belieferers im Zeitpunkt der Anforderung der Ware richtet, als mit dem Bestimmtheitsgebot vereinbar erklärt wurde], N° 9 [Telefonvertrag über zehn Jahre, bei dem die Klausel, wonach nachträgliche Erweiterungen des Telefonvertrages einen Aufpreis nach den dann geltenden Tarifen des Anbieters nach sich ziehen, als mit Art. 1129 CC vereinbar erklärt wurde].

[121] *Brunet/Ghozi*, D. chron. 1998, 1; *Martin/Racine*, JClCiv., Art. 1126 à 1130, Fasc. 10, Rn. 32.

[122] *Brunet/Ghozi*, D. chron. 1998, 1; *Martin/Racine*, JClCiv., Art. 1126 à 1130, Fasc. 10 Rn. 32.

[123] *Martin/Racine*, JClCiv., Art. 1126 à 1130, Fasc. 10 Rn. 34 mit zahlreichen Nachweisen.

[124] Cass. 1re civ., 12 mai 2004, RDC 2004, 925.

Das Interessante an dem *revirement* für die vorliegende Untersuchung ist die Tatsache, dass diese Rechtsprechung, die auf die Festlegung des Preises im Zeitpunkt des Vertragsschluss verzichtet, gleichzeitig und zwingend einen Mechanismus einführt, der es ermöglicht, diese Unbestimmtheit des Vertrages im weiteren Verlauf des „Vertragslebens" zu beseitigen[125]. Dieser Mechanismus kann nur darin bestehen, dass entweder ein Richter, ein Dritter oder eine der Vertragsparteien nachträglich den Preis festlegt[126]. Indem die *Cour de Cassation* eine Missbrauchsüberprüfung durch die Gerichte für möglich hält, hat sie sich dafür entschieden, dass nun die Parteien einseitig den Preis bestimmen können:

> „le contrôle de l'abus établit le pouvoir de fixation unilatérale du prix car l'abus n'est en l'occurrence concevable qu'en présence d'une décision unilatérale; limite du pouvoir, l'abus en constitue l'indéniable signe. Et ce pouvoir est de droit puisque la Cour de Cassation admet les contrats conclus sans clause de prix, qui supposent nécessairement une modalité supplétive de fixation du prix lors de l'exécution. Une règle supplétive de fixation unilatérale du prix au temps de l'exécution a bien été créée par les arrêts de 1er décembre 1995."[127]

Im französischen Schrifttum wird diese Neuerung u. a. als *„petite révolution"*[128] oder *„brutal changement dans l'application du droit commun des obligations à la question de l'indétermination du prix"*[129] bezeichnet. In der Tat hat das französische Recht damit einen bedeutenden Schritt in Richtung der Zulassung von stärkeren einseitigen Einwirkungsmöglichkeiten auf den Vertragsinhalt gemacht. Freilich gilt dies bisher nur für die einseitige Bestimmung des Preises bzw. der Vergütung und nicht wie im deutschen Recht für alle Leistungspflichten (siehe §§ 315 ff. BGB), und dies auch nur dann, wenn es sich nicht um einen Kauf handelt, bei dem die Sonderregel des Art. 1591 CC beachtet werden muss.

Interessant ist vor allem auch, dass nun mit der Kontrolle der einseitigen Leistungsbestimmung der Richter betraut ist[130]. Der Richter sei die *contre-pouvoir* gegen die Möglichkeit, einseitig den Preis festzusetzen[131]. Eingeführt wird damit eine Kontrolle *„a posteriori"*[132]. Der Richter soll prüfen, ob es einen *abus* bei der Festsetzung des Preises gegeben hat; eine Definition des *abus* gibt ihm

---

[125] Vgl. *Revet*, in: L'unilatéralisme et le droit des obligatioins, 31 [37].

[126] Vgl. *Revet*, in: L'unilatéralisme et le droit des obligatioins, 31 [37].

[127] *Revet*, in: L'unilatéralisme et le droit des obligatioins, 31 [37] ; siehe auch *Aynès,* D. *1996,* Jurisp. 18 [19]; *Revet,* RTD com. 1997, 37 [40].

[128] *Martin/Racine*, JClCiv., Art. 1126 à 1130, Fasc. 10, Rn. 35.

[129] *Ferrier,* RTD com. 1997, 49.

[130] Vgl. *Revet*, in: L'unilatéralisme et le droit des obligatioins, 31 [43].

[131] *Revet*, in: L'unilatéralisme et le droit des obligatioins, 31 [45] ; siehe auch mit ähnlicher Formulierung: *Mestre/Fages*, RTD civ. 2002, 294 [295].

[132] *Joel,* RTD com. 1997, 1 [2].

die *Assemblée Plénière* allerdings nicht mit an die Hand[133]. Bei der Kontrolle geht es nicht darum, dass der Richter prüft, ob der einseitig festgesetzte Preis bei objektiver Betrachtung als gerecht zu qualifizieren ist[134]. Aufgabe des Richters soll es vielmehr allein sein, zu prüfen, ob diejenige Vertragspartei, die einseitig den Preis festgelegt hat, dabei die Interessen der anderen Partei in effektiver und hinreichender Weise berücksichtigt hat[135]. Die Berücksichtigung der Interessen der anderen Partei soll nämlich jedem *„mécanisme [...] du pouvoir"* inhärent sein[136]. Dies werde auch durch die Inbezugnahme des Art. 1135 CC in den Entscheidungen vom 1. Dezember 1995 unterstrichen[137], wobei man sonst im Schrifttum eher rätselt, welchen Zweck der Verweis auf Art. 1135 CC verfolgt[138]. Darüber hinaus ergebe sich die Pflicht, auf die Interessen der Vertragspartei zu achten, auch aus dem Verweis auf Art. 1134 CC und insbesondere dessen al. 3, wonach Verträge nach den Grundsätzen von Treu und Glauben zu erfüllen sind[139].

Zusammenfassend handelt es sich in erster Linie um eine *contrôle de motivation*[140] und die Frage nach dem subjektiven Preis, den der Richter für jedes Vertragsverhältnis im Einzelfall ermitteln muss[141]. Selbst wenn es einen Marktpreis gibt, ein objektiver Preis also geradezu auf der Hand liegt, muss eine Abweichung von diesem Preis nicht automatisch missbräuchlich sein, sofern die *loyauté de la pratique contractuelle* nicht verletzt wird[142]. Mithin kann festgehalten werden, dass die Vertragspartei, die das Recht zur einseitigen Leistungsbestimmung hat, in dessen Ausübung grundsätzlich frei ist[143]. Trotz dieser Einschränkungen stellt das *revirement* vom 1. Dezember 1995 eine Stärkung der Stellung des Richters dar. Die Beziehung zwischen Richter und Vertrag hat sich stark geändert, indem der Richter nun dafür zuständig ist, zu kontrollieren, ob die Vertragsparteien die ihnen durch den Vertrag zugestandenen Rechte ordnungsgemäß ausüben[144].

---

[133] *Ferrier*, RTD com. 1997, 49 [62].

[134] *Aynès*, D. *1996*, Jurisp. 18 [20]; *Joel*, RTD com. 1997, 1 [4]; *Revet*, in: L'unilatéralisme et le droit des obligatioins, 31 [43]; *ders.*, RTD com. 1997, 37 [45].

[135] *Revet*, in: L'unilatéralisme et le droit des obligatioins, 31 [43].

[136] *Revet*, RTD com. 1997, 37 [44].

[137] *Revet*, RTD com. 1997, 37 [44 f.].

[138] Vgl. *Revet*, RTD com. 1997, 37 [44].

[139] *Revet*, RTD com. 1997, 37 [45].

[140] Siehe diese Formulierung bei *Revet*, in: L'unilatéralisme et le droit des obligatioins, 31 [43].

[141] Vgl. *Revet*, RTD com. 1997, 37 [45 f.].

[142] *Aynès*, D. 1996, Jurisp. 18 [20].

[143] *Aynès*, D. 1996, Jurisp. 18 [20].

[144] *Aynès*, D. 1996, Jurisp. 18 [21].

Eine Vermutung für eine missbräuchliche Preisfestsetzung wegen Nichtberücksichtigung der Interessen der anderen Vertragspartei soll gegeben sein, wenn diejenige Vertragspartei, die den Preis bestimmt hat, keinerlei Information liefert, die sie zur Grundlage für die Entscheidung über den Preis gemacht hat[145]. Darüber hinaus spielt natürlich ein möglicherweise bestehendes Missverhältnis zwischen dem Preis und der Leistung insofern doch eine wichtige Bedeutung als es als Indiz dafür gelten kann, dass die Interessen der anderen Partei nicht in hinreichendem Maße berücksichtigt worden sind[146]. Allgemein soll nach *Revet* als Grenze gelten *„un niveau permettant à l'autre partie un fonctionnement normal de son activité"*[147]. Beispielsweise darf die Festsetzung des Preises nicht dazu führen, dass die andere Vertragspartei deshalb ihre Fabrik nicht mehr halten kann[148].

Ob es bei der Ausfüllung des *abus* allerdings tatsächlich nur um die Frage geht, ob die Interessen der anderen Vertragspartei in ausreichendem Maße berücksichtigt worden sind, muss bezweifelt werden. An anderer Stelle findet man nämlich den Hinweis, dass der Bezug auf Art. 1134 und Art. 1135 CC in den Entscheidungen vom 1. Dezember 1995 absichtlich sehr generell sei (z. B. im Gegensatz zu den Entscheidungen *Alcatel*, in denen nur Art. 1134 al. 3 CC in Bezug genommen worden sei) und dass deshalb eine ganze Reihe von Gründen einen *abus* begründen könnten: so könne der Vertrag selbst unzulässige Bestimmungen enthalten, die Grundsätze von Treu und Glauben verböten jegliche Illoyalität, die Billigkeit verbiete zu große Disproportionen zwischen den Leistungen der Parteien, Bräuche könnten sich am Marktpreis orientieren oder einem bestimmten, anerkannten Geschäftsgebaren und schließlich können gesetzliche Verbote beispielsweise über das Wettbewerbsrecht oder den Verbraucherschutz eingreifen[149].

Stellt der Richter einen Missbrauch fest, kann er – sofern dies beantragt ist – den Vertrag auflösen und der von dem Missbrauch betroffenen Vertragspartei Schadensersatz zusprechen[150].

b) Die Bestimmtheit der Vergütung bei der louage d'ouvrage, *Art. 1710 CC*

Im Gegensatz zu der bis 1995 geltenden Rechtsprechung und im Gegensatz insbesondere zum Kaufrecht, wo Art. 1591 CC ausdrücklich anordnet, dass der

---

[145]   *Revet*, in: L'unilatéralisme et le droit des obligatioins, 31 [43].
[146]   Vgl. *Revet*, in: L'unilatéralisme et le droit des obligatioins, 31 [43].
[147]   *Revet*, RTD com. 1997, 37 [46].
[148]   *Revet*, RTD com. 1997, 37 [46].
[149]   *Joel*, RTD com. 1997, 1 [3 f.].
[150]   Cass. ass. plén., 1er décembre 1995, Bull. civ. ass. plén. N° 7, 8, 9.

Kaufpreis bestimmt sein muss[151], war das französische Recht im Bereich der *louage d'ouvrage* seit jeher deutlich liberaler. Zwar ist für die Qualifikation eines Vertrages als *contrat d'entreprise* zwingende Voraussetzung, dass der Vertrag eine Vergütung vorsieht[152]. Zu keinem Zeitpunkt aber hat die Rechtsprechung bei diesem Vertragstyp unter Bezugnahme auf Art. 1129 CC die Bestimmtheit der Vergütung im Zeitpunkt des Vertragsschlusses als zwingende Voraussetzung für das wirksame Zustandekommen eines entsprechenden Vertrages angesehen[153]; dies wird als geradezu klassisch für den *contrat d'entreprise* bezeichnet[154]. Der Grund hierfür wird – wie beim *mandat*[155] – darin gesehen, dass es sich bei dem Vertragsgegenstand um eine menschliche Tätigkeit (*activité humaine*) handele, deren Wert nicht im Voraus für die Zukunft festgesetzt werden könne[156]. Ein weiterer Gedanke ist offenbar, dass es sich oftmals um Verträge handelt, in denen man sich bzgl. der Festsetzung der Vergütung bei der Bestimmung einer gerechten Vergütung auf den Dienstleister verlässt und sich die Vergütung nach der Bedeutung der verrichteten Arbeit, ihrer Schwierigkeit und der aufgewendeten Zeit richtet, so z. B. bei Verträgen mit Anwälten oder Ärzten oder anderen ähnlichen Verträgen[157].

Revet, der unter den Kommentatoren des *revirements* vom 1. Dezember 1995 am klarsten herausgearbeitet hat, dass mit der Nichtanwendung des Art. 1129 CC auf viele Verträge die *Cour de Cassation* gleichzeitig ein einseitiges Leistungsbestimmungsrecht einführt[158], geht entsprechend davon aus, dass ein solches Recht beim Werkvertrag schon immer die Regel gewesen sei[159].

---

[151] Allerdings ist im französischen Schrifttum im Anschluss an das *revirement* von 1995 sowie das Urteil von 2004, in dem Art. 1129 CC als generell nicht auf den Preis anwendbar angesehen wurde, eine Diskussion darüber entbrannt, ob trotz der ausdrücklichen Vorschrift des Art. 1591 CC zur Bestimmtheit des Kaufpreises auch im Kaufrecht nunmehr eine einseitige Preisbestimmung möglich ist. Siehe zu dieser z.Zt. noch offenen Frage etwa *Benabent*, Rn. 149; *Brunet/Ghozi*, D. chron. 1998, 1 [4]; *Mignot*, JClCiv, Art. 1591, à 1593, Fasc. 110, Rn. 86 ff.; *Revet*, in: L'unilatéralisme et le droit des obligatioins, 31 [39].

[152] *Boubli*, Rép. civ. Dalloz, Contrat d'entreprise, Rn. 39; *Gibirila*, JClCiv, Art. 1787, fasc. 40, Rn. 43.

[153] *Malaurie/Aynès/Gautier*, Rn. 766; siehe auch *Boubli*, Rép. civ. Dalloz, Contrat d'entreprise, Rn. 39; *Dutilleul/Delebecque*, Rn. 742.

[154] *Benabent*, contrats spéciaux, Rn. 755.

[155] Vgl. *Malaurie/Aynès/Gautier*, Rn. 766.

[156] *Malaurie/Aynès/Gautier*, Rn. 766.

[157] *Planiol/Ripert*, Tome XI, Rn. 915.

[158] Siehe supra *§ 2, II, 1, a), bb)*.

[159] *Revet*, in: L'unilatéralisme et le droit des obligatioins, 31 [38]; „Puisque le pouvoir de fixation unilatérale du prix constitue le corollaire de l'inapplicabilité au prix de l'article 1129 du Code civil, la détermination unilatérale devrait désormais former la règle de principe dans les contrats d'entreprise."

Im Jahr 1991 wurde diese für den *contrat d'entreprise* etablierte Rechtslage auf alle Verträge ausgedehnt, die eine *obligation à faire* zum Gegenstand haben, indem das Abgrenzungskriterium für die Anwendbarkeit der „alten" Rechtsprechung, die Art. 1129 CC auch auf den Preis anwendete, nunmehr die *obligation de donner* wurde, so dass in allen Verträgen, die eine *obligation à faire* zum Gegenstand haben, ab diesem Zeitpunkt eine nachträgliche, einseitige Bestimmung der Vergütung möglich war[160].

Anders als bei der neuen, seit 1995 geltenden Rechtsprechung für Verträge, die nicht unter die *contrats d'entreprise* und unter das *mandat* fallen, ist es hier nicht Aufgabe des Richters, den von einer Vertragspartei einseitig festgelegten Preis zu kontrollieren, sondern der Richter setzt hier den Preis bzw. die Vergütung fest, indem er den Wert der geleisteten Arbeit ermittelt (*coût + bénéfice*)[161]. Es geht hier also nicht darum, das Verhalten der Parteien zu bewerten, sondern allein um den Wert der Gegenleistung, die vergütet werden soll[162]. Der Richter greift freilich nur dann ein, wenn eine Partei mit der Festsetzung der Vergütung durch die andere Partei nicht einverstanden ist[163]. Er überprüft dann die Vergütung und kann, wenn er sie für nicht gerechtfertigt hält, selbst eine angemessene Vergütung festlegen („*les juges du fond disposent d'un pouvoir souverain pour fixer le prix*")[164].

Der Richter hat hier also eine viel stärkere Rolle als bei anderen Vertragstypen und generell im Vergleich zum sonstigen Grundsatz des französischen Rechts, dass der Richter die alleinige Aufgabe hat, den Vertrag auszulegen. Festzuhalten ist zudem, dass das *revirement* vom 1. Dezember 1995 nicht dazu geführt hat, dass die Rechtslage für die Verträge, die von dieser neuen Rechtsprechung erfasst werden, an die Rechtslage beim *contrat d'entreprise* angepasst wurde. Während bei letzterem der Richter die Vergütung selbst festlegen kann und damit erheblich auf den Vertragsinhalt einwirken kann, führt ein *abus* bei der Preisfestsetzung im Rahmen der vom *revirement* erfassten Vertrags-

---

[160] In dem entscheidenden Urteil Cass. com, 29 janvier 1991, Bull. civ. IV n°43 heißt es: „dans les contrats n'engendrant pas une obligation de donner, l'accord préalable sur le montant exact de la rémunération n'est pas un élément essentiel de la formation de ces contrats."; vgl. auch *Benabent*, contrats spéciaux, Rn. 755.

[161] *Aynès, D. 1996*, Jurisp. 18 [20]; *Malaurie/Aynès/Gautier*, Rn. 766. Die Beweislast für den Wert der Arbeit trägt der Unternehmer, siehe *Boubli*, Rép. civ. Dalloz, Contrat d'entreprise, Rn. 42.

[162] *Aynès*, D. 1996, Jurisp. 18 [20].

[163] *Gibirila*, JClCiv, Art. 1787, fasc. 40, Rn. 47.

[164] Cass. civ. 3e, 3 décembre 1970, Bull. civ. III, n° 663; 16 janvier 1973, D. 1973, IR 52; Cass. civ. 1re, 5 juin 1973, Bull. civ. I, n° 202; Cass. civ. 1re, 19 décembre 1973, Bull. civ. I, n° 360; CA Paris, 25 nobembre 1974, D. 1975 Som. 77; *Gibirila*, JClCiv, Art. 1787, fasc. 40, Rn. 47.

typen nur dazu, dass der Vertrag auf Verlangen der benachteiligten Partei aufgelöst werden kann bzw. Schadensersatzansprüche geltend gemacht werden können. Selbst wenn die Parteien im Zeitpunkt des Vertragsschlusses eine Einigung über die Höhe der Vergütung erzielt haben, hat der Richter beim *contrat d'entreprise* größere Spielräume als bei anderen Vertragstypen[165].

Für die vorliegende Untersuchung lässt sich festhalten, dass im Bereich der Tätigkeits- bzw. Dienstleistungsverträge mit der *obligation à faire* als Vertragsgegenstand, die gleichzeitig diejenigen Verträge sind, in denen typischerweise Weisungsrechte auftreten[166], das französische Recht auch im Bereich der einseitigen Preisbestimmung traditionell sehr liberal war und anerkannt wurde, dass diese Verträge – bezogen auf den Preis – einer gewissen Flexibilität bedürfen.

c) Der Bestimmtheitsgrundsatz für die vertragscharakteristische Leistung

Indem sich das *revirement* ausschließlich auf die Anforderungen an die Bestimmtheit des Preises bezieht und nicht auf die vertragscharakteristische Leistung, ist das französische Recht in Bezug auf die vertragscharakteristische Leistung auf Grund des Fehlens von Vorschriften zur Durchbrechung des Bestimmtheitsgrundsatzes – wie etwa § 315 BGB im deutschen Recht – weiterhin sehr zurückhaltend bezüglich der Möglichkeit einer einseitigen Leistungsbestimmung. Im Zentrum steht die Grundregel des Art. 1129 CC, wonach das *objet* im Zeitpunkt des Vertragsschlusses bestimmt oder zumindest bestimmbar sein muss[167]. Die Vereinbarung einer Leistungsbestimmung nur durch eine Partei bleibt grundsätzlich ausgeschlossen und ist mit der Sanktion der Nichtigkeit des gesamten Vertrages belegt[168]. Allerdings bedeutet dies nicht, dass einseitige Leistungsbestimmung im französischen Recht bzgl. der vertragscharakteristischen Leistung überhaupt nicht möglich ist. Maßstab hierfür ist vielmehr wiederum Art. 1129 CC, der nach seinem Wortlaut[169] nur erfordert, dass der Gegenstand des Vertrages nach Art (*espèce*) und Menge bestimmt sein muss. Dies lässt sich veranschaulichen anhand folgender Entscheidung der *Cour de Cassation*[170]:

---

[165] So kann er bei den sog. *professions liberales* (z.B. Ärzte, Anwälte, Makler) das Honorar absenken, siehe *Boubli*, Rép. civ. Dalloz, Contrat d'entreprise, Rn. 41 mit weiteren Nachweisen.

[166] Siehe zu diesem Zusammenhang insbesondere infra *§ 9, I, 2, c)*.

[167] *Planiol/Ripert*, VI, Rn. 220; *Terre/Simler/Lequette*, Rn. 270.

[168] *Terre/Simler/Lequette*, Rn. 270.

[169] Art. 1129 CC: „Il faut que l'obligation ait pour objet une chose au moins déterminée quant à son espèce. La quotité de la chose peut être incertaine, pourvu qu'elle puisse être déterminée."

[170] Cass. civ. 1ʳᵉ, 23 mai 1995, Bull. civ. I, Nr. 214.

Frau Lauze schloss zur Eröffnung eines *point club vidéo* mit dem Unternehmen DPM einen Vertrag über die Überlassung von 200 Filmen über einen Zeitraum von zwölf Monaten. Im Vertrag wurden nicht die einzelnen Titel der Filme aufgeführt, sondern nur deren Genre (Karate-, Kinderfilm, Krimi usw.). Gleichzeitig sah der Vertrag die Möglichkeit für die Mieterin vor, anhand der speziellen Bedürfnisse und Kundenwünsche in der Videothek innerhalb der vorgegebenen Anzahl von 200 Filmen und der festgelegten Filmarten die Titel selbst auszusuchen.

Nachdem die *Cour d'Appel Caen* noch davon ausging, dass der Vertrag wegen Unbestimmtheit nichtig sei, weil das *objet* des Vertrages allein vom Vermieter abhänge, kassierte die *Cour de Cassation* dieses Urteil und befand den Vertrag für wirksam nach Art. 1108 und Art. 1129 CC: Entscheidend war dabei, dass nach Ansicht der *Cour de Cassation* der Gegenstand des Vertrages nach seiner Art und nach seiner Menge ausreichend bestimmt war. Außerdem habe nicht der Vermieter, sondern der Mieter der Filme nach dem Vertrag die Möglichkeit der Auswahl.

Die Betonung des letzten Aspekts, wonach hier der Mieter innerhalb der vertraglichen Vereinbarungen der Auswahlberechtigte ist, lässt sich wohl vor allem damit erklären, dass das französische Recht sehr stark darum bemüht ist, nicht einer Partei die Möglichkeit zu geben, ein einseitiges Leistungsbestimmungsrecht zur Benachteiligung der anderen Partei zu benutzen[171]. Instruktiv ist insofern eine weitere Entscheidung[172] der *Cour de Cassation*, in der sie sich mit fast dem gleichen Sachverhalt wie in der soeben dargestellten Entscheidung auseinanderzusetzen hatte:

Es handelte sich ebenfalls um einen Vertrag zwischen DPM und einer zukünftigen Betreiberin einer Videothek (Frau Dupont), die zu diesem Zweck einen Vertrag über die Miete von 200 Filmen über einen Zeitraum von vier Monaten mit DPM abschloss. Auch hier waren nicht sämtliche Titel der Filme im Vertrag festgelegt, sondern nur das Genre der Filme[173]. Der Mietzins richtete sich nach der Einteilung der Filme in drei unterschiedliche Kategorien, deren Kriterien der Zuschauerzuspruch (vermutlich im Kino) sowie die Neuartigkeit der Filme waren[174]. Wie im ersten geschilderten Sachverhalt erhielt Frau Dupont im Vertrag die Möglichkeit, die Auswahl der Filme an den speziellen Bedarf ihrer Videothek anzupassen. Allerdings war nur der erste Wechsel zwischen den ausgewählten Filmen kostenlos. Ansonsten sollten nach dem Vertrag die drei unterschiedlichen Preiskategorien relevant sein, wobei die Einteilung der Filme in die Kategorien von DPM vorzunehmen war, sich aber gleichzeitig

---

[171] Siehe etwa *Mestre* RTD civ. 1995, 620 [621], der, bezogen auf die vorliegende Entscheidung argumentiert, dass keine der Vertragsparteien der Willkür der anderen ausgesetzt sei: Der Mieter könne – ohne Auswirkungen auf den Preis – die Auswahl der Filme ändern, und der Vermieter der Filme sei zwar dieser Möglichkeit ausgesetzt, jedoch sei er ausreichend geschützt durch die gemeinsame ursprüngliche Auswahl der Filmarten. Vgl. auch *Zelcevic-Duhamel,* D. 1997, Jurisp. 610 [611] unter Verweis auf das „klassische Schrifttum", namentlich *Planiol/Ripert*, VI, Rn. 220. Kritisch allerdings zur These, dass mittels Art. 1129 CC einseitiger Willkür vorgebeugt werden soll, *Aynès*, D. 1996, Somm. com., 114.

[172] Cass. Com., 19 novembre 1996, D. 1997, Jurisp. 609.

[173] Cass. Com., 19 novembre 1996, D. 1997, Jurisp. 609 [610].

[174] Vgl. Cass. Com., 19 novembre 1996, D. 1997, Jurisp. 609 [610].

aus dem Vertrag keine klaren und präzisen Regelungen für die Zuordnung eines Filmes in die unterschiedlichen Preiskategorien ergaben.

Bei diesem Vertrag sei nach der *Cour de Cassation* davon auszugehen, dass auf Grund der unklaren und unpräzisen Zuordnung der Filme in die drei unterschiedlichen Preiskategorien *„la définition discrétionnaire de l'objet de la convention"* dem Vermieter zufalle und deshalb der Vertrag wegen Unbestimmtheit nichtig sei[175].

Die unterschiedliche Behandlung beider Fälle, die im Übrigen im französischen Schrifttum auf Zustimmung stößt[176], ist bei genauerer Betrachtung allerdings gar nicht in erster Linie darauf zurückzuführen, dass befürchtet wird, dass hier der Mieter der Filme, dem mittels des Vertrages ein nachträgliches Auswahl-recht gewährt wird, zum Nachteil der anderen Vertragspartei handelt. Vielmehr stellt die *Cour de Cassation* in den Mittelpunkt ihrer (zweiten) Entscheidung, dass letztlich praktisch dem Vermieter eine Disposition über den Vertragsge-genstand im Fall der Ausübung des Auswahlrechts durch den Mieter zukommt, weil er – ohne verlässliche Kriterien – die gewählten Filme einer der drei Preis-kategorien zuordnen kann. Er kann also im Ergebnis über die einseitige Festle-gung der Kategorie eines Filmes mittelbar die zu erbringende Gegenleistung in Form des Mietzinses bestimmen. Für eine solche Einflussnahme auf das Ver-tragsgeschehen scheint die *Cour de Cassation* keine Grundlage in Art. 1129 CC zu sehen.

Freilich darf diese zweite dargestellte Entscheidung auf Grund ihrer Beson-derheit, dass mittels der Zuordnung der Filme zu den Preiskategorien auch die Höhe des Preises beeinflusst werden konnte und damit faktisch beiden Ver-tragsparteien ein Leistungsbestimmungsrecht zustand, nicht überwertet wer-den. Festhalten lässt sich vielmehr auf Grund der ersten Entscheidung, dass es im französischen Recht durchaus eine einseitige nachträgliche Leistungsbe-stimmung geben kann. Maßstab hierfür sind die (engen) Grenzen des Art. 1129 CC, so dass einseitige Leistungsbestimmung nur möglich ist, sofern weder die Art (*espèce*) der Leistung noch deren Menge (*quantité*) durch die Leistungsbe-stimmung betroffen ist. Dagegen ist die genaue Identität der Leistung nicht durch Art. 1129 CC geregelt[177], so dass im vorliegenden Fall innerhalb der ver-einbarten Filmarten und der Menge von 200 Filmen eine einseitige Auswahl-möglichkeit verbleibt. Die Grenzen des Art. 1129 CC sind dabei zwingend, denn den Parteien ist es nicht möglich, durch individualvertragliche Abrede davon abzurücken.

---

[175] Cass. Com., 19 novembre 1996, D. 1997, Jurisp. 609 [610].

[176] *Zelcevic-Duhamel,* D. 1997, Jurisp. 610 [611].

[177] *Aynès,* D. 1996, Somm. com., 114.

Anhand der ersten Entscheidung lässt sich darüber hinaus noch einmal deutlich machen, wie wichtig Fragen der Bestimmtheit für die Frage nachträglicher einseitiger Änderung auf den Vertragsinhalt sind. Geht man nämlich bei dem Vertrag zwischen DPM und der Betreiberin der Videothek davon aus, dass der Vertrag so gestaltet war, dass bei Vertragsschluss bereits 200 Filme festgelegt wurden (denn die Videothek muss ja auch zur Eröffnung mit Filmen ausgestattet werden, wenn noch keine Erfahrungswerte über die Vorlieben der Kunden vorliegen), so dass bei Vertragsschluss der Vertrag durchaus bestimmt war, könnte man unter Zugrundelegung eines engen Verständnisses des Bestimmtheitserfordernisses im Vertragsrecht davon ausgehen, dass hier überhaupt kein Problem bzgl. der Bestimmtheit des Vertrages zu verorten ist[178]. Das Abstellen auf Art. 1129 CC durch die *Cour de Cassation* zeigt aber, dass auch die nachträgliche Konkretisierung bzw. Änderung eines zuvor bereits bestimmten Leistungsprogramms im französischen Recht eine Frage der Bestimmtheit ist[179].

Allerdings sei bereits an dieser Stelle darauf hingewiesen, dass die Frage der Bestimmtheit des Vertrages im Zusammenhang mit dem hier vertieft untersuchten Weisungsrecht beim Transportvertrag – soweit ersichtlich – nicht erörtert wird. Dies mag daran liegen, dass dieser Bezug zum allgemeinen Vertragsrecht im transportrechtlichen Schrifttum und der Rechtsprechung schlicht übersehen wird. Dabei ließe sich durchaus bezweifeln, ob eine transportrechtliche Weisung, mittels derer etwa ein neuer Bestimmungsort gewählt wird und sich dadurch gleichzeitig der Transportweg verlängert, mit Art. 1129 CC, wonach Art und Menge der Leistung bestimmt sein müssen, vereinbaren ließe. Umschiffen ließe sich diese Problematik zweifellos dadurch, dass durch eine transportrechtliche Weisung nicht einseitig der Vertragsinhalt verändert wird, sondern das durch die Weisung vermittelte neue Pflichtenprogramm durch zweiseitige Vertragsänderung zustande kommt, die mittels der Weisungsausübung „erzwungen" werden kann"[180].

---

[178] Vgl. hierzu supra *§ 2, II.*
[179] Siehe hierzu auch *Fabre*, RTD civ. 1983, 1 [14], der vertragliche Anpassungsklauseln untersucht und zu dem Schluss kommt, dass Klauseln zur einseitigen Anpassung des *objet* bzw. – nach alter Rechtslage – zum Preis gegen den Bestimmtheitsgrundsatz aus Art. 1129 CC verstoßen. Die Unbestimmtheit rührt daher, dass auf Grund des Adaptationsrechtes einer Partei für die andere Partei im Moment des Vertragsschlusses nicht klar ist, wozu sie sich verpflichtet: „[…], le partenaire ne sait pas exactement à quoi il s'engage puisqu'en acceptant que le cocontractant adapte seul le contrat, il lui remet un blanc seing."
[180] Siehe zu dem Problem, ob es im französischen (Transport-)Recht überhaupt einseitige Modifikation geben kann, infra *§ 6, II, 1, a).*

2. Die Bestimmtheit des Vertrages im deutschen Recht

Im Ausgangspunkt geht das deutsche Recht ebenfalls im Vertragsrecht vom Bestimmtheitsgrundsatz aus[181]. Die dahinterstehende Überlegung wird darin gesehen, dass der Schuldner nur an etwas rechtlich gebunden sein könne, das in ausreichender Weise bestimmbar ist[182]. Anderenfalls würden die Vertragsparteien nicht ihre Rechte und Pflichten kennen[183] und überdies wäre es den Gerichten nicht möglich, Verträge durchzusetzen[184].

Abgesehen von den genannten grundsätzlichen Punkten spielt im deutschen Schrifttum – im Gegensatz zum französischen Schrifttum – die Diskussion des schuldrechtlichen Bestimmtheitsgebotes eine weit untergeordnete Rolle[185]. Die Ausführungen beschränken sich nicht selten darauf, dass zur Einhaltung des Bestimmtheitsgrundsatzes die *essentialia negotii* eines Vertrages zwischen den Parteien vereinbart werden müssen, um überhaupt einen wirksamen Vertragsschluss erreichen zu können[186]. Bestimmt in diesem Sinne muss dabei bereits das Angebot zum Vertragsschluss sein, weil ein potentieller Vertrag mit einer bloßen Zustimmung der anderen Seite zustande kommen kann, mit der keine weitere Konkretisierung des potentiellen Vertragsinhalts einhergeht[187]. Als *essentialia negotii* gelten klassischerweise das Objekt des Vertrages und der Preis bzw. die Vergütung[188]. Zu beachten ist dabei freilich, dass keine ausdrückliche Vereinbarung dieser zentralen Punkte des Vertrages erforderlich ist, sondern sie sich auch aus der Auslegung des Vertrages ergeben können[189].

Von besonderer Bedeutung für das vertragsrechtliche Bestimmtheitsgebot sind die §§ 315 ff. BGB, wonach mit der Zulassung einseitiger Leistungsbestimmungsrechte in ganz erheblicher Weise das Erfordnis, die *essentialia negotii* im Zeitpunkt des Vertragsschlusses festzulegen, modifiziert wird und die genaue Bestimmung des vertraglichen Pflichtenprogrammes auch zu einem späteren Zeitpunkt erfolgen kann[190]. Das Bestimmtheitsgebot im deutschen Schuldrecht

---

[181] HKK-*Hofer*, §§ 315-319 Rn. 1; *Kornblum*, AcP 168 (1968), S. 450.

[182] HKK-*Hofer*, §§ 315-319 Rn. 1.

[183] *Esser*, S. 139.

[184] *Kötz*, Rn. 86; *Schlechtriem/Schmidt-Kessel*, AT Rn. 100.

[185] Eine deutlich größere Relevanz hat das Bestimmtheitsgebot dagegen im Sachenrecht, wo sich etwa bei der Sicherungsübereignung von Sachgesamtheiten auf der sachenrechtlichen Ebene die Frage nach der Wirksamkeit des dinglichen Vertrages stellt, siehe hierzu etwa *MüKo-Oechsler*, § 929 Rn. 6.

[186] Vgl. *Kötz*, Rn. 86

[187] Vgl. *Kötz*, Rn. 86; *Schlechtriem/Schmidt-Kessel*, AT Rn. 100.

[188] Vgl. *Kötz*, Rn. 86.

[189] *Kötz*, Rn. 86; *Schlechtriem/Schmidt-Kessel*, AT Rn. 100.

[190] Vgl. *Bamberger/Roth-Gehrlein* § 315 Rn. 1; *Baur* 61; *Staudinger-Rieble* [2015] § 315 Rn. 6; *Tillmanns*, S. 117. Siehe zur einseitigen Leistungsbestimmung nach § 315 BGB *infra § 3, III.*

ist damit schon von Gesetzes wegen in ganz erheblicher Weise durchbrochen. Das deutsche Recht ist damit von den drei hier zu untersuchenden Rechtsordnungen am offensten für einseitige Leistungsbestimmung.

3. *Das Erfordernis der* Certainty *im englischen Vertragsrecht*

Schließlich geht auch das englische Recht ebenfalls wie selbstverständlich davon aus, dass Verträge bestimmt sein müssen, weil sie sonst nicht durchgesetzt werden könnten[191]. Ähnlich wie im deutschen Recht ist die Diskussion darüber jedoch deutlich unaufgeregter als im französischen Recht. Grundsätzlich gilt, dass ein Vertrag nach englischem Recht nur bindend ist, wenn die *essential terms* des Vertrages bei Vertragsschluss festgelegt werden[192]. Ein klassisches Beispiel ist die Entscheidung in *G. Scammell & Nephew Ltd v. Ouston*[193], wo ein Vertrag über *„hire-purchase"* als nicht bestimmt genug angesehen worden ist, weil es eine ganze Reihe unterschiedlicher Arten dieses Leasingmodells gäbe und es deshalb erforderlich sei, dieses näher zu spezifizieren.

Gleichzeitig gilt jedoch die Regel, dass auch das als *certain* anzusehen ist, *„which can be made certain"*[194]. Als dem Grundsatz der *certainty* genügend wurden deshalb etwa Verträge angesehen, in dem es einer der Vertragsparteien überlassen wurde, nachträglich den genauen Erfüllungsort zu bestimmen[195]. Aber selbst der Preis als eigentlich elementarer Bestandteil des Vertragsinhalts muss nicht unbedingt im Moment des Vertragsschlusses festgelegt sein[196]. Dabei ist jedoch genau zu unterscheiden danach, ob die Vertragsparteien trotz der bisherigen Nichtregelung des Preises auch tatsächlich an den Vertrag gebunden sein wollen oder ob es sich bei der bisher bestehenden Vereinbarung nur um eine Vereinbarung handelt, weitere Verhandlungen anzuschließen[197].

---

[191] Vgl. *Courtney & Fairbairn Ltd v Tolaini* [1975] 1 WLR 297 (CA) 301.

[192] *May & Butcher v R* [1934] KB 17n (HL).

[193] [1941] A.C. 251.

[194] *Anson*, S. 65.

[195] *G.H.Renton & Co. Ltd. v Palmyra Trading Corporation of Panama* [1957] A.C. 149 [168]: „My Lords, I can see no conflict. The contract contained in the bill of lading must be read as a whole. So read, it provides, in effect, that the goods must be carried to London unless there occurs an event specified in one or other of the provisos already mentioned; but if such event happens, the goods may be discharged elsewhere, and such discharge is to be deemed to be due fulfillment of the contract. No conflict arises when an obligation in a contract, unqualified in its terms as it is first stated, is subsequently qualified by a proviso modifying or altering the obligation if certain events happen which are outside of the control of either party. The original obligation and the qualification of it both form part of the intention of the parties and neither part is repugnant to the other."

[196] Für Kaufverträge ergibt sich dies schon aus Section 8 Sales of Goods Act 1979.

[197] Vgl. *Chitty I-Chen-Wishart* Rn. 2-120; siehe auch generell zur hervorgehobenen Be-

Ein Beispiel für einen Fall, in dem ein Vertrag als nicht bindend angesehen wurde, weil der Preis erst zu einem späteren Zeitpunkt festgelegt werden sollte, ist *May & Butcher v. R.*[198]. Der Entscheidung lag ein Vertrag zugrunde über Zeltausrüstungen, wobei sowohl der Preis als auch die Zahlungszeitpunkte von Zeit zu Zeit vereinbart werden sollten. Das *House of Lords* hielt den Vertrag für unwirksam wegen *incompleteless*. Als Gegenpol zu *May & Butcher* kann die Entscheidung in *Foley v. Classique Coaches Ltd.*[199] angesehen werden. Hier fand ein Verkauf von Land unter gleichzeitiger Vereinbarung statt, dass der Käufer des Landes im Rahmen seines geplanten Busunternehmens die Busse auf der Tankstelle des Verkäufers betanken wird, wobei der Preis des Kraftstoffes von den Parteien von Zeit zu Zeit vereinbart werden sollte. Der *Court of Appeal* hielt diesen Vertrag aufrecht, u. a. deshalb, weil die Parteien sich schon eine gewisse Zeit an diese Praxis gehalten hatten und außerdem das Tanken eine gewisse Gegenleistung für den Verkauf des Landes war und sich damit als Teil eines größeren Vertragsgebildes darstellte, so dass der *Court of Appeal* davon ausging, dass die Vertragsparteien trotz des Offenlassens der genauen Preise an den Vertrag gebunden sein wollten[200].

Trotz der Tatsache, dass der Vertrag in *May & Butcher* im Ergebnis als unwirksam angesehen wurde, stößt die Entscheidung aber auch die Tür auf für die einseitige (und gerade nicht zweiseitige) Leistungsbestimmung im Anschluss an den Vertragsschluss, so dass es etwa möglich ist, dass eine Vertragspartei, ein Dritter oder ein Schiedsrichter zu einem späteren Zeitpunkt einen gewissen Punkt im Rahmen des Vertrages festlegen soll. *Viscount Dunedin* bringt insofern das englische Recht zusammenfassend auf den Punkt:

„The case arises upon a question of sale, but in my view the principles which we are applying are not confined to sale, but are the general principles of the law of contract. To be a good contract there must be a concluded bargain, and a concluded contract is one which settles everything that is necessary to be settled and leaves nothing to be settled by agreement between the parties. Of course it may leave something which still has to be determined, but then that determination must be a determination which does not depend upon the agreement between the parties. [...]. As a matter of the general law of contract all the essentials have to be settled. What are the essentials may vary according to the particular contract under consideration. We are here dealing with sale, and undoubtedly price is one of the essentials of sale, and if it is left still to be agreed between the parties, then there is no contract. It may be left to the determination of a certain person [...]. For instance, with regard to price it is a perfectly good contract to say that the price is to be settled by the buyer."[201]

---

deutung der *intention* der Vertragsparteien in Bezug auf die Frage, ob ein Vertrag zustande gekommen ist oder nicht *The Gladys* [1994] 2 Lloyd's Rep. 402.

[198] [1934] 2 KB 17n (HL).
[199] [1934] 2 KB 1 (CA).
[200] Cf. *Foley v. Classique Coaches Ltd.* [1934] 2 KB 1 (CA) 7 per *Scrutton L.J.*
[201] *May & Butcher v R* [1934] 2 KB 17n (HL) [21].

Vor dem Hintergrund dieser Entscheidung werden nicht nur solche Vereinbarungen als mit dem englischen Recht vereinbar qualifiziert, die es einer Partei auferlegen, einen gewissen Punkt im Rahmen des Vertrages zu einem späteren Zeitpunkt zu konkretisieren, sondern gleichsam auch solche, die einer Partei nachträglich und einseitig das Recht geben, bisher bestehende Vereinbarungen abzuändern – wie etwa im Rahmen eines Kreditvertrages, wo der Gläubiger gegenüber dem Schuldner durch pure *notification* die Zinshöhe bestimmen kann[202]. Damit findet in der Diskussion um die genügende Bestimmtheit und Vollständigkeit von Verträgen unter englischem Recht eine Gleichsetzung statt zwischen der Frage, ob ein Vertrag deshalb nicht *lawful* ist, weil einer Partei eine nachträgliche (erstmalige) Leistungsbestimmung eingeräumt wird oder weil eine Partei nachträglich einen bereits geregelten Punkt einseitig abändern darf.

Insgesamt lässt sich damit festhalten, dass das englische Recht zwar ebenfalls wie selbstverständlich auf dem Bestimmtheitsgrundsatz beruht, aber auch das englische Recht weitreichende Ausnahmen vorsieht, die soweit gehen, dass der Preis einseitig durch eine Vertragspartei oder Dritte bestimmt werden kann. Auf Grund der Bezugnahme auf die Entscheidungen zu nachträglichen einseitigen Leistungsbestimmungen in den Fällen einer nachträglichen einseitigen Änderung des Vertrages sind letztere aus dem Blickwinkel der Frage der Bestimmtheit des Vertrages ebenso unproblematisch wie die erstmalige nachträgliche und einseitige Leistungsbestimmung.

III. Weisungsrechte als Unterfall des Gestaltungsrechts?

Der Begriff des Gestaltungsrechts ist ein Sammelbegriff für allerlei einseitige Rechte, die im Rahmen von Vertragsverhältnissen bestehen können. Wie *Bötticher* im Anschluss an *Dölle* zu Recht betont, liegt der Wert der dogmatischen Figur vor allem in dieser Ordnungsfunktion[203]. Freilich ist eine solche Systematisierung des Rechtsstoffs kein Selbstzweck, sondern sie dient letztlich dazu, durch das Zusammenfassen von Gemeinsamkeiten auf allgemeinerer Ebene den Zugang zum Recht zu erleichtern und eröffnet gleichzeitig die Möglichkeit, die allgemein gefundenen Regeln auf den Einzelfall anzuwenden. Vor diesem Hintergrund stellt sich im Rahmen dieser Untersuchung die Frage, ob Weisungsrechte in die Oberkategorie des Gestaltungsrechtes einzuordnen sind, und sich somit Rückschlüsse ziehen lassen auf die Ausgestaltung von Weisungsrechten,

---

[202] Siehe *Lombard Tricity Finance Ltd. v. Paton* [1989] 1 All ER 918 (CA) [923] per *Staughton L.J.*, der ausdrücklich Bezug auf die Entscheidung in *May & Butcher* nimmt.

[203] *Bötticher*, in: *Festschrift Dölle*, S. 41.

etwa in Bezug auf die Frage, ob Weisungsrechte tatsächlich einseitig ausgeübt werden können, oder welche allgemeinen Kontrollmaßstäbe zur Eingrenzung von Weisungsrechten in den jeweiligen Rechtsordnungen zur Verfügung stehen. Gleichzeitig liefert die vorgelagerte Frage, ob es überhaupt eine Oberkategorie des Gestaltungsrechts gibt bzw. wie stark diese wissenschaftlich konturiert ist, ein Spiegelbild der jeweiligen Rechtsordnung bezogen auf die Frage, inwieweit sich die jeweilige Rechtsordnung insgesamt einseitigen Einwirkungsmöglichkeiten auf den Vertrag geöffnet hat.

1. Weite Verbreitung von Gestaltungsrechten im deutschen Recht

Gestaltungsrechte sind – anders als im englischen oder französischen Recht[204] – im deutschen Privatrecht allgegenwärtig[205]. Bis zu einem Vortrag von *Seckel* im Jahr 1903 gab es jedoch nicht mal einen einheitlichen Begriff für diese Art von Rechten[206]. *Seckel* führte im Rahmen seines Vortrages den Begriff des Gestaltungsrechts in die Rechtslehre ein[207] und definierte es als „das subjektive (konkrete) Privatrecht, dessen Inhalt [...] die Macht zur Gestaltung konkreter Rechtsbeziehung durch einseitiges Rechtsgeschäft" ist[208]. Das Gestaltungsrecht nach *Seckel* ist somit ein weitreichender Oberbegriff, der etwa Anfechtungs,- Kündigungs, Aufrechnungs-, Widerrufs- oder Rücktrittsrechte umfasst[209]. Aber

---

[204] Nicht selten werden die Gestaltungsrechte als Besonderheit des deutschen Rechts hervorgehoben, siehe *Becker*, AcP 188 (1988), 24 [25] („besonders starke Ausprägung und Verbreitung im deutschen bürgerlichen Recht"); *Hattenhauer*, ZEuP 2003, 404 [405] („Produkt der deutschen Rechtslehre"); *Scholz*, S. 26.

[205] *Gernhuber*, § 26 II 1 bezeichnet die einseitige Änderungsmöglichkeit als „Massenphänomen" im deutschen Recht, wobei er die einseitige Änderungsmöglichkeit und den Begriff des Gestaltungsrechts gleichsetzt: „Die einseitige Änderung einer Schuld ist [...] ein Massenphänomen, für das gewiß Ausnahmecharakter nicht behauptet werden kann. Schließlich ist die einseitige Schuldänderung identisch mit der Ausübung von Gestaltungsrechten (einschließlich aller Einreden) im Rahmen eines Schuldverhältnisses. Jede – und sei es auch noch so periphere – Umgestaltung eines Schuldverhältnisses durch einseitigen Akt bedarf der Legitimation durch ein Gestaltungsrecht. Wenn § 305 [scil. § 311] gleichwohl im Änderungsvertrag die Regel, in der einseitigen Änderung aber die Ausnahme sieht, so weil sich die Väter des BGB der Komplexität des Schuldverhältnisses noch nicht bewußt waren, zudem der Rücktritt noch nicht als Änderung des Schuldverhältnisses (sondern als rückwirkendes Erlöschen) verstanden wurde."

[206] Vgl. *Seckel*, S. 5; siehe zur Geschichte einseitiger privater Rechtsgestaltung grundlegend *Hattenhauer*, S. 5 ff.

[207] *Enriquez*, ZSR 2009, 355; *Enriquez*, ZfA 2011, 121 [122].

[208] *Seckel*, S. 12. Vgl. auch *Hattenhauer*, S. 192 ff.; zum Gestaltungsrecht als subjektivem Recht, siehe auch die ausführliche Darstellung bei *Scholz*, S. 36 ff.

[209] *Seckel*, S. 7 Fn. 6; *Söllner*, S. 27; *Tillmanns*, S. 118. Siehe auch die sehr detaillierte Auflistung bei *Scholz*, S. 51 ff.

unter die genannte Definition fallen auch Weisungsrechte, denn durch ein Weisungsrecht wird gerade einer Vertragspartei das Recht gegeben, einseitig die
konkrete Rechtsbeziehung, namentlich den Vertrag, zu gestalten, indem er inhaltlich abgeändert wird[210]. *Seckel* nennt in seiner ausführlichen Aufzählung
auch ausdrücklich das „sog. Verfügungsrecht des Absenders gegenüber dem
Frachtführer"[211]. Auch das „Anordnungsrecht des Dienstberechtigten" wird erwähnt[212]. Ebenso wird das Weisungsrecht im Rahmen des Werkvertrags, sowie
dem Auftrag und der Geschäftsbesorgung nach deutschem Verständnis zu den
Gestaltungsrechten gezählt[213].

Der vormals weit verbreitete Befund, dass auch im deutschen Recht das Gestaltungsrecht wissenschaftlich noch nicht völlig durchdrungen sei[214], dürfte
seit der grundlegenden Arbeit *Hattenhauers* u. a. zur Lehre vom Gestaltungsrecht nicht mehr haltbar sein[215]. Ausdiskutiert sind Fragen rund um das deutsche Gestaltungsrecht allerdings längst noch nicht: Erst kürzlich hat *Enriquez*
im Rahmen einer Abhandlung zur Rechtsnatur des Weisungsrechts des Arbeitgebers die These aufgestellt, dass zwei unterschiedliche Definitionen des Gestaltungsrechts – weitgehend unbemerkt – in der deutschen Rechtswissenschaft
kursieren, nämlich die auf *Söllner* zurückgehende „Rechtswirkungsdefinition"
einerseits und die „Rechtsänderungsdefinition" andererseits[216]. Erstere definiere
das Gestaltungsrecht als eine Befugnis zur Rechtswirkung, während bei der
zweiten ein Gestaltungsrecht das Recht verleihe, eine Rechtsänderung herbeizuführen[217]. Unter einer Rechtsveränderung versteht *Enriquez* „Begründung
und/oder Aufhebung mindestens einer *abstrakten* Pflicht oder eines Teils derselben […], wobei diese Rechtsbegründung und/oder –aufhebung von der Begründung und/oder Aufhebung eines oder mehrerer konkreter Rechte begleitet
sein kann, aber nicht muss."[218] Die Konkretisierung einer Rechtsstellung dagegen sei „(im rechtstechnischen Sinne) die Begründung und/oder Aufhebung
einer oder mehrerer, aber bloß *konkreter* Pflichten"[219]. Beispiel für eine Rechts-

---

[210] Insofern ist die Auflistung bei *Scholz*, S. 51 ff. unvollständig.

[211] *Seckel*, S. 7 Fn. 6.

[212] *Seckel*, S. 7 Fn. 6; vgl. auch *Hattenhauer*, S. 238.

[213] *Hattenhauer*, S. 238.

[214] Nach *Joussen*, AcP 2003, 429 [463] etwa bedarf der Begriff des Gestaltungsrechts
weiterhin „einer eindeutigen dogmatischen Klärung".

[215] Siehe *Hattenhauer*, S. 197 ff., insbesondere S. 229 ff.

[216] *Enriquez*, ZfA 2011, 121 [122 sowie insbesondere 136 ff.].

[217] *Enriquez*, ZfA 2011, 121 [136].

[218] *Enriquez*, ZfA 2011, 121 [137 f.] *Hervorhebung wie im Original.*

[219] *Enriquez*, ZfA 2011, 121 [138] *Hervorhebung wie im Original.* An anderer Stelle (ZfA
2011, 121 [149]) bringt *Enriquez* die Unterscheidung auf folgende Formel: „Mit anderen Worten bedeutet ‚Gestaltung' im Sinne der Lehre vom Gestaltungsrecht *Um*gestaltung (Recht-

änderung sei demnach etwa die Wahlschuld, weil dort die vorher bestehenden zwei oder mehr abstrakten Verpflichtungen durch die Wahl auf eine abstrakte Verpflichtung reduziert würden[220]. Klassisches Beispiel für eine Konkretisierung sei beispielsweise die Weisung des Anwalts als Arbeitgeber gegenüber seiner Sekretärin als Arbeitnehmerin zur Fertigstellung einer bestimmten Arbeit zu einem bestimmten Zeitpunkt, weil hierbei die abstrakten Pflichten in Form der allgemeinen Arbeits- und Treuepflichten unverändert blieben und nur eine konkrete Pflicht hinzugefügt werde, nämlich die, eine bestimmte Arbeit zu einem bestimmten Zeitpunkt festzulegen[221]. Vor dem Hintergrund einer solchen Abgrenzung, die *Enriquez* zu der Schlussfolgerung veranlasst, dass in Form des „Konkretisierungsrechts" eine „neue Kategorie subjektiver Rechte des Könnens in die Rechtsdogmatik einzuführen [sei]"[222], seien alle Weisungen des Arbeitgebers, abgesehen von der Ausnahme des einseitigen Arbeitsverzichts, keine Gestaltungsrechte, sondern bloß Konkretisierungsrechte[223]. Das auftragsrechtliche Weisungsrecht sei sogar ein reines „Konkretisierungsrecht" und damit in keiner Ausprägung ein Gestaltungsrecht[224]. *Enriquez* meint, so eine klarere und widerspruchsfreiere Lehre vom Gestaltungsrecht zu begründen, die nicht länger darauf angewiesen sei, mit Hilfskonstruktionen wie der Figur des „Muttergestaltungsrecht" oder einer Relativierung der Unwiderruflichkeit von Gestaltungsrechten in bestimmten Fällen die Widerruflichkeit von Weisungen zu erklären, obwohl Gestaltungsrechte auch nach den Regeln der allgemeinen Lehre zum Gestaltungsrecht unwiderruflich sein sollen[225].

Enriquez beschreitet diesbzgl. freilich einen Sonderweg, dessen Sinnhaftigkeit in Frage zu stellen ist, weil er letztlich nur dazu führt, das Problem der mehrfachen Ausübung von Gestaltungsrechten weg von der Lehre zu den Gestaltungsrechten und hin zu einer neuen Kategorie der Konkretisierungsrechte zu bringen. Überzeugender erscheint es auch weiterhin, mit *Bötticher* von der Figur des sog. „Muttergestaltungsrechts" auszugehen[226]. Ein Muttergestaltungsrecht zeichnet sich nach *Bötticher* dadurch aus, dass es „sich wesensgemäß nicht in einer einzigen Gestaltungserklärung erschöpft, sondern eine fort-

---

sänderung) und – entgegen gewichtigen Lehrmeinungen – nicht auch *Aus*gestaltung (Rechtskonkretisierung)." *Hervorhebung wie im Original.*

[220] *Enriquez*, ZfA 2011, 121 [138].

[221] *Enriquez*, ZfA 2011, 121 [138 f.].

[222] *Enriquez*, ZfA 2011, 121 [158].

[223] *Enriquez*, ZfA 2011, 121 [151; 158 f.].

[224] *Enriquez*, ZfA 2011, 121 [152].

[225] Vgl. *Enriquez*, ZfA 2011, 121 [152 f.]; siehe hierzu auch *Enriquez*, ZSR 2009, 355 ff; insbesondere S. 366 ff.

[226] *Bötticher* verwandte diesen Begriff erstmals in einem Vortrag vor der Berliner Juristen Gesellschaft im Jahr 1963, siehe S. 6.

laufende Regelung trägt"[227]. Beispielhaft nennt *Bötticher* in diesem Zusammenhang das Direktionsrecht des Arbeitgebers[228]. Zurecht weist *Bötticher* schließlich daraufhin, dass die Unwiderruflichkeit von Gestaltungserklärungen und die Frage, ob es Gestaltungsrechte gibt, die mehrfach ausgeübt werden können, gar nicht in unmittelbarem Zusammenhang steht: „Wenn mit Recht betont wird, daß die Leistungsbestimmung unwiderruflich ist, so trifft dies durchaus für die einzelne „Anpassungserklärung" zu, hindert aber nicht, daß sie von einer späteren „Anpassungserklärung" abgelöst wird"[229]. In der Tat spricht nichts dagegen, zwischen der jeweiligen Ausübung, die den Regeln über das Gestaltungsrecht unterliegt, und dem sog. Muttergestaltungsrecht zu unterscheiden.

Für das deutsche Recht lässt sich somit festhalten, dass Weisungsrechte auf Grund der weiten Verbreitung von Gestaltungsrechten und der daraus resultierenden Gewöhnung des deutschen Rechts an einseitige Einwirkungsmöglichkeiten auf das Vertragsgeschehen keine Besonderheiten darstellen nur weil sie einseitig ausgeübt werden. Vielmehr können Weisungsrechte der größeren Gruppe der Gestaltungsrechte zugeordnet werden.

2. *Schattendasein des* droit potestatif *im französischen Recht*

Das französische *droit potestatif*[230] ist das Pendant zum deutschen Gestaltungsrecht. Allerdings führt es im französischen Zivilrecht – im Gegensatz zum deutschen Recht – ein Schattendasein[231]. Es wird sogar noch im Jahr 2010 von einer Kluft („*abîme*") zwischen der Einseitigkeit eines *droit potestatif* und dem das Vertragsrecht inspirierenden Prinzip der sich treffenden Willen der Vertragspartner gesprochen[232].

---

[227] *Bötticher*, S. 6.

[228] *Bötticher*, S. 6.

[229] *Bötticher*, S. 6 f.

[230] Gebräuchlich sind daneben auch die Begriffe „*droit formateur*" und „*droit constitutif*", siehe *Hattenhauer*, S. 209 mit weiteren Nachweisen.

[231] Vgl. *Najjar*, S. 100; *Pomart-Nomdedeo*, RTD civ. 2010, 209; *Rochfeld*, in: Le contrat au début du XXIe siècle, Mélanges Ghestin, 747 [748 f.]. Anerkannt, da gesetzlich geregelt, ist dagegen die *condition potestatif* nach Art. 1170 CC. 1174 CC regelt in diesem Zusammenhang, dass eine Verpflichtung nichtig ist, sofern eine *condition potestatif* zugunsten des Schuldners vereinbart wird. Im deutschen Recht wird eine solche Unterscheidung zwischen Bedingungen zugunsten des Schuldners oder Gläubigers nicht vorgenommen, vgl. § 158 BGB.

[232] *Pomart-Nomdedeo*, RTD civ. 2010, 209. Die Bindungswirkung des Vertrages nach Art. 1134 CC ist im französischen Recht besonders stark. Einseitige Einwirkung auf das Vertragsgeschehen bildet dagegen die Ausnahme, wie sich etwa auch daran ablesen lässt, dass der gesetzliche Rücktritt nach Art. 1184 CC nur durch den Richter möglich ist, siehe hierzu auch *Hattenhauer*, S. 205. Allerdings ist auch hier das französische Recht in jüngster Zeit in

Definieren lässt sich das *droit potestatif* als: „pouvoir, pour son titulaire, d'influer sur une situation juridique préexistante en la modifiant, l'éteignant ou en en créant une nouvelle, par sa seule volonté unilatérale et sans que son partenaire, placé dans une position de totale sujétion, puisse y faire obstacle"[233]. Als Beispiele für Gestaltungsrechte im französischen Recht werden z. B. das Optionsrecht (*droit d'option*)[234], das Recht zur einseitigen Vertragsbeendigung (*droit de résiliation unilatérale*) oder das Rückkaufsrecht (*droit de réméré*) genannt[235].

Die Ausübung eines solchen Rechts stellt eine einseitige Einwirkung auf das Vertragsgeschehen dar, indem es einer Partei möglich ist, allein auf Grund des eigenen Willens rechtlich erhebliche Veränderungen innerhalb des Vertragsverhältnisses herbeizuführen[236].

Rochfeld fasst grundsätzlich auch die Möglichkeit der einseitigen nachträglichen Modifikation des Vertrages unter den Oberbegriff des *droit potestatif adjoint au contrat*[237]. Allerdings nennt *Rochfeld* weder das transportvertragliche Weisungsrecht noch andere Weisungsrechte ausdrücklich in diesem Zusammenhang[238]. Ihre Beispiele beschränken sich vielmehr darauf, dass einer Vertragspartei die Möglichkeit gegeben wird, zwischen unterschiedlichen Möglichkeiten der Erfüllung einer Verpflichtung entscheiden zu können, dass die Möglichkeit zur Veränderung des Vertragsobjekts gegeben wird oder dass die Möglichkeit zur Wahl der Ausübung von Rechten im Rahmen des Vertrages

---

Bewegung gekommen, indem seit 1998 ein Rücktritt wegen Nichterfüllung einseitig auf eigenes Risiko und auf eigene Gefahr möglich ist, sofern ein schwerwiegendes Verhalten seitens der anderen Partei gegeben ist, siehe Cass. civ. 1re, 13 octobre 1998, Bull. civ. I, n° 300: *„La gravité du comportement d'une partie à un contrat peut justifier que l'autre partie y mette fin de façon unilatérale à ses risques et périls [..]."* Siehe auch *Stoffel-Munck,* Droit et Patrimoine 2004, 70 [71 ff.] zu der strittigen Frage, wann ein solches *comportement grave* gegeben ist. Siehe außerdem *Hattenhauer*, S. 205 ff., der daneben weitere zahlreiche (zum Teil neuere) einseitige Einwirkungsmöglichkeiten auf den Vertrag aufzählt.

[233] So *Rochfeld*, in: Le contrat au début du XXIe siècle, Mélanges Ghestin, 747 [748]; eine ähnliche Definition findet sich bei *Najjar*, S. 102, die wiederum übernommen wurde von *Prigent*, RTD civ. 2008, 401 [405].

[234] Die vertragliche Einräumung eines Optionsrecht, also der Möglichkeit, einseitig den Hauptvertrag herbeizuführen, ist ein Beispiel für solche *droits potestatifs*, bei denen die Vereinbarung des Gestaltungsrecht den Hauptvertragsgegenstand bilden. Davon unterschieden werden im französischen Recht sog. *„droits potestatifs adjoints au contrat"*, die bloße Nebenabreden darstellen, siehe *Rochfeld*, in: Le contrat au début du XXIe siècle, Mélanges Ghestin, 747 [752 ff.].

[235] *Pomart-Nomdedeo*, RTD civ. 2010, 209.

[236] *Rochfeld*, in: Le contrat au début du XXIe siècle, Mélanges Ghestin, 747 [749].

[237] *Rochfeld*, in: Le contrat au début du XXIe siècle, Mélanges Ghestin, 747 [753].

[238] Vgl. *Rochfeld*, in: Le contrat au début du XXIe siècle, Mélanges Ghestin, 747 [753].

überlassen wird[239]. Darüber hinaus werden als Beispiele genannt die Möglichkeit, auf den Ablauf des Vertrages Einfluss zu nehmen, indem beispielsweise ein Untervertrag zugelassen wird, oder die Möglichkeit, den Schuldner zur Ausführung einer Verpflichtung zu veranlassen, die sich bisher nur in einem *„état latent"* befand, wie beispielsweise die Möglichkeit eines Arbeitgebers, eine *clause de non-concurrence* zur Anwendung zu bringen[240].

Als Begründung dafür, dass das *droit potestatif* in der Konzeption des *Code Civil* nicht vorgesehen ist bzw. eine wissenschaftliche Aufarbeitung bislang nicht stattgefunden hat, wird angeführt, dass es keine einheitlichen Regelungen bzgl. dieses Rechtsinstituts im französischen Vertragsrecht gebe[241] und ein *droit potestatif* dem das Vertragsrecht bestimmenden Gedanken des sich treffenden Willens der Vertragsparteien und damit der *force obligatoire* des Vertrages diametral gegenüberstehe[242].

Interessanterweise finden sich jedoch in den letzten Jahren vermehrt Abhandlungen über das *droit potestatif* in der französischen Literatur und es wird dabei ganz offen dafür plädiert, die bisherige Grundposition zu überdenken[243]. Diese – freilich noch vereinzelten – Vorschläge passen hervorragend zu dem im Rahmen dieser Untersuchung bereits Erörterten: Als grober Trend – jedenfalls im Bereich der einseitigen Leistungsbestimmung – konnte ausgemacht werden, dass das französische Recht seine tiefe Skepsis gegenüber einseitigen Einwirkungsmöglichkeiten auf den Vertrag mehr und mehr aufgibt[244]. Wenn aber immer häufiger solche Möglichkeiten zugelassen werden, die richtigerweise unter die Definition des *droit potestatif* zu subsumieren sind[245], steigt gleichzeitig auch die Bedeutung des *droit potestatif.*

Nicht vergessen werden darf dabei jedoch, dass selbst von fortschrittlicheren Autoren die Gefahren des *droit potestatif,* die insbesondere daher rührten, dass eine Partei allein über das Vertragsverhältnis bestimmen könne, in den Vordergrund gerückt werden bzw. stark betont werden[246]. So kommt beispielsweise

---

[239] *Rochfeld,* in: Le contrat au début du XXIe siècle, Mélanges Ghestin, 747 [753].

[240] *Rochfeld,* in: Le contrat au début du XXIe siècle, Mélanges Ghestin, 747 [753].

[241] *Pomart-Nomdedeo,* RTD civ. 2010, 209: „L'accueil plus que timide de la notion de droit potestatif por la doctrine civiliste francaise tient, semble-t-il, essentiellement à l'absence de régime juridique unitaire de la notion en droit des contrats." Siehe für eine Aufzählung weiterer (historischer) Gründe für die bisherige Nichtexistenz einer Kategorie von Gestaltungsrechten *Hattenhauer,* Einseitige private Rechtsgestaltung, S. 207 ff.

[242] Vgl. *Pomart-Nomdedeo,* RTD civ. 2010, 209.

[243] *Rochfeld,* in: Le contrat au début du XXIe siècle, Mélanges Ghestin, 747 [751].

[244] Siehe supra § 2, II, 1.

[245] Bei der einseitigen Leistungsbestimmung etwa des Preises handelt es sich um ein *droit potestatif,* vgl. *Pomart-Nomdedeo,* RTD civ. 2010, 209 [217].

[246] Vgl. *Rochfeld,* in: Le contrat au début du XXIe siècle, Mélanges Ghestllllin, 747 [754 ff.].

Rochfeld zu dem Schluss, dass es sich bei dem *droit potestatif* zwar weder um ein *droit réel* noch um ein *droit de créance* handele, da sein Inhaber weder ein Recht an einer Sache noch eine Verpflichtung beim Schuldner generieren könne, aber faktisch könne sich das *droit potestatif* auf den Schuldner durchaus wie ein *droit de créance* auswirken[247]. So könne man zwar mittels des *droit potestatif* nicht direkt über den Schuldner verfügen, sondern nur über eine „*situation juridique préexistante*", letztlich habe aber die Ausübung der Möglichkeit beispielsweise der Vertragsbeendigung oder –modifikation eine vergleichbare Wirkung, da der Schuldner abhängig sei von einer „*décision arbitraire du créancier*"[248].

Die Hauptgefahr wird also darin gesehen, dass eine Vertragspartei dem Willen der anderen Partei untersteht[249]. Der daraus resultierende traditionelle Reflex der französischen Rechtswissenschaft war deshalb, durch eine Annäherung des *droit potestatif* an die *condition potestatif* die Unwirksamkeit entprechender Vereinbarungen herbeizuführen und somit ein *droit potestatif* schon gar nicht entstehen zu lassen.

a) Annäherung des droit potestatif *an die* condition potestative

Im Gegensatz zum *droit potestatif* ist die *condition potestatif* ausdrücklich im *Code civil* geregelt. Sie wird in Art. 1170 CC (a. F.[250]) folgendermaßen legaldefiniert: „La condition potestative est celle qui fait dépendre l'exécution de la convention d'un événement qu'il est au pouvoir de l'une ou de l'autre des parties contractantes de faire arriver ou d'empêcher." Nach Art. 1174 CC gilt dabei, dass jegliche Verpflichtung, die seitens des Schuldners derselbigen mit einer *condition potestative* versehen wird, mit der Sanktion der Nichtigkeit belegt wird. Dagegen ist es ohne weiteres möglich, eine *condition potestative* auf der Seite des Gläubigers zu vereinbaren[251]. Der Gedanke, der dieser Regelung, die erstmals in den Digesten[252] auftaucht und von *Pothier* in den Code Civil über-

---

[247] *Rochfeld*, in: Le contrat au début du XXIe siècle, Mélanges Ghestin, 747 [755].

[248] *Rochfeld*, in: Le contrat au début du XXIe siècle, Mélanges Ghestin, 747 [755]. An anderer Stelle findet man dagegen den Hinweis, dass insbesondere dann, wenn das *droit potestatif* dazu ermächtige, den Pflichtenkatalog des Vertrages zu ändern, es womöglich auch als *droit réel* aufgefasst werden könnte, da über eine *chose*, nämlich in diesem Fall die *obligation* verfügt werde, s. die Erwägungen von *Pomart-Nomdedeo*, RTD civ. 2010, 209 Fn. 5.

[249] Vgl. *Rochfeld*, in: Le contrat au début du XXIe siècle, Mélanges Ghestin, 747 [755 f.].

[250] Wenn im Folgenden von Art. 1170 CC und Art. 1174 CC (sowie anderen, in Bezug genommenen Artikeln des Code Civil) die Rede ist, wird auf den Rechtszustand vor der Reform des französischen Schuldrechts durch die Ordonnance Nr. 2016-131 vom 10. Februar 2016 abgestellt. Im Wege dieser Reform sind die Art. 1170 CC a. F. und Art. 1174 CC durch den neuen Art. 1304-2 CC abgelöst worden.

[251] Cass. Civ., 25 novembre 1896, S. 1897, I, 76.

[252] L. 46, § 3, De verb. Oblig., liv. 45, tit. 1er, zitiert nach *Wahl*, S. 1901, I, 217 [218].

nommen wurde, zu Grunde liegt, besteht darin, dass eine Verpflichtung, die der
Schuldner jederzeit einseitig verhindern kann, zu keinem Zeitpunkt wirklich
verpflichtend werde, so dass es sich mangels „*lien*" (also einer rechtlichen Bindung) um nichts anderes als um einen nichtigen Vertrag handeln könne[253].

Wie die Annäherung des *droit potestatif* an die *condition potestative*, die zur
Anwendbarkeit der Regel des Art. 1174 CC auch auf das *droit potestatif* führt,
methodisch bewerkstelligt wird, wird weder im französischen Schrifttum noch
den relevanten Gerichtsentscheidungen explizit offen gelegt. Argumentiert wird
jedenfalls in erster Linie damit, dass sich das *droit potestatif* und die *condition
potestative* ähnlich seien. Die Ähnlichkeit beider Rechtsinstitute wird darin gesehen, dass sowohl die *condition potestative* als auch das *droit potestatif* eine
gewisse Unsicherheit bei der anderen Vertragspartei hervorrufen[254]. Dem abso-
luten Verbot der *condition potestative* auf Seiten des Schuldners durch Art. 1174
CC liege der Gedanke zu Grunde, dass der Vertragspartner vor dieser Unsicherheit, die daraus resultiere, dass der Vertragspartner jederzeit (willkürlich) die
Bedingung herbeiführen könne, bewahrt werden solle[255]. Genau dieser Gedanke, also die Unterwerfung unter die Willkür der anderen Vertragspartei verhindern zu wollen, soll über den Wortlaut des Art. 1174 CC verallgemeinerungsfähig sein[256]. Als erster Schritt wird dabei davon ausgegangen, dass eine „*bi-
latéralisition*" der Norm vorgenommen werden kann, also nicht nur der
Schuldner von ihr angesprochen wird, sondern auch der Gläubiger[257]. Ist erst
einmal diese Eingrenzung der Norm auf Grund des Wortlautes überwunden,
kann sie im nächsten Schritt unter Zugrundelegung des Gedankens, dass
Art. 1174 CC ein allgemeines Prinzip enthält, wonach keine Vertragspartei der
Willkür der anderen unterworfen sein soll, auch auf das *droit potestatif* übertragen werden[258].

Die dargelegte Gedankenführung *Rochfelds* lässt sich mit der französischen
Rechtsprechung nur unzureichend belegen, wie *Rochfeld* selbst darstellt[259]. Die
Cour de Cassation zeigt sich zu uneinheitlich bei der Frage, ob *droits potesta-
tifs*, deren Ausübung Gegenstand von Gerichtsentscheidungen sind, nach
Art. 1174 CC zu beurteilen sind. Die Lösungen und die dazu gehörigen Begrün-
dungen weisen eine erstaunliche Spannweite auf.

---

[253] *Wahl*, S. 1901, I, 217.
[254] Vgl. *Rochfeld*, in: Le contrat au début du XXIe siècle, Mélanges Ghestin, 747 [760].
[255] *Rochfeld*, in: Le contrat au début du XXIe siècle, Mélanges Ghestin, 747 [760]; vgl.
Taisne, JClCiv, Art. 1168–1174, fasc. 40 à 43 Rn. 49.
[256] *Rochfeld*, in: Le contrat au début du XXIe siècle, Mélanges Ghestin, 747 [760 f.].
[257] *Rochfeld*, in: Le contrat au début du XXIe siècle, Mélanges Ghestin, 747 [760 f.].
[258] *Rochfeld*, in: Le contrat au début du XXIe siècle, Mélanges Ghestin, 747 [761].
[259] *Rochfeld*, in: Le contrat au début du XXIe siècle, Mélanges Ghestin, 747 [761 ff.].

So meint *Rochfeld* u. a., ein Urteil gefunden zu haben, in dem die *Cour de Cassation* das Vorliegen einer *condition potestative* damit ablehne, dass die einseitige Einwirkungsmöglichkeit auf den Vertrag (hier in Form eines Kündigungsrechts des Theaterdirektors gegenüber einer Schauspielerin) im Interesse des Gläubigers (und nicht des Schuldners) vereinbart worden sei[260]. Bei genauerer Betrachtung der Entscheidung aus dem Jahr 1900[261] lässt sich jedoch feststellen, dass das Urteil vielmehr in einer Reihe mit anderen Entscheidungen zu sehen ist, die entscheidend darauf abstellen, dass Art. 1174 CC deshalb nicht anwendbar ist, weil es sich bei der einseitigen Kündigungsmöglichkeit (oder ähnlichen, vertraglich vereinbarten Rechten) nicht um Bedingungen iSd. Art. 1168 CC handelt, da das Zustandekommen und damit die Wirksamkeit des Vertrages gar nicht in Frage stehe, sondern nur die Dauer des Vertrages einseitig von einer Partei bestimmt werden könne[262]. In diese Reihe von Urteilen gehört ein nur ein Jahr zuvor ergangenes Urteil der *Cour de Cassation*, das ebenfalls die Kündigungsmöglichkeit eines Theaterdirektors gegenüber einer Schauspielerin betraf[263]. Schließlich hat die *Cour de Cassation* auch bei einem Mietvertrag, der die Möglichkeit für den Vermieter vorsieht, die vermietete Sache während der Laufzeit des Mietvertrages nach Ablauf des ersten Jahres zurückzuerhalten, die Eigenschaft als *condition potestative* mit dem Argument abgelehnt, dass hierbei nicht der Vertrag als solcher, sondern nur seine Länge betroffen sei[264].

---

[260] Siehe *Rochfeld*, in: Le contrat au début du XXIe siècle, Mélanges Ghestin, 747 [761].

[261] Cass. civ., 2 mai 1990, D. 1900, I, 392.

[262] Cass. civ., 2 mai 1990, D. 1900, I, 392: „Un directeur de théâtre peut se réserver le droit de résilier l'engagement d'un artiste à la fin du premier mois, tous les trois mois et à la fin de chaque saison, quoiqu'une faculté semblable soit refusée à l'artiste ainsi engagé; Une telle clause, qui limite éventuellement la durée de l'obligation sans en détruire l'efficacité, ne constitue pas une condition potestative rendant nulle obligation." Und an anderer Stelle im Urteil: „...que la clause dont il s'agit n'affecte point l'engagement dans sa matérialité, dans son existence, mais simplement dans sa durée et que les parties sont libres de la déterminer suivant leurs intérêts..."; siehe auch *Wahl*, S. 1901, I, 217. Angezweifelt von *Wahl*, S. 1901, I, 217 wird vor dem Hintergrund dieser Argumentation, ob nach dieser Rechtsprechung eine Klausel zulässig wäre, die einer Vertragspartei schon vor Beginn der Phase der Vertragserfüllung eine Lösung vom Vertrag ermöglichen würde. *Wahl*, S. 1901, I, 217 hält diese Überlegung jedoch zu Recht für nicht überzeugend, denn am Zustandekommen und der – zunächst gegebenen – Wirksamkeit des Vertrages kann nicht deshalb ein Zweifel bestehen, weil noch keine Erfüllungshandlungen vorgenommen worden sind.

[263] Cass. civ., 1 mars 1899, S. 1899, I, 261: „La faculté que le directeur d'un théâtre s'est réservée, dans le contrat d'engagement d'un artiste, de résilier sans indemnité ledit contrat à sa volonté à la fin de chaque mois en prévenant l'artiste huit jours à l'avance, ne peut être considérée comme une condition potestative rendant nulle l'obligation du directeur, ladite clause ne porte aucune atteinte à l'efficacité de cette obligation, dont elle limite éventuellement la durée."

[264] Cass. civ. 3ᵉ, 16 janvier 1974, Bull. civ. III, n° 22: „La clause réservant au bailleur une

Andere Urteile – ebenfalls zur Möglichkeit der einseitigen Vertragsbeendigung – stellen dagegen stärker darauf ab, ob eine Partei benachteiligt ist, indem sie der Willkür der anderen Vertragspartei ausgesetzt ist[265]. Laut *Rochfeld* wird damit eine Wortwahl gewählt, die an die im Anwendungsbereich des Art. 1174 CC erinnere[266]. Ein mindestens ebenso starkes Indiz dafür, dass die *Cour de Cassation* bei der Lösung dieser Fälle über einseitige Einwirkungsmöglichkeiten auf den Vertrag zur *condition potestative* abgrenzt, ist die Tatsache, dass die Norm des Art. 1174 CC – jedenfalls zum Teil – in den Visa der betreffenden Urteile genannt wird[267].

Zusammenfassend lässt sich festhalten, dass die von *Rochfeld* angeführten und hier ebenfalls zitierten Entscheidungen der *Cour de Cassation* schwierig zu interpretieren sind und keine klare Linie ergeben. Vielmehr drängt sich der Verdacht auf, dass die *Cour de Cassation* auf der Suche nach einer Kontrollmöglichkeit für *droits potestatifs* in Ermangelung anderer Alternativen am ehesten bei Art. 1174 CC fündig geworden ist. Ziel war es offenbar, mittels der durch Art. 1174 CC zur Verfügung stehenden Sanktion der Nichtigkeit des Vertrages solche *droits potestatifs* auszuschalten, bei denen aus Sicht der Gerichte zu befürchten war, dass sie missbräuchlich von der berechtigten Partei ausgeübt werden könnten. Als Unterscheidungskriterium zwischen unbedenklichen Vertragsklauseln und bedenklichen stellt die *Cour de Cassation* in den zitierten Urteilen vor allem darauf ab, ob das *droit potestatif* zum einseitigen Rücktritt nur über die Dauer des Vertrages bestimmt, was unbedenklich sein soll, oder den Vertragsbestand insgesamt zur Disposition nur einer Vertragspartei stellt. Wie ungeeignet ein

---

faculté de reprise en cours de bail n'affecte pas l'existence de la convention, mais seulement sa durée: elle ne constitue donc pas une condition au sens de l'article 1168 du Code civil."

[265] Cass. soc., 9 novembre 1961, Bull. civ. IV, n° 923; Cass. soc., 28 octobre 1963, Bull. civ. IV, n° 739: „La clause de résiliation de plein droit et sans indemnité, insérée dans le contrat de travail à durée déterminée d'un salarié pour le cas où l'entreprise cesserait la fabrication de ses produits, ne constitue pas un droit unilatéral abandonné à la volonté arbitraire d'une seule des parties et n'est donc pas nulle." Cass. com., 28 juin 1965, Bull. civ. III, n° 405: „En l'état d'une convention concédant à un commerçant l'exclusivité d'achat d'un appareil, et prévoyant la résiliation de plein droit du contrat, sur simple dénonciation du concessionnaire, au cas où ce dernier ‚ne parviendrait pas à écouler chaque année' une quantité déterminée d'appareils, la Cour d'Appel justifie sa décision considérant ladite clause comme renfermant une condition purement potestative, dès lors que l'arrêt relève qu'aucun ‚contrôle, aucune vérification n'était réservée au co-contractant (du concessionnaire), alors que par une appréciation subjective et unilatérale, ce dernier avait la faculté de refuser, en cours d'exécution, de tenir les engagements par lui initialement pris'." *Rochfeld*, in: Le contrat au début du XXIe siècle, Mélanges Ghestin, 747 [762].

[266] *Rochfeld*, in: Le contrat au début du XXIe siècle, Mélanges Ghestin, 747 [761].

[267] Siehe etwa Cass. soc., 28 octobre 1963, Bull. civ. IV, n° 739; *Rochfeld*, in: Le contrat au début du XXIe siècle, Mélanges Ghestin, 747 [762].

solches Kriterium zur Abgrenzung ist, lässt sich allein an der oben zitierten Entscheidung der *Cour de Cassation* vom 28. Juni 1965[268] zeigen, in der die (nach der *Cour de Cassation* zur Nichtigkeit des Vertrages führende) jederzeitige Kündigungsmöglichkeit des Exklusivbeziehers von Maschinen für den Fall, dass er nicht genügend Maschinen an seine Kunden verkaufen kann, letztlich auch nur darüber bestimmt, ob der Vertrag über die vorgesehene Vertragslaufzeit von fünf Jahren laufen wird, oder bereits vorher beendet wird. Vertraglich eingeräumte Rücktritts- bzw. Kündigungsmöglichkeiten sind immer Instrumente, mit denen über die Laufzeit des Vertrages bestimmt werden kann. Indem die *Cour de Cassation* Vertragsbeendigungsrechte in manchen Fällen als rechtmäßig, in anderen Fällen aber die Nichtigkeit des Vertrages auslösend angesehen hat, werden sehr ähnliche Verträge im Ergebnis sehr unterschiedlich behandelt, indem in einem Fall der Vertrag (und die Möglichkeit zur Vertragsbeendigung) Bestand haben, während im anderen Fall der Vertrag insgesamt nichtig ist[269]. Vor diesem Hintergrund überrascht es wenig, dass sich im französischen Recht ein Trend zu einer anderen Art der Kontrolle von *droits protestifs* anzudeuten scheint.

b) *Übergang zu einer Ausübungskontrolle im Einzelfall anhand des Kriteriums des* abus

In jüngerer Zeit wird die Annäherung der *condition potestatif* an das *droit potestatif* offenbar mehr und mehr abgelöst von einer Kontrolle durch das Kriterium des *abus,* das den großen Vorteil bietet, im Einzelfall eine konkrete Ausübungskontrolle zu ermöglichen.

Zu Recht kritisiert *Rochfeld,* dass die Lösung über Art. 1174 CC die große Schwäche aufweist, dass durch die Anwendung der Rechtsfolge der *nullité* aus Art. 1174 CC der gesamte Vertrag nichtig wird, was oftmals überhaupt nicht den Interessen der Vertragsparteien entsprechen mag[270]. Sachgerechter könnte es beispielsweise sein, wenn es möglich wäre, nur die die Klausel betreffende Vereinbarung des Vertrages für nichtig zu erklären und den Vertrag darüber hinaus aufrecht zu erhalten[271].

Noch überzeugender erscheint es, die strenge Schwarz-Weiß-Lösung der Nichtigkeit, die überdies dem *droit potestatif* von vornherein den Makel des eigentlich nicht Gewollten anheftet[272], zukünftig ganz außer Betracht zu lassen,

---

[268] Cass. com., 28 juin 1965, Bull. civ. III, n° 405, siehe auch supra Fn. 265.

[269] Siehe zur generellen Kritik an der Sanktion der Nichtigkeit sogleich infra *§ 2, III, 1, b)*.

[270] Vgl. *Rochfeld,* in: Le contrat au début du XXIe siècle, Mélanges Ghestin, 747 [763].

[271] Vgl. *Rochfeld,* in: Le contrat au début du XXIe siècle, Mélanges Ghestin, 747 [763].

[272] Vgl. *Rochfeld,* in: Le contrat au début du XXIe siècle, Mélanges Ghestin, 747 [764], die in diesem Zusammenhang von „*illégitimité a priori*" spricht.

und dem allgemeinen (vorsichtigen) Trend des französischen Rechts zu mehr Einseitigkeit im Vertragsrecht auch hier dadurch Rechnung zu tragen, dass mit Hilfe des flexibleren Kriteriums des *abus* Gestaltungsrechte nicht von vornherein als unerwünscht angesehen werden, sondern sie grundsätzlich zulässig sind und nur noch ihre konkrete Ausübung im Einzelfall Gegenstand der Kontrolle durch den Richter ist[273]. Damit wird letztlich auch dem Parteiwillen in viel stärkerem Maße Rechnung getragen, denn gegen eine grundsätzliche Ablehnung von *droits potestatifs* spricht ganz zweifellos, dass die Parteien ein solches Recht für eine Partei ja gerade ausdrücklich so vereinbart haben[274].

Als Indiz für die zunehmende Bedeutung des Kriteriums des *abus* mag insbesondere angeführt werden, dass gerade bei der in den letzten Jahren in der französischen Rechtswissenschaft vielbeachteten Frage der einseitigen nachträglichen Festsetzung des Preises die Grenze des *abus* als entscheidendes Kriterium zur Kontrolle dieser einseitigen Einwirkungsmöglichkeit auf den Vertrag angesehen wird[275]. Während im Rahmen der einseitigen nachträglichen Bestimmung des Preises recht konkret herausgearbeitet werden konnte, welchen Inhalt der Kontrollmechanismus des *abus* hat[276], ist es deutlich schwieriger, dies allgemein zu bestimmen. Insbesondere stellt sich die Frage, ob ein enger Begriff des *abus* zugrunde zu legen ist, der nur eine *intention de nuire* als *abus* auffasst, oder ob es bereits genügt, dass – absichtlich oder nicht – die Interessen des Vertragspartners nicht in ausreichendem Maße berücksichtigt worden sind.

Die Rechtsprechung scheint dabei fern jeglicher Systematisierung des Inhalts des *abus*[277]. Das hängt aber vermutlich vor allem damit zusammen, dass der Anwendungsbereich dieses Konzeptes so groß ist, dass sich eine allgemeingültige Lösung, die von vornherein die Schwäche in sich trägt, nicht allen Anwendungsbereichen gerecht zu werden, schon deshalb verbietet. Beispielsweise mag es angezeigt sein, die Frage nach dem missbräuchlichen Abbruch von Vertragsverhandlungen, oder der missbräuchlichen Inanspruchnahme von gerichtlicher Hilfe großzügiger zu handhaben (und deshalb beispielsweise nur absichtliches Verhalten als *abus* aufzufassen), da das Prinzip der Vertragsfreiheit gerade auch die negative Abschlussfreiheit umfasst bzw. der Zugang zu gerichtlicher Hilfe

---

[273] Vgl. auch *Pomart-Nomdedeo*, RTD civ. 2010, 209 [225], die in diesem Zusammenhang ebenfalls betont, dass es sich bei einer Kontrolle mit Hilfe des *abus* um eine reine Ausübungskontrolle handelt und nicht das vereinbarte *droit potestatif* als solches in Frage gestellt wird.

[274] Vgl. *Rochfeld*, in: Le contrat au début du XXIe siècle, Mélanges Ghestin, 747 [764].

[275] Siehe supra § 2, II, 1, a), bb).

[276] Siehe supra § 2, II, 1, a), bb).

[277] Vgl. *Terre/Simler/Lequette*, Rn. 743.

auf Grund des Gewaltmonopols des Staates grundsätzlich in breitem Umfang möglich sein muss[278]. Auf der anderen Seite erscheint es sinnvoll, bei Gestaltungsrechten, also der Möglichkeit, nachträglich einseitig auf den Vertragsinhalt einzuwirken, strengere Maßstäbe anzusetzen und auch eine Berücksichtigung des Interesses des Vertragspartners zu berücksichtigen, da ansonsten – entgegen den bisherigen Grundkonzeptionen des französischen Rechts – in zu großem Maße einer Partei die Macht über den Vertrag bzw. dessen Inhalt übertragen würde. Eben diese Macht (*puissance*) ist es auch, die immer wieder als Argument dafür herangezogen wird, dass das Interesse des Vertragspartners zu berücksichtigen sei[279].Dies allerdings als gesicherte Rechtslage im französischen Recht anzunehmen, wäre verfehlt. Zu uneinheitlich ist dafür die Rechtsprechung. Die *Cour de Cassation* scheint beispielsweise eher zurückhaltend etwa bei der Kontrolle der Ausübung eines einseitigen Rücktrittsrechts zu sein[280]; jedenfalls scheint nicht entscheidend darauf abgestellt zu werden, dass nicht nur an die eigenen Interessen gedacht wird. Von einem einheitlichen Begriff des *abus* scheint man deshalb z.Zt. auch im Rahmen des *droit potestatif* noch weit entfernt zu sein.

Diskutiert wird schließlich auch – ebenso wie teilweise in Deutschland[281] – ob man eine Begründungspflicht (*obligation de motivation*) bei der Ausübung

---

[278] Vgl. zum Abbruch von Vertragsverhandlungen die Nachweise der Rechtsprechung bei *Ghestin,* Les obligations, Les effets du contrat, Rn. 244 sowie zur Frage des Zugangs zu gerichtlicher Hilfe *Malaurie/Aynès/Stoffel-Munck*, Rn. 121.

[279] So etwa *Rochfeld*, in: Le contrat au début du XXIe siècle, Mélanges Ghestin, 747 [766]: „…parce qu'elle est l'exercice d'une puissance, la décision, bien qu'unilatérale, ne peut être prise dans le seul intérêt de son détenteur." oder auch *Revet*, RDC 2004, 579 [586]: „Un tel système [d. h. ein solches, bei dem das Interesse der anderen Vertragspartei zu berücksichtigen ist] consacre, en droit, l'inégalité de puissance qui prévaut en fait. Elle ne la nie pas ni le l'interdit, mais se contente, seulement, de la limiter, ce qui suppose de commencer par la reconnaître. C'est pourquoi l'obligation faite à un contractant de prendre en compte l'intérêt de l'autre ne peut jouer que dans les relations dans lesquelles une inégalité structurelle de puissance entre contractants est (et doit être) admise".

[280] Z. B. Cass. com., 14 janvier 1997, D. aff. 1997, 273. In dieser Entscheidung kassiert die *Cour de Cassation* ein Urteil der *Cour d'Appel,* die ein *abus* bejaht hatte. Der Hintergrund war hier, dass ein Vertragspartner sich durch den ausgesprochenen Rücktritt wohl einzig und allein von seinen Verpflichtungen befreien wollte. Dies kann man wohl daraus schließen, dass er von seinem Vertragspartner Informationen über finanzielle Umstrukturierungen seines Vertragspartners verlangte, die er ohnehin schon besaß, und dies wohl nur zu dem Zweck tat, um direkt einen Tag nach Erhalt der Information den Vertrag beendete, obwohl keinerlei objektiver Nachteil für diese Vertragspartei durch die Umstrukturierungen erkennbar war. Vgl. zur zurückhaltenden Kontrolle des *abus* durch die *Cour de Cassation* in dieser Entscheidung auch *Mestre*, RTD civ. 1997, 427.

[281] Siehe etwa kürzlich *Büdenbender*, AcP 210 (2010), 611 ff. sowie *Lent*, AcP 152 (1952), 401 ff. Mit *Söllner*, S. 115 f. wird man aber eine Begründungspflicht von Gestaltungsrechten

von Gestaltungsrechten einführen sollte. Auch eine solche Pflicht würde letztlich eine Grenze für die Ausübung eines *droit potestatif* darstellen, da die Entscheidungsfreiheit des Inhabers des Gestaltungsrechts umso stärker eingeschränkt ist, je genauer er die Ausübung seines Rechts begründen muss[282]. Auch wenn diese Diskussion im französischen Recht geführt wird[283], scheint man – kaum anders als in Deutschland – auch im französischen Recht weit entfernt von der flächendeckenden Einführung einer solchen Begründungspflicht[284]. So hätte die Rechtsprechung gerade im Zusammenhang mit dem *revirement* bei der Frage der einseitigen nachträglichen Preisbestimmung[285] ein Zeichen setzen können, indem sie dort eine Begründungspflicht hätte einführen können, so wie es übrigens teilweise in der französischen Literatur für sinnvoll und sogar erforderlich gehalten wird[286]. Der große Vorteil einer Begründungspflicht bestünde freilich darin, dass die Verpflichtung, die Interessen des Vertragspartners bei der einseitigen Ausübung eines Rechts zu berücksichtigen, bestärkt würde, da sich die das Gestaltungsrecht ausübende Vertragspartei tatsächlich hinreichende Gedanken zur Begründung ihrer Entscheidung machen müsste und so wohl Fällen vermehrt vorgebeugt werden könnte, in denen eine missbräuchliche Anwendung eines *droit potestatif* stattfindet[287].

---

schon deshalb verneinen können, weil es einen Grundsatz darstellt, dass privatrechtliche Rechtsbehelfe einer geäußerten Motivation nicht bedürfen, solange das Gesetz nicht etwas anderes vorsieht. *Söllner* erkennt nur zwei Ausnahmen von dieser Grundregel an, nämlich zum einen soll eine Begründungspflicht dann gegeben sein, wenn sonst die Gestaltungserklärung nicht verständlich wäre und andererseits in den Fällen, in denen mit einer gerichtlichen Auseinandersetzung zu rechnen ist, etwa im Falle des Ausspruchs von Ordnungsstrafen.

[282] Vgl. *Revet*, RDC 2004, 579 [580].

[283] Siehe insbesondere die verschiedenen Beiträge in RDC 2004, S. 555–588 zu diesem Thema.

[284] Siehe auch *Revet*, RDC 2004, 579 [582]: „Les tribunaux font montre d'une incontestable prudence à l'égard de l'obligation de motivation."; *Ferrier*, RDC 2004, 558.

[285] Siehe hierzu supra § 2, II, 1, a), bb).

[286] Vgl. *Revet*, RDC 2004, 579 [582 f.]. Den Vorteil einer Begründungspflicht sieht *Revet*, RDC 2004, 579 [586] in ihrer präventiven Funktion, denn die Verpflichtung, die Interessen des Vertragspartners bei der einseitigen Ausübung eines Rechts zu berücksichtigen, würde bestärkt, da sich die das Gestaltungsrecht ausübende Vertragspartei tatsächlich hinreichende Gedanken zur Begründung ihrer Entscheidung machen müsste und so Fällen vermehrt vorgebeugt werden könnte, in denen eine missbräuchliche Anwendung eines *droit potestatif* stattfindet.

[287] Von einer präventiven Funktion einer *obligation de motiviation* spricht auch *Revet*, RDC 2004, 579 [586].

3. Beginnende Diskussion über discretionary powers im englischen Recht

Auch das englische Recht kennt in Form der *discretionary powers* eine juristische Kategorie, mit Hilfe derer einseitige Entscheidungsbefugnisse von Rechtssubjekten zusammengefasst werden sollen. *Discretion* wird in diesem Zusammenhang verstanden als *„legally-constituted power of decision"*[288]. Unter die *discretionary powers* in diesem Sinne fällt – jedenfalls nach *Collins*, dessen Auffassungen freilich nicht ohne Weiteres verallgemeinerungsfähig sind, weil sie sich oft gegen den „Mainstream" in der englischen Doktrin stellen – auch das Recht einer Vertragspartei, den Vertrag nachträglich zum Vertragsschluss und ohne erforderliche Zustimmung der anderen Vertragspartei zu ändern[289]. Es ist festzustellen, dass die wissenschaftliche Aufarbeitung dieser *discretionary powers* noch am Anfang steht und das Themenfeld auf Grund zahlreicher Urteile, die jeweils eine unterschiedliche Terminologie bzw. unterschiedliche Kontrollmechanismen zur Überprüfung der ordnungsgemäßen Ausübung von *discretionary powers* heranziehen, eine gewisse Übersichtlichkeit und Einheitlichkeit vermissen lässt.

Außer Frage steht allerdings, dass *discretionary powers* traditionell eine herausragende Rolle im englischen Verwaltungsrecht spielen. Die große Bedeutung von *discretionary powers* auf diesem Rechtsgebiet hat zur Folge, dass ein Blick auf die *discretionary powers* im Privatrecht nicht ganz ohne einen Blick auf das Verwaltungsrecht in dieser Frage auskommen kann, das auf Grund der Regelungsdichte in dieser Frage eine starke Ausstrahlungskraft auf das Privatrecht ausübt[290]. Die führende Entscheidung in diesem Zusammenhang ist *Associated Provincial Picture House Ltd. v. Wednesbury Corporation*[291], aus der sich die berühmte *„Wednesbury reasonableness"* als zentralem Kontrollmaßstab behördlicher Entscheidungen im englischen Verwaltungsrecht entwickelt hat. In der Entscheidung ging es um die Frage, ob die *condition*, die die zuständige Behörde der Erlaubnis zu sonntäglichen Filmvorführungen der Klägerin auferlegt hatte, wonach keine Kinder unter 15 Jahren Einlass zu den Filmvorführungen gewährt werden durfte, rechtmäßig war. *Lord Greene M.R.* nutzte die Entscheidung für einige grundsätzliche Überlegungen, die zu zentralen Leitsätzen des englischen Rechts geworden sind. Insbesondere versucht er sich dem Kontrollmaßstab der *reasonableness* zu nähern:

---

[288] *Daintith* (2005) 68(4) MLR 554 [555].

[289] *Collins*, in: *Campbell/Collins/Wightman*, 219; siehe auch *Fischer*, ConstLJ 2013, 211 [223].

[290] Siehe hierzu auch *Fischer*, ConstLJ 2013, 211 [224].

[291] [1948] 1 KB 223 (CA).

„It is true the discretion must be exercised reasonably. Now what does that mean? Lawyers familiar with the phraseology commonly used in relation to exercise of statutory discretions often use the word ‚unreasonable' in a rather comprehensive sense. It has frequently been used and is frequently used as a general description of the things that must not be done. For instance, a person entrusted with a discretion must, so to speak, direct himself properly in law. He must call his own attention to the matters which he is bound to consider. He must exclude form his consideration matters which are irrelevant to that he has to consider. If he does not obey those rules, he may truly be said, and often is said, to be acting ‚unreasonably'. Similarly, there may be something so absurd that no sensible person could ever dream that it lay within the powers of the authority. Warrington L.J. in Short. v. Poole Corporation [[1926] Ch. 66, 90, 91] gave the example of the redhaired teacher, dismissed because she had red hair. That is unreasonable in one sense. In another sense it is taking into consideration extraneous matters. It is so unreasonable that it might almost be described as being done in bad faith; and, in fact, all these things run into one another."[292]

Dieser Auszug macht hervorragend deutlich, wie schwierig es ist, zu definieren, was mit *reasonableness* gemeint ist, weil unterschiedlichste Verhaltensansweisungen in diesem Begriff zusammengefasst werden. Die entscheidende Verengung, die zum feststehenden Begriff der *Wednesbury reasonableness* geworden ist, folgt am Schluss des Urteils:

„The court is entitled to investigate the action of the local authority with a view to seeing whether they have taken into account matters which they ought not to take into account, or, conversely, have refused to take into account or neglected to take into account matters which they ought to take into account. Once that question is answered in favour of the local authority, it may be still possible to say that, although the local authority have kept within the four corners of the matters which they ought to consider, they have nevertheless come to a conclusion so unreasonable that no reasonable authority could ever have come to it."[293]

Mit *Wednesbury reasonableness* ist folglich gemeint, dass das behördliche Handeln (auch) daran zu messen ist, ob eine Entscheidung einer Behörde so unvernünftig ist, dass eine andere, vernünftige Behörde niemals zu der gleichen Entscheidung kommen könnte. Entsprechend findet man im Schrifttum die Aussage, dass es sich bei der *Wednesbury reasonableness* letzlich gar nicht um einen Fall handelt, in dem die Entscheidung im Rahmen der *discretionary powers* auf *reasonableness* überprüft wird, sondern auf *irrationality*[294].

Im Privatrecht hat im englischen Recht eine Überprüfung der von den Vertragsparteien getroffenen Entscheidungen weit weniger Tradition als im Verwaltungsrecht. Das hat zum einen damit zu tun, dass im Privatrecht – anders als im Verwaltungsrecht – keine übermäßigen Eingriffe durch den Staat in die

---

[292] *Associated Provincial Picture House Ltd. v. Wednesbury Corporation* [1948] 1 KB 223 (CA) [229].

[293] *Associated Provincial Picture House Ltd. v. Wednesbury Corporation* [1948] 1 KB 223 (CA) [233 f.].

[294] Siehe *Collins*, in: *Campbell/Collins/Wightman*, 219 [245].

Rechte seiner Bürger drohen und andererseits die Vertragsfreiheit noch immer in England eine so zentrale Rolle spielt, dass große Zurückhaltung bei gerichtlicher Einmischung in privatrechtliche Verträge herrscht[295]. Auch die *Wednesbury reasonableness* als Prüfungsmaßstab wird man nicht ohne Weiteres in das Privatrecht übertragen können, da Privat- und Verwaltungsrecht weiterhin größenteils als voneinander unabhängig angesehen werden[296]. Andererseits ist eine Beeinflussung durch das Verwaltungsrecht auch in privatrechtlichen Entscheidungen unübersehbar, indem die Richter in ihren Entscheidungen auf die *Wednesbury reasonableness* verweisen[297].

Der Kontrollmaßstab für *discretionary powers* im Privatrecht ist aber deshalb so unübersichtlich, weil neben der *reasonableness* noch eine ganze Reihe weiterer Grenzen in den einschlägigen Urteilen zu *discretionary powers* benutzt werden. Neben dem *reasonableness*-Test wird teilweise in Urteilen auch der Maßstab *good faith* oder *lack of capriciousness* herangezogen[298]. Als für das Privatrecht klassisch bezeichnet werden kann das Vorgehen der Gerichte, im Falle von *discretionary powers* einen *implied term* im Rahmen des Vertrages anzunehmen, wonach die jeweilige *discretionary power* nicht unberechenbar (*capriciously*) oder willkürlich (*arbitrarily*) angewendet werden darf[299]. Dabei kam es entscheidend darauf an, ob die mit der *discretionary power* ausgestattete Partei sich bei ihrer Entscheidung tatsächlich von Gründen leiten ließ, die vom Vertrag bzgl. der *discretionary power* vorgesehen waren[300]. Sofern keine anderen Motive herangezogen wurden als die im Vertrag genannten, wurde die Entscheidung nicht weiter auf *unreasonableness* oder ähnliches überprüft[301]. So genügte es etwa, dass ein Arbeitgeber sich auf eine Klausel, die ihm ein jederzeitiges Kündigungsrecht gegenüber dem Arbeitnehmer einräumte, sofern das Management mit ihm nicht mehr zufrieden war, berief und schlicht angab, nicht

---

[295] Siehe *Daintith* (2005) 68(4) MLR 554 [565 f.], der explizit die Ablehnung englischer Gerichte bzgl. einer generellen Anwendung von Limits der Vertragsfreiheit wie *good faith, abuse of rights* sowie *inequality of bargaining power* erwähnt.

[296] Siehe etwa *Daintith* (2005) 68(4) MLR 554 [585 ff.], der aber gleichzeitig vorhandene Gemeinsamkeiten zwischen Privat- und Verwaltungsrecht betont.

[297] Siehe *Daintith* (2005) 68(4) MLR 554 [572]; *Fischer*, ConstLJ 2013, 211 [224]. Beachte aber in diesem Zusammenhang auch die Entscheidung in *Lymington Marina v. Macnamara* [2006] EWHC 704, in der die Anwendung der Prinzipien aus der Wednesbury-Entscheidung für das Privatrecht abgelehnt wurde; zustimmend insofern und eine noch deutlichere Abgrenzung von Verwaltungs- und Privatrecht fordernd: *Morgan*, [2008] LMCLQ 230.

[298] *Daintith* (2005) 68(4) MLR 554 [569].

[299] *Daintith* (2005) 68(4) MLR 554 [568]; siehe auch *Collins*, in: *Campbell/Collins/Wightman*, 219 [225].

[300] *Daintith* (2005) 68(4) MLR 554 [568].

[301] *Daintith* (2005) 68(4) MLR 554 [568].

mehr mit den Diensten des Arbeitnehmers zufrieden zu sein ohne weitere Gründe angeben zu müssen[302]. Als weitere Grenzen kommen in Frage, dass der die *discretionary power* Ausübende *honest* und *in good faith* handeln muss[303]. Darüberhinaus wird auch mancherorts auf das Merkmal der *irrationality* abgestellt, so etwa in der Entscheidung *Mallone v. BPB Industries plc*[304], wo der Entzug von Aktienoptionen eines Managers im Rahmen seiner Entlassung deshalb wegen *irrationality* für unrechtmäßig erklärt wurde, weil er auch Aktienoptionen betraf, die schon vor mehr als drei Jahren gewährt wurden und deshalb nicht mehr entzogen werden durften. Offen bleibt dabei, ob die Frage nach der *irrationality* letztlich eine Anwendung der *Wednesbury reasonableness* ist, die zum Teil ebenfalls als *irrationality* bezeichnet wird, oder ob es sich um einen weiteren Ansatz zum Auffinden eines Kontrollmaßstabs für *discretionary powers* handelt.

Die große Unübersichtlichkeit, die vor allem darauf beruht, dass sich bislang im englischen Fallrecht keine einheitliche Terminologie und Vorgehensweise herausgebildet hat, lässt kaum einen verlässlichen Schluss darauf zu, welchen Kontrollmechanismen *discretionary powers* im Privatrecht unterliegen. Vielmehr gibt es ein Potpourri von Ansätzen, die entweder einzelfallabhängig alternativ oder sogar kumulativ angewendet werden[305]. Festgehalten werden kann an dieser Stelle nur, dass nicht nur im englischen Verwaltungsrecht, sondern auch im englischen Privatrecht eine gerichtliche Überprüfung von Entscheidungen, die auf *discretionary powers* beruhen, durch die englischen Gerichte vorgenommen wird.

§ 3 Allgemeine Ansätze zur rechtlichen Erfassung von Weisungsrechten

Nachdem in § 2 dieser Arbeit der Versuch unternommen wurde, die wichtigsten Bezugspunkte von Weisungsrechten zu Fragen des allgemeinen Vertragsrecht herauszuarbeiten, soll es im folgenden Abschnitt darum gehen, wiederum auf zunächst allgemeinerer Ebene nach Ansätzen zu suchen, mit deren Hilfe sich Weisungsrechte über ihre Festschreibung bei einzelnen Vertragstypen hinaus allgemeiner begründen lassen.

---

[302] *Diggle v. Ogston* (1915) 84 LJKB 2165; siehe auch zu dieser Entscheidung sowie weiteren Entscheidungen *Daintith* (2005) 68(4) MLR 554 [568 f.].

[303] Vgl. *Collins*, in: *Campbell/Collins/Wightman*, 219 [238]; *Daintith* (2005) 68(4) MLR 554 [567].

[304] [2002] EWCA Civ 126 no. 40.

[305] Vgl. hierzu auch *Collins*, in: *Campbell/Collins/Wightman*, 219 [238].

I. Demogue's *Lehre vom* contrat d'aide

Bereits im Jahr 1907 hat sich *Demogue* in seinem Aufsatz *„Des modifications aux contrats par volonté unilatérale"*[306] grundlegend mit der Frage der einseitigen Vertragsänderung beschäftigt. Die Abhandlung nimmt sowohl im Umfang als auch bzgl. der inhaltlichen Tiefe eine Sonderstellung im französischen Recht[307] – ebenso wie in den zu vergleichenden Rechtsordnungen – ein. An keiner anderen Stelle im rechtswissenschaftlichen Schrifttum der drei zu untersuchenden Rechtsordnungen findet man bisher eine so grundsätzliche Behandlung von nachträglichen einseitigen Einwirkungsmöglichkeiten auf das vertragliche Pflichtenprogramm. *Demogue* bemüht sich – soweit ersichtlich – als Erster und bis heute Einziger um eine allgemeine Erfassung von einseitigen Vertragsänderungsrechten, d. h. von Weisungsrechten im Sinne dieser Untersuchung. Die Kernthese seines Aufsatzes ist dabei, dass Weisungsrechte ein verallgemeinerungsfähiges Phänomen seien: Sie seien allen Verträgen immanent, im Rahmen derer eine Vertragspartei für die andere Partei in deren Interesse tätig wird.

Demogue stellt seinen Überlegungen die Vorschrift des Art. 1134 CC voraus, wonach ein geschlossener Vertrag nur in gegenseitigem Einverständnis Änderungen erfahren kann. Für *Demogue* handelt es sich dabei jedoch nur um einen Grundsatz, der nicht mechanisch auf alle Vertragsverhältnisse anzuwenden sei[308]. Ein Vertrag sei nicht etwas, was schon aus sich selbst heraus respektiert (und damit befolgt) werden müsse, sondern das Allgemeininteresse an der Erfüllung eines Vertrages könne im Einzelfall von dem Allgemeininteresse, keine an den Interessen der Vertragsparteien vorbeigehenden Verträge aufrecht erhalten zu müssen, überwogen werden[309]. Er plädiert deshalb für die Möglichkeit der Anpassung von Verträgen an die sich ändernden Umstände, die freilich relativ sein müsse um nicht gleichzeitig die durch einen Vertragsschluss entstehende Rechtssicherheit vollständig zu beseitigen[310]. Ohne Beschränkungen dieser Möglichkeit erwartet auch *Demogue „l'anarchie pure"*[311].

---

[306] RTD civ. 1907, S. 245-310.

[307] Voller Anerkennung stellt auch *Dupré de Boulois,* S. 108 die Einzigartigkeit und Tiefe des Aufsatzes von *Demogues* Aufsatz heraus: „L'étude de la modification unilatérale du contrat en droit privé ne peut s'ouvrir que par une référence aux écrits d'un grand civiliste du premier tiers du XXe siècle, R. Demogue. Il est le seul auteur privatiste à avoir appréhendé la question dans sa globalité à travers un article publié en 1907.".

[308] Vgl. *Demogue,* RTD civ. 1907, 245 [245 f.].

[309] *Demogue,* RTD civ. 1907, 245 [246].

[310] *Demogue,* RTD civ. 1907, 245 [246].

[311] *Demogue,* RTD civ. 1907, 245 [247].

Vor diesem Hintergrund hält *Demogue* die Natur eines jeden Vertrages, dessen Ziel und seine Dauer für entscheidend[312]. Er nimmt deshalb eine Einteilung in zwei Kategorien vor: Zur ersten Kategorie gehören Verträge, deren Gegenstand ein bereits existentes Recht ist, das sofort oder jedenfalls in engem zeitlichen Abstand mit dem Vertragsschluss übertragen wird, so dass eine Veränderung der Umstände während der Vertragsdurchführung kaum in Frage komme[313]. Hier soll eine Modifikation des Vertrages nicht möglich sein; spätere Veränderungen der Lage fallen allein in den Risikobereich der Partei, die das Recht erworben hat[314]. Das allgemeine Lebensrisiko könne niemals vollständig ausgeschaltet werden[315]. Das Prinzip der Eigenverantwortung greife erst dann nicht mehr, wenn die handelnde Person selbst einem Mangel unterliege, so z. B. beim Irrtum oder der Täuschung[316]. Als Beispiele für diese Art von Verträgen nennt *Demogue* den Kaufvertrag[317], den Tausch, die Schenkung sowie die Abtretung[318].

In die zweite Kategorie gehören nach *Demogue* die sog. *contrats d'aide ou de commandement*, die eine Tätigkeit einer Person für eine andere Person in deren Interesse vorsehen[319]. Dabei kann es sich um vielfältige Tätigkeiten handeln. Als Beispiele nennt *Demogue* die Ausführung einer Tätigkeit durch einen anderen auf Grund besonderer technischer Kenntnisse, geschäftlicher Geschicklichkeit oder schlicht wegen des Wohnsitzes an einem bestimmten Ort[320]. Es handelt sich also um Fälle, in denen sich ein Kaufmann eines Mittelsmanns bedient, ein Eigentümer einen Architekten beauftragt, ein Haus zu konstruieren oder ein Unternehmer Mitarbeiter einstellt[321]. Und es betrifft eben auch den Fall, dass der Absender einer Ware einen Transporteur mit dessen Transport betraut[322].

All diesen Verträgen, seien es Kommissionsverträge, Aufträge oder *louages de services*, sei gemeinsam, dass derjenige, in dessen Interesse die Verträge

---

[312] *Demogue,* RTD civ. 1907, 245 [263].

[313] *Demogue,* RTD civ. 1907, 245 [263].

[314] *Demogue,* RTD civ. 1907, 245 [263 f.].

[315] *Demogue,* RTD civ. 1907, 245 [264].

[316] *Demogue,* RTD civ. 1907, 245 [264].

[317] Das deutsche Recht sieht freilich in § 447 II BGB sogar im Rahmen des Kaufvertrages ein Weisungsrecht vor – allerdings betrifft es allein die Art der Versendung, die der Käufer mittels Weisungsrecht bestimmen kann, siehe hierzu näher infra § 4, III.

[318] *Demogue,* RTD civ. 1907, 245 [263].

[319] *Demogue,* RTD civ. 1907, 245 [264]; nach heutiger Terminologie könnte man wohl von „Dienstleistungsverträgen" sprechen; siehe allerdings zu den Unschärfen dieses Begriffs infra *§ 9, I, 2, a).*

[320] *Demogue,* RTD civ. 1907, 245 [264].

[321] *Demogue,* RTD civ. 1907, 245 [264 f.].

[322] *Demogue,* RTD civ. 1907, 245 [265].

durchgeführt werden, das Recht habe, nachträglich einseitig auf den Vertragsinhalt einzuwirken[323]. *Demogue* schränkt diese Möglichkeit freilich sofort ein:
Zum Einen könne nachträglich kein Einfluss auf den Preis bzw. die Vergütung
genommen werden und zum anderen dürfe man nicht von seinem Vertragspartner die Durchführung eines gänzlich anderen Vertrages verlangen, deren Inhalt
eine Verpflichtung ist, die *„totalement distincte"* von der ursprünglich vorgesehenen ist[324].

Diese Möglichkeit, nachträglich in einem gewissen Maße auf die Tätigkeiten,
die einem anderen übertragen worden sind, Einfluss zu nehmen, erscheint *Demogue* mit folgender Überlegung nahezu selbstverständlich:

> „En fait, quand une personne commence elle-même un travail, la conception juste de la façon
> de l'exécuter ne sort pas subitement et de façon complète de son cerveau comme Minerve
> sortit toute armée du cerveau de Jupiter. Le peintre cherche souvent sur la toile l'effet qu'il
> rendra, les coloris qui se marieront harmonieusement entre eux. Il en est de même pour tous
> les travaux. Le maître qui fait construire un bâtiment ne peut pas arrêter un plan ne varietur:
> des aménagements nouveaux, des modifications diverses lui viendront à l'esprit pendant que
> le travail sera en cours d'exécution. Et il aura le droit de demander que l'on tienne compte de
> ses desiderata. Sans doute il ne pourrait imposer un changement total: ayant convenu de la
> construction d'une grange, vouloir que l'on édifie une maison d'habitation. Mais il pourra
> dans l'intérieur d'un bâtiment faire changer une porte, modifier les dimensions d'une ouver-
> ture, etc."[325]

Demogues entscheidender Gedanke für die Begründung des Weisungsrechts ist
damit ein ganz einfacher: Die Tätigkeit, die im Rahmen eines *contrat d'aide* auf
einen anderen übertragen wird, soll trotz der Einschaltung dieses „Mittel-
manns" so steuerbar bleiben als würde sie derjenige, in dessen Interesse sie
ausgeführt wird, selbst vornehmen.

Eine gesetzliche Untermauerung seiner Ansicht sieht *Demogue* in Art. 1794
und Art. 1793 CC[326]. Die zuerst genannte Norm berechtigt den Besteller im
Rahmen der *louages d'ouvrage*, jederzeit und grundlos den Vertrag – bei Zahlung eines Schadensersatzes für die Aufwendungen des Unternehmers, seine
bisher geleistete Arbeit sowie entgangenen Gewinn – zu kündigen[327]. Darüber
hinaus setzt Art. 1793 CC ein Weisungsrecht des Bestellers voraus, indem diese
Vorschrift dem Architekten oder Bauunternehmer im Rahmen der Errichtung
eines Hauses verbietet, die Vergütung zu erhöhen, wenn es (durch den Besteller
einseitig herbeigeführte) Veränderungen an dem geplanten Projekt gibt, es sei

---

[323] *Demogue,* RTD civ. 1907, 245 [265].
[324] *Demogue,* RTD civ. 1907, 245 [265].
[325] *Demogue,* RTD civ. 1907, 245 [265].
[326] Vgl. *Demogue,* RTD civ. 1907, 245 [265].
[327] Siehe näher zu Art. 1794 CC infra *§ 3, II, 1.*

denn, sie sind schriftlich fixiert worden und es wurde Einigkeit über die Änderung der Vergütung mit dem Eigentümer erzielt.

Demogue entnimmt diesen Vorschriften den Grundgedanken, dass generell – also über den unmittelbaren Anwendungsbereich der genannten Artikel hinaus – der *maître* einer Tätigkeit die Möglichkeit habe, nachträglich auf ihre Ausführung einzuwirken[328]. Es sei ohnehin *pratique constante*, dass sich die Vertragspartner nachträglichen Weisungen unterordnen, diese also akzeptieren[329]. Dies könne man, so *Demogue*, mit einer vorherigen stillschweigenden Einigung über die Einräumung eines Weisungsrechts erklären, überzeugender sei es aber, entscheidend auf die Natur des Vertrages abzustellen, die die *rôle de chef* für einen der Vertragspartner zur Folge habe[330]. Er spricht sich damit explizit für eine *application extensive* des Weisungsrechts aus und will den Gedanken der Artt. 1794, 1793 CC auf alle *contrat d'aide* ausdehnen[331]. Vor diesem Hintergrund lasse sich etwa das Weisungsrecht des Arbeitgebers[332] oder des Absenders beim Transportvertrag begründen[333]. Auch der Absender lasse eine Tätigkeit, nämlich hier das Transportieren, in seinem Interesse von einem anderen durchführen, so dass auch hier der Grundsatz gelte müsse, dass ein Weisungsrecht besteht, auf Grund dessen beispielsweise ein neuer Zielort, ein anderer Empfänger oder eine andere Beförderungsgeschwindigkeit bestimmt werden kann[334].

Auch auf den Auftrag und das Kommissionsgeschäft, das eine bloße Variation des Auftrags sei, ist nach *Demogue* der Grundsatz anzuwenden, dass der *maître* auch während der Vertragsdurchführung noch auf das Geschehen Einfluss nehmen können muss[335]. Beweis dafür seien auch die Artt. 2003 und 2004 CC, wonach der Auftraggeber jederzeit dem Beauftragten die Vertretungsmacht entziehen kann, denn der Widerruf und die Modifikation des Mandats seien sich so ähnlich, dass sie nicht voneinander zu trennen seien[336].

Demogue fühlt sich in seiner Grundthese auch durch die *travaux préparatoires* zum Code Civil bestätigt, die er wie folgt zitiert[337]:

---

[328] *Demogue,* RTD civ. 1907, 245 [267 f.].

[329] *Demogue,* RTD civ. 1907, 245 [268].

[330] *Demogue,* RTD civ. 1907, 245 [266 und 268].

[331] Siehe zur Frage, inwieweit sich Rückschlüsse aus dem freien Kündigungsrecht nach Art. 1794 CC sowie § 649 BGB auf die Existenz von Weisungsrechten ziehen lassen infra *§ 3 II, 4.*

[332] *Demogue,* RTD civ. 1907, 245 [269].

[333] *Demogue,* RTD civ. 1907, 245 [269 f.].

[334] *Demogue,* RTD civ. 1907, 245 [270 f.].

[335] *Demogue,* RTD civ. 1907, 245 [271].

[336] *Demogue,* RTD civ. 1907, 245 [271].

[337] *Demogue,* RTD civ. 1907, 245 [271].

„quand un homme confie ses intérêts à un autre, dit l'exposé des motifs, il est toujours sous-entendu que celui-ci n'en restera chargé qu'autant que la confiance qui lui a été accordée continuera, car le mandant n'aliène ni à perpétuité, ni même à temps le plein exercice de ses droits."

Demogue spricht neben der Frage, ob überhaupt ein Weisungsrecht existiert und der Frage, wie sich dessen Ausübung auf den Vergütungsanspruch auswirkt, auch die dritte große Frage im Kontext von Weisungsrechten an, namentlich die der Grenzen von Weisungsrechten. Wie bereits angesprochen, sieht *Demogue* die Notwendigkeit, dass ein Weisungsrecht nicht grenzenlos ausgeübt werden darf. Das Weisungsrecht gehe nicht soweit, dass der Vertragspartner zu etwas verpflichtet werden kann, das völlig außerhalb dessen liegt, was dieser erwarten musste oder was schlicht dessen Fähigkeiten übersteigt[338]. Beispielsweise könne man einen See- oder Binnentransporteur nicht anweisen, die Ware an einen Ort zu bringen, den er nie mit seinem Schiff ansteuert[339]. Gleiches solle auch für einen Landtransporteur gelten, der regelmäßig Marseille ansteuere und den man nun anweise, nach Lyon zu liefern[340]. Das einzige, was man in diesen Fällen von ihnen verlangen könne, sei, dass sie als Mittelsmann den Transport organisierten[341]. An anderer Stelle formuliert *Demogue* allgemeiner und stellt die Grundregel auf, dass eine Modifikation nur bezüglich solcher Punkte innerhalb des Vertrages möglich sei, die *„non essentiel"* sind[342]. Bei *Demogue* ist damit jedenfalls schon die allgemeine Grenze von Weisungsrechten angelegt, wonach die Ausübung des Weisungsrechts – schon allein auf Grund der Privatautonomie und der Bindungswirkung von Verträgen und der vor diesem Hintergrund gewollten Verpflichtungen und Risiken[343] – nicht zu einem vertraglichen Pflichtenprogramm führen darf, auf das sich der Vertragspartner des Weisungsberechtigten niemals einlassen wollte[344].

Bei der Frage, wie sich die Ausübung von Weisungsrechten auf den Vergütungsanspruch auswirkt, geht *Demogue* auf Art. 1793 CC ein, der für Werkverträge im *marché à forfait*[345] vorschreibt, dass die Anpassung der Vergütung einer schriftlichen Bestätigung bedarf[346]. Auch hier global denkend und um eine allgemeingültige Regel bemüht, befürwortet *Demogue,* immer eine Anpassung

---

[338] *Demogue,* RTD civ. 1907, 245 [275].
[339] *Demogue,* RTD civ. 1907, 245 [275].
[340] *Demogue,* RTD civ. 1907, 245 [275].
[341] *Demogue,* RTD civ. 1907, 245 [275].
[342] *Demogue,* RTD civ. 1907, 245 [308].
[343] Siehe hierzu supra *§ 2, I, 4, b).*
[344] Siehe zu dieser allgemeinen Grenze im Rahmen des transportrechtlichen Weisungsrechts infra *§ 7, II, 1* sowie *§ 9, IV, 1.*
[345] Siehe für eine Definition des *marché à forfait* infra *§ 3, II, 1.*
[346] Vgl. *Demogue,* RTD civ. 1907, 245 [275].

der Vergütung im Falle einer Modifikation des Vertrages vorzunehmen und das Schriftformerfordernis aus Art. 1793 CC als Ausnahme zu begreifen[347]. Für den Transportvertrag, in dessen Rahmen der Transporteur beispielsweise angewiesen wird, die Ware an einen anderen Ort zu liefern, verweist *Demogue* zur Untermauerung seiner Ansicht ausdrücklich auf die (alte) deutsche Regelung des § 433 HGB a. F., der einen solchen Anpassungsmechanismus im Gesetz vorsah[348]. Die Höhe der Vergütung solle sich nach der Billigkeit (*„équité“*) oder den Gebräuchen (*„usages“*) richten[349].

Demogue bedenkt in Bezug auf die Auswirkungen auf die Vergütung auch den Fall, dass die Arbeit auf Grund von Weisungen oder der Kündigung von geringerem Umfang ist als ursprünglich vereinbart[350]. Beispielsweise weist der *maître* seinen Angestellten an, statt zehn nur neun Stunden am Tag zu arbeiten oder beendet den Vertrag schon nach fünf statt den vereinbarten sechs Monaten, weil die Arbeit am Projekt früher als vermutet beendet ist[351]. In diesen Fällen stellt sich die Frage, ob der Angestellte zu entschädigen ist. *Demogue* will dies davon abhängig machen, ob der Angestellte die Möglichkeit hat, anderweitig Arbeit zu finden[352]. Im ersten Beispiel wird dies kaum möglich sein, so dass eine Entschädigung zu zahlen wäre, während im zweiten Beispiel möglicherweise eine Anschlussbeschäftigung gefunden werden kann[353].

Demogue nimmt also in seinem Aufsatz eine Einteilung von Verträgen in zwei Kategorien vor. Nur in der zweiten Kategorie der *contrats d'aide*, die hier ausführlich behandelt worden sind, sieht er eine grundsätzliche Unterordnung eines Vertragspartners unter die andere Vertragspartei, die ein Weisungsrecht zur Folge haben müsse[354]. Das Recht müsse vor allem anderen die Tatsachen berücksichtigen, denn es sei nichts anderes als deren Übertragung[355].

Dieser Ansatz zur Verallgemeinerung von Weisungsrechten über den Gesetzeswortlaut hinaus auf alle *contrat d'aide* (bzw. „Dienstleistungsverträge") ist bahnbrechend und liefert erstmals eine grundsätzliche Erklärung dafür, warum es für manche Arten von Verträgen sinnvoll erscheint, von dem Grundsatz der *force obligatoire* des Vertrages aus Art. 1134 CC abzuweichen. Als umso er-

---

[347] *Demogue*, RTD civ. 1907, 245 [275].

[348] *Demogue*, RTD civ. 1907, 245 [275 f.]; nicht anders ist es heute in der Nachfolgeregelung des § 418 HGB.

[349] *Demogue*, RTD civ. 1907, 245 [275].

[350] Siehe zu dieser Frage auch infra *§ 3, II, 4, c)*, *§ 7, III, 1* und *2*, sowie *§ 9, V, 1*.

[351] *Demogue*, RTD civ. 1907, 245 [276].

[352] *Demogue*, RTD civ. 1907, 245 [276].

[353] *Demogue*, RTD civ. 1907, 245 [276].

[354] *Demogue*, RTD civ. 1907, 245 [277].

[355] *Demogue*, RTD civ. 1907, 245 [277]: „Le droit doit avant tout tenir compte des faits dont il n'est que la transposition.".

staunlicher muss es vor diesem Hintergrund bezeichnet werden, dass *Demogues* Thesen weder in der französischen Rechtswissenschaft noch darüber hinaus Beachtung gefunden haben.

Lassen wir an dieser Stelle zur Zusammenfassung nochmal *Demogue* selbst sprechen:

„Telles sont les règles particulières qui nous paraissent s'imposer dans ce que j'ai appelé les contrats d'aide, elles nous paraissent correspondre avec la réalité. Il y a des gens qui dans la moderne, en dépit de notre système d'égalité juridique, sont des chefs, exercent une influence, ils sont comme le centre nerveux d'une activité puissante : qu'ils soient à la tête de tel ou tel genre d'établissements, qu'ils aient ou non les qualités pour diriger et l'étoffe d'un surhomme (au bon sens du mot), peu importe. Il y aura toujours des dirigeants. Le moule juridique des conventions doit être suffisamment plastique par certains côtés pour leur permettre dans les contrats qu'ils passent pour se faire aider, d'assurer une direction assez précise aux diverses branches d'activité auxquelles ils se donnent, pour leur rendre possible d'embrasser un ensemble d'affaires et d'y faire sentir continuellement leur volonté. Cela doit être, sauf à limiter ce pouvoir de commandement pour éviter les abus, et à établir une responsabilité corrélative. N'est-il pas vain, sous prétexte d'assurer une égalité qui n'est pas, de vouloir établir des règles de droit sans rapport avec les nécessité pratiques et que l'on est obligé chaque jour de méconnaitre ?"[356]

Auch wenn *Demogues* Ausführungen, wonach in bestimmten Vertragsverhältnissen ein Über-/Unterordnungsverhältnis herrsche und eine Partei der Chef sei, so dass die andere – jedenfalls im Rahmen des geschlossenen Vertrages – zu gehorchen habe, aus heutiger Sicht etwas antiquiert anmuten mag (und das französische Recht bzw. die französische Rechtswissenschaft die Ausführungen *Demogues* weitgenhend ignoriert hat[357]), so darf nicht verkannt werden, dass der Kerngedanke *Demogues,* auf die speziellen Interessenlagen der Parteien in Verträgen abzustellen, in denen eine Tätigkeit im Interesse eines anderen ausgeführt wird, vor dem Hintergrund der ständigen Expansion des Dienstleistungssektor heute mindestens ebenso relevant ist wie vor über 100 Jahren. Technischer Fortschritt, wirtschaftlicher Wohlstand und eine fortschreitende Spezialisierung haben den Markt für Dienstleistungen in den vergangenen Jahrzehnten stetig wachsen lassen. Dienstleistungen werden immer dann in Anspruch genommen, wenn aus Zeitgründen, mangels technischer Expertise oder schlicht aus Bequemlichkeit eine bestimmte Tätigkeit nicht selbst durchgeführt werden kann oder soll. Die Tätigkeit, die der Dienstleister dann zu erbringen hat, ersetzt

---

[356] *Demogue,* RTD civ. 1907, 245 [274 f.].

[357] *LLorens,* S. 251 spricht in diesem Zusammenhang davon, dass die Auffassungen *Demogues* vor dem Hintergrund der weiteren Entwicklung des französischen Rechts (insbesondere des *contrat d'entreprise*) als isoliert angesehen werden müssen; seine Isolation werde allerdings durch den Glanz seiner Behauptungen kompensiert: „*L'éclat des affirmations de René Demogue compense l'isolement de ses opinions…*".

folglich die Selbstvornahme durch den Beauftragenden. Entsprechend offensichtlich ist für denjenigen, der sich der Dienstleistung bedient, dass es in seinem Interesse ist, durch den Vertragsschluss und die Übertragung der Tätigkeit auf einen anderen keinerlei Gestaltungsmöglichkeiten hinsichtlich der Ausführung der Tätigkeit zu verlieren. Umgekehrt ist auch für den Dienstleister erkennbar, dass seine Tätigkeit, die er für einen anderen ausführt, in erheblicher Weise die Angelegenheiten der anderen Vertragspartei berührt und vor diesem Hintergrund ein entsprechend großes Interesse daran haben wird, auf die Durchführung der Tätigkeit weiter Einfluss nehmen zu können. Insofern ist es auch für den Dienstleister ohne Weiteres nachvollziehbar, wenn solche Verträge systematisch Weisungsrechte für den Kunden bereitstellen würden.

II. Art. 1794 CC bzw. § 649 BGB als Grundnorm des Weisungsrechts

Eine andere Möglichkeit zur allgemeinen Begründung von Weisungsrechten ist das Heranziehen der werkvertraglichen Regelungen in Art. 1794 CC bzw. § 649 BGB als Grundnormen für die Existenz von Weisungsrechten[358]. Die Idee dabei ist, von der Existenz eines freien Kündigungsrechts auch auf die Existenz von Weisungsrechten zu schließen, weil man Weisungsrechte als Vertragsänderungsrechte von einem freien Kündigungsrecht, das ohne Angabe von Gründen die Beseitigung des gesamten Vertrages herbeiführen kann, als mit umfasst ansehen könnte. Für die Begründung des transportvertraglichen Weisungsrechts ist diese Überlegung durchaus etabliert und gehört zu den gängigsten Begründungsansätzen[359]. Auf allgemeiner Ebene sind freilich zwei Hürden zu überwinden, bevor eine Begründung von Weisungsrechten über die Vorschriften zum freien Kündigungsrecht des Werkbestellers möglich erscheint. Zum einen müssen die entsprechenden Vorschriften zum Kündigungsrecht über das Werkver-

---

[358] Es ist an dieser Stelle ausdrücklich darauf hinzuweisen, dass sich der Erklärungsansatz *Demogues* und derjenige, der das freie Kündigungsrecht des Werkbestellers nach Art. 1794 CC bzw. § 649 BGB in den Mittelpunkt stellt, stark überschneiden, denn *Demogue* stellt im Rahmen der Begründung der Weisungsrechte bei allen *contrat d'aide* ausdrücklich auch auf Art. 1794 CC (sowie Art. 1793 CC) ab. *Demogue* nimmt aber die genannten Normen nicht zum Ausgangspunkt seiner Überlegungen, sondern leitet das Weisungsrecht des *maître* aus der Natur des Vertrages als *contrat d'aide* ab und sichert sein Ergebnis über die bereits bestehenden gesetzlichen Regelungen in Art. 1794 CC und Art. 1793 CC ab. Der hier darzustellende Ansatz nimmt das gesetzlich geregelte freie Kündigungsrecht des Werkbestellers zum Ausgangspunkt und versucht, mit systematischer Argumentation ein Weisungsrecht abzuleiten. Freilich wird gleichzeitig auch auf die Interessen der Parteien abgestellt, so dass insofern ein Gleichlauf mit der Argumentation *Demogues* gegeben ist.

[359] Der Transportvertrag wird dabei als Unterfall des Werkvertrages angesehen, siehe näher hierzu infra *§ 3, II, 4* sowie *§ 6, II, 3, b)*.

tragsrecht hinaus bei allen Verträgen gelten, bei denen sich die Frage nach der Existenz von Weisungsrechten stellt. Und zum anderen muss es tatsächlich möglich sein, mit Hilfe eines Erst-Recht-Schlusses aus einem freien Kündigungsrecht auch Weisungsrechte abzuleiten. Bevor diese Fragen einer Antwort zugeführt werden können, gilt es zunächst, den Regelungsgehalt von Art. 1794 bzw. § 649 BGB und die rechtspolitischen Erwägungen hinter den Normen herauszuarbeiten. Da die entsprechenden Diskussionen nahezu ausschließlich im deutschen Recht stattfinden, wird sich die Darstellung – unter gelegentlichen Verweisen auf das französische Recht – weitgehend auf das deutsche Recht konzentrieren. Die Regelung zum einseitigen Kündigungsrecht im DCFR sowie das einschlägige englische Recht werden einzeln behandelt, weil sie zum einen ein Beispiel für eine Ausweitung des freien Kündigungsrechts auf alle Dienstleistungsverträge darstellen und zum anderen das englische Recht ein freies Kündigungsrecht des Dienstleistungsempfängers überhaupt nicht kennt.

1. Der Regelungsgehalt von Art. 1794 CC und § 649 BGB

Sowohl Art. 1794 CC als auch § 649 BGB sehen ein freies Kündigungsrecht des Werkbestellers vor. Nach diesen Normen ist es zu jedem Zeitpunkt während der Vertragsdurchführung möglich, einseitig[360] und ohne Angabe eines Grundes den *contrat d'entreprise* zu beenden[361]. Die Entscheidung zur Vertragsbeendigung entspringt also allein dem Willen des Werkbestellers[362], eine *faute* des Werkunternehmers ist nicht erforderlich[363]. Die Lösung vom Vertrag ist zu je-

---

[360] Wie schwer sich insgesamt das französische Recht mit der einseitigen Einwirkungsmöglichkeit einer Vertragspartei auf den Vertrag tut, lässt sich auch an dieser Stelle mittels eines Hinweise von *Llorens*, S. 277 Fn. 215 zeigen, wonach durchaus im französischen Schrifttum diskutiert wird, ob eine Kündigung nach Art. 1794 CC tatsächlich einseitig erfolge oder nicht vielmehr eine zweiseitige Vertragsauflösung vorliege, zu der der Werkunternehmer bereits bei Vertragsschluss im Voraus seine Zustimmung gebe. Siehe zum selben Problem der einseitigen Ausübung in Bezug auf Weisungsrechte infra § 6, II, 1, a).

[361] Frankreich: T. civ. Dax, 29 déc.1887, Gaz. Pal. 1888 I. 558; *Gibirila*, JClCiv, Art. 1787, fasc. 40, Rn. 104; Deutschland: Vgl. BGHZ 156, 82, 86; *Bitter/Rauhut*, JZ 2007, 964; *Medicus*, JuS 1988, 1 [5]; *Peters*, JZ 1996, 73.

[362] Cass. civ. 3e, 10 mai 1972, Bull. civ. 1972, III, n° 298, S. 214; *Boubli*, Rép. civ. Dalloz, Contrat d'entreprise , Rn. 126; *Gibirila*, JClCiv, Art. 1787, fasc. 40, Rn. 106; *Llorens*, S. 277. bei der Kündigungsmöglichkeit des Art. 1794 CC handelt es sich um ein *droit potestatif* im oben (supra § 2, III, 2) beschriebenen Sinne, siehe *Llorens* S. 278; vgl. auch *Thioye*, JClCiv, Art. 1788 à 1794, fasc. 62, Rn. 86, der ausdrücklich darauf hinweist, dass die Rechtsfolgen des Kündigungsrechts allein durch die Ausübung seitens des Bestellers bewirkt werden.

[363] Cass. civ. 3e, 6 février 1973, Bull. civ. 1973, III, n° 100; *Boubli*, Rép. civ. Dalloz, Contrat d'entreprise , Rn. 127; *Gibirila*, JClCiv, Art. 1787, fasc. 40, Rn. 106; *Thioye*, JClCiv, Art. 1788 à 1794, fasc. 62, Rn. 75.

dem Zeitpunkt möglich, sogar schon vor Beginn der Arbeiten und während der gesamten Zeit der Vertragsdurchführung[364].

Die Rechtsfolgen der Ausübung des freien Kündigungsrechts unterscheiden sich nur auf den ersten Blick grundlegend zwischen den beiden Rechtsordnungen. Der grundsätzliche Unterschied besteht darin, dass nach Art. 1794 CC im Falle der Kündigung seitens des Werkbestellers Schadensersatz an den Werkunternehmer zu leisten ist, während im deutschen Recht § 649 S. 2 BGB die Aufrechterhaltung des Vergütungsanspruchs[365] anordnet, freilich unter Anrechnung der ersparten Aufwendungen auf Seiten des Werkunternehmers. Für das französische Recht bedeutet dies konkret, dass der Besteller den Unternehmer im Rahmen des Schadensersatzanspruches zu entschädigen hat für dessen Aufwendungen, die bisher geleistete Arbeit sowie den entgangenen Gewinn[366]. Darüber hinaus ist sogar eine Kompensation für ein *préjudice moral* möglich[367]. Nach § 649 S. 2 BGB ist der Werkunternehmer im Falle der Kündigung des Bestellers berechtigt, die vereinbarte Vergütung zu verlangen, allerdings unter Anrechnung dessen, was er infolge der Aufhebung des Vertrages an Aufwendungen erspart oder durch anderweitige Verwendung seiner Arbeitskraft erwirbt oder zu erwerben böswillig unterlässt. Die unterschiedlichen Ansätze führen zwar zu unterschiedlichen Berechnungen, deren Ergebnis jedoch gleich sein dürfte, weil jeweils der entgangene Gewinn, die getätigten Aufwendungen, sowie die bisher geleistete Arbeit vom Schadens- bzw. Vergütungsanspruch

---

[364] *Boubli*, Rép. civ. Dalloz, Contrat d'entreprise , Rn. 126; *Gibirila*, JClCiv, Art. 1787, fasc. 40, Rn. 107.

[365] Zur Frage, ob es sich bei § 649 S. 2 BGB nicht in Wirklichkeit um einen „verkappten Schadensersatzanspruch" handelt, siehe *Glöckner*, BauR 1998, 669 [675 ff., insbesondere 678 ff.].

[366] Cass. civ. 1re, 18 mars 1963, Bull. civ. 1963, I, n° 165; *Gibirila*, JClCiv, Art. 1787, fasc. 40, Rn. 108; *Thioye*, JClCiv, Art. 1788 à 1794, fasc. 62, Rn. 88.

[367] T. civ. Dax, 29 déc.1887, Gaz. Pal. 1888 I. 558 [M. B. hatte den Architekten M. Duc mit der Errichtung einer Villa in Biarritz beauftragt. M. Roux, ein weiterer Architekt, sollte unter der Aufsicht von M. Duc die Pläne für das Bauvorhaben ausführen. Nach dem zwischenzeitlichen Tod von M. Duc und einer einjährigen Planungsphase, in der M. Roux alleinverantwortlich die Planungen fortgeführt hatte, kam es zum Zerwürfnis mit M.B., der M. Roux nach Art. 1794 CC kündigte und einen neuen Architekten beauftragte. M. Roux verlangte daraufhin Schadensersatz. Das Gericht hob interessanterweise den Aspekt hervor, dass neben der bereits geleisteten Arbeit für M. Roux auch insofern ein Schaden entstehen sei, weil er sich auf Grund der Kündigung nicht mit der Errichtung des Gebäudes einen Namen machen könne: „qu'il [M. Roux] pouvait légitimement compter pouvoir achever la villa et attacher son nom, ,a l'exclusion de tout nouvel architecte, à cette construction, monument élevé à l'art"]; *Boubli*, Rép. civ. Dalloz, Contrat d'entreprise, Rn. 127; *Gibirila*, JClCiv, Art. 1787, fasc. 40, Rn. 108; *Thioye*, JClCiv, Art. 1788 à 1794, fasc. 62, Rn. 89.

umfasst sind[368]. Der einzige Unterschied besteht darin, dass das deutsche Recht insofern strenger ist als bereits böswillig unterlassener anderweitiger Erwerb zu entsprechenden Abzügen des Vergütungsanspruchs führt. Ein solches Kriterium, das im Rahmen eines Schadensersatzanspruches bei der Berücksichtigung eines Mitverschuldens eine Rolle spielen könnte[369], ist weder im Wortlaut des Art. 1794 CC angelegt, noch wird es in den einschlägigen Urteilen oder in der Literatur diskutiert.

Die weitreichenden Verpflichtungen auf Seiten des Werkbestellers im Fall der Ausübung des freien Kündigungsrechts führen dazu, dass die Regelungen in Art. 1794 CC und § 649 BGB weder im französischen noch im deutschen Recht als mit dem Grundsatz der Bindungswirkung von Verträgen[370] unvereinbar angesehen werden bzw. dieses Problem erst gar nicht aufgeworfen wird. So wird im französischen bzw. belgischen Schrifttum unter Verweis auf die weitreichenden Pflichten zur Entschädigung eher verniedlichend von einem *„pseudo-droit de résiliation unilatérale"* gesprochen[371], ohne dass freilich konkret auf die Frage der Vereinbarkeit der Regelung mit dem Grundsatz der Bindungswirkung des Vertrages eingegangen würde[372]. Für das deutsche Recht wird *Peters* deutlich konkreter und ist der Ansicht,

„daß der Gesetzgeber den Besteller nicht eigentlich von dem Grundsatz pacta sunt servanda dispensiert. Dieser wird für ihn nur modifiziert. Man kann dabei nicht einmal von einer Einschränkung sprechen, weil die Verpflichtung des Bestellers letztlich quantitativ unverändert bleibt, vergleicht man den Saldo dessen, was er geben muß, und dessen, was er erhält, bei Vertragsdurchführung einerseits und Kündigung andererseits."[373]

Schließlich stellt sich noch die Frage nach dem Anwendungsbereich von Art. 1794 CC bzw. § 649 BGB. Im deutschen Recht gilt die Norm nach dem Gesetzeswortlaut für alle Werkverträge, sowie unter den Voraussetzungen von § 651 S. 3 BGB auch für Werklieferungsverträge. Im französischen Recht dage-

---

[368] Siehe für weitere Details zur Berechnung des Vergütungsanspruchs nach deutschem Recht sogleich infra § 3, II, 2, a), bb).

[369] Siehe zur Nähe der Regelung über anderweitigen Erwerb des § 649 S. 2 BGB zur Schadensminderungspflicht des § 254 BGB etwa *Staudinger-Peters/Jacoby* [2014] § 649 Rn. 7, 41; *Glöckner*, BauR 1998, 669 [677].

[370] Siehe hierzu näher supra *§ 2, I.*

[371] *Flamme/Lepaffe*, S. 189; siehe insbesondere auch *Llorens*, S. 278, der auf *Flamme/Lepaffe* verweist.

[372] *Flamme/Lepaffe*, S. 189 weisen zwar darauf hin, dass *„[c]et article [Art. 1794 CC] déroge manifestement à la règle* Pacta sunt servanda", aber hierauf wird nicht näher eingegangen, sondern diese Aussage vielmehr umgehend mit den Ausführungen dazu, dass es sich nur um ein *„pseudo-droit de résiliation unilatérale"* handele, relativiert.

[373] *Peters*, JZ 1996, 73 [74]; *Glöckner*, BauR 1998, 669 [676, Fn. 61] stimmt *Peters* in diesem Punkt ausdrücklich zu.

gen ist die Vorschrift sehr eng gefasst. Nach dem Wortlaut von Art. 1794 CC besteht ein freies, einseitiges Kündigungsrecht des Bestellers nur, wenn es sich um einen sog. *marché à forfait* handelt, also um einen Vertrag, bei dem der Preis fixiert ist „*à l'avance, globalement, fermement et définitivement*"[374]. Ob Art. 1794 CC auch über solche Verträge mit Festpreis hinaus auf alle Werkverträge anwendbar ist, ist in Frankreich umstritten. Der Hauptkritikpunkt einer Begrenzung des Anwendungsbereichs auf den *marché à forfait* besteht darin, dass nicht ersichtlich ist, warum ein Werkbesteller, der nicht zu einem Festpreis den Vertrag abgeschlossen hat, nicht ebenfalls ein Interesse daran haben könnte, sich während der Vertragsdurchführung vom Vertrag zu trennen[375]. Trotz verbreiteter Kritik im französischen Schrifttum[376] interpretiert die *Cour de Cassation* die Norm – dem Wortlaut gehorchend – eng und wendet das freie Kündigungsrecht nur auf Verträge mit Festpreis an[377]. Der Grund, warum diese Frage nicht noch intensiver im französischen Schrifttum diskutiert wird, mag auch mit dem Hinweis von *Llorens*[378] zusammenhängen, dass sich ein Besteller, der das Interesse am Werkvertrag zwischenzeitlich verloren hat, über das allgemeine Leistungsstörungsrecht die gleiche Situation herbeiführen kann, wie über das freie Kündigungsrecht nach Art. 1794 CC[379] und damit die Frage des Anwendungsbereichs des Art. 1794 CC in der Praxis nur eine untergeordnete Rolle spielt.

---

[374] *Gibirila*, JClCiv, Art. 1787, fasc. 40, Rn. 46; *Marganne*, JCP G 2007, I, 178. Verträge „*marché à forfait*" werden im französischen Recht als Schutzmechanismus zugunsten des Werkbestellers angesehen, weil auf Grund der Vereinbarung eines Festpreises Sicherheit für den Werkbesteller bzgl. der Kosten besteht und somit zwischen dem typischerweise erfahrenen Werkunternehmer und dem unerfahrenen Werkbesteller die Parität im Rahmen des Vertrages wiederhergestellt wird, siehe *Marganne*, JCP G 2007, I, 178 sowie *Gibirila*, JClCiv, Art. 1787, fasc. 40, Rn. 104.

[375] Vgl. *Llorens*, S. 278.

[376] Siehe *Llorens*, S. 278 mit weiteren Nachweisen. Im belgischen Schrifttum sprechen sich *Flamme/Lepaffe*, S. 189 f. für eine weite Anwendung der Vorschrift „*à toutes les formes du louage d'industrie*" aus, wonach sogar solche Verträge, im Rahmen derer der Unternehmer aus seinem Material und in seiner Betriebsstätte eine Ware herstellt (in deutscher Terminologie würde es sich um einen Werklieferungsvertrag handeln) und die somit einen Kaufvertrag darstellten, in den Anwendungsbereich von Art. 1794 CC fielen.

[377] Cass. civ. 1re, 13 janvier 1958, Bull. civ. 1958, I, n° 28, zitiert nach *LLorens*, S. 278; ebenso etwa *Gibirila*, JClCiv, Art. 1787, fasc. 40, Rn. 105.

[378] *Llorens*, S. 279.

[379] Siehe hierzu infra Fn. 464.

2. Die Begründung der einseitigen, grundlosen Kündigungsmöglichkeit aus Sicht des Werkvertrages

Um die Frage entscheiden zu können, ob ein freies Kündigungsrecht auch über das Werkvertragsrecht hinaus anerkannt werden sollte und überdies als Basis für Weisungsrechte dienen kann, ist zunächst herauszuarbeiten, was die Idee hinter einer solchen Norm ist. Instruktiv sind insofern zunächst die Motive zum BGB:

„Der Entwurf ist dem Prinzipe der zuletzt gedachten Gesetzgebungen gefolgt. Dasselbe entspricht der modernen Rechtsentwicklung und den Eigenthümlichkeiten des Werkvertrages; es trägt den Interessen des Bestellers, der, wenn nicht allein, so doch vorzugsweise ein Interesse an der Ausführung des Werkes hat, insbesondere den Veränderungen in den persönlichen Verhältnissen des Bestellers, Rechnung, ohne andererseits gegen den Übernehmer unbillig und ungerecht zu sein, da letzterer dadurch vollständig schadlos gehalten wird, daß ihm der Anspruch auf die Gegenleistung [...] verbleibt.“[380]

Im Rahmen der Schuldrechtsmodernisierung wollte man § 649 BGB allerdings zunächst abschaffen[381], obwohl die Vorschrift während ihrer vorherigen ca. 100jährigen Existenz nicht Gegenstand besonderer Kritik war[382]. Das Argument für die Abschaffung war denn auch ein etwas Eigenartiges: man zog eine Parallele zum Kaufrecht und argumentierte, dass man in Anlehnung an das Kaufrecht, das seit jeher kein freies Kündigungsrecht kenne, auch im Werkvertragsrecht zukünftig darauf verzichten solle[383]. Im endgültigen Gesetz zur Schuldrechtsreform[384] wurde § 649 BGB doch beibehalten, was in der Literatur einhellig Zustimmung fand[385], insbesondere vor dem Hintergrund, dass der BGH[386] die Abbedingung von § 649 BGB in Allgemeinen Geschäftsbedingungen als unwirksam qualifiziert hatte und in der Norm einen wesentlichen Grundgedanken des Werkvertrages gesehen hatte[387]. Damit stellt sich auch weiterhin die Frage, was der Grund für die Existenz dieser Regelung ist.

---

[380] Motive zum BGB II, S. 503.

[381] BMJ, Schuldrechtsmodernisierungsgesetz (Entwurf), S. 496 f.

[382] Vgl. *Glöckner*, BauR 1998, 669; *Roth,* JZ 2001, 543 [551].

[383] BMJ, Schuldrechtsmodernisierungsgesetz (Entwurf), S. 497.

[384] Gesetz zur Modernisierung des Schuldrechts vom 26. November 2001, BGBl. I, S. 3138.

[385] Vgl. *Bitter/Rauhut*, JZ 2007, 964 [966]; *Roth,* JZ 2001, 543 [550]; *Voit*, BauR 2002, 1776 [1777].

[386] BGH NJW 1999, 3261 [3262].

[387] *Roth,* JZ 2001, 543 [550]; darüber hinaus lässt sich als Argument für ein Weiterbestehen des § 649 BGB anführen, dass auch die VOB in § 8 Nr. 1 Abs. 1 VOB/B ein freies Kündigungsrecht des Bestellers vorsehen, siehe auch *Schwenker*, BauR 2001, 1028 [1030], der sogar von einem „Bedürfnis der Baupraxis" spricht. *Schwenker* verheimlicht aber auch nicht, dass § 649 BGB in der Praxis noch eine andere wichtige Bedeutung zukommt, nämlich die eines Auffangtatbestandes für unwirksame Kündigungen aus wichtigem Grund. Zur „Auffang- und Hilfsfunktion" der Vorschrift, siehe auch *Quack*, in: Festschrift v. Craushaar, S. 315 f.

a) Die Interessenlage der Parteien

Wie auch schon in den Motiven zum BGB mitschwingt[388], handelt es sich nach verbreiteter Meinung um eine Vorschrift, die auf die Besonderheiten des Werkvertrages zugeschnitten ist[389]. Vor diesem Hintergrund wird im Folgenden auf die typischen Interessen der Parteien eines Werkvertrages eingegangen.

aa) Das (besondere) Loslösungsinteresse des Werkbestellers

Das Hauptinteresse des Werkbestellers, dem über den Anspruch auf Herstellung des versprochenen Werkes nach § 631 I BGB entsprochen wird, ist zweifellos der Erhalt des Werkes, welches Gegenstand des geschlossenen Werkvertrages ist. Da es bei dem freien Kündigungsrecht des Werkbestellers nach § 649 BGB aber um die Beendigung des Werkvertrages geht, ist im vorliegenden Kontext vor allem danach zu fragen, welche besonderen Loslösungsinteressen vom Vertrag auf Seiten des Werkbestellers identifiziert werden können, die dazu führen, den Besteller im Rahmen eines Werkvertrages im Vergleich zu Gläubigern der vertragscharakteristischen Leistung anderer Vertragstypen durch das freie Kündigungsrecht zu priviligieren. Zwei Erklärungsmuster lassen sich hierfür finden:

Zum einen seien die Interessen des Bestellers in besonderem Maße betroffen „als der Unternehmer nach dem – von handwerklichen Leistungen geprägten – Leitbild des Werkvertrages bei der Werkerstellung typischerweise mit dem *Eigentum* des Bestellers in Berührung kommt"[390], so dass er das Recht haben müsse, jederzeit auf sein Eigentum wieder zugreifen zu können[391]. Insbesondere aber solle darüber hinaus der Tatsache Rechnung getragen werden, dass der Werkvertrag zu den Verträgen gehört, bei denen die Vertragsdurchführung einer gewissen zeitlichen Streckung unterliegt[392]. Dies kann dazu führen, dass der Besteller im Zeitraum zwischen dem Vertragsschluss und der Erfüllung des Vertrages das Interesse an der Erbringung der Werkleistung verliert. Der Grund

---

[388] Siehe soeben supra *§ 3, II, 2.*

[389] *MüKoBGB-Busche* § 649 Rn. 1 spricht in diesem Zusammenhang vom „Wesen des Werkvertrages"; *Weller*, S. 554 hebt hervor, dass „werkvertragsspezifische Interessen, die in anderen Vertragstypen nicht gleichgelagert auftauchen", berücksichtigt würden.

[390] *Weller*, S. 554.

[391] Deutschland: *Weller*, S. 555 mit weiteren Nachweisen. Frankreich: Im französischen Recht ist der Hinweis auf die Eigentumsverhältnisse und die Tatsache, dass durch Art. 1794 CC sichergestellt sei, dass der Werkbesteller *„maître chez lui"* bleibe, sogar – soweit ersichtlich – der einzige Begründungsansatz für die Existenz des freien Kündigungsrechts, vgl. *Llorens*, S. 278.

[392] Vgl. BGH NJW 1999, 3261 [3262]; *Bitter/Rauhut*, JZ 2007, 964 [966]; *Glöckner*, BauR 1998, 669; *Nicklisch*, JZ 1984, 757 [764]; *Roth*, JZ 2001, 543 [551]; *Weyers*, AcP 182 (1982), 60 [66]; *Quack*, in: Festschrift v. Craushaar, S. 309 spricht vom „Kooperations- und Langzeitcharakter" etwa des Bauvertrages.

hierfür mag schlicht auf einen plötzlichen Sinneswandel des Bestellers zurückgehen. Oder Umstände, die im Zusammenhang mit der Werkerbringung stehen, mögen sich so geändert haben, dass der Besteller nunmehr kein Interesse mehr an der Leistung des Werkunternehmers hat[393]. Auch mag der Besteller zwischenzeitlich in finanzielle Probleme geraten sein und wünscht deshalb, die Kosten für das Werk zu verhindern[394] oder ein gewerblich Tätiger mag zu der Einsicht gelangen, dass sich das Projekt entgegen seiner ursprünglichen Erwartung nicht rentieren wird[395]. Die genannten Gründe sind nach allgemeinem Vertragsrecht grundsätzlich für die Beendigung eines Vertrages unbeachtlich. Nur ausnahmsweise durch die Norm des § 649 BGB finden die genannten Interessen durch den Gesetzgeber Beachtung. Wird den Interessen des Bestellers so weitreichend Rechnung getragen, stellt sich sodann die Frage, ob andererseits die Interessen des Werkunternehmers ausreichend Berücksichtigung finden.

*bb) Das finanzielle Interesse des Werkunternehmers an
der Vertragsdurchführung*

Nach § 631 I BGB wird der Besteller durch den Werkvertrag verpflichtet, an den Unternehmer die versprochene Vergütung zu zahlen. Diese Hauptleistungspflicht des Bestellers ist Ausdruck des Grundinteresses des Unternehmers am Abschluss eines Werkvertrages. Er möchte Geld erhalten für die Herstellung des Werkes, und dabei möglichst nicht nur die Geschäftsunkosten mittels der Vergütung kompensieren, sondern auch Gewinn generieren. Indem § 649 S. 2 BGB vorsieht, dass der Unternehmer im Falle einer Kündigung des Bestellers nach § 649 S. 1 BGB berechtigt ist, die vereinbarte Vergütung zu verlangen unter Anrechnung dessen, was er infolge der Aufhebung des Vertrages an Aufwendungen erspart oder durch anderweitige Verwendung seiner Arbeitskraft erwirbt oder zu erwerben böswillig unterlässt, wird sein finanzielles Interesse durch die gesetzliche Regelung in vollem Umfang berücksichtigt[396]. Die vorgesehene Anrechnung findet ja gerade nicht auf den Gewinn statt, sondern nur bzgl. der für die Zukunft ersparten Aufwendungen[397]. Seit 2008 hilft dem Un-

---

[393] BGH NJW 1999, 3261 [3262]; *Bitter/Rauhut*, JZ 2007, 964 [965 f.].

[394] Vgl. *Peters*, JZ 1996, 73 [74]; freilich können die Kosten nicht vollständig vermieden werden (siehe § 649 S. 2 BGB), aber immerhin kann der Unternehmer dem Besteller ersparte Aufwendungen nicht mehr in Rechnung stellen.

[395] *StaudingerEckpfeiler-Peters/Jacoby* [2014] Q, Rn. 163.

[396] *Bitter/Rauhut*, JZ 2007, 964 [966]; *Glöckner*, BauR 1998, 669 [670]; *Peters*, JZ 1996, 73 [74], der zudem zu Recht darauf hinweist, dass der Unternehmer wirtschaftlich sogar besser gestellt werden kann, weil die Darlegungs- und Beweislast für Abzüge von der vollen Vergütung den Besteller trifft.

[397] Vgl. *Weller*, S. 553.

ternehmer zudem der durch das Forderungssicherungsgesetz[398] eingefügte Satz 3, wonach vermutet wird, dass dem Unternehmer 5 vom Hundert der auf den noch nicht erbrachten Teil der Werkleistung entfallenden vereinbarten Vergütung zustehen. Auch der anderweitige Erwerb bzw. dessen böswillige Unterlassung[399] zählt nur „netto", d.h. die Kosten, die durch die anderweitige Arbeit entstehen (inclusive der Kosten für Werbung und sonstiger Akquisitionskosten), sind selbstverständlich abzuziehen[400]. Dies bedeutet, dass dem Unternehmer bei einer geringeren Gewinnmarge des Folgeauftrages der Gewinn aus dem ursprünglichen Vertrag erhalten bleibt, weil nur der Gewinnanteil des Folgeauftrages angerechnet wird, so dass die Differenz der Gewinnmargen von dem nach § 649 BGB kündigenden Besteller zu tragen ist. Außer im Fall des böswillig unterlassenen anderweitigen Erwerbs wird der Werkunternehmer – allein bezogen auf seinen Gewinn – also nicht schlechter stehen als wenn der Vertrag nicht nach § 649 BGB gekündigt worden wäre.

cc) Sonstige Interessen des Werkunternehmers an der Vertragsdurchführung

Indem § 649 BGB die Kündigung des Bestellers an keine weiteren Voraussetzungen knüpft und als einzige Rechtsfolge den Vergütungsanspruch des Unternehmers vorsieht, wird auf andere Interessen des Werkunternehmers keine Rücksicht genommen[401]. Dies könnte entweder daran liegen, dass es neben dem finanziellen Interesse keine weiteren Interessen auf Seiten des Werkunternehmers gibt, oder aber diese vom Gesetz als nicht schutzwürdig empfunden werden.

Ersteres lässt sich leicht verneinen, denn selbstverständlich ist denkbar, dass der Werkunternehmer nicht ausschließlich ein (unmittelbares) finanzielles Interesse an der Erstellung des Werkes hat. Dabei ist zunächst daran zu denken, dass ein fertiggestelltes Werk oftmals – jedenfalls wenn es danach mit der Öffentlichkeit in Berührung kommt – einen nicht ganz unerheblichen Werbeeffekt für das jeweilige Unternehmen hat[402], der sogar noch von noch stärkerem Gewicht ist, wenn es sich bei dem Werk um ein Pilotprojekt handelt[403]. Wird das

---

[398] Gesetz zur Sicherung von Werkunternehmeransprüchen und zur verbesserten Durchsetzung von Forderungen (Forderungssicherungsgesetz – FoSiG) vom 23. Oktober 2008, BGBl. I, S. 2022.

[399] Siehe zu Details der Anrechnung anderweitigen Erwerbs bzw. dessen böswilliger Unterlassung *Staudinger-Peters/Jacoby* [2014] § 649 Rn. 40 f.

[400] *Staudinger-Peters/Jacoby* [2014] § 649 Rn. 40.

[401] Vgl. *Peters*, JZ 1996, 73 [74 f.]; siehe auch *Müller-Foell*, S. 98.

[402] Vgl. *Kohler*, JheringsJb 17 (1879), 261 [278]; *Peters*, JZ 1996, 73 [74]; *Nicklisch*, BB 1979, 533 [540].

[403] Vgl. *Nicklisch*, BB 1979, 533 [540].

Werk nicht fertiggestellt, entfällt dieser Werbeeffekt und mangels abgeschlossenen Pilotprojekts mag für ein Unternehmen auf Grund fehlender Referenzen der Zugang zu einem ganzen Marktsegment verbaut sein[404]. Gerade in solchen Fällen von Referenzprodukten werden in der Wirtschaftspraxis nicht selten Vergütungen vereinbart, die nicht kostendeckend sind[405], so dass ein finanzielles Interesse unmittelbar an diesem Geschäft gar nicht besteht, sondern das Interesse des Unternehmers fokussiert ist auf die tatsächliche Fertigstellung. Ein besonderes Interesse an der Fertigstellung mag zudem auch bei künstlerischen Werken gegeben sein[406].

Daneben sind gerade bei größeren Projekten die Auswirkungen einer Kündigung auf die Betriebsabläufe nicht zu unterschätzen. Wenn nicht gleich Folgeaufträge akquiriert werden können, mag keine Arbeit für die Beschäftigten vorhanden sein, und geschaffene Kapazitäten oder getätigte Investitionen stellen sich nun als nicht mehr erforderlich dar[407]. Dies mag zwar finanziell alles über § 649 S. 2 BGB ausgleichbar sein, aber eine befriedigende Situation stellt es nicht dar, wenn ein Unternehmen von Entschädigungen und nicht von täglicher Arbeit am Leben gehalten wird[408].

Aus dieser beispielhaften Aufzählung, der sicher noch andere Aspekte hinzugefügt werden könnten, lässt sich entnehmen, dass der Unternehmer im Rahmen eines Werkvertrages durchaus noch andere Interessen als rein unmittelbar finanzielle Interessen hat bzw. haben kann. Aber sollten diese auch als rechtlich schutzwürdig qualifiziert werden mit der Folge, dass dem Besteller in den entsprechenden Fällen gar eine Vertragsdurchführungspflicht auferlegt werden soll? *Weyers* etwa regt an, in solchen Fällen zu überprüfen, „ob der § 649 nicht als vertraglich abbedungen oder auch in sinngemäßer Gesetzesauslegung als unanwendbar anzusehen ist"[409]. Wie *Bitter/Rauhut* herausarbeiten[410], wollen andere § 649 BGB bei komplexen Langzeitverträgen, Pilotprojekten, bei der Tä-

---

[404] Vgl. *Nicklisch*, BB 1979, 533 [540]; *Bitter/Rauhut*, JZ 2007, 964. *Peters*, in: *Ernst/Zimmermann*, Zivilrechtswissenschaft und Schuldrechtsreform, 277 [282, Fn. 44] macht in diesem Zusammenhang auf die Schwierigkeiten beim Beweis der entgehenden Vorteile durch den nicht vorhandenen Werbeeffekt aufmerksam und weist darauf hin, dass sich eine Absicherung über eine Vertragsstrafe anbieten würde.

[405] *Bitter/Rauhut*, JZ 2007, 964 [968].

[406] Vgl. *Kohler*, JheringsJb 17 (1879), 261 [278]; *Nicklisch*, BB 1979, 533 [540]; *Weyers*, AcP 182 (1982), 60 [67].

[407] Vgl. *Nicklisch*, BB 1979 533 [540].

[408] Vgl. *Peters*, JZ 1996, 73 [74].

[409] *Weyers*, AcP 182 (1982), 60 [67]. Laut *Lenzen*, BauR 1997, 210 [213] wird ohnehin das freie Kündiungsrecht nach § 649 BGB bei umfangreichen Bauleistungen in der Praxis ausgeschlossen. Siehe hierzu auch *Müller-Foell*, S. 98.

[410] Siehe *Bitter/Rauhut*, JZ 2007, 964 f. mit den entsprechenden Nachweisen.

tigung von Investitionen für den entsprechenden Auftrag sowie in Fällen der Materialbeschaffung durch den Unternehmer grundsätzlich nicht anwenden.

Abgesehen davon, dass etwa die Kosten für eine Materialbeschaffung ohnehin über § 649 S. 2 BGB abgerechnet werden können[411], würde es aber die gesetzliche und wirtschaftliche Grundkonstellation eines Werkvertrages auf den Kopf stellen, wenn der Werkunternehmer die Vertragsdurchführung dem Besteller aufzwingen könnte. *Kohler* formuliert diesbzgl. besonders plastisch: „wo in aller Welt verpflichtet sich jemand dazu, dem Übernehmer des Werkes die Arbeit zu gestatten? Wo macht sich jemand zum Sklaven seines Spenglers, seines Schneiders, seines Zimmermeisters, seines Stiefelputzers, seines Bodenwichsers?"[412]. Oder um es mit *Demogue* zu sagen: Der Werkvertrag ist ein typischer Vertrag für ein Über-/Unterordnungsverhältnis, in dem der *maître* als Besteller über dem Unternehmer steht[413]. Wiederum anders ausgedrückt handelt es sich aus der Sicht des Werkunternehmers um eine fremdnützige Tätigkeit[414]. Der Gesetzgeber entscheidet sich vor diesem Hintergrund dazu, dass „Freiheitsinteresse" des Bestellers als wichtiger einzuordnen als das „Handlungsinteresse" des Unternehmers[415].

Dieser gesetzlichen Grundwertung lässt sich nichts Entscheidendes entgegenhalten. Der Gesetzgeber muss sich entscheiden, ob er dem potentiellen Loslösungsinteresse des Werkbestellers oder dem möglicherweise vorhandenen Interesse des Werkunternehmers an der tatsächlichen Erfüllung des Vertrages Rechnung tragen will. Beide Interessen lassen sich nicht gleichzeitig berücksichtigen. Die Entscheidung des Gesetzgebers zugunsten der Berücksichtigung des potentiellen Loslösungsinteresses ist nachvollziehbar, insbesondere unter Berücksichtigung der beiden im Synallagma stehenden Hauptleistungspflichten des Werkvertrages. Der Besteller schließt den Werkvertrag um die Werkleistung zu erhalten, während spiegelbildlich der Unternehmer den Vertrag – typischerweise – eingeht, um die Vergütung zu erhalten. Wenn sich der Unternehmer aber in das Synallagma begeben hat, um eine Vergütung, insbesondere einen

---

[411] Siehe nur *Bitter/Rauhut*, JZ 2007, 964 [967].

[412] *Kohler*, JheringsJb 17 (1879), 261 [280]. Und weiter heißt es: „Und es dürfte höchst schwierig sein, eine solche Verpflichtung überhaupt zu konstruieren. Denn es fehlt in solchen Fällen zwar [...] nicht an einem Interesse des Handwerkers, oder Werkübernehmers, indem derselbe dadurch die Gelegenheit finden würde, durch geschickte Arbeit sein Renommée zu begründen, sich in der Arbeit zu üben u. dgl.; allein dieses Interesse ist nicht geeignet, die Grundlage einer Obligation zu bilden, weil dasselbe nur höchst indirekter und sekundärer Natur ist und weil ein solches indirektes, sekundäres Interesse nicht genügt, um der Obligation den nöthigen rechtlichen Halt zu bieten."

[413] Vgl. supra *§ 3, I.*

[414] So ausdrücklich *Bitter/Rauhut*, JZ 2007, 964 [967].

[415] So ausdrücklich *Peters*, JZ 1996, 73 [74].

Gewinn zu erhalten, erschließt sich nicht, warum sein möglicherweise bestehendes Interesse an der Erbringung der Werkleistung geschützt sein soll, wenn gleichzeitig sichergestellt ist, dass von dieser Erbringung nicht der Anspruch auf die Vergütung abhängt[416]. Wie *Bitter/Rauhut*[417] überzeugend argumentieren, ist jedes nicht finanzielle Interesse des Werkunternehmers werkbezogen, so dass der Werkunternehmer quasi auf die Seite des Werkbestellers wechselt und die Werkerstellung nicht mehr rein fremdnützig, sondern auch eigennützig wird[418]. Es ist nicht ersichtlich, warum der Gesetzgeber dieses außergewöhnliche Interesse des Werkunternehmers schützen sollte, was zu dem Endergebnis führen kann, dass der Besteller den vollen Werklohn für ein Werk zu zahlen hat, welches er nicht mehr wollte[419]. Indem § 649 BGB dispositiv ausgestaltet ist, bleibt einem Werkunternehmer, der ein Eigeninteresse an der Werkleistung hat, genügend Spielraum zu einer vertraglichen Vereinbarung, die seinem besonderen Interesse gerecht wird. Schließlich wird der Begründungsaufwand für die vermeintlich untypische Regelung des § 649 BGB auch dadurch geringer, dass sich – jedenfalls bei erforderlichen Mitwirkungshandlungen seitens des Bestellers – durch eine Weigerung der Kooperation und die daraus folgende Anwendung des § 326 II BGB über das allgemeine Vertragsrecht gleiche Ergebnisse erzielen lassen[420].

b) Die Durchsetzung des allgemeinen schuldrechtlichen Prinzips, zur Annahme der Leistung nicht verpflichtet zu sein

Ein anderer Ansatz in der deutschen Literatur zur Begründung des freien Kündigungsrechts des Werkbestellers geht auf *van Venrooy* zurück[421]. *Van Venrooy* stellt nicht auf die Interessen der am Werkvertrag beteiligten Akteure ab und

---

[416] Instruktiv hierzu auch BGHZ 156, 82 [86]: „Der Auftraggeber hat vorzugsweise Interesse an der Ausführung des Werkes und soll deshalb die Möglichkeit einer Lösung vom Vertrag für den Fall erhalten, dass das Interesse wegfällt. Der Auftragnehmer ist nach der Wertung des Gesetzes durch die Regelung des § 649 Satz 2 BGB [...] ausreichend geschützt."

[417] JZ 2007, 964 [967].

[418] Verliert der Besteller das Interesse an der Werkerbringung, ist Erstellung des Werkes in diesen Fällen sogar ausschließlich im Interesse des Werkunternehmers, siehe *Bitter/ Rauhut* JZ 2007, 964 [967].

[419] Vgl. *Bitter/Rauhut* JZ 2007, 964 [967], die ein solches Ergebnis für „widersinnig" halten. Auch volkswirtschaftlich lässt sich an einem solchen Ergebnis stark zweifeln, jedenfalls wenn man nicht allein auf den möglichen Zugewinn an Know-how o. ä. auf Seiten des Unternehmers abstellt, der durchaus volkswirtschaftlich wertvoll sein kann, sondern ebenfalls berücksichtigt, dass insofern keine perfekte Resourcenallokation stattfindet als der Werkbesteller ein Gut erhält, an dem er zwischenzeitlich kein Interesse mehr hat.

[420] Dazu näher infra *§ 3, II, 3, c)*.

[421] JR 1991, S. 492 ff.

begründet die Existenz des freien Kündigungsrecht nicht mit dem Interesse des Werkbestellers, auf Grund der Unvorhersehbarkeit der Zukunft sich vom Werkvertrag wieder lossagen zu können, sondern er führt § 649 BGB auf ein Grundprinzip des Schuldrechts zurück, dem durch diese Norm auch im Werkvertragsrecht zur Geltung verholfen werde. Grundprinzip des Schuldrechts sei es, dass der Gläubiger einer Leistung nicht dazu verpflichtet sei, diese auch annehmen zu müssen[422]. Dies ergebe sich schon aus den Regeln über den Annahmeverzug (§§ 293 ff. BGB)[423]. Die einzigen Ausnahmen von diesem Prinzip bildeten das Kaufrecht (durch die Abnahmepflicht des Käufers nach § 433 II BGB) und das Werkvertragsrecht (durch die Abnahmepflicht des § 640 I 1 BGB)[424]. *Van Venrooy* ist der Ansicht, dass § 649 BGB den Zweck habe, auch im Werkvertragsrecht dem genannten Grundprinzip Geltung zu verschaffen, indem dem Besteller ein Kündigungsrecht gewährt wird, das verhindert, dass der Unternehmer das Werk – gegen den Willen des Bestellers – fertigstellen kann und den Besteller dann mit Hilfe des § 640 BGB zur Abnahme des ungewollten Werkes zwingen könne[425]. Offen bleibt aber leider bei *Van Venrooy* im Ergebnis, warum eine Ausnahme im Werkvertragsrecht von diesem allgemeinen Grundsatz nicht sinnvoll ist. Zur Abnahmepflicht des § 640 BGB heißt es nur: „Vollständig und kompromisslos durchgeführt wäre diese Regelung zuweit gegangen, hätte sie eine materiell nicht gerechtfertigte Ausnahme von dem Prinzip bedeutet, daß der Gläubiger lediglich berechtigt, aber nicht verpflichtet ist, die Leistung des Schuldners anzunehmen"[426]. Warum aber eine ausnahmslose Anwendung des § 640 BGB als Ausnahme zum allgemeinen Schuldrecht beim Werkvertrag „materiell nicht gerechtfertigt" sein soll, wird nicht näher ausgeführt. Es drängt sich deshalb die Annahme auf, dass man für die Erklärung der Existenz des § 649 BGB, der letztlich zweifellos eine Abschwächung der Abnahmepflicht des § 640 BGB bedeutet, doch auf die Interessen des Bestellers abstellen muss. Jedenfalls erscheint es nicht zwingend, dass § 649 BGB allein zur Wiederherstellung einer grundsätzlich (nach allgemeinem Vertragsrecht) gegebenen Rechtslage (keine Abnahmepflicht) erforderlich sein soll, wo mit § 640 BGB für den

---

[422] *Van Venrooy*, JR 1991, 492 [496 f.].

[423] *Van Venrooy*, JR 1991, 492 [496].

[424] Vgl. *Van Venrooy*, JR 1991, 492 [496].

[425] Vgl. *Van Venrooy*, JR 1991, 492 [496], der überdies glaubt, der Gesetzgeber habe diese zentrale schuldrechtliche Frage zwar nicht gesehen, aber doch „intuitiv" mitregeln wollen: „Wenngleich die Gesetzesverfasser seinerzeit meinten, auf Grund einer reinen Interessenwertung für die Aufnahme des heutigen § 649 Satz 1 in das Bürgerliche Gesetzbuch zu votieren, erfassten sie doch wohl intuitiv, dass die Vorschrift erforderlich war, um die schuldrechtliche Zentralidee auch im Werkvertragsrecht durchzusetzen, wonach der Gläubiger die ihm geschuldete Leistung grundsätzlich nicht anzunehmen braucht, wenn er das nicht will."

[426] *Van Venrooy*, JR 1991, 492 [496].

einschlägigen Vertragstyp gerade eine Ausnahme von diesem Prinzip statuiert wird. Für die „Ausnahme von der Ausnahme" ist wohl mehr Begründungsaufwand zu verlangen als ein Hinweis auf die Situation vor der ersten Ausnahme.

3. Der Modellcharakter des § 649 BGB für das gesamte Vertragsrecht

Wenn es – wie dargelegt – durchaus sinnvoll erscheint, dass man – vor dem Hintergrund der zeitlichen Streckung des Erfüllungszeitraums (sowie der Besonderheit beim Werkvertrag, dass oftmals bei der Werkerstellung das Eigentum des Bestellers betroffen ist) – einem möglichen Loslösungsinteresse des Werkbestellers entspricht, weil nicht einsichtig ist, warum im Falle des Wegfallens des eigentlichen Grundes zum Vertragsschluss (beim Werkvertrag: Erhalt der Werkleistungen) der Gläubiger dieser Leistung die Vertragserfüllung dulden soll, sofern die andere Partei ihren Anspruch auf die Gegenleistung behält, stellt sich die Frage, warum ein solches freies Kündigungsrecht nicht auch bei anderen Vertragstypen für den Gläubiger der vertragscharakteristischen Leistung vorgesehen ist[427], denn jedenfalls längere Zeiträume zwischen dem Abschluss des Vertrages und seiner Erfüllung sind beinahe bei jedem Vertragstyp denkbar[428]. Es ist deshalb die Frage zu stellen, ob § 649 BGB möglicherweise Modellcharakter für das Vertragsrecht insgesamt hat (und deshalb auch bei einer Reihe von Verträgen mit Weisungsrechten als Grundlage für ebendiese fungieren könnte).

---

[427] Freilich ließe sich aus dieser Überlegung auch ein Gegenargument für die Sinnlosigkeit des freien Kündigungsrechts im Werkvertragsrecht bilden: warum sollte bei einem Werkvertrag ein freies Kündigungsrecht des Bestellers zugelassen werden, wenn ein solches Recht auch bei ähnlichen Vertragstypen nicht existiert.

[428] Weniger verallgemeinerungsfähig erscheint dagegen das Argument, dass bei Werkverträgen oftmals schon auf Grund der Betroffenheit des Eigentums des Werkbestellers dieser eine Loslösungsmöglichkeit vom Vertrag haben müsse, weil viele andere (Dienstleistungs-)verträge nicht sachbezogen sind. Umgekehrt sind freilich auch längst nicht alle Werkverträge sachbezogen bzw. beziehen sich zwar möglicherweise auf eine Sache, an der jedoch der Werkbesteller kein Eigentum hat.

a) Peters' *Vorschlag zur weitreichenden Ausweitung von § 649 BGB*

Mit der Frage einer Generalisierung von § 649 BGB setzt sich im deutschen Recht[429] vor allem *Peters* auseinander[430]. Eine Anwendung des § 649 BGB über das Werkvertragsrecht hinaus führt nach *Peters* im Ergebnis dazu, dass alle „Destinatäre einer Sachleistung" (eine Ausnahme bildet nach *Peters* nur der Dienstvertrag[431]) ein freies Kündigungsrecht haben[432]. Der zentrale Gedanke ist dabei, dass § 649 BGB richtigerweise vor allem dem Interesse des Bestellers daran Rechnung trage, sich während einer längeren Phase der Vertragsdurchführung nochmals umentscheiden zu können[433]. Ein solcher zeitlicher Zwischenraum zwischen dem Vertragsabschluss und der Erfüllung des Vertrages kommt aber auch bei anderen Vertragstypen vor[434]. Zwar mag diese Zeitspanne bei verschiedenen Vertragstypen unterschiedlich lang ausfallen, aber auch schon § 649 BGB ist ja in völlig unterschiedlichen Fallkonstellationen gleichermaßen anwendbar, nämlich sowohl bei einem sehr kurzen Werkvertrag, etwa einem Reifenwechsel in der Werkstatt, als auch bei einem Werkvertrag über die Erstellung einer Industrieanlage, deren Bau möglicherweise Jahre dauert[435].

Peters geht deshalb sogar weiter als *Demogue*, der das Modifikationsrecht auf alle ‚Tätigkeitsverträge' ausweiten wollte, und will auch bei Kauf- und bei Darlehensverträgen ein allgemeines Kündigungsrecht mit Hilfe des Rechtsgedankens des § 649 BGB einführen[436]. *Peters* spricht vor dem Hintergrund des § 651

---

[429] Im französischen Schrifttum findet die Frage einer Generalisierung des Art. 1794 CC für das gesamte Vertragsrecht kaum Niederschlag. Am deutlichsten wird aus dem älteren Schrifttum noch *Huc*, S. 132, der eine *„irrévocabilité essentielle des conventions"* als nicht vereinbar vereinbar mit der *„liberté de l'individu"* ansieht und deshalb vertritt: „Il aurait fallu admettre pour tous les débiteurs la faculté que l'art. 1794 accorde au maître, de résilier, par sa seule volonté, le marché à forfait, pourvu que l'entrepreneur soit totalement indemnisé." Siehe außerdem *Gounot*, S. 345, der sich ausdrücklcich auf *Huc* bezieht.

[430] *Peters*, JZ 1996, 73 [75 f.]; *Peters*, in: *Ernst/Zimmermann*, Zivilrechtswissenschaft und Schuldrechtsreform, 277 [282 f.]; *Staudinger-Peters/Jacoby* [2014] § 649 Rn. 70; *Staudinger Eckpfeiler-Peters/Jacoby* [2014] Q, Rn. 166; vgl. auch *Peters*, in: Festschrift *Thode*, S. 65.
Zu einer Verallgemeinerung des Gedankens aus Art. 1794 CC gibt es dagegen im französischen Recht – abgesehen freilich von dem Aufsatz Demogues, indem er seine weitreichenden Modifikationsrechte für alle *contrat d'aide* jedenfalls auch auf Artt. 1794, 1793 CC stützt – keinerlei Diskussionsbeiträge im Schrifttum. Der Grund hierfür mag sein, dass sich die gleiche Situation wie nach Art. 1794 CC auch über das allgemeine französische Schuldrecht erreichen lässt, vgl. *Llorens* S. 279 und siehe infra Fn. 464.

[431] Siehe hierzu sogleich im Text.

[432] *Peters*, JZ 1996, 73 [75 f.].

[433] *Peters*, JZ 1996, 73 [76].

[434] *Peters*, JZ 1996, 73 [76].

[435] Vgl. *Peters*, JZ 1996, 73 [76].

[436] *Peters*, JZ 1996, 73 [76].

I BGB sogar davon, dass es geradezu „künstlich" wirke, das freie Kündigungsrecht auf den Werkvertrag zu begrenzen[437]. Es sei nicht einsichtig, wo der „wertungsmäßige Unterschied" liegen solle, wenn über § 651 I BGB das freie Kündigungsrecht bei Werklieferungsverträgen bzgl. nicht vertretbarer Sachen für anwendbar erklärt werde, nicht aber bei anderen Sachen[438]. Tatsächlich erscheint
diese Unterscheidung willkürlich, denn bei der Herstellung einer vertretbaren
Sache mag ebenso das Interesse des Käufers während der Herstellung schwinden, und überdies wäre gerade die Kündigung bei einer herzustellenden vertretbaren Sache volkswirtschaftlich weniger dramatisch, weil sie wohl oftmals –
auch in unfertigem Zustand – leichter weiterzuverwenden ist, weil es für sie als
vertretbare Sache in aller Regel einen Markt gibt, der weitere Interessenten vorhält[439]. Vor allem zeigt die Regelung des § 651 I BGB, dass bereits unter der
heutigen Rechtslage bei einem Teil von Werklieferungsverträgen, die grundsätzlich nach der Grundentscheidung des § 651 I BGB unter dem kaufrechtlichen Regime laufen, das freie Kündigungsrecht Anwendung findet, so dass sich
schon jetzt die Anwendung des § 649 BGB nicht auf das klassische Werkvertragsrecht beschränkt. *Peters* weist weiter zutreffend daraufhin, dass andere
Verträge sich auf Grund ihrer gegenüber dem Werkvertrag geringeren Komplexität oftmals deutlich besser eignen für eine plötzliche Kündigung, weil etwa
beim Kauf kein „unfertiges Werk als Torso" zwischenzeitlich entstanden ist,
sondern nach dem Ende des Vertrages ausschließlich finanziell abgerechnet
werden kann[440].

Außerdem weist *Peters* daraufhin, dass insbesondere der Verkäufer und der
Kreditgeber kein größeres Interesse hätten als der Unternehmer beim Werkvertrag[441], wobei ja – wie gezeigt[442] – ohnehin nur dessen finanzielle Interessen
wirkliche Berücksichtigung finden. Nur der Dienstverpflichtete – und deshalb
will *Peters* im Ergebnis den Rechtsgedanken des § 649 BGB nicht allgemein
auch auf Dienstverträge anwenden – könne ein ganz besonderes Interesse an der
Weiterbeschäftigung haben, so dass es ihm nicht genügen könne, das Entgelt
nach §§ 615 S. 2, 649 BGB weiterbezahlt zu bekommen[443]. Leider geht *Peters*
nicht näher darauf ein, wann ein solches großes Interesse an einer Weiterbe-

---

[437] *Peters*, JZ 1996, 73 [76].

[438] *Peters*, JZ 1996, 73 [76].

[439] Das letztgenannte Argument lässt sich freilich auch umdrehen, indem man argumentiert, dass ein Kündigungsrecht dort weniger erforderlich erscheint, wo der Besteller – nachdem er zwischenzeitlich das Interesse an dem herzustellenden Werk verloren hat – einen
Markt vorfindet, auf dem er die vertretbare Sache leicht weiterveräußern kann.

[440] *Peters*, JZ 1996, 73 [76].

[441] *Peters*, JZ 1996, 73 [76].

[442] Siehe supra *§ 3, II, 2, a)*.

[443] *Peters*, JZ 1996, 73 [76].

schäftigung vorliegen soll. Man kann freilich daran denken, dass insbesondere Arbeitnehmer im Rahmen von langfristigen Arbeitsverträgen beschäftigt werden wollen um in der täglichen Übung und Routine zu bleiben, wobei im Arbeitsrecht ohnehin umfangreiche Sonderregelungen greifen, weshalb es nicht unbedingt erforderlich scheint, Dienstverträge insgesamt von einer Ausweitung des § 649 BGB auszunehmen.

b) Weitere Stimmen für eine Generalisierung von § 649 BGB

Auch wenn *Peters* zur Zeit die stärkste Stimme für eine Ausweitung des freien Kündigungsrechts aus § 649 BGB ist, ist die entsprechende Diskussion nicht völlig neu. Auch andere Autoren haben sich schon über eine analoge Anwendung des § 649 BGB im Kaufrecht Gedanken gemacht und diese – jedenfalls grundsätzlich – bejaht. Erst kürzlich hat *Schmidt-Kessel* – unter Bezugnahme auf Art. IV.C.-2:111 DCFR, der ein freies Kündigungsrecht für alle Gläubiger von Dienstleistungen im DCFR regelt[444] – die Einführung eines freien Kündigungsrechts des Gläubigers der vertragscharakteristischen Leistung gegen Entschädigung der anderen Partei ins Gespräch gebracht[445].

In der Vergangenheit hat sich auch *Flume* – allerdings ohne nähere Begründung – dafür ausgesprochen, die Regelung des § 649 BGB auch im Kaufrecht – unter Anrechnung der ersparten Aufwendungen – entsprechend heranzuziehen, „wenn der Käufer im Falle eines Irrtums über die Wirklichkeit an der Erfüllung des Vertrages kein Interesse hat und für den Verkäufer ebenfalls kein Interesse daran besteht, die Ware ‚los zu werden'"[446].

Auch *Huber* hat sich im Anschluss an *Flume* für eine analoge Anwendung des § 649 BGB zugunsten des Käufers ausgesprochen[447]. Es sei allerdings zu bedenken, dass eine Kündigung nach § 649 BGB nur bis zur Vollendung des Werkes möglich sei, so dass die analoge Anwendung des § 649 BGB auch im Kaufrecht auf solche Fälle beschränkt werden müsse, in denen der Verkäufer die Sache noch herstellen oder beschaffen muss[448]. Nur in diesen Fällen sei es mit dem Grundsatz von Treu und Glauben nicht zu vereinbaren, wenn der Verkäufer trotzdem auf der Durchführung des Kaufvertrages besteht[449]. *Hubers* Ansicht vermag jedoch in zweierlei Hinsicht nicht zu überzeugen. Zum einen erscheint es überflüssig bzw. irreführend, auf den Grundsatz von Treu und

---

[444] Hierzu näher infra *§ 3, II, 5.*
[445] *Schmidt-Kessel*, in: *Wagner*, The Common Frame of Reference, 69 [83].
[446] Rechtsgeschäft, S. 510. Als Beispiel nennt *Flume* die Situation, dass eine Aussteuer gekauft wird und die Ehe, etwa durch den Tod eines der Verlobten, nicht zustandekommt.
[447] *Soergel-Huber* § 433 Rn. 269.
[448] *Soergel-Huber* § 433 Rn. 269.
[449] *Soergel-Huber* § 433 Rn. 269.

Glauben zurückgreifen, um die analoge Anwendung des § 649 BGB zu begründen, weil bei einem treuwidrigen Verhalten des Verkäufers möglicherweise schon § 242 BGB griffe und sich eine analoge Anwendung einer werkvertraglichen Norm somit schon auf Grund des möglichen Rückgriffs auf ein allgemeines Prinzip erübrigen könnte. Vor allem aber kann die Einschränkung des freien Kündigungsrechts nur auf solche Kaufverträge, bei denen der Verkäufer noch die Ware herzustellen bzw. zu beschaffen hat, nicht überzeugen. Eine analoge Anwendung des § 649 BGB mag zwar nach dem Wortlaut des § 649 BGB genau zu diesem Ergebnis führen, aber vorzugswürdig ist deshalb, nur den Rechtsgedanken des § 649 BGB zu verallgemeinern. Gerade beim Kaufvertrag wird nämlich eine Kündigung bzgl. nicht noch herzustellender oder zu beschaffender Sachen in der Regel wohl besonders unproblematisch sein, weil es sich – wenn der Kaufvertrag nicht ohnehin sofort erfüllt wird – wohl in den meisten Fällen um Waren des Massenverkehrs handelt, für die der Verkäufer besonders leicht einen neuen Käufer finden kann, also nicht auf der Sache sitzen bleibt. Der Gewinnanteil am Verkaufspreis verbliebe ja auf Grund der Regelung des § 649 S. 2 BGB ohnehin beim Verkäufer. Das verbleibende Risiko an der Entsorgung hat er hinzunehmen. Dieses bestand ja auch bereits vor dem erfolgreichen Abschluss des Kaufvertrages.

c) Kritische Analyse zum Vorschlag einer Verallgemeinerung des § 649 BGB

Neben den – weitgehend überzeugenden – Argumenten *Peters'*, die soeben dargestellt wurden[450], ist die zentrale Frage bei der Diskussion einer Verallgemeinerung des § 649 BGB wohl diejenige, inwieweit eine flächendeckende Anwendung eines freien Kündigungsrechts die Statik des Vertragsrechts insgesamt verändern würde und ob dies, falls es der Fall wäre, wünschenswert wäre. Nach der Argumentation *Peters'* spricht allerdings ein Blick auf das Vertragsrecht insgesamt ohnehin ebenfalls für die Verallgemeinerung des Rechtsgedankens des § 649 BGB, weil mit den §§ 326 II (bzw. § 324 I BGB a. F.), 615 BGB noch weitere Vorschriften existieren, die denselben Gedanken wie § 649 BGB in sich tragen[451]. § 326 II 1 Alt. 1 BGB regelt, dass im Falle der vom Gläubiger zu vertretenden Unmöglichkeit der Anspruch des Schuldners dieser unmöglich gewordenen Leistung seinen Anspruch auf die Gegenleistung grundsätzlich in voller Höhe behält, er sich jedoch nach § 326 II 2 BGB seine in Folge der Befreiung von der Leistung ersparten Aufwendungen sowie dasjenige, was er durch

---

[450] Siehe supra *§ 3, II, 3, a)*.

[451] *Peters*, JZ 1996, 73 [76]; siehe zur Parallelität von § 326 II mit § 649 S. 2 BGB bzgl. der Berechnung des Vergütungsanspruchs auch grundlegend *Peters*, in: Festschrift *Thode*, S. 65 ff.

anderweitige Verwendung seiner Arbeitskraft erwirbt oder zu erwerben böswillig unterlässt, anrechnen lassen muss. Führt der Sachleistungsgläubiger also die Unmöglichkeit der Leistung herbei, ist der Anspruch des Sachleistungsschuldners nach allgemeinem Schuldrecht demnach identisch mit dem Anspruch, der bei einer einseitigen freien Kündigung nach § 649 BGB entsteht[452]. Die Identität der Rechtsfolgen sei auch kein Zufall, sondern folge daraus, dass die Regelungen sich der Sache nach entsprächen, denn auch bei § 649 BGB mache der Besteller dem Unternehmer die Leistung durch die Kündigung letztlich unmöglich[453]. Dieser Gleichlauf der Rechtsfolgen springt tatsächlich ins Auge (zudem lässt sich etwa auch noch § 615 BGB anführen, wo die Rechtsfolgen des Annahmeverzuges des Dienstberechtigten gleichlautend mit § 326 II BGB sowie § 649 BGB geregelt werden[454]), und ließe sich in Bezug auf die hier interessierende Frage der Verallgemeinerung des § 649 BGB im gesamten Vertragsrecht zum einen als Argument dafür verwenden, dass eine allgemeine Anwendung von § 649 BGB letztlich der ehrlichere Weg wäre, weil sie offen dem Sachleistungsgläubiger die Möglichkeit geben, sich vom Vertrag loszueisen, ohne den unschönen Weg über die Verursachung der Unmöglichkeit gehen zu müssen[455]. Oder man könnte die gesamte Diskussion über eine Ausweitung des freien Kündigungsrechts über das Werkvertragsrechts schlicht für überflüssig erklären, weil sich über das allgemeine Vertragsrecht ohnehin gleiche Ergebnisse erzielen lassen.

Allerdings funktionieren diese Argumente so nur, wenn es tatsächlich stimmt, dass ein Verweigern der Annahme der Leistung bzw. dessen Ankündigung immer zu einer Unmöglichkeit führt, die wiederum die Rechtsfolgen des § 326 II BGB auslöst. Dies ist aber nicht zutreffend. *Peters* meint zwar, „daß es übermäßig wäre, den Besteller zum Dulden der Leistung des Unternehmers zu zwingen, [so dass] die Weigerung der Entgegennahme der Leistung auf die in § 324 I BGB [scil: § 326 II BGB] angesprochene Unmöglichkeit hinaus [läuft]"[456]. Aber dem kann nicht gefolgt werden, denn dies würde eine Gleichsetzung der Annahmeverweigerung und der Unmöglichkeit einer Leistung bedeuten, was schon deshalb nicht richtig sein kann, weil sich sonst eine separate Regelung des Annahmeverzuges und der Unmöglichkeit (mit jeweils unter-

---

[452] *Peters*, JZ 1996, 73 [76].

[453] So ausdrücklich *Peters*, in: Festschrift *Thode*, S. 65 [70].

[454] Siehe hierzu wiederum *Peters*, JZ 1996, 73 [76], der treffend von einem „einigenden Band" zwischen §§ 649, 615 und 324 [scil: 326 II BGB] spricht.

[455] So gehen *Staudinger-Peters/Jacoby* [2014] § 649 Rn. 7 davon aus, dass die Norm des § 649 BGB letzlich einen „rein psychologischen" Effekt habe; der Gesetzgeber ermutige den Besteller, den Schritt des Rücktritts zu gehen, den er womöglich sonst nicht wagen würde.

[456] *Peters*, JZ 1996, 73 [76].

schiedlichen Rechtsfolgen) erübrigen würde. Vor allem aber lässt sich auch anhand einer Subsumption unter den Unmöglichkeitsbegriff zeigen, dass längst nicht sämtliche Fälle, die von § 649 BGB erfasst würden, auch zur Unmöglichkeit der Leistungserbringung und damit einer Anwendung von § 326 II BGB führen würden. Unmöglichkeit ist gegeben, wenn die vertraglich geschuldete Leistung nicht durch eine Leistungshandlung (des Schuldners) herbeigeführt werden kann[457]. Aus dieser Definition ergibt sich, dass längst nicht in allen Fällen, in denen ein Sachleistungsgläubiger deutlich macht, kein Interesse mehr an der Leistung zu haben, Unmöglichkeit gegeben ist. Vielmehr hängt die Frage, ob der Sachleistungsschuldner durch Leistungshandlungen noch den vom Vertrag bezweckten Erfolg herbeiführen kann, in diesen Fällen entscheidend davon ab, ob zur Erfüllung des Vertrages Mitwirkungshandlungen des Sachleistungsgläubigers erforderlich sind oder nicht. Nur wenn der Schuldner auf die Kooperation des Gläubigers angewiesen ist und die Erfüllungshandlungen nicht allein vornehmen kann (etwa weil der Besteller als Eigentümer des Grundstücks dem Bauunternehmer keinen Zutritt mehr auf das Grundstück zur Fertigstellung des Hauses gewährt oder weil der Besteller eine zu reparierende Sache dem Unternehmer nicht aushändigt oder weil der Besteller das Werk von einem Dritten fertigstellen lässt, so dass die Leistung für den ursprünglich beauftragten Unternehmer unmöglich wird[458]), ist ein Fall von Unmöglichkeit gegeben[459]. In allen anderen Fällen, in denen der Sachleistungsschuldner allein den aus dem Vertrag geschuldeten Erfolg herbeiführen kann, liegt „nur" ein (potentieller) Fall von Annahmeverzug iSd. §§ 293 ff. BGB vor. Wenn der Sachleistungsschuldner es wünscht, kann er sämtliche Erfüllungshandlungen durchführen und dann Zug-um-Zug gegen die Erbringung der eigenen Leistung die volle Gegenleistung verlangen (§§ 320, 322 BGB, §§ 756, 765 ZPO)[460],[461]. Der Sachleistungsgläubiger hat demnach keine Handhabe, die vollständige Erfüllung sei-

---

[457] Ähnlich etwa *MüKoBGB-Ernst* § 275 Rn. 52; *Staudinger-Löwisch/Caspers* [2014] § 275 Rn. 12.

[458] Siehe BGH NJW-RR 2005, 357 [360].

[459] Siehe hierzu auch infra *§ 3, II, 6* die Ausführungen zum englischen Recht, wo die entscheidende Trennlinie beim Anspruch auf Vertragsdurchführung ebenfalls bei der Frage verläuft, ob Mitwirkungshandlungen der anderen Vertragspartei erforderlich sind.

[460] Dabei ist freilich grundsätzlich zu unterscheiden, ob eine Vorleistungspflicht seitens des Sachleistungsschuldner besteht oder nicht, wobei jedenfalls im Vollstreckungsrecht beide Situation im Ergebnis gleich behandelt werden, siehe *Weller*, S. 479 ff.

[461] Eine Einschränkung mag sich freilich in Einzelfällen aus dem Grundsatz von Treu und Glauben aus § 242 BGB in seiner Ausprägung als Verbot des Rechtsmissbrauchs ergeben, siehe näher zum Rechtsmissbrauch *PWW-Schmidt-Kessel/Kramme* § 242 Rn. 32 ff. Siehe hierzu auch Fn. 464 zum französischen Recht, wo man ebenfalls mittels der Grenze des *abus de droit* das Recht des Schuldners zur Vertragsdurchführung wirksam begrenzt.

tens der anderen Vertragspartei zu verhindern[462]. Er kann nur hoffen, dass der
Sachleistungsschuldner statt des Weges über die Erbringung der vollständigen
Leistung und die Beanspruchung der vollen Gegenleistung den Weg über Schadensersatz nach §§ 280, 281 BGB oder möglicherweise §§ 280, 282 BGB
wählt[463]. Mittels des Schadensersatzanspruches kann dann auf Grund der Differenzhypothese nur der Gewinn abgeschöpft werden sowie Ersatz für bisher
erbrachte Leistungen verlangt werden; insbesondere sind etwa bei noch nicht
beendeten Leistungen ersparte Aufwendungen sowie anderweitiger Erwerb gegenzurechnen und böswillig unterlassener Erwerb würde im Rahmen des Mitverschuldens eine Rolle spielen[464].

---

[462] Nach überwiegender Ansicht handelt es sich für die vertragstreue Partei um eine elek-
tive Konkurrenz zwischen der Beibehaltung des Vertrages und der Geltendmachung von
Rechtsbehelfen wie etwa Rücktritt (§ 323 BGB) oder Schadensersatz statt der Leistung (§ 281
BGB), siehe nur *Palandt-Grüneberg* § 281 Rn. 49.

[463] Die Pflichtverletzung wäre dann wohl bereits darin zu sehen, dass der Geldschuldner
durch seine Erklärung, nicht mehr an der Leistung der anderen Partei interessiert zu sein,
auch seine Zahlungsbereitschaft in Frage stellt. Deutlich problematischer wäre – jedenfalls
bei einem Vorgehen über §§ 280, 281 BGB – der Punkt der Fälligkeit des Geldleistungs-
anspruchs. Der BGH geht jedoch – jedenfalls bezogen auf die Geltendmachung des Vergütungsanspruchs – davon aus, dass ein vorleistungsberechtigter Gläubiger sich gegenüber der
anderen Vertragspartei weder auf mangelnde Fälligkeit noch auf § 320 BGB berufen kann,
siehe BGH, WM 1994, 1209 [1212] sowie insbesondere die tiefschürfenden Ausführungen
bei *Weller*, S. 486 ff.

[464] Auch im französischen Recht gleichen sich die Ergebnisse, wenn nicht die Rechtsfolgen des Art. 1794 CC greifen, sondern der Schuldner der vertragscharakteristischen Leistung
einen Schadensersatzanspruch nach dem allgemeinen Vertragsrecht geltend macht, der sich
nach Art. 1149 CC bemisst (siehe *Llorens*, S. 279; *Flamme/Lepaffe* S. 189; siehe auch *Huc*,
S. 132, der vor diesem Hintergrund davon ausgeht, dass die vielfach angenommene „l'irrévocabilité essentielle *des conventions se réduit à peu près à rien dans la pratique*"). Alternativ hat der Schuldner der vertragscharakteristischen Leistung aber auch im französischen
Recht grundsätzlich die Möglichkeit, an der Vertragsdurchführung festzuhalten und auf Erfüllung des Vertrages zu klagen (Vgl. Cass. civ. 3ᵉ, 22 février 1968, D. 1968, 607; Siehe allgemein zur *„action en exécution"* etwa *Benabent*, Rn. 371 ff.). Dieser Möglichkeit sind jedoch Grenzen gesetzt, die sich in der Formel des *abus de droit* manifestieren. Illustrieren
lässt sich dies hervorragend anhand einer Entscheidung der *Cour de Cassation* (Cass. civ. 3ᵉ,
22 février 1968, D. 1968, 607), in der es um einen befristeten Mietvertrag ging, den der Mieter auf Grund eines zwischenzeitlich erforderlich gewordenen Umzugs zehn Monate vor Ablauf des vereinbarten Mietzeitraumes beenden wollte. Der Vermieter ließ sich darauf nicht
ein und verlangte den Mietzins für den gesamten Zeitraum. Die *Cour de Cassation* kassierte
die den Anspruch bejahende Entscheidung der *Cour d'Appel* mit dem Argument, dass seitens
der *Cour d'Appel* nicht ausreichend untersucht worden sei, ob das Verlangen des Vermieters,
die Wohnung über 10 Monate leer stehen zu lassen und gleichzeitig den vollen Mietzins zu
verlangen, sich auf *„motifs legitimes"* stützen lasse oder nicht vielmehr einen *abus de droit*
darstellen könne, weil der Vermieter womöglich mit *„désir de nuire"* (Schädigungsabsicht)
gegenüber dem Mieter gehandelt habe. Auch wenn die Entscheidung aus dem Mietrecht

Mithin lässt sich zusammenfassend festhalten, dass die Situation nach allgemeinem Vertragsrecht nur in Teilen dem Werkvertragsrecht mit seinem freien Kündigungsrecht nach § 649 BGB entspricht. Sofern die Leistung unabhängig von der Mitwirkung des Gläubigers erbracht werden kann, kann der Schuldner der vertragscharakteristischen Leistung im Extremfall die Leistung voll erbringen, wenn er nicht auf einen Schadensersatzanspruch ausweicht, über den sich wiederum die gleiche Situation erreichen ließe, wie über §§ 649, 326 II BGB. Dieser Befund lässt – wiederum bezogen auf eine mögliche Verallgemeinerung des § 649 BGB – die Frage aufkommen, welche Rechtfertigung es aus Sicht des allgemeinen Vertragsrechts dafür gibt, dass das vertragliche Leistungsstörungsrecht zu leicht unterschiedlichen Ergebnissen kommen kann, je nachdem, ob Mitwirkungshandlungen seitens des Gläubigers erforderlich sind oder nicht. Nach hier vertretener Ansicht sind Gründe für eine unterschiedliche Behandlung nicht ersichtlich. Vielmehr erscheinen die unterschiedlichen Ergebnisse zufällig und es entsteht der Eindruck, dass der Gesetzgeber diese Frage übersehen hat. Es ist kein sachlicher Grund erkennbar, warum der Sachleistungsschuldner der vertragscharakteristischen Leistung in den Fällen, in denen er die Leistungserbringung unabhängig von der Mitwirkung des Sachleistungsgläubigers bewerkstelligen kann, privilegiert werden soll (und entsprechend die andere Partei benachteiligt werden soll), indem er die Leistung erbringen kann (wenn er dies denn möchte) und dann die volle Gegenleistung verlangen kann, im Gegensatz zu den Fällen, in denen er von einer Kooperation abhängig ist, und „nur" die verminderte Gegenleistung über § 326 II BGB verlangen kann. Die Zufälligkeit dieser unterschiedlichen Ergebnisse lässt sich am besten damit illustrieren, dass sogar innerhalb des selben Vertrages unterschiedliche Situationen entstehen können, je nachdem, ob der Sachleistungsgläubiger vor oder nach erforderlichen Mitwirkungshandlungen seinerseits die Lossagung vom Vertrag wünscht. Freilich ist relativierend zu erwähnen, dass der Sachleistungsschuldner in den wenigsten Fällen ein Interesse daran haben wird, den Vertrag tatsächlich vollständig zu erfüllen, weil er damit nicht mehr Gewinn generieren kann, sondern nur den Vorteil erhält, seine Leistung vollständig zu erbringen, woran er in den wenigsten Fällen Interesse haben dürfte. In weiten Teilen gleichen sich damit im Ergebnis die Lösungen, die einerseits über § 649 BGB und andererseits über das allgemeine Vertragsrecht erreicht werden.

---

stammt, lässt sich insgesamt aus ihr für das französische Vertragsrecht ableiten, dass auf Grund der Grenze des *abus de droit* nicht in jedem Fall ein Anspruch auf die Durchführung des Vertrages besteht (*Malaurie*, D. 1968, 608 bringt es auf die treffende Formel: *„La sanction de l'abus des droits est [...] une manière de limiter la force obligatoire du contrat."*). Vielmehr kann es rechtsmissbräuchlich sein, den Wunsch nach Vertragsauflösung der anderen Partei abzulehnen (*Malaurie*, D. 1968, 608).

Insgesamt lässt sich damit festhalten, dass eine Generalisierung von § 649 BGB einerseits die dargestellte Inkonsistenz des allgemeinen Vertragsrechts bezüglich der Möglichkeit des Sachleistungsschuldners, die gesamte Leistung zu erbringen, beseitigen würde und gleichzeitig der Sachleistungsgläubiger deutlicher darüber informiert wäre, inwieweit es ihm möglich ist, sich durch die Anzeige mangelnden Interesses an der Vertragserfüllung des Vertragspartners von der vollen Gegenleistungspflicht zu befreien. Durch die engen Grenzen, in denen dies überhaupt nur möglich ist, namentlich, wenn der Sachleistungsschuldner Aufwendungen erspart, anderweitigen Erwerb generieren kann oder dies böswillig unterlässt, sind durch eine Verallgemeinerung des freien Kündigungsechts aus § 649 BGB auch keine Umwälzungen im Vertragsrecht zu erwarten, weil es für den Sachleistungsgläubiger hinreichend unattraktiv bleibt, davon Gebrauch zu machen[465].

d) Generelle Vertragsdurchführungspflicht nach Weller

Nicht zu verschweigen ist an dieser Stelle jedoch, dass es auch kritische Stimmen gegenüber einer Generalisierung von § 649 BGB gibt. Gewichtige Gegenargumente hat in jüngster Zeit *Weller* formuliert, der in seiner grundlegenden Abhandlung über die Vertragstreue ein grundlegend anderes Vertragsverständnis entwickelt und dem Schuldner in diesem Zuge ein generelles Naturalerfüllungsrecht, und damit ein Recht auf Vertragsdurchführung, zuspricht[466]. Der Schuldner habe verschiedene Interessen an der Leistungserbringung in Natur, nämlich das Gegenleistungsinteresse, das Liberationsinteresse, das Leistungserbringungsinteresse sowie das Sekundärpflichtvermeidungsinteresse[467]. Zum Schutz dieser Interessen hält er die Auffassung der vor allem auf *Kohler*[468] und

---

[465] Die disziplinierende Funktion der weitgehend bestehen bleibenden Vergütungspflicht für den Werkbesteller im Rahmen von § 649 BGB erwähnt auch *Horn* in: Gutachten z. Überarb. d. Schuldrechts, Band 1, 551 [596].

[466] *Weller*, S. 464 ff. Ebenfalls kritisch gegenüber einer Verallgemeinerung des freien Rücktrittsrechts des Werkbestellers etwa *MüKo-Busche* § 649 Rn. 3.

[467] *Weller*, S. 464.

[468] *Kohler*, JheringsJb 17 (1879), 261 ff., insbesondere S. 271 f.: „Man hat richtig erkannt, daß es für den Schuldner in allen Fällen ein Mittel geben müsse, um sich von dem vielfach wenig behaglichen Verhältnisse des obligatorischen Gebundenseins, von dem Bann, welcher dadurch auf seinem Vermögen lastet, zu befreien; man erkennt richtig, daß es nicht im Belieben des Gläubigers stehen kann, diese Unbehaglichkeit, vielleicht Qual der obligatorischen Verhaftung in das Unendliche zu verlängern. Allein dies führt nun und nimmermehr zu einer Verpflichtung des Gläubigers auf Lösung dieser Banden – nicht der Gläubiger, sondern das Gesetz ist es, welches den Schuldner von diesem Zustande der Schwebe und Verfangenheit befreien soll; nicht gegen den Gläubiger hat der Schuldner einen Anspruch auf eine befreiende That, sondern er hat nur ein Anrecht an das Gesetz, ihm Mittel und Wege zu gewähren,

Mommsen[469] zurückgehenden herrschenden Meinung[470], wonach es sich bei der Annahme durch den Gläubiger um eine bloße Obliegenheit handele, für unrichtig und stellt stattdessen die These auf, „dass der Sachleistungsschuldner ein Naturalerfüllungsrecht hat, welches ihn berechtigt, die Leistung zu erbringen und vom Gläubiger eine für die Vertragszweckrealisierung notwendige und zumutbare Mitwirkung bzw. Leistungsannahme zu verlangen"[471]. Dabei handele es sich um eine „schlicht-schadensersatzbewehrte Leistungstreuepflicht des Gläubigers (§§ 242, 241 II BGB)" (in Abgrenzung zu einer Pflicht aus § 241 I BGB, die gesondert einklagbar wäre)[472].

Weller übersieht dabei nicht, dass für seine These die Vorschrift des § 649 BGB problematisch sein könnte[473]. Nach *Weller* handelt es sich bei § 649 BGB aber zunächst um eine Vorschrift, deren Anwendungsbereich auf den Werkvertrag zu beschränken sei, weil sie den Besonderheiten des Werkvertrages, insbesondere der Tatsache, dass der Werkunternehmer bei der Herstellung des Werkes mit dem Eigentum des Bestellers in Berührung komme, geschuldet sei[474]. *Weller* bezieht damit klar Stellung gegen eine Generalisierung über das Werkvertragsrecht hinaus. Gleichzeitig ist er der Meinung, dass die Existenz des § 649 BGB seiner These einer schadensersatzbewehrten Leistungstreuepflicht nicht entgegenstehe, weil seitens des Bestellers grundsätzlich eine Nebenpflicht zur Mitwirkung im Rahmen des Werkvertrages bestehe, wozu letztlich auch der Abruf der Werkleistung gehöre[475]. § 649 BGB gebe dem Besteller nicht mehr als die „Möglichkeit", den Vertrag zu beenden[476]. Solange dies noch nicht gesche-

---

um sich nötigenfalls auch ohne Mitwirkung des Gläubigers aus diesem Zustande zu lösen – versäumt oder versagt der Gläubiger die Mitwirkung."

[469] *Mommsen*, Lehre von der Mora, S. 3, sowie im Einzelnen S. 133 ff., insbesondere S. 134: „Der Gläubiger wird durch die Obligation nicht in gleicher Weise zur Annahme verpflichtet, wie der Schuldner zur Erfüllung. Es steht ihm vielmehr frei, ob er die Herrschaft, welche das obligatorische Verhältnis ihm einräumt, ausüben will oder nicht. Eben deshalb wird dem Schuldner auch keine Klage zur Erzwingung der Annahme gegeben; derselbe wird vielmehr durch andere Mittel gegen die Nachtheile, welche die Zögerung des Gläubigers für ihn haben kann, gesichert."

[470] *MüKo-Ernst* § 293 Rn. 1; *Palandt-Grüneberg* § 293 Rn. 1; *Schlechtriem/Schmidt-Kessel*, Rn. 683; siehe auch *Staudinger-Feldmann* [2014], Vorbemerkung zu §§ 293–304, Rn. 1. Vgl. zur Entstehung der Obliegentheitsthese den geschichtlichen Abriss bei *Weller*, S. 469 ff.

[471] *Weller*, S. 526.

[472] *Weller*, S. 526.

[473] Siehe seine Auseinandersetzung mit dem möglichen „Gegenargument" aus § 649 BGB bei *Weller*, S. 552 ff.

[474] *Weller*, S. 554 f.

[475] *Weller*, S. 555.

[476] *Weller*, S. 556.

hen sei, würden den Besteller „Mitwirkungsobliegenheiten (§§ 642, 645 Abs. 1 S. 2) und Mitwirkungspflichten (§ 645 Abs. 2 BGB)" treffen[477].

Zu den Ausführungen *Wellers* ist anzumerken, dass nach hier vertretener Aufassung die Annahme einer allgemeinen schadensersatzbewehrten Leistungstreuepflicht nicht zu überzeugen vermag, weil nicht ersichtlich ist, wie sich eine solche Pflicht vor dem Hintergrund der Vorschriften über den Annahmeverzug nach §§ 293 ff. BGB begründen lassen soll[478]. Vor allem aber ist festzustellen, dass *Weller* bzgl. der Frage einer Generalisierung keine neuen (Gegen-) Argumente liefert[479], sondern sich allein auf das Argument des Eigentumsbezuges des Werkvertrages zurückzieht, das sich jedoch leicht damit überwinden lässt, dass § 649 BGB auch den Unsicherheiten einer gestreckten Vertragserfüllung Rechnung tragen soll, die wiederum bei vielen Vertragstypen vorkommt[480]. Selbst wenn man der andersartigen Vertragskonzeption *Wellers*, wonach die Annahme der Leistung seitens des Gläubigers keine Obliegenheit mehr ist, folgt, wäre damit noch nichts über eine Generalisierung von § 649 BGB gesagt, denn *Wellers* Vertragsauffassung und ein freies Kündigungsrecht können nach den eigenen Ausführungen *Wellers* koexistieren[481].

---

[477] *Weller*, S. 556; siehe zum Themenkomplex der Mitwirkungspflichten des Werkbestellers auch *Müller-Foell*, S. 63 ff., der jedenfalls dann eine Mitwirkungspflicht des Bestellers (und damit spiegelbildlich einen Anspruch auf Vertragsdurchführung des Werkunternehmers) bejaht, wenn sich nach einer (einzelfallbezogenen) Interessenabwägung ergibt, dass „das Interesse des Unternehmers über das rein Finanzielle hinausgehend auf die reale Vertragsdurchführung gerichtet ist" (*Müller-Foell*, S. 103). Typischerweise sei ein Vertragsdurchführunginteresse des Werkunternehmers anzunehmen bei „großvolumigen Werkverträgen, z. B. größeren Bauverträgen oder Industrieanlagenverträgen" sowie für „künstlerisch zu gestaltende Werke", während „bei in Relation zur Unternehmenskapazität weniger bedeutsamen Verträgen, insbesondere bei kleineren Reparatur- oder Änderungsverträgen, also bei sämtlichen ,Massenwerkverträgen'" zu verneinen sei, siehe *Müller-Foell*, S. 104.

[478] Wenig zwingend erscheint insbesondere die Argumentation *Wellers*, S. 537 wonach die §§ 293 ff. BGB keine Sperrwirkung bzgl. einer Leistungstreuepflicht entfalteten, da die Bestimmungen zum Gläubigerverzug auf Tatbestandsebene den Schuldner priviligierten und deshalb auch weitere, den Schuldner ebenfalls schützende Bestimmungen zuließen („Die Gläubigerverzugsbestimmungen wollen den Schuldnerschutz [...] vorverlagern, nicht jedoch ,monopolisieren'."). Vielmehr würde das Zulassen der von *Weller* vorgeschlagenen Leistungstreuepflicht zu einem massiven Bedeutungsverlust der §§ 293 ff. BGB führen, für dessen Rechtfertigung sich in der Gesetzessystematik keine Anhaltspunkte finden lassen.

[479] Dies ist auch nicht verwunderlich, weil es *Weller* nicht in erster Linie darum geht, gegen eine Generalisierung von § 649 BGB zu argumentieren, sondern allein versucht, seine These von der Leistungstreuepflicht trotz der Existenz von § 649 BGB zu begründen.

[480] Siehe hierzu supra *§ 1, I* sowie infra *§ 9, I, 1, a)*.

[481] Vgl. *Weller*, S. 552 ff.

4. Die Rückführbarkeit von Weisungsrechten auf die Existenz eines freien Kündigungsrechts

Ein freies Kündigungsrecht des Sachleistungsgläubigers ist deshalb im Kontext von Weisungen so interessant, weil sich möglicherweise aus der Existenz eines freien Kündigungsrechtes Rückschlüsse darüber ziehen lassen, ob daneben auch Weisungsrechte gegeben sind. So geht etwa der BGH in einer Entscheidung zu § 433 HGB a.F. davon aus, dass die spezielle transportrechtliche Norm zu Weisungsrechten „nur die Anwendung des Grundgedankens des Werkvertrages (§ 649 BGB)" sei[482]. *Hopt* erklärt – ebenfalls noch zu § 433 HGB a.F. –, dass das in § 433 HGB a.F. normierte Weisungsrecht des Absenders „zT wohl schon aus § 649 BGB: Kündigungsrecht des Bestellers folgt"[483],[484]. Am deutlichsten wird *Bing* im Rahmen der Kommentierung von § 433 I HGB a.F. in der 3. Auflage des HGB-Kommentars von *Düringer-Hachenburg*:

„Der Abs. 1 Satz 1 enthält nur die Anwendung der rechtlichen Grundgedanken des Werkvertrages [...]. Der Absender entspricht dem Besteller des Werkvertrages (BGB § 631). Der Besteller kann bis zur Vollendung des Werks den Vertrag jederzeit kündigen (BGB § 649). *Er kann also notwendig auch alles tun, was weniger als die Kündigung ist und sich im Rahmen des Werkvertrages bewegt.* Er kann die Ausführung des Vertrags ändern, auch wenn damit eine Mehrleistung verbunden ist. Für die dadurch entstehenden Mehrkosten muß er allerdings einstehen. Er kann dem Vertrag keinen anderen Inhalt geben."[485]

Peters argumentiert in seiner Abhandlung über das Verfügungsrecht des Absenders – unter Bezugnahme auf die 1. Auflage des *Düringer-Hachenburg* von 1905 – ähnlich:

„Der § 433, 1 räumt dem Absender eine Befugnis ein, die ihm eigentlich schon auf Grund seines mit dem Frachtführer abgeschlossenen Werkvertrages zusteht. Denn gemäß § 64 BGB [gemeint sein muss § 649 BGB] kann der Aussteller [gemeint sein muss der Besteller], also in unserem Falle der Absender, bis zur Vollendung des Werkes jederzeit den Vertrag kündigen. Hiernach muß man annehmen: der Besteller ‚muß zu allen Verfügungen befugt erachtet werden, die sich im Vergleich zur Kündigung als ein Minus darstellen' [das Zitat stammt aus der 1. Auflage des *Düringer-Hachenburg*[486]]."[487]

---

[482] BGHZ 9, 221, 225

[483] *Baumbach/Hopt*[29]-*Hopt* § 433 Rn. 1. Interessanterweise verzichtet *Hopt* auf diesen Hinweis in der 30. Auflage des Werkes (vgl. *Baumbach/Hopt*[30]-*Hopt* § 418 Rn. 1 ff.), obwohl die zwischenzeitliche Ersetzung von § 433 HGB a.F. durch den heutigen § 418 HGB am Bezug zu § 649 BGB nichts geändert haben dürfte.

[484] Auch im Seetransportrecht wird in der Literatur bei der Frage nach Weisungsrechten des Absenders auf die Herleitung als Minus zur Kündigung zurückgegriffen, siehe *Meyer-Rehfueß*, S. 286 sowie ihr folgend *Eckhardt*, S. 19.

[485] *Düringer/Hachenburg*[3]-*Bing* § 433 Anm. 2 (Hervorhebung durch den Verfasser).

[486] Siehe *Düringer/Hachenburg*[1] § 433 Note II.

[487] *Peters*, Das Verfügungsrechts des Absenders, S. 16. Den Zusammenhang zwischen

Auch im französischen Recht wird explizit auf einen Erst-Recht-Schluss verwiesen: Wenn es schon möglich sei, den Transport- bzw. Werkvertrag jederzeit
grundlos und einseitig zu beenden, dann müsse „*a fortiori*" die Möglichkeit der
einseitigen Änderung des Vertrages möglich sein[488].

Vor diesem Hintergrund soll deshalb im Folgenden der Frage nachgegangen
werden, ob sich tatsächlich ein Erst-Recht-Schluss zwischen einem freien Kündigungsrecht und Weisungsrechten herstellen lässt.

a) Der Erst-Recht-Schluss vom freien Kündigungsrecht auf Weisungsrechte

Für die Ableitung von Weisungsrechten aus einem freien Kündigungsrecht
könnte hier ein Erst-Recht-Schluss (*argumentum a fortiori*) in der Form eines
Schlusses vom Größeren auf das Kleinere (*argumentum a maiore ad minus*) in
Frage kommen, mit Hilfe dessen sich von einer bestimmten bestehenden Rechtsfolge ableiten lässt, dass „erst-recht" alle minder schweren Rechtsfolgen zulässig sein müssen[489]. Im vorliegenden Fall könnte sich folgendes Schema ergeben[490]:

Es ist ein freies Kündigungsrecht für den Sachleistungsgläubiger gegeben.
  Weisungsrechte seitens des Sachleistungsgläubigers greifen weniger stark in das Ver-
tragsverhältnis ein als ein freies Kündigungsrecht.
  Alle einseitigen Rechte, die weniger stark in das Vertragsverhältnis eingreifen als ein
Kündigungsrecht, sind ebenfalls gegeben.
  Weisungsrechte sind „erst recht" gegeben.

Dabei ist zu beachten, dass die einzelnen Prämissen, die einen solchen logischen Schluss ausmachen, selbstverständlich außerhalb des logischen Schlusses
zu begründen sind[491]. Vorliegend ist also insbesondere zu begründen, dass Weisungsrechte tatsächlich in einem Stufenverhältnis zu einem freien Kündigungsrecht stehen, indem sie weniger stark in das Vertragsverhältnis eingreifen als
ein frei ausübbares Kündigungsrecht.

---

§ 649 BGB sowie der Möglichkeit, im Rahmen des Transportvertrages Weisungen zu erteilen, deutet ferner *Wagner*, S. 19 f., an.
  [488] *Gency-Tandonnet*, JClTransport, Fasc. 740, Rn. 123. Siehe außerdem *Ghozi*, S. 5, der
in seiner allgemein ansetzenden Abhandlung über die zweiseitige Vertragsänderung in Bezug auf Art. 1134 al. 2 CC davon ausgeht, dass im Falle der Ermächtigung zur Beendigung
der *obligation* gleichzeitig *a fortiori* die Ermächtigung zur Modifikation der *obligation* beinhaltet sei.
  [489] Vgl. *Treder*, S. 39 f.
  [490] Schema nach *Joerden*, S. 352 ff.
  [491] *Joerden*, S. 354.

b) Das wertungsmäßige Stufenverhältniss zwischen freien Kündigungsrechten und Weisungsrechten

Bezüglich eines solchen Stufenverhältnisses sind durchaus Zweifel angebracht, wenn man die Vielfältigkeit möglicher Weisungen berücksichtigt. Dass ein Weisungsrecht eine „Minusmaßnahme" in Bezug auf ein freies Kündigungsrecht darstellt, leuchtet ohne Weiteres ein, wenn das Weisungsrecht dazu führt, dass seitens des Dienstleisters weniger zu erbringen ist als nach dem ursprünglich vereinbarten Vertragsinhalt. Weist etwa ein Absender den Frachtführer an, das Transportgut bereits auf halber Strecke zu entladen, so lässt sich argumentieren, dass eine Verkürzung des Transports etwa um die Hälfte weniger stark in den Vertragsinhalt eingreift als eine „Verkürzung auf 0", also eine Kündigung des gesamten Vertrages. Die Weisung zur Verringerung der Transportstrecke könnte man auch als eine Teilkündigung bezüglich der nicht mehr gewünschten Transportstrecke ansehen.

Nicht mehr so eindeutig stellt sich das Stufenverhältnis aber dann dar, wenn man versucht, auch solche Weisungen als weniger stark in den Vertragsinhalt eingreifend aufzufassen, deren Veränderung bezogen auf den Vertragsinhalt sich nicht in einer Verminderung des Leistungsprogramms beschränkt, sondern die entweder eine – selbstverständlich in den Grenzen des jeweiligen Weisungsrechts bleibende – andere Leistungserbringung verlangen oder das Leistungsprogramm des anderen Teils umfangreicher werden lassen. Das Leistungsprogramm, das nach der Weisung zu erbringen ist, ist bei solchen Weisungen unter strenger Betrachtungsweise nicht schon vollständig im ursprünglichen Leistungsprogramm enthalten gewesen. Ein Stufenverhältnis lässt sich auf den ersten Blick schwerlich begründen, weil eben die Erbringung einer anderen Leistung und die Erbringung von mehr Leistungen sich schwerlich als Teilkündigung denken lassen. Teilt man eine solche Weisung in zwei Teile bestehend aus einem Teil, der die bisherige vertragliche Verpflichtung zum Erlöschen bringt, und einen zweiten Teil, mittels dessen die neue Leistung festgelegt wird, so lässt sich nur für den ersten Teil ohne weiteren Begründungsaufwand ein Stufenverhältnis annehmen.

Allerdings darf an dieser Stelle nicht der Fehler begangen werden, von vornherein denklogisch nur solche Ausübungen von Weisunsgrechten, die zu einer Verminderung des Leistungsumfangs führen, als weniger stark in den Vertragsinhalt eingreifend zu begreifen, weil dies außerhalb des logischen Schlusses selbst eine reine Wertungsfrage ist, die nicht selbst wiederum den Regeln der Logik folgt. Denkbar auf der Wertungsebene ist deshalb auch, dass eine Weisung, die zu einem anderen oder umfangreicheren Leistungsprogramm für die andere Vertragspartei führt, weniger stark in das Vertragsverhältnis eingreift

als eine vollständige Kündigung und damit die Beseitigung des Pflichtenprogramms. Es ließe sich etwa folgendermaßen argumentieren: Indem das freie
Kündigungsrecht die jederzeitige grundlose Loslösung vom Vertrag ermöglicht, ist der Sachleistungsschuldner in rechtlicher Hinsicht nicht davor geschützt, dass der Vertrag beendet wird und er ihn nicht so erfüllen kann, wie
dies ursprünglich versprochen war. Daraus ließe sich folgern, dass, wenn man
aber die vertraglichen Pflichten des Sachleistungsschuldners seitens des Sachleistungsgläubigers jederzeit einseitig ganz beenden kann, man auch – als weniger intensivem Eingriff in das vertragliche Pflichtenprogramm – bloß die vertraglichen Pflichten leicht modifizieren kann. Die Minusmaßnahme würde also
darin bestehen, dass ein modifizierter Vertragsinhalt dem vorherigen Vertragsinhalt immer noch ähnlicher ist als bei einer Kündigung des Vertrages, bei der
die Leistungspflichten des Dienstleistungsschuldners ganz erlöschen. Durch die
Grenzen, die in Bezug auf Weisungsrechte bestehen, wird gleichzeitig sichergestellt, dass die Abweichung des Vertragsinhalts nicht zu groß ausfällt. In Rechnung zu stellen wäre zudem, dass sich bei einer Kündigung die Rechtsfolgen
auch nicht darin erschöpfen, dass nur die Leistungspflichten aus dem Vertrag
beseitigt werden, sondern für den Sachleistungsschuldner kann dies nicht vor-
hergesehene betriebliche Umorganisationsmaßnahmen (bei Werkverträgen
etwa die so nicht geplante Übergabe eines halbfertigen Werkes) bedeuten, die
möglicherweise den Sachleistungsschuldner vor größere Herausforderungen
stellen als eine Modifikation des Vertrages mittels eines Weisungsrechts in dessen engen Grenzen.

c) Der übertragbare Regelungsgehalt eines freien Kündigungsrechts
für Weisungen

Sofern man der hier dargelegten Argumentation folgt, ließe sich also ein Stufenverhältnis zwischen einem freien Kündigungsrecht und Weisungsrechten begründen, so dass die zweite Prämisse bzgl. des oben[492] vorgeschlagenen Erst-
Recht-Schlusses gegeben wäre, und damit – die Richtigkeit der dritten Prämisse
ebenfalls unterstellt[493] – aus der Existenz eines freien Kündigungsrechtes auch

---

[492] Siehe supra § 3, II, 4, c).

[493] Freilich lassen sich auch bzgl. der Richtigkeit der dritten Prämisse gewichtige Gegenargumente ins Feld führen, die hier nicht unerwähnt bleiben sollen. So lässt sich etwa gegen
die Annahme, dass solche Rechte, die weniger stark als ein freies Kündigungsrecht in das
Vertragsgefüge eingreifen, ebenfalls gegeben sind, wenn ein freies Kündigungsrecht existiert, dass der Gesetzgeber womöglich dies gerade nicht wollte, sondern – aus welchen Gründen auch immer – weniger stark eingreifende Rechte nicht wollte und sie deshalb nicht geregelt hat. Ein solches Argument lässt sich noch mit systematischen Erwägungen verstärken,
wenn man etwa berücksichtigt, dass es im Transportrecht neben der Regelung des freien

die Existenz von Weisungsrechten per Erst-Recht-Schluss folgt. Für das deutsche oder französische Recht ließen sich folglich Weisungsrechte etwa im Werkvertrag aus Art. 1794 CC und § 649 BGB herleiten. Dehnt man sogar – wie oben erörtert[494] – den Anwendungsbereich des freien Kündigungsrechts aus, könnten sich Weisungsrechte auch bei einer ganzen Reihe weiterer Vertragstypen ergeben.

Selbst wenn man dem hier dargelegten Erst-Recht-Schluss (und dabei insbesondere der Begründung der zweiten Prämisse) in seiner Gesamtheit nicht folgt, wird man kaum umhin kommen, einen Einfluss der Regelungen zum freien Kündigungsrecht auf Weisungsrechte jedenfalls dort anzunehmen, wo die Weisungen allein zu einer Verringerung des Leistungsprogramms (ohne jegliche sonstige Änderungen) führen, was insbesondere für die Frage der Vergütungsanpassung gilt. Es stellte sonst einen nicht nachvollziehbaren Wertungswiderspruch dar, wenn bei weisungsbedingten „Teilkündigungen" nicht ebenso wie bei § 649 BGB oder § 415 HGB der Vergütungsanspruch grundsätzlich erhalten bliebe (und nur ersparte Aufwendungen, anderweitiger Erwerb bzw. böswillig unterlassener Erwerb gegenzurechnen sind)[495]. Lehnt man den Erst-Recht-Schluss ab, könnte man darüber hinaus überlegen, ob sich zwar eine Übertragung der Regeln zum freien Kündigungsrecht nicht zwingend auf Grund des Erst-Recht-Schlusses ergibt, sich aber andererseits auf Grund der oben[496] beschriebenen Nähe[497] eines freien Kündigungsrechts und Weisungsrechten durchaus anbieten würde.

Kündigungsrechts in § 415 HGB eine explizite Regelung des Weisungsrechts in § 418 HGB gibt, so dass man etwa bzgl. der Frage der Existenz von Weisungsrechten im Werkvertragsrecht, wo es mit § 649 BGB nur eine Regelung des freien Kündigungsrechts gibt, argumentieren könnte, dass der Gesetzgeber – hätte er die Einführung von Weisungsrechten im Werkvertragsrecht gewollt – wie im Transportrecht eine weitere Norm neben § 649 BGB hätte schaffen müssen, die dies klarstellt. Dem ließe sich andererseits wiederum entgegenhalten, dass der Gesetzgeber vermutlich längst nicht (immer) aus solch systematischen Überlegungen handelt, sondern § 418 HGB beispielsweise eher zur Klarstellung sowie näheren Ausgestaltung des transportvertraglichen Weisungsrechts etwa in Bezug auf dessen Grenzen und die Auswirkungen auf die Vergütung in das Gesetz genommen wurde.

[494]   Siehe supra *§ 3, II, 3.*

[495]   Siehe hierzu auch für das Verhältnis von § 415 HGB und § 418 HGB im Transportrecht infra *§ 7, III, 1* und *2*, sowie weiterführend *§ 9, V, 1.*

[496]   Siehe supra *§ 3, II, 4, b)* den Versuch der Begründung des Stufenverhältnisses, der gleichzeitig auch viele Gemeinsam- oder Ähnlichkeiten der beiden Vertragsgestaltungsrechte zu Tage fördert.

[497]   Als kleinsten gemeinsamen Nenner wird man jedenfalls mit *Braun* S. 75, Fn. 312 davon ausgehen können, dass sich etwa die Zwecke von § 415 HGB und § 418 HGB insoweit decken als beide das Dispositionsinteresse des Absenders schützen.

Allerdings ist zu konstatieren, dass der Regelungsgehalt etwa von Art. 1794 CC oder § 649 BGB durchaus sehr begrenzt ist, weshalb sich nur wenige Regelungen übertragen lassen, abgesehen von der freilich sehr wichtigen Frage, ob überhaupt Weisungsrechte bestehen, bzw. wie mit Weisungen bzgl. der Vergütungsanpassung umzugehen ist, die allein zu einer Verringerung des Leistungsumfangs führen. Naturgemäß keine Aussage treffen die Vorschriften über freie Kündigungsrechte zu dessen Grenzen (sie sind schlicht frei ausübbar) und auch zu Vergütungsfragen in allen anderen Situationen als der alleinigen Verringerung des Leistungsumfangs schweigen die Vorschriften, so dass sich für diese Fragen keine Erkenntnisse für Weisungsrechte gewinnen lassen.

5. Die Regelung des freien Kündigungsrechts bei service contracts *im DCFR*

Der DCFR nimmt bei der Frage nach einem freien Kündigungsrecht im Rahmen von *service contracts* im Vergleich zu den nationalen Rechtsordnungen eine Extremposition ein und sieht damit möglicherweise die modernste Regel vor. Als modern lässt sich zunächst sicherlich einordnen, dass der DCFR in Part C von Book IV eine neue Kategorie von Dienstleistungsverträgen schafft, und diesem Teil sogar mit dem Chapter 2 (*Rules applying to service contracts in general*) einen allgemeinen Teil für Dienstleistungsverträge[498] voranstellt.

In diesem allgemeinen Teil, der – vorbehaltlich spezieller Regeln bei den Vorschriften für die einzelnen Vertragstypen (s. Art. IV.C.-1:103 DCFR) – für alle *service contracts* gilt, findet sich die Regelung des einseitigen Kündigungsrechts, das auf Grund der Stellung im allgemeinen Teil für alle *service contracts* gilt.

Art. IV.C.-2:111 (1) DCFR sieht vor, dass der Kunde jederzeit einseitig mittels einer Erklärung gegenüber seinem Vertragspartner den Vertrag beenden kann. Hierbei handelt es sich also um eine Parallelvorschrift zu Art. 1794 CC und § 649 BGB[499], nur mit dem Unterschied, dass sich das einseitige Kündigungsrecht nicht bloß auf den Werkvertrag bezieht, sondern bereits auf der allgemeinen Ebene im „Allgemeinen Teil" für *service contracts* zu finden ist. Wie in den nationalen Regelungen ist es nicht erforderlich, dass sich der Erbringer der Dienstleistung nicht vertragskonform verhält[500]. Entsprechend handele es sich bei dieser Vorschrift nach den *Comments* auch nicht um einen *remedy*, sondern die Vorschrift trage allein dem Bedürfnis Rechnung, dass der Kunde womöglich zu einem bestimmten Zeitpunkt kein Interesse mehr an der Durchführung

---

[498] Zur Kategorie der *service contracts* gehören im Rahmen des DCFR folgende Verträge: *Construction, Processing, Storage, Design, Information and advice* sowie *Treatment*, siehe Part C, Chapter 3-8 DCFR.

[499] *Schmidt-Kessel*, in: *Wagner*, The Common Frame of Reference, 69 [83].

[500] *V. Bar/Clive* DCFR, Full Edition, Comments, IV.C.-2:111 A., S. 1696.

der Dienstleistung habe[501]. Dies könne zwar auch bei anderen Verträgen, etwa bei Kaufverträgen, der Fall sein, aber dort habe die betroffene Partei andere Optionen, mit dieser Situation umzugehen, bspw. könne sie den Kaufgegenstand einfach weiter veräußern[502]. Bei Dienstleistungen dagegen sei es praktisch schwierig, eine nicht (mehr) gewünschte Dienstleistung weiterzuverwerten[503].

Die Vorschrift im DCFR unterscheidet zwischen einer gerechtfertigten und einer nicht gerechtfertigten einseitigen Beendigung des Vertrages. Diese Unterscheidung hat Relevanz für die Rechtsfolgenseite. Zunächst ergibt sich für die Rechtsfolgen der Ausübung des freien Kündigungsrechts durch den Verweis in IV.C.-2:111 (2) DCFR auf die allgemeinen Rechtsfolgen einer Vertragsbeendigung (Art. III.-1:109 DCFR) und den dortigen Verweis auf das Recht der Rückabwicklung (Kapitel 3, Abschnitt 5, Unter-Abschnitt 4 (Restitution)), dass das bisher Geleistete zurückzugewähren, bzw. im Falle der Unmöglichkeit der Rückgewähr (die im Falle von Dienstleistugen in aller Regel gegeben sein dürfte) Wertersatz zu leisten ist. Damit ist die bis zum Zeitpunkt der Kündigung erbrachte Dienstleistung zu vergüten, aber nicht etwa, wie nach § 649 BGB die volle Vergütung (abzgl. ersparter Aufwendungen) zu entrichten bzw. Schadensersatz nach Art. 1794 CC zu leisten, der zum gleichen Ergebnis führt wie die Regelung des BGB. Dieses Ergebnis, also dass der Dienstleistungserbringer (finanziell) letztlich so gestellt wird, wie er stehen würde, wenn er die vollständige Dienstleistung erbracht hätte, wird im Rahmen des DCFR nur bei einer ungerechtfertigten Beendigung erreicht, denn dann hat der Dienstleister nach Art. IV.C.-2:111 (4) DCFR das Recht auf Schadensersatz nach den Regeln von Buch 3. Der Schadensersatz nach Buch 3 dürfte zu gleichen Ergebnissen führen wie nach den beiden genannten nationalen Regelungen, da die ersparten Aufwendungen vom entstandenen Schaden in Form der verlorenen Vergütung abzuziehen sein dürften[504]. Ein Unterschied zwischen den nationalen Regelungen und IV.C-2:111 DCFR besteht freilich darin, dass im DCFR die Pflicht zum Schadensersatz nur dann besteht, wenn die Kündigung nicht gerechtfertigt ist, was ihr in diesen Fällen einen gewissen (jedenfalls moralischen) Makel verleiht, auch wenn sie im rechtlichen Sinn Wirksamkeit erlangt; es fällt vor diesem Hintergrund etwas schwerer als in den nationalen Rechtsordnungen von einem freien Kündigungsrecht zu sprechen, obwohl die Regelung des DCFR zur ungerechtfertigten Kündigung genau der „freien Kündigung" der nationalen Rechtsordnungen entspricht.

---

[501] *V. Bar/Clive* DCFR, Full Edition, Comments, IV.C.-2:111 A., S. 1696.
[502] *V. Bar/Clive* DCFR, Full Edition, Comments, IV.C.-2:111 A., S. 1697.
[503] *V. Bar/Clive* DCFR, Full Edition, Comments, IV.C.-2:111 A., S. 1697.
[504] Vgl. hierfür Art. III.-3:702 DCFR, der auch für den DCFR die Differenzhypothese festschreibt, es also darauf ankommt, wie die andere Partei ohne die schädigende Handlung der anderen Partei stehen würde.

Nicht gekannt von den nationalen Rechtsordnungen wird die sog. gerechtfertigte Kündigung im Rahmen der Vorschrift über das einseitige Kündigungsrecht des Werkbestellers (bzw. Dienstleistungsempfängers). Im Falle der gerechtfertigten Kündigung hat nach Art. IV.C.-2:111 (3) DCFR der Dienstleistungsempfänger keinerlei Schadensersatz zu leisten. Eine Kündigung ist nach Art. IV.C.-2:111 (5) DCFR gerechtfertigt, wenn entweder ein Kündigungsrecht vereinbart war (a), eine Vertragsbeendigung nach Buch 2, Kapitel 3, Abschnitt 5 (Termination) möglich ist (b), oder eine Vertragsbeendigung nach Art. III.-1:109 (2) DCFR möglich ist (c). Es handelt sich mithin um Wiederholungen anderer Vorschriften bzw. die Betonung der Möglichkeit einer entsprechenden vertraglichen Abrede; bei konsequenter Anwendung der allgemeineren Vorschriften auch im allgemeinen Teil der Dienstleistungsverträge sind sie aber wohl überflüssig und haben nur klarstellenden Charakter.

Die Regelung, jedenfalls in Bezug auf die im DCFR als ungerechtfertigte Beendigung bezeichnete Alternative, ist zusammenfassend betrachtet in Bezug auf das Ergebnis identisch mit den nationalen Regelungen. Die *Comments* legen dabei auch ohne Umschweife offen, dass die Regelung des Art. IV.C.-2:111 DCFR das Interesse des Kunden, einen sich als ungewollt herausstellenden Vertrag loswerden zu können, höher bewertet als das Interesse des Dienstleistungserbringers, den Vertrag bis zum Ende durchführen zu können[505]. Gleichzeitig wird aber betont, dass der Dienstleistungserbringer dazu berechtigt ist, die Vergütung für die erbrachten Leistungen zu verlangen sowie darüberhinaus gehenden Schadensersatz[506]. Man scheint also auch hier davon auszugehen, dass dem Dienstleistungserbringer in aller Regel damit gedient ist, dass er finanziell unbescholten aus dem Vertrag geht. Das finanzielle Interesse des Dienstleistungserbringers wird klar in den Vorgergrund gerückt. Andere (rechtlich schützenswerte) Interessen bestehen offenbar nach den Verfassern des DCFR nicht. Dies deckt sich mit dem oben herausgearbeiteten Befund insbesondere zu § 649 BGB[507].

Interessant ist schließlich, dass man das jederzeitige Kündigungsrecht auch mit einem Vergleich zu der sich ohne diese Regelung ergebenden Rechtslage begründet. Dann nämlich, so die Argumentation, könne der Kunde zwar nicht kündigen, er könne aber das nahezu identische Ergebnis dadurch herstellen, dass er einfach seine Kooperationshandlungen einstellt[508]. Dies hätte zur Folge, dass der Dienstleistungserbringer die Rechtbehelfe wegen *non-performance* oder *anticipated non-performance* geltend machen könne, was im Ergebnis in

---

[505]   *V. Bar/Clive* DCFR, Full Edition, Comments, IV.C.-2:111 A., S. 1698.
[506]   Vgl. *V. Bar/Clive* DCFR, Full Edition, Comments, IV.C.-2:111 A., S. 1698.
[507]   Siehe supra *§ 3, II, 2, a)*.
[508]   *V. Bar/Clive* DCFR, Full Edition, Comments, IV.C.-2:111 A., S. 1697.

den meisten Fällen zu gleichen Ergebnissen führen dürfte wie nach Art. IV.C.-2:111 DCFR[509].

Der einzige Unterschied wäre dann, dass der Dienstleistungserbringer nach den Regeln über *specific performance* bei einem besonderen Interesse an der tatsächlichen Erbringung die Naturalerfüllung durchsetzen könnte, jedenfalls dann, wenn zwei – offenbar aus dem englischen Recht entlehnte[510] – Voraussetzungen erfüllt sind, wonach einerseits die Mitwirkungshandlung des Kunden keinen zu persönlichen Charakter haben darf und andererseits das Interesse des Dienstleistungserbringers an der Durchführung des Vertrages so hoch sein muss, dass es als vernünftig erscheint, den Kunden für eine nicht mehr gewollte Dienstleistung bezahlen zu lassen (siehe die entsprechenden Regelungen zur *specific performance* in III.-3:301 und III.-3:302 DCFR)[511]. Dass man auch ohne ein ausdrückliches einseitiges Kündigungsrecht letztlich zu ganz ähnlichen Ergebnissen kommt, wurde oben auch schon für das deutsche Recht und das französische Recht gezeigt und wird sogleich für das englische Recht zu zeigen sein[512]. Der DCFR reagiert darauf ganz bewusst und meint, dass es letztlich ehrlicher sei (und damit den Respekt des Gesetzes steigere), eine solche Möglichkeit positiv im Gesetz anzusprechen statt so zu tun, als gäbe es sie nicht[513].

6. Die (irreführende) Betonung des Anspruchs auf die Durchführung des Vertrages im englischen Recht durch White and Carter v. McGregor

Das englische Recht wählt einen grundsätzlich anderen Ansatz als das deutsche und französische Recht sowie der DCFR, weil es im Gegensatz zu den genannten Rechtsordnungen kein einseitiges Kündigungsrecht im Rahmen des *service contract* gibt und – soweit ersichtlich – darüber auch keine wissenschaftliche Debatte geführt wird. Die Lösung von Fällen, in denen der Werkbesteller bzw. Dienstleistungsgläubiger das Interesse an der Leistung seines Vertragspartners verliert, wird vielmehr dem allgemeinen Vertragsrecht überantwortet. Auf Grund der starken Betonung der Entscheidung *White and Carter v. McGregor*[514] in den englischen Lehrbüchern, in der im Rahmen eines Dienstleistungsvertra-

---

[509] *V. Bar/Clive* DCFR, Full Edition, Comments, IV.C.-2:111 A., S. 1697.

[510] Zum englischen Recht siehe sogleich infra *§ 3, II, 6*.

[511] *V. Bar/Clive* DCFR, Full Edition, Comments, IV.C.-2:111 A., S. 1697 f.

[512] Siehe supra *§ 3, II, 3, c)* sowie infra *§ 3, II, 6*.

[513] *V. Bar/Clive* DCFR, Full Edition, Comments, IV.C.-2:111 A., S. 1698: „[...], the approach adopted in the present Article would be preferable because it is more likely to promote respect for the law. It openly confers a right to terminate on paying compensation, rather than pretending that there is no such right but covertly giving it by pointing out that the client can choose to fail to perform the obligations under the contract."

[514] *White and Carter (Councils) Ltd v McGregor* [1962] AC 413.

ges ein Anspruch auf Vertragsdurchführung seitens des Dienstleistungserbringers festgeschrieben wurde, erweckt das englische Recht auf den ersten Blick den Eindruck, im Bereich des seitens des Dienstleistungsempfängers nicht länger gewollten Dienstleistungsvertrages zu gänzlich anderen Ergebnissen zu kommen als das deutsche und französische Recht. Bei genauerer Betrachtung stellt sich jedoch heraus, dass die Unterschiede im Ergebnis viel geringer ausfallen, weil *White and Carter v. McGregor* entgegen dem ersten Anschein eher Ausnahmecharakter zukommt, da in der Entscheidung zwei wichtige Einschränkungen vorgenommen werden, auf Grund derer die Lösung des englischen Rechts insgesamt zu ähnlichen Ergebnissen führen dürfte wie in den beiden kontinentalen Rechtsordnungen. Bevor sogleich näher auf *White and Carter v. McGregor* einzugehen sein wird, ist kurz ein Blick auf das englische Recht für den Fall erforderlich, in dem der Dienstleistungsgläubiger dem Schuldner mitteilt, dass er kein Interesse mehr an dem Vertrag hat und der Dienstleistungsschuldner daraufhin nicht am Vertrag festhalten will, sondern sich von ihm lösen möchte.

Wenn eine Vertragspartei zum Ausdruck bringt, dass sie an der im Vertrag vereinbarten Leistung der anderen Partei kein Interesse mehr hat (und entsprechend auch nicht bereit sein wird, die eigene Leistung als Gegenleistung für die nicht mehr gewollte Leistung zu erbringen), so handelt es sich nach allgemeinem englischem Vertragsrecht um eine *repudiation* des Vertrages seitens der Partei, die kein weiteres Interesse mehr an der Erfüllung signalisiert, und damit um einen (*anticipatory*[515]) *breach of contract*. Ähnlich wie im deutschen und französischen Recht[516] führt der Vertragsbruch/die Pflichtverletzung jedoch nicht automatisch dazu, dass der Vertrag beendet wird. In der englischen Terminologie erhält die sich vertragsgemäß verhaltende Partei lediglich eine *option*, mittels einer entsprechenden Erklärung den Vertragsbruch „zu akzeptieren" und nunmehr statt Erfüllung Sekundärrechtsbehelfe, insbesondere Schadensersatz, geltend zu machen[517]. Diese Auswahlmöglichkeit führt dazu, dass es letztlich auch im englischen Recht vom Verhalten der vertragstreuen Partei abhängt, wie Fälle, bei denen der Kunde das Interesse an den Dienstleistungen seines Vertragspartners verliert, im Ergebnis zu behandeln sind. Wird die Option der *damages* gewählt, so ergibt sich im Ergebnis ein Gleichlauf mit den Lösungen des Art. 1794 CC bzw. § 649 BGB, indem der unschuldigen Partei insbesondere ermöglicht wird, neben den bisher angefallenen Kosten, den erstrebten Gewinn

---

[515] Siehe zum *anticpatory breach of contract* den *leading case Hochster v De La Tour* (1853) 2 E & B 678.

[516] Siehe supra *§ 3, II, 3, c).*

[517] Vgl. *White and Carter (Councils) Ltd v McGregor* [1962] AC 413 [427]; dies wird auch als „*doctrine of election*" bezeichnet, siehe *Tabachnik* [1972] CLP 149, 164 [166].

aus dem Vertrag zu generieren, und so jedenfalls in rein finanzieller Hinsicht die Erwartungen der Parteien geschützt werden.

Das Ergebnis der hier thematisierten Fälle fällt jedoch auch dann nicht gänzlich anders aus, wenn der Dienstleister sich dafür entscheidet, die im Vertrag vereinbarte Leistung zu erbringen und nicht auf einen Schadensersatzanspruch auszuweichen. In diesem Fall lässt das englische Recht grundsätzlich zu, dass der Dienstleister – gegen den ausdrücklichen Willen des Kunden – den Vertrag erfüllt und sodann einen *claim for the agreed sum* vorbringt. Der *leading case* in diesem Zusammenhang ist *White and Carter (Councils) Ltd v McGregor*[518]:

Das Geschäftsmodell der Kläger bestand darin, dass sie Kommunen mit Müllbehältern ausstattete, die mit Werbeflächen versehen waren, auf denen Firmen gegen Bezahlung an die Klägerin ihre Werbung platzieren lassen konnten. Die Beklagte, eine Autowerkstatt, schloss mit der Klägerin einen entsprechenden Vertrag über die Durchführung von Werbemaßnahmen über den Zeitraum von 3 Jahren ab. Am selben Tag jedoch machte sie die Klägerin darauf aufmerksam, dass sie doch kein Interesse an den Leistungen der Klägerin habe und nun doch keine Werbung wünsche. Die Klägerin zeigte sich hiervon unbeeindruckt, führte die Werbemaßnahmen durch und verlangte von der Beklagten die volle vereinbarte Vergütung.

Das *House of Lords*, das diese ursprünglich schottische Streitigkeit zu entscheiden hatte, sprach sich mit einer Mehrheit von 3 zu 2 dafür aus, der Klage stattzugeben[519]. Das Hauptargument der Richter in der Mehrheit war, dass es eben nur eine Option der vertragstreuen Partei sei, den Vertragsbruch der anderen Partei zu akzeptieren und auf Schadensersatz umzustellen[520]. Hinzu komme, dass vertragliche Rechte nicht *„in a reasonable way"* auszuüben seien, weil dies Rechtsunsicherheit zur Folge habe[521], so dass das Gegenargument abgeschnitten wurde, wonach es nicht vernünftig sein könne, einen Vertrag zu erfüllen, obwohl die andere Partei geäußert hat, kein Interesse an der Erfüllung zu haben.

Lord Morton of Henryton als einer der beiden Richter mit abweichenden Voten spricht dagegen davon, dass es sich bei dem Klagebehren um *„a kind of inverted specific implement of the contract"* handele und vor diesem Hintergrund nur eine Klage auf Schadensersatz möglich sein solle[522]. *Lord Keith of Avonholm* betont in seinem Votum, dass die Gewährung eines Anspruchs der Regel

---

[518] [1962] AC 413.

[519] Auch wenn es sich um einen schottischen Fall handelt, besteht kein Zweifel, dass die Lösung des Falles auch maßgeblich für das englische Vertragsrecht in dieser Frage ist, siehe beispielsweise *Liu* (2011) 74 MLR 171 [172].

[520] *White and Carter (Councils) Ltd v McGregor* [1962] AC 413 [427].

[521] *White and Carter (Councils) Ltd v McGregor* [1962] AC 413 [430]; siehe auch *Chitty I-Beale* Rn. 26-103.

[522] *White and Carter (Councils) Ltd v McGregor* [1962] AC 413 [433]; bei *specific implement* handelt es sich um die schottische Version der englischen *specific performance*.

zuwiderlaufe, dass die unschuldige Vertragspartei verpflichtet sei, die durch den Vertragsbruch verursachten Schäden zu minimieren[523].

Die in *White and Carter (Councils) Ltd v McGregor* aufgestellte Grundregel[524], dass ein Dienstleister seine Leistung auch gegen den Willen der anderen Vertragspartei erbringen kann und dann auf die Vergütung klagen kann, ist mit zwei wichtigen Einschränkungen behaftet. Die erste trägt dem Umstand Rechnung, dass der *White and Carter (Councils) Ltd v McGregor* zugrundeliegende Sachverhalt insofern eher ungewöhnlich ist als der Dienstleister seine Leistung ohne irgendwelche Akte der Kooperation seitens des Kunden erbringen kann. Sofern Kooperationshandlungen[525] seitens des Kunden erforderlich sind, ist dem Dienstleister die Wahlmöglichkeit, den Vertrag weiter zu erfüllen, verschlossen[526]. Die zweite Einschränkung, die von *Lord Reid* in *White and Carter (Councils) Ltd v McGregor* formuliert worden ist, bezieht sich darauf, dass der Dienstleister, der seine Leistung erbringen wolle, einen *„legitimate interest"* an der Vertragserfüllung haben müsse[527]. Ein legitimes Interesse an der Erbringung der Leistung könnte demnach regelmäßig schon dann zu verneinen sein, wenn die Gewährung eines Schadensersatzanspruches keine Nachteile für die

---

[523] *White and Carter (Councils) Ltd v McGregor* [1962] AC 413 [442].

[524] Interessant ist, dass es sich aber nicht um eine Grundregel für das gesamte Common Law handelt, sondern abweichende Lösungen in anderen Rechtsordnungen des Common Law existieren, s. Asamera Oil Corp v Sea Oil Corp [1979] 1 SCR 633 für Kanada und Rockingham County v Luten Bridge Co 35 F2d 301 (1929) für die USA. Siehe für eine nähere Betrachtung der diametral entgegengesetzten Lösungen des englischen und amerikanischen Rechts auch *Priestley* (1990-91) 3 JCL 218; auch unter englischen Autoren wird die Lösung des englischen Rechts zum Teil scharf kritisiert, siehe etwa *Goodhart* (1962) 78 LQR 263.

[525] Der hier beschriebene Fall wäre beispielsweise anders zu entscheiden gewesen, wenn die Beklagte Eigentümerin der Gegenstände gewesen wäre, auf denen die Werbeplakate anzubringen waren oder wenn die Werbung auf dem Grundstück der Beklagten anzubringen gewesen wäre, da in diesen Fallgestaltungen das Anbringen der Werbung – rechtlich – nicht ohne Mitwirkung (Einverständnis) der Beklagten möglich wäre, siehe *Liu* (2011) 74 MLR 171 [184] sowie *Goodhart* (1962) 78 LQR 263 [264].

[526] *Attica Sea Carriers Corp v Ferrostal, etc. GmbH (The Puerto Buitrago)* [1976] 1 Lloyd's Rep. 250 [256]; siehe auch schon den Hinweis von Lord Reid in *White and Carter (Councils) Ltd v McGregor* [1962] AC 413 [429].

[527] *White and Carter (Councils) Ltd v McGregor* [1962] AC 413 [431]: „It may well be that, if it can be shown that a person has no legitimate interest, financial or otherwise, in performing the contract rather than claiming damages, he ought not to be allowed to saddle the other party with an additional burden with no benefit to himself.If a party has no interest to enforce a stipulation, he cannot in general enforce it: so it might be said that, if a party has no interest to insist on a particular remedy, he ought not to be allowed to insist on it. And, just as a party is not allowed to enforce a penalty, so he ought not to be allowed to penalise the other party by taking one course when another is equally advantageous to him." Siehe für eine kritische Auseinandersetzung mit dem Erfordernis eines legitimen Interesses, *Liu* (2011) 74 MLR 171.

vertragstreue Partei mit sich bringt[528]. Allerdings ist die Ablehnung des Rechts zur Durchführung die Ausnahme und nicht die Regel[529], was wohl damit zu erklären ist, dass in *Gator Shipping Corp v Trans-Asiatic Oil Ltd SA, The Oden-feld*[530] entschieden wurde, dass es „*wholly unreasonable*" sein müsse, an der Durchführung des Vertrages festhalten zu wollen[531]. Zu prüfen ist damit letztlich, ob das Interesse des Dienstleisters an der Vertragsdurchführung völlig außer Verhältnis steht zu der Verschwendung (*waste*[532]), die durch eine nicht gewollte Leistung eines Vertrages entsteht[533]. Ein berechtigtes Interesse an der Vertragsdurchführung mag insbesondere dann zu bejahen sein, wenn die tatsächliche Vertragsdurchführung bzw. die Nichtdurchführung positive bzw. negative Konsequenzen für den Ruf des Dienstleisters bewirken wird[534].

Wie die vorstehenden Ausführungen gezeigt haben, nimmt das englische Recht damit in der Frage, ob es ein allgemeines Kündigungsrecht des Bestellers im Rahmen des Werkvertrages (und damit möglicherweise eine entsprechende Grundlage für ein weites Weisungsrecht im Rahmen von Dienstleistungsverträgen) gibt, nur vordergründig eine Extremposition ein.

Es gibt zwar kein § 649 BGB oder Art. 1794 CC vergleichbares freies Kündigungsrechts des Gläubigers innerhalb des *service contract*. Über das allgemeine Vertragsrecht lassen sich jedoch – wie im Übrigen auch im deutschen und französischen Recht[535] – ganz ähnliche Ergebnisse erzielen wie über ein einseitiges, freies Kündigungsrecht. Wenn der Dienstleistungsschuldner nicht auf Schadensersatz umstellen will – wozu er ebenfalls wie im deutschen und französischen Recht nicht gezwungen werden kann – kann er vor dem Hintergrund von *White and Carter v. McGregor* den Vertrag erfüllen und die volle Vergütung verlangen, allerdings nur, wenn keine Mitwirkungshandlungen seitens des Gläubigers erforderlich sind und zudem ein legitimes Interesse an der Vertragserfüllung gegeben ist. Damit finden sich im englischen Recht Einschränkungen

---

[528] Vgl. *Treitel-Peel*, Rn. 21-012.

[529] *Anson*, S. 608.

[530] [1978] 2 Lloyd's Rep 357 [374].

[531] Ein Beispiel für einen Fall, in dem das Bestehen auf der Durchführung als nicht einem legitimen Interesse entsprechend angesehen wurde ist *Attica Sea Carriers Corp v Ferrostal, etc. GmbH (The Puerto Buitrago)* [1976] 1 Lloyd's Rep. 250 [256], wo die Eigentümer des vercharterten Schiffes von den Charterern die Reparatur des Schiffes vor der Rückgabe des Schiffes verlangten, obwohl die Kosten für die Reparaturarbeiten den Wert des Schiffes selbst in repariertem Zustand bei weitem übertrafen.

[532] Siehe näher zu den Umständen, wann eine vertragliche Leistung *wasteful* ist, *Liu* (2011) 74 MLR 171 [180].

[533] *Nienaber*, [1962] Cambridge L.J. 213 [232].

[534] Vgl. *Treitel-Peel*, Rn. 21-012.

[535] Siehe hierzu supra *§ 3, II, 3, c)*.

des Anspruches auf Vertragsdurchführung wieder, wie sie im deutschen und französischen Recht etwa im Bereich der Unmöglichkeit oder dem *abus de droit* in diesem Zusammenhang diskutiert werden. Das Nichtvorhandensein eines freien Kündigungsrechts im englischen Recht für den Gläubiger im Rahmen eines *service contract* führt deshalb wohl nur dann zu anderen Ergebnissen als nach § 649 BGB und Art. 1794 CC, wenn ein Fall gegeben ist, der direkt unter *White and Carter v. McGregor* zu fassen ist, was auf Grund der in der Entscheidung niedergelegten engen Voraussetzungen nur selten der Fall sein dürfte.

III. Das einseitige Leistungsbestimmungsrecht nach § 315 BGB

Das deutsche Recht könnte mit der Möglichkeit der einseitigen Leistungsbestimmung nach § 315 BGB eine weitere Möglichkeit für die Erklärung von Weisungsrechten bereitstellen. § 315 I BGB sieht vor, dass es den Vertragsparteien möglich ist, die Bestimmung der unter dem Vertrag geschuldeten Leistung einer Vertragspartei zu überantworten. Die Regelung des § 315 BGB stellt damit eine weitreichende Auflockerung des im Vertragsrecht geltenden Bestimmtheitsgrundsatzes dar[536]. Es bleibt zwar dabei, dass letztlich nur bestimmte (oder zumindest bestimmbare) Leistungspflichten mit Hilfe des staatlichen Gewaltmonopols durchgesetzt werden können[537], aber die Konkretisierung der Leistungspflichten muss auf Grund der Regelung des § 315 BGB nicht wie sonst mit dem Abschluss des Vertrages zeitlich zusammenfallen[538]. Die Vereinbarung des Leistungsbestimmungsrechts nach § 315 BGB überspielt damit die Regelungen zum Dissens nach den §§ 154 f. BGB und verhindert somit ein Scheitern des Vertrages nach den allgemeinen Regeln[539]. Den Parteien wird dadurch etwa ermöglicht, die Festsetzung des Preises nur einer Vertragspartei zu überlassen, z.B. mittels Klauseln wie „Preis freibleibend"[540]. Der Grund für die Regelung der einseitigen Leistungsbestimmung in §§ 315 ff. BGB wurde nach den Motiven des BGB darin gesehen, dass dies den Parteiinteressen entgegen komme[541]. Von den Gesetztesmaterialien nicht erwähnt wird dagegen der Grundsatz der Vertragsfreiheit[542].

---

[536] Siehe die Nachweise supra in *Fn. 190.*

[537] Siehe zu dieser Begründung des Bestimmtheitserfordernisses schon supra *§ 2, II, 2* mit entsprechenden Nachweisen.

[538] *Staudinger-Rieble* [2015] § 315 Rn. 6.

[539] *Erman-J.Hager* § 315 Rn. 1; *MüKo-Würdinger* § 315 Rn. 1a; *Staudinger-Rieble* [2015] § 315 Rn. 7.

[540] Siehe für Details etwa *Bilda*, 59 ff.

[541] Motive zum BGB II, S. 192.

[542] Siehe HKK-*Hofer*, §§ 315-319 Rn. 3 Fn. 8.

1. Ausdehnung des Anwendungsbereichs durch die Gerichte

Das einseitige Leistungsbestimmungsrecht des § 315 BGB hat im Laufe des Bestehens des BGB eine wundersame „Karriere" hingelegt. Die Rechtsprechung des BGH sowie des BAG haben den Anwendungsbereich dieser Regelung in Bereiche ausgedehnt, an denen die Verfasser des BGB höchstwahrscheinlich nicht im Ansatz gedacht haben[543]. In den 1960er Jahren etwa wurde die in § 315 BGB enthaltene Grenze des billigen Ermessens zur Inhaltskontrolle von Allgemeinen Geschäftsbedingungen herangezogen als man nach einer Möglichkeit suchte, Allgemeine Geschäftsbedingungen, die zwar vereinbart werden, aber deshalb ein Element der Einseitigkeit aufweisen, weil sie von einer Partei gestellt werden, zu kontrollieren[544].

Für die vorliegende Arbeit von ungleich größerer Bedeutung ist die analoge Anwendung von § 315 BGB durch den BGH bei späteren, d. h. nach Vertragsschluss vorgenommen einseitigen Änderungen des Vertrages, die insofern der erstmaligen Leistungsbestimmung gleichgestellt werden[545]. § 315 BGB passt auf diese Fälle nicht direkt, da im Zeitpunkt des Vertragsschlusses sämtliche Leistungspflichten bestimmt sind und somit keine nachträgliche Leistungsbestimmung vorliegt, sondern die bereits bestimmte Leistung nachträglich geändert wird[546]. Allerdings dürfen auch die Gemeinsamkeiten beider Konstellationen nicht verkannt werden: In beiden Fällen handelt es sich um ein einseitiges Recht, zu einem späteren Zeitpunkt als zum Vertragsschluss den Inhalt der Leistungspflichten der anderen Partei zu bestimmen. Unbeschadet der Tatsache, dass es in dem einen Fall bei der Ausübung des einseitigen Rechts bereits bestimmte Leistungspflichten gab, die nun abgeändert werden sollen, während in dem anderen Fall eine zuvor nicht präzisierte Leistung erstmals bestimmt wird, werfen beide Konstellationen die gleichen Sachfragen, etwa bzgl. der Grenzen, der Form der Ausübung etc., in Bezug auf das einseitge Bestimmungsrecht, auf[547].

---

[543] Vgl. *Kornblum*, AcP 168 (1968), 450 [452].

[544] Siehe für eine ausführliche Darstellung *HKK-Hofer* §§ 315-319 Rn. 13 mit entsprechenden ausführlichen Nachweisen.

[545] Vgl. *Gernhuber* § 28 I 5; *Herrmann,* Jura 1988, 505 [507]; *Horn*, NJW 1985, 1118 [1121].

[546] *Gernhuber* § 28 I 5.

[547] So ausdrücklich *Gernhuber* § 28 I 5. Anderer Ansicht ist etwa *Meyer-Rehfueß* S. 7, die § 315 BGB in Bezug auf (transportvertragliche) Weisungsrechte für gänzlich unbeachtlich hält mit der Argumentation, dass es etwas grundlegend anderes sei, ob – wie im Falle von Weisungsrechten – nachträglich etwas vorher Bestimmtes abgeändert werde, oder ob etwas zuvor noch nicht Bestimmtes erstmalig bestimmt werde.

Schließlich hat § 315 BGB aus der Sicht dieser Arbeit einen besonders interessanten Anwendungsbereich im Arbeitsrecht beim Direktionsrecht des Arbeitgebers erhalten[548]. Mangels Alternative vor der Einführung des § 106 GewO im Jahr 2002 sahen sich die Gerichte genötigt, mit Hilfe der Billigkeitsprüfung des § 315 BGB eine Kontrollmöglichkeit im Rahmen des chronisch von Verhandlungsungleichgewichten betroffenen Arbeitsvertrages zu schaffen[549].

Hofer[550] zieht eine interessante Bilanz der Entwicklung der §§ 315 ff. BGB während des Bestehens des BGB. Indem die §§ 315 ff. BGB u. a. zur AGB-Kontrolle vor allem in den 60er Jahren sowie zur Kontrolle einseitiger Leistungsbestimmungen im Arbeitsrecht herangezogen wurden, benutzen die Gerichte die §§ 315 ff. BGB und die darin enthaltene Billigkeitsanalyse zur Begrenzung der Vertragsfreiheit, obwohl es dem historischen Gesetzgeber bei der Schaffung der §§ 315 ff. BGB nicht um den Schutz der Vertragsparteien gegangen sei, sondern allein um die Ermöglichung der Durchführung von Verträgen[551]. Als zweite Beobachtung nennt *Hofer*, dass die §§ 315 ff. BGB in der gerichtlichen Praxis ein Einfallstor für die Erweiterung der Kontrollmöglichkeiten von Verträgen durch Gerichte seien[552].

2. Der Regelungsgehalt des § 315 BGB in Bezug auf Weisungen

Auffällig ist, dass abgesehen von der Bezugnahme auf § 315 BGB beim arbeitsvertraglichen Weisungsecht bei anderen Weisungsrechten keine Bezüge zu § 315 BGB hergestellt werden, bzw. ein Zusammenhang zwischen § 315 BGB und Weisungsrechten sogar explizit abgelehnt wird[553]. Wie bereits oben dargelegt[554], gibt es aber bzgl. der sich stellenden Sachfragen eine wichtige Überschneidung zwischen Weisungsrechten und der einseitigen nachträglichen Leistungsbestimmung, weil in beiden Fällen eine Partei einseitig und nachträglich auf den Vertragsinhalt einwirken kann.

Selbst wenn man deshalb richtigerweise davon ausgeht, dass sich sowohl bei Weisungsrechten als auch bei der einseitigen Leistungsbestimmung iSd § 315 BGB die gleichen Sachfragen stellen, ist zu klären, inwiefern sich § 315 BGB überhaupt Regelungen entnehmen lassen, die bei Weisungsrechten herangezogen werden könnten.

---

[548] Siehe hierzu näher infra *§ 4, I.*
[549] Siehe für einen Überblick *HKK-Hofer* §§ 315-319 Rn. 15.
[550] HKK-*Hofer*, §§ 315-319 Rn. 22 ff.
[551] So ausdrücklich HKK-*Hofer*, §§ 315-319 Rn. 22; ähnlich auch *Bamberger/Roth-Gehrlein* § 315 Rn. 1, der davon spricht, dass „der in § 315 enthaltene Schutzgedanke […] als Instrument zur Eindämmung missbräuchlicher privatautonomer Gestaltungsmacht" benutzt werde.
[552] HKK-*Hofer*, §§ 315-319 Rn. 24.
[553] Siehe etwa *Meyer-Rehfueß* S. 7.
[554] Siehe supra *§ 2, II.*

a) Die Billigkeit in § 315 III BGB als Grenze von Weisungsrechten

Eine erste Regelung, die für Weisungsrechte fruchtbar gemacht werden könnte, ist die in § 315 I, III BGB vorgesehene Grenze des billigen Ermessens. Dieses Einfallstor für die gerichtliche Überprüfbarkeit einseitiger Einwirkungen auf den Vertragsinhalt war ohne Zweifel auch die treibende Kraft hinter der Heranziehung von § 315 BGB beim arbeitsvertraglichen Weisungsrecht.

§ 315 I BGB regelt, dass im Zweifel anzunehmen ist, dass die einseitige Leistungsbestimmung nach billigem Ermessen erfolgen soll. § 315 III BGB stellt klar, dass von der Billigkeit der Leistungsbestimmung abhängt, ob diese für die andere Vertragspartei bindend ist. Die Billigkeit ist ein unbestimmter Rechtsbegriff, der einer näheren Präzisierung bedarf. Entscheidend ist, dass „Austauschgerechtigkeit im Einzelfall" mit Hilfe des Kriteriums der Billigkeit erreicht werden soll[555]. Entsprechend geht es bei der Frage nach der Auslotung der Billigkeit um eine im jeweiligen Einzelfall vorzunehmende Interessenabwägung zwischen den Interessen der Vertragspartner[556].

Da das Gesetz neben der ‚Billigkeit' das Wort ‚Ermessen' benutzt, hat derjenige, der die Leistungsbestimmung vornimmt, einen gewissen Spielraum bei der Festsetzung[557]. In der Regel wird deshalb nicht nur *eine* Entscheidung innerhalb des Ermessensspielraums liegen, sondern es besteht die Wahl zwischen verschiedenen Alternativen für den Bestimmungsberechtigten[558]; er kann dabei bis zur Grenze des Ermessensspielraums gehen, muss also nicht die aus Sicht des Gerichts beste oder ausgewogenste Entscheidung treffen[559].

Die vorstehend grob skizzierten Elemente des billigen Ermessens im Rahmen des § 315 BGB böten für die Grenzziehung von rechtmäßigen und nicht mehr rechtmäßigen Weisungen einen Anknüpfungspunkt im allgemeinen Vertragsrecht, zu dem es bereits eine durch die Rechtsprechung gefestigte Auswahl an Kriterien gibt, die für die vorzunehmende Interessenabwägung zu berücksichtigen sind. Ob eine Weisung als innerhalb der Grenzen eines Weisungsrechts oder nicht anzusehen ist, wird letztlich auch immer – wenn es keine klare Grenzen im Vertrag gibt – anhand einer Interessenabwägung zu entscheiden sein; freilich sind bei den Weisungsrechten einzelner Vertragstypen in manchen Fällen gesetzlich bereits Grenzen geregelt (so etwa bei § 418 HGB zum trans-

---

[555] *MüKo-Würdinger* § 315 Rn. 31.

[556] BAG 99, 274 [280]; *Erman-J. Hager* § 315 Rn. 19; *Staudinger-Rieble* [2015] § 315 Rn. 324; siehe insbesondere auch die Auflistung zu berücksichtigender Kriterien bei *MüKo-Würdinger* § 315 Rn. 31.

[557] *Erman-J. Hager* § 315 Rn. 19; *MüKo-Würdinger* § 315 Rn. 29; vgl. auch *Staudinger-Rieble* [2015] § 315 Rn. 319 ff.

[558] *MüKo-Würdinger* § 315 Rn. 29.

[559] BGH NJW-RR 1991, 1248 [1249]; *MüKo-Würdinger* § 315 Rn. 30.

portvertraglichen Weisungsrecht[560]), aber dabei handelt es sich letztlich auch nur um das Herausheben typischer Interessen der anderen Vertragspartei. Darüber hinaus könnte die Billigkeitskontrolle nach § 315 BGB als Auffangtatbestand einspringen, wenn die im Gesetz beschriebenen Grenzen nicht verletzt sind, aber die Weisung aus anderen Gründen als unzumutbar oder schikanös empfunden wird[561].

b) *§ 315 BGB als Grundlage auch für Weisungen, die Mehrarbeit auslösen*

Wendete man § 315 BGB auf Weisungen an, so hätte dies etwa gegenüber einer Rückführung von Weisungen auf das einseitige, freie Rücktrittsrechts des Bestellers im Rahmen des Werkvertrags (§ 649 BGB bzw. Art. 1794 CC)[562] den Vorteil, dass man mit der Regelung zur einseitigen Leistungsbestimmung in § 315 BGB ohne ähnlich großen Begründungsaufwand wie bei der Rückführung von Weisungsrechten auf § 649 BGB bzw. Art. 1794 CC[563] auch solche Weisungen erfassen könnte, mittels derer der Weisungsberechtigte die andere Vertragspartei zu anderer oder zu mehr als der ursprünglich vereinbarten Arbeit veranlasst. Der Leistungsbestimmung nach § 315 BGB sind inhaltlich grundsätzlich keine Grenzen gesetzt; Details werden regelmäßig im Rahmen der Vereinbarung über die Möglichkeit zur einseitigen Leistungsbestimmung seitens der Parteien getroffen. Bestes Beispiel für die Flexibilität des Leistungsbestimmungsrechts ist wiederum das arbeitsvertragliche Direktionsrecht, bei dem der Arbeitgeber in unterschiedlichster Hinsicht die Möglichkeit hat, auf die Arbeit des Arbeitnehmers Einfluss zu nehmen[564].

c) *Ausübung von Weisungsrechten als Gestaltungsrechte wie bei § 315 BGB*

Im Rahmen der rechtlichen Ausgestaltung von Weisungsrechten ist auch die Frage zu stellen, welche Regelungen auf die Ausübung von Weisungsrechten anzuwenden sind, so dass auch insofern der Regelung des § 315 BGB eine Vorbildfunktion zukommen könnte. Das einseitige Leistungsbestimmungsrecht im

---

[560] Siehe hierzu näher infra *§ 7, II, 2, a)*.

[561] Verstünde man § 315 BGB als Auffangtatbestand auch für solche Fälle, in denen im Rahmen des jeweiligen Weisungsrechts konkrete Grenzen festgelegt sind, stellt sich freilich die Frage, ob § 315 BGB daneben noch Anwendung finden kann, oder ob die jeweiligen Grenzen eine abschließende Regelung darstellen sollen. Siehe zu diesem Themenkomplex auch infra *§ 7, II, 3* und *§ 9, IV, 3*.

[562] Siehe hierzu näher *§ 3, II*.

[563] Siehe zur Begründung eines Erst-Recht-Schlusses im Rahmen von § 649 BGB bzw. Art. 1794 CC supra *§ 3, II, 4*.

[564] Siehe zum arbeitsvertraglichen Weisungsrecht infra *§ 4, I*.

Rahmen des § 315 BGB wird als Gestaltungsrecht aufgefasst[565]. Dies führt dazu, dass im Rahmen von § 315 BGB die Regelungen zur Anwendung kommen, die sich für Gestaltungsrechte entwickelt haben. Dazu gehört zunächst, dass es sich bei der Ausübung des Leistungsbestimmungsrechts um eine empfangsbedürftige[566] Willenserklärung handelt[567], und damit die in Zusammenhang mit Willenserklärungen stehenden Regeln zu beachten sind (also etwa über Willensmängel, Stellvertretung etc.)[568]. Gestaltungsrechte sind darüberhinaus klassischerweise unbedingbar[569] und unwiderruflich[570]. Insbesondere die Unwideruflichkeit stellt freilich gerade in Zusammenhang mit Weisungsrechten ein Problem dar, weil ein Weisungsrecht als Ausdruck des Flexibilierungsinteresses der entsprechenden Vertragspartei nicht nur einmal, sondern entsprechend dem tatsächlichen Bedarf auch mehrfach ausübbar sein sollte. Dies ist besonders evident bei Weisungsrechten im Rahmen von Dauerschuldverhältnissen, also etwa beim arbeitsvertraglichen Weisungsrecht[571]. Seit *Bötticher* mit seiner Einführung von Muttergestaltungsrechten ist jedoch anerkannt, dass sich Gestaltungsrechte nicht zwingend mit einmaliger Ausübung aufbrauchen[572].

d) Fehlende Vergütungsregeln in § 315 BGB

Bei einer der zentralen Rechtsfragen im Zusammenhang mit Weisungsrechten vermag § 315 BGB nicht zu helfen. In der Norm werden keinerlei Bestimmungen vorgesehen, ob und gegenbenfalls wie sich die Ausübung des einseitigen Leistungsbestimmungsrechts auf die von der die Leistung bestimmenden Partei zu erbringenden Gegenleistung auswirkt. Bei Weisungrechten, insbesondere bei solchen, die zu Mehrarbeit führen, spielt der Vergütungsmechanismus je-

---

[565] *MüKo-Würdinger* § 315 Rn. 34; vgl. auch *Kornblum*, AcP 168 [1968] 450 [452] mit zahlreichen weiteren Nachweisen, der jedoch selbst der Ansicht ist, dass mit der einseitigen Leistungsbestimmung iSd §§ 315 ff. BGB keine wirkliche Rechtsänderung, sondern nur die Feststellung dessen, was innerhalb des billigen Ermessens liege, einhergehe, siehe *Kornblum*, AcP 168 [1968] 450 [456 ff., insbesondere 463 f.].

[566] Die Empfangsbedürftigkeit der Erklärung über die Leistungsbestimmung folgt bereits aus § 315 II BGB.

[567] *MüKo-Würdinger* § 315 Rn. 34; *Scholz*, S. 116.

[568] Siehe bereits Motive zum BGB II, S. 192 sowie *Scholz, S. 116.*

[569] Differenzierend bzgl. der vermeintlichen Bedingungsfeindlichkeit: *Scholz*, S. 136 ff.; *PWW-Brinkmann* § 158 Rn. 18. Siehe insbesondere auch *Hattenhauer*, S. 287 ff., vor allem S. 291 f. zum Direktionsrecht des Arbeitgebers als Ausnahme vom „Dogma der Bedingungsfeindlichkeit".

[570] Kritisch gegenüber dem „Dogma der Unwiderruflichkeit" wiederum aber etwa *Hattenhauer*, S. 346 ff.

[571] *Staudinger-Rieble* [2015] § 315 Rn. 289.

[572] Siehe hierzu näher supra *§ 2, III, 1.*

doch eine wichtige Rolle[573]. Man wird davon ausgehen können, dass im Rahmen von § 315 BGB die Frage der Anpassung der Gegenleistung deshalb nicht diskutiert wird, weil man davon ausgeht, dass die Parteien bei der Vereinbarung eines einseitigen Leistungsbestimmungsrechts nicht davon ausgehen, dass die nicht zur Leistungsbestimmung berechtigte Partei sich bei dessen Ausübung plötzlich mit Mehrarbeiten oder einem sonstwie gearteten signifikanten Mehraufwand konfrontiert sähe, sondern nur mit einer Konkretisierung der von den Parteien schon ungefähr bei Vertragsschluss und Vereinbarung des einseitigen Leistungsbestimmungsrechts in ihre Vorstellung aufgenommenen Leistung, wobei sich freilich nicht leugnen lässt, dass sich auch bei einer bloßen Konkretisierung der Leistung im Detail Unterschiede zwischen den verschiedenen Konkretisierungsmöglichkeiten ergeben, die den Wert der Leistung beeinflussen können und deshalb auf die Gegenleistung durchschlagen müssten. Von größerer Bedeutung ist daher ein zweiter Gedanke, wonach jedenfalls bei allzu großen Ungleichgewichten zwischen der bestimmten Leistung und der Gegenleistung – jedenfalls in den Fällen, in denen die bestimmte Leistung deutlich mehr Wert ist als die Gegenleistung – die Grenze des billigen Ermessens eingreifen würde und eine solche Leistungsbestimmung als nicht mehr in dem vom billigen Ermessen vorgesehenen Entscheidungsrahmen liegt. Vor diesem Hintergrund hält man wohl eine Diskussion über die Auswirkungen einer einseitigen Leistungsbestimmung auf die Gegenleistung im Rahmen von § 315 BGB für entbehrlich, was zur Folge hat, dass sich bzgl. der Vergütungsmechanismen für Mehrarbeiten auf Grund der Ausübung von Weisungsrechten aus § 315 BGB keine Erkenntnisse gewinnen lassen.

e) Fehlende Grundlage für die Existenz von Weisungen

Das letzte und wohl gewichtigste Problem, das die Regelung in § 315 BGB in Bezug auf Weisungsrechte aufwirft, ist die Tatsache, dass die Regelungen zur einseitgen Leistungsbestimmung in den §§ 315 ff. BGB nicht in der Lage sind, die Existenz von Weisungsrechten unabhängig von deren Vereinbarung durch die Vertragsparteien zu erklären. Die erste Voraussetzung der Anwendung des § 315 BGB ist die Frage, ob die Parteien vertraglich einer Partei ein nachträgliches, einseitiges Leistungsbestimmungsrecht zugestehen wollten. Wenn gerade nichts dergleichen vereinbart ist, und man sich die Frage stellt, etwa bei bestimmten Vertragstypen wie dem Werkvertrag[574], ob auch dann ein Weisungsrecht besteht, wenn sich die Vertragsparteien nicht ausdrücklich oder konklu-

---

[573] Siehe hierzu näher infra *§ 7, III* und *§ 9, V.*
[574] Siehe hierzu infra *§ 4, II, 2.*

dent darüber geeinigt haben, so hilft § 315 BGB an dieser Stelle nicht weiter[575].
§ 315 BGB kann also nur helfen, wenn kein Zweifel daran besteht, dass die
Vertragsparteien ein Weisungsrecht vereinbart haben. In diesem Fall kann die
Vorschrift in Form des billigen Ermessens einen nützlichen Kontrollmaßstab
liefern und damit das Weisungsrecht eingrenzen. Darauf, und auf die Erklärung
der Art der Ausübung nach den Regeln über Gestaltungsrechte, beschränkt sich
jedoch der spezielle Beitrag, den § 315 BGB für die rechtliche Erfassung von
Weisungsrechten beisteuern kann.

§ 4 Weisungsrechte neben dem transportvertraglichen Weisungsrecht

Wie einleitend angedeutet, ist es im Rahmen dieser Untersuchung nicht möglich, alle speziellen Weisungsrechte im Detail zu erörtern, weshalb sich die Untersuchung auf das transportvertragliche Weisungsrecht konzentriert. Gleichzeitig sollen an dieser Stelle jedoch kurze Ausblicke auf die Regelungen von
Weisungsrechten im Rahmen von anderen Vertragstypen gegeben werden um
deutlich zu machen, dass das Phänomen von Weisungsrechten sich längst nicht
nur auf den Bereich des Transportrechts beschränkt. Deutlich wird dabei, dass
die Frage, ob Weisungsrechte bestehen – abgesehen vom Arbeitsvertrag – im
Rahmen der anderen Vertragstypen zum Teil deutlich schwieriger zu beantworten ist als in Bezug auf das Transportrecht.

I. Weisungsrecht beim Arbeitsvertrag

Das Arbeitsrecht ist aus der Sicht eines deutschen Juristen sicherlich das zivil-
rechtliche Rechtsgebiet, in dem Weisungen (seitens des Arbeitgebers gegenüber
dem Arbeitnehmer) am weitesten verbreitet erscheinen. Im französischen Recht
nimmt die *modification du contrat* im arbeitsrechtlichen Schrifttum ebenfalls
eine größere Bedeutung ein als bei anderen Vertragstypen. Auch die französische Rechtsprechung hat sich umfassend mit dieser in der Praxis offenbar häufig
anzutreffenden Frage auseinandergesetzt. Wie *Dupré de Boulois* in seinem
grundlegenden Werk zur *pouvoir de décision unilatérale* herausarbeit[576], spielen dabei für die heutige Rechtslage zwei Entscheidungen der *Chambre sociale
de la Cour de Cassation* aus dem Jahr 1996[577] eine entscheidende Rolle. In ih-

---

[575] Siehe auch *Horn* in: Gutachten z. Überarb. d. Schuldrechts, Band 1, 551 [581].
[576] *Dupré de Boulois*, S. 113 ff.
[577] Cass. soc., 10 juillet 1996, JCP 1997, II, 22768. Die Befugnis zur *modification* des
Arbeitsvertrages (wobei präziser ausgedrückt nicht der Vertrag, sondern nur die Arbeitsbe-

nen hat die *Cour de Cassation* eine grundsätzliche Unterscheidung vorgenommen zwischen der *modification du contrat de travail*, die nur durch Vereinbarung zwischen den Vertragsparteien erfolgen kann, und dem *changement des conditions de travail*, das einseitig durch den Arbeitgeber vorgenommen werden kann[578].

Diese neue Terminologie löst die vorherige Unterscheidung ab, wonach es einerseits eine *modification substantielle du contrat* gab, die nur dann bindend wurde, wenn der Arbeitnehmer ihr zustimmte, und das Gegenstück hierzu die *modification non substantielle du contrat* war, die einseitig durch den Arbeitgeber durchgesetzt werden konnte[579]. Die Zuordnung einer Modifikation durch den Arbeitgeber zu einer dieser beiden Kategorien wurde in erster Linie dadurch vorgenommen, dass der Richter im Einzelfall ermittelte, wie wichtig die Veränderung für die Vertragsparteien ist und vor allem wie groß die daraus erwachsenden Konsequenzen für den Arbeitnehmer sein würden[580]. Ob eine Änderung des Arbeitsvertrags also in die eine oder in die andere Kategorie einzuordnen war, wurde konkret am Einzelfall bestimmt[581]. Dies hatte zur Folge, dass überhaupt kein Element des Arbeitsvertrages im Einzelfall nicht auch abänderbar sein konnte[582]. Vor allem aber führte dieser Versuch einer qualitativen Unterscheidung im Einzelfall zu kaum auflösbaren Diskussionen über die Grenze, ab der es sich um eine substantielle Veränderung handelt[583].

Diese Unterscheidung ist nun durch ein objektives Kriterium abgelöst worden[584]. Es kommt nicht mehr darauf an, wie der Richter im Einzelfall eine bestimmte Maßnahme in Bezug auf die Auswirkungen beim Arbeitnehmer bewertet[585], sondern vielmehr ist nun entscheidend, ob der Gegenstand der vom Arbeitgeber erstrebten Änderung zum Arbeitsvertrag zu zählen ist oder bloß

---

dingungen geändert werden können) wird in den beiden Entscheidungen im Übrigen auf das *pouvoir de direction* des Arbeitgebers gestützt. Demnach wird – jedenfalls im Arbeitsrecht – das einseitige Modifikationsrecht von dem *pouvoir de direction* umfasst. Auch *Savatier, DS* 1988, 135 [136] geht davon aus, dass der Arbeitgeber auf Grund seines *droit de direction*, dem der Arbeitnehmer mit dem Vertragsschluss zugestimmt habe, Änderungen am Arbeitsvertrag vornehmen könne, wobei es sich – da sich diese Befugnis schon aus dem *droit de disposition* ergebe – nicht um eine Modifikation des Vertrages, sondern um dessen Durchführung handele. Auch hier stiften die verschiedenen Begrifflichkeiten damit eher Verwirrung; vgl. zu den sonstigen Schwierigkeiten mit der Terminologie etwa supra *§ 1, III* und infra *§ 6, 1.*

[578] *Dupré de Boulois*, S. 113.
[579] *Dupré de Boulois*, S. 113.
[580] *Dupré de Boulois*, S. 116 f.; *Duquesne*, Rn. 356.
[581] *Dupré de Boulois*, S. 116 f.
[582] *Dupré de Boulois*, S. 117.
[583] *Duquesne*, Rn. 356.
[584] *Dupré de Boulois*, S. 117; *Duquesne*, Rn. 356.
[585] *Dupré de Boulois*, S. 117.

eine *condition de travail* darstellt. Dies hat etwa zur Folge, dass nach der neuen Rechtslage beispielsweise die Vergütung als zentrales Element eines jeden Arbeitsvertrages grundsätzlich ohne Zustimmung des Arbeitnehmers nicht einseitig durch den Arbeitgeber geändert werden kann[586]; dies gilt selbst dann, wenn der Arbeitgeber behauptet, der neue Berechnungsmodus sei für den Arbeitnehmer von Vorteil[587]. Bei anderen Bestandteilen des Arbeitsvertrages gibt es eine umfangreiche, zum Teil nuancierte Kasuistik, die hier nicht referiert werden kann[588]. Ein Beispiel für ein *changement de conditions de travail* ist die Anordnung von Überstunden, sofern sie sich innerhalb des gesetzlichen Rahmens bewegen und betrieblich angezeigt sind[589].

Freilich hat die neue Unterscheidung wiederum zu neuen Abgrenzungsproblemen geführt[590], die insbesondere darin ihren Ausdruck finden, dass die *Cour de Cassation* in zwei Entscheidungen aus dem Jahr 2003[591] zusätzlich zu der Unterscheidung, ob es sich um eine *modification du contrat* oder ein bloßes *changement des conditions de travail* handelt, bei der Frage nach der Zuordnung zu einer dieser beiden Kategorien zwischen solchen Modifikationen unterscheidet, die eine *clause contractuelle* oder eine *clause informative* betreffen[592]. Ist Letztere Gegenstand der Modifikation, soll es sich bloß um ein *changement des conditions de travail* handeln, so dass es einseitig vom Arbeitgeber vorgenommen werden kann[593]. Eine *clause contractuelle* unterscheidet sich dabei von einer *clause informative* darin, dass sie vertragliche Rechte der Vertragsparteien festschreibt, während eine *clause informative* nicht rechtsbegründend wirkt, sondern den Vertragspartner allein über bestimmte, rechtlich relevante Gegebenheiten informiert[594]. Dabei kann es sich etwa handeln um die Information über bestimmte Übungen innerhalb des Betriebes, den Inhalt bestehender Kollektivvereinbarungen oder bestimmter gesetzlicher Pflichten, die im Zusammenhang mit der jeweiligen Arbeitsstelle zu beachten sind[595]. In den beiden erwähnten Entscheidungen vom 3. Juni 2003 zählte die *Cour de Cassation* auch den im Vertrag angegebenen Ort der Arbeitsleistung zu den *clauses informati-*

---

[586] Siehe *Waquet*, RJS 1999, 383 [387] mit zahlreichen weiteren Nachweisen aus der Rechtsprechung.

[587] *Dupré de Boulois,* S. 117; *Waquet*, RJS 1999, 383 [387].

[588] Siehe für eine ausführliche Behandlung dieser Fragen mit zahlreichen Nachweisen *Dupré de Boulois,* S. 118 ff.

[589] *Dupré de Boulois,* S. 119.

[590] *Dupré de Boulois,* S. 121.

[591] Cass. soc., 3 juin 2003, Bull. civ. V, n° 185, S. 181.

[592] Siehe *Pélissier*, RJS 2004, 3 ff.

[593] Cass. soc., 3 juin 2003, Bull. civ. V, n° 185, S. 181.

[594] *Pélissier*, RJS 2004, 3.

[595] *Pélissier*, RJS 2004, 3.

ves, jedenfalls sofern nicht klar und präzise im Vertrag nur ein ausschließlicher Arbeitsort festgelegt worden ist[596]. Einseitig möglich seitens des Arbeitgebers ist demnach eine Versetzung zu einer anderen Betriebsstätte, sofern diese sich im selben *„secteur géographique"* befindet[597]. Die *Cour de Cassation* dehnt also mit der weiten Auslegung der *clauses informatives* und der damit verbundenen Erfassung einer Änderung des Arbeitsortes als bloßes *changement des conditions de travail* die Möglichkeiten der einseitigen Einwirkung auf das Arbeitsverhältnis seitens des Arbeitgebers auf Bereiche aus, die wie hier beim Ort der Arbeitsleistung für den Arbeitnehmer durchaus einschneidend sein können. Hintergrund des Vorgehens der *Cour de Cassation* ist offenbar, dass der Arbeitgeber bei von ihm gewünschten kleineren Modifikationen des Arbeitsverhältnisses nicht darauf angewiesen sein soll, eine Kündigung aussprechen zu müssen[598].

Die Rechtsprechung der *Cour de Cassation* kann vor diesem Hintergrund so gedeutet werden, dass versucht wird, aus wirtschaftlichen Überlegungen zugunsten des Arbeitgebers den Einfluss von Art. 1134 CC, der auch für den Arbeitsvertrag grundsätzlich vorschreibt, dass Vertragsänderungen nur zweiseitig durchgeführt werden können[599], so weit wie möglich zurückzudrängen. Ansonsten führt der starke Einfluss der Grundsätze aus dem allgemeinen französischen Schuldrecht im Arbeitsrecht sogar dazu, dass die Möglichkeit für den Arbeitgeber abgeschnitten ist, im Vertrag flexible Regelungen zu vereinbaren, denn die *Cour de Cassation* fasst Klauseln, in denen sich der Arbeitgeber das Recht vorbehält, einseitig und nachträglich Teile oder den Arbeitsvertrag in seiner Gesamtheit zu verändern, zum Teil als Verstoß gegen Art. 1134 al. 2 CC mit der Folge der Nichtigkeit der Klausel auf, weil der Arbeitnehmer auch nicht durch Vertrag auf den Regelungsgehalt des Art. 1134 al. 2 CC verzichten könne[600]. Solche Entscheidungen lassen sich für eine ganze Reihe von Elementen des Arbeitsvertrages, etwa die Vergütung oder die Arbeitszeit, finden[601].

---

[596] Cass. soc., 3 juin 2003, Bull. civ. V, n° 185, S. 181: „[...] la mention du lieu de travail dans le contrat de travail a valeur d'information à moins qu'il soit stipulé par une clause claire et précise que le salarié exécutera son travail exclusivement dans ce lieu."

[597] Cass. soc., 3 juin 2003, Bull. civ. V, n° 185, S. 181 (*arrêt n° 2*).

[598] So ausdrücklich *Pélissier*, RJS 2004, 3.

[599] Vgl. *Dupré de Boulois*, S. 123; *Pélissier*, RJS 2004, 3 [4]; *Savatier*, DS 1981 219 [221].

[600] Cass. soc., 27 février 2001, Bull. civ. V, n° 60, S. 45; *Frossard*, D. 2003, 1658 ; *Dupré de Boulois*, S. 120. Im belgischen Recht ist sogar gesetzlich festgeschrieben, dass Klauseln, mittels derer sich der Arbeitgeber ein einseitiges Modifikationsrecht des Arbeitsvertrages zu sichern versucht, nichtig sind, siehe Art. 25 de la loi du 3 juillet 1978, sowie weiterführend *Gilson*, in: *Brasseur/Cordier/Dear/Gilson/Hautenne/Peltzer*, S. 11 [18].

[601] Siehe für eine ausführliche Auflistung der Rechtsprechung *Dupré de Boulois*, S. 120 f.

Ebenso findet sich aber im französischen Schrifttum auch der Hinweis auf eine Besonderheit des Arbeitsvertrages bzw. – nach *Demogue* – des Dienstleistungsvertrages allgemein, wonach der Arbeitsvertrag den Arbeitnehmer unter die Autorität des Arbeitgebers stelle[602]. Diese Überlegungen haben jedoch bislang nicht dazu geführt, dass an der auch im Arbeitsrecht vorhandenen Dominanz des Art. 1134 CC grundsätzlich gezweifelt würde. Die neue Rechtsprechung von 1996 hält vielmehr an der einseitigen Unabänderbarkeit des Vertrages fest, indem nicht der Vertrag (*contrat de travail*), sondern nur die Arbeitsbedingungen (*conditions de travail*) abgeändert werden können[603]. Es macht allerdings den Anschein, dass es sich bei der Ermöglichung einseitiger Änderungen der *conditions de travail* vor allem um einen Kunstgriff der *Cour de Cassation* handelt, um der Regelung des Art. 1134 CC zu entgehen[604].

Es lässt sich damit festhalten, dass es auch im Arbeitsrecht – bei strikter Betrachtung – keine Möglichkeit gibt, den Arbeitsvertrag einseitig zu ändern[605]. Laut *Dupré de Boulois* neigt damit das Zivilrecht – anders als das Verwaltungsrecht – auch weiterhin dazu, von der Möglichkeit der *modification unilatérale* –

---

[602] Vgl. *Dupré de Boulois,* S. 113; *Savatier*, DS 1988 135 [136] sowie insbesondere *Savatier*, DS 1981 219 [221], der an gleicher Stelle als weiteren Grund für die Rechtfertigung einer *modification unilatérale* im Anschluss an ein Urteil der *Cour de* Cassation (Cass. soc., 26 janvier 1978, Bull. V n° 69) hinzufügt, dass der Arbeitgeber in der Regel bei unbefristeten Verträgen jederzeit den Vertrag beenden könne. Damit findet sich auch im arbeitsrechtlichen Schrifttum das Argument der sog. „Minusmaßnahmen" (auf französisch nach *Savatier* a. a. O.: „qui peut le plus, peut le moins") um einseitige Vertragsänderungen zu rechtfertigen; siehe ebenfalls *Savatier*, DS 1988, 135. Freilich ist zu berücksichtigen, dass sich sowohl das Urteil als auch die Ausführungen *Savatiers* in der damaligen Terminologie auf eine *modification non substantielle du contrat* beziehen, bei der es sich nach der heutigen Rechtsprechung nicht mehr um eine Modifikation des Vertrages, sondern bloß um eine Änderung der Arbeitsbedingungen handeln würde. Interessant bleibt jedoch, dass die französische Rechtswissenschaft das Argument der Minusmaßnahme zur Rechtfertigung einer einseitigen Einwirkung auf den Vertrag in Form der Modifikation einsetzt bzw. jedenfalls schon eingesetzt hat.

[603] Vgl. *Dupré de Boulois,* S. 135.

[604] In diese Richtung tendiert wohl auch *Dupré de Boulois,* S. 113, der es als „*rassurante*" (beruhigend) bezeichnet, dass man sich so mit Art. 1134 CC nicht auseinandersetzen müsse.

[605] *Dupré de Boulois*, S. 135. Wie *Dupré de Boulois,* S. 124 f. außerdem herausarbeitet, bestand die Möglichkeit zur einseitigen Änderung des Arbeitsvertrages zu keinem Zeitpunkt in der Vergangenheit, auch wenn eine Formulierung der *Cour de Cassation* (Cass. soc., 13 mai 1986, DS 1986, 871 [872]: „[L]e contrat de travail à durée indéterminée, qui peut être rompu à tout moment par la volonté de l'une des parties, peut également, et par la même, être modifié de façon unilatérale par l'employer, même dans ses clauses les plus essentielles, telles que celles relatives à la rémunération") darauf hingedeutet hatte. Vielmehr zeigt *Dupré de Boulois*, S. 125 anhand anderer Entscheidungen, dass zur wirksamen Änderung des Arbeitsvertrages immer eine Annahme seitens des Arbeitnehmers erforderlich war.

wenn überhaupt – nur heimlich zu sprechen[606]. Berücksichtigt werden muss dabei auch, dass es zwar rechtlich nicht möglich ist, den Arbeitsvertrag einseitig zu ändern, der Arbeitgeber aber trotzdem eine starke Position hat, weil er nicht nur die *conditions de travail* ohnehin einseitig ändern kann, sondern im Falle einer Ablehnung einer echten Vertragsänderung seitens des Arbeitnehmers – vergleichbar mit der deutschen Änderungskündigung[607] – den Vertrag beenden kann (jedenfalls sofern entsprechende Kündigungsgründe[608] gegeben sind)[609]. Um seine Arbeit nicht zu verlieren, wird der Arbeitnehmer also nicht selten der Änderung zustimmen, so dass zwar objektiv eine zweiseitige Änderung vorliegt, die jedoch einseitig vom Arbeitgeber aufgezwungen wurde[610]. *Dupré de Boulois* kommt deshalb zu dem Schluss: „Sur le terrain juridique, l'existence d'une option est incontestable. L'employeur n'a pas de faculté de modification unilatérale du contrat de travail. En pratique, le droit de résiliation unilatérale de l'employeur dégénère en une sorte de pouvoir de modification unilatérale de fait."[611]

Im deutschen Recht steht ein Weisungsrecht des Arbeitgebers gegenüber dem Arbeitnehmer außer Frage. Schon das Reichsarbeitsgericht hat im Jahr 1931 darauf aufmerksam gemacht, dass der Arbeitgeber zur effizienten Organisation der Arbeit flexibel über die Arbeitseinteilung entscheiden können muss[612]. Dort

---

[606] *Dupré de Boulois*, S. 135 f.

[607] Siehe hierzu etwa *MüKo-Hesse* Vorbemerkung zu §§ 620–630 BGB Rn. 68 ff.; im französischen Recht wird zwar formal keine Bedingung an das Angebot zur Änderung des Vertrages geknüpft, allerdings gibt es kaum einen Unterschied zu diesem Fall, denn – sofern das Angebot zur Abänderung auf Motiven beruht, die auch eine Kündigung rechtfertigen können – wird der Arbeitgeber diese dann in der Regel wohl auch aussprechen (dem Arbeitnehmer bleibt dann in finanzieller Hinsicht nur die Absicherung in Form der Abfindung), siehe *Dupré de Boulois, S. 127.*

[608] Siehe hierzu die ausführlichen Erläuterungen bei *Duquesne*, Rn. 377 ff.

[609] *Dupré de Boulois*, S. 127.

[610] *Savatier*, DS 1981 219 [220].

[611] *Dupré de Boulois*, S. 129.

[612] Das RAG, Entscheidungen des Reichsarbeitsgerichts und der Landesarbeitsgerichte (Bensh. Slg.) 14, 233 [236 f.] formuliert bezogen auf das Direktionsrecht des Arbeitgeber: „Diese Anordnungsbefugnis [...] wurzelt in der selbstverständlichen Aufgabe des Betriebsinhabers, den Betrieb zu organisieren und zu leiten. Er hat als Arbeitgeber den Betrieb einzurichten und zu führen, um als Glied der Volkswirtschaft im Wege der Arbeitsteilung zwischen ihm, als der organisierenden Stelle, und seinen Arbeitnehmern, als den vornehmlich die Arbeit Ausführenden, Werte zu schaffen, daher muß auch ihm die Befugnis als selbstverständliche Voraussetzung zustehen, die ihm seitens seiner Arbeitnehmer dargebotene Arbeit oder Mitarbeit in einer dem Betriebszwecke entsprechenden Weise zu verwenden. In dem typischen Arbeitsvertrag ist die von dem Arbeitnehmer zu leistende Arbeit regelmäßig nur der Art nach, nicht in allen Einzelheiten, bestimmt. Ihre Zuteilung und Verwendung für einen bestimmten technischen Zweck ist an sich Sache des Arbeitgebers. Es muss deshalb seine Aufgabe sein, die Arbeit einzuteilen, sie in einer den jeweiligen Verhältnisses entspre-

wurden auch – soweit ersichtlich – seitens der Gerichte erstmals die §§ 315, 316 BGB in diesem Zusammenhang zitiert[613]. Dies scheint der Ausgangspunkt für die Rückführung des arbeitsvertraglichen Weisungsrechts auf die §§ 315 ff. BGB zu sein, die von *Söllner* im Rahmen seiner Habilitationsschrift im Jahr 1966 endgültig verfestigt wurde[614]. Der Grund, warum man im Rahmen des arbeitsvertraglichen Weisungsechts auf die §§ 315 ff. BGB zurückgreift, bzw. zurückgegriffen hat, während man etwa im Auftrags- oder Transportrecht in aller Regel überhaupt keine Verbindung zu den §§ 315 ff. BGB herstellt, ist vermutlich darin zu sehen, dass mit § 665 BGB bzw. § 433 HGB a. F. sowie § 418 HGB n. F. im Auftrags- bzw. Transportrecht ausdrückliche Regelungen zum Weisungsrecht (und seine Grenzen) vorhanden sind, während dies im Arbeitsrecht bis zur Einführung des § 106 GewO im Jahr 2002, der nun erstmals ausdrücklich das arbeitsvertragliche Weisungsrecht regelt, nicht der Fall war. Trotz der etwas abgelegenen Stellung des § 106 GewO in der Gewerbeordnung[615], gilt die Vorschrift für alle Arbeitsverhältnisse (§ 6 II GewO).

Das arbeitsvertragliche Weisungsrecht ergibt sich jedoch nicht aus dem Gesetz – auch nicht aus § 106 GewO – sondern besteht auf Grund einer Vereinbarung zwischen den Vertragsparteien, die jedem Arbeitsvertrag immanent ist[616]. Es wird davon ausgegangen, dass dem Arbeitnehmer beim Abschluss des Arbeitsvertrages klar ist, dass er sich in eine fremd-organisierte Arbeitsorganisation einzugliedern hat und der Arbeitgeber zur effizienten Steuerung seines Betriebes Einfluss auf die vom einzelnen Arbeitnehmer zu erbringende Arbeitsleistung haben können muss[617]. Vor diesem Hintergrund wird der Willenserklärung des Arbeitnehmers, die zum Abschluss des Arbeitsvertrages führt, schon nach § 133 BGB entnommen, dass er sich zur Unterwerfung unter zukünftige Weisungen des Arbeitgebers bereiterklärt[618]. Aus der weiteren Auslegungsnorm für Willenserklärungen im BGB – § 157 BGB – ergibt sich parallel dazu, dass selbst ein entgegengesetzter innerer Wille des Arbeitnehmers im Rahmen der

---

chenden Weise an der richtigen Stelle einzusetzen, dem Arbeitnehmer die daraus sich ergebenden Anweisungen zu erteilen (vgl. §§ 315, 316 BGB)."

[613] Siehe RAG, Entscheidungen des Reichsarbeitsgerichts und der Landesarbeitsgerichte (Bensh. Slg.) 14, 233 [237].

[614] *Söllner*, S. 119 ff. *Söllner* will allerdings eine Unterscheidung vornehmen zwischen solchen Gestaltungsrechten des Arbeitgebers, die nach freiem Belieben auszuüben sind, und solchen, auf die § 315 BGB anzuwenden ist. Diese Unterscheidung hat sich aber nie durchgesetzt.

[615] Siehe für eine Kritik der Einfügung der Vorschrift in die Gewerbeordnung *Moll*, S. 33 f.

[616] *MüKo-Würdinger* § 315 Rn. 67; *Staudinger-Rieble* [2015] § 315 Rn. 186.

[617] *Moll*, S. 32; *Söllner*, in *Hromadka*, 13 [14].

[618] *Moll*, S. 32; *Söllner*, in *Hromadka*, 13 [14].

anzustellenden Vertragsauslegung mit Rücksicht auf die Verkehrssitte nicht zu beachten ist[619]. § 106 GewO hat vor diesem Hintergrund also rein deklaratorische Bedeutung[620]. Der Gesetzgeber wollte mit der Einführung des § 106 GewO und der damit verbundenen ausdrücklichen gesetzlichen Erwähnung des arbeitsvertraglichen Weisungsrechts allein einen Beitrag zu „Rechtsklarheit und Rechtssicherheit" in Bezug auf den Inhalt und die Grenzen des Weisungsrechts leisten[621].

Bisher unklar ist, ob die Einführung des § 106 GewO dazu führt, dass die Regelung des § 315 BGB im Zusammenhang mit dem arbeitsvertraglichen Weisungsrecht seine Relevanz gänzlich eingebüßt hat. *Rieble*[622] etwa verneint dies ausdrücklich und hält § 315 BGB weiterhin für direkt auf das Direktionsrecht des Arbeitgebers anwendbar, da § 106 GewO kein gesetzliches Leistungsbestimmungsrecht schaffe, sondern weiterhin die vertragliche Vereinbarung im Rahmen des Arbeitsvertrages erforderlich sei. Sicher erscheint nur, dass § 106 GewO als speziellere Norm § 315 BGB vorgeht und somit das arbeitsvertragliche Weisungsrecht nunmehr nicht nur im Zweifel nach billigem Ermessen auszuüben ist (nach § 315 BGB), sondern das billige Ermessen immer der Kontrollmaßstab ist (nach § 106 GewO)[623]. Damit erschöpfen sich jedoch bereits die Neuerungen, die die Einführung der Vorschrift gebracht hat[624].

Von zentraler Bedeutung für das Verständnis des arbeitsvertraglichen Weisungsrechts im deutschen Recht ist die Tatsache, dass es sich bei der Einflussnahme auf die Pflichten des Arbeitnehmers mittels des Weisungsrechts nicht um eine Vertragsänderung handeln soll, sondern lediglich um „eine Konkretisierung der durch den Arbeitsvertrag rahmenmäßig festgelegten Pflichten"[625]. Es bleibt also dabei, dass Vertragsänderungen nach der allgemeinen Regel des § 311 I BGB einer Vereinbarung zwischen den Vertragsparteien bedürfen[626]. Arbeitsvertragliche Weisungen können sich dagegen beziehen auf den Inhalt,

---

[619]   *Moll*, S. 32; *Söllner*, in *Hromadka*, 13 [14].

[620]   So jedenfalls die ganz herrschende Meinung, siehe nur *Moll*, S. 33 mit weiteren Nachweisen.

[621]   So BT-Drucks. 14/8796, S. 24.

[622]   *Staudinger-Rieble* [2015] § 315 Rn. 186; in die gleiche Richtung argumentiert auch *Tillmanns*, S. 125.

[623]   Vgl. *Moll*, S. 92; *Staudinger-Rieble* [2015] § 315 Rn. 188, 206.

[624]   Vgl. *Lakies*, BB 2003, 364.

[625]   *Moll*, S. 35; siehe auch *Staudinger-Rieble* [2015] § 315 Rn. 182, der ebenfalls von „Konkretisierung der Arbeitsleistung" spricht.

[626]   *Wank*, RdA 2005, 271 [272]. Freilich ist es auch möglich, bzgl. solcher weitreichenderer Veränderungen entsprechende einseitige Modifikationsrechte in den Arbeitsvertrag aufzunehmen, so dass der Arbeitgeber durch Vereinbarung im Arbeitsvertrag zu einseitigen nachträglichen Vertragsänderungen befugt ist, siehe hierzu *Moll*, S. 95 ff.

den Ort und die Zeit der Arbeitsleistung[627]. Entsprechend weit ist der mögliche Inhalt von Weisungen, angefangen beim schlichten „Hau Ruck"[628] über die Verlängerung der Arbeitszeit in Notsituationen[629] bis hin zur konkreten Arbeitszuweisung im Rahmen der im Arbeitvertrag grob vereinbarten Tätigkeit des Arbeitnehmers[630].

Die Grenzen des Weisungsrechts ergeben sich zunächst aus dem Arbeitsvertrag selbst: Es gilt die Grundregel, dass das Weisungsrecht von vornherein umso enger ist je konkreter die Leistungspflichten des Arbeitnehmers bereits im Arbeitsvertrag geregelt sind[631]. Insbesondere dürfen die Weisungen nicht dazu führen, dass sich das im Arbeitsvertrag festgelegte Berufsbild ändert[632]. Daneben gelten kollektivrechtliche und gesetzliche Grenzen[633], etwa Kündigungsschutzrecht. Schließlich ist als Grenze zu beachten, dass § 106 GewO vorschreibt, dass Weisungen nach billigem Ermessen auszuüben sind[634]. Billigkeit ist „die konkrete Gerechtigkeit im Einzelfall (Einzelfallgerechtigkeit)"[635]. Es lassen sich auf Grund der Fokussierung auf den Einzelfall nur schwierig allgemeine Grundsätze aufstellen. Mit *Söllner*[636] lassen sich jedoch speziell für das Arbeitsrecht einige Überlegungen festhalten. So wird man den Ermessensspielraum des Arbeitgebers dann besonders weit fassen können, wenn er mittels seiner einseitigen Entscheidung nur eigene Pflichten begründet, etwa bei einer Pensionszusage[637]. Einen mittleren Bereich der Weite des Ermessens stellen solche Entscheidungen dar, die sich auf den Vergütungsanspruch des Arbeitnehmers auswirken. Bei der Anordnung von (dauerhafter) Mehrarbeit ist selbstverständlich auch im Arbeitsrecht damit einhergehend, dass die Gegenleistung – hier in Form des Arbeitsentgelts – anzupassen ist[638]. Gleichzeitig hat dieser Anpassungsmechanismus zur Folge, dass das billige Ermessen im Rahmen von § 315 BGB bzw. § 106 GewO weiter auszulegen ist[639]. Am engsten wird man das

---

[627] Vgl. hierzu *Staudinger-Rieble* [2015] § 315 Rn. 189 ff..

[628] *Staudinger-Rieble* [2015] § 315 Rn. 189; *Tillmanns*, S. 120, 127.

[629] *Moll*, S. 39.

[630] *Moll*, S. 45.

[631] *Lakies*, BB 2003, 364.

[632] *Lakies*, BB 2003, 364 [365]; *Moll*, S. 45.

[633] *Staudinger-Rieble* [2015] § 315 Rn. 182.

[634] Siehe zur Billigkeit im Rahmen des § 315 BGB bereits supra *§ 3, III, 2, a)*.

[635] *Hoyningen-Huene*, S. 18.

[636] *Söllner*, S. 126 ff.

[637] So ausdrücklich *Söllner*, S. 126. Allerdings wird man hier auch die Frage aufwerfen können, ob es sich bei einer solchen, den Arbeitnehmer in keiner Weise belastenden, Entscheidung des Arbeitgebers überhaupt um die Ausübung seines Weisungsrechts geht.

[638] *Söllner*, S. 126.

[639] *Söllner*, S. 126.

Ermessen dort ziehen müssen, wo eine Weisung des Arbeitgebers den Arbeitnehmer ausschließlich belastet, etwa bei einer Versetzung[640]. Vor diesem Hintergrund einer abgestuften Weite des Ermessensspielraums erscheint vereinzelt vorgetragene Kritik gegen die Grenze des billigen Ermessens im Rahmen des arbeitsvertraglichen Weisungsrechts mit dem Argument, dass Gerichte nicht Unternehmerentscheidungen fällen sollten[641], für nicht angebracht, weil es auf Grund der gezeigten Flexibilität des Begriffs des billigen Ermessens den Gerichten gerade möglich ist, der Vielgestaltigkeit des Arbeitsverhältnisses gerecht zu werden und sich tatsächlich nur dort einzumischen, wo tatsächlich wichtige Interessen des Arbeitnehmers betroffen sind. Wichtig ist schließlich, dass über die Vorschrift des § 315 BGB die Grundrechte in das Arbeitsverhältnis einwirken und deshalb im Rahmen der billigen Ermessensausübung insbesondere der Gleichheitsgrundsatz aus Art. 3 GG zu beachten ist[642].

Auch im englischen Recht wird dem großen Flexibilitätsinteresse im Rahmen von Arbeitsverträgen Rechnung getragen, indem es vielfach einseitige Modifikationsrechte des Arbeitgebers gibt. Als Grundregel ist jedoch zunächst festzuhalten, dass es für die Änderung des Arbeitsvertrages grundsätzlich einer Einigung zwischen den Vertragsparteien bedarf[643]. Zudem ist dem englischen Arbeitsvertrag – anders als etwa dem deutschen – keinesfalls immanent, dass ein einseitiges Modifikationsrecht für den Arbeitgeber besteht[644]. Erforderlich ist vielmehr, dass sich klar und ausdrücklich aus dem Vertrag gibt, dass dem Arbeitgeber ein solches einseitiges Modifikationsrecht zustehen soll[645]. Die Situation im englischen Recht auf den Punkt gebracht hat zuletzt *Lord Woolf* in der Entscheidung *Wandsworth London Borough Council v D'Silva*[646]:

---

[640] *Söllner*, S. 126.

[641] Siehe etwa die dahingehende Kritik von *Moll*, S. 86 ff. sowohl an der Rechtsprechung zu § 315 BGB als auch an der Festschreibung des Maßstabes des billigen Ermessens in § 106 GewO.

[642] *Söllner*, in *Hromadka*, 13 [32 f.].

[643] *Deakin/Morris*, Rn. 4.34; *Pitt*, Rn. 4-011; *Sargeant/Lewis*, S. 109; *Selwyn*, Rn. 3.182. Ändert der Arbeitgeber einseitig den Vertrag, so ist dies grundsätzlich ein *breach of contract*, siehe *Pitt*, Rn. 4-011.

[644] Vgl. *Deakin/Morris*, Rn. 4.34; allerdings kann sich ein solcher *implied term* im Einzelfall ergeben, etwa in *Jones v Associated Tunnelling Co Ltd* [1981] IRLR 477, wo ein *implied term* in Form einer *mobility clause*, mit deren Hilfe der Arbeitgeber den Arbeitsort ändern durfte, angenommen wurde weil die Arbeitsweise des Arbeitgebers, der als Bauunternehmer für Kohlegruben von Zeit zu Zeit in anderen Kohlegruben neue Aufträge fand, dies erforderte. Siehe hierzu auch *Rideout*, S. 59.

[645] *Deakin/Morris* Rn. 4.34; *Sargeant/Lewis*, S. 109; nach dem *Court of Appeal* in *Security and Facilities Division v Hayes* [2001] IRLR 81 [85] muss sich das einseitige Modifikationsrecht „unambiguous" aus dem Vertrag ergeben.

[646] [1998] IRLR 193 (CA) [197].

„The general position is that contracts of employment can only be varied by agreement. However, in the employment field an employer or for that matter an employee can reserve an ability to change a particular aspect of the contract unilaterally by notifying the other party as part of the contract that this is the situation. However, clear language is required to reserve to one party an unusual power of this sort. In addition, the court is unlikely to favour an interpretation which does more than enable a party to vary contractual provisions with which that party is required to comply."

Der letzte Satz macht deutlich, dass sich das Modifikationsrecht in aller Regel nicht auf alle Bereiche des Vertrages erstrecken kann, sondern eine Modifikation nur bzgl. solcher Regelungen möglich ist, die dem Arbeitnehmer Pflichten auferlegen, während solche Regelungen, die dem Arbeitnehmer bestimmte Rechte einräumen, nicht Gegenstand eines einseitigen, nachträglichen Modifikationsrechtes seitens des Arbeitgebers sein können[647]. Der Vertrag mag also etwa vorsehen, dass der Ort der zu erbringenden Arbeitsleistung vom Arbeitgeber nachträglich einseitig geändert werden kann oder sonstige Pflichten des Arbeitnehmers verändert werden[648].

In manchen Fällen verlangen die Gerichte, dass der Arbeitgeber vor der einseitigen Modifikation den Arbeitnehmer anhört, ohne dass jedoch eine ablehnende Haltung des Arbeitnehmers der Modifikation im Ergebnis entgegensteht[649]. Interessanterweise wird an dieser Stelle im englischen Recht offenbar keine Unterscheidung danach vorgenommen, ob es sich bei den *variations* um solche handelt, die den Vertrag insgesamt ändern oder ob sie nur die *terms* des Vertrages ändern[650]. Begründet wird dies damit, dass eine Unterscheidung zwischen diesen beiden vermeintlich unterschiedlichen Arten der Modifikation des Vertrages nicht möglich sei, sondern bei einer Veränderung in der einen Art und Weise auch jeweils die andere Art und Weise betroffen sei[651].

Interessant ist, dass offenbar auch hier[652] davon ausgegangen wird, dass die Einseitigkeit allein nicht zur Änderung der Vertragspflichten führt, sondern der Arbeitnehmer auf Grund der vertraglichen Vereinbarung daran gebunden ist, die Änderung seitens des Arbeitgebers zu akzeptieren, so dass man wohl doch davon ausgeht, dass es sich letztlich um eine zweiseitige Vertragsänderung han-

---

[647] Siehe *Deakin/Morris*, Rn. 4.34.

[648] *Selwyn*, Rn. 3.188.

[649] *Harvey*, Rn. 87 mit weiteren Nachweisen.

[650] Vgl. *Freedland*, S. 235. Siehe in diesem Zusammenhang aber etwa die Unterscheidung von Änderungen, die den Vertrag als solchen, bzw. nur die *works* betreffen, der im Bereich des Bauvertrages im englischen Recht vorgenommen wird, infra *§ 4, II, 2*.

[651] *Freedland*, S. 235.

[652] Siehe zu dieser Problematik auch supra *§ 1, III*, sowie in Bezug auf das transportvertragliche Weisungsrecht infra *§ 6, II, 1*.

delt, die nur auf Initiative einer Vertragspartei, namentlich des Arbeitgebers, und ohne Widerspruchsmöglichkeit seitens des Arbeitgebers geschieht[653].

Was die Grenzen des Modifikationsrecht des Arbeitgebers angeht, so wird im Schrifttum darauf hingewiesen, dass der Arbeitgeber – wie auch sonst englische Vertragsparteien in der Regel – grundsätzlich nicht dazu verpflichtet ist, *reasonable* zu handeln, wobei dies im Einzelfall jedoch anders sein könne, wenn die Änderung für den Arbeitnehmer besonders einschneidend ist[654].

Außerdem kann davon ausgegangen werden, dass die Gerichte weite Modifikationsrechte für den Arbeitgeber eher restriktiv auslegen um so das Modifikationsrecht einzuschränken[655]. Dies wird im Schrifttum als *„interpretation approach"* bezeichnet[656], anhand dessen die Gerichte also nicht generell weite Klauseln über einseitige Modifikationsrechte des Arbeitgebers für unwirksam erklären, sondern ihre Bedeutung dadurch eindämmen, dass sie sehr eng ausgelegt werden.

Schließlich ist festzuhalten, dass das englische Arbeitsrecht zu (einseitigen) Modifikationen des Vertrages in mehrlei Hinsicht eine Art Sonderrolle im englischen Recht insgesamt einnimmt vor dem Hintergrund, dass ein Vertrag über ein Arbeitsverhältnis sich von anderen Vertragstypen ganz erheblich unterscheidet, insbesondere weil er von vornherein ein viel höheres Maß an Flexibilität von den Vertragsparteien erfordert. Infolgedessen wird beim Arbeitsvertrag etwa diskutiert, ob das geltende Recht auf Grund der erforderlichen Flexibilität und der leichten Veränderbarkeit des Vertrages überhaupt das *consideration*-Erfordernis bei der späteren Modifkation des Vertrages noch aufrecht erhält[657]. Betont wird außerdem die Tatsache, dass viele verbindliche Regelungen eines Arbeitsvertrages sich nicht aus dem Vertrag selbst, sondern sich erst während der Durchführung des Arbeitsvertrages ergeben, so dass die klassische Herangehensweise, ausschließlich auf den Inhalt des Vertrages bei dessen Abschluss zu schauen, fehl am Platz sei[658].

---

[653] *Selwyn*, Rn. 3.188: „[…], the express terms oft he contract may permit substantial variations, and if this is so, the other party is bound to accept, whether he agrees in principle or not."

[654] *Deakin/Morris*, Rn. 4.34.

[655] *Harvey*, Rn. 88.

[656] *Harvey*, Rn. 89 mit entsprechenden Nachweisen zu englischen Entscheidungen.

[657] *Hough*, JCL 2001, 193 ff.

[658] *Freedland*, S. 237 f.

II. Weisungsrechte im Rahmen selbstständig erbrachter Dienstleistungen

Nicht nur bei der Erbringung abhängiger Dienstleistungen wie im Rahmen des Arbeitsvertrages kommen Weisungsrechte vor, sondern auch bei anderen Dienstleistungen, die nicht in Abhängigkeit, sondern grundsätzlich selbstständig erbracht werden, erfreuen sich Weisungsrechte einer gewissen Verbreitung.

1. Weisungsrecht beim Auftrag, dem mandat und der agency

So ist etwa der Auftrag aus der Sicht des deutschen Juristen ein klassischer Fall eines Vertragstyps mit einem Weisungsrecht. In § 665 BGB wird ausdrücklich geregelt, wann der Beauftragte von Weisungen seitens des Auftraggebers abweichen kann, so dass sich aus dieser Vorschrift ergibt, dass grundsätzlich Weisungen im Rahmen des Auftragsverhältnisses möglich sind[659]. Unsicherheit herrscht aber darüber, ob man die Weisungen im Rahmen des Auftrags als Änderungen[660] des Vertrages oder als bloße Konkretisierungen[661] desselben begreifen soll.

Die jeweiligen Grenzen des auftragsrechtlichen Weisungsrechts ergeben sich aus dem jeweiligen Vertrag, wobei das Weisungsrecht umso umfassender ist umso weiter der Vertragsgegenstand ist[662]. *Knütel* allerdings vertritt eine sehr restriktive Auffassung bzgl. der Grenzen von Weisungen beim Auftrag, indem er davon ausgeht, dass „sie nicht die wesentlichen Punkte des Auftrages neu regeln [dürfen], denn darin läge eine Vertragsänderung, die nur einverständlich, nicht aber einseitig vom Auftraggeber herbeigeführt werden kann (§ 305 BGB; scil. § 311 BGB). Nachträgliche Weisungen können daher grundsätzlich nur Nebenpunkte des Auftrages und die Art seiner Ausführung gestalten."[663] Zu den Hauptpunkten sollen insbesondere „der Gegenstand des Auftrags, der Typ und die Hauptpunkte des Ausführungsgeschäfts sowie die von den Parteien als wesentlich vereinbarten Bestimmungen" zählen[664].

---

[659] Vgl. *Knütel*, ZHR 137 (1973) 285 [286]. Als Begründung für das auftragsrechtliche Weisungsrecht findet man den Hinweis, dass beim Auftrag der Beauftragte die Interessen des Auftraggebers wahrnehme und deshalb Herr des Geschäfts bleiben müsse, siehe *HKBGB-Schulze* § 665 Rn. 1; ähnlich auch *MüKo-Seiler* § 665 Rn. 1.

[660] *Müko-Seiler* § 665 Rn. 3 spricht von „präzisieren" sowie „modifizieren", so dass er durch die Benutzung des Begriffes „modifizieren" wohl auch eine Änderung des Vertrages für möglich hält.

[661] So beispielsweise *Erman-K.P. Berger* § 665 Rn. 2.

[662] So ausdrücklich *Erman-K.P. Berger* § 665 Rn. 2.

[663] *Knütel*, ZHR 137 (1973) 285 [293].

[664] *Knütel*, ZHR 137 (1973) 285 [293].

Im französischen Recht dagegen ist es schon grundsätzlich viel fraglicher, ob im Rahmen des *mandat* überhaupt ein Weisungsrecht gegeben ist[665]. Weder in den einschlägigen Lehrbüchern noch im *Juris Classeur* oder der *Encyclopedia Dalloz* wird ein Weisungsrecht seitens des Auftraggebers gegenüber dem Beauftragen ausdrücklich erwähnt. Wenn überhaupt nur von Instruktionen gegenüber dem Beauftragten die Rede ist, dann im Zusammenhang mit dessen Pflicht, den Auftraggeber über den Fortgang des Auftrages zu informieren[666]. Tut er dies nämlich nicht, wird dem Auftraggeber die Möglichkeit genommen, auf sich ändernde Umstände reagieren zu können, indem er neue Instruktionen gibt[667]. Er begeht dadurch eine *faute* und macht sich schadensersatzpflichtig[668]. Weder aus der Formulierung von *Tourneau*[669] („Il importe que le donneur d'ordre puisse apprécier la situation en connaissance de cause, afin notamment d'adapter ses instructions, s'il y a lieu, aux éléments nouveaux") noch aus der Formulierung der in diesem Zusammenhang häufig zitierten Entscheidung der *Cour de Cassation*[670] („Mais attendu que la Cour d'appel, qui ne s'est pas contredite et a répondu aux conclusions invoquées, a retenu que la société Geravia, qui n'était pas investie d'un mandat limité et agissait comme commissionaire de tranport, n'avait pas informé en temps utile la société SDRH des difficultés sérieuses survenues pour permettre à celle-ci de remédier à la situation créée par la défaillance des acheteurs") lässt sich jedoch zweifelsfrei entnehmen, dass der Auftraggeber dem Beauftragten (gegen dessen Willen) Weisungen erteilen kann, wie nun weiter zu verfahren sei[671]. Man könnte die zitierten Textpassagen auch

---

[665] Das französische *mandat* kann vereinfachend als Funktionsäquivalent des deutschen Auftrags angesehen werden. Die wichtigsten Unterschiede zum deutschen Auftrag sind freilich, dass Gegenstand eines *mandat* nach Art. 1984 CC nur die Vornahme von Rechtsgeschäften (*actes juridiques*) sein kann, vlg. *Bénabent*, Contrats spéciaux, Rn. 908; *Tourneau*, Rép. civ. Dalloz, Mandat, Rn. 1, während Gegenstand eines Auftrages grundsätzlich jede Tätigkeit sein kann, sowie die (noch) nicht vorgenommene Trennung zwischen der Stellvertretung und dem Grundgeschäft, siehe *Malaurie/Aynès/Gautier*, Rn. 527.

[666] *Tourneau*, Rép. civ. Dalloz, Mandat, Rn. 214 ; siehe zur Informationspflicht des *mandataire* auch *Dutilleul/Delebecque*, Rn. 651.

[667] *Tourneau*, Rép. civ. Dalloz, Mandat, Rn. 214; Cass com. 13 décembre 1982, Bull. civ. IV, n° 413;

[668] Cass com. 13 décembre 1982, Bull. civ. IV, n° 413.

[669] *Tourneau*, Rép. civ. Dalloz, Mandat, Rn. 214.

[670] Cass com. 13 décembre 1982, Bull. civ. IV, n° 413.

[671] Auch bei *Pétel*, der sich sehr grundlegend mit den Pflichten des Beauftragten beschäftigt, wird zwar über viele Seiten die Pflicht des Beauftragen beschrieben, den Auftraggeber während der Durchführung des Auftrags auf dem Laufenden zu halten (S. 233 ff.), gleichzeitig wird aber nirgends explizit gesagt, dass dies u. a. auch deshalb zu erfolgen habe, damit der Auftraggeber neue Anweisungen geben könne. Stattdessen beschränkt sich *Pétel* darauf, im Zusammenhang mit der Pflicht, bei auftretenden „*fait majeur*" den Auftraggeber darüber zu

so verstehen, dass auch weiterhin eine Annahme der neuen Instruktionen auf Seiten des Beauftragten erforderlich ist und der Auftraggeber eben nur die Möglichkeit haben soll, auf die neue Situation reagieren zu können, sei es, dass er ein Angebot zur Vertragsänderung durch eine Instruktion macht oder er den Mandatsvertrag einseitig und grundlos beendet, was ihm gem. Art. 2004 CC jederzeit offensteht, sofern es nicht einen *abus de droit* darstellt[672].

Die Rechtsfigur, die schließlich im englischen Recht am ehesten mit dem Auftrag deutscher Prägung verglichen werden kann, ist die *agency*, die folgendermaßen definiert wird:

„Agency is the fiduciary relationship which exists between two persons, one of whom expressly or impliedly manifests assent that the other should act on his behalf so as to affect his relations with third parties, and the other of whom similarly manifests assent so to act or so acts pursuant to the manifestation."[673]

Einer der beim Vergleich mit dem deutschen Recht zu beachtenden Unterschiede ist, dass die *agency* – ebenso wie im Übrigen das französische *mandat*[674] – sowohl Elemente der Übertragung der Vertretungsmacht (*authority*) als auch des Grundgeschäfts miteinander vereint, während das deutsche Recht mit dem Trennungs- und Abstraktionsprinzip eine strikte Trennung zwischen dem Stellvertretungsrecht als solchem und dem zugrundeliegenden Geschäft kennt[675].

Ähnlich wie in Frankreich wird in der englischen Literatur zur *agency* der Frage, inwieweit es seitens des *principals* gegenüber dem *agent* möglich ist, nachträgliche verbindliche Weisungen auszusprechen, kaum Beachtung geschenkt. Im Kapitel zur *agency* in *Chitty on contracts* beschränken sich die Ausführungen etwa darauf, dass der *agent* allen *instructions* des *principals* Folge zu leisten hat, ohne dass jedoch darauf eingegangen wird, ob sich diese Regel auf die *instructions* im Rahmen des Vertragsschlusses beschränkt oder auch nachträgliche Weisungen mit umfasst[676]. Konkreter immerhin wird das englische Standardwerk zur *agency* ‚*Bowstead & Reynolds*', das – in Anlehnung an

---

informieren, zu erwähnen, dass solch wichtige Ereignisse eine Reaktion des Auftraggebers erfordern (S. 253: „*cet événement rend nécessaire une réaction du mandant*"). Worin diese Reaktion bestehen kann, d.h. ob sie nur in der im Gesetz vorgesehenen Möglichkeit der Beendigung des Auftrags oder auch in einer (einseitigen) Modifikation bestehen kann, wird nicht weiter ausgeführt.

[672] Cass. civ. 1re, 2 mai 1984, Bull. civ. I, n° 143.

[673] *Bowstead & Reynolds*, Rn. 1-001.

[674] Siehe supra *Fn. 665.*

[675] Siehe hierzu und zu weiteren Unterschieden zwischen dem englischen und deutschen Stellvertretungsrecht sehr instruktiv *Festner*, S. 4 ff.

[676] Vgl. *Chitty* II-*Reynolds*, Rn. 31-112.

die amerikanischen *Restatements* – den Rechtsstoff des *Common law* zur *agency* in Form von Artikeln zusammenfasst. In Artikel 37 Abs. 1 heißt es:

„Subject to any special circumstances indicating the contrary, the agent is bound to obey all lawful and reasonable instructions of his principal in relation to the manner in which the agent carries out his duties."[677]

Wie sich aus der Überschrift dieses Abschnitts „*Contractual Agent's Duty to Obey Further Instructions Given by Principal*" sowie des vorherigen Abschnitts, in dem es um die Befolgung von *instructions*, die bei Vertragsschluss festgelegt wurden, ergibt, soll es sich hierbei um ein nachträgliches Weisungsrecht handeln. Im dazugehörigen *Comment* wird allerdings offengelegt, dass es ein solches nachträgliches Weisungsrecht im Rahmen der *agency* zwar „*self-evident*" sei, es jedoch nicht mit Hilfe von Entscheidungen belegt werden könne[678]. Dies könne eventuell auf die Tatsache zurückgeführt werden, dass es nicht allzu viele Möglichkeiten gebe, in denen entsprechende Fälle auftreten könnten[679], wobei eine solche Aussage für sich genommen kaum nachvollziehbar ist, weil davon ausgegangen werden kann, dass nachträgliche Weisungen im Rahmen einer *agency* durchaus häufig vorkommen, und entsprechend auch Anlass zu Rechtsstreitigkeiten (etwa zu den Grenzen des Weisungsrechts, den Auswirkungen auf den Vergütungsanspruch etc.) geben. Verständlicher wird diese Aussage jedoch bei Berücksichtigung der weiteren Ausführungen bei *Bowstead & Reynolds:* Demnach kontrolliert der *principal* den *agent* im Rahmen der *agency* mit Hilfe der Letzterem gewährten Vertretungsmacht (*authority*), weil der *agent* sich innerhalb der ihm zugestandenen *authority* zu bewegen hat und der *principal* deshalb durch die jederzeitige Änderung des Umfangs der *authority* bis hin zum vollständigen Widerruf Einfluss auf den *agent* und damit das von ihm zu besorgende Geschäft nehmen kann[680]. Wenn hingegen der *principal* eine Veränderung begehrt, die sich nicht über das Ausmaß der gewährten *authority* steuern lässt, also laut *Bowstead & Reynolds* etwa die Art und Weise, in der der *agent* seinen Verpflichtungen nachzukommen hat, so müsse für Weisungen, die sich auf solche Inhalte beziehen, auf eine andere Rechtsbeziehung zwischen *principal* und *agent* zurückgegriffen werden, also etwa einen zugrundeliegenden Arbeitsvertrag[681]. Ebenfalls ausdrücklich genannt wird das Verhältnis eines Seefrachtführers und dem Versender[682].

---

[677] *Bowstead & Reynolds*, Rn. 6-008.
[678] Vgl. *Bowstead & Reynolds*, Rn. 6-009.
[679] *Bowstead & Reynolds*, Rn. 6-009.
[680] Siehe *Bowstead & Reynolds*, Rn. 6-009.
[681] *Bowstead & Reynolds*, Rn. 6-009.
[682] *Bowstead & Reynolds*, Rn. 6-009.

Vor dem Hintergrund der dargestellten Ausführungen bei *Bowstead & Reynolds* ist somit für das englische Recht davon auszugehen, dass die Regelungen zur *agency* abgesehen von der wichtigen Möglichkeit, den *agent* über das Ausmaß der gewährten Vertretungsmacht zu steuern, kein Weisungsrecht vorhält, sondern dieses in einem weiteren Vertragsverhältnis zwischen *principal* und *agent* zu suchen ist. Dies ist besonders deshalb interessant, weil das englische Recht zur *agency*, das – wie erwähnt – grundsätzlich auch Elemente des der Stellvertretung zugrundeliegenden Geschäfts umfasst, hier doch auf ein Grundgeschäft zurückgreifen muss, weil die Regelungen über das zur *agency* nicht ausreichend sind. Da es über die *agency* hinaus kein Auftragsrecht gibt, können sich Weisungsrechte nur aus anderen Vertragstypen ergeben.

2. Weisungsrecht beim Werkvertrag, dem contrat d'entreprise *sowie* dem construction contract

Im Werkvertrag sind Weisungsrechte seitens des Bestellers gegenüber dem Werkunternehmer in der Praxis in allen drei zu untersuchenden Rechtsordnungen eine Selbstverständlichkeit, weil das Bedürfnis nach Flexibilität jedenfalls bei denjenigen Werkverträgen, die besonders zeitintensiv und/oder komplex sind, besonders groß ist. Vor diesem Hintergrund überrascht es durchaus, dass trotz dieser besonderen Bedeutung des Weisungsrechts im Rahmen des Werkvertrages in keiner der drei zu untersuchenden Rechtsordnungen ohne Weiteres davon ausgegangen wird, dass ein werkvertragliches Weisungsrecht unabhängig von einer entsprechenden vertraglichen Abrede besteht.

So ist etwa im französischen Privatrecht umstritten, ob grundsätzlich ein Weisungsrecht für den Besteller gegenüber dem Unternehmer besteht[683]. Auffällig ist dabei zunächst auch hier, dass man sich in den einschlägigen Lehrbüchern oder sonst im französischen Schrifttum kaum mit dieser Frage auseinandersetzt[684]. Eine Urteilsanmerkung von *Jestaz*[685] lässt große Zweifel daran aufkommen, dass dem *contrat d'entreprise* grundsätzlich ein Modifikationsrecht

---

[683] Im Rahmen eines *contrats administratifs* dagegen ist es unstreitig, dass der Werkbesteller jederzeit den Vertragsinhalt einseitig modifizieren kann, siehe *LLorens*, S. 244 ff.

[684] Diesen Mangel an wissenschaftlicher Auseinandersetzung mit dieser Thematik beklagt auch *Llorens*, S. 250, der selbst jedoch ausführlich und grundlegend diese Fragestellung bearbeitet. Im Übrigen gehört *Llorens* auch zu den (wenigen) Autoren, die sich mit dem Aufsatz *Demogues* beschäftigen. Dabei stellt auch *Llorens*, S. 251 heraus, dass *Demogue* das Thema der *modification du contrat* mit dem Ansatz angegangen ist, eine verallgemeinerungsfähige Theorie für diese Modifikationsrechte zu schaffen, während die meisten anderen Autoren, die sich überhaupt mit dieser Thematik beschäftigen, sich damit begnügen, die Existenz oder Nichtexistenz solcher Modifikationsrechte kurz festzustellen.

[685] *Jestaz*, D. 1970, Jurispr., 453.

inhärent ist. Darin macht der Autor deutlich, dass es in den beiden zu besprechenden Entscheidungen der *Cour de Cassation*[686] nur deshalb nachträglich einseitige Weisungen habe geben können, weil es eine entsprechende Klausel im *contrat d'entreprise* gab[687]. Demnach würde auch im Bereich des Werkvertrages uneingeschränkt Art. 1134 CC gelten, wobei freilich die ausdrückliche Vereinbarung eines Modifikationsrechts – anders als im Arbeitsrecht[688] – offenbar nicht als Verstoß gegen Art. 1134 CC angesehen wird.

Llorens ist – im Anschluss an *Demogue* – dagegen der Auffassung, dass ein Recht zur Modifikation des *contrat d'entreprise* auch dann bestehen müsse, wenn es nicht ausdrücklich von den Vertragsparteien vereinbart worden ist[689]. Man könne nämlich dieses Modifikationsrecht auch aus den generellen Vor-

---

[686] In den Entscheidungen Cass. civ. 3ᵉ, 22 mai und 5 juin 1968, D. 1970, 453 geht es um nachträgliche Präzisierungen der Arbeit durch den Werkbesteller. Im Urteil vom 5. Juni 1968 versucht der Eigentümer eines Hauses, der einen Werkunternehmer mit der Anbringung eines Werbeschildes auf dem Dach beauftragt hatte, das danach bei Wind vom Dach fiel und einen Passanten verletzte, Regress beim Werkunternehmer für den Passanten zu entrichtenden Schadensersatz zu nehmen. Der Werkunternehmer verteidigt sich damit, dass der Werkbesteller ihn angewiesen habe, das Schild in einer bestimmten Weise anzubringen. Der Hintergrund ist dabei, dass zwar der Werkunternehmer grundsätzlich – auch bei nachträglichen Modifikationen durch den Werkbesteller – für die ordnungsgemäße Herstellung des Werkes verantwortlich bleibt (*Jestaz*, D. 1970, 453, [454]). Nur wenn der Werkbesteller selbst Spezialist ist und genaue Vorschriften über die Herstellung des Werkes macht, kommt eine Verschiebung der Haftung in Frage (*Jestaz*, D. 1970, 453, [454]). Im vorliegenden Fall entschied die *Cour de Cassation*, dass es schon an präzisen Anweisungen gefehlt habe, da zwar eine bestimmte Art der Anbringung ausgeschlossen worden sei, gleichzeitig dem Werkunternehmer aber alle anderen (sicheren) Arten der Anbringung weiter offen standen, so dass der Werkbesteller den Werkunternehmer in Regress nehmen konnte. Betont werden muss an dieser Stelle, dass diese erste Entscheidung für die vorliegende Untersuchung in erster Linie für die Abgrenzung relevant ist, denn um eine *modification* des Vertrages handelt es sich bei den hier gegebenen Anweisungen nicht, sondern nur um eine Präzisierung des Auftrages (so *Jestaz*, D. 1970, 453, [455]).
Eine echte *modification* des Vertrages liegt dagegen der zweiten Entscheidung vom 22. Mai 1968 zugrunde: Der Werkbesteller hatte hier wiederholt während der Durchführung der Arbeiten Veränderungen verlangt, die zu einer starken Erhöhung des Arbeitsvolumens insgesamt sowie zu mehreren unplanmäßigen Unterbrechungen der Arbeiten führte, woraufhin der Werkunternehmer Ersatz für den dadurch entstandenen Schaden verlangte (der wohl nicht beispielsweise darin bestand, dass andere Aufträge nicht rechtzeitig bedient werden konnten, sondern sich auf die zusätzlich geleisteten Arbeiten bezieht, für die keine Vergütung vereinbart wurde). Auf Grund der Vielzahl der unkoordinierten Modifikationswünsche geht die *Cour de Cassation* hier von einem Missbrauch (*abus de droit*) des Modifikationsrechts seitens des Werkbestellers ist, das gleichzeitig eine *faute* darstellt und deshalb zu Schadensersatz berechtigt.
[687] *Jestaz*, D. 1970, Jurispr., 453 [455].
[688] Siehe supra § 4, I.
[689] *Llorens*, S. 258.

schriften des *Code Civil* herleiten, etwa indem man davon ausgeht, dass über die Auslegungsvorschriften der Art. 1135 CC oder Art. 1160 CC ein solches Modifikationsrecht, das üblich sei bei *contrats d'entreprise,* schon auf Grund dieser gegebenen Vertragserwartung Bestandteil des Vertrages sein müsse[690]. Die Begründung, die *Llorens* für eine grundsätzliche Annahme eines Modifikationsrecht beim Werkvertrag – gestützt vor allem auf Art. 1135 CC – anführt, erinnert stark daran, wie *Demogue* ganz generell Weisungsrechte bei Dienstleistungsverträgen einführen wollte. Entscheidend abgestellt wird auf die Art des Vertrages und das schützenswerte Interesse des *„maître",* bei Verträgen mit längeren Durchführungszeiten auch noch nachträglich Einfluss auf den Vertragsinhalt nehmen zu können:

„Les principes du droit commun des contrats suffisent à fonder l'existence d'un pouvoir de modification. [...]. Il suffit de reprendre une à une les notions qui selon son article 1135 servent à déterminer le contenu des conventions pour légitimer à la fois l'existence et les limites du pouvoir de modification. Dans le marché des travaux publics comme dans le contrat d'entreprise, celui-ci se fonde sur la nature de l'obligation en cause telle que la définit l'usage et l'équité.

En réalité si cette conception a été longtemps rejetée c'est en raison des systématisations abusives dont la doctrine est responsable. Tandis que celle de droit public exagérait la portée du pouvoir de modification, celle du droit privé attribuait au principe de l'article 1134 CC du Code Civil une rigidité excessive."[691]

Und weiter in Bezug auf die Interessen sowohl des öffentlichen als auch privaten Bauherrn als tieferen Grund für das Modifikationsrecht:

„Le pouvoir de modification unilatérale n'existe pas parce que l'administration est partie au contrat ou parce que celui-ci a pour objet la réalisation d'une tâche d'intérêt général mais parce qu'elle est ‚maître' de l'ouvrage et que la construction est dans tous les cas une opération trop importante pour qu'aucun propriétaire puisse abdiquer ses prérogatives. On aurait tort de sous-estimer les intérêts du maître de l'ouvrage partie à un contrat d'entreprise sous prétexte qu'ils sont ‚particuliers'. Leur protection est aussi essentielle pour lui que le service de l'intérêt général pour l'adminstration."[692]

Die detaillierten Erörterungen *Llorens'* zu dieser Frage sind freilich – wie bereits angedeutet – die Ausnahme. Wie *Llorens* weiter ausführt, liegt die Konzentration der französischen Gerichte allein auf der Lösung der finanziellen Fragestellungen in Bezug auf die Modifikation, d.h. insbesondere die Anpassung der Vergütung, so dass die Frage der Existenz oder Konzeption eines Weisungsrechts gänzlich in den Hintergrund gedrängt wird[693]. Auf Grund dieses

---

[690] *Llorens,* S. 258.

[691] *Llorens, S. 271.*

[692] *Llorens,* S. 271.

[693] *Llorens,* S. 257: „Mais aucun [arrêt] n'aborde la question sous l'angle des principes. Tous la traitent d'un point de vue financier. Le problème posé est toujours le même: il s'agit

Mangels an theoretischer Beschäftigung mit einem werkvertraglichen Modifikationsrecht ist auch beim Werkvertrag – ähnlich wie im Rahmen des Transportvertrages[694] – letztlich offen, ob die Änderung allein auf Grund der Initiative einer Partei zustande kommt und damit einseitig bewirkt werden kann, oder ob nicht doch letztlich eine zweiseitige Vertragsänderung gegeben ist[695].

Sicher erscheint andererseits immerhin, dass durch Weisungen ausgelöste Mehrarbeiten zu vergüten sind, und zwar selbst dann, wenn es sich bei dem Vertrag um einen Vertrag mit Festpreis (*contrat à forfait*) iSd. Art. 1793 CC handelt[696]. Was schließlich die Grenzen des Modifikationsrecht im Rahmen des *contrat d'entreprise* angeht, so ist festzuhalten, dass es sich selbstverständlich auch hier nur um kleinere Modifikationen handeln darf, die nicht den Kern des Vertrages betreffen; das Modifikationsrecht erstreckt sich demnach nicht auf die Möglichkeit, die vertraglichen Vereinbarungen über die Vergütung und den Gegenstand des Vertrages abzuändern[697]. Nehmen die Änderungswünsche seitens des Bestellers Überhand, so handelt es sich um eine *faute* in der Form des *abus de droit*, so dass der Unternehmer vom Besteller Schadensersatz verlangen kann[698].

Auch im deutschen Werkvertragsrecht ist ein Weisungsrecht des Bestellers nicht durchgehend anerkannt[699]. Es wird sogar nicht selten erwogen, das Kriterium der Weisungsabhängigkeit als Abgrenzungskriterium zwischen dem Dienst- und dem Werkvertrag heranzuziehen[700]. Im Gegensatz zum Dienstvertrag zeichne sich der Werkvertrag gerade dadurch aus, dass der Werkunterneh-

---

de déterminer si l'entrepreneur a droit à un supplément de prix à raison des modifications réalisées." Und weiter zu der Frage, ob der Werkunternehmer den Weisungen Folge leisten muss: „Quant à la question de savoir s'il avait l'obligation de se conformer aux ordres du maître de l'ouvrage lui prescrivant ces changements, la Cour de Cassation n'y a pas répondu, n'ayant jamais eu à la résoudre."

[694] Siehe hierzu infra *§ 6, II, 1, a)*.

[695] *Llorens*, S. 258: „L'existence de modifications aux prévisions initiales du marché n'est pas forcément révélatrice d'un véritable ‚pouvoir' appartenant au maître de l'ouvrage. Elle peut aussi bien signifier que les parties ont d'un commun accord modifié le contrat. Les changements n'interviennent pas, alors, parce que le maître de l'ouvrage les impose mais parce que l'entrepreneur y consent. Il n'y aurait pas à proprement parler ‚pouvoir de modification unilatérale' mais accord de type contractuel.

En ne tranchant jamais en faveur de l'une ou de l'autre de ces interprétations, les tribunaux laissent subsister l'équivoque."

[696] Cass. civ. 3ᵉ, 31 mai 1976, Bull. civ. III, n° 235, S. 182.

[697] *Llorens*, S. 264 ff.

[698] *Jestaz*, D. 1970, Jurispr., 453 [455 f.] sowie insbesondere die von *Jestaz* besprochenen Entscheidungen in *Fn. 686.*

[699] Siehe etwa *Meurer*, BauR 2004, 904 [907 f.].

[700] Vgl. *Greiner*, AcP 211 (2011), 221 [237 ff.]; *MüKo-Busche* § 631 Rn. 17.

mer frei sei in der Herstellung des Werkes, solange der vereinbarte Erfolg am Ende eintritt[701]. Auch die Erfolgsbezogenheit des Werkvertrages wird als Grund dafür herangezogen, warum es im Werkvertrag kein Weisungsrecht geben könne[702]. Zum Teil wird vertreten, dass wie im französischen und englischen Recht auf Grund der Einseitigkeit der Weisungserteilung eine Bindung des Werkunternehmers nur dann eintreten könne, wenn ein Weisungsrecht des Bestellers im Vertrag vereinbart worden ist[703].

Die Befürworter eines werkvertraglichen Weisungsrechts gehen auf der anderen Seite davon aus, dass sich ein Weisungsrecht im Einzelfall aus dem Grundsatz von Treu und Glauben ergeben könne[704]. Für den Bauvertrag ergibt sich ein Weisungsrecht des Bauherrn schon aus der VOB/B, die in § 1 Abs. 3 VOB/B für Bauverträge ein Recht zu sog. Nachträgen[705] vorsieht.

Offenbar keine Hilfe bei der Begründung eines Weisungsrechts im Werkvertragsrecht stellt § 645 I 1 BGB dar, obwohl es sich hierbei um die einzige Stelle innerhalb der Normen des Werkvertrages des BGB handelt, in der ausdrücklich von „Anweisungen" seitens des Bestellers gegenüber dem Unternehmer die Rede ist. Es soll sich bei den in § 645 I 1 BGB genannten Anweisungen jedoch nicht um solche handeln, mit Hilfe derer eine Änderung des Werkes herbeigeführt werden kann, sondern Anweisungen „methodischer Art […], [die] sich auf die Ausführung des Werkes beziehen, deren Zeit, Ort, Mittel oder Ablauf betreffen."[706] Mit ihrer Hilfe wird ein zuvor bereits im Rahmen des Vertragsschlusses vereinbartes Leistungsprogramm bloß näher konkretisiert[707].

Interessant an der Norm des § 645 I 1 BGB im Zusammenhang mit Weisungsrechten ist aber der Gedanke, der hinter der Regelung steht. Genauso wie bei der Benutzung des Stoffes des Bestellers soll im Falle von Anweisungen seitens des Bestellers der Unternehmer nicht – wie sonst beim Werkvertrag bis zur Abnahme – allein die Vergütungsgefahr tragen, sofern ihn selbst kein Vertreten-müssen bzgl. des Umstands, der zum Untergang, der Verschlechterung oder der Unausführbarkeit des Werkes geführt hat, trifft. Vielmehr wird die

---

[701] Vgl. *Staudinger-Peters/Jacoby* [2014] § 633 Rn. 54 ff.

[702] So *Meurer*, BauR 2004, 904 [907].

[703] *Strunk*, S. 79.

[704] *Staudinger-Peters/Jacoby* [2014] § 633 Rn. 47; vgl. auch *Meurer* BauR 2004, 904 [908].

[705] Daneben ist im Rahmen von Werkverträgen statt von Weisungen auch von sog. Anordnungen des Bestellers die Rede, die definiert werden als „einseitige Weisungen, die es dem Unternehmer in eindeutiger, Befolgung heischender und ihm keine Wahl lassender Weise aufgeben, eine Maßnahme in bestimmter Weise durchzuführen", siehe *Staudinger-Peters/ Jacoby* [2014] § 633 Rn. 46.

[706] *Staudinger-Peters/Jacoby* [2014] § 645 Rn. 16.

[707] *MüKo-Busche* § 645 Rn. 9; siehe auch *Strunk*, S. 79.

Vergütungsgefahr aufgeteilt zwischen Unternehmer und Besteller, indem der Unternehmer immerhin nach § 645 I 1 BGB eine Teilvergütung verlangen kann für die bisher geleistete Arbeit[708]. Die Weisung seitens des Bestellers führt hier also zu einer Modifizierung der Gefahrtragungsregeln im Rahmen des Werkvertrages und trägt damit dem Umstand Rechnung, dass durch die Weisung seitens des Bestellers der Werkunternehmer – entgegen der werkvertraglichen Grundkonzeption – nicht mehr frei in der Durchführung der Werkleistung ist. Die Ausübung des Weisungsrechts erhöht also in diesen Fällen durch die Veränderung der vertraglichen Risikoverteilung das finanzielle Risiko des Bestellers. Neben der Pflicht, auf Grund der Weisung entstehende finanzielle Mehrbelastungen auf Seiten des Werkunternehmers auszugleichen[709], stellt diese Regel eine weitere, in dieser Ausformung bei Weisungen im Rahmen anderer Vertragstypen nicht anzutreffenden Barriere für den Besteller dar, dem Unternehmer mit undurchdachten Weisungen das Leben schwer zu machen, die erst-recht für durch Weisungen vermittelte Vertragsänderungen und nicht nur bloße Konkretisierungen gelten muss.

Im englischen Recht gibt es – soweit ersichtlich – keine Diskussion über ein im Bereich von *service contracts* flächendeckendes Weisungsrecht. Auf Grund der großen Praxisrelevanz kennt aber selbstverständlich auch das englische Recht jedenfalls im Rahmen von Bauverträgen ein einseitiges nachträgliches Änderungsrecht des Bestellers[710]. Dabei soll es sich jedoch nicht um ein Recht handeln, mittels dessen der Vertrag an sich geändert werden kann, sondern nur die unter dem Vertrag geschuldete Arbeit (*work*) ist Gegenstand des Änderungsrechts[711]. Es scheint schwer nachvollziehbar, warum die Änderung der geschuldeten Arbeiten im Rahmen des Bauvertrages, die ja – jedenfalls in ihrer Summe – gerade den Bauvertrag ausmachen, keine Vertragsänderung darstellen soll, aber die vorgenommene Einordnung bietet zweifellos den Vorteil, dass das Abänderungsrecht – jedenfalls vordergründig – nicht die allgemeine schuldrechtliche Fragestellung aufwirft, ob eine einseitige nachträgliche Vertragsänderung möglich ist[712].

Das Abänderungsrecht des Bestellers ist wie in den anderen beiden zu untersuchenden Rechtsordnungen äußerst praxisrelevant und stellt gleichzeitig das Themenfeld im privaten Baurecht dar, das zu den meisten Rechtsstreitigkeiten Anlass gibt[713]. Der hohen Praxisrelevanz entspricht allerdings nicht der Grad

---

[708] Vgl. *MüKo-Busche* § 645 Rn. 12.

[709] Siehe etwa § 4 Abs. 1 Nr. 4 VOB/B.

[710] Siehe hierzu weiterführend *Fischer*, ConstLJ 2013, 211 ff.

[711] *Adriaanse*, S. 201.

[712] Siehe hierzu auch *Fischer*, ConstLJ 2013, 211 [213].

[713] *Abrahamson*, S. 168.

der wissenschaftlichen Durchdringung, die als eher gering einzustufen ist[714]. Im Rahmen der vorhandenen Literatur überhaupt nicht diskutiert wird die Frage, ob sich ein Recht des Bauherrn zur Änderung des geschuldeten Pflichtenprogramms automatisch und damit ohne eine zusätzliche Vereinbarung bzgl. des Änderungsrechts aus dem Bauvertrag ergibt. Erforderlich ist offenbar vielmehr eine vertragliche Vereinbarung zwischen den Vertragsparteien, die in der Regel in einer sog. *variation clause* bestehen wird[715]. Zu einer nahezu flächendeckenden Verbreitung solcher *variation clauses* hat die englische Vertragspraxis im privaten Baurecht geführt, in der regelmäßig Musterverträge verwendet werden[716], in denen standardmäßig eine *variation clause* aufgenommen ist[717].

Als Grenze für das Änderungsrecht ziehen die Gerichte die Überlegung heran, dass durch das Änderungsrecht die Arbeiten des Bauunternehmers nicht drastisch abgeändert werden dürfen[718]. Dies bedeutet, dass letztlich einzelfallbezogen zu prüfen ist, ob die Änderungswünsche *„outside of the scope of the contract"* sind[719]. Wenn dies der Fall ist, hat der Bauunternehmer zwei Möglichkeiten: Zum einen kann er die Durchführung der mittels des Änderungswunsches begehrten Arbeiten ablehnen, oder er kann sie ausführen und dafür eine Vergütung verlangen, die sich nicht an den vertraglich vereinbarten Preisen orientiert, sondern nach dem objektiven Standard *quantum meruit*[720] berechnet wird[721]. Dies ergibt sich aus der Leitentscheidung *Thorn v Mayor and Commonalty of London*[722], in der es darum ging, dass die Kläger sich als Bauunternehmer verpflichtet hatten, in London eine alte Brücke abzureißen und an ihre Stelle die neue *London Bridge* zu bauen. Die ursprünglichen Pläne stellten sich je-

---

[714] Soweit ersichtlich ist die einzige Monographie, die sich ausschließlich mit dieser Frage beschäftigt diejenige von *Hibberd*, Variations in construction contracts, aus dem Jahr 1986.

[715] Vgl. *Dodd v Churton* [1897] 1 QB 562; *Abrahamson*, S. 169; *Chitty* II-*Uff/Moran* Rn. 37-096; *Fischer*, ConstLJ 2013, 211 [215 ff.].

[716] Laut der Studie der *RICS Construction Faculty*, „Contracts in Use: A Survey of Building Contracts in Use during 2001" wurden beispielsweise im Jahr 2001 zu 95 % Musterverträge im englischen privaten Baurecht verwendet. Siehe auch *Fischer*, ConstLJ 2013, 211 [216 f.].

[717] Siehe etwa JCT 2011, Standard Building Contract with Quantities (SBC/Q) Section 5.

[718] *Fischer*, ConstLJ 2013, 211 [219 f.]; *Hudson*, Rn. 5-037 f; *Miller/Cohen*, Const LJ 2002, 378.

[719] Siehe hierzu ausführlicher und mit einer Berücksichtigung des US-amerikanischen Rechts *Fischer*, ConstLJ 2013, 211 [218 ff.].

[720] Dieser lateinische Ausdruck bedeutet etwa „der Betrag, den er verdient" oder „was die Arbeit wert ist", siehe *Keating* Rn. 4-019. Im englischen Recht wird mit Hilfe von *quantum meruit* bei Dienstleistugen die angemessene Vergütung ermittelt, während *quantum valebat* für die Preisberechnung bei Gütern zur Anwendung kommt, siehe *Burrows*, S. 15, Fn. 81.

[721] *Fischer*, ConstLJ 2013, 211 [219].

[722] (1876) 1 AC 120 (HL). Siehe zu dieser Entscheidung auch *Fischer*, ConstLJ 2013, 211 [220].

doch alsbald als fehlerhaft heraus, so dass die bisher geleisteten Arbeiten zum Teil nutzlos und überdies zusätzliche Arbeiten für eine ordnungsgemäße Fertigstellung erforderlich waren. Es ging damit auch um die Frage, ob diese zusätzlichen Arbeiten sich im Rahmen des ursprünglichen Vertrages hielten oder über die Grenzen des Änderungsrechts hinausgehen. Letztlich wurde diese Frage zwar nicht entschieden und die Schadensersatzklage mit der Begründung abgewiesen, dass die Beklagten keine *implied warranty* übernommen hätten, wonach sie für Schäden auf Grund fehlerhafter Pläne haften würden, aber *Lord Cairn* nahm die Entscheidung dennoch zum Anlass, Grundsätzliches zu den Grenzen von Abänderungsrechten und den Rechtsfolgen einer Grenzüberschreitung zu formulieren:

„My Lords, it appears to me, that under those circumstances, the Appellant must necessarily be in this dilemma, either the additional and varied work which was thus occasioned is the kind of additional and varied work contemplated by the contract, or it is not. If it is the kind of additional or varied work contemplated by the contract, he must be paid for it, and will be paid for it, according to the prices regulated by the contract. If, on the other hand, it was additional or varied work, so peculiar, so unexpected, and so different from what any person reckoned or calculated upon, that it is not within the contract at all; then, it appears to me, one of two courses might have been open to him; he might have said: I entirely refuse to go on with the contract – Non haec in foedera veni : I never intended to construct this work upon this new and unexpected footing. Or he might have said, I will go on with this, but this is not the kind of extra work contemplated by the contract, and if I do it, I must be paid a quantum meruit for it."[723]

Dieser Textauszug macht auch gleichzeitig deutlich, dass Abänderungswünsche zu einer Anpassung der Vergütung des Bauunternehmers führen[724]. In den meisten Fällen wird dies bereits aus den *variation clauses* folgen, in denen die Auswirkungen auf die Vergütung oftmals mitgeregelt sind[725]. Falls dies nicht der Fall ist, die Änderungswünsche jedoch innerhalb des Anwendungsbereichs der *variation clause* liegen, sind nach *Lord Cairns* die vertraglich vereinbarten Vergütungsmechanismen anzuwenden[726]. Außerhalb des Anwendungsbereichs der jeweiligen *variation clause* ist eine *quantum meruit*-Vergütung zu ermitteln, die dem angemessenen (Markt-)Preis (*reasonable sum*) entspricht[727].

---

[723] *Thorn v Mayor and Commonalty of London* (1876) 1 AC 120 (HL) [127] (Unterstreichungen wie im Original).

[724] Siehe für eine ausführliche Erörterung der Folgen einer *change order* für die Vergütung *Fischer*, ConstLJ 2013, 211 [225 ff.].

[725] *Fischer*, ConstLJ 2013, 211 [227].

[726] *Thorn v Mayor and Commonalty of London* (1876) 1 AC 120 (HL) [127], siehe für das wörtliche Zitat supra im Text; siehe zu den hierzu strittigen Details auch weiterführend *Fischer*, ConstLJ 2013, 211 [229 f.] sowie, etwa zu den Auswirkungen von Fehlkalkulationen, *Keating*, Rn. 4-052 f.

[727] *Greenmast Shipping v. Jean Lion* [1986] 2 Lloyd's Rep. 277 (QB); *Chitty* II-/*Moran/*

3. *Weisungsrecht bei* service contracts *im Rahmen des DCFR*

Schließlich soll kurz auf Weisungsrechte im Rahmen von *service contracts* im DCFR eingegangen werden, deren Regelung auf Grund des mit dem DCFR verfolgten Zweckes eines Forschungsbeitrags zur Vereinheitlichung des Europäischen Privatrechts möglicherweise auch in der Frage von Weisungsrechten eine besondere Ausstrahlungswirkung auf die unterschiedlichen, hier untersuchten nationalen Rechtsordnungen hat. Bei der Frage nach einem einseitigen Kündigungsrecht im Rahmen von Dienstleistungsverträgen konnte bereits gezeigt werden, dass der DCFR ein solches Recht, das innerhalb der einzelnen nationalen Rechtsordnungen noch Gegenstand intensiver Diskussionen ist, sogar allgemein in einem vor die Klammer gezogenen allgemeinem Teil für alle Dienstleistungsverträge regelt[728].

In diesem allgemeinen Teil befinden sich ebenfalls Regelungen zum Weisungsrecht innerhalb von Dienstleistungsverträgen, so dass auf den ersten Blick der Anschein erweckt wird, dass der DCFR auch bzgl. Weisungsrechten große Neuerungen einführt, indem Weisungsrechte erstmals so allgemein und damit für eine Vielzahl von einzelnen Vertragstypen geregelt werden. Bei genauerer Betrachtung ergibt sich jedoch, dass die Regelungen sich als komplexer und enger als erwartet herausstellen und vor allem die Verfasser des DCFR offenbar etwas der Mut verlassen hat, weil die Regelungen des DCFR deutlich hinter denjenigen der PEL SC[729], auf deren Basis der DCFR im Bereich der *service contracts* erarbeitet worden ist[730], zurückbleiben. In einem Punkt dagegen geht der DCFR weiter als die PEL SC: Die Vertragsmodifikation wird nicht mehr – wie noch im Rahmen der PEL SC – als zweiseitig, sondern als einseitig klassifiziert.

Bei der Analyse der einschlägigen Vorschriften im Einzelnen fällt zunächst auf, dass der DCFR (in diesem Punkt den PEL SC folgend) sowohl eine Vorschrift für Weisungen des Bestellers (Art. IV.C.-2:107 DCFR: „*Directions of the client*" bzw. Art. 1:109 PEL SC) als auch für ein Modifikationsrecht des Vertrages (Art. IV.C.-2:109 DCFR: „*Unilateral variation of the service contract*" bzw. Art. 1:111 PEL SC) bereithält. Damit stellt sich als erstes die Frage, was der Unterschied zwischen einer *direction* und einer *variation* ist. Negativ definiert handelt es sich bei *directions* um sämtliche Formen von Anweisungen seitens

---

Webb Rn. 37-171; *Fischer*, ConstLJ 2013, 211 [229 ff.]; *Keating*, Rn. 4-020; siehe außerdem *Hudson*, Rn. 5-040 zu der unklaren Frage, ob sich die *quantum meruit*-Berechnung nur auf die Mehrarbeit oder den Vertrag insgesamt bezieht.

[728] Siehe supra *§ 3, II, 5.*
[729] Siehe *Barendrecht/Jansen/Loos/Pinna/Cascão/van Gulijk*, PEL SC.
[730] Siehe *Armgardt*, NZBau 2009, 12.

des Dienstleistungsempfängers an den Dienstleistungserbringer, die weniger darstellen als eine Vertragsänderung (vgl. Art. IV.C.-2:107 (3) DCFR)[731]. Beispiele für *directions* sind etwa „the nomination of subcontractors, the selection of specified tools, materials and components and the manner in which the service is to be performed, including the application of the tools, materials and components through labour."[732] Keine Rolle spielt es, ob die *directions* schon bei Vertragsschluss gegeben werden (Art. IV.C.-2:107 (1) (a) DCFR) oder während der Vertragsdurchführung. Im zweiten Fall muss aber nach Art. IV.C-2:107 (1) (b) und (c) DCFR entweder der Vertrag vorsehen, dass der Besteller zu einem späteren Zeitpunkt eine Wahlmöglichkeit hat, oder die Parteien müssen den Gegenstand der späteren *direction* zum Zeitpunkt des Vertragsschlusses ganz offen gelassen haben.

Eine *variation* im Sinne von Art. IV.C-2:109 DCFR führt dagegen zu einer Änderung des Vertrages. Eine solche einseitige Vertragsänderung kann nach Art. IV.C-2:109 (1) DCFR nicht nur der Dienstleistungsempfänger, sondern auch der Dienstleistungserbringer bewirken[733]. Nach Art. IV.C.-2:109 (1) DCFR ist Voraussetzung für eine einseitige Vertragsmodifikation, dass die Modifikation *„reasonable"* ist unter Berücksichtigung der in lit. a bis lit. d. genannten Kriterien, namentlich „(a) the result to be achieved; (b) the interests of the client; (c) the interests of the service provider; and (d) the circumstances at the time of the change." Es scheint also eine Abwägung (insbesondere der Interessen der Vertragsparteien) erforderlich zu sein, ob unter den genannten Gesichtspunkten eine Vertragsänderung als *reasonable* qualifiziert werden kann. In Art. 1:111 PEL SC war ein solcher Test tatsächlich eigenständig angelegt und eröffnete damit die Möglichkeit, allein vor dem Hintergrund einer solchen Interessenabwägung eine Vertragsmodifikation. Ohne dass dies näher begründet wird, entfällt dieser eigenständige Regelungsgehalt des Abs. 1 in Art. IV.C.-2:109 DCFR, weil in Abs. 2 der Vorschrift eine abschließende Liste der Fälle vorgehalten wird, in denen eine Vertragsänderung *reasonable* ist, während in der Vorgängernorm der PEL SC der Abs. 2 nur Beispiele aufführte für eine Vertragsänderung, die *reasonable* ist[734]. Anscheinend haben die Verfasser des DCFR also

---

[731] Siehe auch *V. Bar/Clive* DCFR, Full Edition, Comments, IV.C.-2:107 A., S. 1661 f.

[732] *V. Bar/Clive* DCFR, Full Edition, Comments, IV.C.-2:107 A., S. 1660; siehe für ein Beispiel einer *variation* in Abgrenzung zur *direction* infra *Fn. 735.*

[733] In letzterem Fall ist der Dienstleistungsempfänger freilich dadurch besonders geschützt, dass er jederzeit nach Art. IV.C.-2:111 DCFR grundlos den Vertrag kündigen kann, siehe auch *V. Bar/Clive* DCFR, Full Edition, Comments, IV.C.-2:109 A., S. 1679.

[734] Der Wortlaut von Art. IV.C.-2:109 (2) DCFR lautet: „A change is regarded as reasonable onliy if it is…", während Art. 1:111 PEL SC folgendermaßen formuliert: „A change of the service is deemed to be reasonable if that change…".

nicht mehr den Mut gehabt, die Vorschrift ähnlich weit zu fassen wie in den PEL SC. Nach der abschließenden Liste in Art. IV.C.-2:109 (2) DCFR ist eine Vertragsänderung in den dort genannten vier Situationen als *reasonable* zu qualifizieren. Dies ist nach Art. IV.C.-2:109 (2) (a) DCFR erstens der Fall, wenn die Vertragsänderung erforderlich ist um dem Dienstleistungserbringer zu ermöglichen, seine Leistung vertragsgemäß zu erbringen. Zweitens ist nach Abs. (2) (b) die einseitige Vertragsänderung zulässig, wenn sie die Konsequenz einer Weisung nach Art. Art. IV.C.-2:107 DCFR ist und sie nicht seitens des Dienstleistungsempfängers widerrufen wurde, nachdem der Dienstleistungserbringer ihn darüber aufgeklärt hat, dass die Weisung über den vertraglichen Rahmen hinausgeht und deshalb eine Vertragsänderung bewirkt[735]. Drittens ist eine Vertragsänderung nach Abs. 2 (c) dann *reasonable*, wenn sie eine vernünftige Antwort auf eine Warnung des Dienstleistungserbringers im Sinne des Art. IV.C.-2:108 DCFR ist. Und schließlich, viertens, ist eine Vertragsänderung möglich, wenn die Änderung auf Grund veränderter Umstände erforderlich ist, die bereits eine Vertragsanpassung nach Art. III.-1:110 DCFR ermöglichen würden, also eine Anpassung des Vertrages ähnlich den Regeln des deutschen Rechts über den Wegfall bzw. die Störung der Geschäftsgrundlage[736].

Diese Aufzählung zeigt, wie eng die Vorschrift zur einseitigen Vertragsänderung im DCFR ausgestaltet ist. Von einem allgemeinen Weisungsrecht kann im Gegensatz zu den PEL SC nicht mehr die Rede sein.

Die Vorschrift des DCFR weist darüber hinaus noch einen weiteren Unterschied zu den PEL SC auf. Während in den PEL SC der einschlägige Art. 1:111 noch mit „*Variation of the Service Contract*" überschrieben war und in Abs. 1 die Rede davon war, dass die andere Partei den Wunsch zur Änderung der *services* akzeptieren müsse, also letztlich eine (fingierte) zweiseitige Vertragsänderung vorliegen sollte, lautet die Überschrift in der Nachfolgenorm Art. IV.C.-2:109 DCFR nunmehr „*Unilateral variation of the service contract*" und in

---

[735] Als Beispiel für einen solchen Fall wird bei v. *Bar/Clive* DCFR, Full Edition, Comments, IV.C.-2:109 A., S. 1680 (*Illustration* 2) die Situation genannt, dass ein Makler seitens einer Anwaltssozietät mit der Suche nach passenden Büroräumen in Berlin beauftragt wird und diese dem Makler nach einigen Wochen mitteilt, dass der Makler nach Büros entweder in Berlin, München oder Frankfurt suchen soll. Der Makler teilt daraufhin der Sozietät mit, dass diese Erweiterung der Suche mit mehr Aufwand und entsprechend höheren Kosten verbunden wäre, und falls die Sozietät daraufhin ihre Weisung nicht zurückzieht, liegt eine Vertragsänderung im Sinne von Art. IV.C.-2:109 (2) (b) DCFR vor.

[736] Art. IV.C.-2:109 (2) (d) DCFR soll dabei nicht rein deklaratorisch sein, weil im Gegensatz zu Art. III.-1:110 DCFR für die Vertragsanpassung kein zeitintensiver Gang zu Gericht erforderlich sei und außerdem dem Dienstleistungserbringer die Vorschriften der Absätze 3 bis 5 bzgl. der Vergütungs- und Zeitanpassung des Vertrages zu Gute kämen, siehe V. *Bar/Clive* DCFR, Full Edition, Comments, IV.C.-2:109 C., S. 1682.

Abs. 1 heißt es nun, dass eine Partei die Änderung herbeiführen könne, ohne dass es einer Zustimmung seitens der anderen Partei bedarf. Es gibt somit einen klaren Wechsel von der zweiseitigen Herbeiführung der Vertragsänderung zur einseitigen. Übertragen auf die hier untersuchten nationalen Rechtsordnungen bedeutet dies – grob vereinfachend und die verschiedenen Unklarheiten im Detail außer Acht lassend –, dass man eher der deutschen Lösung als der englischen oder französischen folgt.

Trotz des aufgezeigten engen Anwendungsbereichs sowohl von Art. IV.C.-2:107 als auch Art. IV.C.-2:109 DCFR gehen die Verfasser des DCFR davon aus, mit den genannten Vorschriften einen wesentlichen Beitrag dazu zu leisten, dass den Parteien ein Flexibilierungsmechanismus für die oftmals zeitintensiven und komplexen Dienstleistungsverträge an die Hand gegeben wird[737]. Der Dienstleistungserbringer wird dabei – neben der Eingrenzung durch das *reasonable*-Kriterium – insbesondere dadurch geschützt, dass Art. IV.C.-2:109 (3) DCFR eine Anpassung der Vergütung im Fall der Vertragsänderung vorschreibt, nach Abs. 4 im Falle einer Reduzierung des vertraglichen Pflichtenprogramms eine Art. 1794 CC und § 649 BGB vergleichbare Vorschrift eingreift, wonach der entgangene Gewinn, die ersparten Aufwendungen und anderweitige Erwerbsmöglichkeiten bei der Berechnung der Vergütung zu berücksichtigen sind, sowie schließlich durch Abs. 5, wonach im Falle von zusätzlichen Arbeiten auf Grund der Vertragsänderung die Zeit für die Leistungserbringung anzupassen ist[738].

Insgesamt fällt auf, dass es zwar immerhin eine Regelung von Weisungsrechten gibt – und dies sogar auf allgemeiner Ebene. Als unglücklich wird man aber die Aufgliederung in *directions* und *variations* bezeichnen müssen, weil auf Grund der Aufteilung nachträglicher Einwirkungen auf das vertragliche Pflichtenprogramm auf zwei unterschiedliche Vorschriften Unübersichtlichkeit entsteht und überdies Abgrenzungsschwierigkeiten geschaffen werden. Darüber hinaus sind beide Vorschriften schon für sich genommen recht komplex, weil sie das Weisungs- bzw. Modifikationsrecht jeweils bereits auf der Tatbestandsebene durch enge Voraussetzungen stark einschränken. Grenzen der jeweiligen Rechte spielen praktisch keine Rolle, weil die unerwünschten Weisungen bzw. Vertragsänderungen schon mittels der engen Voraussetzungen aussortiert werden sollen. Dieses stark schematische Vorgehen hat den Nachteil, dass es für die zulässigen Weisungen bzw. Vertragsänderungen keine weitere Inhaltskontrolle mittels anwendbarer Grenzen gibt und nicht zulässige Weisungen bzw. Vertragsänderungen ohne Ansicht des Inhalts pauschal ausgeschlossen werden.

---

[737] V. *Bar/Clive* DCFR, Full Edition, Comments, IV.C.-2:107 B., S. 1662 sowie v. *Bar/Clive* DCFR, Full Edition, Comments, IV.C.-2:109 A., S. 1679.

[738] Siehe hierzu auch v. *Bar/Clive* DCFR, Full Edition, Comments, IV.C.-2:109 A., S. 1679.

III. Weisungsrecht beim Kaufvertrag

Der Kaufvertrag kennt – im Gegensatz zu den zuvor dargestellten Vertragstypen – grundsätzlich kein Weisungsrecht[739]. Dies lässt sich schon damit erklären, dass ein Kaufvertrag – jedenfalls wenn man von einem klassischen Barkauf ausgeht – nicht wie Dienstleistungsverträge eine längere Zeitspanne zwischen dem Abschluss des Vertrages und seiner Erfüllung vorzuweisen hat. Nicht unerwähnt bleiben soll hier aber die vielfach übersehene Besonderheit des deutschen Rechts, wonach es im Kaufrecht sogar im Gesetz ein Weisungsrecht des Käufers gegenüber dem Verkäufer gibt. Dieses ergibt sich aus der kaum beachteten Vorschrift des § 447 II BGB, die im Falle eines Versendungskaufs vorsieht, dass der Verkäufer, sofern der Käufer eine besondere Anweisung über die Art der Versendung erteilt und der Verkäufer ohne dringenden Grund davon abweicht, zum Ersatz des daraus entstehenden Schadens verpflichtet ist[740]. Das Wort „Anweisung" meint hier nicht nur die (überwiegenden) Fälle, in denen eine genaue Vereinbarung bzw. eine Anweisung seitens des Käufers bzgl. der Versendung im Rahmen der Vertragsverhandlungen bzw. des Vertragsschlusses stattfindet, so dass die Anweisung eine bloße Konkretisierung des Vertragsinhalts ist und sie im Zusammenhang dieser Arbeit ohne näheres Interesse wäre, weil – wenngleich die Vertragskonkretisierung in dieser Frage einseitig durch den Käufer erfolgen mag – der Verkäufer immer noch die Möglichkeit hat, den Vertrag platzen zu lassen, so dass von einer einseitig, nachträglich herbeiführbaren Bindungswirkung nicht gesprochen werden könnte. Tatsächlich erfasst das Wort „Anweisung" im Rahmen des § 447 II BGB aber auch gerade eine nach Vertragsschluss stattfindende Änderung der Versendungsmodalitäten[741].

---

[739] Etwas anderes gilt allerdings für das über den eigentlichen Kaufvertrag zwischen Verkäufer und Käufer hinausgehende Verhältnis Verkäufer – Transportperson in den Rechtsordnungen, die ein *right of stoppage in transit* vorsehen, wie etwa das englische Recht, siehe hierzu infra *§ 7, I, 3, ff)*.

[740] Ob es sich bei § 447 II BGB um eine eigene Anspruchsgrundlage handelt oder die Haftung über die §§ 280 ff. BGB zu konstruieren ist, ist streitig. Für § 447 II BGB als Spezialnorm: *Bamberger/Roth-Faust* § 447 Rn. 23; *Staudinger-Beckmann* [2013] § 447 Rn. 57; *JurisPK-BGB-Leible/Müller* § 447 Rn. 48. Andere Ansicht: *Erman-Grunewald* § 447 Rn. 16; *MüKo-Westermann* § 447 Rn. 21.

[741] RGZ 92, 14 [15 f.]; RG JW 1917, 215 [216], wo die nachträgliche Weisungsbefugnis mit § 242 BGB sowie dem Geschäftsbesorgungscharakter des Versendungskaufs begründet wird: „[...], daß regelmäßig der Verkäufer der Versandanweisund des Käufers nachzukommen hat und sie auch dann zu befolgen hat, wenn der Käufer die bei Vertragsabschluss erteilte Anweisung später, sei es in bezug auf die Art, sei es in bezug auf das Ziel der Versendung, ändert. Das ergibt sich aus § 242 BGB; denn der Verkäufer, der am Ort seiner Niederlassung liefert, besorgt mit der Versendung ein Geschäft des Käufers und hat dabei nach Treu und Glauben dessen jeweilige Anweisungen zu befolgen [...]."; RG JW 1917, 283; RG JW 1917

Die Begründung dieses im Kaufrecht eher überraschenden Weisungsrechts lässt sich – in Ermangelung entsprechender Erklärungen in den Gesetzesmaterialien zum BGB – darin sehen, dass im Falle der Vereinbarung eines Versendungskaufs der Kaufvertrag um ein zusätzliches Element in Form der Versendung erweitert wird. Die Versendung ist nach dem Leitbild des § 447 I BGB vom Verkäufer durchzuführen. Der Käufer wird gleichzeitig mit dem Transportrisiko belastet (§ 447 I BGB) und hat die Kosten des Transports zu tragen (§ 448 I BGB). Diese Konstellation erinnert an eine Geschäftsbesorgung seitens des Verkäufers gegenüber dem Käufer bzgl. der Versendung[742]. Dieses Geschäftsbesorgungselement im Rahmen des Kaufvertrages[743] führt zu einer Interessenwahrungspflicht auf Seiten des Verkäufers[744]. Aus Sicht des Käufers gewährleistet das Weisungsrecht, dass der Käufer die Herrschaft über die Versendung inne hat, wenn er schon das Risiko des Transports zu tragen hat[745].

Der Verkäufer ist nach § 447 II BGB nur dann nicht zur Befolgung der Weisung verpflichtet, wenn ein dringender Grund vorliegt, also etwa die Weisung besondere Gefahren für die sichere Durchführung des Transports hervorruft[746]. Eine wichtige zusätzliche Grenze der Bindungswirkung der Weisung stellt der Grundsatz von Treu und Glauben aus § 242 BGB dar, über den das Gericht die Möglichkeit hat, die Interessen des Verkäufers an der bisher vereinbarten Versendungsart zu berücksichtigen[747]. Neben der Grenze des § 242 BGB wird ver-

---

356 [357]; *MüKo-Westermann* § 447 Rn. 22; *Soergel-Huber* § 447 Rn. 51; *Staudinger-Beckmann* [2004] § 447 Rn. 9.

[742] RG JW 1917, 215 [216]; RGZ 103, 129 [130]; *Bamberger/Roth-Faust* § 447 Rn. 22; *Soergel-Huber* § 447 Rn. 39; *Staudinger-Beckmann* [2004] § 447 Rn. 9.

[743] Es handelt sich nicht etwa um einen eigenständigen, neben dem Kaufvertrag stehenden Geschäftsbesorgungsvertrag, siehe *Soergel-Huber* § 447 Rn. 39. Neben den primär anzuwendenden Vorschriften des Kaufrechts soll aber ein Rückgriff auf das Auftragsrecht bzw. die Regeln über die Geschäftsbesorgung möglich sein, siehe *Soergel-Huber* § 447 Rn. 39.

[744] *Soergel-Huber* § 447 Rn. 39.

[745] *Staudinger-Beckmann* [2013] § 447 Rn. 57.

[746] *MüKo-Westermann* § 447 Rn. 22.

[747] RG JW 1917, 215: „Nach Treu und Glauben kann dem Verkäufer nicht zugemutet werden, daß er eine beim Vertragsschluss nicht verabredete und nicht vorhersehbare Art der Versendung ausführt, die ihn mit unverhältnismäßiger Mühe belastet oder seine Interessen in anderer Weise schädigt." Im vorstehenden Fall wurde die Bindungswirkung der Weisung tatsächlich auf Grund widerstreitender Interessen des Verkäufers verneint: Der Kaufgegenstand, Weizenmehl, sollte nach der ursprünglichen Vereinbarung seewärts von Hamburg aus exportiert werden. Die Käuferin begehrte später Versendung an einen inländischen Ort, was jedoch nach Ansicht des Gerichts von der Verkäuferin deshalb nicht gefordert werden konnte, weil ein Belassen der Ware der Verkäuferin die Einhaltung ihrer Preise erschwert hätte, da die Käuferin nunmehr die Möglichkeit gehabt hätte, die Ware im Inland weiterzuverkaufen, während ein Re-Import schon auf Grund der durch den Transport anfallenden Unkosten sowie Zollschranken unwahrscheinlich war. Siehe mit der gleichen Argumentation auch RG

einzelt eine zusätzliche Grenze der Unzumutbarkeit genannt[748], ohne dass freilich darauf eingegangen wird, wie diese Grenze zu konkretisieren ist und inwiefern sie sich abhebt von der auf § 242 BGB basierenden Einschränkung des
Weisungsrechts des Käufers. Jedenfalls außerhalb der Grenzen des Weisungsrechts sind solche Weisungen, die bei Vertragsschluss nicht voraussehbar waren
und den Verkäufer bzgl. der Organisation der Versendung vor Herausforderungen stellen, mit denen er nicht rechnen konnte und denen er womöglich nicht
gewachsen ist[749].

Wenn Weisungen seitens des Käufers zu höheren Transportkosten führen,
kann der Verkäufer selbstverständlich deren Befolgung davon abhängig machen, dass der Käufer die zusätzlichen Kosten übernimmt[750].

Deutlich wird mithin, dass das Weisungsrecht des Käufers im Kaufrecht bzgl.
seiner Herleitung, der Grenzen sowie Kostentragungspflichten von ähnlichen
Überlegungen getragen wird wie bei den zuvor dargestellten Dienstleistungsverträgen. Das Versenden des Kaufgegenstandes seitens des Verkäufers lässt
sich als Dienstleistung gegenüber dem Käufer verstehen, der diese zu bezahlen
hat und der zudem das Risiko trägt für eine zufällige Beschädigung oder den
Verlust des Gutes auf dem Transportwege. Das Gesetz trägt hier mit der Weisungsbefugnis der Tatsache Rechnung, dass die Versendung (und deren verant-
wortungsvolle Durchführung) letztlich allein im Interesse des Käufers erfolgt.
Das kaufrechtliche Weisungsrecht des Käufers beim Versendungskauf lässt sich
auf Grund des dargestellten Dienstleistungselements damit problemlos in einer
Reihe mit den zuvor dargestellten Weisungsrechten bei anderen Vertragstypen
sehen.

An dieser Stelle sei abschließend schon einmal darauf hingewiesen, dass das
Weisungsrecht des Käufers im Rahmen des Versendungskaufs für den Teil dieser Arbeit zum transportvertraglichen Weisungsrecht nur von untergeordneter
Bedeutung ist, auch wenn dies bei erster Betrachtung anders erscheinen mag,
weil sich das hier angesprochene Weisungsrecht auch auf den Transportvorgang
bezieht. Es ist jedoch hervorzuheben, dass das kaufrechtliche Weisungsrecht
zwischen dem Käufer und dem Verkäufer besteht und nicht etwa zwischen dem

---

JW 1917, 283 [283], wo sich das Interesse des Verkäufers am tatsächlichen Export des Kaufgegenstandes (hier: Kupfer) noch leichter begründen lässt, weil er „als Syndikatsmitglied bei
sehr hoher Vertragsstrafe verpflichtet sei, nicht nur jeden Verkauf für das Inland zu unterlassen, sondern sich auch persönlich davon zu überzeugen, daß an Exporteure verkaufte Ware
wirklich ins Ausland ausgeführt werde." Siehe auch RG JW 1917, 356; *MüKo-Westermann*
§ 447 Rn. 22; *Soergel-Huber* § 447 Rn. 39; *Staudinger-Beckmann* [2004] § 447 Rn. 9.

[748] Siehe etwa *MüKo-Westermann* § 447 Rn. 22.

[749] *Soergel-Huber* § 447 Rn. 50, der als Beispiel die Versendung des Kaufgegenstandes
nach Übersee statt im Inland wählt.

[750] RG JW 1917, 356 f.; *Soergel-Huber* § 447 Rn. 50.

Käufer (und Empfänger) und dem Frachtführer. Der Käufer ist also nicht in der Lage, in direkter Weise auf die Abreden mit dem Frachtführer Einfluss zu nehmen. Als weiterer wichtiger Punkt kommt hinzu, dass das Weisungsrecht des Käufers überhaupt nur solange besteht, bis der Transportvorgang begonnen hat[751]. Das transportvertragliche Weisungsrecht kommt dagegen insbesondere dann zum Tragen, wenn der Transport bereits begonnen hat. Freilich ist es im Rahmen des Transportrechts auch möglich, bereits vor Beginn des Transports den bereits abgeschlossenen Transportvertrag zu ändern[752]. Für diesen Zeitraum ist also ein Zusammenspiel aus kaufvertraglichem Weisungsrecht und dem transportvertraglichen Weisungsrecht, das zu diesem Zeitpunkt dem Absender, der zumeist der Verkäufer sein dürfte, zusteht, denkbar. Es würde eine Weisungskette entstehen, mittels derer der Käufer über den Verkäufer, sofern er der Weisung des Käufers Folge leistet, auf die Ausführung des Transports durch den Frachtführer Einfluss nehmen könnte. Der Inhalt der transportvertraglichen Weisung durch den Absender an den Frachtführer könnte also mit Hilfe des kaufrechtlichen Weisungsrechts des Käufers gegenüber dem Verkäufer (und Absender) bestimmt werden. Rechtlich bleiben freilich beide Weisungsrechte eigenständig.

§ 5 Zusammenfassung zum ersten Hauptteil

Die Ausführungen im Rahmen des ersten Hauptteils zu Weisungsrechten im Gesamtsystem haben vielfältige Ergebnisse geliefert. Dabei konnte zunächst gezeigt werden, dass der Grundsatz der Bindungswirkung von Verträgen zwar grundsätzlich Weisungsrechten gegenübersteht, weil eine unbeschränkte Zulassung von Weisungsrechten den Grundsatz der Bindungswirkung von Verträgen im Ergebnis vollständig aushöhlen würde. Gleichzeitig lässt sich jedoch zeigen, dass der Grundsatz der Bindungswirkung von Verträgen und Weisungsrechte sich nicht völlig ausschließen. Nicht hilfreich bei dieser Fragestellung sind die verschiedenen, herkömmlichen Theorien zur Erklärung des Grundsatzes der Bindungswirkung von Verträgen, weil sie sich allein mit der mit dem Vertragsschluss eintretenden Bindungswirkung beschäftigen, ohne mögliche Einflussnahmen auf den Vertragsinhalt nach Vertragsschluss zu thematisieren. Nachträgliche (einseitige) Vertragsänderungen können überhaupt nur dann in Frage kommen, wenn sich ein gemeinsames Element des Grundsatzes der Bindungswirkung von Verträgen und Weisungsrechten finden lässt, das den unauflösbar

---

[751] *MüKo-Westermann* § 447 Rn. 22; *Soergel-Huber* § 447 Rn. 51.
[752] Siehe hierzu näher infra *§ 7, I, 2.*

erscheinenden Widerspruch zwischen der vertraglichen Bindungswirkung und Weisungsrechten aufzulösen vermag. Sowohl die Möglichkeit, bindende Verträge abschließen zu können, als auch die Möglichkeit, Weisungsrechte auszuüben, lassen sich auf die Gemeinsamkeit zurückführen, dass sie (neben anderen Zielen) die Selbstbestimmung des Einzelnen ermöglichen sollen. Bei bestimmten, insbesondere längeren und/oder komplexen Verträgen kann die ursprünglich mit dem Vertragsabschluss bezweckte Selbstbestimmung in das Gegenteil umschlagen, wenn sich entscheidende Umstände ändern oder erst zu einem späteren Zeitpunkt erkennbar werden und die davon betroffene Vertragspartei auf Grund der Bindungswirkung des Vertrages den Vertragsinhalt nicht mehr ihren Interessen anpassen kann. Eine Flexibilisierungsmöglichkeit in Form eines Weisungsrechts schafft hier die Möglichkeit einer effektiven nachträglichen Selbstbestimmung. Freilich stellt der Grundsatz der Bindungswirkung des Vertrages gleichzeitig eine systemimmanente Schranke einer solchen einseitigen, nachträglichen Einwirkungsmöglichkeit auf den Vertrag dar, weil die Verwirklichung der Selbstbestimmung der einen Partei nicht zu einer Aushöhlung des Grundsatzes der Bindungswirkung des Vertrages zum Nachteil der anderen Vertragspartei führen darf. Als Grenzen des Weisungsrechts ergeben sich deshalb schon aus dem Grundsatz der Bindungswirkung von Verträgen, dass einerseits das Leistungsprogramm der anderen Vertragspartei durch die Weisung nicht grundlegend verändert werden darf und gleichzeitig die Gegenleistung selbst im Falle der weisungsbedingten Verringerung des vertraglichen Pflichtenprogramms unangetastet bleiben muss.

Weisungsrechte berühren daneben einen weiteren wichtigen allgemeinen Grundsatz des Vertragsrechts in Form des Bestimmtheitsgrundsatzes. Während alle drei zu untersuchenden Rechtsordnungen selbstverständlich davon ausgehen, dass die Leistungen im Rahmen eines Vertrages bestimmt sein müssen, weil nur so sichergestellt werden kann, dass die Parteien wissen, was sie schulden sowie staatliche Durchsetzungsmechanismen Effektivität entfalten können, betont insbesondere das französische Recht den Bestimmtheitsgrundsatz, der im französischen Recht zentral in Art. 1129 CC gesetzlich festgeschrieben ist. Anhand der Entwicklungen der Rechtsprechung der *Cour de Cassation* zum Bestimmtheitsgrundsatz lässt sich hervorragend veranschaulichen, welch strengen Ausgangspunkt das französische Recht bei der Frage der Bestimmtheit von Verträgen eingenommen hat und wie in den letzten Jahrzehnten eine gewisse Liberalisierung eingesetzt hat. Die Rechtsprechung der *Cour de Cassation* scheint dabei traditionell den Bestimmtheitsgrundsatz im Vertragsrecht nicht nur zur Durchsetzung bestimmter Vertragsinhalte bei Vertragsschluss benutzt zu haben, sondern auch gerade dazu, eine nachträgliche, insbesondere einseitige, Festlegung des vertraglichen Pflichtenprogramms zu verhindern. Der dahinter stehende Gedanke bezieht sich auf den Schutz der anderen Vertragspartei, die davor bewahrt werden soll, einer möglichen Willkür der anderen Vertragspartei ausgesetzt zu sein. Diese pauschale Ablehnung einseitiger nachträglicher Leistungsbestimmung ist jedoch in der jüngeren Rechtsprechung zur einseitigen Festlegung des Preises abgelöst worden durch eine einzelfallbezogene Ausübungskontrolle mit Hilfe des Kontrollmaßstabs des *abus*. Damit bewegt sich das französische Recht auf das englische, das einseitiger Leistungsbestimmung nicht ebenso feindlich gegenübersteht wie das frühere französische Recht, sowie insbesondere das deutsche Recht zu, für das eine einseitige Leistungsbestimmung schon auf Grund der §§ 315 ff. BGB eine Selbstverständlichkeit ist. Erwähnenswert ist noch, dass das französische Recht bei der einseitigen, nachträglichen Bestimmung der Vergütung im Rahmen von *contrats d'entreprise* schon immer großzügiger war mit dem Argument, dass dort eine gewisse Flexibilität erforderlich sei, weil sich der Arbeitsaufwand im Rahmen solcher Verträge schlechter planen lasse. Auch im Rahmen der Rechtsprechung zum Bestimmtheitsgrundsatz schlagen folglich die Besonderheiten von Verträgen durch, die sich auf eine Tätigkeit der anderen Vertragspartei beziehen.

Die Ausprägung einer Lehre vom Gestaltungsrecht in den einzelnen zu untersuchenden Rechtsordnungen stellt sich als Spiegelbild der gewonnenen Erkenntnisse im Rahmen der Untersuchung der Bedeutung des Bestimmtheitsgrundsatzes bzw. dessen Durchbrechung durch einseitige Einwirkungsmöglichkeiten auf den Vertrag dar, wobei freilich zu berücksichtigen ist, dass die englische Rechtswissenschaft weit weniger als die deutsche oder französische zur Theorienbildung neigt. Im französischen Recht passt allerdings die – im Vergleich zum deutschen Recht mit dem etablierten Gestaltungsrecht – zurückhaltende und gerade beginnende wissenschaftliche Diskussion eines *droit potestatif* sowohl zu der traditionellen Zurückhaltung des französischen Rechts bei der einseitigen Leistungsbestimmung als auch dazu, dass auch in anderen Bereichen des Vertragsrechts, etwa beim Rücktritt, die Vertragsparteien nicht einseitig den Vertrag gestalten konnten, und erst seit 1998 etwa ein Rücktritt wegen Nichterfüllung ohne eine zwingende Hinzuziehung eines Gerichts möglich ist. Das deutsche Recht dagegen, das vielfältigste einseitige Gestaltungsmöglichkeiten im Rahmen von Vertragsverhältnissen kennt, kann auf eine etablierte Lehre vom Gestaltungsrecht zurückgreifen, die als theoretischer Überbau auch für Weisungsrechte Relevanz entfaltet, weil Weisungsrechte problemlos unter den Begriff des Gestaltungsrechts subsumiert werden können. Gleiches gilt im Übrigen im französischen und englischen Recht, wo Weisungsrechte richtigerweise unter die zur Zeit in der Wissenschaft enstehenden Begriffe des *droit potestatif* bzw. der *discretionary powers* zu fassen sind. Praktische Relevanz kann die Zuordnung zu diesen Kategorien vor allem für die Frage entfalten, wo die Grenzen eines Weisungsrechts zu ziehen sind, weil hier die Grenzen des billigen Ermessens, des *abus* oder der *reasonableness* lückenhafte weisungsrechtliche Regelungen ergänzen können.

Bei der Frage allgemeiner Ansätze zur rechtlichen Erfassung von Weisungsrechten hat sich gezeigt, dass der Aufsatz von *Demogue* aus dem Jahr 1907 eine Sonderstellung einnimmt, weil dort erstmals und bis heute in dieser Tiefe unerreicht, darüber nachgedacht wird, inwieweit es einseitige Modifikationsrechte im Vertragsrecht geben sollte. *Demogue* stellt dabei entscheidend auf die Natur des Vertrages ab und will einseitige, nachträgliche Modifikationsrechte für alle Verträge einführen, die einen *contrat d'aide* darstellen, also einen Vertrag, bei dem eine Tätigkeit im Interesse eines anderen ausgeübt wird. Nach *Demogue* beinhalten diese Verträge eine Über- bzw. Unterordnung zwischen den Vertragspartnern, die ein Weisungsrecht desjenigen, der die Tätigkeit in Auftrag gibt, rechtfertige.

Stärker am bestehenden Gesetz argumentierend lässt sich als weiterer allgemeiner Ansatz eine Rückführung von Weisungsrechten auf das freie Kündigungsrecht des Werkbestellers im Rahmen von Art. 1794 CC und § 649 BGB identifizieren. Die Kernidee ist dabei, dass aus dem Bestehen eines freien Kündigungsrechts mittels eines Erst-Recht-Schlusses auch auf das Bestehen von Weisungsrechten geschlossen wird. Die Reichweite dieses Begründungsansatzes hängt dabei zunächst davon ab, ob man das freie Kündigungsrecht der § 649 BGB/Art. 1794 CC über den Bereich des Werkvertrages auch auf andere Verträge ausdehnt. Wie sich gezeigt hat, lässt sich dies durchaus mit beachtlichen Argumenten vertreten, weil eine zeitliche Streckung der Vertragsdurchführungsphase, die das Interesse an einer Kündigung auf Seiten des Werkbestellers auslöst, durchaus auch bei anderen Vertragstypen denkbar ist, und sich über das allgemeine Vertragsrecht und eine schadensersatzrechtliche Abwicklung ohnehin recht ähnliche Ergebnisse erzielen lassen wie über das freie Kündigungsrecht, das dem Unternehmer in erster Linie den Vertragsgewinn sowie die Vergütung bisher erbrachter Leistungen sichert. Selbst das englische Recht, das kein freies Kündigungsrecht im Rahmen des *service contract* kennt, kommt letztlich zu sehr ähnlichen Ergebnissen. Der DCFR regelt das freie Kündigungsrecht erstmals an allgemeinerer Stelle, namentlich im allgemeinen Teil für *service contracts*.

Neben der Frage der Reichweite der Geltung eines freien Kündigungsrechts ist freilich die entscheidende Frage, ob ein Erst-Recht-Schluss von einem freien Kündigungsrecht auf Weisungsrechte überhaupt möglich ist. Unproblematisch als Minusmaßnahmen zu einer freien Kündigung lassen sich dabei diejenigen Weisungen auffassen, mittels derer der bisherige Leistungsumfang verringert wird und die sich daher als „Teilkündigung" denken lassen. Problematisch ist dagegen, solche Weisungen als ein „Weniger" im Vergleich zu einer Kündigung einzuordnen, die das Leistungsprogramm ändern, ohne es nur zu verringern. Hier lässt sich das Stufenverhältnis zur Kündigung dadurch begründen, dass eine Vertragsänderung mittels einer Weisung, die überhaupt nur in engen Grenzen möglich ist, typischerweise weniger stark das Vertragsgefüge beeinträchtigt, weil nicht wie bei der Kündigung die Leistungspflichten insgesamt ausgelöscht werden, sondern nur kleine Modifikationen des Leistungsprogramms vorgenommen werden.

Im deutschen Recht des arbeitsvertraglichen Direktionsrechts findet sich zudem ein Rückgriff auf die Bestimmungen zur einseitigen Leistungsbestimmung im Rahmen des BGB in den §§ 315 ff. BGB. Dabei handelt es sich jedoch eher um einen Kunstgriff der Rechtsprechung, um in Form des billigen Ermessens auf einen Kontrollmaßstab zur Überprüfung der Weisungstätigkeit des Arbeitgebers zurückgreifen zu können. Die Regeln zur einseitigen Leistungsbestimmung taugen dagegen nicht dazu, das Bestehen von Weisungsrechten herzuleiten. Im Arbeitsrecht etwa ergibt sich das Direktionsrecht des Arbeitgebers auch nicht aus den §§ 315 ff. BGB (oder dem neuen, das arbeitsvertragliche Weisungsrecht ausdrücklich nennende § 106 GewO), sondern daraus, dass sich die Parteien stillschweigend bei Vertragsschluss darüber geeinigt haben, so dass die (stillschweigende) Vereinbarung der Parteien als klassische vertragliche Herleitung selbstverständlich im Bereich von Weisungsrechten ebenfalls eine Rolle spielt.

Schließlich hat der erste Hauptteil aufgezeigt, dass es neben dem im zweiten Hauptteil im Detail zu behandelnden transportvertraglichen Weisungsrecht auch bei anderen Vertragstypen Weisungsrechte gibt. Abgesehen vom Arbeitsvertrag, wo ein Weisungsrecht gegenüber dem Arbeitgeber in allen drei zu untersuchenden Rechtsordnungen etabliert ist und auf theoretischer Ebene die eigentlichen Probleme darin liegen, ob tatsächlich einseitig der Arbeitsvertrag oder nur Arbeitsbedingungen geändert werden können, herrscht bei anderen Vertragstypen zum Teil große Unsicherheit. Der Trend zur Zulassung einseitiger Einwirkungsmöglichkeiten auf den Vertrag im deutschen Recht bewirkt, dass das deutsche Recht Weisungsrechten insgesamt am aufgeschlossensten gegenübersteht, indem insbesondere das Auftrags- und das Bauvertragsrecht Weisungsrechte ausdrücklich vorsehen. Selbst im Kaufrecht gibt es im deutschen Recht eine Weisungsbefugnis seitens des Käufers gegenüber dem Verkäufer, wobei diese sich freilich nicht auf den Kaufvertrag als solchen, sondern auf das Dienstleistungselement des Versendens im Rahmen von Versendungskäufen beziehen. Im französischen und englischen Recht ist dagegen selbst beim Auftrag ein Weisungsrecht nicht eindeutig, während das französische Werkvertragsrecht jedenfalls für *marchés à forfait* ein solches voraussetzt und auch das englische Bauvertragsrecht zumindest eine langanhaltende Vertragspraxis kennt, wonach nachträglich einseitige Änderungsrechte standardmäßig zwischen den Vertragsparteien vereinbart werden.

Der DCFR regelt ein Weisungsrecht – ebenso wie ein freies Kündigungsrecht – im allgemeinen Teil zu den *service contracts*, wobei es sich leider um zwei kleinteilige und eher enge Vorschriften handelt. Insofern bleibt der DCFR deutlich hinter den PEL SC zurück.

Zweiter Hauptteil

Das transportrechtliche Weisungsrecht

Im zweiten Hauptteil dieser Arbeit soll es um das transportrechtliche Weisungs-recht im deutschen, englischen und französischen Recht gehen. Die Regelungen des transportrechtlichen Weisungsrechts als Beispiele für ein weit verbreitetes und unstrittiges Weisungsrecht sollen dabei als Referenzgebiet für die allgemei-neren Ausführungen des ersten Hauptteils dienen. Der Fokus liegt dabei auf den nationalen Frachtrechtsordnungen für den Straßentransport, weil ihnen im Transportrecht eine Schlüsselstellung zukommt. Auf Grund des Systems des *case law* im englischen Recht spielen bei der Darstellung des englischen Rechts besonders viele Entscheidungen zum Weisungsrecht bei Eisenbahntransporten eine Rolle, weil das transportrechtliche Weisungsrecht im englischen Recht im 19. Jahrhundert anhand von Eisenbahntransporten entwickelt worden ist.

Der zweite Hauptteil gliedert sich wiederum in zwei größere Teile, wobei sich der erste Teil allgemeineren Fragen in Bezug auf das transportvertragliche Wei-sungsrecht widmet (§ 6), während sich der zweite Unterabschnitt mit der Aus-gestaltung des transportvertraglichen Weisungsrechts im Einzelnen beschäftigt (§ 7).

§ 6 Allgemeine Fragen des transportrechtlichen Weisungsrechts

Gegenstand der folgenden Überlegungen ist das Transportrecht, welches dem Handelsrecht zugeordnet wird und dort – jedenfalls im deutschen und französi-schen Recht – spezialgesetzlich geregelt wird. Ein Transportvertrag lässt sich nach *Basedow* ganz allgemein folgendermaßen definieren:

„Durch den Transportvertrag wird der Beförderer verpflichtet, gegen Entrichtung der verein-barten Vergütung Personen oder Güter in eigener Verantwortung zu befördern."[1]

---

[1] *Basedow*, S. 34. Siehe für eine ähnliche Definition für das französische Recht *Leturcq, S. 1* sowie aus dem aktuellen Schrifttum: *Paulin*, JClTransp, Fasc. 610, Rn. 1: „Le contrat de transport peut être défini comme le contrat en vertu duquel un prestataire s'engage à déplacer des personnes ou des biens, moyennant paiement d'un prix."

Da jeder Transport einen gewissen Zeitraum in Anspruch nimmt, gehört der Transportvertrag klassischerweise zu denjenigen – oben skizzierten[2] – Verträgen, bei denen zwischen dem Vertragsabschluss und der Erfüllung eine Zeitspanne liegt, in der sich Veränderungen ergeben können und damit die Frage nach einem nachträglichen Vertragsänderungsrecht aufkommt. Auch wenn man *Basedow* wohl damit Recht geben muss, dass die zeitliche Dimension von Transportverträgen auf Grund der „außerordentlichen Beschleunigung der Beförderungs- und Umschlagprozesse" abnimmt[3], so ist der Transportvertrag trotzdem weiterhin ein Beispiel für ein Vertragsverhältnis, in dem Weisungsrechte gegenüber dem Frachtführer in den verschiedenen zu untersuchenden Rechtsordnungen anzutreffen sind.

I. Übersicht über das transportrechtliche Weisungsrecht in den verschiedenen Rechtsordnungen

An dieser Stelle soll zunächst ein grober Überblick über das Bestehen transportrechtlicher Weisungsrechte in den zu untersuchenden Rechtsordnungen gegeben werden und dabei insbesondere auch die entsprechenden Rechtsquellen und die Terminologie innerhalb des französischen, deutschen und englischen Rechts herausgearbeitet werden.

1. Französisches Recht

Im französischen Straßentransportrecht, das unzusammenhängend in den Art. 1782–1786 Code Civil sowie in Art. L132-3 – Art. L133-9 Code de Commerce geregelt ist, findet sich keine ausdrückliche Regelung zum Weisungsrecht[4]. Trotzdem entspricht es in der französischen Rechtswissenschaft einhelliger Meinung, dass es ein transportvertragliches Weisungsrecht – nach französischer Terminologie die Möglichkeit zur *modification du contrat*[5] –

---

[2] Siehe supra *§ 1, I* sowie ferner infra *§ 9, I, 1, a)*.

[3] *Basedow*, S. 294 ff.

[4] Überhaupt ist das geschriebene französische Transportrecht nur sehr rudimentär und beschäftigt sich nur mit der Frage nach der Haftung des Frachtführers oder Kommissionärs für den Verlust, die Beschädigung und die Verspätung des Transportgutes sowie der gerichtlichen Durchsetzung solcher Ansprüche, siehe *Brunat*, BTL 1989, 231.

[5] *,Instructions'* gelten dagegen nach transportvertraglicher Terminologie als solche Anweisungen, die bereits im Moment des Vertragsschlusses gegeben werden, vlg. *Tilche*, BTL 2008, 326 ff. Während darüberhinaus der Begriff *,droit de direction'* – soweit ersichtlich – keine Rolle spielt, wird der Terminus *,droit de disposition'* offenbar als eine Art Oberbegriff verstanden, weil eine *modification du contrat* Ausdruck des *droit de disposition* sei, siehe *Tilche*, BTL 2010, 493.

gibt[6]. Dieses kann z. B. darin bestehen, dass nach Vertragsschluss der Empfänger des Transportgutes, die Transportstrecke oder der Zielort geändert wird[7]. Ebenso denkbar ist eine Weisung, mittels derer der Transport angehalten wird[8] oder der Absender verlangt, dass das Transportgut zu ihm zurückgebracht wird[9].

Ausdruck dieses Rechtsverständnisses ist mittlerweile die explizite Erwähnung des Weisungsrechts für den Absender bzw. Empfänger in Art. 4 der *contrats-types général* (CT *général*)[10]. *Contrats-types* sind eine Besonderheit des französischen Rechts und sollen deshalb an dieser Stelle kurz erklärt werden. Bei *contrats-types* handelt es sich nicht um Verträge iSd. Art. 1101 CC, sondern um vorformulierte Vertragsbestandteile[11], die als Muster für später abzuschließende Verträge dienen sollen[12]. Sie stammen von einer berufsständischen Organisation oder der staatlichen Verwaltung und dienen als Modell für zukünftige Verträge zwischen den handelnden Privatrechtssubjekten[13]. Die Bezeichnung *contrat-type* ist dabei irreführend, weil man sie mit der Einteilung in Vertragstypen verwechseln könnte (*type de contrat*). Besser, da eindeutiger, wäre deshalb beispielsweise die Bezeichnung *formule-type de contrat*[14].

---

[6] Cass. civ., 15 novembre 1893, DP 1894, I 273; *Delebecque/Germain* Rn. 2712; *Delebecque,* Droit et Patrimoine 2004, 56 [57]; *Josserand,* Rn. 385 f.; *Rodière*, Rn. 425.

[7] *Tilche*, BTL 2005, 648.

[8] *Tilche*, BTL 2001, Informations, n° 2912.

[9] *Leturcq*, S. 54; *Rodière*, Rn. 425.

[10] Décret n° 99-269 du 6 avril 1999 portant approbation du contrat type applicable aux transports publics routiers de marchandises pour lesquels il n'existe pas de contrat type spécifique.

[11] Vgl. *Léauté*, RTD civ. 1953, 429 [430]; an verschiedenen Stellen findet man Versuche, den Terminus ins deutsche zu übersetzen: so geht *Franz*, S. 47 davon aus, dass es sich nach deutscher Terminologie um Allgemeine Geschäftsbedingungen handele und sich als Übersetzung der Begriff „Normenverträge" eigne, während *Léauté*, RTD civ. 1953, 429 [434] auf den deutschen Begriff des Massenvertrages verweist. Hier soll auf eine Übersetzung des Terminus *contrat-types* ganz verzichtet werden, da ein passender deutscher Begriff nicht ersichtlich ist und Übersetzungsversuche eher Verwirrung stiften können. So wird der deutsche Jurist beim Begriff der Allgemeinen Geschäftsbedingungen sofort an Einbeziehungskontrolle u.ä. denken, obwohl die *contrat-types* völlig unabhängig vom Willen der Einbeziehung, der Kenntnis oder zumindest der Information über sie subsidiär Anwendung finden. Der Begriff des Normenvertrages ist nicht gebräuchlich, und es erscheint vor diesem Hintergrund nicht ersichtlich, welchen Gewinn es beinhaltet, einen ausländischen Terminus mit einem deutschen Begriff zu übersetzen, der unbekannt ist und deshalb selbst der Erklärung bedarf. Darüber hinaus versteht man – oder kann dies zumindest – unter dem Begriff des Massenvertrages wohl eher solche Verträge, die massenhaft in unserem modernen Wirtschaftsleben geschlossen werden und nicht – wie hier bei den *contrat-types* – einen Vertrag, der massenhaft auf spätere einzelne Verträge anwendbar sein wird.

[12] *Franz*, S. 47.

[13] *Léauté*, RTD civ. 1953, 429 [430].

[14] Vgl. *Léauté*, RTD civ. 1953, 429 [430]. *Léauté* hielt jedoch schon im Jahr 1953 die Be-

Die *contrat-types* sind Auffangregelungen, die immer dann Anwendung finden, wenn die Parteien einen bestimmten Punkt nicht selbst im Vertrag geregelt haben[15]. Sie erfüllen insofern eine wichtige Rolle als sie die Zeit der vorvertraglichen Verhandlungen verkürzen helfen und so dazu beitragen, schnelle Geschäftsabläufe zu ermöglichen[16]. Sie helfen zudem, Unzulänglichkeiten auf Grund von veralteten Texten oder fehlenden Detailregelungen im *Code Civil* oder *Code de Commerce* auszugleichen[17]. Die *contrat types* werden als Beschränkung der Rolle der *autonomie de la volonté* aufgefasst, weil an der Stelle der Vertragsparteien Dritte über den Vertragsinhalt entscheiden[18]. Eine solche Auffassung ist freilich etwas pauschal, denn nicht alle *contrats-types* finden zwingend Anwendung, sondern können durch individuelle vertragliche Vereinbarungen abbedungen werden[19].

Entscheidend für die Frage der Einbeziehung der *contrat-types* ist dabei, wer ihr Urheber ist[20]. Zu unterscheiden sind *contrat-types privés* und *contrat-types administratif*[21]. Erstere werden von Berufsverbänden, Gewerkschaften, etc. erarbeitet, während die zweitgenannten von staatlichen Stellen in Ausübung ihrer Hoheitsbefugnisse erlassen werden[22]. Die Exekutive führt dabei eine Befugnis zur Normsetzung aus, die ihr zuvor per Gesetz durch die Legislative übertragen worden ist[23]. Für die Einordnung in die beiden Kategorien ist entscheidend, ob der *contrats-type* von der Verwaltung per Dekret erlassen worden ist oder nicht[24]. Es gab in diesem Zusammenhang sogar schon Beispiele, in denen Teile von *contrat-types*, die zuvor von anderer Seite ausgearbeitet worden waren, „verreglementiert" (*rendre exécutoire*) wurden, indem sie durch die Verwaltung erlassen wurden[25]. Das entscheidende an der Einordnung als *contrats-type ad-*

---

zeichnung *contrat-type* für so etabliert, dass er es nicht mehr für möglich hielt, eine eindeutigere Formulierung durchzusetzen. Er behielt recht, denn auch heute ist überall nur von den *contrats-types* die Rede.

[15] Art. 1 al. 3 CT *général*; vgl. auch *Gency- Tandonnet*, JClTransp, Fasc. 740, Rn. 124.

[16] *Léauté*, RTD civ. 1953, 429 [434]; *Terré/Simler/Lequette*, Rn. 202.

[17] *Léauté*, RTD civ. 1953, 429 [434]; *Terré/Simler/Lequette*, Rn. 202.

[18] *Léauté*, RTD civ. 1953, 429 [430 f.].

[19] Vgl. *Terre/Simler/Lequette*, Rn. 202; vgl. zur näheren Unterscheidung zwischen den verschiedenen Arten der *contrat types Léauté*, RTD civ. 1953, 429 [429 ff.], insbesondere [432], sowie [437 ff.]. *Léauté* unterschiedet dort zwischen sog. *contrats types facultatifs*, die nicht zwingender Natur sind, und andererseits den *contrats-types obligatoires*, von deren Regelungen auch durch Parteivereinbarungen nicht abgewichen werden kann.

[20] Vgl. *Franz*, S. 49 ff.

[21] Vgl. *Léauté*, RTD civ. 1953, 429 [430 ff.]

[22] *Léauté*, RTD civ. 1953, 429 [430 ff.].

[23] *Léauté*, RTD civ. 1953, 429 [432].

[24] Siehe auch *Franz*, S. 49.

[25] *Léauté*, RTD civ. 1953, 429 [432].

ministrative ist, dass dieser völlig unabhängig vom Parteiwillen und der Regeln über den Vertragsschluss Anwendung findet und die von den Parteien offen gelassenen Fragen regelt[26]. Er findet also Anwendung *de plein droit*[27]. Beide für transportvertragliche Weisungsrechte relevanten *contrats-types* wurden per Dekret erlassen, so dass es sich um solche *contrats-types* handelt, die automatisch (ergänzend) Vertragsbestandteil werden.

2. Deutsches Recht

Bis 1998 zeichnete sich das deutsche Transportrecht durch eine starke Rechtszersplitterung in verschiedene Teil-Transportrechtsordnungen aus[28]. Dieser Zustand, der vor allem eine große Unübersichtlichkeit dieses Rechtsgebietes zur Folge hatte, rief im Schrifttum starke Kritik hervor[29] und führte schließlich zu einer „tief greifende[n] Rechtsbereinigung"[30] mit Hilfe des am 1. Juli 1998 in Kraft getretene Gesetzes zur Neuregelung des Fracht-, Speditions- und Lagerrechts (Transportrechtsreformgesetz, kurz: TRG). Diese Reform des deutschen Transportrechts führte dazu, dass die Regelungen der §§ 407 ff. HGB nunmehr sowohl für den Straßen-, den Eisenbahn, den Binnenschifffahrts- und den Lufttransport gelten und damit eine ganze Reihe von vorher anwendbaren Spezialgesetzen ablösen[31]. Durch das Seerechtsreformgesetz vom 20. April 2013 (SRG)[32] folgte zudem die längst überfällige Modernisierung des deutschen Seehandelsrechts[33], das in den §§ 476 ff. HGB (früher: §§ 556 ff. HGB a. F.) weiterhin eigenständig geregelt ist.

Das deutsche Transportrecht weist im Gegensatz zum französischen Recht mit § 418 HGB eine gesetzliche Regelung des Weisungsrechts auf, die zudem recht detailliert ist. Schon vor der letzten großen Überarbeitung des Frachtrechts im Jahr 1998 gab es in Form des § 433 HGB a. F. eine Norm, die sich ausschließlich mit dem transportvertraglichen Weisungs- bzw. Verfügungsrecht[34] beschäftigte. § 433 HGB a. F. war bereits bei der parallel zum BGB er-

---

[26] *Franz*, S. 49 f; vgl. auch für die *contrats types de baux ruraux* als wichtiges Beispiel für *contrats-types administratifs Léauté*, RTD civ. 1953, 429 [447].

[27] *Franz*, S. 50.

[28] Siehe *Basedow*, S. 1 ff. sowie S. 63 ff.; *Schmidt* § 32 I 1 f.

[29] Siehe hierzu ausführlicher und mit weiteren Nachweisen *MüKoHGB-Herber* Einl. Rn. 11.

[30] *MüKoHGB-Herber* Einl. Rn. 19.

[31] Siehe für eine Übersicht über diese verschiedenen Teil-Transportrechtsordnungen sowie die darin enthaltenen Regelungen zu Weisungsrechten *Basedow*, S. 294 f.

[32] BGBl. I S. 831.

[33] Siehe zu den Hintergründen dieses Reformschrittes *MüKoHGB-Herber* Einl. Rn. 9 f. sowie Rn. 30 ff.

[34] § 433 HGB a. F. sprach vom „Verfügungsrecht". Siehe zu dieser etwas unsauberen Terminologie infra *§ 6, I, 2.*

arbeiteten und in Kraft getretenen Erstfassung des HGB vom 01.Januar 1900 Bestandteil des Gesetzes. Schon zu diesem Zeitpunkt (und noch darüber hinaus, denn auch der Vorgänger des heutigen HGB, das Allgemeine Deutsche Handelsgesetzbuch von 1861 enthielt in Art. 402 bereits eine Norm zum transportvertraglichen Weisungsrecht) herrschte also offenbar Konsens darüber, dass die Besonderheiten des Transportvertrages es mit sich bringen, dass der Absender bzw. Empfänger ein Weisungsrecht gegenüber dem Frachtführer haben sollte. Überhaupt ist sehr auffällig, dass man sich zu Beginn des 20. Jahrhunderts auch in der Wissenschaft sehr intensiv mit transportvertraglichen Weisungsrechten beschäftigte. Nicht nur in der Kommentarliteratur der damaligen Zeit[35] widmete man sich intensiv dieser Frage, sondern vor allem gab es auch eine ganz erstaunliche Anzahl von Dissertationen zu diesem Thema[36].

Sowohl in § 418 HGB als auch in § 433 HGB a. F. werden die Wörter „verfügen" bzw. „Verfügungsrecht" benutzt. Dies ist missverständlich, weil es sich bei der hier in Rede stehenden einseitigen Einwirkungsmöglichkeit auf den Vertragsinhalt nicht um eine (sachenrechtliche) Verfügung zur Erzeugung, Änderung, Übertragung oder Beendigung eines Rechts iSd der allgemeinen zivilrechtlichen Terminologie handelt[37], sondern ein auf dem Transportvertrag beruhendes Recht zur einseitigen Vertragsänderung[38]. Dass es hier um die

---

[35] Siehe etwa *Düringer-Hachenburg*[3] § 433 Note 1 ff.

[36] Siehe supra *Fn. 3*.

[37] Siehe hierzu nur *Koller*, § 418 Rn. 3.

[38] Siehe statt aller *Koller* § 418 Rn. 4. Keine Weisung iSd. § 418 HGB stellt dagegen eine bloße Konkretisierung des vertraglichen Pflichtenprogramms dar, so ausdrücklich das OLG Hamburg, TranspR 1994, 444 zu einem Fall unter der CMR. Der Frachtbrief sah zum einen vor, dass der Ablieferungsort (ohne jegliche nähere Ortsbezeichnung) Hamburg sein solle, gleichzeitig enthielt er aber auch eine Klausel mit dem Wortlaut: „LKW müssen sich an der deutsch-österreichischen Grenze bei der Sped: P. zwecks Dispo melden". Das Gericht schließt aus dieser zweiten Klausel, „daß die Festlegung des endgültigen Ablieferungsortes erst an dieser Grenze erfolgen sollte". Hamburg sollte – nach Auffassung des Gerichts – nicht zwingend der Bestimmungsort sein, sondern vielmehr eine nachträglich festzulegende Adresse der Abnehmer in Deutschland. Wenn eine endgültige Adresse festgelegt wird, hätten die Parteien „damit wirksam nachträglich den Ablieferungsort abgeändert bzw. erstmalig bestimmt".

Kritisch anzumerken ist an dieser Stelle jedoch, wie schwierig eine solche Abgrenzung tatsächlich sein kann, was hier auch schon dadurch deutlich wird, dass das Gericht sprachlich etwas diffus sowohl von der nachträglichen Abänderung als auch der erstmaligen Bestimmung der vertraglichen Pflichten spricht. Nimmt man die vom Gericht vorgeschlagene Abgrenzung ernst, dann müsste es sich dabei eigentlich um eine Weisung handeln. Der Hinweis im Frachtbrief auf die Einholung von Dispositionen an der Grenze wäre dann nicht mehr als ein – deklaratorischer – Hinweis auf das ohnehin nach dem Gesetz (Art. 12 CMR) bestehende Weisungsrecht, das nur bzgl. des Zeitpunktes der Einholung von Weisungen näher beschrieben würde. Letztlich hinge dann die Abgrenzung Weisung/Konkretisierung im vorliegenden

schuldrechtliche und nicht um die sachenrechtliche Ebene geht, wird nunmehr durch die in § 418 HGB gewählte Überschrift „Nachträgliche Weisungen" etwas deutlicher[39].

Ein weiteres terminologisches Problem stellt sich im deutschen Recht auf Grund der Tatsache, dass sich auch in § 427 III, IV und V HGB der Begriff der Weisung befindet. Die genannten Vorschriften schränken die Möglichkeiten des Frachtführers nach § 427 I HGB, sich auf besondere Haftungsausschlußgründe zu berufen, ein. Beim Weisungsbegriff des § 427 III, IV und V HGB soll es sich aber nach zum Teil vertretener Auffassung nicht um nachträgliche Veränderungen am Vertragsinhalt, sondern um bei Vertragsschluss erteilte Handlungsanweisungen[40] handeln, mit Hilfe derer – wie bei den *instructions* des französischen Rechts – schon im Moment des Vertragsschlusses in bestimmter Weise das Pflichtenprogramm des Frachtführers konkretisiert wird. Dies vermag jedoch nicht überzeugen[41]. Zum einen spricht schon dagegen, dass der Gesetzgeber von 1998 wohl nicht leichtfertig das Wort „Weisung" innerhalb nur weniger auseinanderliegender Paragraphen auf unterschiedliche Weise interpretiert wissen wollte. Vor allem aber kann es kaum richtig sein, wenn zwar eine Weisung auch bzgl. der in § 427 HGB behandelten Art der Transportdurchführung nach § 418 HGB nachträglich möglich ist, aber bei der Erteilung einer solchen nachträglichen Weisung nicht die für den Frachtführer haftungsverschärfenden Absätze 3 und 4 des § 427 HGB Anwendung finden. Insoweit muss es zur kohärenten Anwendung des Gesetzes einen Gleichlauf geben, so dass letztlich für die Bestimmung des Weisungsbegriffs in § 427 HGB die Definition der zulässigen Weisung iSd. § 418 HGB entscheidend sein muss.

3. Englisches Recht

Das englische Recht hat sich der Frage transportvertraglicher Weisungsrechte nicht in From von *statutes* angenommen. Vielmehr ist bezüglich dieser Frage das *case law* auszuwerten. Die Existenz transportvertraglicher Weisungsrechte ist allgemein anerkannt[42]. Als *leading authority*, wonach ein Weisungsrecht bzgl. des Transportgutes gegenüber dem Frachtführer besteht, kann man den

---

Fall allein davon ab, ob der Ablieferungsort „Hamburg" für sich genommen die frachtvertraglichen Pflichten schon ausreichend konkretisiert. Wenn dies der Fall wäre, dann müsste man wohl doch bei einer Abänderung des Ablieferungsortes von einer Weisung ausgehen.

[39] MüKoHGB-*Thume* § 418 Rn. 2.

[40] MüKoHGB-*Thume* § 418 Rn. 3.

[41] So wie hier, allerdings ohne Begründung: *Koller* § 427 Rn. 10, 80; *Ramming*, TranspR 2001, 53 [58].

[42] *Cashmore* 168 ff.; *Leslie* 100.

Fall *Scothorn and Another v. The South Staffordshire Railway Company*[43] ansehen. In diesem Fall, in dem es um einen Eisenbahntransport ging, wurde erstmals ausführlich dargelegt, dass ein Weisungsrecht bzgl. des Lieferorts der zu transportierenden Güter gegenüber dem Frachtführer besteht, das in diesem Fall – ausnahmsweise[44] – der Absender innehatte.

Dem Fall liegt ein durchaus tragischer Sachverhalt zu Grunde. Die Kläger hatten vor, nach Australien auszuwandern. Zu diesem Zweck übergaben sie der *South Staffordshire Railway Company*, bei der es sich um die Beklagte handelt, an der *Great Bridge Station* verschiedene Pakete, die folgendermaßen beschriftet waren: „*Scothorn & Co. to the East India Docks, passengership ‚Melbourne‘, Australia*". Die *East India Docks* befanden sich in London. Es war üblich, dass die *South Staffordshire Railway Company* nach London adressierte Pakete von der *Great Bridge Station* zunächst selbstständig nach Birmingham transportierte, und sie dort an die *London and North Western Railway Company* für den restlichen Transport übergab. Während des Transports hatte sich einer der Kläger nach London begeben, und festgestellt, dass es an Bord der ‚Melbourne' keine Kojen mehr gab. Daraufhin übergab einer der Kläger einem Angestellten der *London and North Western Railway Company* in einem Londoner Büro der Eisenbahngesellschaft einen Beleg, der bei der Übergabe der zu transportierenden Güter ausgestellt worden war und auf den er als neue Anweisung für den Transport geschrieben hatte: „*Send the boxes, &c., to Scothorn & Co., Engineers, Bell Wharf, Ratcliffe, London*". Obwohl dem Kläger seitens des Angestellten der Eisenbahngesellschaft versichert wurde, dass die Transportgüter am nächsten Tag (ohne zusätzliche Kosten) an den neuen Bestimmungsort geliefert würden, erfolgte die Lieferung an die zuerst genannte Adresse. Entsprechend wurden die Pakete nach Melbourne verschifft, wo sie verloren gingen, was zur Folge hatte, dass die Kläger – arbeitslos – in London zurückbleiben mussten. Mit der Klage verlangen die Kläger Schadensersatz für die verloren gegangenen Güter.

Die Beklagte versuchte sich in erster Linie mittels folgender beiden Argumente zu verteidigen. Zum einen sei bei Vertragsschluss eine Lieferung an eine bestimmte Adresse vereinbart worden und an diese sei auch geliefert worden[45]. Zum anderen sei es irrelevant für die vertraglichen Verpflichtungen zwischen den Klägern und der Beklagten, was die Kläger gegenüber der *London and North Western Railway Company* erklärt hätten[46].

Die drei Richter haben keine großen Probleme, diese beiden Verteidigungslinien als unbrauchbar darzustellen. Interessant sind jedoch die genauen Formulierungen der Richter, die bei genauer Betrachtung unterschiedliche Schwerpunkte setzen. Die Frage der *agency* seitens der *London and North Western*

---

[43] (1853) 8 Ex. 341.

[44] In der Regel ist im englischen Recht der Empfänger weisungsberechtigt, siehe hierzu ausführlich infra § 7, I, 3, a).

[45] *Scothorn and Another v. The South Staffordshire Railway Company* (1853) 8 Ex. 341 [343].

[46] *Scothorn and Another v. The South Staffordshire Railway Company* (1853) 8 Ex. 341 [343].

Railway Company wird von den Richtern jeweils nur kurz angesprochen[47], was schlicht daran liegen dürfte, dass dies in dem geschilderten Fall keines besonderen Begründungsaufwandes bedarf. Wenn es jedoch um die Begründung des Rechts zur Änderung des Bestimmungsortes der Ware geht, wird zum Teil ausschließlich auf den zugrundeliegende Vertrag oder das durch den Transportvorgang ausgelöste *bailment* abgestellt[48]. Damit ist in dieser frühen Entscheidung zum transportrechltlichen Weisungsrecht bereits die (im weiteren Verlauf der Arbeit zu klärende[49]) Frage angelegt, ob sich das transportrechtliche Weisungsrecht eher sachenrechtlich über das *bailment* begründen lässt oder ausschließlich auf dem Transportvertrag beruht.

Als weitere Autorität[50] für das Bestehen eines transportvertraglichen Weisungsrechts lässt sich die Aussage von *Baron Bromwell* in *The London and North Western Railway Company v. Bartlett* heranziehen[51]:

> „[…] It would probably create a smile anywhere but in a Court of law, if it were said that a carrier could not deliver to the consignee at any place except that specified by the consignor. The goods are intended to reach the consignee, and provided he receives them it is immaterial at what place they are delivered. The contract is to deliver the goods to the consignee at the place named by the consignor unless the consignee directs them to be delivered at a different place. […]"

In diesem Fall handelt es sich also anders als bei *Scothorn* um ein Drei-Personon-Verhältnis bestehend aus Absender, Empfänger und dem Frachtführer. Der Grundregel des englischen Rechts entsprechend wird hier der Empfänger als Weisungsberechtigter genannt.

Bezüglich der Terminologie lässt sich für das englische Recht am wenigsten eine klare Aussage formulieren. In der soeben zitierten Stelle aus *The London and North Western Railway Company v. Bartlett* wird etwa das Verb *„to direct"* benutzt, aber von einem *right of direction* ist sonst – soweit ersichtlich – an keiner Stelle die Rede. Als am gängigsten wird man wohl die Bezeichnung als *„Rights of Control"* ansehen können, die *Cashmore* in seinem grundlegenden und für die englische Literatur zum Transportvertrag einmaligen Werk zum Transportvertrag mit dem Titel *„Parties to Contract of Carriage"* für das Kapitel 5 wählt, in dem er beschreibt, inwiefern auch noch nach Vertragsschluss auf

---

[47] *Scothorn and Another v. The South Staffordshire Railway Company* (1853) 8 Ex. 341 [344 f.] per *Alderson, B*; [345] per Platt, B; [346 f.] per *Martin, B.*

[48] Siehe für ausführliche Zitate aus dem Urteil, infra *§ 6, II, 5, c).*

[49] Siehe infra *§ 6, II, 5.*

[50] Ebenso wie *Scothorn* galt auch diese Entscheidungen nicht nur englischen, sondern auch amerikanischen Gerichten als Autorität, siehe etwa *Central of Georgia Ry. Co. v. Council Bros.* 136 S.E. 418 (1927).

[51] (1861) 7 H. & N. 400 [408].

die Güter im Rahmen eines Transportvertrages eingewirkt werden kann. Ein Begriff wie *change order*, der aus dem Werkvertragsrecht bekannt ist[52], mag auch deshalb nicht für das Transportrecht passen, weil es sich bei dem transportrechtlichen Einwirkungsmöglichkeiten auf die Leistung des Frachtführers möglicherweise um Rechte handelt, die sich sachenrechtlich aus einem *bailment* begründen lassen[53], so dass vertragsrechtliche Terminologie schon deshalb fehl am Platz ist.

II. Konstruktion des transportrechtlichen Weisungsrechts

1. Einseitige oder zweiseitige Vertragsänderung?

Aus der Sicht des deutschen Juristen handelt es sich bei der transportrechtlichen Weisung unstreitig um ein einseitiges Recht zur Vertragsänderung[54]. In den anderen beiden zu untersuchenden Rechtsordnungen ist es dagegen weit weniger eindeutig, ob die durch die Weisung vermittelte Vertragsänderung allein auf Grund der Erklärung der Weisung eintritt, oder ob nicht vielmehr rechtstechnisch doch eine – den allgemeinen Regeln entsprechende[55] – zweiseitige Vertragsänderung vorliegt.

a) Die Unschärfen des französischen Rechts

Auf Letzteres deutet im französischen Recht etwa durchaus der Wortlaut des Art. 4 CT *général* hin, in dem die *modification* des Transportvertrages – ähnlich wie in § 418 HGB – recht ausführlich geregelt ist. Die Vorschrift suggeriert, dass es zur Wirksamkeit einer Weisung der Annahme des Frachtführers bedarf, weil in Art. 4 der CT *général* das Verb *„accepter"* verwendet wird[56]. Die Bindungswirkung der Weisung scheint also davon abzuhängen, dass der Frachtführer die Weisung akzeptiert. Daraus ließe sich schließen, dass die Modifikation des Vertrages tatsächlich gar kein einseitiger Vorgang ist, sondern vielmehr eine ausdrückliche oder stillschweigende Annahme durch den Transporteur erforderlich ist[57]. Dass es sich in Wirklichkeit um eine zweiseitige Änderung des

---

[52] Siehe supra *§ 4, II, 2.*

[53] Siehe hierzu infra *§ 6, II, 5.*.

[54] Siehe statt aller *Koller* § 418 Rn. 4.

[55] Siehe zum Grundsatz, dass Verträge auf Grund des Prinzips der Bindungswirkung von Verträgen nur zweiseitig abgeändert werden können, supra *§ 2, I, 1.*

[56] Art. 4 al. 3 contrat types: „Le transporteur n'est pas tenu d'accepter ces nouvelles instructions si elles sont de nature à l'empêcher d'honorer des engagements de transport pris antérieurement."

[57] So jedenfalls *Delebecque*, D. 2000, 135 [136]: „Le contrat type ajoute que le transporteur n'est pas tenu d'accepter les nouvelles instructions qui lui sont données lorsqu'elles sont

Transportvertrages handelt, würde auch erklären, warum die Möglichkeit der *modification* des Transportvertrages nicht behandelt oder erwähnt wird, wenn sich das französische Schrifttum vertieft mit der Einseitigkeit (*l'unilatéralisme*) im Schuldrecht beschäftigt[58].

Auf der anderen Seite muss der Wortlaut der *contrat-types* auch insofern berücksichtigt werden als sich aus Art. 4 al. 3 ebenfalls – mit Hilfe eines Umkehrschlusses (*argumentum a contrario*) – ergibt, dass grundsätzlich, nämlich sofern die Grenzen des Modifikationsrecht nicht überschritten werden, der Transporteur dazu verpflichtet ist, die Modifikation zu akzeptieren („*tenu d'accepter*"). Dies bedeutet, dass damit letztlich die Modifikation bzgl. ihres Inhalts doch auf dem unilateralen Willen des Weisungsberechtigten beruht, denn der Transporteur ist verpflichtet, die Modifikation so zu akzeptieren, wie sie ist, und kann keine inhaltlichen Änderungen einbringen. Der Unterschied zur deutschen Konzeption, bei der das Weisungsrecht unstreitig als Gestaltungsrecht qualifiziert wird[59], so dass die Vertragsänderung allein auf Grund der einseitigen Ausübung wirksam wird, ist im französischen Recht, dass – sofern man der bisherigen Darstellung folgt – zum Wirksamwerden der Modifikation innerhalb des Vertrages noch eine Mitwirkungshandlung des Transporteurs in Form einer Annahme erforderlich ist.

Als Erklärung für das Erfordernis einer Annahmeerklärung seitens des Transporteurs und damit letztlich einer bloß zweiseitig möglichen Veränderung des Vertragsinhalts mag das allgemeine französische Vertragsrecht dienen. Wie im ersten Hauptteil dargestellt, hat der Grundsatz der Bindungswirkung des Vertrages nach Art. 1134 CC traditionell im französischen Recht eine starke Stellung und engt damit die einseitigen Einwirkungsmöglichkeiten auf den Vertrag stark ein[60]. Auch die herausgehobene Bedeutung des Bestimmtheitsgrundsatzes in Art. 1129 CC[61] sowie die bisher kaum stattfindende Bildung einer

---

de nature à l'empêcher d'honorer des engagements de transport pris antérieurement. Cela permet de dire que la modification du contrat de transport n'est pas une prérogative unilatérale du donneur d'ordre et qu'elle appelle, en toute logique, une acceptation expresse ou tacite du transporteur."; Auch bei *Gency-Tandonnet* , JClTransport, Fasc. 740, Rn. 125 wird ausdrücklich das Verb „accepter" verwendet: „Ensuite, à réception de l'instruction du donneur d'ordre, le transporteur doit normalement accepter celle-ci [d.h. die Weisung], sauf pour une raison valable."

[58] Z.B. finden die Modifikationsrechte im Transportvertrag (aber auch in den anderen Verträgen wie dem Werkvertrag oder dem Auftrag) keine Erwähnung in dem umfangreichen (und wohl auf Vollständigkeit bedachten) Tagungsband *Jamin/Mazeaud* L'unilatéralisme et le droit des obligations, Paris 1999.

[59] Siehe ausführlich hierzu infra *§ 6, II, 2.*

[60] Siehe supra *§ 2, I, 1.*

[61] Siehe hierzu supra *§ 2, II, 1.*

Lehre vom Gestaltungsrecht[62] sprechen aus der Sicht des allgemeinen französischen Vertragsrecht gegen die Möglichkeit einer einseitigen Modifikation des Vertrages im Rahmen des Transportvertrages.

Allerdings darf nicht verkannt werden, dass wohl längst nicht alle Autoren im französischen Schrifttum davon ausgehen, dass es sich bei der Modifikation des Transportvertrages um eine zweiseitige Vertragsänderung im Sinne des Art. 1134 al. 2 CC handelt. So stellt beispielsweise *Tilche* das Modifikationsrecht des Absenders bzw. Empfängers in Gegensatz zum Normalfall der Vertragsänderung, die nicht ohne das Einverständnis der anderen Vertragspartei geschehen kann[63]. Ihrer Ansicht nach sei nämlich im Transportrecht das positive Einverständnis des Transporteurs bzgl. der an ihn herangetragenen Vertragsänderung gerade nicht erforderlich[64]. Er habe allein die Möglichkeit, unter bestimmten Voraussetzungen, sich der Modifikation des Vertrages zu widersetzten, was im Übrigen zur Beendigung (*résiliation*) des Transportvertrages auf Kosten des Absenders führe[65]. Im Allgemeinen gehorche aber der Transporteur, ohne sich Fragen zu stellen[66]. Den Ausführungen *Tilches* scheint also eher die Überlegung zugrunde zu liegen, dass die Modifikation – sofern sie sich innerhalb der zulässigen Grenzen bewegt – ohne eine Mitwirkung des Transporteurs zustande kommt. Allerdings verbleiben auch bei den Ausführungen *Tilches* letzte Zweifel, denn indem darauf hingewiesen wird, dass kein positives Einverständnis erforderlich ist, könnte man daraus schließen, dass eben doch ein (stillschweigendes) Einverständnis erforderlich ist, das immer dann anzunehmen ist, wenn der Transporteur der Weisung nicht widerspricht. Unterstellt man dies, so handelt es sich auch hier letztlich um eine Vertragsänderung nach Art. 1134 al. 2 CC (und nicht um die rein einseitige Ausübung eines *droit potestatif*).

Festzuhalten ist zum Ende aber, dass sich die praktischen Auswirkungen im Vergleich zwischen der möglicherweise im französischen Recht gewählten Lösung einer zweiseitigen Vertragsänderung und einer einseitigen Vertragsände-

---

[62] Siehe hierzu supra § 2, III, 2..

[63] *Tilche*, BTL 1993, 380.

[64] *Tilche*, BTL 1993, 380: „Mais en transport, le consentement proprement dit du voiturier n'est pas positivement requis…".

[65] *Tilche*, BTL 1993, 380.

[66] *Tilche*, BTL 2001, Informations, n° 2912, wobei diese Aussage auch so verstanden werden kann, dass es in der Praxis allgemeiner Übung entspreche, dass Weisungen in aller Regel ausgeführt werden; damit ist natürlich noch nichts gesagt über die juristische Konstruktion, die dahintersteckt. Die Tatsache, dass der Transporteur in der Praxis in der Regel den Anweisungen folgt, dürfte wohl auch damit zusammenhängen, dass er – falls er eine sich innerhalb der inhaltlichen Grenzen befindlichen Weisung nicht folgt – sich schadensersatzpflichtig macht, siehe ebenfalls *Tilche*, BTL 2001, Informations, n° 2912 sowie infra § 7, IV, 1.

rung im deutschen Recht in Grenzen halten dürften. Zwar ist bei einer zweiseitigen Vertragsänderung die Mitwirkung des Frachtführers in Form einer Annahme erforderlich, aber wenn dieser – wie im französischen Recht – die mit der Weisung bezweckte Änderung anzunehmen hat, sofern die Weisung zulässig ist, wird er regelmäßig die Weisung ausführen (und damit konkludent die Vertragsänderung annehmen). Führt er die Weisung nicht aus, ändert sich nicht der Vertrag, aber der Frachtführer wird eine *faute* begehen, die einen Schadensersatzanspruch des Weisungsberechtigten auslösen wird. Im deutschen Recht wird zwar schon durch die Weisungserteilung der Vertrag geändert, aber wenn der Frachtführer die Weisung nicht ausführen will, ist der Weisungsberechtigte wiederum auf Schadensersatz verwiesen[67]; eine gerichtliche Durchsetzung des geänderten Vertrages in Natur wird oftmals in der Praxis auf Grund der damit verbundenen Verzögerungen keine erstrebenswerte Lösung sein und spätestens in der Zwangsvollstreckung würde sich der Anspruch im Rahmen des § 887 ZPO ohnehin in einen Anspruch auf Geldersatz auflösen. Nur in seltensten Fällen erscheint es auch denkbar, dass der Transport als unvertretbare Handlung im Sinne des § 888 ZPO zu qualifizieren ist, etwa bei einem Spezialtransport, der nur von einer spezialisierten Firma durchgeführt werden kann. Einzig hier könnte sich ein sich praktisch auswirkender Unterschied zum französischen Recht ergeben, weil im deutschen Recht mittels Zwangsgeld oder -haft Druck ausgeübt werden könnte, während im französischen Recht schon gar kein (durchsetzungsfähiger) neuer Vertragsinhalt zustande gekommen ist, weil es an einer Annahme seitens des Frachtführers fehlt und diese auch nicht im Wege der Zwangsvollstreckung ersetzt werden kann, weil das französische Prozessrecht keine § 894 ZPO vergleichbare Vorschrift kennt[68].

b) Die leichte Tendenz des englischen Rechts zur einseitigen Einflussnahme auf den Vertrag

Für das englische Recht ist es äußerst schwierig, eine verlässliche Aussage darüber zu treffen, ob es sich bei der Ausübung des *right of control* um ein einseitiges Änderungsrecht handelt oder die Zustimmung der anderen Partei erforderlich ist, was insbesondere auch daran liegt, dass diese Frage –soweit ersichtlich – kaum Gegenstand von Diskussionen in der englischen Rechtswissenschaft ist. Wiederum einzig *Cashmore*[69] widmet dieser Frage gesonderte Aufmerksamkeit, ohne jedoch einen Versuch zu unternehmen, die unterschiedlichen Lö-

---

[67] Siehe zur Haftung im Fall der Nichtbefolgung einer rechtmäßigen Weisung infra *§ 7, IV, 1.*

[68] Vgl. *Sonnerberger*, in: Festschrift Stoll, 385 [397].

[69] S. 188.

sungsansätze in Bezug zum allgmeinen englischen Vertragsrecht zu setzen, das
– wie gesehen[70] – zum Teil die einseitige Abänderung von Verträgen zu umgehen versucht.

Cashmore[71] bezieht allerdings eindeutig Stellung im transportvertraglichen
Kontext und ist der Ansicht, dass das Weisungsrecht bzgl. der Transportgüter
ein einseitig ausübbares Recht darstellt, dessen Ausübung und Bindungswirkung unabhängig von der Zustimmung des Frachtführers ist. Für eine solche
Auslegung des Weisungsrechts spricht, dass in den englischen Urteilen – soweit
ersichtlich – nicht das Erfordernis eines *agreement* geprüft wird, wenn es um
die Wirksamkeit von Weisungen geht. Allerdings findet sich in den Urteilen
andererseits auch kein klarer Hinweis darauf, dass die Gerichte das Weisungsrecht tatsächlich als ein einseitig ausübbares Recht auffassen. Es verwundert
vor diesem Hintergrund nicht, dass *Cashmore*[72] seine Ansicht auf amerikanische Urteile stützt. So spricht etwa *Hines J.* in *Central of Georgia Ry. Co. v.
Council Bros.*[73] unter ausdrücklicher vorheriger Bezugnahme auf die englischen Entscheidungen *Bartlett*[74] sowie *Scothorn*[75] von einem Recht des Weisungsberechtigten zur Änderung des Bestimmungsortes des Transportguts:

„It may be stated broadly that the consignor, if true owner of the property, has generally,
subject to the payment of the original charges, the right to direct a change in its destination,
so long as it is the carrier's custody and before it reaches the point of destination designated
in the bill of lading, and he may have it delivered to a different consignee."[76]

Auch die sich daraus ergebende Bindungswirkung für den Frachtführer wird
ausdrücklich erwähnt[77].

---

[70] Siehe supra *§ 4, II, 2.*

[71] S. 188.

[72] S. 188.

[73] 136 S.E. 418 (1927). Der Entscheidung liegt der Sachverhalt zugrunde die *Council
Brothers* bei der *Central of Georgia Railway Company* den Transport von Wagenladungen
Pfirsichen nach Buffalo in Auftrag gegeben hatten. Vor der Ankunft der Pfirsiche in Buffalo
wurde der *Pennsylvania Railroad* als *agent*, die von der *Central of Geogia Railway Company*
mit Teilen des Transports beauftragt worden waren, seitens der *Council Brothers* mitgeteilt,
dass eine Wagenladung statt nach Buffalo nach New York geliefert werden sollte. Die Lieferung wurde nicht umgeleitet, so dass die Pfirsiche verdarben und die *Council Brothers* entsprechend Schadensersatz von der Central of Georgia Railway Company verlangten. Nachdem sie damit in erster Instanz erfolgreich waren, übten die Beklagten das Rechtsmittel des
error beim *Court of Appeals* aus, der wiederum nun die entscheidungserhebliche Frage nach
einem Weisungsrecht dem *Supreme Court of Georgia* vorlegte.

[74] (1861) 7 H. & N. 400.

[75] (1853) 8 Ex. 341.

[76] *Central of Georgia Ry. Co. v. Council Bros.* 136 S.E. 418 (1927) [420].

[77] *Central of Georgia Ry. Co. v. Council Bros.* 136 S.E. 418 (1927) [421]: „[...]; and such
terminal carrier was bound to obey the instruction given by the shipper to divert the shipment

Eine weitere amerikanische Entscheidung, in der zunächst die Möglichkeit einer zweiseitigen Vertragsänderung bzgl. eines Lieferorts erörtert wird, legt sich ebenfalls darauf fest, dass es ein (einseitiges) Recht zur Änderung des Lieferortes gäbe[78].

c) Das vermeintliche Sonderproblem des englischen Rechts: Das Erfordernis der consideration

Das englische Recht weist bzgl. der Änderung von Verträgen eine Besonderheit auf, die sich nicht im deutschen und französischen Recht findet. Das englische Recht erfordert nicht nur für das Zustandekommen, sondern auch für die (zweiseitige) spätere Modifikation von Verträgen eine *consideration*, d.h. für die Leistung der anderen Vertragspartei muss etwas von Wert gegenüber der anderen Vertragspartei geleistet werden[79]. Der *leading case* hierfür ist auch heute noch *Stilk v Myrick*[80]. Der Fall dreht sich um eine Vereinbarung zwischen dem Kapitän und seinen Seeleuten, wonach die Seeleute für die Rückfahrt des Schiffes aus dem Baltikum nach London die Löhne zweier zwischenzeitlich dissertierter Seeleute erhalten sollten. Eine solche Vereinbarung wurde mit der Begründung als unwirksam angesehen, dass es für eine wirksame Änderung des Vertrages zwischen dem Kapitän und den Seeleuten einer *consideration* seitens der Seeleute bedurft hätte, die jedoch nicht vorhanden war, weil die Seeleute bereits aus dem ursprünglichen Vertrag verpflichtet waren, während der Rückfahrt des Schiffes auf ebendiesem zu arbeiten.

---

to another point upon its line of railway." Das einseitige Weisungsrecht besteht im vorliegenden Fall sogar, obwohl es in der *bill of lading* ausdrücklich heißt: „Any alteration, or addition, or reasure in this bill of lading, which shall be made without the special notation hereon of the agent of the carrier issuing this bill of lading, shall be without effect, and this bill of lading shall be enforceable according to its terms." (*Central of Georgia Ry. Co. v. Council Bros.* 136 S.E. 418 (1927) [419]). Obwohl es keine schriftliche Änderung der *bill of lading* gab, wurde die Weisung im Ergebnis ohne weiteres als wirksam angesehen.

[78] *Cincinnati, N.O. & T.P.R. Co. v. Steele* 131 S.W. 22 (1910) [23]; siehe zu dieser Entscheidung und der Betonung der sachenrechtliche Positionen in Bezug auf das Weisungsrecht auch infra § 6, II, 5, e).

[79] *Chitty I-Treitel*, para. 4-004: „The traditional definition of consideration concentrates on the requirement that „something of value" must be given and accordingly states that consideration i seither some detriment tot the promisee (in that he may give value) or some benefit to the promisor (in that he may receive value)."

[80] [1809] 2 Camp 317 sowie 6 Esp 129. Siehe für eine vertiefte Auseinandersetzung mit den beiden unterschiedlichen und sich widersprechenden *reports* einerseits von *Campbell* und andererseits von *Espinasse* und der damit verbundenen Frage, ob es sich nicht eher um einen *duress*-Fall als um einen *consideration*-Fall handelt, *McKendrick*, Rn. 5.11.

Die Anforderungen an das Erfordernis der *consideration* bei der Vertragsänderung sind zwar durch die Entscheidung *Williams v Roffey Bros & Nicholls (Contractors) Ltd*[81], in der bereits das Vorliegen eines *practical benefit* als genügende *consideration* angesehen wurde, stark abgemildert worden. Auch gibt es eine anhaltende Diskussion in der englischen Rechtswissenschaft über das Erfordernis der *consideration* insgesamt[82] sowie im Speziellen bei der Vertragsänderung[83], aber bisher hat dies die englischen Gerichte noch nicht dahingehend beeinflusst, dass das Erfordernis der *consideration* in Gänze zur Disposition steht.

Anders als im deutschen und französischen Recht, wo sich aus § 311 I BGB bzw. Art. 1134 II CC ergibt, dass Verträge allein durch die Vereinbarung der Parteien nach dem Vertragsschluss jederzeit abgeändert werden können, ist damit im englischen Recht zusätzlich zum *agreement* der Parteien eine *consideration* erforderlich. Vor diesem Hintergrund stellt sich die Frage, ob das *consideration*-Erfordernis möglicherweise einer einseitigen Vertragsänderung grundsätzlich entgegensteht. Eine denkbare Argumentation wäre nämlich, aus dem *consideration*-Erfordernis bei der zweiseitigen Vertragsänderung einen Erst-Recht-Schluss dahingehend zu ziehen, dass erst Recht bei der einseitigen Vertragsänderung eine *consideration* vorliegen muss, etwa in Form des Versprechens einer höheren Vergütung, wenn durch die Weisung Mehrarbeit angefordert wird. Denn wäre keine *consideration* erforderlich, ließe sich mittels einer einseitigen Vertragsänderung leichter eine Bindungswirkung für eine Vertragsänderung herstellen als bei einer zweiseitigen Vertragsänderung, obwohl sich die Parteien nicht einmal gemeinsam geeinigt haben, sondern eine Partei allein über den neuen Inhalt des Vertrages entschieden hat.

Sucht man in der englischen Rechtswissenschaft, soweit sie sich mit Weisungsrechten beschäftigt, nach der Lösung dieser Fragestellung, so kommt man schnell zu der Erkenntnis, dass dieses Thema – entgegen der ursprünglichen Erwartung – entweder gar nicht oder nur am Rande behandelt wird. Der Grund hierfür ist denkbar einfach: Die aufgeworfene Frage nach dem Erfordernis einer *consideration* bei einer einseitigen Vertragsänderung stellt kein echtes Problem im englischen Recht dar. Vielmehr ist dem Erfordernis der *consideration* dadurch genüge getan, dass das Weisungsrecht entweder bei Vertragsschluss vereinbart worden ist (wie etwa im Fall des *construction contract*[84]), so dass die bei Vertragsschluss vorhandene *consideration* ausreichend war für die Verein-

---

[81] [1991] 1 QB 1 (CA).

[82] Siehe *McKendrick*, Rn. 5.29 sowie *Hürten*, S. 237 ff. jeweils mit weiteren Nachweisen.

[83] Siehe etwa zur Frage, ob das Erfordernis der *consideration* für die Änderung des Arbeitsvertrages erforderlich ist, *Hough*, JCL 2001, S. 193 ff.

[84] Siehe supra *§ 4, II, 2.*

barung des Weisungsrechts, und nicht bei jeder späteren Ausübung des Weisungsrechts erneut das Vorliegen von *consideration* nachgewiesen werden muss. Oder das Weisungsrecht ergibt sich als *implied term by law* aus dem Vertrag, und auch in diesem Fall ist die ursprüngliche *consideration* im Zeitpunkt des Vertragsschlusses ausreichend[85]. Die letztere Situation ist sogar einmal Gegenstand einer (amerikanischen) Entscheidung[86] zum transportvertraglichen Weisungsrecht gewesen:

Es handelte sich wiederum um einen Eisenbahntransport, bei dem 18 Wagenladungen Vieh von Kenna nach Lucy transportiert werden sollten. Auf dem Weg lag Encino, das noch etwas näher an der Farm, an die das Vieh gebracht werden sollte, lag. Allerdings herrschte Unsicherheit, ob es in Encino genug Wasser für die ankommende Tiere gab. Nach Beginn des Transports und vor dem Passieren von Encino erkundigte sich der Eigentümer des Viehs in Encino nach der aktuellen Wassersituation und es wurde ihm seitens der Eisenbahngesellschaft versichert, dass genügend Wasser zur Verfügung stehe. Daraufhin wies der Eigentümer des Viehs die Eisenbahngesellschaft an, die Tiere bereits in Encino abzuladen. Es fehlte jedoch an Wasser, so dass die Tiere unruhig wurden, übereinander trampelten und letztlich viele starben bzw. stark an Wert verloren. Die Schadensersatzklage des Eigentümers des Viehs war in erster Instanz erfolgreich und wird nun – im Ergebnis vergeblich – vor dem *Court of Civil Appeals of Texas* seitens der Beklagten angegriffen.

Eine der Verteidigungslinien der Beklagten war offenbar, die Bindungswirkung der Weisung anzuzweifeln, da keine *consideration* im Moment der Weisungserteilung vorgelegen habe. Das Gericht machte jedoch deutlich, dass dies nicht erforderlich sei:

„Another proposition relied upon that – ‚The agreement made basis of plaintiff's trial amendment, and on which cause was submitted by the court, was wholly without consideration, no benefit could accrue to the carrier therefrom, and same was not binding upon it.'

The right of of diversion accrued under the orginial shipping contract, and it was not necessary that the agreement to stop the shipment at Encino be supported by any new or independent consideration."[87]

Das Thema *consideration* stellt also offensichtlich kein Problem in Verbindung mit Weisungsrechten dar. Freilich darf in diesem Zusammenhang auch nicht vergessen werden, dass in den meisten Fällen ohnehin eine Anpassung der Vergütung vorgenommen wird, so dass eine ausreichende *consideration* vorliegen würde[88].

---

[85] So für den Transportvertrag ausdrücklich *Cashmore, S.* 188, der als Beleg auf die sogleich dargestellte amerikanische Entscheidung abstellt.

[86] *Davis v. Four Lakes Cattle Co.* 245 S.W. 711 (1923).

[87] *Davis v. Four Lakes Cattle Co.* 245 S.W. 711 (1923) [713].

[88] Siehe näher zur Anpassung der Vergütung infra *§ 7, III, 3.*

2. Die Einordnung des transportrechtlichen Weisungsrechts als Gestaltungsrecht

Eng verwandt mit der soeben erörterten Problematik, ob das Weisungsrecht den Vertragsinhalt allein durch einseitige Erklärung ändert oder ob eine zweiseitige Änderung erforderlich ist, ist die Frage, ob es sich beim transportvertraglichen Weisungsrecht um ein – nach deutscher Terminologie – Gestaltungsrecht handelt. Denn die Einordnung als Gestaltungsrecht kommt überhaupt nur dann in Frage, wenn das Weisungsrecht allein durch einseitige Erklärung bereits Rechtsfolgen zeitigt.

Im deutschen Recht, wo die Bindungswirkung der Weisung durch einseitige Erklärung nicht in Frage steht, ist ebenso unbestritten, dass es sich beim transportvertraglichen Weisungsrecht um ein Gestaltungsrecht handelt[89]. In den anderen beiden Rechtsordnungen ist dies wiederum weit weniger eindeutig, was zweifellos zunächst daran liegt, dass schon – wie soeben erörtert[90] – sich nicht genau ermitteln lässt, ob das Weisungsrecht überhaupt allein durch einseitige Ausübung Bindungswirkung entfalten kann. Darüber hinaus besteht – wie oben dargestellt[91] – das zusätzliche Problem, dass im Gegensatz zum im deutschen Vertragsrecht weit verbreiteten Gestaltungsrecht in den anderen beiden zu untersuchenden Rechtsordnungen die vergleichbaren *droit potestatifs* bzw. *discretionary powers* ein Schattendasein fristen, wobei angenommen werden darf, dass sich die mangelnde Ausprägung einer Lehre von einseitigen Rechten innerhalb von Vertragsverhältnissen und die Zurückhaltung bei der Gewährung solcher einseitigen Rechte gegenseitig bedingen.

Geht man allerdings davon aus, dass es sich beim transportrechtlichen Weisungsrecht auch im französischen und englischen Recht um einseitig ausübbare Rechte handelt und ruft sich gleichzeitig die Definitionen des *droit potestatif* bzw. *discretionary power* vor Augen[92], so wäre das transportrechtliche Weisungsrecht in beiden Rechtsordnungen in diese vertragsrechtliche Oberkategorie einzuordnen.

Wie jedoch bereits bei den allgemeinen Ausführungen zum *droit potestatif* bzw. zu *discretionary powers* angedeutet[93], werden weder Weisungsrechte insgesamt, noch das transportrechtliche Weisungsrechte im Speziellen im Zusammenhang mit der Erörterung dieser einseitigen Einwirkungsmöglichkeiten auf

---

[89] Vgl. *Braun*, S. 51; *Tunn*, TranspR 1996, 401 [404]; *Wagner*, S. 15. Siehe für die Definition eines Gestaltungsrechts, supra § 2, III.

[90] Siehe supra § 6, II, 1.

[91] Siehe supra § 2, III.

[92] Siehe supra § 2, III, 2 und 3.

[93] Siehe supra § 2, III, 2 und 3.

den Vertragsinhalt genannt. Dies mag schlicht daran liegen, dass die Autoren der entsprechenden Artikel über ein *droit potestatif* bzw. *discretionary power* bei der Suche nach Beispielen nicht in erster Linie an Weisungsrechte denken, weil auch diese wiederum kaum Gegenstand des wissenschaftlichen Diskurses sind. Es mag aber auch daran liegen, dass für eine klare Zuordnung zu den Gestaltungsrechten nicht hinreichende Sicherheit bzgl. der Frage besteht, inwieweit insbesondere das transportrechtliche Weisungsrecht überhaupt allein einseitig ausgeübt werden kann. Für das englische Recht mag schließlich das Problem hinzukommen, ob die möglicherweise zutreffende Herleitung des Weisungsrechts über das *bailment* als „Zwischenkategorie" zwischen Vertragsrecht und Sachenrecht Quelle für *discretionary powers* im hier behandelten Sinne sein kann.

3. Rückführung des Weisungsrechts auf die Zugehörigkeit des Transportvertrages zu anderen Vertragstypen

Ebenfalls die Konstruktion des transportrechtlichen Weisungsrechts betrifft die Frage, ob sich das transportrechtliche Weisungsrecht auf Weisungsrechte im Rahmen anderer Vertragstypen zurückführen lässt. Dann müsste der Transportvertrag ein Unterfall dieses größeren Vertragstyps sein. Mit einer solchen Einordnung ließen sich einerseits mögliche Zweifel am Bestehen eines transportrechtlichen Weisungsrechts beseitigen und andererseits könnte die Zuordnung des Transportvertrages zu einem größeren Vertragstyp den Erkenntnisgewinn bringen, welche Regelungen bei Lücken des Transportrechts subsidiär heranzuziehen sind[94].

Zum Teil wird allerdings davon ausgegangen, dass sich der Transportvertrag überhaupt keinem bestimmten Vertragstyp zuordnen lasse, sondern ein Vertrag *sui generis* sei, der Elemente des Werk-, des Geschäftsbesorgungsvertrages und des Auftrages in sich vereinige[95]. Einig ist man sich jedenfalls im deutschen Recht darüber, dass der Transportvertrag ein Vertrag zugunsten Dritter ist, jedenfalls dann, wenn der Empfänger nicht identisch mit dem Absender ist[96]. Die

---

[94] Vgl. *Braun*, S. 6.

[95] So *Wagner*, S. 7 f. Nach *Höhn*, S. 2 ist der Frachtvertrag „ein selbständiges Gebilde des heutigen Gütertransportwesens, ein eigenartiger Vertrag, ein contractus sui generis", dessen Hauptbestandteil werkvertraglich sein soll, aber der ebenso ein Element der Verwahrung aufweise; ebenso *Peters*, Das Verfügungsrechts des Absenders S. 4 f.

[96] *Braun*, S. 8 f.; *Höhn*, S. 3 f.; *Koller* § 407 Rn. 35; *MüKoHGB-Thume* § 407 Rn. 90. Im französischen Recht entsprach es bis zur Einführung des Gesetzes „*Gayssot*" (Loi n. 98-69, 6 févr. 1998) im Jahr 1998 ebenfalls der überwiegenden Ansicht, dass der Transportvertrag ein Vertrag zugunsten Dritter im Sinne des Art. 1121 CC ist, s. Cass. com. 1er février 1955, D. 1956, 338; *Leturcq*, S. 11 ff. sowie S. 93; *Scapel*, S. 78; Vgl. auch *Chevrier*, D. 2003, 116;

Einordnung als Vertrag zugunsten Dritter ist jedoch für das grundsätzliche Bestehen eines Weisungsrechts von untergeordneter Bedeutung[97] und die Einordnung als Vertrag zugunsten Dritter verhindert auch nicht eine gleichzeitige Einordnung etwa als Werkvertrag[98].

a) Der Transportvertrag als Unterfall des mandat

Auf den ersten Blick durchaus etwas überraschend wird sowohl im französischen als auch im deutschen Recht teilweise vertreten, dass der Transportvertrag ein Unterfall des *mandat* sei[99]. Das französische *mandat* ist vergleichbar mit dem deutschen Auftrag. Es handelt sich um einen Vertrag, unter dem sich der Beauftragte gegenüber dem Auftraggeber verpflichtet, eine bestimmte Tätigkeit durchzuführen, z. B. den anderen bei einem Rechtsgeschäft zu vertreten, fremdes Vermögen zu verwalten oder rein tatsächliche Arbeiten zu verrichten[100].

Rodière hält die Theorie „*transport-mandat*", wie er sie nennt, für nicht haltbar[101]. Sie überzeuge nur für den Kommissionär eines Transports, für den die Vorschriften über den Auftrag gelten, erkläre jedoch nicht, warum auch der Frachtführer selbst den Anweisungen des Absenders bzw. Empfängers Folge zu leisten habe[102]. Ähnlich äußert sich auch *Leturcq,* der ebenfalls nur die Transportkommission als Unterfall des Auftrags gelten lassen will[103]. Dass zuweilen behauptet würde, beim Transportvertrag handele es sich um ein *mandat,* führt er darauf zurück, dass es zuweilen an der sprachlichen Genauigkeit fehle[104]: So werde oft behauptet, der Transporteur sei deshalb Beauftragter des Absenders, da dieser bzgl. einiger Punkte den Absender repräsentiere, was jedoch auch für Angestellte oder sonstige Verrichtungsgehilfen eines sonstigen Geschäftsherrn

---

Gency-Tandonnet, JClTransport, Fasc. 740, Rn. 124; *Lamy Transport* Rn. 249. Mit der Einführung von Art. 132-8 Code de Commerce durch das Gesetz „*Gayssot*" wird sich daran aber nicht festhalten lassen, weil dort ausdrücklich normiert wird, dass auch der Empfänger schon als Partei in den Transportvertrag einbezogen ist, vgl. auch *Gency-Tandonnet ,* JClTransport, Fasc. 740, Rn. 123; *Lamy Transport* Rn. 249.

[97] Anders mag dies bzgl. der Frage sein, wer Inhaber des Weisungsrechts ist, siehe infra § 7, I, 3, b), aa).

[98] Vgl. *Leturcq,* S. 14.

[99] *Lanckmann,* zitiert nach *Josserand,* Rn. 386 Fn. 5; *Leturcq* S. 40; vgl. auch für den fließenden Übergang zwischen *mandat* und *contrat de transport* Cour d'Appel Douai, 17 janv. 1848, D. 1849, 2, 101.

[100] Vgl. *Malaurie/Aynès/Gautier,* Rn. 520 f.

[101] *Rodière, S. 483.*

[102] *Rodière,* S. 483.

[103] Siehe *Leturcq,* S. 6.

[104] *Leturcq,* S. 5: „*abus de langage*".

gelte, ohne dass die rechtliche Beziehung zwischen den genannten Personen gleich als *mandat* zu qualifizieren sei[105].

Im deutschen Recht wird ebenfalls ein Bezug zu § 665 BGB hergestellt, der für das Auftragsrecht explizit ein Weisungsrecht des Auftraggebers gegenüber dem Beauftragten normiert. Nicht vertreten wird dabei jedoch, dass es sich bei dem Transportvertrag um den Unterfall eines Auftrags handelt, da dieser nach deutschem Recht unentgeltlich ist und damit nicht zum Transportvertrag passt[106]. Betont wird lediglich, dass es sich bei dem Weisungsrecht nach § 418 HGB – entgegen möglicher anderer Interpretationen auf Grund der vorherigen Nutzung des Begriffes ‚Verfügung' in § 433 HGB a. F. – um „eine einseitige nachträgliche Vertragsänderung entsprechend dem allgemeinen Auftragsrecht der §§ 662, 665 BGB" handele[107]. Der Verweis auf § 665 BGB scheint hier also eher klarstellenden Charakter zu haben, indem Missverständnissen auf Grund der unklaren Terminologie in § 433 HGB a. F. vorgebeugt werden soll. Allerdings kann § 665 BGB durchaus dann im Transportrecht eine Rolle spielen, wenn der „fremdnützige Geschäftsbesorgungscharakter"[108] des Transportvertrages betont wird und man im Transportvertrag einen Geschäftsbesorgungsvertrag sieht, für den § 665 BGB über § 675 BGB Anwendung findet; Grundvertrag eines solchen Geschäftsbesorgungsvertrages wäre aber ein Werkvertrag[109].

b) Der Transportvertrag als Unterfall des Werkvertrages

Häufiger als die Bezugnahme auf das *mandat* bzw. den Auftrag lässt sich sowohl im französischen als auch im deutschen Recht die Auffassung finden, wonach der Transportvertrag als spezieller Werkvertrag aufgefasst wird[110]. Das geschuldete Werk ist der Transport, der Absender ist der Werkbesteller (*maître d'ouvrage*) und der Frachtführer in den Kategorien des Werkvertrages der Werkunternehmer. An dieser Stelle wird sowohl im französischen als auch im deutschen Recht zum Teil auf Art. 1794 CC bzw. § 649 BGB Bezug genommen und das (transportvertragliche) Weisungsrecht mit einem Erst-Recht-Schluss aus

---

[105] *Leturcq*, S. 6.

[106] vgl. *Tunn*, TranspR 1996, 401.

[107] BT-Drucks. 13/8445, S. 48; ebenso *MüKoHGB-Thume* § 418 Rn. 2.

[108] *MüKoHGB-Thume* § 418 Rn. 1.

[109] Vgl. *Braun*, S. 8; *Tunn*, TranspR 1996, 401.

[110] Frankreich: *Leturcq*, S. 4 f. (*louage de service*); *Tilche*, BTL 1993, 380. *Rodiere*, S. 483 f.; *Gency-Tandonnet*, JClTransport, Fasc. 740, Rn. 123; Deutschland: *Braun*, S. 7; *Ehrenberg/ Rundnagel* V, S. 143; *Henkel*, S. 5; *Heymann/Horn-Schlüter* § 418 Rn. 1; *Koller* § 407 Rn. 35; *Peters*, Das Verfügungsrecht des Absenders, S. 4; wohl auch *Basedow*, S. 53, der das Werkvertragsrecht des BGB für alle Verkehrszweige des BGB ergänzend anwenden will.

den beiden genannten Vorschriften hergeleitet[111]. Ein solcher Erst-Recht-Schluss erfordert einigen Begründungsaufwand, vermag aber im Ergebnis zu überzeugen[112].

Einen geringfügig anderen Weg wählt *Rodière*, der zwar zur Herleitung des transportvertraglichen Weisungsrechts ebenfalls den Werkvertrag bemüht, aber seine Argumentation hat ihren Ausgangspunkt nicht bei Art. 1794 CC, sondern er setzt viel allgemeiner an und sieht in der Vorschrift des Art. 1794 CC nur eine Bestätigung seiner Argumentation für das Bestehen eines (transportvertraglichen) Weisungsrechts[113]. Er legitimiert das Weisungsrecht mit der *idée générale*, die allen *contrats de louage d'instustrie* immanent sei, wonach der Besteller frei darin sei, jederzeit – gegen eine Entschädigung oder Anpassung der Vergütung – gegenüber dem Werkunternehmer seine ursprünglichen Instruktionen abzuändern oder gar den Vertrag ganz zu beenden[114]. *Rodière* liefert auch eine Begründung für diese allgemeine Regel, die seiner Auffassung nach allen Werkverträgen inhärent sei:

„Le bon sens indique pourquoi: la chose qui est entre les mains de l'entrepreneur, qu'il la répare, la transforme, la déplace... ne s'y trouve pas dans l'intérêt de l'entrepreneur, même s'il y trouve son profit. Il est indifférent au réparateur, transporteur... que la chose soit réparée ou déplacée pour X... ou pour Y..., comme il est indifférent au transporteur, pourvu qu'il desserve la localité nouvelle."[115]

Mit diesem allgemeinen Begründungsansatz, der aus der Rollenverteilung beim Werkvertrag entwickelt wird, ist *Rodière* – soweit ersichtlich – neben *Llorens*, der ähnliche Ansätze zeigt[116], einer der wenigen französischen Autoren, der die allgemeinen und grundsätzlichen Gedanken *Demogues*[117] – jedenfalls für den Werk- bzw. Transportvertrag – weiterträgt und versucht, das (werk- und transportvertragliche) Weisungsrecht auf den speziellen Charakter des Vertrages zurückzuführen. Auf Grund der Tatsache, dass *Rodière* in diesem Zusammenhang weite Teile des Aufsatzes *Demogues* zitiert[118], kann davon ausgegangen werden, dass *Rodière* hier explizit auf den Systematisierungsversuch von *Demogue* zu-

---

[111] Explizit von einem Erst-Recht-Schluss spricht etwa im französischen Recht *Gency-Tandonnet*, JClTransport, Fasc. 740, Rn. 123. In eine ähnliche Richtung weisen auch BGHZ 9, 221, 225 sowie *Baumbach/Hopt*[29]*-Hopt* § 433 Rn. 1. Siehe für Näheres zu diesem Themenkomplex supra *§ 3, II, 4*.

[112] Siehe supra *§ 3, II, 4 b)*.

[113] Vgl. *Rodière*, Rn. 425.

[114] *Rodière*, Rn. 425.

[115] *Rodière*, Rn. 425.

[116] Siehe supra *§ 4, II, 2*.

[117] Siehe supra *§ 3, I*.

[118] Siehe *Rodière*, S. 484, Fn. 1.

rückgreift um das transportvertragliche (bzw. das werkvertragliche) Weisungsrecht herleiten zu können.

4. *Fehlende Bezugnahme auf § 315 BGB im deutschen Recht*

Vor dem Hintergrund der besonderen Bedeutung von § 315 BGB für das arbeitsvertragliche Weisungsrecht im deutschen Recht[119] überrascht es ein wenig,
dass § 315 BGB im Rahmen des transportvertraglichen Weisungsrechts weitgehend keine Rolle spielt. Meistens setzten sich die Autoren im transportvertraglichen Schrifttum mit der Vorschrift überhaupt nicht auseinander. Wo dies ausnahmsweise geschieht, wird argumentiert, dass es keinen Zusammenhang zwischen Weisungsrechten und der einseitigen Leistungsbestimmung nach den
§§ 315 ff. BGB gebe, weil die Parteien bei einem Weisungsrecht den Punkt, der
später Gegenstand der Vertragsänderung wird, nicht bewusst offen ließen und
keiner Partei ein entsprechendes „ausfüllendes Gestaltungsrecht" eingeräumt
werde[120]. Dass eine solche Argumentation nicht zu überzeugen vermag, wurde
bereits oben dargelegt[121]. Dies ändert jedoch nichts an der Tatsache, dass § 315
BGB bislang im deutschen Transportrecht in Zusammenhang mit Weisungen
weitestgehend keine Rolle spielt.

Einzig *Tunn* spricht die – an sich durchaus naheliegende – Möglichkeit an, bei
der Frage der – nicht selten – unscharfen Grenzen des transportvertraglichen
Weisungsrechts auf die in § 315 BGB enthaltene Grenze der Billigkeit zurückzugreifen[122]. Die Billigkeit wirke einerseits im Verhältnis von Leistung und Gegenleistung, wobei hier freilich zu berücksichtigen sei, dass dem Frachtführer
auf Grund der Weisung eine zusätzliche Vergütung zustehen könne[123]. Gleichzeitig müsse die Weisung auch im Vergleich zur ursprünglichen Leistung der
Billigkeit entsprechen, so dass etwa durch die Weisung das Haftungsregime für
den Frachtführer nicht grundlegend geändert werden dürfe[124]. Die Ausführungen *Tunns* beziehen sich demnach in Bezug auf § 315 BGB allein auf die Grenzen des transportvertraglichen Weisungsrechts, was schon deshalb wenig überrascht als die fehlende Eignung von § 315 BGB zur Begründung von Weisungsrechten bereits dargestellt wurde[125]. Aber selbst in Bezug auf die Grenzen des
transportvertraglichen Weisungsrechts erscheint *Tunns* Bezugnahme auf § 315
BGB im deutschen Schrifttum isoliert, obwohl freilich eine Einbindung der

---

[119] Siehe hierzu supra *§ 4, I.*
[120] So ausdrücklich *Meyer-Rehfueß*, S. 7.
[121] Siehe supra *§ 2, II.*
[122] Siehe *Tunn*, TranspR 1996, 401 [405].
[123] *Tunn*, TranspR 1996, 401 [405].
[124] *Tunn*, TranspR 1996, 401 [405].
[125] Siehe supra *§ 3, III, 2, e).*

Grenze der Billigkeit für die Konkretisierung der Grenzen des transportvertraglichen Weisungsrechts – jedenfalls als Auffangtatbestand – durchaus be-
denkenswert sein könnte[126].

5. Der Sonderweg des englischen Rechts über das bailment

Im englischen Recht bereitet die Ermittlung des Ursprungs transportrechtlicher
Weisungsrechte ganz besondere Schwierigkeiten. Dies liegt an der Dualität des
Transportvertrages mit dem *bailment*, welches regelmäßig bei einem Transport-
vorgang neben dem Transportvertrag gegeben ist.

a) Grundlagen des englischen bailment

Einem im deutschen Recht ausgebildeten Juristen das englische *bailment* näher-
zubringen, stellt eine ausgesprochen große Herausforderung dar. Dies liegt zum
einen daran, dass es wohl keine Ensprechung im deutschen Recht zum *bailment*
gibt[127]. Zum anderen lässt sich das *bailment* auch deshalb so schwer fassen, weil
es Elemente sowohl des Vertragsrechts, des Deliktsrechts als auch des Sachen-
rechts in sich vereinigt[128]. Und selbst die englischen Juristen tun sich schwer, ein
bailment mit wenigen Worten zu erklären, was sich schon daran erkennen lässt,
dass selbst in den ausführlichen Abhandlungen über das *bailment* nicht selten
der Hinweis zu finden ist, dass es einfacher sei, Beispiele für ein *bailment* zu
nennen als eine abstrakte Definition zu geben[129].

Zentrales Element eines jeden *bailment* ist *possession*[130]. Als Definition des
bailment lässt sich deshalb formulieren: „[A] bailment arises whenever one person (the bailee) is voluntarily in possession of goods belonging to another person

---

[126] Für Näheres hierzu siehe infra *§ 7, II, 3* sowie ferner *§ 9, IV, 3*.

[127] *Köndgen*, S. 44 versucht sich folgendermaßen mit einer Übertragung in die deutsche
Terminologie: „Es wird ein Besitzmittlungsverhältnis begründet, das – zumindest als Nebenpflicht – eine Obhutspflicht über die Sache mit sich bringt." Anderswo wird erst gar keine
Einordnung in das deutsche System versucht, da dies ohnehin zum Scheitern verurteilt sei,
siehe *Poppen*, S. 42.

[128] Siehe *Palmer*[3], Rn. 1-001: „*In many respects, bailment stands at the point at which
contract, property and tort converge.*" *Köndgen*, S. 43 ff. betont zudem die Ähnlichkeit eines
bailment mit einem Treuhandverhältnis.

[129] Siehe etwa *Palmer*[3], Rn. 1-003; *Chitty* II-*McKendrick*, Rn. 33-001. Eine erschöpfende
Liste aller Arten des *bailment* zu erstellen ist kaum möglich. Es gibt zwei Obergruppen in
Gestalt des *gratuitous bailment* und *bailment for reward*, deren wichtigste Formen die unent-
geltliche Verwahrung (*deposit*) und Leihe (*gratuitous loan for use*) sowie der Auftrag (*man-
date*) bzw. die Mobiliarmiete (*hire*), die entgeltliche Verwahrung (*custody for reward*) sowie
hire of work and labour, wozu neben *service contracts* etwa zur Reparatur von Sachen auch
der Transportvertrag zählt.

[130] *Palmer*[3], Rn. 1-003; *Chitty* II-*McKendrick*, Rn. 33-001; *Bell*, S. 86.

(the bailor).“[131] Klassisch war zudem, dass das *bailment* eine Pflicht des *bailee* enthielt, die Sache dem *bailor* entweder bei Erreichung des mit dem *bailment* verfolgten Zweckes[132] oder auf Zuruf durch den *bailor* jederzeit zurückzuge-ben[133]. Diese Voraussetzung ist jedoch spätestens mit dem Aufkommen von Leasing-Verträgen mit Kaufoption (*contract of hire purchase*) aufgeweicht wor-den, bei denen mit der Besitzüberlassung zur Ausübung der Kaufoption ein *bailment* angenommen wird, obwohl der Vertrag zu keinem Zeitpunkt auf eine Rückgabe der Sache ausgerichtet ist[134].

Nach heutigem Recht kann ein *bailment* unabhängig von einer Übergabe der Sache von *bailor* an *bailee*, ohne einen zugrundeliegenden Vertrag und ohne jegliche Art von Konsens zwischen *bailor* und *bailee* entstehen[135]. Entscheidend ist allein der freiwillige Besitz der Sache durch den *bailee*[136]. Dies führt etwa dazu, dass auch zwischem dem Finder einer Sache und dem Eigentümer ein *bailment* entsteht[137]. Insgesamt bleibt es freilich der Regelfall, dass die aller-meisten *bailments* auf Grund eines Vertrages entstehen[138].

Nicht auf Anhieb zu beantworten ist die Frage, ob ein *bailment* – in deutscher Terminologie – zusätzliche Anspruchsgrundlagen bzw. – in englischer Termi-nologie – zusätzliche *actions* bereit hält oder ob Klagen gegenüber dem *bailee* immer entweder auf einen Vertragsbruch oder deliktisches Handeln des *bailee* zu stützen sind. Von letzterem geht offenbar etwa *Schlechtriem* aus[139]. Wenn dies richtig wäre, wäre die ausschließliche Aufgabe der Regelungen des *bail-ment*, eine „*duty structure*“ zu liefern, innerhalb derer *actions in tort* für deren Durchsetzung sorgen würden[140]. Vor diesem Hintergrund wenig überraschend

---

[131] *Halsbury's Law of England*, Volume 3(1), Rn. 1. Technischer und ausführlicher defi-niert *Bell*, S. 86 f.: „[A] bailment arises when one person (the bailee) is willingly and with authority in possession of goods to which another (the bailor) retains better title; and the necessary authority to possess may be supplied either by the bailor's consent, actual or im-plied, or by operation of law.“

[132] *Palmer*[3], Rn. 1003.

[133] Sogenanntes *bailment at will*, sieh hierzu näher infra *§ 6, II, 5, c)*.

[134] *Palmer*[3], Rn. 1-003.

[135] Als *leading authority* hierfür gilt *The Pioneer Container* [1994] 2 AC 324 (PC). Siehe auch *Palmer*[3], Rn. 1-003;

[136] *The Pioneer Container* [1994] 2 AC 324 (PC).

[137] *Halsbury's Law of England*, Volume 3(1), Rn. 11.

[138] *Palmer*[3], Rn. 1-013; dabei ist zu beachten, dass die Pflichten des *bailee* aus dem *bail-ment* über die Pflichten aus dem Vertrag zeitlich hinaus bestehen können, unabhängig von dem Grund, warum der Vertrag beendet ist (etwa bloßer Zeitablauf oder Vertragsbruch sei-tens des *bailee*), siehe *Chitty* II-*McKendrick*, Rn. 33-001; *Palmer*[3], Rn. 1-140.

[139] Siehe *Schlechtriem*, S. 236 sowie explizit für Klagen gegen den *common carrier* S. 246 mit weiteren Nachweisen.

[140] Vgl. *Palmer*[3], Rn. 1-047.

lässt sich denn auch vielfach die Ansicht finden, dass es neben *actions in contract* und *actions in tort* auch eigenständige *actions in bailment* geben müsse[141]. Allerdings lassen sich nur mit größter Mühe Entscheidungen englischer Gerichte finden, in denen eine Verurteilung des Beklagten tatsächlich auf eine *action in bailment* zurückzuführen ist[142]. Am deutlichsten formuliert hat bisher *Lord Denning* in *Building and Civil Engineering Holidays Scheme Management Ltd. v Post Office*[143]:

„An action against a bailee can often be put, not as an action in contract, nor in tort, but as action on its own, sui generis, arising out of the possession had by the bailee of the goods [...]. The incidents of this cause of action are not to be found by looking at the old books on detinue and trover. We have outlived those forms of action, together with trespass and case [...]. Suffice is to say at the present day that if goods, which have been delivered to a bailee, are lost or damaged whilst in his custody, he is liable to the person damnified (who may be the owner or the bailor) unless the bailee proves that the loss or damage is not due to any fault on his part [...]."

Allerdings erfolgt diese Aussage bloß, um die Regeln über das *bailment* für eine *statutory action* gegen die Post auszufüllen. Die (zum Teil erfolgreiche) Klage wird also letztlich nicht auf eine *action in bailment* gestützt. Auch andere Entscheidungen, die zur Stützung der These herangezogen werden, dass auf der Grundlage des *bailment* geklagt werden kann, beschäftigen sich bei näherer Betrachtung zwar abstrakt mit der Frage, ob es eine *action in bailment* gibt bzw. geben könnte, der jeweilige Fall wird jedoch letztlich anders gelöst[144].

---

[141] *Bell*, S. 101; *Cashmore*, S. 190; *Chitty* II-*McKendrick*, Rn. 33-004; *Palmer*[3], Rn. 1-047; *Poppen*, S. 25; siehe aber auch *Kahn-Freund*, S. 193 ff., 209 sowie S. 211, der die Haftung aus *bailment* mit einer deliktischen Haftung gleichzusetzen scheint.

[142] Dies sieht auch *Bell*, S. 101 und liefert auch gleich den Grund hierfür: In aller Regel liege eine Haftung aus Vertrag oder Delikt vor, so dass es nicht entscheidungserheblich sei, ob eine *action in bailment* gegeben sei.

[143] [1966] 1 QB 247 [261].

[144] *Bell* S. 101 Fn. 4 zitiert etwa neben *Building and Civil Engineering Holidays Scheme Management Ltd. v Post Office* zwei weitere Entscheidungen, deren Überzeugungskraft allerdings nur beschränkt ist:

In *Harold Stephen & Co v Post Office* [1977] 1 WLR 1172 (CA) 1177 f. per *Lord Denning* wird zwar theoretisch erwogen, eine *action in bailment* zu gewähren, aber dazu kommt es nicht, weil grundsätzliche Bedenken seitens der Richter bestehen, die von den Klägern (drei Unternehmen, die keine Post mehr geliefert bekommen) begehrte *injunction* zu gewähren, mit deren Hilfe das geschlossene Postbüro zur Wiedereröffnung gezwungen werden soll, obwohl die Mitarbeiter in Unterstützung einer Gewerkschaft zuvor die Auslieferung an ein bestimmtes Unternehmen verweigert haben, und eine Fortsetzung dieser Straftaten droht. *Browne* L.J. [1179] lässt die Frage, ob eine *action* besteht, ebenso gänzlich offen und *Geoffrey Lane* L.J. [1179 f.] lehnt eine *action of bailment* im vorliegenden Fall aus systematischen Gründen sogar ausdrücklich ab.

Ebenfalls offen gelassen wird die Frage nach einer *action of bailment* in *American Express*

Die Regelungen des *tort law* und des *bailment* unterscheiden sich in einer ganzen Reihe von Punkten in nicht unerheblicher Weise, so etwa bei der Frage der Beweislast, die im Rahmen des *bailment* dem *bailee* die Last auferlegt, darzutun und zu beweisen, dass er die nötige Sorgfalt angewendet hat, während nach allgemeinen Regeln des Deliktsrechts der Geschädigte die Beweislast für die mangelnde Sorgfalt des Schädigers trägt[145].

Aufgabe der Regelungen des *bailment* ist demnach, Regelungen für die Haftung eines *bailee* gegenüber einem *bailor* festzulegen, die die vertraglichen oder deliktischen Haftungsregeln ergänzen bzw. (auf Grund von Spezialität im Falle von vertraglichen Regelungen) verdrängen. Das Verhältnis der vertraglichen Regelungen und denjenigen des *bailment* lässt sich dabei umso schwieriger fassen, weil die jeweiligen Regelungen eines spezifischen *bailment* durch die im jeweiligen Einzelfall getroffenen vertraglichen Regelungen erst genau bestimmt werden[146]. Liegt also einem *bailment* ein Vertrag zugrunde, und regelt dieser Vertrag detailliert Fragen etwa der Rückgabe der Sache sowie der anwendbaren Haftungsstandards des *bailee*, ist es denkbar, dass die vertraglichen Abreden die Regelungen des *bailment* vollständig überlagern, und somit nicht mehr unterschieden werden kann zwischen Regelungen vertraglicher Natur, und solchen, die aus dem *bailment* entspringen. Wichtiger war das *bailment* deshalb in dem umgekehrten Fall, in dem der Vertrag keine Regelungen bzgl. der geannten Punkte aufweist, wobei die Möglichkeit, auf die Regelungen des *bailment* zurückzugreifen, eine sonst erforderliche Entwicklung von *implied terms* entbehrlich gemacht hat[147]. Nochmals bedeutsamer sind die Regelungen des *bailment*

Co v British Airways Board [1983] 1 All ER 557 (QB) 560 f. per *Lloyd J*. Es wird zwar grundsätzlich unter Bezugnahme der hier zitierten Aussagen *Lord Dennings* davon ausgegangen, dass es eigenständige *actions in bailment* geben könne, aber die Frage wird nicht endgültig beantwortet, weil die Klage aus einem anderen Grund nicht erfolgreich ist.

Auch *Cashmore* S. 190 Fn. 33 zitiert einen Fall als Beleg für eine eigenständige *action in bailment*, der jedoch bei näherer Betrachtung wohl nicht mehr als ein schwaches Indiz ist: In *Danish Dairies Co-operative Soc. Midland Ry.* (1892) 8 TLR 212 ging es darum, dass seitens des Empfängers, der keine Partei des Transportvertrages war, Schadensersatz für die verspätete Lieferung von Butter begehrt wurde. Der Schadensersatzanspruch wurde bejaht vor dem Hintergrund, dass der Empfänger zwischenzeitlich Eigentümer des Transportgutes geworden war. Die Entscheidung selbst ist überschrieben mit „*Detinue*" (hierbei handelt es sich um eine eigenständige *action* für den Fall, dass eine Sache vom Besitzer nicht an den Berechtigten herausgeben wird, die 1977 durch s. 2(1) des Torts (Interference with Goods) Act 1977 jedoch abgeschafft wurde), aber *Cashmore* sieht keine ausreichenden Anzeichen, dass die Entscheidung tatsächlich auf diese *action* gestützt worden ist. Andererseits wird aber in der Entscheidung auch an keiner Stelle ausdrücklich auf eine *action in bailment* Bezug genommen.

[145] *British Road Services LTd v Arthur V Crutchley & Co Ltd* [1968] 1 All ER 811 [822].

[146] Siehe hierzu auch *Kahn-Freund*, S. 195.

[147] So ausdrücklich *Schmidt-Kessel*, Standards vertraglicher Haftung, S. 207.

dort, wo überhaupt kein Vertragsverhältnis zwischem dem *bailor* und dem *bailee* besteht. Dies ist namentlich etwa der Fall, wenn das wirksame Zustandekommen eines Vertrages mangels Gegenleistung seitens des *bailor* an dem Erfordnis einer *consideration* scheitert, also etwa bei unentgelticher Leihe oder Verwahrung[148]. Gleiches gilt, wenn der Vertrag aus anderen Gründen unwirksam ist bzw. nicht zustande kommt, etwa weil er gegen ein gesetzliches Verbot verstößt oder eine aufschiebende Bedingung nicht eintritt[149]. Für die vorliegende Untersuchung von besonderer Bedeutung ist zudem, dass ein *bailment* auch die *privity* des Vertrages überwinden kann[150], so dass etwa in der häufig bei Transportverträgen vorliegenden Drei-Personen-Konstellation bestehend aus Frachtführer, Absender und Empfänger auch der Empfänger als in der Regel nicht am Abschluss des Transportvertrages beteiligten Partei auf Grund seines Eigentums an den Transportgütern über das *bailment* Einfluss auf das Transportgeschehen nehmen kann.

b) Bailment *und der Transport von Gütern*

Wie bereits erwähnt[151], liegt auch im Rahmen eines Transportvertrages ein *bailment* vor. Von besonderer Bedeutung für die hier interessierende Frage nach Weisungsrechten ist, dass es sich dabei um ein sog. *bailment at will* handelt, d. h. dass der *bailor* jederzeit die Sache vom *bailee* herausverlangen kann[152]. Nach der Grundregel ist ein *bailment* ohne entsprechende abweichende Parteiabreden ein *bailment at will*, so dass das *bailment at will* die Grundform des *bailment* darstellt[153]. Diese Grundregel ist auch im Rahmen des Transportvertragses gültig: „the bailment to a carrier is generally a bailment at will, which gives the bailor an immediate right to possession sufficient to entitle him to pursue possessory remedies against persons who injure or interfere with the goods."[154]

Dabei ist deshalb im Kontext der vorliegenden Untersuchung von besonderer Bedeutung, dass es sich bei dem im Zusammenhang mit dem Transportvertrag bzw. -vorgang entstehenden *bailment* um ein solches handelt, bei dem der *bailor*

---

[148] Die Funktion des *bailment* in diesen Fällen, nicht nur ergänzende Regelungen vorzuhalten, sondern überhaupt sachgemäße Regelungen (und zwar im Fall vorheriger Parteiabreden sogar die, die von den Parteien zuvor vereinbart worden sind) über das Deliktsrecht hinausgehende Regelungen bereitzustellen, wird auch betont bei *Schmidt-Keßel,* Standards vertraglicher Haftung, S. 207 sowie bei *Poppen,* S. 24 f.

[149] Siehe hierzu und zu weiteren Fallgruppen: *Palmer*[3], Rn. 1-027 ff.

[150] Siehe *Palmer*[3], Rn. 1031.

[151] Siehe supra § 6, I, 3.

[152] Siehe *Palmer*[3], Rn. 4-013 mit weiteren Nachweisen.

[153] *Bell,* S. 96.

[154] *Transcontainer v Custodian Security* [1988] 1 Lloyds Rep. 128 (CA) [134] per *Slade L.J.*

(also in aller Regel der Eigentümer) jederzeit das Transportgut herausverlangen kann, weil offenbar in den Fällen, in denen das Weisungsrecht auf die *bailment*-Beziehung gestützt wird, das Weisungsrecht bzgl. des Transportgutes sich auf das jederzeitige Herausgaberecht stützt. Der Argumentationsgang ist ähnlich wie die bereits erörterte Möglichkeit, Weisungsrechte (als Minusmaßnahme) auf die jederzeitige Rücktrittsmöglichkeit nach Art. 1794 CC oder § 649 BGB zu stützen[155]: Wenn schon jederzeit das Transportgut vom Frachtführer herausverlangt werden kann, ergibt sich schon daraus, dass etwa auch ein abweichendes Ziel für die Beförderung angegeben werden kann.

c) Scothorn *als Ursprungsquelle der unsicheren Abgrenzung zwischen* bailment *und Vertrag als Grundlage des Weisungsrecht*

Wie bereits angedeutet[156], können die Voten der drei Richter in *Scothorn* als Urprungsquelle der Unsicherheit, ob sich das transportvertragliche Weisungsrecht sachenrechtlich über das *bailment* oder vertragsrechtlich begründen lässt, angesehen werden. Auf Grund der Bedeutung des Urteils[157] werden hier die entscheidenden Stellen der Voten der drei Richter dargestellt:

Alderson B. geht als einziger überhaupt nicht auf die Eigentumslage an den zu transportierenden Gütern ein, sondern betont ausschließlich, dass sich aus dem Vertrag ergebe, dass der Frachtführer den Weisungen (*directions*) Folge zu leisten habe:

„Then, the question arises, what was the contract between the parties? It really amounts to no more than a question of fact; and there is abundant evidence of a contract to deliver, as stated in the declaration, according to the plaintiffs' directions, in London. It is true that originally, when the goods were placed in the defendants' possession, the direction given by the plaintiffs was to put them on board the ‚Melbourne‘, at the East India Docks; but the plaintiffs, having altered their intention, communicated it to the defendants' agent, who was authorised to deliver the goods according to the original contract, and desired him not to send them according to the direction upon the packages, but elsewhere. By some negligence that order was disobeyed, and the goods are lost. Then it is said that the defendants have performed their contract; but that is not so. Their contract was to procure their agent to deliver according to the plaintiffs' directions [...].“[158]

---

[155] Siehe hierzu supra *§ 3, II, 4.*

[156] Siehe supra *§ 6, II, 5, c).*

[157] Es kann deshalb als so bedeutsam angesehen werden, weil – soweit ersichtlich – erstmals ausführlich und grundlegend die Frage eines transportvertraglichen Weisungsrechts im englischen Fallrecht diskutiert (und bejaht) wird und sich im Anschluss zahlreiche englische und amerikanische Entscheidungen auf *Scothorn* beziehen, siehe etwa für amerikanische Entscheidungen: *Central of Georgia Ry. Co v Council Bros.* 136 S.E. 418 (1927).

[158] *Scothorn and Another v. The South Staffordshire Railway Company* (1853) 8 Ex. 341 [343 f.].

Alderson B. scheint demnach besonderen Wert auf die Auslegung des Vertrages zu legen, indem er davon ausgeht, dass es eine faktische Frage sei, ob Inhalt des Vertrages auch ein Direktionsrecht des Absenders sei. Man könnte vor diesem Hintergrund argumentieren, dass nach dem Votum nicht generell in Transportverträgen Weisungsrechte anzunehmen sind, sondern dies eine Frage des Einzelfalles ist. Ob dies allerdings gemeint ist, lässt sich schwer herausarbeiten. Es ist ebenso denkbar, dass *Alderson B.* seine Aussage bzgl. des Inhalts von Transportverträgen verallgemeinert verstehen wissen wollte.

Der zweite Richter, *Platt B.*, spricht ebenfalls in erster Linie vom Vertrag als der Grundlage eines Weisungsrechts des Absenders. Zusätzlich weist er jedoch daraufhin, dass ein Frachtführer nicht gegen den Willen des Eigentümers des Transportgutes einen Transport vornehmen dürfe, und wirft damit erstmals die Frage auf, ob der Vertrag allein Grundlage des Weisungsrechts ist oder die Stellung als Eigentümer:

„The reception of the countermand is parcel of the contract itself. The declaration states that the defendants received the goods, to be delivered according to the plaintiffs' direction. That imports that the plaintiffs were to have control over them, and might stop them at any part of the journey. Though the direction originally was to deliver them at the East India Docks, yet, that being countermanded, the defendants had no right to take them there. If a carrier undertakes to carry goods from one place to another, it is subject to a countermand at any part of the journey, though the owner may be bound to pay for the whole distance; for the carrier has no right to carry them against the will of the owner. [...]"[159]

Martin B. schließlich stellt bei der Frage nach einem Weisungsrecht ausdrücklich auf das *bailment* zwischem dem Eigentümer der zu transportierenden Güter und dem Frachtführer ab und stützt sein Votum ausdrücklich darauf, dass die Frage möglicher Weisungsrechte während des Transportes gerade keine vertragsrechtliche Frage sei:

„[...] The plaintiffs send a parcel of goods to the defendants' station, with a direction that goods shall be delivered on board a ship in the East India Docks. It is said that that is a contract. In one sense it is not. It is the case of a person taking goods, to be disposed of according to the directions of another; and could it be contended that, if the latter went an hour afterwards and said ‚I have altered my mind, give me back my goods,‘ the former would have a right to reply, ‚No, you have entered into a contract with me to place them on board a ship, and they shall go?' A carrier is employed as bailee of a person's goods for the purpose of obeying his directions respecting them, the owner is entitled to receive them back at any period of the journey when they can be got at. To say that a carrier is only bound to deliver goods according to the owner's first directions, is a proposition wholly unsupported either by law or by common sense. [...]"[160]

---

[159] *Scothorn and Another v. The South Staffordshire Railway Company* (1853) 8 Ex. 341 [345].

[160] *Scothorn and Another v. The South Staffordshire Railway Company* (1853) 8 Ex. 341 [345 f.].

Alle drei Richter kommen zum gleichen Ergebnis, aber die Begründungsansätze variieren nicht unerheblich. Während *Alderson B.* das Weisungsrecht ausschließlich auf den Vertrag stützt, betont *Martin B.* in der anderen Extremposition, dass die Frage eines Weisungsrechts außerhalb des Vertragsrechts, namentlich in den Regelungen zum *bailment*, zu beantworten sei.

d) Weisungsrecht als implied term?

Die ersten beiden Voten der Richter in *Scothorn*, die den Vertrag ausschließlich bzw. zumindest zum Teil mit in den Blick nehmen, könnten aber auch einen ganz anderen Schluss dahingehend zulassen, dass ein Weisungsrecht gegenüber dem Frachtführer ein *implied term by law* des Transportvertrages ist und somit bei jedem Transportvertrag ein rein vertragliches Weisungsrecht dem Vertrag inhärent ist[161]. Eine solche Auslegung favorisiert ausdrücklich *Cashmore*[162] in Bezugnahme auf den ersten Satz von *Platt B.* in *Scothorn*[163]: *„The reception of the countermand is parcel of the contract itself.“* Ein amerikanisches Gericht hat sich dem ausdrücklich angeschlossen[164]. *Cashmore* fasst seine Ansicht folgendermaßen zusammen und benutzt dabei nicht weniger als drei Mal das Wort *reasonable*:

„The implied term is to the effect that, in return for any reasonable extra charges, the carrier will deliver, in accordance with the owner's reasonable instructions, either personally or through subcontractors, to any reasoable destination."[165]

Interessant an dieser Auffassung ist insbesondere, dass sie trotz der Betonung des Vertrages als Grundlage jeglicher Weisungsrechte davon ausgeht, dass der Weisungsberechtigte immer der Eigentümer des Transportgutes ist. Die Eigentumslage begründet demnach zwar nicht mehr die Existenz von Weisungsrechten, aber selbst für die rein auf Vertrag beruhenden Weisungsrechte behält sie

---

[161] Eine solche Deutung würde sich noch nicht einmal zwingend mit der Aussage beißen, wonach dem *bailor* gegenüber dem *bailee* im Rahmen des Transportvertrages ein Weisungsrecht zusteht, weil – wie bereits herausgearbeitet wurde (siehe supra *§ 6, II, 5, a)*) – ein *bailment*, das auf einem Vertrag beruht, seine Regeln letztlich aus den vertraglichen Parteiabreden gewinnt. Da jedoch in den Ausführungen von *Martin B.* in *Scothorn and Another v. The South Staffordshire Railway Company* (1853) 8 Ex. 341 [345 f.] mit keinem Wort der Transportvertrag bzw. Parteiabreden genannt werden, gibt es wenig Grundlage für die Argumentation, dass sich die Kontrollrechte bzgl. des Transportgutes gegenüber dem Frachtführer letztlich auch auf den Transportvertrag stützen lassen.

[162] 187.

[163] (1853) 8 Ex. 341 [345].

[164] *Virginia & S.W. Ry. Co. v. Sutherland* 138 Tenn. 266 (1917), zitiert nach *Cashmore*, S. 187 Fn. 10; auch in einer anderen amerikanischen Entscheidung – *Central of Georgia Ry. Co. v Council Bros.* 136 S.E. 418 (1927) [421] – heißt es: „This right [sec. the right to divert the goods during transit] is one incident to the contract of shipment."

[165] S. 187.

eine Bedeutung dahingehend, dass sie eine Zuordnungsfunktion bzgl. des Weisungsberechtigten erfüllt, während eine solche Ansicht im deutschen und französischen Recht längst überkommen ist[166].

e) Weisungsrecht allein auf sachenrechtlicher Grundlage

Genauso wie sich Entscheidungen für die Interpretation finden lassen, dass sich das Weisungsrecht aus dem Vertrag ergibt, können auf der anderen Seite Entscheidungen herangezogen werden, die darauf schließen lassen, dass sich das Weisungsrecht allein auf die sachenrechtliche Beziehung der Parteien zueinander gründet. Wurde in der soeben zitierten amerikanischen Entscheidung von 1927 noch ausdrücklich darauf hingewiesen, dass es sich bei dem Weisungsrecht um ein *„incident to the contract"* handele[167], spricht *O'Rear J.* in einer amerikanischen Entscheidung von 1910 ausdrücklich davon, dass sich das Weisungsrecht aus der sachenrechtlichen Position bzgl. des Transportgutes ergebe:

„The right of control by the shipper of the destination of his goods upon the carrier's line is an incident of his title. The carrier's title is subordinate to that of the owner, and, aside from his lien for charges for carrying the goods, cannot be allowed to defeat the owner's right to control their destination. He has the same right to stop them during the trip, as to start them on the trip."[168]

Man wird kaum davon ausgehen können, dass die erste Entscheidung aus dem Jahr 1910 aus Kentucky einen direkten Einfluss auf die andere Entscheidung, die aus Georgia stammt, gehabt hat oder in letzterer gar eine ausdrückliche Abkehr von der Rechtsprechung des Gerichts in Kentucky versucht worden ist. Zwar wird die frühere Entscheidung aus Kentucky im Rahmen der Entscheidung aus Georgia in einer ganzen Liste von Entscheidungen zitiert, aber nur dafür, dass ein Weisungsrecht besteht[169]; eine inhaltliche Auseinandersetzung mit der abweichenden Begründung findet nicht statt. Vielmehr zeigen die beiden unterschiedlichen Lösungen in den beiden Fällen, dass zwei unterschiedliche Herangehensweisen miteinander in Konkurrenz standen, und es scheint – soweit ersichtlich – weder im amerikanischen noch im englischen Fallrecht jemals zu einer Auflösung dieses Konflikts gekommen zu sein. Dies wird vermutlich nicht zuletzt daran liegen, dass es letztlich nicht zu abweichenden Ergebnissen führt, welcher Ansicht man folgt, solange auch im Rahmen des vertraglich begründeten Weisungsrechts die Eigentümerstellung die Funktion der Zuordnung des Weisungsrechts zu einem Weisungsberechtigten erfüllt.

---

[166] Zum deutschen und französischen Recht, siehe *§ 7, I, 4.*
[167] Siehe supra *Fn. 164.*
[168] *Cincinnati, N.O. & T.P.R. Co. v. Steele,* 131 S.W. 22 (1910) [23].
[169] *Central of Georgia Ry. Co. v Council Bros.* 136 S.E. 418 (1927) [421].

III. Rechtspolitische Begründung und zugleich Funktionen des transportrechtlichen Weisungsrechts

Eine etwas andere Frage als die rechtliche Konstruktion des transportrechtlichen Weisungsrechts ist die nach der rechtspolitischen Begründung für ein transportvertragliches Weisungsrecht. Auf diese Frage gehen nur wenige Autoren ein, obwohl die Frage nach der rechtspolitischen Begründung des transportrechtlichen Weisungsrechts auch deshalb aufschlussreich ist, weil sie die dem transportrechtlichen Weisungsrecht zugedachten Funktionen offenlegt.

1. Das Weisungsrecht als Flexibilisierungsinstrument der vertraglichen Beziehung

Der erste große Begründungsansatz für ein transportvertragliches Weisungsrecht ist die damit einhergehende Flexibilisierung der vertraglichen Beziehung. So sieht etwa im französischen Schrifttum *Josserand* den Grund für die Existenz des transportrechtlichen Weisungsrechts in der *„utilité"*, den das Weisungsrecht sowohl für den Absender als auch den Empfänger habe, weil so für die beiden Genannten während des Transports die Möglichkeit verbleibe, das Gut (weiter) verkaufen zu können und gleich die Transportroute entsprechend für den neuen Empfänger anpassen zu können[170]. Ohne zu der Frage Stellung zu nehmen, ob er den Transportvertrag als Unterfall des *mandat* ansieht, hält er Erklärungsversuche, die sich auf das Auftragsrecht beziehen, für nicht erforderlich[171]. Das Weisungsrecht sei eine *„institution nécessaire"* des Transportvertrages[172]. Schließlich fehlt auch nicht der Hinweis auf die grundlegenden Ausführungen *Demogues* zum Weisungsrecht[173], indem *Josserand* abschließend – unter Verweis auf *Demogue* – formuliert, dass ein Weisungsrecht jedenfalls diejenigen nicht überrasche, die ohnehin wüssten, dass manche Verträge einseitig abänderbar seien[174].

Ebenfalls die mittels des Weisungsrechts gewonnene Flexibilität rückt im deutschen Schrifttum *Basedow* in den Vordergrund. Die rechtspolitische Begründung des transportvertraglichen Weisungsrechts sei nicht bei der Zuordnung zu bestimmten Vertragstypen zu suchen, weil eine solche Zuordnung nur beschreiben und nicht erklären könne[175]. Entscheidend sei vielmehr das „Bedürfnis nach Flexibilität", das die Vertragsparteien beim Transportvertrag auf

---

[170] *Josserand*, Rn. 386.
[171] *Josserand*, Rn. 386.
[172] *Josserand*, Rn. 386.
[173] Siehe hierzu supra § 3, I.
[174] *Josserand*, Rn. 386.
[175] *Basedow*, S. 293.

Grund seiner – zeitlich wie räumlich – gestreckten Vertragserfüllung sowie der Vielzahl der am Transport beteiligten Akteure, hätten[176]. Der Aspekt der zeitlichen Streckung des Transportvertrages zur Begründung des Weisungsrechts wird im deutschen Recht von einer Reihe von Autoren aufgegriffen[177].

Basedow[178] ist allerdings – mit beachtenswerten Argumenten – schon im Jahr 1987 der Ansicht, dass diese Rechtfertigung für das transportvertragliche Weisungsrecht nicht mehr recht trage, da die Transportzeiten – selbst bei interkontinalen Transporten – immer kürzer und deshalb überschaubarer würden und zudem der Handel mit reisender Ware abnähme, so dass die Bedeutung des Weisungsrechts mangels neu festzulegender Empfänger auch in dieser Hinsicht schwinde. Zuzugeben ist *Basedow* zweifelllos, dass die unbestreitbare Beschleunigung der Transportgeschehens in den letzten Jahrzehnten sowie die Abnahme des Handels mit reisender Ware wohl dazu führen, dass das transportvertragliche Weisungsrecht seltener benötigt wird. Gleichzeitig verbleiben jedoch – auch heute – weiter Transportzeiten von bis zu einigen Wochen, so dass sich an dem Befund, dass es sich bei dem Transportvertrag um einen Vertrag mit einer langen Erfüllungsphase handelt bzw. handeln kann, nichts geändert hat. Die Vertragsparteien sind auch weiterhin Unsicherheiten und unvorhergesehenen Ereignissen ausgesetzt, die sich auch für kürzere Zeiträume nicht unbedingt vorhersehen lassen, so dass sie die Funktion des Weisungsrechts, Flexibilität bzgl. des vertraglich vereinbarten Pflichtenprogramms zu bieten und die Parteien nicht in allen Punkten an das im Zeitpunkt des Vertragsschlusses Vereinbarte zu halten, bislang nicht erledigt hat. Vor diesem Hintergrund das transportvertragliche Weisungsrecht „aufzugeben", erscheint nicht angebracht.

2. Das Weisungsrecht als Sicherungsmittel

Neben diesem Flexibilisierungsaspekt auf Grund der Streckung der Vertragserfüllung gibt es noch ein zweites Motiv, das als zweite Säule[179] der rechtspolitischen Rechtfertigung des transportvertraglichen Weisungsrechts bezeichnet werden kann, obgleich auch dieses Motiv letztlich verschränkt ist mit dem zeitlichen Moment eines Transportvorganges, ohne welches sich das Problem nicht stellen würde.

---

[176] *Basedow,* S. 293.

[177] Vgl. *Koller,* § 418 Rn. 1; *Meyer-Rehfueß* S. 1; MüKoHGB-*Thume* § 418 Rn. 1; *Tunn,* TranspR 1996, 401 [404].

[178] S. 294 ff.

[179] Vgl. *Basedow,* S. 297, der kritisiert, dass ganz überwiegend bei der Herleitung des transportvertraglichen Weisungsrechts nicht der Kaufvertrag in Bezug genommen werde, sondern bloß die transportvertragliche Beziehung der Parteien; auch B*raun,* S. 71 betont, dass es sich beim Frachtgeschäft in aller Regel um ein „Hilfsgeschäft zum Kauf" handele.

In vielen Fällen liegt dem Transportvertrag ein Kaufvertrag zugrunde[180]. Für den Verkäufer bedeutet dies in dieser Konstellation, dass er sich durch den von einem Dritten durchgeführten Transportvorgang seiner Einrede des nicht erfüllten Vertrages aus § 320 I BGB (bzw. der Unsicherheitseinrede nach § 321 BGB oder Art. 71 II CISG) begibt, die sonst nach der gesetzlichen Grundkonstruktion durch die daraus erzwingbare Zug-um-Zug-Erfüllung zugleich ein Sicherungs- und Druckmittel gegenüber dem Empfänger (und Käufer) darstellt[181]. Das transportvertragliche Weisungsrecht ist damit auch Vehikel zur Ergreifung effizienter Sicherungsmaßnahmen im Rahmen des Frachtvertrages[182], weshalb in diesen Fällen zwischen dem Kauf- und dem Transportvertrag ein „funktionales Band" bestehe[183].

Es drängt sich an dieser Stelle aber die Frage auf, ob das transportvertragliche Weisungsrechts als Sicherungsmittel schon deshalb nicht (mehr) erforderlich ist, weil es genügend andere Sicherungsmechanismen gibt, die den Verkäufer in ausreichendem Maße schützen. Als andere Sicherungsmittel neben dem transportvertraglichen Weisungsrecht kommt aus Sicht des deutschen Juristen insbesondere der Eigentumsvorbehalt (§ 449 BGB) in Betracht, der in der deutschen kaufrechtlichen Praxis – jedenfalls jenseits von finanziell unbedeutenden Massengeschäften – weit verbreitet ist. Der Clou am Eigentumsvorbehalt ist das Aussonderungsrecht des Vorbehaltsverkäufers nach § 47 InsO, das den Verkäufer davor schützt, dass die Kaufsache in die Insolvenzmasse fließt und zudem bloß aus dieser seine Kaufpreisforderung beglichen wird. Der Nachteil am Eigentumsvorbehalt ist jedoch, dass er außerhalb Deutschlands oftmals unbekannt ist und deshalb die Vereinbarung eines Eigentumsvorbehalts bei internationalen Verträgen weit weniger effektiv ist[184]. Im Übrigen schützt der Eigentumsvorbehalt zwar grundsätzlich in rechtlicher Hinsicht auf Grund der Aussonderungsmöglichkeit des § 47 InsO, allerdings kann es trotzdem sowohl rechtlich als auch faktisch ein Nachteil für den Verkäufer sein, wenn der Käufer die gesicherte Ware tatsächlich erhält, denn ein gutgläubiger Eigentumserwerb eines Dritten ist vor der Aussonderung weiterhin möglich und daneben ist zudem zumindest vorstellbar, dass der Käufer die Kaufsache zerstört oder beiseite schafft[185].

Daneben entspricht es offenbar nicht allgemeiner Praxis bei internationalen Handelskäufen, andere Sicherungen für den Verkäufer zu vereinbaren, also

---

[180] *Meyer-Rehfueß*, S. 1.
[181] Vgl. hierzu *Basedow*, S. 296 ff.; *Koller* § 418 Rn. 1.
[182] *Basedow*, S. 296 ff.; *Koller*, § 418 Rn. 1.
[183] So ausdrücklich *Meyer-Rehfueß*, S. 9.
[184] *Huber* in: Festschrift Weber, 253 [256 ff.].
[185] *Huber* in: Festschrift Weber, 253 [256].

etwa eine Klausel „Kasse gegen Dokumente", bei der der Käufer die Ware vom Frachtführer nur gegen die Vorlage von bestimmten Dokumenten erhält, für deren Erhalt er zuvor eine Bezahlung in Höhe des vereinbarten Kaufpreises leisten muss, oder die Vereinbarung einer Nachnahme[186]. Nicht selten lassen sich solche Sicherungen zugunsten des Verkäufers nicht durchsetzen, weil der Käufer sich nicht selbst auf den Nachteil einlassen möchte, seinerseits vorleisten zu müssen, indem die Gegenleistung ohne eine Untersuchungsmöglichkeit der Ware bereits im Zeitpunkt ihrer Versendung erbracht wird[187]. In diesen Fällen wird die Ware dann doch „mit offener Rechnung" verschickt, so dass der Verkäufer über keine besonderen vertraglichen Sicherungsmöglichkeiten verfügt.

Neben dem Eigentumsvorbehalt sowie den genannten sonstigen vertraglichen Möglichkeiten der Sicherung ist aus deutscher Sicht daneben an die Unsicherheitseinrede nach § 321 BGB sowie das Anhalterecht des Verkäufers aus Art. 71 II CISG zu denken. Nach § 321 I 1 BGB kann der Vorleistungspflichtige die ihm obliegende Leistung verweigern, wenn nach Abschluss des Vertrages erkennbar wird, dass sein Anspruch auf die Gegenleistung durch mangelnde Leistungsfähigkeit des anderen Teils gefährdet wird. Für internationale Kaufverträge sieht Art. 71 II CISG vor, dass sich der Verkäufer, auch nachdem die Ware bereits abgesandt worden ist, einer Übergabe an den Käufer widersetzen kann, insbesondere dann, wenn der Käufer nicht (mehr) kreditwürdig ist. Beides sind wichtige Einreden, die die Funktion der Einrede des nicht erfüllten Vertrages aus § 320 BGB für den Fall wahrnehmen, dass sich der Verkäufer zur Vorleistung verpflichtet hat (etwa indem er die unbezahlte Ware auf den Transportweg gibt), er aber befürchten muss, die Gegenleistung nicht zu erhalten. Eines jedoch können sie nicht leisten: Mit ihrer Hilfe kann nicht auf den Frachtführer eingewirkt werden. Der Fracht- und der Kaufvertrag sind rechtlich streng voneinander zu unterscheiden[188], so dass § 321 BGB bzw. Art. 71 II CISG nur im Verhältnis Verkäufer – Käufer Wirkung entfalten können. Damit der Verkäufer sein ihm aus Kaufrecht zustehendes Leistungsverweigerungsrecht auch tatsächlich entfalten kann, braucht er – wenn sich die Ware bereits bei der Transportperson befindet – eine Möglichkeit, um rechtlich zwingend auf diese Transportperson einwirken zu können, damit sie nicht durch die Ausführung des Transportvorganges das kaufrechtliche Leistungsverweigerungsrecht faktisch wirkungslos werden lässt.

---

[186]   Vgl. *Basedow*, S. 296 f.; *Huber* in: Festschrift Weber, 253 [255 f.].

[187]   So ausdrücklich *Basedow*, S. 297.

[188]   *Meyer-Rehfueß*, S. 13 f; vgl. auch *Huber* in: Festschrift Weber, 253 [255]; anders allerdings im englischen Recht, wo der Sales of Goods Act in den Art. 44 ff. gerade vorsieht, dass der Verkäufer sein kaufrechtliches Anhalterecht auch gegenüber dem Frachtführer durchsetzen kann, selbst wenn er gar nicht der Absender im Rahmen des Transportvertrages ist.

Es wird also deutlich, dass der rechtspolitische Begründungsansatz auch in Bezug auf den Sicherungszweck nicht überholt ist, sondern nach wie vor der Verkäufer ein Interesse daran hat, auf den Transportvorgang einwirken zu können um eine Übergabe an den Käufer zu verhindern. Fraglich erscheint vor diesem Hintergrund allein, ob diese Zuhilfenahme des Kaufrechts für die Erklärung des transportvertraglichen Weisungsrechts nicht deshalb fehl geht, weil das Gesetz nicht dem Verkäufer, sondern dem Absender ein Weisungsrecht zugesteht. *Basedow* vermag das damit zu erklären, dass aus historischer Sicht der Absender und der Verkäufer immer identisch gewesen seien[189]. Im Seerecht dagegen, wo es neben dem Verkäufer als Ablader schon früh zusätzlich den Befrachter gab, der mit dem Transportunternehmen, dem Verfrachter, in Vertragsbeziehungen stand, werde gemäß 564, 577 HGB in erster Linie dem Ablader das Weisungsrecht gewährt, was auf dessen Sicherungsinteresse im Rahmen des Kaufvertrages zurückzuführen sei[190].

Man kann sich nun vor dem Hintergrund dieser seehandelsrechtlichen Lösung sowie der Tatsache, dass bei den von den §§ 407 ff. HGB erfassten Frachtverträgen heutzutage wohl eher in den selteneren Fällen der Absender und der Verkäufer identisch sein werden, die Frage stellen, warum sich der Gesetzgeber im Jahr 1998 in Anlehnung an die Vorgängernorm des § 433 HGB a.F. sowie Art. 12 CMR weiterhin dafür ausgesprochen hat, dass dem Absender und nicht etwa, im Falle der Personenverschiedenheit, dem Verkäufer – neben dem Absender oder in erster Linie – das Weisungsrecht zusteht. Zugebenermaßen wäre dies eine weitreichende Ausweitung des transportvertraglichen Weisungsrechts mit wichtigen Ausstrahlungen auf das Kaufrecht, so dass vermutlich eine Regelung im Kaufrecht statt im Transportrecht wohl noch sinnvoller wäre[191]. Dass weder bei der Reform des Transportrechts im Jahr 1998, noch bei der Schuldrechtsmodernisierung im Jahr 2002 eine solche Vorschrift in das geltende Recht eingefügt worden ist, wird sich wohl auf mehrere Gründe zurückführen lassen. Zunächst ist ganz entscheidend, dass – außer in den anglo-amerikanischen Rechtsordnungen[192] – ein Stoppungsrecht seitens des Verkäufers, das auch gegenüber dem Frachtführer wirksam ausgeübt werden kann, traditionellerweise nicht vorgesehen ist. Der deutsche Gesetzgeber hatte damit weder im alten deut-

---

[189] Vgl. S. 297.

[190] Vgl. *Basedow*, S. 297 f.

[191] So jedenfalls ist diese Frage im englischen Recht gelöst, siehe hierzu ausführlich infra *§ 7, I, 3, a), ff)*.

[192] Neben dem englischen Kaufrecht (siehe hierzu *§ 7, I, 3, a), ff)*) kennt auch das amerikanische Kaufrecht in section 2-705 Uniform Commercial Code ein Anhalterecht des Verkäufers, das dieser im Falle der Kreditunwürdigkeit des Käufers auch gegenüber dem Frachtführer geltend machen kann.

schen Kaufrecht, noch im alten deutschen Transportrecht oder in den entsprechenden internationalen Übereinkommen (etwa CISG, CMR, etc.) ein Vorbild für eine solche Regelung und auch darüber hinaus fehlt es rechtsvergleichend – vom anglo-amerikanischen Rechtskreis abgesehen – an entsprechenden Vorbildern. Hinzu kommt wohl, dass das transportvertragliche Weisungsrecht in der Wahrnehmung innerhalb der Rechtswissenschaft eine eher untergeordnete Rolle spielt.

Insgesamt erscheint der Gedanke, dass das deutsche Transport- oder Kaufrecht ein Stoppungsrecht des Verkäufers vorsieht als zu fernliegend, weil es an einer entsprechenden Tradition und wohl auch mangels entsprechender Vorschläge an der tatsächlich vorhandenen praktischen Bedeutung fehlt. Denkt man jedoch den Sicherungszweck des transportvertraglichen Weisungsrechts konsequent zu Ende, wäre die Einführung eines solchen Stoppungsrechts vom Verkäufer gegenüber dem Frachtführer nur folgerichtig. Derweil wird ein Verkäufer, der nicht zugleich Absender ist, nur mit Hilfe von vertraglichen Abreden zwischen ihm und dem Absender indirekt über den Absender Einfluss auf das Transportgeschehen nehmen können.

§ 7 Die Ausgestaltung des transportvertraglichen Weisungsrechts im Einzelnen

I. Inhaber des Weisungsrechts

Die Frage der Inhaberschaft des Weisungsrechts ist im Transportrecht besonders bedeutsam, weil im Rahmen des Transportvertrages in der Regel drei unterschiedliche Personen, bestehend aus dem Frachtführer, dem Absender und dem Empfänger, beteiligt sind, so dass sich in besonderem Maß die Frage stellt, ob und wann der Absender bzw. der Empfänger Inhaber des Weisungsrechts sind.

1. Kein Weisungsrecht seitens des Frachtführers

Nur der Vollständigkeit halber soll zu Beginn kurz darauf hingewiesen werden, dass der Frachtführer gegenüber dem Absender oder dem Empfänger in keiner der zu untersuchenden Rechtsordnungen ein Weisungsrecht hat[193]. Dass eine solche Überlegung allerdings nicht völlig abwegig ist, sieht man anhand des Draft Common Frame of Reference, der in Art. IV.C.-2:109 DCFR sowohl für

---

[193] So ausdrücklich für das französische Recht *Gency-Tandonnet* , JClTransport, Fasc. 740, Rn. 127.

den Kunden als auch für den Dienstleister ein jederzeitiges, grundloses Modifikationsrecht vorsieht. Man kann sich jedoch fragen, mit welchen Überlegungen man auch dem Dienstleister bzw. hier konkret dem Frachtführer ein Weisungsrecht zugestehen sollte. Die Überlegungen, mit denen sich ein Weisungsrecht seitens des Absenders bzw. Empfängers begründen lassen, also etwa die erforderliche Flexibilität des Vertrages auf Grund des längeren Erfüllungszeitraums des Vertrages, passen jedenfalls auf Seiten des Frachtführers weit weniger[194].

Sofern der Frachtführer Veränderungen gegenüber dem vertraglich Vereinbarten vornimmt, stellt dies eine Pflichtverletzung dar[195]. Strebt er Veränderungen am Vertrag an, ist er grundsätzlich auf eine zweiseitige Vertragsänderung nach den allgemeinen Regeln angewiesen. Freilich hat der Frachtführer aber die Möglichkeit, im deutschen Recht nach § 419 III HGB, wenn also im Falle eines Beförderungs- oder Ablieferungshindernisses nicht rechtzeitig Weisungen erlangt werden können, Maßnahmen zu ergreifen, die im Interesse des Verfügungsberechtigten die besten zu sein scheinen[196]. Diesbezüglich wird in der Literatur sogar von einem „Gestaltungsrecht des Frachtführers" gesprochen, weil der vertragliche Inhalt wie bei einer Weisung umgestaltet wird und nunmehr allein der durch den Frachtführer modifizierte Vertragsinhalt gilt[197].

2. Das Weisungsrecht des Absenders

Als Grundregel sowohl für das französische als auch das deutsche Recht lässt sich festhalten, dass grundsätzlich der Absender Inhaber des transportrechtlichen Weisungsrechts ist, während im englischen Recht in erster Linie der Empfänger weisungsberechtigt ist[198].

Im französischen Recht ergibt sich das grundsätzliche Weisungsrecht des Absenders aus den *contrat-types*. Nach Art. 4 al. 1 CT *général* kann der *donneur d'ordre* solange über das Gut verfügen, bis der Empfänger seine Rechte am Transportgut geltend gemacht hat. Der *donneur d'ordre* ist der Absender, der mit dem Frachtführer den Frachtvertrag abgeschlossen hat.

Für das deutsche Recht regelt § 418 I 1 HGB, dass zunächst der Absender derjenige ist, der über das Gut verfügen kann. Der Absender ist diejenige Person, die der Vertragspartner des Frachtführers ist, d.h. derjenige Akteur im Transportgeschehen, der mit dem Transportvertrag den Frachtführer zum

---

[194] Siehe zur Kritik am DCFR in Bezug auf diese Frage infra *§ 9, VI, 2.*

[195] *Gency-Tandonnet*, JClTransport, Fasc. 740, Rn. 127.

[196] Gleiches gilt auch für das französische Recht, siehe *Gency-Tandonnet* , JClTransport, Fasc. 740, Rn. 127.

[197] *Braun*, S. 69.

[198] Siehe infra *§ 7, I, 3, a).*

Transport beauftragt hat[199]. Da die Regelung des § 418 I 1 HGB – ebenso wie im Übrigen die *contrat-types*[200] – dispositiv ist[201], sind jedoch vielfältige Abweichungen von dieser gesetzlichen Grundkonzeption denkbar. Allerdings muss es sich hierbei um Absprachen zwischen dem Frachtführer und dem Absender handeln; Vereinbarungen zwischen dem Absender und dem Empfänger haben dagegen für das Weisungsrecht seitens des Absenders gegenüber dem Frachtführer keine Auswirkungen, da sie nur *inter partes* wirken[202].

Bzgl. der Frage des Zeitpunktes der Inhaberschaft des Weisungsrechts lässt sich in der Dissertation von *Leturcq* die Auffassung finden, dass es evident sei, dass jedenfalls vor der Übergabe an den Frachtführer (sowie nach der Übergabe des Transportgutes an den Empfänger[203]) das Weisungsrecht des Absenders keine Rolle spiele[204]. Vor der Übergabe des Gutes an den Frachtführer habe nämlich der Absender – so er sich denn im Besitz der Sache befindet – ohnehin die unbeschränkte Weisungsbefugnis über die Sache – und zwar sogar unabhängig davon, ob bereits ein Transportvertrag zwischen dem Absender und dem Frachtführer zustande gekommen ist oder nicht[205]. Beispielsweise könne der potentielle Absender die Sache, selbst wenn er sie zuvor schon an den potentiellen Empfänger verkauft (und damit auf Grund des im französischen Recht geltenden Konsensualprinzips übereignet[206]) hat, weiterhin nach Art. 1141 CC (a. F.[207]) an einen gutgläubigen Dritten nach Art 1141 CC wirksam übereignen; der erste Käufer wäre dann, wie im deutschen Recht, nur auf Schadensersatzansprüche verwiesen.

Während sich im französischen Schrifttum sonst niemand zu dieser Frage äußert, ist die Frage des Ausübungszeitpunkts im deutschen Recht umstritten. Dabei wird auch im deutschen Recht zum Teil davon ausgegangen, dass eine Weisung an den Frachtführer nur dann vorgenommen werden könne, wenn sich

---

[199] *Meyer-Rehfueß*, S. 16; *MüKoHGB-Thume* § 418 Rn. 6.

[200] Siehe supra *§ 6, I, 1*.

[201] *Koller* § 418 Rn. 15; *MüKoHGB-Thume* § 418 Rn. 6; anderes gilt im Übrigen für das Weisungsrecht in Art. 12 CMR, das gemäß Art. 41 CMR zwingender Natur ist.

[202] *Meyer-Rehfueß*, S. 17.

[203] Zur Frage des Übergangs bzw. der Konkurrenz der Weisungsrechte des Absenders und Empfängers, siehe ausführlich infra *§ 7, I, 4*.

[204] Vgl. *Leturcq*, S. 35.

[205] *Leturcq*, S. 35.

[206] Siehe Art. 1583 CC.

[207] Wenn im Folgenden von Art. 1141 CC (sowie anderen, in Bezug genommenen Artikeln des Code Civil) die Rede ist, wird auf den Rechtszustand vor der Reform des französischen Schuldrechts durch die Ordonnance Nr. 2016-131 vom 10. Februar 2016 abgestellt. Im Wege dieser Reform ist Art. 1141 CC a. F. durch Art. 1198 ff. CC abgelöst worden, ohne hiermit eine Veränderung der hier wiedergegebenen Rechtslage eingetreten ist.

das Transportgut in dessen Obhut befinde[208]. Dies folge schon aus dem Sinn und Zweck der Regelung des § 418 HGB, da vor der Übergabe des Transportgutes an den Frachtführer der Absender noch gar nicht schutzbedürftig sei[209].

Es ist nicht ersichtlich, warum diese Möglichkeit an die Übergabe des Transportgutes geknüpft sein sollte und nicht an den Abschluss des Frachtvertrages. Das Weisungsrecht folgt ja – und zwar auch im französischen Recht – gerade aus dem Abschluss des Frachtvertrages. Auf den ersten Blick mag man meinen, dass die hier diskutierte Konstellation in der Praxis nicht allzu oft vorkommen möge und die meisten Fälle der Ausübung des transportrechtlichen Weisungsrechtes in der Phase des Transports spielen. Ob dies so ist, darf jedoch wegen der dem technischen Fortschritt geschuldeten, immer kürzer werdenden Transportzeiten, auf Grund derer *Basedow* sogar zu der Einschätzung gelangt, die praktische Bedeutung des transportrechtlichen Weisungsrechtes nehme im Allgemeinen ab[210], bezweifelt werden. Nicht in der Regel, aber wohl doch gelegentlich wird der Zeitraum zwischen dem Abschluss des Frachtvertrages und der Übergabe des Frachtgutes länger sein als der Zeitraum zwischen der Übergabe des Gutes an die Transportperson und der Ablieferung an den Zielort. Wenn sich in dem ersten Zeitraum eine wichtige Änderung der Sachlage auf Seiten des Absenders ergibt, z.B. weil er die Ware an einen anderen Abnehmer verkauft hat, ist es sogar im Interesse des Frachtführers, von dieser neuen Situation möglichst frühzeitig zu erfahren um die notwendigen Vorkehrungen zu treffen. Es lässt sich mithin sagen, dass das Weisungsrecht für den Frachtführer umso schonender wirkt, je früher es ausgeübt wird. Die Auslegung des Vertrages muss deshalb ergeben, dass das Weisungsrecht des Absenders ab dem Zeitpunkt des Vertragsabschlusses besteht[211].

3. Empfänger

a) Der Empfänger als regelmäßiger Inhaber des Weisungsrechts im englischen Recht

Anders als in den anderen beiden Rechtsordnungen ist interessanterweise im englischen Recht – jedenfalls bezogen auf den Landtransport[212] – in der Regel der Weisungsberechtigte nicht der Absender. Dass der Absender abgesehen von

---

[208] *MüKoHGB-Thume* § 418 Rn. 14.

[209] *MüKoHGB-Thume* § 418 Rn. 14.

[210] *Basedow*, S. 294 ff.

[211] So wie hier: *Braun*, S. 75; *Koller* § 418 Rn. 6; *Meyer-Rehfueß*, S. 17; wohl auch *Ebenroth/Boujoung/Joost/ Strohn-Reuschle* § 418 Rn. 1.

[212] Im Seetransport dagegen ist regelmäßig der *shipper*, also der Versender, der Weisungsberechtigte in Bezug auf die zu transportierenden Güter, siehe infra *§ 7, I, 4, c)*.

einigen Sonderfällen[213] im englischen Recht kein Weisungsrecht hat, wird ausdrücklich festgestellt in *The Constantia*[214], wo auch Argumente geliefert werden, warum ein Absender kein allgemeines Weisungsrecht haben sollte. Dass die kaufrechtliche Situation dabei von großer Bedeutung ist, lässt sich schon daran erkennen, dass die Begriffspaare *seller* und *consignor* sowie *buyer* und *consignee* im Rahmen des Urteils praktisch synonym verwendet werden. *Sir W. Scott* argumentiert folgendermaßen:

> „In the law of England, as far as I can collect it, and in all books into which I have looked, it is not an unlimited power that it vested in the consignor, to vary the consignment at his pleasure in all cases whatsoever. It is a privilege allowed to the seller, for the particular purpose of protecting him against the insolvency of the consignee. [...]. The mischief and inconvenience that would ensue on a contrary supposition are extreme. The goods might be put on board, and might lie at the risk of the consignee for two or three months, and if the consignor could come, and resume them at pleasure, it would place the consignee in a situation of great disadvantage, that he should be exposed to the risk during such a length of time, for an object which might be eventually defeated, at any moment, by the capricious or interested change of intention in the breast of the consignor. It would be to expose the consignee altogether to the mercy of the seller.“[215]

Statt des Absenders ist vielmehr grundsätzlich der Empfänger derjenige, der dem Frachtführer Weisungen bzgl. des Transportgutes erteilen kann. Um diese Grundregel zu verstehen, sind mehrere gedankliche Zwischenschritte erforderlich, an deren Ende regelmäßig der Empfänger Inhaber des transportvertraglichen Weisungsrechts ist.

Der erste gedankliche Schritt ist dabei, dass derjenige weisungsberechtigt ist, der Vertragspartner des Frachtführers im Rahmen des Transportvertrages geworden ist[216]. Vertragspartner – so der nächste Schritt – wird regelmäßig derjenige, der Eigentümer des Transportgutes ist. Und Eigentümer – so der letzte Schritt – von Transportgütern, die zur Erfüllung eines Kaufvertrages transportiert werden, ist nach den kaufrechtlichen Regelungen des Sale of Goods Act 1979 in der Regel der Käufer der Kaufsache und damit der Empfänger.

---

[213] Siehe hierzu näher infra *§ 7, I, 3, a), ee)*.

[214] (1807) 6 C.Rob. 321. In der Entscheidung geht es um Brandy-Fässer, die von Cette nach Kopenhagen transportiert werden sollten. Der Absender dirigierte die Fässer während des Transports um, was jedoch mangels Weisungsberechtigung seitens des Absenders auf Grund der Eigentümerstellung des Empfängers unrechtmäßig war.

[215] *The Constantia* (1807) 6 C.Rob. 321 [326 ff.].

[216] Dieser erste Schritt entfällt freilich, wenn das Weisungsrecht allein auf sachenrechtlicher Ebene auf Grund des *bailment* bestehen sollte. Siehe zu diesen unklaren Fragen innerhalb des englischen Rechts supra *§ 6, II, 5*.

aa) *Eigentumsübergang einer Kaufsache bei Versendungskauf*

Im Wirtschaftsleben wird ein Großteil der Transportverträge abgeschlossen um einen Kaufvertrag zu erfüllen, namentlich um Eigentum und Besitz an der Kaufsache an den Käufer zu übertragen. Im deutschen Recht ergeben sich die Voraussetzungen zur Eigentumsübertragung einer Kaufsache auf Grund des Trennungsprinzip aus den sachenrechtlichen Vorschriften der §§ 929 ff. BGB. Gemäß der Grundnorm des § 929 S. 1 BGB ist zur Eigentumsübertragung grundsätzlich eine Übergabe an den Erwerber erforderlich. Im Regelfall wird deshalb ein Käufer im Rahmen eines Transportvorganges erst dann Eigentümer, wenn der Frachtführer ihm das Transportgut/die Kaufsache aushändigt. Ein Eigentumserwerb seitens des Käufers zu einem früheren Zeitpunkt ist nur dann möglich, wenn zwischen dem Käufer und dem Frachtführer bzgl. des Transportgutes ein Besitzmittlungsverhältnis iSd. § 868 BGB zustande kommt, kraft dessen der Käufer als mittelbarer Besitzer bereits dann eine für einen Eigentumsübergang nach § 929 S. 1 BGB ausreichende Besitzposition erlangt, wenn der Frachtführer die Sache in seinen unmittelbaren Besitz übernimmt sowie wenn der Frachtführer für die dingliche Einigung als Vertreter (oder Geheißperson) für den Käufer auftritt.

Das englische Recht unterscheidet nicht zwischen einer schuldrechtlichen und einer sachenrechtlichen Ebene und regelt die Voraussetzungen des Eigentumserwerbs an einer Kaufsache in den sections 16 ff. des Sale of Goods Act 1979. Das englische Recht unterscheidet hierbei ausdrücklich zwischen Gattungsschulden und Stückschulden[217]. Nach section 16 Sale of Goods Act 1979 ist bei Gattungsschulden – ähnlich dem sachenrechtlichen Bestimmtheitsgrundsatz deutschen Rechts – erforderlich, dass die zu übertragende Kaufsache bestimmt (*„ascertained"*) ist. Für Stückschulden stellt section 17 (1) Sale of Goods Act 1979 klar, dass es für die Übertragung des Eigentums an der Kaufsache allein auf den Willen der am Kaufvertrag beteiligten Parteien ankommt. Es handelt sich mithin um eine Eigentumsübertragung in Form des Konsensualprinzips. Zur Vereinfachung für die Ermittlung des Parteiwillens hat der englische Gesetzgeber in section 18 Sale of Goods Act 1979 Vermutungsregeln aufgestellt, zu welchem Zeitpunkt die Parteien eines Kaufvertrages den Eigentumsübergang wollen, die immer dann gelten, wenn kein anderer Wille der Vertragsparteien ersichtlich ist. Für die Stückschuld ergänzt section 18 Rule 1, dass im Rahmen eines Kaufvertrages ohne Bedingung bei Stückschulden in lieferfähigem Zustand das Eigentum bereits im Moment des Vertragsschlusses übergeht, unabhängig davon, ob der Zahlungs- oder Lieferzeitpunkt zu einem späteren Zeitpunkt vorgesehen

---

[217] Siehe für eine ausführlichere Behandlung der Eigentumsübertragungsregeln im transportrechtlichen Zusammenhang wiederum *Cashmore*, S. 23 ff.

sind. Damit stellt sich sogar die Frage, ob trotz der Vereinbarung einer Lieferung mittels eines Frachtführers das Eigentum an der Kaufsache nicht schon im Augenblick des Vertragsschlusses übergeht oder ob man von einer lieferfähigen Kaufsache iSd. section 18 Rule 1 in diesen Fällen erst sprechen kann, wenn sie an Frachtführer übergeben und verladen ist[218]. Ohne auf diese Unsicherheit innerhalb des englischen Rechts im Rahmen dieser Arbeit näher eingehen zu wollen, lässt sich für die Zwecke dieser Untersuchung jedenfalls festhalten, dass das Eigentum am Transportgut spätestens im Zeitpunkt der Übergabe an den Frachtführer bzw. der Verladung auf den Käufer und Empfänger übergeht.

Für die vorliegende Fragestellung von Relevanz bei der Eigentumsübertragung von Gattungsschulden ist im Rahmen von section 18 die Vermutungsregel 5, die sich in zwei Absätze aufspaltet. Die entscheidende Regel findet sich dabei im zweiten Absatz, wonach ein Verkäufer, der eine Kaufsache einem Frachtführer zum Transport an den Käufer übergibt, die Kaufsache dem Kaufvertrag ohne Bedingung zuordnet[219]. In Verbindung mit Absatz 1 von Vermutungsregel 5, wonach dann das Eigentum an der Kaufsache vom Verkäufer auf den Käufer übergeht, wenn die Kaufsache dem Vertrag ohne Bedingung zugeordnet ist, geht deshalb – soweit kein gegenteiliger Wille der Vertragsparteien erkennbar ist – das Eigentum an einer Kaufsache im Rahmen eines Trasnportvorganges bereits mit der Übergabe durch den Verkäufer und Absender an den Frachtführer auf den Käufer und Empfänger über. Dies wird nochmals unterstrichen durch section 32 (1) Sale of Goods Act 1979, wonach im Falle eines Versendungskaufs die Ablieferung seitens des Absenders an den Frachtführer zwecks Transports zum Empfänger als Lieferung der Kaufsache an den Käufer gilt.

Es lässt sich somit festhalten, dass sowohl bei Stück- als auch bei Gattungsschulden in der Regel bei Übergabe an den Frachtführer (bei Stückschulden sogar spätestens in diesem Zeitpunkt) das Eigentum an der zu transportierenden Kaufsache auf den Empfänger übergeht[220]. Dies bedeutet, dass während des gesamten Transports im Regelfall ausschließlich der Empfänger Eigentümer des Transportgutes ist.

---

[218] Siehe zu diesem Problemkreis und für Nachweise sowohl für die eine als auch die andere Lösungsmöglichkeit, *Cashmore*, S. 24 ff.

[219] Section 18 Rule 5 (2) Sale of Goods Act 1979: "Where, in pursuance of the contract, the seller delivers the goods to the buyer or to a carrier or other bailee or custodier (whether named by the buyer or not) for the purpose of transmission to the buyer, and does not reserve the right of disposal, he is to be taken to have unconditionally appropriated the goods to the contract."

[220] Zu einem anderen Ergebnis kommt man freilich dann, wenn der Verkäufer nach section 19 (1) Sales of Goods Act 1979 den Übergang des Eigentums von gewissen Bedingungen abhängig macht, und so das *right of disposal* am Kaufgegenstand zunächst behält. Soweit ersichtlich spielt diese Möglichkeit aber nur im Seehandel und damit im Seetransportrecht eine entscheidende Rolle, siehe infra *§ 7, I, 5, d)*.

bb) Die Eigentumslage als Entscheidungskriterium für die Parteizugehörigkeit im Rahmen des Transportvertrages

Anders als nach deutschem oder französischem Recht kommt ein Transportvertrag im englischen Recht in der Regel nicht zwischen dem Absender und dem Frachtführer oder sogar zwischen Absender, Empfänger und Frachtführer zustande[221], sondern die Grundregel des englischen Rechts lautet, dass der Transportvertrag mit dem Eigentümer des Transportgutes zustande kommt (*ownership rule*[222]). Da der Eigentümer des Transportgutes zumeist – wie gesehen[223] – der Empfänger ist, besteht der Transportvertrag in aller Regel zwischen Frachtführer und Empfänger. Der Absender fungiert bloß als *agent* für den Empfänger[224].

(1) Privity of Contract *als ursprüngliche Grundregel im englischen Recht*

Um das englische Recht bei der Frage, wer Vertragspartner des Frachtführers wird, zu verstehen, muss unbedingt berücksichtigt werden, dass das englische Recht traditionell von der Regel der *privity of contract* ausging[225]. Demnach konnten Dritte, die nicht unmittelbar Vertragspartner waren, keine vertraglichen Ansprüche gegenüber den Vertragsparteien geltend machen[226]. Ein Vertrag zugunsten Dritter existierte mithin im englischen Recht nicht.

Auf Grund starker Kritik[227] an dieser Rechtslage stellte das englische Parlament die *privity-of-contract*-Regel mit der Einführung des Contracts (Rights of Third Parties) Act 1999 auf den Kopf und ließ nunmehr zu, dass Dritte, nicht unmittelbar am Vertrag Beteiligte, Rechte aus einem Vertrag gerichtlich durchsetzen können. Voraussetzung hierfür ist gemäß section 1 (1) Contracts (Rights of Third Parties) Act 1999 allein, dass der Vertrag entweder dem Dritten ausdrücklich ein solches Recht gewährt (section 1 (1) (a)) oder die Klausel, die Gegenstand der Rechtsdurchsetzung sein soll, überträgt einen Vorteil auf einen Dritten (*„the term purports to confer a benefit to him"*, section 1 (1) (b)). Der Vertrag zugunsten Dritter ist mithin seit 1999 auch im englischen Recht möglich.

---

[221] Siehe infra *§ 7, I, 3, b).*

[222] Dieser Begriff ist von *Cashmore*, 91 ff. geprägt worden und etwa von *Weisel*, S. 77 ff. übernommmen worden.

[223] Siehe supra *§ 7, I, 3, a), bb).*

[224] Siehe hierzu näher infra *§ 7, I, 3, a), dd).*

[225] Siehe die wichtigsten Entscheidungen hierzu: *Tweddle v. Atkinson* (1861) 1 B&S 393; *Dunlop Pneumatic Tyre Co Ltd v. Selfridge* [1915] AC 847; *Scruttons v. Midland Silicones* [1962] AC 446 sowie *Beswick v Beswick* [1968] AC 58.

[226] *McKendrick*, Rn. 7.2.

[227] Siehe *McKendrick*, Rn. 7.4.

Die alte Rechtslage ist jedoch hier deshalb von Bedeutung, weil sich vor ihrem Hintergrund erklären lässt, warum es im englischen Transportrecht eine gewisse Notwendigkeit gab, den Vertragspartner des Frachtführers klar zu bestimmen um dieser Partei zu ermöglichen, ihre Rechte aus dem Vertrag durchzusetzen[228]. Eine Konstruktion wie im deutschen oder französischen Recht, wo der Empfänger über die Konstruktion des Vertrags zugunsten Dritter einen gewissen Schutz erhielt, schied von vornherein aus[229].

Es drängt sich freilich vor dem Hintergrund der Einführung des Contracts (Rights of Third Parties) Act 1999 die Frage auf, welchen Einfluss der *Act* auf das Drei-Personen-Verhältnis im Rahmen des Transportvertrages hat. Denkbar wäre es, dass nunmehr auch das englische Recht seine bisherige, etwas umständliche Konstruktion mit dem Absender als *agent* aufgibt und den Transportvertrag – wie im deutschen und französischen Recht – zwischen dem Absender und dem Frachtführer zustande kommen lässt und der Empfänger aus dem Vertrag als Dritter gewisse Rechte auf Grundlage des neuen *Acts* zugesprochen bekommt. Zu berücksichtigen ist jedoch zunächst, dass die Anwendbarkeit des Contracts (Rights of Third Parties) Act 1999 auf großen Gebieten des Transportrechts durch den *Act* selbst ausgeschlossen ist. Gemäß section 6 (5) des Contracts (Rights of Third Parties) Act 1999 gewährt der *Act* Dritten keine Rechte im Fall von Seetransportverträgen (siehe 6 (5) (a))[230] sowie Eisenbahn-, Straßen-

---

[228] Dazu sogleich Näheres, siehe infra *§ 7, 1, 3, a), bb), (2).*

[229] Keine wirkliche Option im Rahmen des englischen Rechts scheint in diesem Zusammenhang die Lösung, dass – um das Problem der Regel zur *privity of contract* zu umgehen – sowohl der Empfänger als auch der Absender Vertragspartei des Frachtführers sind. *Cashmore*, S. 131 spricht diese Möglichkeit zwar kurz an und weist – allerdings ohne Nachweise – auch darauf hin, dass dies zum Teil so vertreten werde. Die überwältigende Anzahl von zitierten Entscheidungen (S. 131 ff.) deutet jedoch in die Richtung, dass sich der Frachtführer in der Regel nur einem Vertragspartner gegenüber sieht.

Die Lösung mit sowohl dem Empfänger als auch dem Absender als Vertragspartei würde freilich auch zu neuen Problemen führen, etwa der Frage nach dem Zustandekommen des Vertrages (der Absender müsste dann den Vertrag für sich und gleichzeitig als *agent* für den Empfänger abschließen) oder dem Problem, dass der Frachtführer zwei unterschiedliche Vertragspartner mit potentiell gegenläufigen bzw. zumindest nicht notwendigerweise gleichlaufenden Interessen hätte, die insbesondere bei Ausübung des transportvertraglichen Weisungsrechts zu sich widersprechenden Weisungen führen könnten und somit den Frachtführer vor große Schwierigkeiten stellen würden, da er grundsätzlich beiden Vertragsparteien gegenüber zur Befolgung ihrer Weisungen verpflichtet wäre. Wie im deutschen und französischen Recht erkennbar ist, wären dies freilich keine unüberwindbaren Hürden, aber das englische Recht zeigt bislang keine Ansätze in diese Richtung.

[230] Siehe hierzu auch *Carver*, Rn. 1-015, wo die Ausnahme nach section 6(5) als einer von zwei Gründen aufgeführt wird, warum der Act die Rechtslage im Seehandelsrecht nicht verändert.

und Lufttransporten, auf die die jeweiligen internationalen Konventionen anwendbar sind (section 6 (5) (b)).

Als Anwendungsbereich für den *Act* verbleiben somit nur diejenigen Verträge, die sich nicht im Anwendungsbereich der jeweiligen Konventionen befinden. Für den Straßentransport bedeutet dies etwa, dass nur solche Verträge erfasst werden, die nicht im Anwendungsbereich der CMR liegen[231]. Gemäß Art. 1 CMR gilt die CMR „für jeden Vertrag über die entgeltliche Beförderung von Gütern auf der Straße mittels Fahrzeugen, wenn der Ort der Übernahme des Gutes und der für die Ablieferung vorgesehene Ort, wie sie im Vertrage angegeben sind, in zwei verschiedenen Staaten liegen, von denen mindestens einer ein Vertragsstaat ist".

Mithin kommen für eine Anwendbarkeit des Contracts (Rights of Third Parties) Act 1999 vor allem Straßentransporte innerhalb des Vereinigten Königreiches in Frage. Soweit ersichtlich, hat es jedoch seit Einführung des Contracts (Rights of Third Parties) Act 1999 (noch) keine englischen Entscheidungen gegeben, die grundlegend Neues für Parteikonstellationen oder etwaige Weisungsrechte im Rahmen von Transportverträgen gebracht hätten. Grundsätzlich wird aber auch in der transportvertraglichen Literatur das Potential des *Acts* gesehen, in Fällen, in denen der Absender bzw. seltener der Empfänger nicht Vertragspartei des Transportvertrages ist, diesen trotzdem auf Grund des *Acts* das Recht zusteht, bestimmte Vertragsbestimmungen zu ihren Gunsten durchzusetzen[232]. Ohne Weiteres vorstellbar wäre beispielsweise eine Klausel im Transportvertrag, wonach der Absender statt des Empfängers bis zu einem bestimmten Zeitpunkt der Inhaber eines Weisungsrechts gegenüber dem Frachtführer ist.

Inwieweit insofern tatsächlich eine Veränderung im Rahmen der Konstrukion der transportvertraglichen Parteikonstellationen vonstatten geht, lässt sich schwer abschätzen. Englische Entscheidungen zu diesem Themenfeld lassen

---

[231] Aus section 5 (8) (b) des Contracts (Rights of Third Parties) Act 1999 ergibt sich nämlich, dass der Contracts (Rights of Third Parties) Act 1999 auf den Carriage of Goods by Road Act 1965 verweist, mit Hilfe dessen das Vereinigte Königreich die CMR in das geltende englische Recht übernommen hat.

[232] *Chitty* II-*MacDonald Eggers* Rn. 36-043. Im Seehandelsrecht dagegen geht *Carver*, Rn. 1-015 davon aus, dass selbst dann, wenn die Ausnahme der section 6(5) (hierzu supra *Fn. 230*) nicht greife, etwa weil der Transportvertrag in einer *charterparty* enthalten sei, der Anwendungsbereich von section 2 des Acts, wonach es den Parteien eines Vertrages nicht möglich ist, diesen so zu ändern, dass die vorher durch den Vertrag begründeten Rechte Dritter beeinträchtigt werden, nicht eröffnet sei, da der Seetransportvertrag von Anfang an die Möglichkeit für den Versender vorsähe, den Zielort bzw. Empfänger anzuändern (siehe hierzu näher infra *§ 7, I, 5, d)*), so dass es im Ergebnis bei Ausübung dieses Rechts gar nicht um eine Änderung des Vertrages im Sinne von section 2 des Acts handele.

sich bislang nicht finden. Eine Diskussion in der Literatur findet nur bzgl. der Frage statt, inwieweit der Contracts (Rights of Third Parties) Act 1999 die bisherigen Regeln über die Möglichkeit zur Klage von Dritten im Rahmen des Transportvertrages beeinflusst oder überlagert[233].

(2) Der Anknüpfungspunkt Eigentum für das Auffinden des Klagebefugtem gegenüber dem Frachtführer

Wiederum *Cashmore*[234] hat in beeindruckender Ausführlichkeit und Tiefe dargestellt, dass die *„ownership rule"* über die Parteieigenschaft und Klagebefugnis im Rahmen des Transportvertrages entscheidet und damit letztlich auch über die Weisungsberechtigung gegenüber dem Frachtführer. Im Zentrum stehen demnach zwei Vermutungen: Zunächst gilt die Vermutung, dass der Transportvertrag mit dem Eigentümer abgeschlossen wird und zum anderen wird vermutet, dass der Eigentümer der Empfänger ist[235].

Die Darstellung hier kann sich unter Verweis auf die ausführlichen Darstellungen bei *Cashmore* auf einige wenige grundsätzliche Entscheidungen beschränken. Als erste Entscheidung, die die Eigentümerstellung als entscheidendes Kriterium für die Klagebefugnis gegen den Frachtführer ansieht, kann wohl *Evans v. Martell*[236] angesehen werden, die noch vom Ende des 17. Jahrhunderts stammt und nur aus wenigen Sätzen besteht:

„One Harvey loaded goods on board a ship, and consigned them to Evans; but by the invoice the goods appeared to be the property of Harvey, and now in an action brought by Evans against the defendant Martell for these goods, it was adjudged, that the invoice signifies little in this case, but that it was the consignment of the goods, which gave the property, and vested it in Evans, and therefor he might maintain this action but if they had been consigned to him upon the account of Harvey, that would have altered the case, for then he would have benn only factor to Harvey, and he must have brought the action, because the property was then in him."

Die Aussagekraft dieser frühen Entscheidung ist jedoch begrenzt, weil aus ihr nicht mit Sicherheit hervorgeht, ob ein – nach heutiger Terminologie – vertraglicher Anspruch geltend gemacht wird (*action in assumpsit*) oder ob es sich um eine *action in case* handelt, also um einen später unter den Oberbegriff des Deliktsrechts fallenden Anspruch[237].

---

[233] Siehe etwa hierzu für das Seetransportrecht *Dedouli-Lazaraki* (2008) 14 JIML, S. 208 ff.

[234] 91 ff.

[235] *Cashmore*, S. 113; *Chitty II-MacDonald Eggers*, Rn. 36-043; zum Verhältnis beider Vermutungen zueinander, siehe infra *§ 7, I, 3, a), cc)*.

[236] (1697) 3 Salkeld, 290.

[237] Siehe zur dieser Unklarheit auch *Cashmore*, S. 98.

Das gleiche Problem ergibt sich mit der Entscheidung *Dawes v. Peck*[238], in der sogar ausdrücklich angesprochen wird, dass es sich um eine *action in case* handelt. *Cashmore*[239] hält die Entscheidung trotzdem für aussagekräftig, da die Art der Klage in der Entscheidung nicht betont werde und die Richter den Fall eher auf der Grundlage von vertraglichen Prinzipien entschieden hätten. Ob man den Richtern allerdings tatsächlich unterstellen kann, dass sie zur Entscheidung einer *action in case* bewusst vertragliche Grundlagen herangezogen haben, ist nicht mehr als Spekulation. Trotzdem ist *Cashmore* dahingehend zuzustimmen, dass die Entscheidung von großer Relevanz ist, insbesondere auf Grund der auch bei *Cashmore*[240] ausführlich zitierten Ausführungen von *Lord Kenyon*, die in den *Term Reports* noch deutlich pointierter überliefert sind als in *Espinasse's Nisi Prius Reports*. Deutlich zu erkennen ist dabei das Bestreben, den Anspruch gegen den Frachtführer wegen Verlusts des Transportgutes auf eine Person zu beschränken um eine doppelte Haftung für den Frachtführer zu verhindern. Die Eigentumsstellung scheint als idealer Anknüpfungspunkt für die Auswahl des richtigen Anspruchsinhabers angesehen zu werden, weil letztlich der Eigentümer derjenige ist, der bei Verlust oder Beschädigung des Transportgutes einen Schaden erleidet. *Lord Kenyon* wird im *Term Report* folgendermaßen zitiert:

„I cannot subscribe to one part of the argument urged on behalf of the plaintiff, namely, that the right of property on which this action is founded is to fluctuate, according to the choice of the consignor or consignee; and that consequently either of them may, at his pleasure, maintain an action against the carrier for the non-delivery of the goods. In my opinion, the legal rights of the parties must be certain, and depend upon the contract between them, and cannot fluctuate according to the inclination of either. This question must be governed by the consideration in whom the legal right was vested; for he is the person who has sustained the loss, in any, by the negligence of the carrier; and whoever has sustained the loss, is the proper party to call for compensation from the person by whom he has been injured. [...]. It is not disputed but that the consignee might have maintained the action in this case: then if the consignee had recovered a verdict against the carrier, how could such recovery by a stranger have been pleaded in bar to this action? And if it could not, and yet this action could be maintained, the consequence would be, that the carrier would be liable to answer in damages to both for the same loss. Therefore common sense and justice, as well as strict law, are in favour of the objection made against the plaintiff's recovering in this action."[241]

---

[238] (1799) 8 T.R. 330 sowie (1799) 8 Esp. 12. In der Entscheidung ging es um den Transport von Gin von London nach Warwickshire. Auf Grund des zu langsamen Transports und der dadurch bedingten Überschreitung einer bestimmten Transporterlaubnis, wurde der Gin seitens der Krone einkassiert. Der Absender verklagt nun den Frachtführer auf Schadensersatz für den Verlust des Gin.

[239] S. 99.

[240] S. 99.

[241] *Dawes v. Peck* (1799) 8 T.R. 330 [333].

Selbst wenn man auf Grund der oben genannten Bedenken an der Autorität dieser Entscheidung für vertragliche Ansprüche im Rahmen des Transportrechts zweifeln kann, so wird man dennoch anerkennen müssen, dass die Argumentation *Lord Kenyons* ein Grundstein mit Vorbildfunktion auch für die weitere Entwicklung des Rechts des Transportvertrages war. Es soll Rechtssicherheit bzgl. des Anspruchsberechtigten herrschen und zudem die Möglichkeit ausgeschlossen werden, dass der Frachtführer sich für den Verlust der Ware mehreren Anspruchsstellern gegenüber sieht.

Cashmore[242] führt im Weiteren an Hand von einer ganzen Reihe von Entscheidungen vor, wie die Regel, dass der Eigentümer anspruchsberechtigt gegenüber dem Frachtführer ist, auch immer weiter in die *action of assumpsit* und damit in den rein vertraglichen Bereich eingesickert ist. Die Autorität in Form von Entscheidungen beginnt dabei 1825 mit der Entscheidung *Fragano v. Long*[243], in der bereits die Rede davon ist, dass es ein *„principle of law"* sei, dass der Eigentümer Schadensersatz vom Frachtführer für den Verlust oder die Beschädigung des Transportgutes fordern könne[244]. Die letzte grundlegende Entscheidung in diesem Zusammenhang ist die bekannte Entscheidung des House of Lords in *The Albazero*[245], in der *Lord Diplock* bestätigt hat, dass eine Vermutung dafür besteht, dass der Empfänger der *bailee* und damit der Anspruchsberechtigte im Rahmen des Transportvertrages ist[246].

Es ist jedoch wichtig, festzuhalten, dass es sich bei der *ownership-rule* nur um eine Vermutungsregel handelt[247]. Die dahinterstehende Idee ist, dass es sinnvoll ist, in Person des Eigentümers denjenigen mit vertraglichen Rechten (und Pflichten) auszustatten, der das direkteste Interesse an dem (erfolgreichen) Transport hat[248].

Cashmore behandelt schließlich auch die Unterfrage, zu welchem Zeitpunkt eine Partei Eigentümerin des Transportgutes sein muss, um in den Genuss der Vermutung zu kommen, dass der Eigentümer der zu transportierenden Sache Partei des Transportvertrages ist[249]. Nach *Cashmore*[250] kommen insofern vier

---

[242] S. 102.

[243] (1825) 4 B. & C. 213.

[244] *Fragano v. Long* (1825) 4 B. & C. 213 [222 f.] per *Holroyd J.*: „[I]t is a principle of law, that the real owner of the goods [...] may sue for the loss, although the defendant was not informed of his existence."

[245] [1977] A.C. 774.

[246] *The Albazero* [1977] A.C. 774 [842].

[247] *Mullinson v. Carver* [1843] The Law Times 59: „The person whose property the goods are, is primâ facie the party with whom the contract is made."

[248] Vgl. *Mullinson v. Carver* [1843] The Law Times 59.

[249] Siehe *Cashmore*, S. 113 ff.

[250] S. 113.

verschiedene Zeitpunkte in Betracht: Demnach könnte derjenige Vertragspartner des Frachtführers werden, der im Zeipunkt des Vertragsschlusses Eigentümer des Transportgutes ist, oder der Eigentümer im Zeitpunkt der Übergabe an den Frachtführer, der Eigentümer im Zeitpunkt des Verlustes/der Beschädigung des Transportgutes bzw. der Verzögerung des Transportes oder schließlich der Eigentümer im Zeitpunkt der Ablieferung an den Empfänger. Wie zuvor dargestellt[251] geht das Eigentum an Transportgütern, die zur Erfüllung eines Kaufvertrages transportiert werden, in der Regel mit der Übergabe an den Frachtführer über. Ein Abstellen auf den ersten Zeitpunkt erscheint wenig sinnlos, weil er dem tatsächlichen Transportvorgang gänzlich vorgelagert ist und mit der Übergabe an den Frachtführer das Eigentum noch einmal wechselt. Vor diesem Hintergrund erscheint es am sachgerechtesten, den Zeitpunkt der Übergabe an den Frachtführer als den relevanten anzusehen, da zum einen davon auszugehen ist, dass es sich während der letzten drei genannten Zeitpunkte um denselben Eigentümer handelt[252] und zum anderen in diesem Moment der Transportvorgang bzw. zumindest die Obhut seitens des Frachtführers beginnt. Insbesondere fraglich ist aber, ob dieser Zeitpunkt auch dann als relevant gelten kann, wenn das Eigentum – auf Grund von Parteivereinbarung – erst später übergehen soll. *Cashmore*[253] sieht für diese Fälle eine Ausnahme von der strikten Anwendung der *ownership-rule* vor[254] und geht davon aus, dass der Transportvertrag mit dem zukünftigen Eigentümer geschlossen wird, wenn vorgesehen ist, dass das Eigentum an dem Transportgut während des Transports auf den Empfänger übergehen soll. Das führt freilich dazu, dass das von *Cashmore* selbst formulierte Ziel, wonach sich die Klagebefugnis aus Vertrag, *bailment* und Delikt möglichst in einer Person vereinigen sollte[255], nicht eingehalten werden kann, weil bis zum tatsächlichen Eigentumsübergang der Eigentümer die Ansprüche aus *bailment* und Delikt weiter geltend machen kann[256]. Trotz dieser sicher nicht idealen Konsequenz ist *Cashmore* bzgl. der Zulassung einer solchen Ausnahme von der *ownership rule* zuzustimmen, da sie die Vermutung, dass der Transportvertrag mit dem Empfänger des Transportgutes zustande kommt, stärkt und damit Rechtssicherheit, insbesondere für den Frachtführer, schafft. Umgekehrt würde die Vermutung ganz erheblich geschwächt, wenn jede Abweichung vom gesetzlich vorgesehen Eigentumsübergang von Kaufsachen zu einer Änderung der am

---

[251] Siehe supra *§ 7, I, 3, a)*.

[252] *Cashmore*, S. 120.

[253] S. 120.

[254] Auch wenn er selbst zugibt, dabei zu zögern, s. *Cashmore*, S. 120: „[…] it is hesitently suggested[…].“

[255] *Cashmore*, S. 114.

[256] *Cashmore*, S. 120.

Transportvertrag Beteiligten führen würde. Man kann sich eher fragen, ob die Ausnahme nicht zu eng formuliert ist. Eine solche Ausnahme ließe sich mit der gleichen Begründung nicht nur auf solche Fälle, in denen der Eigentumsübergang erst während des Transportes stattfindet, erstrecken, sondern auch auf solche Fallgestaltungen, in denen das Eigentum etwa erst mit Ablieferung an den Käufer oder nach Bezahlung des Kaufpreises übergehen soll. Die Interessenlage des Frachtführers ist in diese Fällen jedenfalls die gleiche: Er möchte verlässlich wissen, wer sein Vertragspartner ist und kann nicht wissen, was genau die Vereinbarungen zwischen Absender und Empfänger respective Verkäufer und Käufer bzgl. des Eigentumsübergangs vorsehen. Andererseits würde freilich eine zu weitreichende Ausnahme in letzter Konsequenz zu einer vollständigen Aushöhlung der *ownership rule* führen. Koppelt man nämlich die Parteistellung im Rahmen des Transportvertrages von der Eigentümerstellung ab, so wird man letztlich zu dem Ergebnis kommen, dass die eigentliche Regel lautet, dass bei Transportverträgen in Drei-Personen-Verhältnissen Vertragspartei immer der Empfänger ist. Auf Grund der Tatsache, dass es auch nach der jetzigen, von *Cashmore* formulierten Regel eine doppelte Vermutung dahingehend gibt, dass Vertragspartner des Frachtführers der Eigentümer des Transportgutes ist, wobei wiederum vermutet wird, dass es sich um den Empfänger handelt, kann man sich aber auch fragen, ob es nur vordergründig auf die Eigentumsstellung ankommt und letztlich die entscheidende Vermutung diejenige ist, dass der Empfänger Eigentümer ist und sich somit die Vermutungsregeln dahingehend verdichten, dass der Empfänger Vertragspartner des Frachtführers wird, sofern nicht ein entgegenstehender Parteiwille ersichtlich ist, für den wiederum die Eigentumsstellung der am Transport Beteiligten ein starkes Indiz sein mag.

(3) Ausnahmsweise: Parteistellung des Empfängers als Nicht-Eigentümer auf Grund von Vertragsauslegung

Bei der Herausarbeitung der *ownership-rule* als Grundregel für das Vertragsgefüge des Transportvertrages darf jedoch nicht vergessen werden, dass es sich bei der Regel, dass der Transportvertrag zwischen dem Frachtführer und dem Eigentümer des Transportgutes zustande kommt, nicht um eine starre Regel handelt, sondern vielmehr die Umstände des Einzelfalles eine andere Betrachtung zulassen[257]. Ein Beispiel hierfür stellt die Entscheidung in *Mead v The South Eastern Railway Company*[258] dar:

---

[257] Siehe hierzu auch die Ausführungen infra *§ 7, I, 3, a), ee), (2), (b)* zu Ausnahmefällen, in denen der Absender auf Grund eines *special contract* Partei des Transportvertrages wird.
[258] (1869–70) 18 Weekly R. 735.

Der Kläger, ein Müller aus Bromley in Kent, kaufte bei einem Müller in Framlingham, Suffolk, 16 Säcke Mehl. Der Kaufvertrag wurde nur mündlich abgeschlossen, so dass auf Grund von section 17 des Statute of Frauds, die zur Wirksamkeit von Kaufverträgen deren schriftlichen Abschluss vorschrieb, nicht zu einem Eigentumsübergang an dem Mehl kam. Käufer und Verkäufer unterhielten eine längere Geschäftsbeziehung, wonach es üblich war, dass der Verkäufer die Ware von der *Great Eastern Railway* von Framlingham zur Brick-lane goods station in London transportieren ließ und die entsprechende Fracht zahlte, während sich der Käufer des Mehls um den Weitertransport mit Hilfe der *South Eastern Railway Company* kümmerte und für diesen Teil des Transports auch die Fracht übernahm. Auf dem letzten Transport wurde das Mehl beschädigt, weil das Eisenbahnunternehmen das Mehl in Wagen verladen hatte, die zuvor für den Transport von Teer benutzt worden waren. Der Käufer verlangt mit der hier zu entscheidenden Klage Schadensersatz von dem Transportunternehmen. Die Beklagte versuchte sich damit zu verteidigen, dass das Eigentum zu keinem Zeitpunkt auf den Käufer übergegangen sei und deshalb allein der Verkäufer und Absender klagebefugt sei. Die Richter machten jedoch deutlich, dass hier die Frage nach der Eigentümerstellung letztlich nicht von Bedeutung sei. Auf Grund der zwischen den Kaufvertragsparteien üblichen Zweiteilung des Transports und des Vertragsabschluss sowie der Bezahlung bzgl. des zweiten Transportabschnittes seitens des Klägers gehen die Richter von einem „*special contract*"[259] oder „*independant contract of carriage*"[260] aus, weshalb es der Beklagten nicht möglich sei, sich einem Schadensersatzanspruch des Käufers aus Transportvertrag zu entziehen.

Diese Entscheidung veranschaulicht damit, wie einzelfallbezogen die Entscheidung über die Parteistellung im Rahmen eines Transportvertrages letztlich ist. Wenn wie hier langfristige Geschäftsbeziehungen eine gewisse Übung etabliert haben und der Frachtführer – letztlich auch auf Grund der Bezahlung der Fracht durch den Käufer – nicht die Augen davor verschließen kann, dass für den zweiten Transportabschnitt der Käufer und Empfänger (unabhängig von einer Eigentümerstellung) Verpflichteter und Berechtigter im Rahmen des Transportvertrages sein will, ist die Vermutung, dass der Transportvertrag immer mit dem Eigentümer des Transportgutes zustande kommen soll, widerlegt.

cc) Aufweichung der ownership-rule zugunsten einer starken Vermutung bezogen auf den Empfänger als Vertragspartei

Nach dem bisher Gesagten gilt als Grundregel, dass der Transportvertrag zwischen dem Frachtführer und dem Eigentümer des Transportgutes zustandekommt. Bei letzterem wird es sich – jedenfalls sofern der Transportvertrag der Erfüllung eines Kaufvertrages dient und keinerlei Sonderabreden im Spiel sind – regelmäßig um den Empfänger handeln.

Ganz entscheidend für das richtige Verständnis der *ownership rule* ist jedoch, dass sie – neben der soeben erörterten Durchbrechung im Einzelfall – in ganz entscheidender Weise aufgelockert wird durch die Vermutungsregel, wonach

---

[259] *Mead v The South Eastern Railway Company* (1869–70) 18 Weekly R. 735.
[260] *Mead v The South Eastern Railway Company* (1869–70) 18 Weekly R. 735.

eine Vermutung dahingehend besteht, dass der Empfänger der Eigentümer des Transportgutes ist[261]. Diese Vermutungsregel greift zum Schutz des Frachtführers insbesondere in Situationen, in denen er Schadensersatzzahlungen an die vermeintliche Vertragspartei leistet oder eben deren Weisungen bzgl. des Transportgutes befolgt. Für eine Schutzbedürftigkeit des Frachtführers in solchen Situation spricht, dass es eine ganze Reihe von Fallgestaltungen gibt, in denen die typische Situation, dass der Transportvertrag der Erfüllung eines zugrundeliegenden Kaufvertrages dient, nicht zutreffend ist. Der Frachtführer wird aber nicht – jedenfalls nicht immer – in der Lage sein zu wissen, wer der wahre Eigentümer ist bzw. wie die Abreden zwischen den am Transport Beteiligten bzgl. der Parteistellung innerhalb des Transportvertrages sind und es scheint auch nicht angemessen, dem Frachtführer eine Pflicht aufzuerlegen, die internen Beziehungen von Absender und Empfänger zu erforschen[262]. Es gibt deshalb ein starkes Interesse seitens des Frachtführers an einer starken Vermutung dahingehend, dass der Empfänger Vertragspartner wird bzw. dass wenigstens rechtlich eine Fiktion besteht, wonach der Empfänger der Vertragspartner des Frachtführers wird. Der Anknüpfungspunkt „Empfänger" eignet sich eindeutig besser als der Anknüpfungspunkt „Eigentümerstellung", weil er im Gegensatz zur Eigentümerstellung zweifelsfrei nach außen erkennbar ist und somit Rechtssicherheit, insbesondere für den Frachtführer, einbringt. Es ist allerdings davon auszugehen, dass das englische Recht in einer ex-post-Betrachtung – sofern nicht von den am Transportgeschehen Beteiligten eine abweichende Vereinbarung getroffen worden ist – auf Grund der *ownership-rule* formal den Eigentümer als Vertragspartner des Frachtführers ansehen würde. Entscheidend ist jedoch, dass auf Grund der Vermutungsregel, wonach Eigentümer des Transportgutes der Empfänger ist, dem Frachtführer ex-post kein Vorwurf gemacht werden kann, wenn er ex-ante davon ausgegangen ist, dass sein Vertragspartner der Empfänger ist.

Dies ist für den Frachtführer von großer Bedeutung bei der Frage, an wen er möglicherweise zu zahlenden Schadensersatz wegen Verlust oder Beschädigung des Transportgutes oder verzögerter Lieferung zu leisten hat und wessen Weisungen er während des Transportvorgangs zu befolgen hat. Im Zweifel, d. h. wenn nicht offensichtlich etwas anderes vereinbart worden ist, kann er an den Empfänger leisten bzw. dessen Weisungen befolgen[263].

---

[261] *Kahn-Freund*, S. 210 formuliert so, dass zugunsten des Frachtführers eine Vermutung bestehe, wonach der Transportvertrag der Erfüllung eines Kaufvertrages diene. Auf Grund des geschilderten Eigentumsübergangs der Kaufsache auf den Empfänger und Käufer mit Übergabe der Kaufsache an den Frachtführer führt die Vermutungsregel *Kahn-Freunds* zu den gleichen Ergebnissen, da jeweils der Empfänger die vermutete Vertragspartei ist.

[262] Siehe zum letzten Punkt *Kahn-Freund*, S. 210.

[263] Vgl. *Kahn-Freund*, S. 210.

Als Autorität für die erste Fallgruppe lässt sich die Entscheidung *Coombs v Bristol & Exeter Railway (No. 1)*[264] anführen:

Dieser Entscheidung lag der Sachverhalt zugrunde, dass A aus Exeter dem B aus Bristol Walknochen verkaufte, die per Eisenbahn nach Bristol geliefert werden sollten. Auf dem Transport gingen Teile der Walknochen verloren, weshalb der Absender vom Frachtführer erfolgreich Schadensersatz verlangte. Mit der gerichtlichen Klage, die Gegenstand dieser Entscheidung war, verlangte nun der Empfänger und Käufer Schadensersatz vom Frachtführer. Der Frachtführer versuchte sich u. a. damit zu verteidigen, dass er bereits Schadensersatz an den Absender geleistet habe. Dieser Argumentation folgte das Gericht jedoch nicht, sondern sprach dem Kläger als Eigentümer des Transportgutes den geltend gemachten Schadensersatzanspruch zu.

Die für den hiesigen Kontext entscheidende Stelle findet sich in einem der insgesamt drei Reporte in den Ausführungen von *Watson B.*:

„Upon the delivery [to the carrier], the goods become the property of the vendee, subject to the vendor's right of stoppage in transitu. Therefore, if the goods are damaged or lost, before the carrier pays the consignor, he should ascertain whether the property is in him; otherwise he would pay in his own wrong if it should turn out that the property was in the vendee; for in that case the contract is with him alone."[265]

Mithin leistet ein Frachtführer eine Schadensersatzzahlung an den Absender auf eigene Gefahr, wenn sich im Nachhinein herausstellt, dass jemand anderes (in der Regel der Empfänger) der Eigentümer des Transportgutes und damit der wahre Anspruchsberechtigte war. Wie *Cashmore* freilich selbst zugibt[266], handelt es sich hierbei nicht unbedingt um die überzeugendste Autorität, da es zum einen die einzige englische Entscheidung zu dieser Frage zu sein scheint und zum anderen aus der Entscheidung selbst nicht hervorgeht, ob aus der Entscheidung ein Umkehrschluss zu ziehen ist, wonach der Frachtführer nicht auf eigene Gefahr leistet, wenn er statt an den Absender an den Empfänger leistet. *Cashmore*[267] versucht, dieses Argument mit Hinweisen auf amerikanische Entscheidungen zu verdichten, in denen z. T. tatsächlich ausdrücklich ausgeführt wird, dass der Frachtführer – solange es keine gegenteilige Aussage seitens des Absenders gäbe – darauf vertrauen dürfe, dass der Empfänger Eigentümer sei und er deshalb der richtige Ansprechpartner sei um mögliche Schadensersatzansprüche zu klären[268].

---

[264] (1858) 3 H. & N. 1; (1858) 3 H. & N. 510; (1858) 1 F. & F. 206.

[265] (1858) 3 H. & N. 1 [6].

[266] S. 124.

[267] S. 125.

[268] *Dyer v Great Northern Railway* (1892) 53 N.W. 714: „The legal presumption is that, upon the delivery of goods to a common carrier, the title thereto vests in the consignee, and this presumptionthe carrier has a right to rely upon, in the absence of express notice from the consignor to the contrary."

Festhalten lässt sich somit, dass davon ausgegangen werden kann, dass der Frachtführer Schadensersatzleistungen risikolos an den Empfänger, nicht jedoch an den Absender leisten kann[269].

Etwas eindeutiger – wenngleich wiederum englische Entscheidungen mehr als rar sind[270] – erscheint die Rechtslage in Bezug darauf, dass der Frachtführer keinerlei Risiko eingeht, wenn er Weisungen seitens des Empfängers ausführt, obwohl sich später herausstellt, dass dieser überhaupt nicht Eigentümer des Transportgutes war bzw. geworden ist[271]. Hervorragend zur Illustration dieser Rechtsregel eignet sich die Entscheidung in *The London and North Western Railway Company v Bartlett*[272], die bereits auf Grund der berühmten Passage von *Baron Bramwell* zur Existenz von transportvertraglichen Weisungsrechten ausführlich in dieser Arbeit zitiert wurde[273]. Folgender Sachverhalt lag der Entscheidung zu Grunde:

> Der ursprüngliche Kläger, *Bartlett*, hatte an *Badger* Weizen nach Muster verkauft, das die Beklagte, *The London and North Western Railway Company*, zu *Badgers* Mühle transportieren sollte. Der Empfänger, *Badger*, wies jedoch das Transportunternehmen an, den Weizen nicht zur Mühle zu liefern, sondern es am Zielbahnhof zu belassen, wo *Badger* die Ware zunächst inspizieren wollte. *Badger* wies die Ware zurück, wodurch der Kaufvertrag endgültig scheiterte. Wegen fehlender Schriftlichkeit des Kaufvertrages, die unter der damaligen Rechtslage auf Grund des *Statute of Frauds 1677* erforderlich war, fehlte es ohnehin an einem wirksamen Kaufvertrag, so dass auch das Eigentum an dem Weizen zu keinem Zeitpunkt auf den Käufer und Empfänger übergegangen war. Der Weizen verblieb am Bahnhof und verschlechterte sich dort in seiner Qualität. Während die erste Instanz dem Kläger Schadensersatz zusprach, und daraufhin das Transportunternehmen vor den *Court of Appeal* zog, betonten die Richter des *Court of Appeal*, dass der Empfänger jederzeit während des Transports Anweisungen an den Frachtführer geben könne, so dass – indem der Frachtführer bei der Einlagerung des Weizen auf Weisung des Empfängers handelte – auf Grund des Umstands der Verschlechterung des Weizen wegen der Einlagerung keine Ansprüche seitens des Absenders gegenüber dem Frachtführer bestehen.

Auffällig an der Entscheidung ist insbesondere, dass in den entscheidenden Passagen der Voten der Richter für die Frage nach der Weisungsberechtigung nicht auf die Eigentumsstellung, sondern allein auf die Qualität als Empfänger des Transports abgestellt wird. *Pollock C.B.* etwa schreibt:

---

[269] Siehe zu diesem Themenkomplex auch *Weisel* S. 119 ff; *Cashmore* [1990] J.B.L. 377 [386].

[270] Neben der hier im Folgenden ausführlich erörterten *Bartlett*-Entscheidung gibt es eine ganze Reihe amerikanischer Entscheidungen, die in die gleiche Richtung gehen und teilweise die Bartlett-Entscheidung auch zitieren, s. hierzu *Cashmore*, S. 179 mit den entsprechenden Nachweisen.

[271] Siehe hierzu auch *Weisel*, S. 124 ff.

[272] (1861) 7 H. & N. 400.

[273] Siehe supra *§ 6, I, 3.*

„It is clear that a consignee may receive the goods at any stage of the journey; and though the consignor directs the carrier to deliver them at a particular place, there is no contract by the carrier to deliver at that place ant not elsewhere. The contract is to deliver there unless the consignee shall require the goods to be delivered at another place."[274]

In der Literatur führt die starke Betonung der Empfängereigenschaft als Voraussetzung für das Bestehen eines Weisungsrechts in der *Bartlett*-Entscheidung dazu, dass sich Formulierungen finden, wonach es für das Weisungsrecht des Empfängers nicht auf seine Eigentümerstellung bzgl. des Transportgutes ankomme, sondern allein auf seine Stellung als Empfänger[275]. Diese Aussage ist jedoch mit Vorsicht zu genießen, weil sie irreführend ist bzw. jedenfalls missverstanden werden kann. Wahr ist die Aussage tatsächlich in Fällen wie dem *Bartlett*-Fall, wo trotz der Eigentümerstellung des Absenders dem Empfänger ein Weisungsrecht zugesprochen wird. In diesem Fall muss ja das Weisungsrecht und die Eigentümerstellung auseinanderfallen können, weil eben der Absender Eigentümer ist, so dass sich das Weisungsrecht nicht auf das Eigentum des Empfängers, sondern allein auf seine Stellung als Empfänger stützen kann. Die Aussage verkürzt jedoch bzw. kann verkürzend verstanden werden, weil nicht immer der Empfänger Inhaber eines Weisungsrechts ist, sondern dies insbesondere dann nicht der Fall ist, wenn der Absender Eigentümer ist und der Frachtführer davon weiß. Hier setzt sich wieder die Eigentümerstellung durch und die Stellung als Empfänger führt nicht zu einem Weisungsrecht[276].

---

[274] *The London and North Western Railway Company v Bartlett* (1861) 7 H. & N. 400 [407 f.]. Ähnlich klingen auch die Voten der anderen Richter: *Bramwell B.* [408]: „The contract is to deliver the goods to the consignee at the place named by the consignor unless the consignee directs them to be delivered at a different place."; besonders anschaulich auch *Wilde B.* [409 f.]: „I think that a consignee may at any time dispense with the delivery, which the consignor has contracted for with the carrier, at a particular place, by receiving the goods which are the subject of the contract at some other place. That indeed was scarcely denied as a general proposition, and much absurditiy would follow if it were not so. Suppose that, instead of the goods being delivered at the mill, the consignee, as in this case, desired the carrier to retain them at the station, and that they remained there six months, but afterwards, at the desire of of the consignee, were delivered to him. If, during the six months, the goods were injured, would it not be monstrous to hold that the carrier, who had kept them at the request of the consignee, should be responsible to him or the consignor. It would be contrary to common sense and justice if any such doctrine prevailed. I, therefore, think the consignee has the power of ordering the goods to be delivered to him at any place."

[275] So ausdrücklich *Leslie*, S. 100, der von *Cashmore*, S. 180 mit Zustimmung zitiert wird.

[276] So auch grundsätzlich *Cashmore*, S. 180 sowie S. 182, der freilich dem Empfänger in diesen Fällen ein dem Weisungsrecht des Absenders untergeordnetes Weisungsrecht zustehen will, siehe hierzu näher infra *§ 7, I, 3, a), ee), (2), (a)*.

Die Fallgestaltung des *Bartlett*-Falles zeigt mithin sehr anschaulich, dass es für den Frachtführer der sicherste Weg ist, sich immer – sofern keine Sonderabreden bestehen – nach den Weisungen des Empfängers zu richten, da er in diesem Fall selbst dann nicht haftet, wenn wie hier auf Grund des Scheiterns des Kaufvertrages gar keine Eigentumsübertragung bzgl. des Transportgutes an den Empfänger stattfindet. Das transportvertragliche Weisungsrecht richtet sich zwar auf Grund der *ownership-rule*, die im Rahmen des Transportvertrages über die Parteistellung der am Transportgeschehen Beteiligten und damit grundsätzlich auch über die Weisungsberechtigung entscheidet, grundsätzlich auch nach den Eigentumsverhältnissen am Transportgut. Zum Schutz des Frachtführers wird jedoch die Weisungsberechtigung von den Eigentumsverhältnissen durchaus weitgehend abgekoppelt, indem vermutet wird, dass der Empfänger Eigentümer und damit weisungsberechtigt ist. Dies ist auch sachgerecht, weil es für den Frachtführer insbesondere während des Transports nahezu unmöglich ist zu wissen, wer Eigentümer des Transportgutes und damit weisungsberechtigt ist[277].

Eine starke Vermutung zugunsten des Empfängers als Vertragspartei des Transportvertrages und Weisungsberechtigtem ist wahrscheinlich auch sachgerecht für eine Fallgruppe, die – soweit ersichtlich – weder in englischen Entscheidungen auftaucht, noch von der transportvertraglichen Literatur gewürdigt wird, obwohl sie sicherlich im Wirtschaftsleben durchaus vorkommen wird: Gemeint sind Transporte, bei denen Güter transportiert werden, die weder dem Absender noch dem Empfänger gehören und somit die Eigentümerstellung der am Vertrag Beteiligten nicht weiterhilft bei der Frage nach der Parteistellung im Rahmen des Transportvertrages. Zwar wäre es freilich denkbar, einen Transportvertrag mit dem Eigentümer anzunehmen, obwohl dieser weder Absender noch Empfänger ist. Eine solche Lösung scheint jedoch sehr konstruiert, insbesondere wenn der Eigentümer möglicherweise nicht einmal weiß, dass seine Sache transportiert wird, so dass man auch Zweifel daran haben kann, ob der Absender als *agent* überhaupt die nötige *authority* für einen Vertragsabschluss für den Eigentümer hat[278]. Der Eigentümer ist auch nicht auf vertragliche An-

---

[277] *Cashmore*, S. 176; so auch ausdrücklich *Weisel*, S. 125, der zudem darauf hinweist, dass ein Überblick über die Eigentumsverhältnisse bzgl. Weisungen noch schwieriger ist als bei der Frage, an wen etwaige Schadensersatzansprüche im Schadensfall zu leisten sind. Dies ist insbesondere zutreffend, wenn man bedenkt, dass bei der Ausführung von Weisungen in der Regel schnell gehandelt und entscheiden werden muss, während bei der Gewährung eines Schadensersatzanspruches seitens des Frachtführers sicherlich mehr Zeit verbleibt, um die Anspruchsberechtigung zu prüfen.

[278] Siehe näher zu diesem Erfordernis im englischen Vertretungsrechts *Bowstead & Reynolds*, para. 3-001 ff.

sprüche angewiesen, da für ihn Ansprüche aus *bailment* oder jedenfalls aus *tort* in Frage kommen. Um das Transportvertragsrecht in solchen Situationen nicht zu sehr zu verkomplizieren, würde es sich anbieten, auch in diesen Fällen eine starke Vermutung zugunsten der Parteistellung des Empfängers anzunehmen, für deren Widerlegung es besonderer Anhaltspunkte bedarf.

dd) Die Rolle des Absenders als agent *für den Empfänger*

Der Absender, der ja in aller Regel mit dem Frachtführer den Transport vereinbart und deshalb tatsächlich den Transportvertrag abschließt, wird nicht etwa durch diese herausgehobene Stellung beim Zustandekommen des Vertrages Vertragspartei, sondern seine Rolle beschränkt sich darauf, dass er *agent*[279] für den Empfänger des Transportgutes ist, also für den Empfänger den Transportvertrag abschließt[280]. Ob der Absender oder der Empfänger die Fracht bezahlt, spielt keine Rolle[281]. Interessant dabei ist, wie *Cashmore*[282] begründet, warum der Absender *agent* des Empfängers sein müsse: Wenn der Empfänger auf Grund der *„ownership rule"* derjenige sei, der vertragliche Ansprüche gegenüber dem Frachtführer geltend machen könne, mithin also Vertragspartner des Frachtführers sei, so folge daraus, dass der Absender *agent* des Empfängers sein müsse. Dies sei grunsätzlich und unumstößlich (*„axiomatic"*)[283]. Auf Grund der jedenfalls traditionellen englischen Lehre der *privity of contract* scheint eine andere Lösung als diese Konstruktion über einen *agent* für den englischen Juristen nicht vorstellbar. *Cashmore* kann sich bei seiner Ansicht freilich auf eine überwältigende Anzahl von sowohl englischen als auch amerikanischen Entscheidungen stützen[284]. Es kommt hinzu, dass der Wortlaut von Section 32 (2) Sale of Goods Act 1979 klar darauf hindeutet, dass der Absender bei einem Transportvertrag zur Erfüllung eines Kaufvertrages den Transportvertrag für den Empfänger abschließt[285].

---

[279] Siehe für Näheres zur *agency*, die – grob vereinfacht – das Funktionsambilant zur deutschen Stellvertretung und dem französischen *mandat* darstellt, *Bowstead & Reynolds*, para. 1-001 ff.

[280] Siehe insbesondere wiederum *Cashmore*, S. 129 ff; *Chitty II-MacDonald Eggers*, Rn. 36-043; *Kahn-Freund*, S. 210.

[281] *Kahn-Freund*, S. 210.

[282] S. 129 f.

[283] *Cashmore*, S. 130: „Indeed if the legal presumption be that the consignee/owner is, as principal, the correct person to sue the carrier upon the contract of carriage then it should be axiomatic that the consignor/seller is his agent to make it".

[284] S. 131 ff.

[285] Section 32 (2) Sale of Goods Act 1979: „Unless otherwise authorised by the buyer, the seller must make such contract with the carrier on behalf of the buyer as may be reasonable having regard to the nature of the goods and the other circumstances of the case; and if the

Von den vielen Entscheidungen, die ausdrücklich oder implizit davon ausgehen, dass der Absender als *agent* für den Empfänger fungiert, soll hier zumindest auf eine Entscheidung des *House of Lords* etwas näher eingegangen werden, da sie gleich mehrere Aspekte im Zusammenhang mit dieser Frage behandelt:

In *Cork Destilleries v Great Southern and Western Railway Company (Ireland)*[286] verkaufte die Klägerin, Cork Destilleries, eine bestimmte Menge Whisky. Cork Destilleries war gesetzlich dazu verpflichtet, für jegliche Art von Spirituosen, die von einer Lagerhalle zu einer anderen transportiert werden, eine Abgabe an die Krone zu leisten. Die Cork Destilleries bezahlte im vorliegenden Fall die Abgabe nicht, sondern deklarierte die Ware – wie üblich – mit einem Erlaubnisschein zum Transport der Ware, aus dem hervorging, dass die Abgabe noch nicht bezahlt war. Der Whisky wurde sodann der Beklagten, einem Transportunternehmen, zur Lieferung in eine Lagerhalle nach Limerick übergeben, wo die Käuferin, S. & Co. den Whisky nur gegen Bezahlung der Abgabe hätte abholen können. Bevor jedoch die Ware die Lagerhalle erreichte, verlangte die Käuferin und Empfängerin den Whisky direkt am Bahnhof, ohne freilich die Abgabe entrichten zu müssen. Daraufhin wurde die Beklagte dazu verpflichtet, die Abgabe zu zahlen und versuchte nun, die Beklagte über diesen Betrag wegen Vertragsbruches in Anspruch zu nehmen. Nach der Argumentation der Klägerin war nämlich ausdrücklich als Zielort die besagte Lagerhalle vereinbart worden und der Beklagten sei es unter keinen Umständen gestattet gewesen, davon abzuweichen, zumal sie regelmäßig von der Klägerin mit ähnlichen Transporten beauftragt worden sei und deshalb gewusst habe (ohne dass dies explizit besprochen worden sei), dass nur dann die Zahlung der Abgabe durch den Käufer sichergestellt gewesen sei, wenn das Transportgut tatsächlich zu der Lagerhalle geliefert wurde.

Für die Frage, ob die Käuferin/Empfängerin hier im Rahmen des Transportvertrages das Recht hat, das Transportgut bereits früher als bei Vertragsschluss vereinbart in Empfang zu nehmen, hängt davon ab, ob sie ein entsprechendes Weisungsrecht gegenüber dem Frachtführer hat. Dies wiederum hängt entscheidend davon ab, ob sie Vertragspartnerin des Frachtführers im Rahmen des Transportvertrages geworden ist. Obwohl die Empfängerin in keinster Weise an der Organisation des Transports beteiligt gewesen ist, lässt das *House of Lords* keinen Zweifel daran, dass in der Regel der Empfänger unter Zuhilfenahme des Absenders als *agent* Vertragspartner des Frachtführers wird:

„There is evidence in the present case that these goods were, with the consent or by the authority of the purchaser, consigned by the vendors, as consignors, to be carried by the Defendants as common carriers, to be delivered to the purchaser as consignee, and that the name of the consignee was made known to the Defendants at the time of the delivery. Under such circumstances the ordinary inference is that the contract of carriage is between the carrier and the consignee, the consignor being the agent for the consignee to make it.“[287]

---

seller omits to do so, and the goods are lost or damaged in course of transit, the buyer may decline to treat the delivery to the carrier as a delivery to himself or may hold the seller responsible in damages.“

[286] (1874) 7 L.R. 269 (H.L.).

[287] *Cork Destilleries v Great Southern and Western Railway Company (Ireland)* (1874) 7 L.R. 269 (H.L.) [277] per *Mr. Justice Mellor*.

Und weiter wird ausgeführt, dass diese Folgerung nahezu unumstößlich sei, wenn der Empfänger auch noch derjenige sei, der die Fracht an den Frachtführer entrichtete, so wie es in der vorliegenden Entscheidung der Fall war:

„It appears to us that there is evidence as that at the time of the delivery there was a specific mention that the freight was to be paid by the consignee. Under such circumstances the inference is almost irresistible that the contract for carriage in the present case was the ordinary contract for carriage at the cost and risk and under the control of the consignee."[288]

Umgekehrt, so ergibt es sich aus anderen Entscheidungen, bedeutet es aber keinesfalls automatisch, dass der Absender Vertragspartner des Frachtführers wird, wenn er die Fracht an den Frachtführer entrichtet[289]. Es müssen dann noch andere Elemente hinzukommen, die ausnahmsweise den Schluss nahe legen, dass der Absender Vertragspartner des Frachtführers werden sollte[290]. Als weitere Möglichkeit kam insbesondere im vorliegenden Fall in Frage, dass es neben dem eigentlichen Transportvertrag, der zwischen dem Empfänger und dem Frachtführer besteht, einen weiteren Vertrag zwischen dem Absender und dem Frachtführer gibt („*special contract*"), mit dessen Hilfe der Absender etwa versucht, sicherzustellen, dass die Transportware nur gegen Bezahlung der Abgabe herausgegeben werden darf[291]. Eine solche Konstruktion zweier voneinander unabhängiger Verträge könnte freilich für den Frachtführer zu der unangenehmen Situation führen, dass er unter Umständen in die Situation kommt, in jedem Fall einen Vertragsbruch in einem der beiden Verträge zu begehen[292], weil er etwa hier die (bindende) Weisung seitens des Empfängers erhält, das Transportgut unabhängig von der Zahlung der Abgabe herauszugeben, obwohl er sich

---

[288] *Cork Destilleries v Great Southern and Western Railway Company (Ireland)* (1874) 7 L.R. 269 (H.L.) [277] per *Mr. Justice Mellor*.

[289] Siehe beispielsweise *Dunlop v Lambert* [1839] MacLean & Robinson 663 [683 f.]: „[…] that although ordinarily speaking the consignee would be the party to bring the action, yet that the consignor also is entitled where there is a contract to deliver at a particular place, if the risk is in the consignor; and therefore the circumstance of the paying freight or the paying insurance, though it is a circumstance to be taken into consideration, as it is not conclusive on the question of property, so it is not conclusive of the right to sue."

[290] Siehe die Ausführungen bei *Dunlop v Lambert* [1839] MacLean & Robinson 663 [675 f.]

[291] *Cork Destilleries v Great Southern and Western Railway Company (Ireland)* (1874) 7 L.R. 269 (H.L.) [277] *per Mr. Justice Mellor*: „We are far from saying that, under other evidence of facts, a special contract might not be inferred between the carrier and the consignor. […]. Such evidence is absent from the present case; and , therefore, it appears to us that there is no sufficient evidence of anything having passed between the Plaintiffs and the Defendants other than such as raises the inference that the only contract of carriage was the ordinary one between carrier and consignee.".

[292] Dieses möglicherweise bestehende Problem wird ansatzweise auch vom *Lord Chancellor* (*Cork Destilleries v Great Southern and Western Railway Company (Ireland)* (1874) 7 L.R. 269 (H.L.) [277]) angesprochen, der jedoch diesbezüglich keine Bedenken äußert.

gegenüber dem Absender verpflichtet hatte, dies nicht zu tun. Folgt er der Weisung nicht, so ist er schadensersatzpflichtig gegenüber dem Empfänger, sofern diesem durch das Verweigern der Herausgabe zu diesem Zeitpunkt ein Schaden entsteht[293]. Gibt er das Transportgut dagegen ohne Einkassieren der Abgabe heraus, verletzt er den Vertrag mit dem Absender, der – wie hier geschehen – den Frachtführer unter Umständen auf Schadensersatz in Höhe der Abgabe verklagen wird.

ee) Ausnahmsweise Weisungsberechtigung des Absenders

Auch wenn der Empfänger nach der Grundkonzeption des englischen Transportrechts in der Regel auf Grund der *ownership-rule* derjenige ist, der die Rechte aus dem Transportvertrag und damit auch Weisungsrechte geltend machen kann, so ist dennoch im Einzelfall denkbar, dass der Absender Vertragspartner des Frachtführers wird. Die Vermutung, dass der Transportvertrag auf Grund der vermuteten Eigentümerstellung des Empfängers mit dem Empfänger zustande kommt, ist dann entweder dadurch widerlegt, dass der Absender im jeweiligen Einzelfall der Eigentümer ist oder dass nach dem Transportvertrag Eigentümerstellung und Parteistellung im Rahmen des Transportvertrages auseinanderfallen sollen.

(1) Zwei-Personen-Verhältnis

Lässt der Absender eine ihm gehörende Sache zu sich selbst transportieren und ist er somit Absender und Empfänger in einer Person, so hat er – schon in Ermangelung eines personenverschiedenen Empfängers – das Weisungsrecht bzgl. des Transportgutes[294]. Schwieriger zu beantworten ist dann schon die Frage, inwieweit dem Absender auch das Weisungsrecht zusteht, wenn er nicht ihm gehörende Sachen zu sich selbst transportieren lässt. Dieses Problem wird dadurch gelöst, dass eine Vermutungsregel existiert, wonach vermutet wird, dass ein Absender, der etwas zu sich transportieren lässt, auch der Eigentümer des Transportgutes ist[295].

---

[293] Siehe zur Schadensersatzpflicht des Frachtführers bei Nichtbefolgung von Weisungen auch infra § 7, IV.

[294] Siehe etwa die supra unter § 6, II, 5, c) ausführlich behandelte Entscheidung *Scothorn and Another v. The South Staffordshire Railway Company* (1853) 8 Ex. 341.

[295] Siehe *Cashmore*, S. 182.

(2) Drei-Personen-Verhältnis

Weitaus schwieriger ist die typische transportrechtliche Konstellation in Form eines Drei-Personen-Verhältnisses bestehend aus dem Frachtführer, dem Absender und dem Empfänger. In dieser Konstellation gilt als Grundregel, dass der Empfänger auf Grund seiner regelmäßig vorhandenen Eigentümerposition[296] Inhaber des Weisungsrechts ist.

(a) Der Absender ist der Eigentümer

Aber auch im Drei-Personen-Verhältnis ist es denkbar, dass der Absender der Weisungsberechtigte ist, insbesondere dann, wenn er selbst der Eigentümer des Transportgutes ist[297]. Die *ownership rule* greift dann zugunsten des Absenders. Ein Beispiel ist folgender Fall[298], wo ausdrücklich auf die Eigentümerstellung des Absenders (und nicht etwa auf ein möglicherweise bestehendes *right of stoppage in transit*) abgestellt wurde:

Der Absender (und Eigentümer der Ware) hatte ein Transportunternehmen beauftragt, Pakete mit Margarine zunächst von Rotterdam nach Hull, und von dort zu einem Kunden in Manchester zu transportieren. Bei oder kurz vor der Ankunft in Hull wies der Absender das Transportunternehmen an, sie nicht an den ursprünglichen Adressaten zu liefern. Trotz der Weisung wurde die Margarine wie ursprünglich vereinbart geliefert. Da der Empfänger trotz gerichtlichen Titels auf Grund von Insolvenz nicht zahlen konnte, wendete sich der Absender mit einer Schadensersatzklage gegen das Transportunternehmen, die jedoch ohne Erfolg blieb, da der Absender mit der gerichtlichen Klage gegen den Empfänger das weisungswidrige Liefern gebilligt habe und nunmehr nur noch gegen den Empfänger Ansprüche erheben könne.

Interessanterweise findet sich aber in der Literatur bei *Cashmore*[299] der Hinweis, dass selbst in den Fällen, in denen der Absender selbst Eigentümer ist, die normalerweise starke Stellung des Empfängers nicht vollends ausgeschlossen sein solle. Vielmehr solle auf dem Frachtführer eine *„secondary duty"* lasten, wonach er ebenfalls den Weisungen des Empfängers Folge zu leisten habe, sofern diese nicht im Widerspruch mit den Weisungen des primär weisungsberechtigten Absenders oder dessen Interessen stehen[300]. Tatsächlich ist diesem Vorstoß *Cashmores,* bei dem er sich nicht auf englische Entscheidungen stützen kann, zugute zu halten, dass oftmals der Empfänger am ehesten weiß, wohin ein Transport der Ware für ihn am besten ist. Das Gewähren paralleler Weisungs-

---

[296] Siehe für eine ausführliche Darstellung der regelmäßigen Eigentumsverhältnisse im Falle eines dem Transportvertrag zugrunde liegenden Kaufvertrags *supra § 7, I, 3, a), aa).*

[297] *Kahn-Freund,* S. 304.

[298] *Verschures Creameries Ltd. v Hull & Netherlands Steamship Co Ltd.* [1921] 2. K.B. 608.

[299] S. 180 sowie S. 182.

[300] *Cashmore,* S. 180.

rechte in einem Stufenverhältnis gewährleistet zwar größtmögliche Flexibilität, doch andererseits bringt es für den Frachtführer den gravierenden Nachteil mit sich, dass er sich zwei unterschiedlichen Weisungsberechtigten gegenübersieht und die Weisungen des Empfängers immer darauf zu prüfen hat, ob sie vorherigen Weisungen des Absenders oder dessen Interessen zuwiderlaufen. Nicht umsonst haben sich etwa das deutsche und das französische Transportvertragsrecht als zwei Rechtsordnungen, die grundsätzlich sowohl Weisungsrechte des Absenders als auch des Empfängers kennen, für einen festen Zeitpunkt entschieden, in dem das Weisungsrecht vom Absender auf den Empfänger wechselt[301]. Vor dem geschilderten Hintergrund der zusätzlichen Schwierigkeiten für den Frachtführer auf Grund der parallelen Weisungsbefugnis von Absender und Empfänger ist der Vorschlag *Cashmores* deshalb mit Vorsicht zu genießen.

(b) Parteistellung des Absenders auf Grund vertraglicher Abrede

Interessanter noch als die Parteistellung des Absenders kraft Eigentums am Transportgut ist die Situation, in der auf andere Weise die Vermutung, dass der Transportvertrag mit dem Empfänger zustande kommen soll, widerlegt wird. Dies ist praktisch nur dann möglich, wenn es eine entsprechende vertragliche Abrede zwischen den am Transport Beteiligten gibt[302].

Ein solcher *special contract* zwischen dem Absender und dem Frachtführer war ein Mittel, die Grundregel der *privity of contract* zu umgehen und dem Absender die Möglichkeit zu geben, selbst *substantial damages* (im Gegensatz zu *nominal damages*) unter einem Vertrag zu verlangen, obwohl das Eigentum am Transportgut zwischenzeitlich schon auf den Empfänger übergegangen ist. Nach der Entscheidung *Dunlop v Lambert*[303] sowie dessen Modifikation durch *Lord Diplock* in *The Albezero*[304] ist dies unter bestimmten, sehr engen Voraussetzungen möglich. Es ändert jedoch nichts – jedenfalls sofern keine weiteren Abreden hinzukommen – an der grundsätzlichen Vermutung, wonach der Transportvertrag mit dem Empfänger zustandekommt und der Frachtführer dessen Weisungen zu befolgen hat. Ohne entsprechende Abreden geht in diesen Fällen das Weisungsrecht also nicht vom Empfänger auf den Absender über. Es entstehen zwei voneinander unabhängige Verträge, d. h. zum einen der Transportvertrag mit dem Empfänger als vermutetem Eigentümer sowie ein zweiter

---

[301] Siehe hierzu *§ 7, I, 3, b)*.

[302] Siehe hierzu supra *§ 7, I, 3, a), ee), (2), (c)* und insbesondere die Entscheidung *Dunlop v Lambert* [1839] MacLean & Robinson 663 [678] sowie auch *Coombs v. Bristol & Exeter Railway (No.1)* (1858) 3 H. & N. 510 [515]; siehe auch *Kahn-Freund*, S. 210.

[303] [1839] MacLean & Robinson 663.

[304] [1977] A.C. 774 [847] per *Lord Diplock*.

Vertrag zwischen dem Absender und dem Frachtführer, in dem Haftungsfragen zwischen dem Frachtführer und dem Absender geregelt werden[305].

Es wäre freilich auch möglich, ausdrücklich – möglicherweise unter Einbeziehung des Empfängers – den Wunsch zu äußern, dass der Transportvertrag zwischen Absender und Frachtführer zustandekommen soll. Üblich hingegen scheint dies nicht zu sein, da Entscheidungen mit einer solchen Fallgestaltung nicht ersichtlich sind.

(c) Absender wird Vertragspartner, wenn er bailee *bzgl. des Transportgutes ist*

Eine letzte sehr interessante Fallgruppe erfasst den Fall, dass ein *bailee* die Transportsache verschickt und während des Transports gegenüber dem Eigentümer und *bailor* weiterhin das Risiko von Verlust oder Beschädigung der Sache trägt[306]. Als Leitentscheidung für diese Fallgruppe dient *Freeman v Birch*[307]:

> Die Klägerin, eine Wäscherin aus Hammersmith, reinigte regelmäßig die Wäsche eines Kunden aus London. Es entsprach der Übung zwischen den Parteien, dass sie die gereinigte Wäsche mit Hilfe des Beklagten nach London zurücktransportieren ließ und den Transport bezahlte. Die Wäsche ging verloren, weshalb nun die Wäscherin Schadensersatz vom Transporteur verlangte. Fraglich war, ob sie dies konnte, obwohl sie nicht Eigentümerin der Wäsche war. Nach Ansicht der Richter war sie jedoch hier ausnahmsweise als Absenderin Vertragspartnerin des Frachtführers geworden, da sie auf Grund ihrer Stellung als *bailee* eine Art *„special property"*[308] innehatte und ihre Gefahrtragung als *bailee* während des Zeitraums des Transports weiterbestand[309].

Betont wird in dieser Entscheidung, dass auch ein *bailee* eine besondere sachenrechtliche Beziehung zu dem Transportgut aufweist und zudem hier – wohl auch auf Grund der Bezahlung der Fracht durch die Wäscherin – auch während des Transports dem Eigentümer und *bailor* weiterhin für Verlust oder Schäden der Wäsche verantwortlich bleiben sollte. Legt man zu Grunde, dass immer derjenige Vertragspartei des Frachtführers werden soll, der das direkteste Interesse am Transportgut und dessen unversehrtem Transport hat, ist es folgerichtig, hier der Wäscherin, auf deren Risiko der Transport erfolgt, die Parteistellung und damit auch das Recht auf Schadensersatz zuzugestehen.

Cashmore[310] ist dagegen grundsätzlich weitaus zurückhaltender bei der Frage, ob eine (weitere) Ausnahme von der *ownership rule* dann vorgenommen werden soll, wenn der Eigentümer und derjenige, der das Risiko – insbesondere

---

[305] *Kahn-Freund*, S. 210.
[306] Siehe hierzu *Kahn-Freund*, S. 211.
[307] (1843) 3 Q.B. 492.
[308] *Freeman v Birch* (1843) 3 Q.B. 492 per *Littledale J.*
[309] *Freeman v Birch* (1843) 3 Q.B. 492 per *Parke J.*
[310] S. 121 ff.

die Preisgefahr im Rahmen des zugrundeliegenden Kaufvertrags – trägt, perso-
nenverschieden sind. Dabei hat er einen Gleichlauf der Ansprüche aus Vertrag,
bailment und Delikt vor Augen, und führt deshalb gegen eine Parteistellung
desjenigen, der die Gefahr trägt, an, dass auch Ansprüche aus *bailment* oder
Delikt ausschließlich vom Eigentümer der Sache geltend gemacht werden können[311].

ff) Right of Stoppage in transit

Das grundsätzlich nicht vorhandene Weisungsrecht des Absenders im englischen Recht muss allerdings im Zusammenhang mit einer anderen Besonderheit
des englischen Rechts gesehen werden, die die Folgen des fehlenden transportvertraglichen Weisungsrechts für den Absender in ganz erheblichem Maße ab-
mildert. Auch hierbei wird jedoch wieder von der Grundkonstellation ausgegangen, dass der Transportvertrag der Erfüllung eines Kaufvertrages dient. Der
Absender hat an den Empfänger eine Sache verkauft und setzt nun den Frachtführer ein um dem Käufer Besitz (und Eigentum) an der Kaufsache zu verschaffen. Das englische Kaufrecht sieht in Section 44 des Sale of Goods Act 1979 vor,
dass der unbezahlte Verkäufer im Fall der Insolvenz des Käufers die Kaufsache
während des Transports anhalten kann und wieder Besitz an ihr ergreifen
kann[312].

Das *right of stoppage in transit* kann im englischen Common law auf eine
lange Tradition zurückblicken, die bis in das späte 18. Jahrhundert zurück-
reicht[313]. Sein Zweck ist es, den Verkäufer einer Kaufsache vor der Insolvenz
des Käufers zu schützen, indem ein Besitzrecht des Verkäufers an der Kaufsache gegenüber dem Käufer wieder auflebt und der Verkäufer so in der Insolvenz Priorität vor den anderen Gläubigern des insolventen Gläubigers genießt[314].
Wenn der Verkäufer die Kaufsache an einen Frachtführer übergibt, erlischt das
Zurückbehaltungsrecht des Verkäufers (Section 43 (1) (a) Sale of Goods Act
1979), das dem unbezahlten Verkäufer gegenüber dem Käufer unter den Voraussetzungen von Section 41 (1) Sale of Goods Act 1979 solange zusteht, wie sich
die Kaufsache im Besitz des Verkäufers befindet[315]. Die Übergabe der Kaufsache an den Frachtführer stellt mithin für den Verkäufer ein großes wirtschaft-

---

[311] *Cashmore*, S. 122 unter Verweis u. a. auf *The Aliakmon* [1986] 1 A.C. 785.

[312] Section 44 Sale of Goods Act 1979: „Subject to this Act, when the buyer of goods be-
comes insolvent the unpaid seller who has parted with the possession of the goods has the
right of stopping them in transit, that is to say, he may resume possession of the goods as long
as they are in course of transit, and may retain them unitil payment or tender of the price."

[313] Siehe *Benjamin*, Rn. 15-061 mit weiteren Nachweisen.

[314] *Benjamin*, Rn. 15-062; *Chitty* II-*Merrett*, Rn. 44-326.

[315] Siehe hierzu auch *Benjamin*, Rn. 15-062.

liches Risiko dar. Er verliert nicht nur die rein physische Kontrolle über den Kaufgegenstand, sondern auch seine rechtliche Situation verschlechtert sich erheblich durch den Verlust des Eigentums[316] an der Kaufsache sowie den Verlust des Zurückbehaltungsrechts, das dem Verkäufer ein *right to possession* an der Kaufsache gegenüber dem Verkäufer gewährt, das dank des Stoppungsrecht wieder aufleben kann[317]. Instruktiv zum *right of stoppage in transit*, dessen rechtspolitischer Rechtfertigung und seiner entscheidenden Funktion zur Zurückgewinnung eines Besitzrechts seitens des Verkäufers ist eine Passage von *Lord Reading* in *Booth SS Co Ltd v Cargo Fleet Iron Co*[318]:

„What is the right? It is the right of the unpaid vendor, on discovery of the insolvency of the buyer, and nothwithstanding that he has made constructive delivery of the goods to the buyer, to retake them if he can before they reach the buyer's possession. It is a right founded upon the plain reason that one man's goods shall not be applied to the payment of another man's debt […]. It is the right not only to countermand delivery to the purchaser but to order delivery to the vendor […]. That the vendor has the *right* to order delivery to himself cannot be disputed, but does the notice to the carrier place the vendor under *obligation* to the carrier to take delivery or to give directions for delivery of the goods? I think it does. The goods have been received by the carrier to be delivered to the purchaser. When the vendor has placed the goods in the actual possession of the carrier he has performed his contract of sale and has made delivery to the purchaser. The property in the goods and the right to possession have passed to the purchaser, but the notice of stoppage operates to defeat the purchaser's right to the possession of the goods and transfers it to the vendor."

Die Ausübung des *right of stoppage in transit* ist in Section 46 Sale of Goods Act 1979 geregelt. Nach Section 46 (1) kann der unbezahlte Verkäufer sein Stoppungsrecht entweder dadurch ausüben, dass er entweder den Kaufgegenstand wieder vom Frachtführer in Besitz nimmt, oder indem er dem Frachtführer anzeigt, dass er das Stoppungsrecht ausübt. Für den zweitgenannten Fall konkretisiert Section 46 (4) die dann entstehenden Pflichten des Frachtführers: Dieser muss das Transportgut an den Verkäufer zurückgeben, bzw. dessen Weisungen befolgen; der Verkäufer hat dabei für die entstehenden Kosten aufzukommen, d. h. auch sämtliche nocht ausstehende Fracht zu entrichten[319]. Allerdings darf die Regelung in Section 46 (4) nicht missverstanden werden: Der Verkäufer kann nicht etwa verlangen, dass die Kaufsache zu ihm zurück transportiert

---

[316] Siehe hierzu supra *§ 7, I, 3, a), bb)*; bleibt der Verkäufer ausnahmsweise Eigentümer der Kaufsache während des Transports, ergibt sich für den Verkäufer ein dem klassischen *right of stoppage in transit* vergleichbares Stoppungsrecht aus section 39 (2) Sale of Goods Act 1979. Dieses tritt neben die anderen Rechte, die dem Verkäufer als Eigentümer aus *bailment* oder *tort* zustehen mögen.

[317] *Benjamin*, Rn. 15-062; *Chitty* II-*Merrett*, Rn. 44-326.

[318] [1916] 2 K.B. 570 (CA) [580 f.]

[319] *Booth SS Co Ltd v Cargo Fleet Iron Co Ltd* [1916] 2 K.B. 570 (CA) [583] per *Lord Reading*; *Chitty* II-*Merrett* Rn. 44-337.

wird[320]. Möglich ist demnach allein, dass der Verkäufer die Sache am ursprünglichen Bestimmungsort in Empfang nimmt. Es soll nicht einmal möglich sein, die Sache während des Transports[321] herausverlangen zu können[322]. Mithin wird versucht, den Einfluss des Stoppungsrechts auf den Transportvertrag möglichst gering zu halten. Es soll nur sichergestellt sein, dass der insolvente Käufer die Ware nicht mehr erhalten kann und dass der Verkäufer ein Recht hat, die Ware wieder in Besitz zu nehmen[323]. Deutlich wird an dieser Stelle, dass der Kaufvertrag und der Transportvertrag rechtlich grundsätzlich unabhängig voneinander sind und der Verkäufer in der Regel keine Vertragspartei des Transportvertrages ist. Auf Grund der Trennung zwischen Kaufrecht und Tranportrecht führt ein möglicherweise gegebenes *right of stoppage in transit* auch nicht etwa dazu, dass der Verkäufer einen Anspruch gegen den Frachtführer bzgl. des Verlusts des Transportgutes geltend machen kann[324]. Auch im Verhältnis zum Käufer hat das *right of stoppage in transit* keinen solch großen Einfluss, dass dadurch automatisch der Kaufvertrag zum Ende kommt (siehe Section 48 (1) Sale of Goods Act 1979); vielmehr wird dem Verkäufer durch die Möglichkeit der Ausübung des Stoppungsrechts die Möglichkeit gegeben, sein gesetzliches Recht zum Weiterverkauf (Section 48 (2) sowie (3) Sale of Goods Act 1979) auszuüben[325].

Trotzdem bleibt als bemerkenswert festzuhalten, dass das right of *stoppage in transit* dem Verkäufer, der in der Regel im transportrechtlichen Kontext der Absender sein wird und dem nach den transportvertraglichen Regeln keinerlei Weisungsrecht in Bezug auf die Kaufsache/das Transportgut zukommt, ein Recht gegenüber dem Frachtführer erhält, durch Erklärung gegenüber dem Frachtführer das Anhalten der Ware und die Rückgabe an ihn verlangen zu

---

[320] *Booth SS Co Ltd v Cargo Fleet Iron Co Ltd* [1916] 2 K.B. 570 (CA) [600 f.] per *Scrutton J.*; *Chitty* II-*Merrett* Rn. 44-337.

[321] Siehe zur schwierigen Frage, wann sich das Transportgut auf dem Transport befindet, die detaillierte Regelung in s. 45 Sale of Goods Act 1979. Der Transport ist insbesondere nach s. 45 (1) auch dann beendet, wenn der Käufer und Empfänger zwischenzeitlich den Frachtführer angewiesen hat, den Transport – etwa wegen Zahlungsschwierigkeiten – zu stoppen und die Ware als *bailee* für den Empfänger einzulagern, s. hierzu auch *Reddall v. Union Castle Mail Steamship Co.* (1915) 84 L.J. Rep. 360; *Johann Plischke & Sohne GmbH v. Allison Brothers Ltd.* [1936] 2 All ER 1009; *Kahn-Freund*, S. 305.

[322] *Booth SS Co Ltd v Cargo Fleet Iron Co Ltd* [1916] 2 K.B. 570 (CA) [600 f.] per *Scrutton J.* Allerdings räumt *Scrutton J.* gleichzeitig ein, dass es oftmals auch für den Frachtführer das einfachste ist, die Sache zu einem früheren Zeitpunkt herauszugeben. Allerdings sei er hierzu nicht verpflichtet. Als Argument führt er u.a. an, dass die Güter schwer zugänglich sein könnten auf Grund anderer Transportgüter. Dies ist ein Argument, das auch sonst bei der Eingrenzung von Weisungsrechten eine Rolle spielt, siehe infra *§ 7, II, 2*.

[323] *Chitty* II-*Merrett*, Rn. 43-337.

[324] *Daves v. Peck* (1799) 8 T.R. 330 [333] per *Grose J.*

[325] *Benjamin*, Rn. 15-062; *Chitty* II- *Merrett*, Rn. 44-326.

können. Der Absender hat somit, wenn auch in sehr engen Grenzen, nämlich nur im Fall der Insolvenz des Käufers und Empfängers, neben dem Empfänger ebenfalls ein Weisunsgsrecht gegenüber dem Frachtführer.

Nicht vergessen werden darf jedoch, dass – obwohl sich das *right of stoppage in transit* bis heute unangetastet im Gesetz gehalten hat – dessen Bedeutung im täglichen Wirtschaftsleben der heutigen Zeit stark abnimmt[326]. Als Hauptgrund hierfür ist zu nennen, dass dem Verkäufer eine ganze Reihe von Möglichkeiten zur Verfügung stehen, mit denen er sich gegenüber Insolvensrisiken auf Käuferseite absichern kann. So ist es etwa auch nach englischem Recht möglich – wenn auch nicht gleichsam institutionalisiert wie etwa im deutschen Recht mit der Möglichkeit eines Eigentumsvorbehalts (§ 449 I BGB iVm. §§ 929 S. 1, 158 I BGB) –, dass die Parteien vereinbaren, dass das Eigentum erst zu einem bestimmten Zeitpunkt (beispielsweise mit Zahlung des Kaufpreises) auf den Käufer übergehen soll (Section 17 (1) bzw. Section 19 (1) Sale of Goods Act 1979). Üblich ist heute zudem bei größeren Transaktionen die Einschaltung von Banken im Rahmen von Dokumentenakkreditiven[327].

Berücksichtigt man also den ohnehin schmalen Anwendungsbereich des *right of stoppage in transit* sowie die aufgekommenen Alternativen für den Verkäufer, wird man dem Stoppungsrecht aus heutiger Sicht nicht mehr allzu große Bedeutung zumessen können.

b) Der Übergang des Weisungsrechts auf den Empfänger im französischen und deutschen Recht

Im französischen und deutschen Recht, wo Inhaber des Weisungsrechts grundsätzlich der Absender ist[328], stellt sich die Frage, wann das Weisungsrecht vom Absender auf dem Empfänger übergeht. Denkbar wäre freilich auch, dem Empfänger überhaupt kein Weisungsrecht zuzubilligen, etwa weil er nicht am Abschluss des Transportvertrages beteiligt ist. Einen solchen Weg gehen aber weder das deutsche noch das französische Recht. Wie der Übergang des Weisungsrechts auf den Empfänger im Einzelnen ausgestaltet wird, soll im Folgenden dargestellt werden.

aa) Französisches Recht

Im französischen Recht hat man sich bei den Überlegungen, ob auch der Empfänger über transportvertragliche Weisungsrechte verfügt, vor allem die Frage

---

[326] *Benjamin*, Rn. 15-062.
[327] *Benjamin*, Rn. 15-062; siehe auch schon *Huber*, in FS Weber 253 [255].
[328] Siehe supra § 7, I, 2.

gestellt, inwieweit er Partei des Transportvertrages, oder zumindest Berechtigter in dessen Rahmen wird. Es ging also nach französischer Terminologie um die Frage, inwieweit eine *„adhésion"* (d. h. eine Einbeziehung) des Empfängers in den Transportvertrag stattfindet[329].

Der Empfänger wurde nach alter Rechtslage, d. h. vor dem Gesetz *„Gayssot"* aus dem Jahr 1998, mit Hilfe der Konstruktion eines Vertrages zugunsten Dritter an den zwischen dem Absender und dem Frachtführer geschlossenen Transportvertrag „angedockt"[330]. Dabei handelte es sich um eine Einbeziehung in den Vertrag, die *a posteriori* stattfand[331].

Der Wortlaut des neuen Art. 132-8 Code de Commerce[332] deutet dagegen darauf hin, dass der Empfänger eine „reguläre" Vertragspartei des mehrseitigen Transportvertrages ist[333]. Der Vertrag ist demnach vom Zeitpunkt des Vertragsschlusses an dreiseitig (*tripartite*)[334]. Das französische Schrifttum scheint weitestgehend davon auszugehen, dass die Einbindung des Empfängers in den Transportvertrag dabei allein durch die Einigung des Frachtführers und Absenders geschieht, also keine weiteren Aktivitäten seitens des Empfängers erforderlich sind[335].

---

[329] Diese Terminologie findet sich u. a. bei *Delebecque*, Revue des contrats 2003, 139.

[330] *Gency-Tandonnet* , JClTransport, Fasc. 740, Rn. 124; *Tilche,* BTL 2007, 726.

[331] *Tilche,* BTL 2007, 726.

[332] Art. 132-8 Code de Commerce: „La lettre de voiture forme un contrat entre l'expéditeur, le voiturier et le destinataire ou entre l'expéditeur, le destinataire, le commissionaire et le voiturier.".

[333] So wohl auch das Verständnis im französischen Schrifttum, siehe *Gency-Tandonnet,* JClTransport, Fasc. 740, Rn. 123; *Lamy Transport* Rn. 249; *Delebecque*, Revue des contrats 2003, 139.

[334] *Tilche,* BTL 2007, 726, die zudem darauf aufmerksam macht, dass ein Nachteil dieser Regelung für den Empfänger ist, dass nunmehr sämtliche zwischen dem Transporteur und dem Absender bestehenden Haftungserleichterungen auch gegenüber dem Empfänger gültig sind. Im gleichen Atemzug nennt *Tilche* jedoch eine wichtige Einschränkung: Gerade weil der Empfänger bei den Vertragsverhandlungen und beim Vertragsschluss nicht anwesend ist und trotzdem Vertragspartei wird, sind der Absender als auch der Transporteur vor dem Hintergrund des Grundsatzes des *bonne foi* dazu verpflichtet, dem Empfänger die wichtigsten Eckdaten des Vertrages mitzuteilen. Kommen sie dieser Informationspflicht nicht nach, und ist dem Empfänger deshalb ein Schaden entstanden, kann der Empfänger von Absender bzw. Transporteur Schadensersatz fordern – und zwar nach *droit commun*, so dass keine transportrechtlichen Beschränkungen eingreifen.

[335] Vgl. *Chevrier*, D. 2003, 1164. Dies war vor 1998 keineswegs selbstverständlich, sondern vielmehr war unter der alten Rechtslage für die *adhésion* eine Art Annahme seitens des Empfängers erforderlich, wie *Delebecque*, Revue des contrats 2003, 139 anhand von zwei Urteilen zur alten Rechtlage herausarbeitet:Im ersten Urteil (Cass. com., 6 octobre 1992, Bull. civ. 1992, IV, n° 300) versuchte der Empfänger den Frachtführer haftbar zu machen, weil es beim Entladen zu einem Unfall gekommen war, so dass offenbar der zu liefernde

Auf Grund der Tatsache, dass sowohl der Absender als auch der Empfänger von vornherein Vertragsparteien sind, stellt sich die Frage, ob der Hinweis im französischen Schrifttum, dass es sich nunmehr um ein *droit partagé*[336] handele, was zur Folge hätte, dass der Transporteur „zwei Herren dienen müsste", zutrifft. Dies hätte für den Frachtführer die äußerst unangehme Folge, dass er nicht wüsste, welcher Weisung er zu folgen hat, wenn es entgegenstehende Weisungen seitens des Absenders und des Empfängers gibt. Anzustreben ist vor diesem Hintergrund, dass das Weisungsrecht immer nur entweder dem Absender oder dem Empfänger zusteht.

Traditionell wurde diese Zuordnung mit Hilfe der Regeln über den Vertrag zugunsten Dritter bewerkstelligt, indem das Weisungsrecht dadurch auf den Empfänger überging, dass dieser deutlich machte, den im Rahmen des Vertrages zugunsten Dritter vereinbarten Vorteil annehmen zu wollen[337]. Von entscheidender Bedeutung für diese Frage sind heute wiederum die *contrat-types*, deren Art. 4 für den Zeitpunkt des Übergangs des Weisungsrechtes ebenfalls auf die Geltendmachung seiner Rechte seitens des Empfängers abstellt[338]. Praktisch kann eine solche Geltendmachung etwa darin bestehen, den Transporteur in Verzug bzgl. der Ablieferung des Gutes zu setzen[339].

Allerdings findet sich auch die Auffassung, wonach es auf die „*mise à la disposition du destinataire*" ankommen solle[340]. Zwar wird an der entsprechenden

---

Beton nicht mehr benutzt werden konnte. Es kam entscheidend darauf an, ob die kurze und zwischenzeitlich abgelaufene transportvertragliche Verjährung oder die längere deliktsrechtliche anzuwenden war, weil auf Grund des Prinzips des *non-cumul* im französischen Recht beim Scheitern des vertraglichen Anspruchs auf Grund der Verjährung kein deliktsrechtlicher Anspruch möglich war. Die *Cour de Cassation* entschied, dass keine vertragliche Beziehung zwischen dem Frachtführer und dem Empfänger entstanden sei, weil es auf Grund des Unfalls beim Abladen gar nicht zu einer Ablieferung beim Empfänger gekommen sei.

In der zweiten Entscheidung (Cass. com., 18 mars 2003, D. 2003, 1164), bei der die Transportgüter während des Transports entwendet wurden, versucht der Frachtführer, durch eine Einbeziehung des Empfängers in den Transportvertrag in den Genuss von transportvertraglichen Haftungshöchstgrenzen zu kommen. Die Cour de Cassation folgt dem nicht: „Mais attendu qu'ayant retenu que la société Pepino, en sa qualité de destinataire des marchandises transportées, s'était trouvée privée, du fait de la perte de celles-ci en cours de transport, de la possibilité d'adhérer au contrat de transport, laquelle adhésion s'opère par la réception de celles-ci, la cour d'appel en a exactement déduit que son action à l'encontre du transporteur ne pouvait prospérer que sur le fondement de la responsabilité quasi délictuelle…".

[336] *Gency-Tandonnet,* JClTransport, Fasc. 740, Rn. 123; siehe zu dieser Frage auch *Delebecque,* Revue des contrats 2003, 139.

[337] *Josserand,* Rn. 388.

[338] Art. 4 der *contrat-types general* lautet: „Le donneur d'ordre dispose de la marchandise jusqu'au moment où le destinataire fait valoir ses droits.".

[339] Vgl. CA Paris, 23 juin 1992, BTL 1952, S. 838.

[340] *Lefebvre,* transport routier, Rn. 720.

Fundstelle nicht erwähnt, dass eine Bezugnahme auf diesen Zeitpunkt einen Unterschied zur Lösung in den *contrat types* darstellt, es muss jedoch davon ausgegangen werden, dass auch tatsächlich ein anderer Zeitpunkt gemeint ist, denn der (mögliche) Unterschied zwischen beiden Zeitpunkten ist offensichtlich. Oftmals werden freilich der Zeitpunkt, in dem der Empfänger seine Rechte am Transportgut (konkludent) geltend macht und der Zeitpunkt, in dem das Transportgut zur Disposition des Empfängers steht, in dem Moment zusammenfallen, in dem er das Transportgut vom Transporteur entgegennimmt. Die Geltendmachung der Rechte an dem Transportgut kann jedoch – unabhängig von einer tatsächlichen Übergabe – schon viel früher, d. h. während des Transportes z. B. durch eine Leistungsaufforderung geschehen. Allerdings soll auch eine *mise à sa disposition* nicht von der tatsächlichen Entgegennahme seitens des Empfängers abhängen, sondern es genüge bereits, dass diesem *„officielle-ment"* mitgeteilt worden sei *„que la marchandise était arrivée et mise à sa disposition"*[341]. Trotzdem bleibt es dabei, dass der Zeitpunkt des Übergangs des Weisungsrechts auf den Empfänger unter den beiden genannten Ansätzen stark variieren kann. Nach dem erstgenannten Ansatz kann der Zeitpunkt des Übergangs des Weisungsrechts bezogen auf das Stadium der Vertragsdurchführung deutlich früher erfolgen als beim Zweiten und beim ersten Ansatz hängt dieser Zeitpunkt vom Verhalten des Empfängers ab, während im zweiten Fall das Verhalten des Transporteurs maßgeblich ist. Für den ersten Ansatz werden die folgenden zwei Argumente angeführt: Es müsse in jedem Fall verhindert werden, dass zwei Personen (gleichzeitig) weisungsberechtigt sind und deshalb sich widersprechende Weisungen geben können und zudem müsse sichergestellt sein, dass der Transporteur jederzeit wisse, wer zu einem bestimmten Zeitpunkt Inhaber des Weisungsrechts sei[342]. Beides sei beim ersten Ansatz gesichert[343]. Allerdings stellt sich die Frage, ob dies, wenn man die *contrat types* wörtlich anwenden würde, nicht ebenso der Fall wäre. Auch sie sehen eine „Schwarz-Weiß-Lösung" vor, die immer entweder dem Absender oder dem Empfänger das Weisungsrecht zubilligt, denn es wechselt unmittelbar mit der Geltendmachung von Rechten am Transportgut seitens des Empfängers. Die zweite Frage allerdings, ob der Transporteur zu jedem Zeitpunkt des Transportvorgangs zweifelsfrei weiß, wer in diesem Moment Inhaber des Weisungsrechts ist, lässt sich nicht so eindeutig beantworten. Er könnte nämlich dann über diese Information nicht verfügen, wenn es für den Übergang des Weisungsrechtes ausreichen würde, dass der Empfänger seine Rechte bzgl. des Transportgutes auch

---

[341] *Lefebvre*, transport routier, Rn. 720.
[342] *Lefebvre*, transport routier, Rn. 720.
[343] *Lefebvre*, transport routier, Rn. 720.

gegenüber anderen Personen als dem Transporteur geltend machen kann, also insbes. gegenüber dem Absender, und, wenn dieser in diesem Fall keine Pflicht hätte, den Transporteur über diese neue Sachlage umgehend in Kenntnis zu setzen.

Letztlich handelt es sich bei der dargestellten zweiten Ansicht aber wohl um eine Sondermeinung; der Wortlaut der *contrat-types* ist insofern eindeutig, so dass davon ausgegangen werden kann, dass es im französischen Recht für den Übergang des Weisungsrechts auf den Empfänger darauf ankommt, dass dieser seine Rechte innerhalb des Transportvertrages geltend macht[344].

bb) Deutsches Recht

Das Weisungsrecht des Empfängers[345] ergibt sich im deutschen Recht aus § 418 II HGB. Nach § 418 II 1 HGB erlischt das Verfügungsrecht des Absenders mit der Ankunft des Gutes an der Ablieferungsstelle und von diesem Zeitpunkt an steht, wie sich aus § 418 II 2 HGB ergibt, das Weisungsrecht dem Empfänger zu. Dies stellt sowohl gegenüber Art. 12 CMR als auch § 433 HGB a. F., wo jeweils für den Übergang des Weisungsrechts an die Übergabe des Frachtbriefs angeknüpft wurde, eine Neuerung dar. Der Gesetzgeber hielt diese Anknüpfung für nicht mehr zeitgemäß, da nach § 408 I HGB eine Pflicht zur Erstellung eines Frachtbriefes nicht bestehe und damit eine entsprechende, daran anknüpfende Regelung zum Weisungsrecht nicht in allen Fällen greifen würde[346].

Entscheidend ist mithin für den Übergang des Weisungsrechts nun der Begriff der Ablieferungsstelle. Die Ablieferungsstelle ist der Ort, an den die Beförderung erfolgen soll[347]. Sie ist genauer als beispielsweise die Angabe der politischen Gemeinde[348]; konkretisiert wird sie in der Regel durch die Angabe der

---

[344] Unklar erscheint dagegen, mit Hilfe welcher rechtlichen Konstruktion der Übergang des Weisungsrechts vom Absender auf den Empfänger vonstatten geht. *Tilche*, BTL 2001, Informations, n° 2912 schlägt insofern eine *cession de droit*, die *novation* des Vertrages sowie die Zuerkennung des Weisungsrechts an den Absender unter der auflösenden Bedingung (*condition résolutoire*) einer *revendication* des Empfängers vor.

[345] Schon zu Beginn des 20. Jahrhunderts hat *Leutke*, S. 37 Fn. 3 (sowie ihm folgend *Wagner*, S. 11 mit weiteren Nachweisen) zu Recht darauf hingewiesen, dass der Begriff des Empfängers unglücklich gewählt ist. Sprachlich treffender sei „Adressat" oder „Destinatär", weil der vermeintliche „Empfänger" längst nicht immer das Transportgut auch tatsächlich bekomme.

[346] BT-Drucks. 13/8445, S. 49.

[347] *MüKoHGB-Thume* § 418 Rn. 7.

[348] In § 433 HGB a. F. war dagegen statt von „Ablieferungsstelle" noch von „Ort der Ablieferung" die Rede, woraus *Helm* § 433 Rn. 22 schloss, dass „wohl" bloß die betreffende Gemeinde gemeint sei. Aus der geänderten Formulierung in § 418 HGB wird man nun aber gerade schließen müssen, dass eine Präzisierung bzgl. der Ablieferung erreicht werden sollte.

Straße und Hausnummer[349]. Die Ankunft des Gutes ist bereits dann gegeben, wenn das Gut physisch die vereinbarte Ablieferungsstelle erreicht hat. Nicht erforderlich ist, dass die Ware bereits entladen ist, oder auch nur, dass die Ware zur Entladung bereit steht[350].

Die Entscheidung für diesen Zeitpunkt bzgl. des Übergangs des Weisungsrechts auf den Empfänger ist nicht zufällig gewählt, sondern vielmehr in Zusammenhang mit der Regelung des § 421 HGB zu sehen[351], die als „Schlüsselnorm"[352] für die Rechtsstellung des Empfängers im Rahmen des Frachtvertrages insbesondere regelt, welche Rechte der Empfänger gegenüber dem Frachtführer hat. Der Gleichlauf[353] dieser beiden Regelungen führt zu einem Maximum an Rechtssicherheit, indem vermieden wird, dass der Frachtführer für einen gewissen Zeitraum im Unklaren darüber ist, wem gegenüber er in der Pflicht steht[354]. Wie aus den Gesetzesmaterialien hervorgeht, hatte man allerdings auch in Erwägung gezogen, den Zeitpunkt des Übergangs des Weisungsrechts vorzuverlegen, beispielsweise auf die Anzeige der Erfüllungsbereitschaft durch den Empfänger oder die Ankunft des Transportgutes am Bestimmungsort[355]. Insofern gibt es also ähnliche Überlegungen wie bei der Diskussion im französischen Recht[356]. Man entschied sich seitens des Gesetzgebers gegen eine solche Lösung, nicht nur wegen des bereits genannten Gleichlaufarguments, sondern außerdem deshalb, weil man es als nicht passend empfand, eine bloße Kontaktaufnahme unterhalb der Schwelle eines Ablieferungsverlangens iSd. § 421 I 1 HGB für den Übergang des Weisungsrechts ausreichen zu lassen[357].

Fraglich erscheint schließlich das Schicksal des Weisungsrechts, wenn das Transportgut an den frachtbriefmäßigen Empfänger geliefert wird, obwohl der Absender zuvor eine wirksame Weisung erteilt hat, mit der er einen anderen Empfänger bestimmt hat. In einem Beschluss des OLG Karlsruhe[358] zur alten Rechtslage unter § 433 HGB findet man die Auffassung, dass in einem solchen Fall der weisungswidrigen tatsächlichen Übergabe an den falschen Empfänger das Weisungsrecht in entsprechender Anwendung des § 433 II 1 HGB auf den

---

[349] Vgl. *Koller* § 408 Rn. 7; *MüKoHGB-Thume* § 418 Rn. 7.

[350] Vgl. *MüKoHGB-Thume* § 418 Rn. 7.

[351] *Fremuth/Thume-Fremuth* § 418 Rn. 22; *MüKoHGB-Thume* § 418 Rn. 10.

[352] *MüKoHGB-Thume* § 421 Rn. 1.

[353] In BT-Drucks. 13/8445, S. 50 ist von einem „einheitlichen, zeitlichen Konzept" die Rede.

[354] BT-Drucks. 13/8445, S. 50; *Fremuth/Thume-Fremuth* § 418 Rn. 22; *MüKoHGB-Thume* § 418 Rn. 10.

[355] BT-Drucks. 13/8445, S. 50.

[356] Siehe supra *§ 7 I, 3, b), aa)*.

[357] Vgl. BT-Drucks. 13/8445, S. 49.

[358] MDR 1975, 761.

(falschen) Empfänger übergehe, mithin der Absender sein Weisungsrecht verliere, obwohl der Frachtführer auf Grund der Weisung nicht berechtigt war, das Transportgut dem falschen Empfänger zu übergeben.

Ein solches Ergebnis vermag nicht einzuleuchten. Unter Anwendung des heute geltenden § 418 HGB könnte man zu einem Übergang des Weisungsrechts auf den falschen Empfänger (und damit einem Verlust des Weisungsrechts durch den Absender) ebenfalls nur mit Hilfe einer Analogie kommen, denn das Verfügungsrecht des Absenders erlischt nach § 418 II 1 HGB mit der Ankunft des Gutes an der Ablieferungsstelle. Indem diese Ablieferungsstelle zwischenzeitlich wirksam geändert wurde, erreicht das Gut bei der Ankunft an der vormaligen Ablieferungsstelle aber nicht diejenige Ablieferungsstelle, die das Gesetz als Voraussetzung für den Übergang des Weisungsrechts meint. Warum diese Vorschrift in dem hier skizzierten Fall analog angewendet werden sollte, ist vor dem Hintergrund der zu prüfenden Voraussetzungen einer Analogie nicht ersichtlich. Es liegen weder eine planwidrige Regelungslücke noch eine vergleichbare Interessenlage vor. Ersteres scheitert an der fehlenden Planwidrigkeit, denn es ist davon auszugehen, dass ganz bewusst falsche Empfänger kein Weisungsrecht bekommen. Auch eine vergleichbare Interessenlage ist nicht gegeben; im Gegenteil hat gerade der Absender ein großes Interesse daran, dass der unbefugte Empfänger so wenig Rechte wie möglich bzgl. des ihm nicht zuzustehenden Transportgutes erhält und der Absender durch das Weiterbestehen des Weisungsrechts weiterhin Einfluss auf den noch nicht abgeschlossenen Transportvorgang nehmen kann, der fortgesetzt werden kann, sobald der Frachtführer angesichts des gegen den falschen Empfänger bestehenden Bereicherungsanspruches auf Grund der rechtsgrundlosen Leistung des Besitzes[359] das Transportgut zurückerhalten hat.

4. Die (fehlende) Bedeutung der Eigentumslage als Zuordnungsinstrument für das Weisungsrecht in Frankreich und Deutschland

Im Gegensatz zur großen Bedeutung der Eigentumslage bzgl. des Transportgutes im englischen Recht spielt die Eigentumslage im französischen und deutschen Recht für das Weisungsrecht gegenüber dem Frachtführer keine Rolle. Die Frage, wer Inhaber des Weisungsrechts ist und wer Eigentümer des zu befördernden Gutes ist, sind voneinander unabhängig[360]. Das Eigentum an dem

---

[359] So ausdrücklich OLG Karlsruhe, MDR 1975, 761.

[360] Frankreich: Vgl. *Josserand*, Rn. 385; *Rodière*, S. 484; *Tilche*, BTL 1993, 380; Deutschland: Vgl. *Helm* § 433 Rn. 2; *Meyer-Rehfueß*, S. 6; *MüKoHGB-Thume* § 418 Rn. 2. Gleiches wie für die Eigentumslage gilt im Übrigen auch für einen zugrundeliegenden Kaufvertrag: Er ist irrelevant für die Zuordnung des Weisungsrechts und steht – ebenso wie die Eigen-

Beförderungsgut hat also nicht zur Folge, dass der Eigentümer auf den Transportvertrag Einfluss nehmen kann. *Rodière*, der – wie oben gesehen[361] – den Transportvertrag als Unterfall des Werkvertrages auffasst, vergleicht die Situation beim Transportvertrag mit der Situation bei anderen Werkverträgen[362]: Ein Werkunternehmer, dem man eine Sache zur Reparatur überlasse, frage auch nicht nach einem Beweis für die Eigentümerstellung desjenigen, der die Sache abgibt. Daraus schließt er, dass ebenso beim Transportvertrag für das Bestehen des Weisungsrechtes allein die Person des Vertragschließenden entscheidend ist und nicht der Eigentümer. Es gehe hier um ein schuldrechtliches Recht und nicht um ein *droit réel*[363]. Auch im deutschen Recht ist Grundlage des Weisungsrechts allein der Frachtvertrag[364]. Das Weisungsrecht ist damit rein schuldrechtlicher Natur[365], woran auch der früher im deutschen Recht häufig benutzte Begriff des Verfügungsrechts nichts zu ändern vermag[366]. Gleiches wie für die Eigentumslage gilt im Übrigen auch für einen zugrundeliegenden Kaufvertrag: Er ist irrelevant für die Zuordnung des Weisungsrechts und steht als „eigenständige[s] Rechtsinstitut[…] autonom" neben dem Frachtvertrag[367].

Für den Frachtführer hat die Trennung der Frage des Eigentums an den zu befördernden Gütern und der Inhaberschaft des Weisungsrechts den großen Vorteil, dass er bei der Frage, wessen Weisungen er Folge leisten muss, jedenfalls nicht nach der Eigentumslage am Beförderungsgut forschen muss[368].

Allerdings wird für das französische Recht von *Josserand*[369] eine Ausnahme von der Trennung dieser beiden Fragen erwogen, bei der sich das Weisungsrecht allein nach dem Eigentum am Beförderungsgut richten würde: Wenn der Empfänger bereits vor dem Transportvorgang Eigentümer war (und dies auch bleibt), der Absender oder andere mit dem Transport in Zusammenhang stehende Personen also niemals Eigentum an dem Beförderungsgut hatten, soll von vornherein und ungeteilt das Weisungsrecht dem Empfänger zustehen. Eine solche

---

tumslage – als „eigenständige[s] Rechtsinstitut[…] autonom" neben dem Frachtvertrag, siehe *Fremuth/Thume-Fremuth* § 418 Rn. 7.

[361] Vgl. supra *§ 6, II, 3, b)*.

[362] *Rodière*, S. 484, Fn. 3.

[363] *Rodière*, S. 484, Fn. 3: „*Tout se résoud en droits de créance et le droit réel n'a pas d'intérêt.*"

[364] *MüKoHGB-Thume* § 418 Rn. 2.

[365] *Helm* § 433 Rn. 2; *Meyer-Rehfueß*, S. 6; *MüKoHGB-Thume* § 418 Rn. 2.

[366] Siehe hierzu supra *§ 6, I, 2*.

[367] So ausdrücklich *Fremuth/Thume-Fremuth* § 418 Rn. 7; siehe aber zum Zusammenhang zwischen dem Kaufvertrag und dem transportvertraglichen Weisungsrecht etwa supra *§ 6, III, 2*.

[368] Vgl. *Josserand*, Rn. 385.

[369] Rn. 385.

Ausnahmeregelung gerät unter der heutigen Rechtslage allerdings in Konflikt mit Art. 4 *contrat-types*, der im Falle einer fehlenden vertraglichen Regelung des Weisungsrechts zuvörderst dem Absender dieses Recht zuspricht. Eine solche Regelung vermag zudem auch deshalb nicht zu überzeugen, weil sie zur Folge hätte, dass sich der Frachtführer doch mit der Eigentumslage an dem von ihm beförderten Gut auseinandersetzen müsste, und zwar in allen Fällen, weil es für ihn in der Regel nicht offensichtlich wäre, ob das beförderte Gut schon vor dem Transport dem Empfänger gehörte.

5. Die Bedeutung von Transportpapieren als Zuordnungsinstrument für das Weisungsrecht

Transportpapiere spielen nicht nur insgesamt im Transportrecht eine herausragende Rolle[370], sondern können auch in erheblicher Weise die Frage nach der Inhaberschaft des Weisungsrechts beeinflussen.

a) Die Schutzfunktion von Transportpapieren für den Frachtführer im Zusammenhang mit Weisungen

Im Zusammenhang mit Weisungsrechten kommt ihnen vor allem die Aufgabe zu, den Frachtführer davor zu schützen, mit Weisungen konfrontiert zu werden, bei denen er nicht sicher sein kann, ob sie vom tatsächlich Weisungsberechtigten ausgeübt werden. Instruktiv bzgl. dieser Schutzfunktion ist ein Urteil des BGH[371], das sich mit der Frage auseinandersetzt, ob im Rahmen des Art. 12 CMR eine Weisung auch dann rechtmäßig ist, wenn ihre Ausübung nicht den Erfordernissen des Art. 12 V CMR genügt, wonach der Absender nach lit. a) zur Ausübung seines Verfügungsrechts die erste Ausfertigung des Frachtbriefes vorzuweisen hat, wenn im zu entscheidenden Fall überhaupt kein Frachtbrief ausgestellt worden ist. Der BGH verneint dies mit dem Argument, dass es in solchen Fällen für die Anwendbarkeit des Abs. 5 schon an einer Schutzbedürftigkeit des Frachtführers fehle, da – nach den Regeln der CMR – beim Fehlen eines Frachtbriefes als ausschließlich weisungsberechtigte Person der Absender in Frage kommt[372]. Mithin sei das Erfordernis des Abs. 5 schon von Gesetzes wegen nicht zu beachten[373].

---

[370] Siehe etwa zu den Funktionen des Frachtbriefs in Form eines Beweis- und Sperrpapiers *Koller* § 408 Rn. 2 sowie zum Ladeschein als Wert- und Tradtionspapier *Koller* § 443 Rn. 1 ff.

[371] BGH VersR 1982, 669. Siehe explizit zur Schutzfunktion des Art. 12 V CMR BGH VersR 1982, 669 [670].

[372] BGH VersR 1982, 669 [670].

[373] BGH VersR 1982, 669 [670]; *Ferrari-Otte,* Int. VertragsR, Art. 12 CMR Rn. 14 meint

b) Die untergeordnete Rolle von Transportpapieren beim (Straßen-) Landtransport im französischen und englischen Recht

Im französischen Recht findet das das *récépissé* (der Lieferschein) im Zusammenhang mit Weisungen vor allem in der älteren Literatur Erwähnung. Es entsprach wohl ständiger Rechtsprechung, dass der Frachtführer nur dann Weisungen zu befolgen hatte, wenn der Anweisende sie nicht nur schriftlich und innerhalb der inhaltlichen Grenzen abgab, sondern zudem der Lieferschein beigelegt war[374]. Der Lieferschein erfüllte damit aus Sicht des Frachtführers eine sehr wichtige Funktion, indem er für den Frachtführer klarstellte, wer ihm gegenüber zu Weisungen befugt ist. Gleichzeitig war es für den Absender nicht möglich, den Frachtführer auf Schadensersatz in Anspruch zu nehmen, wenn der Frachtführer entgegen der Anweisung, das Transportgut an einen anderen Empfänger zu senden, es an den erstgenannten Empfänger lieferte, weil der Absender der Weisung den Lieferschein nicht beigelegt hatte[375]. Und auch gegenüber Ansprüchen des erstgenannten Empfängers war der Frachtführer vor etwaigen Schadensersatzansprüchen sicher, wenn er das Transportgut auf Grund einer wirksamen Weisung (mit Lieferschein) an einen anderen Empfänger lieferte[376].

Fraglich ist jedoch, ob der Lieferschein auch heute noch diese Bedeutung besitzt, insbesondere weil Art. 4 der CT *général*, der das transportvertragliche Weisungsrecht recht detailliert regelt, mit keinem Wort den Besitz eines Ladescheins zur Voraussetzung der wirksamen Ausübung eines Weisungsrechts macht. Grundsätzlich kennt freilich auch das aktuelle französische Recht Transportpapiere. Art. L. 132-9 Code de Commerce bestimmt, dass die Parteien die Möglichkeit haben, einen *lettre de voiture* auszustellen. Ein *lettre de voiture* muss nach dem Gesetz bestimmte Informationen enthalten, etwa eine Beschreibung von Art und Menge der zu transportierenden Güter um damit letztlich die Funktion zu erfüllen, ein Beweismittel sowohl für die Existenz als auch den Inhalt des Transportvertrages zu sein[377]. Daneben erwähnen auch die *contrat types* Transportdokumente, ohne allerdings ebenfalls von einem *lettre de voiture* zu sprechen. Benutzt wird vielmehr in Art. 3 Abs. 4 CT *général* der Begriff *document de transport*. Ein solches Transportdokument ist nach der Norm nur auszustellen, wenn dies im Einzelfall erforderlich ist. Der Regelungsgehalt der Norm erschöpft sich schließlich mit der Anordnung, dass das *document de*

---

dagegen, dass die dogmatisch sauberere Lösung die Annahme einer teleologischen Reduktion des Art. 12 V CMR gewesen wäre.

[374] *Josserand*, Rn. 390 ff.; *Hémard,* RTD com. 1951, 103 [114] .

[375] Vgl. *Hémard*, RTD com. 1951, 103 [114].

[376] Vgl. *Hémard*, RTD com. 1951, 103 [114].

[377] *Petit*, JClTransp, Fasc. 735, Rn. 95.

transport auf der Basis der verschiedenen Tranportdetails (etwa Adress- und Kontaktdaten von Absender und Empfänger, relevante Information bzgl. des Transportgutes etc.), die der Absender dem Frachtführer nach Art. 4 Abs. 1 bis 3 CT *général* mitzuteilen hat, anzufertigen ist. Die *contrat-types général* sehen also ein Transportpapier – wie mittlerweile auch das deutsche Recht – nicht mehr zwingend vor. Darüberhinaus stellen die *contrat-types général* selbst für den Fall, in dem ein *document de transport* ausgestellt worden ist, keinen Zusammenhang zwischen diesem Transportpapier und der Ausübbarkeit des Weisungsrechts her.

Das englische Recht erscheint in der Frage der Bedeutung von Transportpapieren für Weisungsrechte am unklarsten, was vor allem daran liegt, dass zu dieser Frage keine Entscheidungen zu existieren scheinen. Es kann aber davon ausgegangen werden, dass Transportpapiere eine eher untergeordnete Rolle in Bezug auf das transportvertragliche Weisungsrecht spielen. Dies liegt vor allem daran, dass – abgesehen von einer *order bill of lading* im Seetransportrecht[378] – Transportpapiere nach englischem Recht keine *documents of title* sind[379]. Weil sie die Ware nicht symbolisieren und ihr Besitz keine Rechte bzgl. der Transportgüter begründen, haben sie weder direkten Einfluss auf die – für die Zuordnung des transportrechtlichen Weisungsrechts im englischen Recht so wichtigen[380] – Eigentumsverhältnisse am Transportgut, noch kann der Inhaber des Transportpapiers das Transportgut mit Hilfe des Transportpapiers weiter übereignen[381]. Allein beim Seetransport, wo die *order bills of lading* als *document of title* gilt, will *Cashmore*[382] dem Inhaber der *order bills of lading* ein Weisungsrecht geben, da er als Eigentümer der Ware gilt.

c) *Ladeschein und Frachtbrief im deutschen Recht*

Für das deutsche Recht ist zwischen Ladeschein und Frachtbrief zu unterscheiden. Wie sich aus § 443 I 1 HGB ergibt, hat der Ladeschein die Aufgabe, die Verpflichtung des Frachtführers zur Ablieferung des Gutes zu verbriefen. Der Ladeschein ist das rechtliche und wirtschaftliche Pendant zum Konnossement[383]. Durch die Ausstellung dieses Wertpapieres durch den Frachtführer wird der Anspruch auf Auslieferung des Gutes handelbar. Allerdings hat der Ladeschein – abgesehen von der Binnenschifffahrt sowie dem Multimodal-

---

[378] Dazu näher infra *§ 7, I, 5, d)*.
[379] *Cashmore*, S. 2; *Leslie*, S. 102.
[380] Siehe zur ownership-rule supra *§ 7, I, 3, a), bb)*.
[381] Vgl. *Leslie*, S. 102.
[382] S. 168.
[383] *MüKoHGB-Herber* Vor § 443 Rn. 2.

transport, bei denen jeweils ebenfalls die §§ 443 ff. HGB anwendbar sind – keine große praktische Relevanz, insbesondere weil auf Grund der kurzen Transportwege kaum ein Bedürfnis nach der Handelbarkeit des Gutes auch während des Transportes besteht[384].

§ 446 I 1 HGB legt abweichend von § 418 HGB fest, dass dem durch den Ladeschein zum Empfang Legitimierten das Verfügungsrecht nach § 418 HGB zusteht. Der durch den Ladeschein zum Empfang Legitimierte kann grundsätzlich sämtliche Weisungen vornehmen, die nach § 418 HGB und § 419 HGB zulässig sind[385]. Auch die Regelung des § 446 I 1 HGB hat damit eine Schutzfunktion für den Frachtführer: Er kann sich darauf verlassen, keiner Haftung ausgesetzt zu sein, wenn er Weisungen eines formal – durch den Ladeschein – Berechtigten folgt, ohne dass dieser tatsächlich auch materiell zur Weisungserteilung berechtigt sein muss[386, 387]. Die Haftungsregelung des § 446 II HGB knüpft eine Haftung des Frachtführers nämlich (allein) daran, dass der Frachtführer Weisungen befolgt hat, ohne sich den Ladeschein vorlegen zu lassen.

Im deutschen Recht ist neben dem Ladeschein hinsichtlich des Weisungsrechts auch der Frachtbrief zu beachten, der sogar ausdrücklich in § 418 IV sowie VI HGB genannt wird. Form und Inhalt eines Frachtbriefs ergeben sich aus § 408 HGB. Nach § 408 I 1 HGB kann der Frachtführer die Ausstellung eines Frachtbriefs verlangen, in den auf Wunsch des Frachtführers die in § 408 I HGB aufgezählten Angaben einzutragen sind. § 408 II HGB stellt klar, dass die Parteien frei darin sind, in den Frachtbrief weitere Angaben als die in der Aufzählung in Abs. 1 genannten einzufügen. Gemäß § 408 II HGB wird der Frachtbrief in drei Originalausfertigungen ausgestellt, die jeweils vom Absender unterzeichnet werden und von denen je eine für den Absender und den Frachtführer bestimmt ist und eine das Transportgut begleitet. Die wichtigsten Funktionen des Frachtbriefs sind zum einen die Instruktionsfunktion auf Grund der im

---

[384] *Koller* § 443 Rn. 1; *MüKoHGB-Herber* Vor § 443 Rn. 1 ff.

[385] *MüKoHGB-Herber* § 446, Rn. 4.

[386] *MüKoHGB-Herber* § 446, Rn. 5.

[387] Ersatzlos weggefallen durch die Neuregelung der §§ 443 ff. HGB im Rahmen der Seerechtsreform und der damit einhergehenden Angleichung von § 446 HGB an die seerechtliche Parallelvorschrift des § 520 HGB ist allerdings die vormals in § 446 II 2 HGB a. F. geregelte, zusätzliche Grenze (neben den schon in § 418 HGB enthaltenen Einschränkungen). Demnach brauchte der Frachtführer den Weisungen wegen Rückgabe oder Ablieferung des Gutes an einen anderen als den durch den Ladeschein legitimierten Empfänger nur dann Folge zu leisten, wenn ihm der Ladeschein zurückgegeben wurde. Durch diese Vorschrift wurde der Schutz des Frachtführers nochmals erhöht, indem der im Ladeschein Legitimierte auf Grund der Rückgabe des Ladescheins im Nachhinein keine Lieferung mehr verlangen konnte, Vgl. BT-Drucks 13/8445, S. 84 (noch zu § 445 HGB-E, der zu § 446 HGB a. F. in der endgültigen Gesetzesfassung wurde); *MüKoHGB2-Herber* § 446, Rn. 7.

Frachtbrief festgehaltenen Informationen, sowie zum anderen die Beweisfunktion, die insbesondere in Verbindung mit § 409 HGB eine Rolle spielt[388].

Im Zusammenhang mit dem transportvertraglichen Weisungsrecht stellt der Frachtbrief mit Vermerk iSd § 418 IV HGB ein sog. Sperrpapier[389] dar, mit dessen Hilfe sichergestellt werden kann, dass der Transport nicht durch die Weisungen Dritter beeinflusst werden kann und das Transportgut deshalb beim vorgesehenen Empfänger ankommt[390]. Ein besonderes Interesse an einer Sperrung des Weisungsrechts für Dritte mittels eines Sperrpapiers kann etwa der Käufer haben, der die Ware schon dann gegenüber dem Verkäufer zu bezahlen hat, wenn sie sich noch auf dem Transportweg befindet und er deshalb in Vorleistung geht[391], oder der Kreditgeber, für dessen Darlehen das Transportgut als Sicherheit dient und der deshalb ein signifikantes Interesse an der Aufrechterhaltung der Zugriffsmöglichkeit auf das Transportgut hat[392].

Damit der Frachtbrief diese Sperrfunktion erfüllen kann, ist ihm ein Sperrvermerk beizufügen, wonach der Absender sein Weisungsrecht nur gegen Vorlage der Absenderausfertigung des Frachtbriefs ausüben können soll (siehe § 418 IV HGB). Zu beachten ist, dass sich der Sperrvermerk des Frachtbriefs nur auf das Weisungsrecht des Absenders bezieht, so dass der Empfänger nach dem Übergang des Weisungsrechts auf ihn mit der Ankunft des Gutes an der Ablieferungsstelle (§ 418 II HGB) selbst dann ohne Weiteres sein Weisungsrecht ausüben kann, wenn ein Sperrvermerk nach § 418 IV HGB in den Frachtbrief aufgenommen worden ist[393].

Will der Absender sein Weisungsrecht im Falle der Eintragung eines Sperrvermerkes in den Frachtbrief ausüben, so ist dies nach § 418 IV HGB nur unter Vorlage der Absenderausfertigung (im Original[394]) möglich. Dabei ist zu beachten, dass es sich bei dem Frachtbrief nicht um ein Legitimationspapier handelt, so dass das Vertrauen des Frachtführers in die Identität des Vorlegenden als dem tatsächlich Weisungsberechtigten nicht geschützt ist, weshalb der Frachtführer auf eigenes Risiko zu prüfen hat, ob es sich bei dem Vorlegenden in der Tat um

---

[388] *Koller* § 408 Rn. 2; *MüKoHGB-Thume*, § 408 Rn. 2.

[389] Der Frachtbrief kann also durch Vereinbarung der Parteien zu einem Sperrpapier „aufgewertet" werden, wohin gegen der Ladeschein schon von Natur aus Sperrwirkung entfaltet, siehe *MüKoHGB-Herber* § 446 Rn. 11.

[390] *Koller* § 418 Rn. 36; *Koller*, TranspR 1994, 181.

[391] Als Ersatz für den sonst gegebenen Schutz in Form der Leistung Zug um Zug nach den §§ 320 ff. BGB wird hier der Frachtführer mit Hilfe des Sperrpapiers in den Leistungsaustausch eingebunden, siehe *Koller*, TranspR 1994, 181.

[392] *Koller* § 418 Rn. 36.

[393] *Koller* § 418 Rn. 16; *MüKoHGB-Thume*, § 418 Rn. 15.

[394] *Koller* § 418 Rn. 39; *MüKoHGB-Thume*, § 418 Rn. 16.

den weisungsberechtigten Absender handelt[395]. Ein gutgläubiger Erwerb des Frachtbriefes ist nicht möglich, so dass allein der Absender der Weisungsberechtigte im Falle eines Sperrvermerkes iSd. § 418 IV HGB sein kann[396].

Der Frachtführer begibt sich in ein signifikantes Haftungsrisiko, wenn er Weisungen ausführt, ohne sich – im Falles eines Sperrvermerks nach § 418 IV HGB – die Absenderausfertigung des Frachtbriefes vorlegen zu lassen, denn in einem solchen Fall haftet er nach 418 VI 1 HGB dem Berechtigten gegenüber für den daraus entstandenen Schaden. Nicht unmittelbar erkennbar aus dem Gesetzeswortlaut ist die Antwort auf die Frage, wer der oder die Berechtigten im Sinne dieser Vorschrift sein sollen. Richtigerweise müssen dies alle diejenigen sein, deren Interessen mit Hilfe des Frachtbriefs in der Form als Sperrpapier geschützt werden sollen, d. h. insbesondere der vorleistende Käufer als Empfänger sowie ein Kreditgeber, dem das Transportgut als Sicherheit dient[397].

Bei der Haftung nach § 418 VI HGB a. F. handelte es sich bis zum Jahr 2013 um eine Gefährdungshaftung[398], für die nach § 418 VI 2 HGB a. F. nicht einmal die Vorschriften über die Beschränkung der Haftung des Frachtführers Anwendung fanden. Diese harten Sanktionen waren offenbar Ausdruck dessen, „dass das Gesetz in der Missachtung eines Sperrpapiers eine schwerwiegende Gefährdung des Handels mit den beförderten Gütern erblickt"[399].

Seit der Seerechtsreform, die insofern zu einer Gleichschaltung der Haftungsregelung mit derjenigen für den Ladeschein in § 446 II HGB geführt hat[400], gibt es jedoch auch hier eine Neuerung: Sofern der Frachtführer Weisungen befolgt, ohne dass ihm die Absenderausfertigung vorgelegt worden ist, haftet er für Schäden (nach allgemeinem Schadensrecht der §§ 249 ff. BGB), begrenzt nun auf den Betrag, der bei Verlust des Gutes zu zahlen wäre (§§ 429–432 HGB)[401]. Qualifiziertes Verschulden (§ 435 HGB) kann freilich zu einer Haftungsdurchbrechung führen[402]. Hier lauert ein ernstzunehmendes Haftungsrisiko für den Weisungen entgegennehmenden Frachtführer, denn der anzuwendende Sorgfaltsmaßstab, sowohl im Fall des Vorliegens eines Ladescheins als auch eines Frachtbriefes mit Sperrvermerk, dürfte streng sein[403].

---

[395] *Koller* § 418 Rn. 39; *Koller*, TranspR 1994, 181 [185].
[396] *Koller* § 418 Rn. 39.
[397] *Koller* § 418 Rn. 44; siehe auch *MüKoHGB-Thume*, § 418 Rn. 42, wo jedoch – unvollständigerweise – ausschließlich der Käufer als Empfänger als Anspruchsberechtigter ausdrücklich erwähnt wird.
[398] *MüKoHGB²-Czerwenka* § 418 Rn. 42.
[399] *MüKoHGB²-Czerwenka* § 418 Rn. 42.
[400] *MüKoHGB-Herber* § 446 Rn. 2.
[401] *Koller* § 418 Rn. 44
[402] *Koller* § 418 Rn. 44
[403] vgl. *MüKoHGB-Herber* § 446 Rn. 9.

d) Die große Bedeutung von Transportpapieren im Seehandelsrecht

Im Seetransportrecht spielen Transportpapiere traditionell eine sehr bedeutsame Rolle, wobei die Transportpapiere auch erheblichen Einfluss auf das Bestehen und die Ausübbarkeit von Weisungsrechten haben.

Im deutschen Recht zum Seetransport, das bis zum Seerechtsreformgesetz aus dem Jahr 2013 in den §§ 556 ff. HGB a. F. niedergelegt war, befand sich keine Regelung zum Weisungsrecht, die ähnlich deutlich war wie § 418 HGB für den Landtransport. Dies hatte zur Folge, dass es gar nicht einfach war, zu ermitteln, inwiefern überhaupt Weisungsrechte im Rahmen des Seefrachtvertrages gegeben waren[404].

Die einzige Vorschrift in den Regelungen des HGB, die ein Weisungsrecht voraussetzte, war § 654 HGB a. F.[405]. In Absatz 1 der Vorschrift war festgelegt, dass in den Fällen, in denen ein an Order lautendes Konnossement ausgestellt war, der Kapitän den Anweisungen des Abladers wegen Rückgabe oder Auslieferung der Güter nur dann Folge leisten durfte, wenn ihm sämtliche Ausfertigungen des Konnossements zurückgegeben wurden. Mithin konnte aus dieser Vorschrift geschlossen worden, dass jedenfalls der Ablader ein Weisungsrecht im Rahmen des Seetransports hatte[406]. Der Ablader ist diejenige Person, die dem Verfrachter die Ware auf Grund des Frachtvertrages zur Verschiffung übergibt[407]. Er ist nicht von vornherein Partei des Frachtvertrages, der zwischen Befrachter und Verfrachter geschlossen wird[408], erlangt jedoch auf Grund seiner Beteiligung am Transportgeschehen ebenfalls eine rechtliche Beziehung zum Verfrachter[409]. Wie sich aus § 654 II HGB a. F. ergab, war auch ein anderer Konnossementsinhaber als der Ablader dem Frachtführer dahingehend weisungsberechtigt, die Auslieferung der Güter zu verlangen, bevor das Schiff den Bestimmungshafen erreicht hat. In dem Zeitraum zwischen dem Abschluss des Frachtvertrages und der Abladung war dagegen der Befrachter weisungsberechtigt[410].

Die in § 654 HGB a. F. genannten Transportpapiere in Form des Orderkonnossements (§ 654 I HGB a. F.) sowie des Rektakonnossements (§ 654 IV HGB a. F.) knüpften die wirksame Ausübung des Weisungsrechts an deren Vorla-

---

[404] Grundlegend hierzu *Meyer-Rehfueß*, S. 279 ff.
[405] *Eckhardt*, S. 19; *Meyer-Rehfueß*, S. 279.
[406] *Meyer-Rehfueß*, S. 287 f.; *Rabe* § 654 Rn. 1; vgl. auch BGHZ 104, 215 [219].
[407] *Rabe* Vor § 556 Rn. 12; *Stumm*, S. 1, 6.
[408] Nicht selten werden freilich der Befrachter und der Ablader personenidentisch sein, siehe *Stumm*, S. 6 f.; sonst spricht man vom sog. Drittablader, siehe *Rabe* Vor § 556 Rn. 12 sowie *Stumm*, S. 7 f.
[409] *Meyer-Rehfueß*, S. 287; *Stumm*, S. 1.
[410] *Meyer-Rehfueß*, S. 286 f.

ge[411]. So sah § 654 I HGB a. F. im Fall eines Orderkonnossements vor, dass der Ablader zur wirksamen Weisungserteilung bzgl. der Rückgabe oder Auslieferung der Güter sämtliche Ausfertigungen des Konnossements zurückzugeben hatte. Gemäß § 654 II HGB a. F. galt dasselbe, wenn ein Konnossementsinhaber, bei dem es sich nicht um den Ablader handelte, die Auslieferung der Güter verlangte, bevor das Schiff den Bestimmungshafen erreicht hatte. Die Vorlagepflicht des Konnossements hatte im Rahmen des § 654 I, II HGB a. F. also den Zweck, zu verhindern, dass sich der Frachtführer unsicher darüber war, ob er sich dem wahren bzw. dem ausschließlichen Weisungsberechtigten gegenübersah[412]. Selbst wenn der Ablader das Konnossement weitergab und damit der neue Inhaber des Konnossements weisungsberechtigt iSd § 654 II HGB wurde, so konnte trotzdem noch der Ablader weisungsberechtigt gegenüber dem Frachtführer aus dem Frachtvertrag sein, weil das vertragliche Weisungsrecht des Abladers unabhängig von demjenigen war, das auf Grund der Ausstellung für den Inhaber des Konossements entstand[413]. Indem die Ausübung des Weisungsrechts an die Vorlage aller Ausfertigungen des Konnossements geknüft war, führte diese formale Anforderung dazu, dass es – auch wenn theoretisch mehrere Personen Inhaber eines Weisungsrechts gegenüber dem Frachtführer waren – praktisch nur ein Weisungsrecht bestand, das wirksam ausgeübt werden konnte, entweder seitens des Abladers, oder einer sonstigen Person, die alle Ausfertigungen des Konnossements vorlegen konnte[414].

Handelte es sich nicht um ein Orderkonnossement, sondern um ein bloßes Rektakonnossement, so war nach § 654 IV HGB a. F. bei der Weisungserteilung nicht einmal das Konnossement vorzulegen, sondern die Güter waren auch dann zurückzugeben bzw. auszuliefern, wenn sowohl der Ablader als auch der im Konnossement bezeichnete Empfänger damit einverstanden waren. Nach S. 2 der Vorschrift konnte der Verfrachter aber in den Fällen, in denen ihm nicht sämtliche Ausfertigungen des Konnossements zurückgegeben wurden, eine Sicherheitsleistung verlangen.

Das deutsche Recht konzentrierte sich also darauf, dass die Konnossemente für das Weisungsrecht im Rahmen des Seetransports eine Schutzfunktion für den Verfrachter übernehmen, der sich sicher sein sollte, dass er sich nicht mehreren Weisungsberechtigten gegenüber sah.

Im Rahmen der Seerechtsreform hat das Weisungsrecht im deutschen Seetransportrecht nun eine detailliertere Regelung erfahren. Mit der Neuschaffung des § 491 HGB über „Nachträgliche Weisungen" hat der Gesetzgeber nun abs-

---

411 *Meyer-Rehfueß*, S. 293 ff.; siehe auch BGHZ 104, 215 [219].

412 Vgl. *Meyer-Rehfueß*, S. 293.

413 *Meyer-Rehfueß*, S. 288 f.

414 *Meyer-Rehfueß*, S. 288 f., 293.

trakt das seetransportvertragliche Weisungsrecht im Gesetz niedergelegt. Die Vorschrift lehnt sich an § 418 HGB (und damit auch an Art. 12 CMR) an[415], und entspricht dem Vorbild hinsichtlich Systematik und Wortlaut in großen Teilen, so dass sich zukünftig viele zu § 418 HGB erarbeitete Grundsätze auf § 491 HGB werden übertragen lassen. So wie der Frachtbrief im Landfrachtrecht nach § 418 IV, VI HGB durch Parteivereinbarung zu einem Sperrpapier aufgewertet werden kann, ist dies nun nun auch in § 491 III, V HGB für den Seefrachtbrief vorgesehen.

Durch das Seerechtsreformgesetz wurde mit § 520 HGB gleichzeitig eine Neuregelung von § 654 HGB a. F. getroffen. Die Regelung ist nun weiter gefasst, indem sie sich nicht länger auf Weisungen zur Rückgabe oder Auslieferung des Gutes beschränkt, sondern für alle denkbaren Weisungen regelt, dass das Weisungsrecht im Fall der Ausstellung eines Konnossements nur dem legitimierten Besitzer des Konnossements zusteht. Die oben zum alten Recht dargestellte Unterscheidung zwischen den einzelnen Konnossementsunterarten ist im Rahmen der Neuregelung weggefallen. Die Haftung des Verfrachters für Schäden durch Weisungsbefolgung ohne Vorlage sämtlicher Konnossemente ist nun ebenfalls geregelt und verschuldensunabhängig gestaltet. Da § 520 HGB im Rahmen der Seerechtsreform als Vorbild für § 446 HGB zum Ladeschein diente[416], ist auch in Bezug auf den Einfluss von Transportdokumenten auf das Weisungsrecht eine neue, bemerkenswerte Köherenz zwischen den gesetzlichen Regelungen zum Weisungsrecht im Land- und Seefrachtrecht eingetreten.

Im englischen Recht dagegen, dem Mutterland des Seehandelsrechts, bereitet es ganz erhebliche Schwierigkeiten, Fälle oder Passagen in Lehrbüchern zu finden, die sich überhaupt mit einem möglichen *right of control* über das Transportgut im Rahmens des Seetransports befassen. So ist etwa das Stichwort „*right of control*" in keinem Index der Standardlehrbücher zum Seehandelsrecht aufzufinden. Und *Diamond* äußert in Zusammenhang mit der Kommentierung der entsprechenden Vorschriften zum *right of control* innerhalb der Rotterdam Rules aus dem Blickwinkel des englischen Juristen: „*The concept of a ‚controlling party' has not previously featured in English statutes or case law relating to the carriage of goods by sea.*"[417]. Diese Aussage darf jedoch nicht dahingehend missverstanden werden, dass es im englischen Seetransportrecht überhaupt keine Weisungsrechte in Bezug auf die zu transportierenden Güter gibt. Dies wird auf anschauliche Weise dargestellt bei *Carver on Bills of Lading*, dem einzigen Lehrbuch, das sich vertieft mit der Frage nach Weisungsrechten

---

[415] Siehe zur Entstehungsgeschichte *MüKoHGB-Herber* § 491 Rn. 4.
[416] Siehe hierzu supra *§ 7, I, 5, c)*.
[417] *Diamond*, [2008] LMCLQ 135 [178].

beim Seetransport beschäftigt[418]. Grundsätzlich gibt es im englischen Seetransportrecht sehr wohl eine Partei, der ein Weisungsrechts bzgl. des Transportgutes zusteht, und dies ist der *shipper*[419], also nach deutscher Terminologie der Versender bzw. in seerechtlicher Terminologie der Befrachter bzw. der Ablader, der im deutschen Recht – wie soeben dargestellt – weisungsberechtigt ist, jedoch im Common law als Figur nicht existiert[420]. Allerdings gilt auch beim Seetransport nach englischem Recht – wie beim Landtransport –, dass das Eigentum an den Transportgütern eine entscheidende Rolle spielt, denn das Weisungsrecht des *shipper* steht unter dem Vorbehalt, dass er auch Eigentümer des Transportgutes ist[421]. Dabei ist zu beachten, dass das englische Kaufrecht in Section 19 (1) Sales of Goods Act 1979 für den Verkäufer die Möglichkeit bereithält, das *„right of disposal"* an den Kaufgegenständen zu behalten bis bestimmte, im Einzelfall festzulegende Bedingungen eingetreten sind. Im Bereich des Seehandelsrechts, wo die Reservierung des *right of disposal* einen besonders ausgeprägten Anwendungsbereich hat[422], führt dies dazu, dass das Eigentum an dem Transportgut im Falle eines dem Transport zugrundeliegenden Kaufvertrages längst nicht immer – nach den allgemeinen Vermutungsregeln[423] – bereits mit Vertragsschluss (Stückschulden) oder im Zeitpunkt der Verladung der Ware (Gattungsschulden) übergeht, sondern auf Grund eines im Einzelfall anderen Willens der Vertragsparteien (insbesondere des Verkäufers und *shippers*) das Eigentum erst zu einem späteren Zeitpunkt, etwa mit Zahlung des Kaufpreises, übergehen soll[424]. Die kaufrechtliche Möglichkeit, den Zeitpunkt des Eigentumsübergangs nach hinten zu schieben, ist damit die entscheidende Voraussetzung dafür, dass der *shipper* im Rahmen des Seetransportrechts Inhaber des Weisungsrechts bezüglich der Güter ist[425].

---

[418] Ausdrücklich Bezug genommen wird dabei auf das *„right of control"*, wie es in den Rotterdam Rules geregelt ist sowie das *„right to disposition"* oder das *„right to modify the contract of carriage"*, das bekannt ist aus den internationalen Konventionen zum Eisenbahn-, Land- und Lufttransport, siehe *Carver*, Rn. 1-022.

[419] *Carver*, Rn. 1-022.

[420] *Stumm* S. 1.

[421] Vgl. *Elder Dempster Lines v Zaki Ishag (The Lycaon)* [1983] 2 Lloyd's Rep. 548 [554 f.] per *Mr. Justice Lloyd*.

[422] Siehe *Benjamin*, S. 5–136.

[423] Siehe hierzu supra *§ 7, I, 3, a), aa)*.

[424] Vgl. *Elder Dempster Lines v Zaki Ishag (The Lycaon)* [1983] 2 Lloyd's Rep. 548 [554] per *Mr. Justice Lloyd*.

[425] Selbstverständlich besteht die Möglichkeit für den Verkäufer (und Absender), das *right of disposal* an der Kaufsache zu behalten, auch im Rahmen von anderen Transportverträgen, die der Erfüllung eines Kaufvertrages dienen. Wie gesehen (siehe supra *§ 7, I, 3, a)*) ist jedoch sonst im englischen Frachtrecht – anders als im Seehandelsrecht – davon auszugehen, dass der Empfänger und nicht der Absender Inhaber des Weisungsrechts gegenüber dem

Das Weisungsrecht des *shipper* kommt etwa dann zum Tragen, wenn er – wie in *The Lycaon*[426] – während des Transports das Transportgut als Sicherheit für eine Bank benutzt anstatt es an den Käufer, der als Empfänger in der *bill of lading* angegeben war, zu liefern. Dies bedeutet, dass selbst dann das Weisungsrecht des *shipper* besteht, wenn in der *bill of lading* ein Empfänger bezeichnet ist und es sich um ein *negotiable bill of lading*[427] handelt (*bill of lading to the order of a named consignee*)[428].

Auch wenn der *bill of lading* insofern keine Sperrfunktion zugeschrieben werden kann, so spielen Transportpapiere für das seetransportrechtliche Weisungsrecht durchaus eine wichtige Rolle im englischen Recht. Die lässt sich zunächst ableiten aus einer weiteren Aussage *Diamonds*, in der er die Vorschriften der Rotterdam Rules zum Weisungsrecht im Fall des Vorliegens eines *negotiable transport document* als überflüssig kritisiert, da sie allein den schon bestehenden Rechtszustand wiedergäben: „To my mind there was little need for any provision on rights of control in cases where a negotiable transport document is issued. The rights given to the holder of a negotiable bill of lading are mostly well settled and include the right of disposal over the goods."[429] Wenn nämlich eine *negotiable bill of lading* existiert, so erlischt das Weisungsrechts des *shipper* in dem Moment, in dem er nicht länger Inhaber der *bill of lading* ist und das Weisungsrecht geht über auf den neuen Inhaber der *bill of lading*, in der Regel also auf den Empfänger, der gleichzeitig mit der Übergabe der *bill of lading* im Falle eines dem Transport zugrundeliegenden Kaufvertrags auch Eigentümer des Transportgutes wird. Dies ergibt sich daraus, dass die *bill of lading* auf Grund ihrer Eigenschaft als *document of title* die Ware repräsentiert, so dass der Inhaber der *bill of lading* die *constructive possession of the goods* erhält und mit Übergabe der *bill of lading* Eigentümer der repräsentierten Ware

---

Frachtführer ist. Ein Grund hierfür mag möglicherweise sein, dass sich insbesondere bei Landtransporten das *right of stoppage in transit* effektiv ausüben lässt, so dass der Verkäufer (als Absender) hierüber in ausreichendem Maße geschützt ist.

[426] [1983] 2 Lloyd's Rep. 548.

[427] Siehe zu dessen Funktionen *Hill*, S. 243 ff.: Ein *negotiable bill of lading* ist unter anderem ein sog. *document of title* und kann deshalb zur Übertragung des Eigentums an den Transportgütern benutzt werden.

[428] *Carver*, Rn. 1-022; vgl. auch *Elder Dempster Lines v Zaki Ishag (The Lycaon)* [1983] 2 Lloyd's Rep. 548 [555] per *Mr. Justice Lloyd*: „The whole object of reserving the jus disponendi is to enable the seller to divert the goods if the buyer is unable or unwilling to pay. Although this is usually done by taking the bill of lading to order of the seller or his agent, it can also be done where the consignee has been named in the bill of lading, by changing the name of the consignee". Die *bill of lading to order* entspricht in der deutschen Terminologie das Orderkonnossement.

[429] *Diamond*, [2008] LMCLQ 135 [180].

wird, sofern dies bei der Übergabe so beabsichtigt war[430]. Eine *bill of lading* schränkt also das Weisungsrecht des *shipper* nicht ein, spielt aber eine wichtige Rolle beim Übergang des Weisungsrechts, weil es entscheidende Bedeutung beim Übergang des Eigentums am Transportgut hat, was wiederum entscheidend für die Inhaberschaft bzgl. des Weisungsrechts ist.

Handelt es sich dagegen nicht um ein *bill of lading to order*, sondern um sog. *straight* oder *non-negotiable bills*[431], ist die Bedeutung des Transportpapiers für das Weisungsrecht im Rahmen des Seetransports deutlich geringer. Grundsätzlich hat auch hier wieder der *shipper* ein Weisungsrecht gegenüber dem *carrier*[432]. Da solche *non-negotiable bills* darüber hinaus nicht mit der Wirkung weitergegeben werden können, dass sich die Eigentumslage an den zu transportierenden Gütern ändert[433], bedeutet dies, dass grundsätzlich der *shipper* der einzige am Transportvorgang Beteiligte ist, dem ein Weisungsrecht zukommen kann[434].

Im französischen Recht zeigt man sich ebenso wie in der englischen Rechtswissenschaft verwundert darüber, dass die Rotterdam Rules eine so ausführliche Regelung des *„droit de disposition"* vorsehen[435]. Im französischen Recht findet sich weder eine gesetzliche Regelung des Weisungsrechts beim Seetransport, noch spielt diese Frage eine besondere Rolle in der französischen Gerichtspraxis[436]. Dass ein Weisungsrecht seitens des *chargeur* (also des Befrachters) besteht, scheint außer Zweifel zu stehen[437]. Eine wichtige Rolle spielen aber auch wieder die Transportpapiere: Ist ein *connaissement à ordre* (Orderkonnossement) ausgestellt, so geht das Weisungsrecht des *chargeur* bei der Übergabe des Konnossements auf den neuen Inhaber des Papiers über[438]. Handelt es sich bloß um ein *connaissement nominatif* (Rektakonnossement), so ist der *chargeur* solange der Inhaber des Weisungsrechts, bis das Konnossement (oder, falls mehrere ausgestellt wurden, die Konnossemente) an den darin bezeichneten Empfänger übergeben wird mit der Folge, dass dieser ab diesem Zeitpunkt gegenüber dem Tranporteur weisungsberechtigt ist[439].

---

[430] *Mitchell v. Ede* (1840) 11 Ad. & El. 888; *Carver*, Rn. 1-024; 6-002.

[431] Nach deutscher Terminologie handelt es sich um ein Rektakonnossement.

[432] *Carver*, Rn. 1-027.

[433] Siehe hierzu näher *Carver*, Rn. 6-015 ff.

[434] *Carver*, Rn. 1-028, wo außerdem ausgeführt wird, dass, sofern der *shipper* das Transportpapier so ausstellt, dass es dem Empfänger die Möglichkeit gibt, gegenübem dem *carrier* ein Weisungsrecht auszuüben, der Empfänger doch auf den Transportvorgang Einfluss nehmen kann, aber er rechtlich dann bloß als *agent* des *shipper* handelt.

[435] *Bonassies/Scapel* Rn. 1030.

[436] *Bonassies/Scapel* Rn. 1030.

[437] *Bonassies/Scapel* Rn. 1030.

[438] *Bonassies/Scapel* Rn. 1030 mit weiteren Nachweisen französischer Urteile.

[439] *Bonassies/Scapel*, Rn. 1030.

Auf internationaler Ebene sind im Jahr 2008 die sog. Rotterdam Rules (United Nations Convention on Contracts for the International Carriage of Goods Wholly or Partly by Sea) erarbeitet worden, die mit Kapitel 10 einen ganzen Teil der Regelungen den *„Rights of the Controlling Party"* widmet. Die Rotterdam Rules sind das Produkt einer langanhaltenden Diskussion, endlich ein Regelwerk auf internationaler Ebene zu schaffen, dass nicht mehr wie die Vorgängerregelungen Hague, Hague-Visby, oder Hamburg Rules als „out of date, fragmented, uncoordinated with other related transport regimes, leading to unpredictable results, or posing obstacles to the development of modern contract practices" zu bezeichnen ist[440]. Zum jetzigen Zeitpunkt sind die Rotterdam Rules noch nicht in Kraft getreten, aber der Unterzeichnungs- sowie Ratifikationsprozess ist in Gang gesetzt worden. Die Konvention sieht in Kapitel 10 gleich eine ganze Reihe von Vorschriften über das Weisungsrecht bzgl. des Transportgutes im Rahmen eines Seetransports vor. Die Gründe für die Aufnahme der Vorschriften, die es so in den Vorgängerregelungen Hague Visby und Hamburg Rules nicht gegeben hatte, sind darin zu sehen, dass es eben gerade auch im internationalen Warenverkehr, der zu großen Teilen mit Hilfe des Seetransports bewältigt wird, ein großes Interesse gibt, auch nach Beginn des Transportvorgangs Einfluss auf das Transportgut nehmen zu können, etwa weil es zwischenzeitlich weiter veräußert wurde oder die Bonität des Empfängers in Zweifel steht[441].

Art. 51 (1) der Rotterdam Rules legt fest, dass – wie im englischen Recht – grundsätzlich der *shipper* der Weisungsberechtigte ist. Wie sich aus Art. 51 (1) (a) ergibt, kann der *shipper* bei Abschluss des Transportvertrages jedoch auch den Empfänger oder eine andere Person als Weisungsberechtigten bestimmen.

Gemäß Art. 51 (2) sowie (3) sind jedoch Besonderheiten zu beachten, sofern[442] ein *non-negotiable transport document* (Abs. 2) bzw. ein *negotiable transport document* (Abs. 3)[443] ausgestellt wurde. Im ersten Fall bestimmt Art. 51 (2) (a) Rotterdam Rules, dass grundsätzlich der *shipper* der Weisungsberechtigte ist, er jedoch das Weisungsrecht auf den Empfänger, der im Transportdokument angegeben ist, übertragen kann, indem er es dieser Person ohne Indossierung über-

---

[440] *Sekolec*, in: *Ziegler/Schelin/Zunarelli*, The Rotterdam Rules 2008, XXI; siehe auch *Diamond*, [2008] LMCLQ 135 sowie *Bonassies/Scapel*, Rn. 898.

[441] *Van der Ziel* (2008) 14 JIML, 597 [602]; *Zunarelli/Alvisi*, in: *Ziegler/Schelin/Zunarelli*, The Rotterdam Rules 2008, 219 [220].

[442] Die Rotterdam Rules setzen für das Entstehen eines *right of control* keineswegs voraus, dass ein Transportdokument ausgestellt worden ist, vgl. Art. 51 I Rotterdam Rules sowie *Van der Ziel* (2008) 14 JIML, 597 [602, 604].

[443] Abs. 4 beschäftigt sich darüberhinaus auch noch mit einem *negotiable electronic transport record*. Die Regelungen sind vergleichbar mit denen bezüglich des *negotiable transport document* in Abs. 3, so dass hier keine zusätzliche Darstellung erforderlich ist.

gibt. Gibt es mehrere Ausfertigungen des Transportdokumentes, so sind alle zu übergeben. Zur Ausübung ist das (bzw. sind die) Transportdokument(e) vorzulegen. Sofern ein *negotiable transport document* ausgestellt worden ist, so ist nach Art. 51 (3) (a) derjenige weisungsberechtigt, der im Besitz aller Originale ist. Der Inhaber des Weisungsrechts kann es nach Art. 51 (3) (b) dadurch an eine andere Person übertragen, indem er das *negotiable transport document* nach Art. 57 dieser anderen Person übergibt, so dass nach Art. 57 die in dem Transportdokument verbrieften Rechte auf den neuen Inhaber des Transportdokumentes übergehen. Zur Ausübung des Weisungsrechts sind wiederum alle existierenden Ausfertigungen der Transportperson vorzulegen.

Das Besondere an den dargestellten Regelungen ist damit insbesondere im Vergleich zum englischen Recht, dass auch im Fall eines bloßen *non-negotiable transport document* eine einfachere Übertragung auf eine andere Person (in der Regel den Empfänger) möglich ist[444] als über die Lösung im englischen Recht, wo eine Weisung von einer anderen Person als dem *shipper* in diesen Fällen nur als *agent* des *shipper* in Frage kommt.

II. Grenzen des Weisungsrechts

Eine der zentralen Fragen eines jeden Weisungsrechts ist die Frage nach dessen Grenzen. Dass es Grenzen einseitiger Vertragsänderungsrechte geben muss, ergibt sich – wie oben gesehen[445] – schon aus dem Prinzip der Bindungswirkung von Verträgen, das in letzter Konsequenz vollständig ausgehöhlt würde, wenn ein Weisungsrecht ohne jegliche Grenze gewährt würde. Die erforderlichen Grenzen in Zusammenhang mit Weisungsrechten lassen sich dabei unterschiedlich klassifizieren. Eine erste allgemeine Grenze muss dort bestehen, wo es tatsächlich um die Bindungswirkung des Vertrages geht, also wo es um den Bestand des Vertrages als solchen geht, so wie er mittels des zweiseitigen Vertragsabschlusses zustande gekommen ist. Von dieser allgemeinen Ebene zu unterscheiden ist die Ebene, wo es darum geht, dass zwar durch die Weisung nicht der Vertrag insgesamt in Frage gestellt wird, sondern es „nur" um bestimmte Interessen der anderen Vertragspartei geht, die im Einzelfall zu berücksichtigen sind. Schließlich lässt sich über eine dritte Ebene nachdenken, auf der ein Auffangtatbestand eingreift, um Weisungen, die aus sonstigen Gründen nicht legitim erscheinen, aussondern zu können.

---

[444] Eine Regelung bzgl. eines Weisungsrechts (und dessen Übertragbarkeit) auch in Fällen der Ausstellung eines bloßen *non-negotiable transport document* war offenbar auch ein besonderes Ziel im Rahmen der Ausarbeitung der Rotterdam Rules, siehe *Diamond*, [2008] LMCLQ 135 [178].

[445] Siehe supra *§ 2, I, 4, b)*.

1. Allgemeine Grenze des transportvertraglichen Weisungsrechts

a) Deutsches Recht

Auf den ersten Blick macht es den Anschein, dass eine allgemeine Grenze für das transportvertragliche Weisungsrecht nicht vorhanden ist, weil § 418 HGB diese Frage nicht explizit anzusprechen scheint. Selbstverständlich muss aber auch im deutschen Recht eine solche Beschränkung gegeben sein, weil das Weisungsrecht nicht dazu dienen können soll, dem Frachtführer einen gänzlich anderen Vertrag „aufzudrücken". Der Vertragsinhalt selbst definiert deshalb in erster Linie die allgemeine Grenze des transportvertraglichen Weisungsrechts[446, 447].

In der Literatur gibt es unterschiedliche Ansätze, wie sich diese allgemeine Grenze auch an den gesetzlichen Bestimmungen zum Weisungsrecht festmachen lässt. Entgegen dem ersten Anschein wird hierfür in § 418 HGB ein belastbarer Anknüpfungspunkt gesehen. So ergebe sich nach *Reuschle* bereits aus dem Wortlaut des § 418 I 1 HGB, dass sich die Weisungen immer „auf die Beförderung des Gutes beziehen" müssten[448]. Folglich seien etwa Weisungen zum Verkauf oder zur Vernichtung des Transportgutes in der Regel unzumutbar[449]. Allerdings ergibt sich diese Einschränkung auf Weisungen nur bzgl. der Beförderung des Gutes nicht unmittebar aus § 418 I 1 HGB, denn dort heißt es wörtlich nur, dass der Absender berechtigt ist, über das Gut zu verfügen.

Auch *Koller* bezieht sich bei seinem Versuch der Grenzziehung auf den Wortlaut des § 418 I 1 HGB, kommt dabei jedoch zu einer etwas weiteren Grenze. Er lehnt sich direkt an den Wortlaut an und schließt daraus, dass es sich immer um Weisungen „über das Gut" handeln müsse[450]. Dies wird weiter dahingehend konkretisiert, „daß der Weisungsberechtigte einseitig die beförderungsbezogenen Pflichten des Frachtführers in Hinblick auf dieses Gut modifizieren" könne[451].

---

[446] Etwas missverständlich ist der Hinweis von *Schmidt*, § 32 II 7, wonach „[d]er Umfang des Verfügungsrechtes [...] sich aus den Vertragspflichten des Frachtführers [ergebe], denn der Verfügungsberechtigte kann den Frachtführer nicht zu Maßnahmen anweisen, die der Frachtführer nicht schuldet [...]". Die Missverständlichkeit rührt daher, dass eine Weisung, die per Definition den Vertrag ändert, immer dazu führt, dass sich die vertraglichen Pflichten des Frachtführers ändern, so dass er nach der Weisung etwas anderes schuldet als zuvor. *Schmidt* ist freilich in Gänze darin zuzustimmen, dass das Weisungsrecht nicht zu einer Änderung der Kernpflichten führen darf.

[447] Selbstverständlich nicht möglich ist also etwa eine Weisung, wonach andere Güter als die vertraglich Vereinbarten transportiert werden sollen, siehe *Kolwey*, S. 34.

[448] So *Ebenroth/Boujong/Joost/Strohn-Reuschle* § 418 Rn. 10.

[449] *Ebenroth/Boujong/Joost/Strohn-Reuschle* § 418 Rn. 10.

[450] *Koller* § 418 Rn. 5.

[451] *Koller* § 418 Rn. 5.

An anderen Stellen wird für die allgemeine Grenze des Weisungsrechts nicht auf § 418 I 1 HGB, sondern auf § 418 I 2 HGB abgestellt und aus den dort beispielhaft, nicht abschließend[452] aufgezählten zulässigen Weisungsinhalten gefolgert, dass sich die transportvertraglichen Weisungen auf die „Durchführung der Beförderung" beziehen müssten[453].

Der Ansatz über § 418 I 2 HGB hat den großen Vorteil, dass er anhand der Orientierung an den im Gesetz aufgezählten Weisungsinhalten am konkretesten ist und nicht versucht, wenig zwingende Schlüsse aus dem Wortlaut des § 418 I 1 HGB zu ziehen. Auch wenn die Aufzählung in § 418 I 2 HGB nach der gesetzlichen Konzeption nicht abschließend ist, so müssen alle weiteren möglichen Weisungen trotzdem in die Reihe der dort genannten Weisungen passen, weil der Gesetzgeber anhand der Aufzählung den transportvertraglichen Weisungsbegriff inhaltlich konkretisiert hat. § 418 I 2 HGB nennt ausdrücklich die Nichtweiterbeförderung des Gutes, die Ablieferung an einen anderen Bestimmungsort, eine andere Ablieferungsstelle oder einen anderen Empfänger. Alle vier Beispiele nehmen die Hauptleistungspflicht des Transportvertrages, d. h. die Beförderung des Transportgutes in den Blick und modifizieren den geschuldeten Beförderungserfolg. Damit steht auch fest, dass nach der Aufzählung des § 418 I 2 HGB gar nicht viele andere Weisungen als die genannten in Betracht kommen, jedenfalls nicht bezogen auf den Beförderungserfolg. Man könnte noch an eine Weisung zur Zurücklieferung an den Ort der Absendung denken, wenn dieser Fall nicht schon als Unterfall der Festlegung eines anderen Bestimmungsortes aufgefasst werden soll. Zu denken ist zudem an eine Teilung des Transportgutes[454] oder auch an eine (kurzzeitige) Unterbrechung des Transports, die den Beförderungserfolg jedenfalls in zeitlicher Hinsicht betrifft[455]. Zu dieser Gruppe wird man wohl auch die Weisung zählen können, dass die Übergabe des Gutes nachträglich von der Zahlung einer Nachnahme oder gegen die Aushändigung von Dokumenten[456] vorzunehmen ist, weil der Beförderungserfolg hier gerade bedingt wird durch zusätzliche Erfordernisse.

---

[452] Siehe statt aller *Koller* § 418 Rn. 6.

[453] *MüKoHGB-Thume* § 418 Rn. 18; *Oetker-Paschke* § 418 Rn. 2.

[454] Dass eine solche Weisung möglich ist, lässt sich vor allem aus der Tatsache herleiten, dass § 418 HGB diesen Fall im Gegensatz zur Vorbildnorm des Art. 12 CMR nicht regelt. Indem der deutsche Gesetzgeber im Gegensatz zu dem in Art. 12 V c) CMR geregelten Verbot von Weisungen, die zu einer Teilung des Transportgutes führen, diesen Fall nicht geregelt hat, wird man aus dem Schweigen des Gesetzgebers schließen können, dass er diesen Fall toleriert; so wie hier *Ebenroth/Boujong/Joost/Strohn-Reuschle* § 418 Rn. 13.

[455] Vgl. auch *Koller* § 418 Rn. 6; *MüKoHGB-Thume* § 418 Rn. 23.

[456] Zur Zulässigkeit solcher Weisungen vgl. *Meyer-Rehfueß*, S. 57; *Oetker-Paschke* § 418 Rn. 2.

Auch wenn § 418 I 2 HGB in seinen Beispielen nur auf den Beförderungserfolg abstellt, so wird man neben solchen Weisungen, die sich auf den Erfolg der Beförderung beziehen, also auf das „ob" des Transportes, als Unterfall das „wie" des Transportvorganges betreffende Weisungen für zulässig halten müssen[457]. Dafür könnte zunächst die Überlegung sprechen, dass das „wie" der Beförderung inbegriffen ist im „ob" der Beförderung. Dies ist jedoch nicht unangreifbar, denn genauso ließe sich argumentieren, dass die Konsequenzen einer die Modalitäten der Beförderung betreffenden Weisung für den Frachtführer viel größer sein können als die einer den Beförderungserfolg betreffenden Weisung[458]. Entscheidend sind deshalb zwei andere Gedanken. Zum einen sieht § 427 HGB gerade Weisungen bzgl. der Modalitäten der Beförderung vor[459], etwa bzgl. der Verwendung eines bestimmten Transportmittels[460] oder sonstiger Maßnahmen, die die Beschaffenheit des Transportgutes erfordert, wie eine erhöhte Flüssigkeitszufuhr bei der Beförderung lebender Tiere (§ 427 I Nr. 6 HGB) auf Grund eines unerwarteten Temperaturanstiegs. Daneben spricht für die allgemeine Zulässigkeit von Weisungen, die bloß Modalitäten des Transportes betreffen, ein zweiter Gedanke, der sogleich noch näher herauszuarbeiten ist: Das Weisungsrecht darf nicht dazu führen, dass übermäßig in die vertragliche Risikoverteilung eingegriffen wird[461]. Die Beförderung, und damit auch das „wie" der Beförderung sind aber gerade das Kerngeschäft des Frachtführers, so dass er sich in aller Regel ohne Probleme auf die Weisungen wird einstellen können; darüber hinaus schützen auch hier wieder die Grenzen des § 418 I 3 HGB. Möglich sind deshalb auch Weisungen über die Fälle des § 427 HGB hinaus. Ein solches Beispiel jenseits des § 427 HGB ist etwa eine Weisung bzgl. der Verzollung der zu transportierenden Güter[462].

---

[457] Vgl. zum Ganzen und insbesondere zur Unterscheidung zwischen „Beförderungserfolg" und „Modalitäten der Beförderung" *Koller* § 418 Rn. 6.

[458] Freilich wird in den überwiegenden Fällen eine Weisung bzgl. des Beförderungserfolgs einschneidender sein als nur bezüglich der Art und Weise des Transports, siehe etwa *Wagner*, S. 20, Fn. 1, der argumentiert, „daß nicht einzusehen ist, warum der Gesetzgeber, wenn er dem Absender die weitgehende Befugnis einräumt, die Rückgabe des Gutes zu verlangen, ihm die viel geringere Befugnis, z. B. über die Art und Weise dessen Behandlung zu bestimmen, nehmen sollte."

[459] Siehe zum Gleichlauf der Weisungsbegriffe in § 418 und § 427 HGB bereits supra *§ 6, I, 2.*

[460] *Koller* § 418 Rn. 6.

[461] Siehe hierzu auch supra *§ 2, I, 4, b)* sowie *§ 9, IV, 1.*

[462] *Ebenroth/Boujong/Joost/Strohn-Reuschle* § 418 Rn. 7; *Helm*, VersR 1988, 548 [554] [für Art. 12 CMR]; nach BGH VersR 1987, 980 [981] darf allerdings der Empfänger keine Weisungen bzgl. der Verzollung geben.

Nach dem Gesagten bieten also für die allgemeine Grenze des transportvertraglichen Weisungsrechts in erster Linie die im Gesetz erwähnten Beispiele für Weisungen in § 418 HGB und § 427 HGB Orientierung. Darüber hinaus sind aber weitere Weisungen möglich[463], bei denen jeweils im Einzelfall zu überprüfen ist, ob die Kernpflichten des Transportvertrages durch atypische Pflichten ersetzt werden bzw. solche mittels der Weisung in das vertragliche Pflichtenprogramm aufgenommen werden sollen. Dahinter steht der Gedanke, dass dem Frachtführer mit Hilfe der Weisungen nicht solche Pflichten auferlegt werden sollen, die dem Transportgewerbe fremd sind und deshalb für den Frachtführer nicht oder nur schwer zu überblicken sind[464]. Ansonsten böte das Weisungsrecht die Möglichkeit, nachträglich in größerem Maße die vertragliche Risikoverteilung zu verändern[465], möglicherweise bis hin zur Transformation des Vertrages in einen anderen Vertragstyp mit der Folge, dass die transportvertraglichen Regelungen gar nicht mehr anwendbar wären. Nicht als Weisung iSd. § 418 HGB zulässig ist deshalb vom Frachtführer einseitig zu verlangen, dass dieser das Transportgut unterwegs verkaufen soll[466] oder – sofern dies möglich ist – Veränderungen daran vorzunehmen. Auch ein – jedenfalls längeres – Anhalten des Transportes, das zu einer erforderlichen Einlagerung führt, stellt keine zulässige Weisung dar, weil die Einlagerung nicht zum Kerngeschäft des Frachtführers gehört[467]. In einem solchen Fall wird der Weisungsberechtigte in der Praxis gegenüber dem Frachtführer einen Lagerhalter als neuen Empfänger angeben[468]; der Transportvertrag ist damit aber erfüllt und beendet[469], so dass

---

[463] Die Gesetzesbegründung BT-Drucks. 13/8445 S. 49 spricht sogar davon, dass das Weisungsrecht nach § 418 I 2 HGB „inhaltlich unbeschränkt" sei. Dem wird man so pauschal nicht folgen können, wie hier gezeigt wird, aber diese Aussage macht doch die Grundtendenz des Gesetzgebers deutlich, von einer grundsätzlich breiten Weisungsbefugnis des Weisungsberechtigten auszugehen.

[464] Vgl. *Koller* § 418 Rn. 5, der in diesem Zusammenhang von „atypischen Risiken" spricht, denen der Frachtführer nicht ausgesetzt werden dürfe; siehe auch *Oetker-Paschke* § 418 Rn. 1, wonach es durch die Weisung nicht zu einer „Ergänzung bisher nicht geregelter Leistungspflichten" kommen dürfe.

[465] Siehe auch *MüKoHGB-Thume* § 418 Rn. 19, die im Falle einer „bewusst getroffene[n] Pflichtenverteilung" davon ausgeht, dass bzgl. des betreffenden Punktes des Vertragsprogramms sich schon nach den allgemeinen Auslegungsvorschriften der §§ 133, 157 BGB ergibt, dass eine einseitige Modifikation dieses Punktes mittels des Weisungsrechts nicht möglich sein soll.

[466] Vgl. *Oetker-Paschke* § 418 Rn. 2; a. A. *Koller* § 418 Rn. 6, siehe hierzu sogleich im Text.

[467] Im Ergebnis wie hier: *Ebenroth/Boujong/Joost/Strohn-Reuschle* § 418 Rn. 10.

[468] Vgl. *Meyer-Rehfueß*, S. 54; vgl. auch *Koller* § 418 Rn. 6.

[469] So wie hier mit Hinweis auf § 419 III 5 HGB auch *Koller* § 418 Rn. 6, obwohl er

der Absender, falls er zu einem späteren Zeitpunkt doch einen Weitertransport wünscht, einen neuen Transportvertrag abschließen muss.

Anderer Ansicht ist dagegen ausdrücklich *Koller*[470], der sich auf § 410 II Nr. 1 HGB und § 419 III 2 HGB stützt, in denen von „einlagern, verwahren, verkaufen lassen und vernichten" die Rede sei, so dass auch solche Tätigkeiten zum Berufsbild des Frachtführers zu zählen seien. Dies vermag jedoch nicht zu überzeugen: Die genannten Vorschriften sind beide solche, die dem Frachtführer im Falle eines unfreiwilligen Transportes von gefährlichem Gut oder bei einem Ablieferungshindernis einen ganzen Strauß von Möglichkeiten geben, auf die für den Frachtführer missliche Situation zu reagieren. Keineswegs muss also der Frachtführer nach diesen Vorschriften beispielsweise das Transportgut einlagern oder verwahren, sondern dies sind nur Möglichkeiten unter vielen. Je nach der Art des Transportgutes und je nach vorhandenem Sachverstand und der Größe des Unternehmens (wovon möglicherweise das Vorhandensein von Lagermöglichkeiten oder überhaupt Erfahrungen mit Einlagerungen abhängen) werden sich die Frachtführer in solchen Situation zu ganz unterschiedlichen Verhandlungsweisen entscheiden. Trotz dieser Vorschriften kann nicht davon ausgegangen werden, dass tatsächlich alle am Markt tätigen Frachtführer mit den verschiedenen genannten Varianten vertraut sind. U.a. deshalb handelt es sich wohl um bloße „Kann-Vorschriften", so dass der Frachtführer sowohl bei § 410 HGB weiterbefördern kann als auch bei § 419 HGB, wo dies sogar ausdrücklich im Gesetz festgehalten ist, so dass der Frachtführer die Wahl hat, auch weiter nur seine Kernkompetenz, die Beförderung, auszuführen.

Schließlich vermag diese Ansicht auch deshalb nicht zu überzeugen, weil sie es an Konsequenz vermissen lässt. Sowohl *Koller*[471] als auch das OLG Köln[472] gehen nämlich davon aus, dass eine fortlaufende Haftung des Frachtführers während der Zeit der Einlagerung nicht besteht. Während das OLG Köln davon ausgeht, dass dies daran liegt, dass das Gut nicht mehr in der Obhut des Frachtführers sei und von einer Umwandlung des Vertrages in einen Speditionsvertrag ausgeht[473], ist *Koller* der Ansicht, dass nunmehr die lagerrechtlichen Vor-

---

grundsätzlich eine andere Meinung zur Zulässigkeit einer solchen Weisung vertritt, siehe hierzu sogleich im Text; unklar OLG Köln, TranspR 2003, 116, 117 f.

[470] § 418 Rn. 6; ebenso OLG Köln, TranspR 2003, 116.

[471] § 418 Rn. 29.

[472] TranspR 2003, 116 [118].

[473] OLG Köln, TranspR 2003, 116 [117 f.]. Im Übrigen kommt das OLG Köln sogar doch zu einer Haftung des Frachtführers auf Grund von Schäden an zwei der sechs zu transportierenden Kisten, die Spritzgießmaschinen beinhalteten. Den Frachtführer treffe nach dem Urteil nämlich die Beweislast dafür, dass „ein Schaden während einer nicht verkehrsbedingten verfügten Einlagerung entstanden ist". Im vorliegenden Fall war streitig, wo die Schäden an den Kisten und damit den Maschinen entstanden ist und mangels hinreichender Dokumenta-

schriften Anwendung fänden müssten[474]. Ließe man dem OLG Köln und *Koller* folgend ein Weisungsrecht mit dem Inhalt einer längeren Einlagerung zu, wäre dies zwar transportrechtlich möglich, führte aber zu einer Unanwendbarkeit der transportvertraglichen Haftungsregeln und sogar zu einem Übergang zu anderen Vertragstypen. Dass die Weisung jedoch so stark das Gepräge des Vertrages verändert, wird den Interessen des Frachtführers in aller Regel nicht gerecht, weil er nicht abschätzen kann, worauf er sich bei Abschluss des Vertrages einlässt, und ist vor diesem Hintergrund abzulehnen.

Strittig behandelt in der Literatur ist die Frage, ob es auch möglich ist, den Frachtführer anzuweisen, eine Versicherung abzuschließen oder Transportpapiere zu beschaffen. Abgelehnt wird dies etwa mit dem Argument, dass gehöre nicht zur „Berufsrolle" des Frachtführers[475], oder mit dem Hinweis, es handele sich dabei nicht um „beförderungsbezogene Inhalte"[476]. Dem kann jedoch nicht zugestimmt werden. Eine Versicherung, die sich selbstverständlich auf das Transportgeschehen beziehen muss, steht in einem so engen Kontext mit der Beförderungsleistung, dass sie zum einen als beförderungsbezogen zu qualifizieren ist und daneben auch keine Überforderung für den Frachtführer darstellt, der ständig bei seiner Tätigkeit mit Versicherungen zu tun hat[477]. Gleiches gilt für die Beschaffung von Transportpapieren.

b) Französisches Recht

Im französischen Recht wird eine allgemeine Grenze des transportvertraglichen Weisungsrechts im Schrifttum nicht explizit diskutiert und auch die *contrat-types général* stellen hierzu keine Regelung bereit. Vielmehr scheint man davon auszugehen, dass es eine Selbstverständlichkeit sei, dass mittels des transportvertraglichen Modifikationsrechts der Vertrag nicht derart verändert werden kann, dass die Kernpflichten des Vertrages in erheblichem Maße verändert werden bis hin zu einer Veränderung des Vertragstpys. *Demogue* formuliert in seinen allgemeineren Ausführungen zu einseitigen Modifikationsrechten folgendermaßen:

„En fait de modifications aux contrats, une idée nous apparaît : c'est que la volonté humaine n'est et ne doit être souveraine que dans une direction générale à donner aux affaires où elle intervient. Un individu fait une fondation, un autre accepte un mandat, prête un objet à usage. C'est une initiative. Une fois coulée dans le moule d'un contrat, elle doit être respectée. Mais

---

tion des Transports konnte der Frachtführer nicht beweisen, dass der Schaden nicht während des von ihm durchgeführten Transportvorgangs entstanden ist.

[474] *Koller* § 418 Rn. 29.
[475] So *Koller* § 418 Rn. 6.
[476] So *Oetker-Paschke* § 418 Rn. 2.
[477] Im Ergebnis wie hier *Ebenroth/Boujong/Joost/Strohn-Reuschle* § 418 Rn. 7.

les modalités en peuvent être changées, comme des branches poussant sur un arbre dans de mauvaises directions doivent être redressées. La modification ne peut donc porter que sur un point non essentiel. Le droit arrivera peu à peu à prévoir, du moins il faut espérer, ces points secondaires sur lesquels une transformation par volonté unilatérale peut porter."[478]

Ein weiterer Anhaltspunkt für die möglichen Änderungen im Rahmen einer *modification* ist die Abgrenzung zur *novation*, die im *Code Civil* explizit erwähnt ist[479]. Nach Art. 1271 CC kann sie sich auf drei unterschiedliche Arten vollziehen, wobei für die Abgrenzung zur *modification* nur die erste Variante interessant ist. Demnach ist eine *novation* bei unveränderten Vertragsparteien dann gegeben, wenn zwischen ihnen eine neue Schuld vereinbart wird, die an Stelle der alten tritt[480]. Hinzu kommen muss der Wille der Parteien, eine *novation* herbeizuführen, siehe Art. 1273 CC.

Die Abgrenzung zwischen der *modification* und der *novation* ist schwierig[481]. Eindeutig erscheint nur, dass die *modification* im Vergleich zur *novation* grundsätzlich die mildere Form der Einwirkung auf das Schuldverhältnis ist, also eine qualitative Unterscheidung danach vorgenommen werden kann, ob die alte Verpflichtung vollständig durch eine neue ersetzt worden ist oder ob die Verpflichtung nur mit etwas anderem Inhalt weiterbesteht[482]. *Cholet* beschreibt die *modification* in Abgrenzung zur *novation* folgendermaßen:

„Ce concept de modification […] est en effet à la fois proche et distinct de la novation. La modification de l'obligation ne porte que sur certains éléments de l'obligation, fongibles entre eux, dont la transformation n'affecte pas l'existence. Ce peut être des modalités ou, selon certains auteurs, l'objet mais jamais la cause. La modifiation ne doit pas en tout cas affecter la substance de l'obligation. Elle doit rester modeste."[483]

Auch wenn sich die Abgrenzung zwischen *modification* und *novation* in der Regel auf zweiseitige Vertragsänderungen bezieht, so kann aber davon ausgegangen werden, dass zu weitreichende transportvertragliche Weisungen im französischen Recht mit dem Hinweis für unzulässig erklärt würden, dass diese Weisungen statt einer *modification* eine *novation* des Vertrages auslösen wür-

---

[478] *Demogue*, RTD civ. 1907, 245 [308].

[479] Das deutsche Recht – im Gegensatz zum französischen – kennt seit der Einführung des BGB keine *novation* mehr und wird in seiner Abkehr von dieser Rechtsfigur von manchen französischen Autoren als Vorbild auch für das französische Recht gesehen, ohne dass dies jedoch zu einer Abschaffung der *novation* geführt hätte, siehe *Cholet*, RTD civ. 2006, 467 [470, Fn. 24].

[480] Siehe auch *Benabent*, Rn. 829.

[481] *Benabent*, Rn. 829: „La distinction est souvent subtile et donne lieu à un abondant contentieux […]."

[482] Vgl. zu diesem qualitativen Unterschied beider Konzepte Ghozi, S. 15 ff.

[483] *Cholet*, RTD civ. 2006, 467 [480]. Siehe zur schwierigen Abgrenzung zwischen *novation* und *modification* auch *Benabent*, Rn. 829; *Terre/Simler/Lequette*, Rn. 1424.

den und deshalb nicht von dem in den *contrat-types général* geregelten einseitigen Modifikationsrecht erfasst wären.

Die allgemeine Grenze des transportvertraglichen Weisungsrechts konkret zu formulieren, ist auch im französischen Recht nicht ganz einfach. Traditionell genannt als mögliche Weisungen werden im Schrifttum die klassischen transportrechtlichen Weisungen, die sich auf den Beförderungserfolg beziehen, also die Weisung, an einen anderen Empfänger oder anderen Ort zu liefern oder die Ware zurückzutransportieren[484]. Auch bei den wenigen Entscheidungen zum transportvertraglichen Weisungsrecht geht es im französischen Recht – soweit ersichtlich – ausschließlich um die Änderung des Zielortes, was jedoch auch schlicht daran liegen kann, dass weniger einschneidende Weisungen, etwa nur zu den Modalitäten des Transports, insgesamt weniger Anlass zu Streitigkeiten geben. Der Wortlaut von Art. 4 CT *général* ist nicht eindeutig. Während der Wortlaut von Art. 4 Abs. 1 CT *général* (*„Le donneur d'ordre dispose de la marchandise jusqu'au moment où le destinataire fait valoir ses droits"*) eher darauf hindeutet, dass das Weisungsrecht sich tatsächlich nur auf den Beförderungserfolg bezieht, weil die Formulierung *„dispose de la marchandise"* sich allein auf die Befugnis zum Umdirigieren des Transportgutes zu beziehen scheint, lässt sich einer solch engen Auslegung der Wortlaut von Art. 4 Abs. 2 CT *général* („Toute nouvelle instruction du donneur d'ordre ayant pour objet la modification des conditions initiales d'exécution du transport est donnée ou confirmée, immédiatement, par écrit ou par tout autre procédé en permettant la mémorisation.") entgegensetzen. Die Formulierung in Abs. 2 ist so allgemein, indem von allen neuen Instruktionen gesprochen wird, die die Änderung einer Vertragsklausel zum Gegenstand haben, dass starke Zweifel daran angebracht sind, dass sich Art. 4 CT *général* allein auf solche Weisungen bezieht, bei denen es um die Festlegung eines neuen Zielortes oder Empfängers geht.

c) Englisches Recht

Im englischen Recht wird eine allgemeine Grenze des transportrechtlichen Weisungsrechts an keiner Stelle erwähnt. Auf der anderen Seite geht es sowohl in den einschlägigen Urteilen als auch im Kapitel von *Cashmore* über Weisungsrechte ausschließlich um solche Modifikationen, die eine Änderung des Zielortes oder des Empfängers betreffen, mithin also um die klassischen Inhalte des transportrechtlichen Weisungsrechts. Es spricht viel dafür, dass man das transportrechtliche Weisungsrecht vor diesem Hintergrund so eng verstehen muss, dass es tatsächlich nur die genannten klassischen Weisungen bzgl. des Beförde-

---

[484] *Rodière*, Rn. 425.

rungserfolgs betrifft. Dazu passt auch die von *Cashmore*[485] verwendete Terminologie. Es ist durchgehend entweder von *„right of control"* oder *„right to divert goods"* die Rede. Modifikationen, die nur die Modalitäten des Transports betreffen, also etwa die Anweisung, ein anderes Transportfahrzeug zu benutzen, bedürfen nach englischem Recht wohl nach den allgemeinen Regeln einer zweiseitigen Vertragsänderung.

d) Sonderfälle: Unmöglichkeit und gesetzliche Verbote

Weitere allgemeine Grenzen bzgl. transportrechtlicher Weisungen ergeben sich aus allgemeinen Regelungen des Schuldrechts, die auch auf den Transportvertrag durchschlagen. Dazu gehört zunächst die allgemeine Regelung, dass von einem Schuldner keine Leistung verlangt werden kann, die unmöglich ist[486], so dass eine Weisung mit unmöglichem Inhalt von vornherein unzulässig sein soll. Bei einer genaueren Betrachtung lässt sich aber feststellen, dass die Anwendung der Unmöglichkeitsgrundsätze auf die transportrechtliche Weisung durchaus einige Fragen aufwirft.

Dass eine Weisung, deren Inhalt unmöglich ist, dazu führt, dass die Weisung unzulässig und folglich nicht bindend ist, ergibt sich im deutschen Recht nicht schon aus § 418 HGB[487], sondern wird aus der allgemeinen Vorschrift des § 275 BGB hergeleitet[488]. Allerdings erscheint die Anwendung des § 275 BGB, wonach die Leistung des Gläubigers ausgeschlossen ist, sofern sie unmöglich ist, nicht selbstverständlich, da die Weisung selbst ja zunächst bloß eine einseitige Willenserklärung ist. § 275 BGB schließt aber grundsätzlich den Leistungsanspruch innerhalb eines Schuldverhältnisses aus, was hier normalerweise dazu führen würde, dass der Anspruch des Absenders gegenüber dem Frachtführer auf die Erbringung des Transportes ausgeschlossen wäre. § 275 BGB hat – bei einem vertraglichen Schuldverhältnis – auf die Willenserklärungen der Parteien überhaupt keinen Einfluss, was insbesondere durch § 311a I BGB deutlich wird, wonach es der Wirksamkeit eines Vertrages nicht entgegensteht, wenn der Schuldner nach § 275 BGB nicht zu leisten braucht.

Einzig *Fremuth* sowie *Koller* weisen vor diesem Hintergrund darauf hin, dass eine direkte Anwendung des § 275 BGB hier nicht passe, sondern vielmehr all-

---

[485] S. 167 ff.

[486] Siehe § 275 BGB, Art. 1148 CC.

[487] Vgl. auch *Braun*, S. 56 ff., der aber einen erst-Recht-Schluss aus § 418 I 3 HGB andenkt, letztlich aber darauf hinweist, dass der Gesetzgeber eine Lösung über § 275 BGB bevorzugt habe.

[488] Vgl. BT-Drucks. 13/8445 S. 49; *Koller* § 418 Rn. 8; *MüKoHGB-Thume* § 418 Rn. 28; *Fremuth/Thume-Fremuth* § 418 Rn. 17.

gemein auf die „Unmöglichkeitsgrundsätze des BGB"[489] bzw. den „Rechtsge-danke[n] des § 275 BGB"[490] zurückgegriffen werden solle. Weder dort, noch an anderer Stelle wird aber überhaupt argumentiert, warum es sachgerecht sein soll, eine Weisung, deren Inhalt unmöglich ist, für unbeachtlich zu erklären. Wendet man die Grundsätze des § 275 BGB auf die Weisung an, ist man erkenn-bar davon geleitet, dass man den Vertrag bzw. die vertraglichen Leistungspflich-ten erhalten möchte. Dies mag schon deshalb sinnvoll sein, weil es seltsam des-truktiv anmutet, eine nachträgliche Einwirkung auf den Vertrag zuzulassen mit der Wirkung, dass die vertraglichen Leistungspflichten auf Grund von Unmög-lichkeit erlöschen[491]. Vor allem aber erscheint es sinnvoll, dass das Weisungs-recht dem Weisungsberechtigten nicht nachträglich die Möglichkeit gewährt, einseitig aus dem Vertrag „auszusteigen", indem er absichtlich, etwa aus Reue über den Vertragsschluss, eine Weisung mit unmöglichem Inhalt erteilt. Zwar könnte man einwenden, dass es dem Absender nach § 415 HGB ohnehin jeder-zeit zusteht, einseitig und grundlos den Frachtvertrag zu kündigen. § 415 HGB weist allerdings für diesen Fall detaillierte Regelungen zum Vergütungsan-spruch auf, die im Gegensatz zu den Regelungen des § 326 BGB auf die Situa-tion beim Frachtvertrag zugeschnitten sind und nicht durch eine „Lösung" vom Vertrag durch Herbeiführung von Unmöglichkeit ausgehöhlt werden dürfen.

Eine ganz andere Lösung verfolgt *Braun*, der Fälle der Unmöglichkeit mit Hilfe der Anwendung der §§ 419 I 1, III HGB lösen will[492]. Für eine Anwendung des § 275 BGB bleibe überhaupt kein Raum, da § 419 I 1 als „zentrale Norm der Leistungsgefahr" an die Stelle der Unmöglichkeitsvorschriften des BGB tre-te[493]. Auf Grund des Zweckes des § 419 I 1 HGB, eine schnelle Lösung für Probleme bei der Vertragsdurchführung zu finden, sei es erforderlich, diese Norm nicht nur bei nachträglichen Beförderungs- und Ablieferungshindernis-sen anzuwenden, sondern über ihren Wortlaut hinaus auch bei Weisungen mit unmöglichem Inhalt bzw. mit erkennbar zukünftig unmöglichem Inhalt[494]. An-sonsten drohe der Wertungswiderspruch, dass nach § 275 BGB eine Weisung, deren Inhalt erst später zur Unmöglichkeit führt, trotz Erkennbarkeit (zunächst) keine Auswirkungen hätte und die Weisung zu befolgen sei, während bei § 419

---

[489] Vgl. *Fremuth/Thume-Fremuth* § 418 Rn. 17.

[490] *Koller* § 418 Rn. 7 Fn. 31.

[491] Hierzu passt auch, dass § 419 HGB offenbar mit der Pflicht zur Weisungseinholung in Problemlagen den Hintergrund hat, den bezweckten Vertragserfolg „Transport" möglichst herbeizuführen, siehe hierzu auch *infra § 7, III, 1, b)*.

[492] *Braun*, S. 59.

[493] *Braun*, S. 59.

[494] Vgl. *Braun*, S. 59.

I 1 HGB bereits die Erkennbarkeit eines Beförderungshindernisses genüge[495] und zudem müsse man sonst eine Warn- und Weisungseinholungspflicht mühsam konstruieren statt gleich auf die spezielle Regelung der Weisungseinholung nach § 419 HGB zurückzugreifen[496].

Der Ansatz *Brauns* hat erkennbar den Vorteil, ohne einen Rückgriff auf die allgemeinen Unmöglichkeitsvorschriften des BGB auszukommen und das Problem „autonom" im Transportrecht zu lösen. Zwar vermag die vorgeschlagene Lösung über § 419 HGB grundsätzlich solche Weisungen nicht auszusortieren, die nur mit dem Zweck der „Beendigung" des Vertrages getätigt werden. Vielmehr wäre auch in diesen Fällen § 419 HGB anwendbar, und der Frachtführer hätte im Falle, dass der Weisungsberechtigte auf Rückfrage seitens des Frachtführers die zur Unmöglichkeit führende Weisung nicht abändert, die weitreichenden Möglichkeiten nach § 419 III HGB, etwa den Rücktransport unter Anwendung der Vergütungsregel des § 418 I 4 HGB. Ein Umgehungspotential bezogen auf § 415 HGB (insbesondere auf die dortige Wahlmöglichkeit des Frachtführers nach § 415 II Nr. 2, pauschal ein Drittel der vereinbarten Fracht zu verlangen) verbliebe in Einzelfällen aber nur dann, wenn die Maßnahmen des Frachtführers nach § 419 III HGB, die gemäß § 419 IV HGB zu vergüten sind, günstiger für den Weisungsberechtigten sind als wenn er pauschal ein Drittel der vereinbarten Fracht zu entrichten hätte.

Die Frage der Unmöglichkeit wird im französischen transportvertraglichen Schrifttum weit weniger kontrovers behandelt. Man beschränkt sich auf einen Hinweis, dass – mangels expliziter Regelung in den *contrat-types* – schon nach den allgemeinen Regeln Weisungen, deren Ausführungen unmöglich sind, nicht binden[497]. Im englischen Recht wird die Frage, ob Weisungen, deren Ausführung unmöglich ist, nicht näher behandelt. Allerdings spricht vieles dafür, dass sie als nicht bindend aufgefasst würden, weil bereits die der Unmöglichkeit durchaus nahestehenden Fälle, dass die Güter während des Transports nicht oder nur mit übermäßigem Aufwand zugänglich sind, als Grenzen des Weisungsrechts aufgefasst werden[498].

Eine Weisung ist nach den allgemeinen zivilrechtlichen Regelungen ebenfalls dann unbeachtlich, wenn sie gegen ein Verbotsgesetz iSd. § 134 BGB verstößt[499]

---

[495] *Braun*, S. 58.
[496] *Braun*, S. 59.
[497] Vgl. speziell zur transportvertraglichen Weisung *Gency-Tandonnet* , JClTransport, Fasc. 740, Rn. 125; *Rodière*, Rn. 426, sowie allgemein zum Leistungsverweigerungsrecht im Fall von *force majeure* nach Art. 1148 CC s. *Benabent*, Rn. 344 ff..
[498] Dazu infra *§ 7, II, 2, c), aa).*
[499] *Braun*, S. 60; *Koller* § 418 Rn. 9.

oder sittenwidrig ist[500]. Im französischen Recht lässt sich in diesem Zusammenhang das Beispiel finden, dass dann keine Verpflichtung zur Befolgung der Weisung gegeben ist, wenn die Weisung einen Inhalt hat, der mit den Vorschriften über den Arbeitsschutz der Mitarbeiter des Transporteurs nicht übereinstimmt, etwa indem die Höchstfahrzeiten überschritten würden, oder der mit Vorschriften über die Verkehrssicherheit nicht vereinbar ist[501].

2. Der Schutz der typischen Interessen des Frachtführers im Rahmen von Transportverträgen

a) Deutsches Recht

Für das deutsche Recht ergeben sich die Grenzen des Weisungsrechts auf Grund der typischen Interessen des Frachtführers aus § 418 I 3 HGB. Nach dem Wortlaut des Gesetzes ist der Frachtführer nur insoweit zur Befolgung von Weisungen verpflichtet, als deren Ausführung weder Nachteile für den Betrieb seines Unternehmens noch Schäden für die Absender oder Empfänger anderer Sendungen mit sich zu bringen droht. Damit soll nicht allein das Merkmal der „Zumutbarkeit" zu Grunde gelegt werden, da es als unbestimmter Rechtsbegriff ohne eine Bezugsgröße zu unbestimmt sei[502]. Vielmehr werden zwei Alternativen formuliert, die selbstständig nebeneinander stehen. Die erste Alternative berücksichtigt die Interessen des Frachtführers, während die zweite Alternative zum Ziel hat, Schäden von Dritten abzuwenden.

aa) Nachteile für den Betrieb des Unternehmens des Frachtführers

Nach der Gesetzesbegründung soll § 418 I 3 HGB die Interessen des Frachtführers weitreichender schützen als dies durch die Vorbildnorm des Art. 12 V b) CMR der Fall ist[503]. Dies soll durch die etwas geänderte Formulierung der Vorschrift zum Ausdruck kommen, wonach eine Weisung nicht erst dann unzulässig ist, wenn sie den gewöhnlichen Betrieb des Unternehmens des Frachtführers „hemmt", sondern bereits dann, wenn die Ausübung der Weisung „Nachteile" für den Betrieb des Unternehmens des Frachtführers" mit sich zu bringen droht"[504]. Aus dem Grundsatz von Treu und Glauben sei jedoch andererseits zu folgern, dass „nicht schon jede Unverträglichkeit mit dem Unternehmenskon-

---

[500] *Koller* § 418 Rn. 9; *MüKoHGB-Thume* § 418 Rn. 28.
[501] *Gency-Tandonnet*, JClTransport, Fasc. 740, Rn. 125.
[502] BT-Drucks. 13/8445 S. 49; vor diesem Hintergrund erscheint ein Abstellen auf das Merkmal der Zumutbarkeit wie bei *Ebenroth/Boujong/Joost/Strohn-Reuschle* § 418 Rn. 9 ff. etwas unpassend.
[503] Siehe BT-Drucks. 13/8445 S. 49.
[504] Vgl. BT-Drucks. 13/8445 S. 49.

zept des Frachtführers ausreichen kann, um eine Weisung abzulehnen"[505]. Es handele sich damit um einen Kompromiss, der einerseits die weitreichenden Weisungsbefugnisse beschränken soll, gleichzeitig aber auch dem Geschäftsbesorgungscharakter des Frachtvertrages Rechnung tragen soll[506].

Die gesetzliche Regelung und ihre versuchte Konkretisierung mit Hilfe der Gesetzesmaterialien bedarf weiterer Ausdifferenzierung um Rechtssicherheit für die am Frachtvertrag beteiligten Akteure zu schaffen. Nur bedingt hilfreich erscheinen in diesem Zusammenhang Versuche, den unbestimmten Rechtsbegriff des Nachteils mit der ebenfalls wenig präzisen Formulierung zu konkretisieren, dass eine Beeinträchtigung des Betriebskonzepts „von einem gewissen Gewicht" zu fordern sei[507]. Vielversprechender erscheint es dagegen, anhand konkreter Fallkonstellationen die Grenze der noch zulässigen Weisung auszuloten.

Wichtig ist dabei zunächst, dass der Begriff des Nachteils (für den Betriebsablauf[508]), den es hier zu konkretisieren gilt, in Zusammenhang mit der Regelung des § 418 I 4 HGB gesehen werden muss, wonach der Frachtführer Ersatz seiner durch die Ausführung der Weisung entstehenden Aufwendungen sowie eine angemessene Vergütung verlangen kann[509]. Diese Kompensationspflicht seitens des Weisungsberechtigten verengt in ganz erheblicher Weise den Begriff des „Nachteils". Insbesondere kein Nachteil für den Betriebsablauf kann es deshalb sein, wenn die Weisung dazu führt, dass dem Frachtführer zusätzliche Unkosten entstehen, denn diese sind als Aufwendungen gemäß § 418 I 4 HGB zu erstatten[510]. Ebenfalls kann es an sich kein relevanter Nachteil sein, wenn die Weisung Mehrarbeit des Frachtführers veranlasst, denn diese ist ihm nach § 418 I 4 HGB zu vergüten, was selbstverständlich auch einen entsprechenden Gewinn mit umfasst, so dass eine solche Weisung – für sich genommen – zunächst vor allem wirtschaftliche Vorteile für den Betrieb des Frachtführers mit sich bringt in Form einer Steigerung des Umsatzes und Gewinns. Verfehlt ist es

---

[505] BT-Drucks. 13/8445 S. 49.

[506] BT-Drucks. 13/8445 S. 49.

[507] So *Fremuth/Thume-Fremuth* § 418 Rn. 18; als schlichtweg unzutreffend, da die beiden Alternativen in § 418 I 3 HGB miteinander vermengt werden, ist die Auffassung *Paschkes* (*Oetker-Paschke* § 418 Rn. 4) zu bezeichnen, wonach „[n]achteilig im Sinne dieser Bestimmung […] insbesondere die Gefahr [sei], dass Schäden an anderen Gütern entstehen."

[508] *MüKoHGB²-Czerwenka* § 418 Rn. 29 betont ausdrücklich, dass aus dem Wortlaut der Norm zu schließen sei, dass Nachteile für das Unternehmen als solches nicht ausreichen, sondern Nachteile für den „Betrieb des Unternehmens" vorliegen müssten.

[509] Dabei besteht noch nicht einmal ein Insolvenzrisiko, da § 418 I 4 2. Halbsatz HGB hinzufügt, dass der Frachtführer die Befolgung der Weisung von einem Vorschuss abhängig machen kann, vgl. auch *Koller* § 418 Rn. 11.

[510] Vgl. *MüKoHGB-Thume* § 418 Rn. 29.

deshalb, schon jegliche Neubestimmung der Ablieferungsstelle nach Ankunft des Gutes an einer entfernt liegenden politischen Gemeinde seitens des Empfängers mit dem Argument als grundsätzlich nachteilig zu qualifizieren, dass es sich hierbei faktisch um „einen Anschlusstransport mit – von der Ladung abgesehen – neuem und selbstständigem Gepräge" handele[511]. Dies ist schon deshalb unrichtig, weil es die Regelung des § 418 III HGB nicht in hinreichendem Maße berücksichtigt[512]. Eine solche Weisung – sowie sämtliche ähnliche Weisungen, die zu einer Verlängerung des Transportweges führen – sind an sich ohne weiteres zulässig, und zwar auch vor dem Hintergrund, dass durch sie das Haftungsrisiko des Frachtführers schon deshalb erhöht wird, weil der Transportweg länger geworden ist. Denn das zusätzliche Risiko ist durch die zusätzliche Vergütung abgegolten und die Transportmittel des Frachtführers werden in aller Regel darauf ausgelegt sein, Entfernungen zu überbrücken, unabhängig davon, wer der Auftraggeber ist[513].

Mehrarbeit kann jedoch für den Frachtführer aus anderen Gründen nachteilig für den Betriebsablauf sein, etwa dann, wenn sie dazu führt, dass vertragliche Verpflichtungen gegenüber anderen Kunden nicht eingehalten werden können, weil die Transportkapazität gebunden ist[514]. Ein sonst daraus resultierender Vertragsbruch muss dabei nicht einmal zu Schadensersatzansprüchen seitens der anderen Absender oder Empfänger führen, wobei ein solcher Fall ohnehin richtigerweise unter die zweite Alternative der Vorschrift zu subsumieren wäre[515]. Vielmehr genügt es, dass sich dadurch der Ruf des Frachtführers am Markt auf Grund von Unzuverlässigkeit verschlechtert.

In der Literatur findet sich zudem das Beispiel, dass dann ein Nachteil für den Betrieb des Unternehmnes vorliege, wenn durch die Weisung atypische Transportrisiken eingegangen werden müssen, was etwa der Fall sei, wenn eine Fahrt in ein gefährdetes Gebiet angewiesen werde[516]. Allerdings ist hier Vorsicht geboten, denn grundsätzlich führt auch hier die Vergütungspflicht nach § 418 I 4 HGB dazu, dass sich das erhöhte Risiko in einer erhöhten, für solche Transporte üblichen Fracht niederschlägt, die dann gerade dieses erhöhte Risiko mit abdeckt. Auch *Koller*[517] sieht im Ergebnis diesen Zusammenhang und kommt deshalb zu dem Schluss, dass diese Fallgruppe nur dann unter § 418 I 3 1. Alt. HGB falle, wenn es sich um ein Gebiet handele, für das überhaupt keine Transporte

---

[511] So aber ausdrücklich *MüKoHGB-Thume* § 418 Rn. 30.
[512] Siehe hierzu ausführlich infra *§ 7, II, 2, a), aa)*.
[513] So zutreffend *Koller* § 418 Rn. 11.
[514] *Koller* § 418 Rn. 11.
[515] Siehe hierzu infra *§ 7, II, 2, a), bb)*.
[516] *Koller* § 418 Rn. 11; Ihm folgend *MüKoHGB-Thume* § 418 Rn. 30.
[517] § 418 Rn. 11.

– auch nicht zu erhöhten Vergütungen – angeboten werden[518]. Auch hier ist richtigerweise wiederum zu bedenken, dass zur Ausführung einer Weisung auch Subunternehmer eingesetzt werden können[519]. Letztlich reduziert sich der Anwendungsbereich dieser Fallgruppe damit ebenfalls nur auf den kleinen Teil von Fällen, in denen ein bestimmtes Gebiet – etwa wegen eines Krieges oder einer Umweltkatastrophe – überhaupt nicht von Transportunternehmen angesteuert wird.

Ein interessanter Aspekt, der von *Koller* eingebracht wird, ist die Frage, ob Mehrarbeit insofern für den Frachtführer nachteilig sein kann als er dadurch Einbußen an seiner Freizeit zu verzeichnen hat[520]. Zwar könne nicht jede Art von Freizeitbeeinträchtigung genügen, aber die Einbuße an Freizeit könne trotz der Kompensation durch die Vergütung so „unzumutbar groß" sein, dass die Weisung letztlich nicht befolgt zu werden braucht[521]. Diese Grenze mutet allerdings recht unpräzise an. Sie schafft durch das Abstellen auf die Unzumutbarkeit wieder nur neue Rechtsunsicherheit, denn wie soll bestimmt werden, wann für einen bestimmten Frachtführer ein gewisser Grad an Mehrarbeit zu einer „unzumutbaren großen" Beeinträchtigung seines Bedürfnisses nach Freizeit führt. Neben dieser Unsicherheit stellt sich aber auch die Frage, ob das Kriterium der Beeinträchtigung der Freizeit sachlich überhaupt erforderlich und gerechtfertigt ist. Der Wortlaut des § 418 I 3 1.Alt. HGB stellt auf die Nachteile für den Betrieb des Frachtführers ab und nicht auf dessen persönliche (Freizeit-) Bedürfnisse. Aus der gesetzlichen Formulierung wird daher zu schließen sein, dass persönliche Belange des Frachtführers unbeachtlich sind, zumal er ja ansonsten keineswegs schutzlos dasteht, sondern die aufgezeigten Grenzen des Weisungsrechts zu seinen Gunsten greifen. Die Veränderungen, die durch Weisungen herbeigeführt werden können, sind somit für den Frachtführer bei jedem einzelnen abgeschlossenen Frachtvertrag überschaubar und das Risiko, dass Weisungen an ihn herangetragen werden, ist er wissentlich bei Abschluss des Vertrages (und der Nicht-Abbedingung von § 418 I HGB) eingegangen.

Festzuhalten ist an dieser Stelle schließlich, dass die neue, d.h. seit 1998 bestehende Gesetzesfassung, die als Grenzen ausdrücklich auf die beiden vorgestellten Kriterien abstellt, manche alten Streitstände zu § 433 HGB erledigt hat. So wird man beispielsweise zur alten Rechtslage noch annehmen können, dass nach wohl herrschender Meinung die Weisungsbefugnis bzgl. der Bestimmung

---

[518] Ungenau ist deshalb *MüKoHGB-Thume* § 418 Rn. 30, weil er nicht die Einschränkung macht, dass es sich tatsächlich um ein Gebiet handeln muss, in dem überhaupt keine Transporte durchgeführt werden.

[519] So ausdrücklich *Koller* § 418 Rn. 11.

[520] Vgl. *Koller* § 418 Rn. 11.

[521] Vgl. *Koller* § 418 Rn. 11.

des Empfängers nur in sehr engen Grenzen möglich war[522], d. h. nur dann, wenn der neue Bestimmungsort am vereinbarten Bestimmungsort liegt, oder aber an einem Teil der Transportstrecke, die noch nicht passiert worden ist[523]. Soweit ersichtlich wird eine solche Einschränkung zum heutigen § 418 HGB nicht mehr vertreten, was auch unzutreffend wäre, weil es unabhängig von der Lage des neuen Bestimmungsortes im Verhältnis zum alten allein darauf ankommt, ob die allgemeinen bzw. die im Einzelfall zu prüfenden Grenzen der Weisungsbefugnis nach § 418 HGB eingreifen. Gleiches dürfte für die Annahme gelten, dass unter alter Rechtslage nach herrschender Meinung ein neuer Frachtvertrag geschlossen werden musste, wenn verlangt wurde, das Gut zurück an den Ort des Absenders zu transportieren[524].

bb) Schäden für die Absender oder Empfänger anderer Sendungen

Bei der zweiten Alternative des § 418 I 3 HGB, der Schäden für die Absender oder Empfänger anderer Sendungen in Bezug nimmt, geht es – anders als bei der ersten Alternative – nicht um die Interessen des Frachtführers, sondern diejenigen der sonst am Transportvertrag beteiligten Personen, namentlich des Absenders und des Empfängers. Diese können Schäden iSd. § 418 I 3 HGB dadurch erleiden, dass – allgemein gesprochen – die Weisung des Weisungsberechtigten nicht nur seine eigene Sendung betrifft, sondern reflexartig auch die Sendungen anderer Vertragspartner des Frachtführers. Bevor auf Beispiele einzugehen ist, wann dies der Fall ist, muss jedoch zunächst als Vorfrage eine Konkretisierung des Begriffs „Schäden" herbeigeführt werden. Man könnte aus der Verwendung des Begriffes Unterschiedliches herleiten: Legte man § 418 I 3 2. Alt. HGB eng aus, so könnte man den Begriff des „Schadens" dahingehend verstehen, dass dem jeweiligen Absender oder Empfänger bei der Befolgung der Weisung ein Schaden iSd. der aus dem Schadensrecht geläufigen Differenzhypthese entsteht. Dagegen spricht allerdings, dass der Frachtführer gemäß

---

[522] So jedenfalls auch ausdrücklich *Meyer-Rehfueß*, S. 57 Rn. 175, die aber selbst – zu Recht – auch schon unter dem alten Recht davon ausging, dass eine solch pauschale Grenzziehung falsch ist, und vielmehr auf die Zumutbarkeit für den Frachtführer im Einzelfall abgestellt werden müsse.

[523] Vgl. beispielsweise *Höhn*, S. 6; *Leutke*, S. 56; *Wagner*, S. 31; siehe auch *Meyer-Rehfueß*, S. 57 für weitere Nachweise zu dieser Frage.

[524] Vgl. *Wagner*, S. 26 f. mit zahlreichen weiteren Nachweisen sowie *Meyer-Rehfueß*, S. 55; im Übrigen wurde schon im Jahr 1994 seitens des OLG Köln, TranspR 1995, 68 bzgl. eines der CMR unterfallenden Frachtvertrages die Zulässigkeit einer Weisung zum Rücktransport zum Absender für unproblematisch gehalten. Ein LKW-Transport gebrauchter KFZ nach Polen war hier vom polnischen Zoll verhindert worden, so dass sich der Absender entschied, den LKW zurückzuordern. Dies sei eine zulässige Weisung iSd. Art. 12 CMR, die aber freilich entsprechend zu vergüten ist.

§ 418 V HGB unverzüglich[525] dem Weisungsberechtigten mitzuteilen hat, wenn er eine Weisung nicht zu befolgen beabsichtigt, so dass ihm eine komplexe juristische Prüfung etwaiger konkreter Auswirkungen in vermögensrechtlicher Hinsicht bei seinen Kunden nicht möglich erscheint. Als zweite Auslegung kommt in Betracht, dass man den Begriff Schaden untechnisch versteht, und darunter jegliche Beeinträchtigung der Absender bzw. Empfänger versteht, also auch schon Unannehmlichkeiten z. B. auf Grund einer späteren Anlieferung, die jedoch keine vermögensrechtlichen Konsequenzen haben. Dann müsste man sich aber die Frage stellen, warum der Gesetzgeber überhaupt den Begriff des Schadens gewählt hat und nicht zu einem anderen anderen Begriff gegriffen hat, der weiter und untechnischer zu verstehen ist. Vor diesem Hintergrund ist tatsächlich davon auszugehen, dass der Begriff des Schadens nicht untechnisch gemeint ist, sondern es sich um einen Vermögensschaden im Sinne der Differenzhypothese handeln muss, für den der Frachtführer anhand der ihm zur Verfügung stehenden Informationen eine Prognoseentscheidung zu treffen hat. Mangels jeglichen Anhaltspunktes im Wortlaut ist dagegen an dieser Stelle nicht zu prüfen, ob dieser Schaden auch zu einem Schadensersatzanspruch, etwa gegenüber dem Frachtführer, führt.

Für die Bildung von Beispielen ist dabei wichtig, dass sich der Vermögensschaden nicht daraus ergeben muss, dass die Transportgüter selbst beschädigt werden[526], sondern es sind auch alle sonstigen denkbaren Schäden möglich. Das bedeutet, dass für den Fall, dass die andere Sendung gleichzeitig mit der Sendung transportiert wird, auf die sich die Weisung bezieht, ein Schaden beim Absender oder Empfänger neben einer Beschädigung des Transportgutes, etwa dem Verderben frischer Ware[527], auch dadurch eintreten kann, dass das Transportgut früher geliefert wird, obwohl zu diesem Zeitpunkt noch keine Lagerkapazitäten zur Verfügung stehen, oder die Lieferung später erfolgt[528], so dass etwa dadurch Folgeverträge nicht eingehalten werden können. Wird die andere Sendung nicht gleichzeitig mit derjenigen transportiert, auf die sich die Weisung bezieht, dann sind vor allem zwei Fallgruppen denkbar: Fälle, in denen die andere Sendung gar nicht transportiert werden kann, etwa mangels genügender Ladekapazität[529], oder Fälle des verspäteten Transports.

---

[525] D. h. ohne schuldhaftes Zögern, § 121 BGB.

[526] Vgl. *Koller* § 418 Rn. 12.

[527] So ausdrücklich *Fremuth/Thume-Fremuth* § 418 Rn. 19; *MüKoHGB-Thume* § 418 Rn. 31.

[528] Vgl. auch *MüKoHGB-Thume* § 418 Rn. 31.

[529] So ausdrücklich *Koller* § 418 Rn. 12.

Koller[530] weist in diesem Zusammenhang jedoch zu Recht daraufhin, dass auch hier Unterfrachtführer eingesetzt werden können, so dass der Anwendungsbereich auch dieser zweiten Alternative des § 418 I 3 HGB nochmals deutlich schrumpft.

cc) § 418 III HGB

Eine weitere Grenze des Weisungsrechts ergibt sich aus § 418 III HGB, wonach ein Dritter, den der Empfänger in Ausübung seines Weisungsrechts als neuen Empfänger angeordnet hat, nicht seinerseits erneut einen anderen Empfänger bestimmen kann. Wie schon im Rahmen des Art. 12 IV CMR, dem der Absatz 3 wörtlich nachgebildet ist, soll so verhindert werden, dass der Frachtführer einer theoretisch unendlichen Kette von Weisungsberechtigten ausgesetzt ist, die dazu führen könnte, dass er sehr lange mit einem bestimmten Transportgut beschäftigt bleibt[531].

Nicht möglich sein soll zudem nach *Czerwenka*, dass der Empfänger den Frachtführer nach der Ablieferung anweist, das Gut zu einem Dritten in einer entfernt liegenden politischen Gemeinde zu befördern[532]. Die Argumentation stützt sich hierbei auf die Überlegung, dass es sich um einen Anschlusstransport mit „neuem und selbstständigem Gepräge" handeln würde und mit einer Befolgungspflicht einer solchen Weisung letztlich ein Zwang für den Frachtführer zum Abschluss eines (weiteren) Transportvertrages entstünde, anstatt sich einem bloß modifizierenden Recht aus dem bisherigen Vertrag gegenüberzusehen[533]. Nicht außer Acht gelassen werden darf jedoch in diesem Zusammenhang, dass der Gesetzgeber dem nachvollziehbaren Interesse des Frachtführers, durch Weisungen nicht über Gebühr belastet zu werden, in den gesetzlichen Regelungen zum Weisungsrecht bereits ausdrücklich Rechnung trägt. Dabei legt, wie soeben dargestellt[534], § 418 I 3 HGB gewisse Grenzen der Weisungsbefugnis fest und insbesondere § 418 III HGB regelt im weiteren Zusammenhang der hier zu erörternden Frage, dass es nicht möglich ist, dass ein Dritter, an den auf Grund einer Weisung des Empfängers das Transportgut vom Frachtführer geliefert worden ist, wiederum einen neuen Empfänger bestimmt, an den der Frachtführer liefern soll. Der Gesetzgeber hat also die Gefahr einer unverhältnismäßig langen Bindung des Frachtführers an ein bestimmtes Transportgut,

---

[530] § 418 Rn. 11 f.

[531] Vgl. BT-Drucks. 13/8445 S. 50; *Heymann-Schlüter* § 418 Rn. 7; *Koller* § 418 Rn. 13; *MüKoHGB-Thume* § 418 Rn. 11.

[532] *MüKoHGB-Thume* § 418 Rn. 30.

[533] *MüKoHGB-Thume* § 418 Rn. 30.

[534] Siehe supra *§ 7, II, 2, a), aa)* und *bb)*.

die zu einer ähnlichen Situation wie bei einem Kontrahierungszwang führen kann, gesehen und auf sie mit der Regelung des § 418 III HGB, wonach die Kette der Weisungsberechtigten bereits beim ersten Dritten abbricht, reagiert. Vor diesem Hintergrund erscheint die Argumentation *Czerwenkas* nicht restlos überzeugend. § 418 III HGB käme demnach nämlich überhaupt nur dann zum Tragen, wenn der Empfänger den Frachtführer anweist, das Transportgut an einen Empfänger in einer nicht entfernt liegenden politischen Gemeinde zu transportieren. Da aber gerade der Fall der Bestimmung eines Dritten durch den Empfänger nur in der beschriebenen Weise eingeschränkt worden ist, wird man wohl aus dem Schweigen des Gesetzes zu allen anderen Einschränkungen im Umkehrschluss eher davon ausgehen dürfen, dass der (erste) Empfänger auch einen entfernteren Ort als neuen Ablieferungsort bestimmen kann, sofern nicht die Grenzen des § 418 I 3 HGB eingreifen[535].

dd) Der Umgang mit unzulässigen Weisungen seitens des Frachtführers

Die Frage der Zulässigkeit einer Weisung ist ex-ante zu bestimmen[536], was zur Folge hat, dass selbst dann eine unzulässige Weisung vorliegt, wenn der Frachtführer irrig Umstände annimmt, die zu ihrer Zulässigkeit nach § 418 I 3 HGB führen, bzw. umgekehrt der Frachtführer auch dann an die Weisung gebunden ist, wenn sich nachträglich herausstellt, dass die Weisung doch Nachteile bzw. Schäden iSd. § 418 I 3 HGB hervorruft[537]. Letzteres ergibt sich daraus, dass der Vertrag zwischenzeitlich wirksam geändert worden ist und damit nunmehr mit dem Vertragsinhalt so umzugehen ist als sei er von Beginn an so vereinbart gewesen[538].

Geht der Frachtführer dagegen von der Unzulässigkeit der Weisung aus, stellt sich die Frage, welche Rechtsfolgen es hat, wenn der Frachtführer ihr trotzdem folgt. Entscheidend ist dabei zunächst, dass eine iSd. § 418 I 3 HGB unzulässige Weisung als Angebot zu einer Vertragsänderung mit dem Inhalt der Weisung auszulegen ist[539]. Dies folgt schon aus dem allgemeinen Grundsatz, dass Willenserklärungen im Zweifel so auszulegen sind, dass ihre Nichtigkeit vermieden wird[540].

Die Frage ist aber, ob zum Schutz des Frachtführers besonders hohe Anforderungen an eine Annahme auf Seiten des Frachtführers zu stellen sind oder ob

---

[535] So wie hier mit dem Umkehrschluss-Argument wohl auch *Koller* § 418 Rn. 13.

[536] *Braun*, S. 56.

[537] So ausdrücklich *Braun*, S. 56.

[538] Vgl. *Braun*, S. 56.

[539] *Ebenroth/Boujong/Joost/Strohn-Reuschle* § 418 Rn. 14; *Koller* § 418 Rn. 14.

[540] Vgl. *Koller* § 418 Rn. 4; zum allgemeinen Grundsatz siehe statt aller *Palandt-Ellenberger* § 133 Rn. 25.

bereits eine konkludente Annahme des Angebots als ausreichend angesehen werden kann. In der Literatur wird vielfach angenommen, dass bereits durch konkludentes Verhalten eine Vertragsänderung zustande kommt[541]. Der BGH dagegen hat in einer Entscheidung aus dem Jahr 2002 betont, dass an eine Vertragsänderung strenge Anforderungen zu stellen seien[542]. Allerdings lag der Entscheidung ein Sachverhalt zugrunde, der nach der CMR zu entscheiden war, so dass nicht sicher ist, ob – wie von *Koller*[543] suggeriert – der BGH eine möglicherweise andere Position bezogen auf das interne deutsche Recht einnimmt. Der Grund für diese Zweifel liegt in der Tatsache begründet, dass Art. 4 CMR im Gegensatz zu § 408 HGB eine Pflicht zur Ausfertigung eines Frachtbriefes vorsieht und sich der BGH in dem Urteil insbesondere auf den Schutz des Art. 12 V CMR beruft, wonach Weisungen in den Frachtbrief einzutragen sind, was in dem vorliegenden Fall nicht geschehen war. Indem § 418 HGB für das transportvertragliche Weisungsrecht keine spezielle Form vorsieht, kann durch die Zulassung einer konkludenten Vertragsänderung keine (Form-)Schutzvorschrift unterlaufen werden, so dass die Rechtsprechung des BGH zur CMR an dieser Stelle wohl unbedeutsam für die Auslegung des HGB ist.

Vielmehr wird man davon ausgehen müssen, dass § 362 HGB Anwendung findet[544], wonach im Falle einer schon länger bestehenden Geschäftsbeziehung sogar schon das Schweigen als Annahme seitens des Frachtführers gewertet werden kann.

Einen ganz anderen Ansatz liefert *Braun,* der zunächst betont, dass die Konsequenz des § 418 I 3 HGB ein Wahlrecht des Frachtführers sei, der unzulässigen Weisung Folge zu leisten oder nicht[545]. Dementsprechend brauche man auch kein Angebot zum Vertragsschluss (und dessen Annahme) bei der Befolgung einer unzulässigen Weisung, sondern auch die unzulässige Weisung bewirke in ihrer Ausprägung als Gestaltungsrecht die Änderung des Vertragsinhalts schon dann, wenn der Frachtführer von seinem Wahlrecht in negativer Hinsicht nicht Gebrauch mache, die Weisung also nicht umgehend zurückweise[546]. Lehne der Frachtführer die Weisung zu einem späteren Zeitpunkt ab, verhalte er sich widersprüchlich[547]. Diesem Ansatz ist durchaus zugute zu halten, dass er insbesondere dem Bedürfnis des Handelsverkehrs nach Schnellig-

---

[541] Vgl. *Koller* § 418 Rn. 14.

[542] BGH NJW-RR 2002, 1608 [1609].

[543] Siehe § 418 Rn. 14 Fn. 47, wo er den BGH als in dieser Frage « zurückhaltend » bezeichnet.

[544] So ausdrücklich *Meyer-Rehfueß*, S. 73.

[545] *Braun*, S. 54.

[546] *Braun*, S. 54 f.

[547] *Braun*, S. 55.

keit und Einfachheit Genüge tut. Hinzu kommt, dass so die Bedeutung des § 418 V HGB, wonach der Frachtführer unverzüglich darüber zu benachrichtigen hat, wenn er eine Weisung nicht befolgen will, aufgewertet wird, indem die Vorschrift nicht bloß Anknüpfungspunkt für mögliche Schadensersatzansprüche wegen der Nichtbenachrichtigung ist, sondern bei ihrer Nichtbeachtung unmittelbar eine unzulässige Weisung die Wirkung einer zulässigen Weisung erhält. Dies würde wohl im Ergebnis zu etwas mehr Rechtssicherheit auf Grund der Einfachheit der Regelung führen, weil es in allen Fällen, in denen der Frachtführer seiner Benachrichtigungspflicht nicht nachkommt, gar nicht mehr darauf ankommen würde, ob die Weisung ursprünglich zulässig oder unzulässig wäre.

Allerdings ist durchaus in Zweifel zu ziehen, ob § 418 V HGB solch weitreichende Bedeutung erlangen sollte, denn § 362 HGB zeigt selbst für das Handelsrecht, dass Schweigen nur in Ausnahmefällen einen Erklärungswert haben soll. Zwar liegt die zu erörternde Situation etwas anders, da es eine ausdrückliche Pflicht gibt, die Nichtbefolgung der Weisung anzuzeigen und damit sein Schweigen zu brechen, aber trotzdem erscheint die Änderung eines Vertrages nur mangels der Befolgung einer Informationspflicht als weitreichender Vorgang, der die Interessen des Frachtführers zu sehr in den Hintergrund drängt. Eine bloße Schadensersatzpflicht als Folge der Nichtbenachrichtigung stellt die ausgewogenere Regelung dar, denn eine zunächst unzulässige Weisung ist ja gerade deshalb unzulässig, weil sie Nachteile für den Betrieb des Unternehmens des Frachtführers bzw. Schäden an anderen Transportgütern zu verursachen droht und damit möglicherweise weitreichende Beeinträchtigungen für den Frachtführer mit sich bringt.

b) Französisches Recht

Die Frage der Grenzen des transportvertraglichen Weisungsrechts wird im französischen Recht nur am Rande behandelt. Im Schrifttum heißt es etwa nur, dass der Frachtführer die Weisung nur dann nicht zu befolgen habe, wenn eine *„raison valable"* vorliege[548]. Entscheidender Ausgangspunkt für die Präzisierung der Grenze sind wiederum die *contrat-types*. Art. 4 al. 3 CT *général* legt diesbezüglich fest, dass eine Weisung seitens des Transporteurs nur dann zu befolgen ist, wenn sie nicht dazu führt, dass andere, zuvor eingegangene Transportverpflichtungen verhindert werden. Im Vergleich zum deutschen Recht ist diese Grenze also deutlich weniger streng. Ausgeschieden werden sollen offenbar nur solche Weisungen, die den Frachtführer vertragsbrüchig werden lassen gegenüber anderen Kunden. Ob durch die Weisung sonst Nachteile für den Betrieb des Frachtführers entstehen, scheint darüberhinaus keine Rolle zu spielen.

---

[548] *Gency-Tandonnet*, JClTransport, Fasc. 740, Rn. 125.

c) *Englisches Recht*

Die Grenzen des transportvertraglichen Weisungsrechts im englischen Recht auszuloten, ist eine schwierige Aufgabe. Die Entscheidungen der Gerichte befassen sich höchst selten mit dieser Fragestellung und auch die englische Literatur hat bisher keine Anstrengungen unternommen, pointiert die Grenzen des Weisungsrechts im Transportrecht herauszuarbeiten[549].

aa) *Die Güter müssen während des Transports ohne unverhältnismäßigen Aufwand zugänglich sein*

Eine erste Begrenzung des Weisungsrechts ergibt sich einmal mehr aus der für das englische Recht zur transporvertraglichen Weisung so grundlegenden Entscheidung in *Scothorn and Another v The South Staffordshire Railway Company*[550]. In einem Nebensatz erwähnt *Martin B.* dort bei der Herausarbeitung der Regel, wonach der Eigentümer zu jedem Zeitpunkt während des Transportes das Transportgut vom Frachtführer herausverlangen kann, dass diese Regel davon abhänge, dass der Frachtführer an das Transportgut des herausverlangenden Eigentümers kommen könne[551]. Vor Augen hat *Martin B.* offenkundig die Situation, dass ein Eisenbahnwaggon (die Entscheidung in *Scothorn* bezieht sich ja auf einen Eisenbahntransport und der Transport mit dem Verkehrsmittel war zum Zeitpunkt der Entscheidung sicherlich die wichtigste Transportart) mit verschiedenen Transportgütern beladen ist und sich das herausverlangte Transportgut unter oder hinter anderen Gütern befindet, weshalb große Teile des Waggons entladen und wieder beladen werden müssten, was sowohl arbeits- als auch vor allem zeitintensiv wäre.

Aus der amerikanischen Entscheidung *Heath v Judson Freight Forwarding Co.* geht noch konkreter hervor, dass es in solchen Fällen letztlich darauf ankommt, wie hoch der Aufwand für die Durchführung der Weisung ist:

„It doubtless is true that, if the owner's goods have been put in a place where it would be very inconvenient to take them out, as, for example, if a trunk has been placed deep in the hold of a ship, under other cargo, and the ship is about to sail, so that taking the trunk out would delay the vessel's sailing, and thus involve an expense out of all proportion to the value of the trunk and its contents, the owner would not have the right to redelivery of his trunk at the port of departure."[552]

---

[549] Siehe insbesondere *Cashmore*, S. 172 ff., der dem Thema der Grenzen des Weisungsrechts weder eine eigene Überschrift widmet, noch dieses Thema mit einer mit anderen Teilen seiner Abhandlung vergleichbaren Tiefe und Detailliertheit bearbeitet.

[550] (1853) 8 Ex. 341.

[551] *Scothorn and Another v. The South Staffordshire Railway Company* (1853) 8 Ex. 341 [346].

[552] *Heath v. Judson Freight Forwarding Co.* (1920) 190 P. 839 [842] per *Finlayson, P.J*; siehe für eine detaillierte Darstellung der Entscheidung insbesondere auch *Cashmore* S. 173 f.

Das Beispiel, das *Finlayson, P.J.* zur Veranschaulichung seiner Rechtsauffassung wählt, wirft trotzdem einige Unsicherheit darüber auf, was genau die Grenze des transportrechtlichen Weisungsrechts darstellen soll. Zum einen wird man durch das Beispiel an die – etwa aus dem deutschen und französischen Recht bekannte[553] – Idee erinnert, dass eine Weisung nicht dazu führen soll, dass der Frachtführer seinen Verpflichtungen gegenüber anderen Vertragspartnern nicht nachkommen kann. Andererseits wird aber explizit auf die (zusätzlichen) Kosten abgestellt, die verursacht würden, wenn etwa ein bestimmtes Transportgut, das sich unter oder hinter anderen Transportgütern befindet, herausverlangt wird. Dabei stellt sich schon die Frage, welche Kosten überhaupt gemeint sind und wie diese entstehen. Im vorliegenden Fall wird die Weisung im Ergebnis als rechtmäßig angesehen, da die herausverlangten Transportgüter zu einem Aufwand von $20 abgeladen werden können, so dass sie nicht außer Verhältnis zum Wert der Transportgüter (Möbel, die im Rahmen eines Umzugs transportiert werden sollen) stehen[554]. Es wird nicht deutlich, ob diese $20 durch den zusätzlichen Arbeitsaufwand und eine möglicherweise daraus entstehende höhere Bezahlung der Arbeiter zum Be- und Entladen verursacht werden, oder ob sich etwa auf Grund des zusätzlichen Be- und Entladens die Abfahrt verzögert und sich damit gegenüber den anderen Vertragspartnern des Frachtführers auf Grund einer verspäteten Lieferung der Anspruch auf Fracht verringert. Jedenfalls aber verwundert, dass überhaupt die Frage der Kosten bei der Auslotung der Grenzen des Weisungsrechts eine Rolle spielen soll, wenn man davon ausgeht, dass zusätzlicher Aufwand auf Seiten des Frachtführers selbstverständlich seitens des Weisungsberechtigten zu begleichen ist[555]. Vor diesem Hintergrund können die Kosten für eine Weisung eigentlich kein Grund sein, warum der Frachtführer ihre Ausführung verweigert. Es verbleibt dann nur der Ansatz, dass solche Weisungen nicht zu befolgen sind, die besonders (arbeits-) aufwendig und schon beinahe im Bereich der (wirtschaftlichen) Unmöglichkeit anzusiedeln sind und/oder (deshalb) entweder den betrieblichen Abläufen oder Verpflichtungen gegenüber anderen Kunden zuwiderlaufen.

bb) *Weitere Grenzen nach* Cashmore

Cashmore[556] versucht die Grenzen des transportvertraglichen Weisungsrechts mit folgender Auflistung zuzusammenzufassen: Ein transportvertragliches Weisungsrecht besteht dann nicht, wenn dessen Ausführung *„great difficulty,*

---

[553] Siehe supra *§ 7, II, 2, a), bb)* und *b)*.
[554] *Heath v. Judson Freight Forwarding Co.* (1920) 190 P. 839 [842] per *Finlayson, P.J.*
[555] Siehe hierzu infra *§ 7, III.*
[556] S. 173.

expense or delay to the carrier or fellow owners of goods" verursachen würde. Mit englischen Entscheidungen lässt sich davon direkt nur der Fall belegen, dass das Ausführen der Weisung auf Grund der schlechten Erreichbarkeit des Transportgutes besonders schwierig ist. Dass die durch die Weisung verursachten Aufwendungen auch eine Rolle spielen können, lässt sich immerhin aus der zitierten amerikanischen Entscheidung herleiten. Dass auch andere Eigentümer von Transportgütern vor Unannehmlichkeiten oder gar Verspätungen geschützt werden sollen, wird in den Entscheidungen nicht erwähnt. Es ist jedoch freilich naheliegend, dass auch der Schutz dieser Personengruppe durch die Eingrenzung des Weisungsrechts bezweckt wird, insbesondere wenn man bedenkt, dass mit dem Schutz anderer Vertragspartner des Frachtführers letztlich vor allem auch der Frachtführer geschützt wird, namentlich vor Schadensersatzklagen wegen Beschädigung (durch das Umladen) oder Verspätung der Transportgüter.

3. Auffangtatbestand in Form von billigem Ermessen, abus, reasonableness?

In keiner der drei zu untersuchenden Rechtsordnungen wird schließlich im transportvertraglichen Schrifttum eine letzte und dritte Ebene von Grenzen des transportvertraglichen Weisungsrechts diskutiert. Eine solche dritte Ebene könnte in einer Grenze bestehen, die dann eingreift, wenn weder die bislang erörterten allgemeinen Grenzen noch diejenigen, die die typischen Interessen des Frachtführers schützen sollen, eingreifen, aber trotzdem Zweifel an der Zulässigkeit der Weisung bestehen, etwa weil der Weisungsberechtigte mittels der Weisung versucht, den Frachtführer zu schikanieren. Relevant werden könnten an dieser Stelle die Grenzen, die auf allgemeiner Ebene zur Einschränkung einseitiger Einwirkungsmöglichkeiten auf den Vertrag herausgearbeitet worden sind, also das billige Ermessen, der *abus* oder die *reasonableness*[557].

Die Tatsache, dass entsprechende Diskussionen im transportvertraglichen Schrifttum nicht geführt werden, lässt entweder darauf schließen, dass man das transportvertragliche Weisungsrecht schlicht nicht in Zusammenhang bringt mit übergeordneten Kategorien wie Gestaltungsrecht, einseitge Leistungsbestimmung, *droit potestatif* oder *discretionary powers*. Oder es liegt daran, dass man eine solche Kategorie – anders als etwa beim arbeitsvertraglichen Weisungsrecht bis zur Einführung des § 106 GewO, wo man mangels Anhaltspunkte für Grenzen auf das billige Ermessen aus § 315 BGB zurückgreifen musste[558] – im Transportrecht nicht benötigt, weil es bereits anhand der Grenze der typischen Interessen des Frachtführers eine hinreichende und gleichzeitig genau auf die Bedürfnisse des Frachtführers abgestimmte Schutzregelung gibt,

---

[557] Siehe supra *§ 3, III, 2, a), § 2, III, 2, b)* und *§ 2, III, 3*.
[558] Siehe hierzu supra *§ 4, I*.

die eine weitere Grenze überflüssig macht. Besonders krasse Fälle von Schikane o. ä. ließen sich womöglich sonst auch über allgemeine Vorschriften, etwa § 242 BGB wegen rechtsmissbräuchlichem Verhalten oder *venire contra factum proprium* aus dem Kreis der zulässigen Weisungen aussortieren.

III. Die Auswirkungen der Ausübung des Weisungsrechts auf den Vergütungsanspruch

Neben der Frage nach der Existenz eines transportrechtlichen Weisungsrechts und dessen Grenzen ist der dritte zentrale Fragenkomplex auch in Bezug auf das transportrechtliche Weisungsrecht, wie sich die Ausübung einer Weisung und die damit verbundene Modifikation des vertraglichen Pflichtenprogramms auf den Vergütungsanspruch des Frachtführers auswirkt.

1. Deutschland

Für das deutsche Recht ergibt sich aus § 418 I 4 HGB, dass der Frachtführer vom anweisenden Absender Ersatz seiner durch die Ausführung der Weisung entstehenden Aufwendungen sowie eine angemessene Vergütung verlangen kann und die Befolgung der Weisung sogar von einem diesbzgl. Vorschuss abhängig machen kann. Für den anweisenden Empfänger gibt es eine Parallelvorschrift in § 418 II 3 HGB. Die Regelung im HGB unterscheidet also zwischen dem Ersatz von Aufwendungen und der Anpassung der Vergütung.

a) Aufwendungsersatz

Bzgl. des Aufwendungsersatzanspruchs orientiert sich die Regelung in § 418 HGB an den „allgemeinen Grundsätzen des Auftragsrechts"[559]. Für die Ausfüllung des Begriffs ‚Aufwendungen' kann daher auch auf dessen Konkretisierungen im Rahmen des § 670 BGB zurückgegriffen werden[560]. Demnach sind Aufwendungen freiwillige Vermögensopfer des Frachtführers, die dieser zum Zweck der Befolgung der Weisung erbringt[561]. Wichtig ist hierbei, zu bedenken, dass der Frachtführer neben dem Aufwendungsersatz auch eine Vergütung verlangen kann und ein bestimmter Arbeitsaufwand nicht doppelt abgerechnet werden darf. Dabei dürfte der Anspruch auf Aufwendungsersatz gegenüber dem Anspruch auf eine Anpassung der Vergütung deutlich in den Hintergrund rücken, denn mit der Vergütung sind sog. „Geschäftsunkosten"[562] bereits abge-

---

[559] BT-Drucks. 13/8445 S. 49.
[560] Vgl. *MüKoHGB-Thume* § 418 Rn. 34.
[561] *MüKoHGB-Thume* § 418 Rn. 34.
[562] *MüKoHGB-Thume* § 418 Rn. 35.

golten. Vor diesem Hintergrund erscheint es schon zweifelhaft, ob überhaupt Telefon- und Reisekosten als Aufwendungen ersatzfähig sind[563], da solche Kosten in einer erhöhten Vergütung vielfach schon „eingepreist" sein dürften. Sicher keine Aufwendungen können höhere Betriebskosten auf Grund etwa einer weiteren Transportstrecke sein, denn diese stellen eine entscheidende Größe für die Berechnung der Vergütung dar und sind deshalb bereits mit ihr abgegolten[564].

Wie *Koller* richtig feststellt[565], fallen bei Zugrundelegung der allgemeinen auftragsrechtlichen Prinzipien auch Schäden unter den Begriff der Aufwendungen. Gleichzeitig ist ihm darin zuzustimmen, dass aber gerade die Gefahr der Realisierung typischer Schäden ebenfalls schon mit der Vergütung abgegolten ist[566]. Wenn für den Frachtführer erkennbar ist, dass die Befolgung der Weisung zu einem Schaden führen wird, darf er die Weisung nicht ohne Rücksprache mit dem Weisungsberechtigten durchführen[567]. Dies ergibt sich schon aus der Auslegung des Transportvertrages, wonach der Frachtführer als Experte für den Transportvorgang ein gewisses Maß an Beratungspflichten hat. Geschützt werden soll hier also weniger der Frachtführer, der im Zweifel gar keinen Ersatz wird verlangen können, da es sich in der Regel um ein mit der Vergütung abgegoltenes Risiko handeln wird (und andere, darüber hinaus gehenden Risiken wohl in der Regel schon dazu führen, dass die Weisung unzulässig wird, er sie also gar nicht wird befolgen müssen), als vielmehr der Absender bzw. Empfänger, der vor einem Schaden, insbesondere am Transportgut, bewahrt werden soll.

Liegt beim Frachtführer ein Schaden wegen entgangenen Gewinns vor, weil er andere Aufträge, bei denen er eine höhere Gewinnmarge hätte erzielen können, auf Grund der Weisung nicht annehmen kann, kann er diesen Schaden gegenüber dem Weisungsberechtigten nur ersetzt verlangen, wenn er ihn zuvor auf diese Folge der Weisung hingewiesen hat und der Weisungsberechtigte trotzdem auf der Durchführung der Weisung bestanden hat[568].

Übrig bleiben damit vor allem solche Aufwendungen, die nicht beförderungsbezogen sind, sondern „zusätzlich für das Gut" gemacht werden[569], etwa wegen der Verlängerung des Transportweges. Hierbei kann es sich beispielsweise um höhere Auslagen für die Verzollung der Güter handeln[570] oder auch um die Um-

---

[563] So aber ausdrücklich *Koller* § 418 Rn. 25.
[564] Vgl. *Koller* § 418 Rn. 25; *MüKoHGB-Thume* § 418 Rn. 35.
[565] Siehe *Koller* § 418 HGB Rn. 25.
[566] So ausdrücklich *Koller* § 418 Rn. 25.
[567] So auch *Fremuth/Thume-Fremuth* § 418 Rn. 19; *Koller* § 418 Rn. 25.
[568] *Koller* § 418 Rn. 25.
[569] Siehe für diese Unterscheidung *MüKoHGB-Thume* § 420 Rn. 5 ff.
[570] *MüKoHGB-Thume* § 420 Rn. 7.

verpackung der Güter, die auf Grund des längeren Transports oder der zwischenzeitlichen Beschädigung an der Verpackung, die auf ein vorheriges Fehlverhalten des Absenders zurückzuführen ist, erforderlich geworden ist[571].

b) Vergütung

Der Wortlaut des § 418 I 4 HGB spricht von einer angemessenen Vergütung, ohne jedoch nähere inhaltliche Maßstäbe für die konkrete Berechnung der Vergütung zu erwähnen[572]. Zur Konkretisierung können deshalb die bei § 354 HGB und insbesondere bei § 632 II BGB herausgebildeten Grundsätze herangezogen werden[573]. Abzustellen ist demnach in erster Linie auf die übliche Vergütung, „die zur Zeit des Vertragsschlusses nach allgemeiner Auffassung der beteiligten Kreise am Ort der Werkleistung gewährt zu werden pflegt"[574]. Lässt sich eine übliche Vergütung nicht ermitteln, so kann der Frachtführer nicht iSd §§ 315 ff. BGB einseitig eine Vergütung festlegen[575]. Vielmehr ist durch ergänzende Vertragsauslegung herauszufinden, wer zur Festsetzung eines Preises befugt sein soll, was laut BGH im Zweifel der Richter sein wird, der letztlich – mangels anderer Bezugsgrößen – auch die Umstände des Einzelfalls wird in Bezug nehmen müssen[576].

Nicht vom Gesetz angesprochen wird die Situation, in der sich der Aufwand des Frachtführers auf Grund der Weisung verringert. Es stellt sich die Frage, ob in diesem Fall auch eine Anpassung der Vergütung nach unten möglich ist. In der Literatur wird vertreten, dass sich aus dem Schweigen des Gesetzgebers verbunden mit der Wertung des § 418 I 3 HGB ergebe, dass eine Herabsetzung

---

[571] *MüKoHGB-Thume* § 420 Rn. 7; vgl. auch LG Düsseldorf, TranspR 1987, 340, wo es – unter der CMR – um die Frage ging, ob der Absender vom Frachtführer Ersatz für die Umverpackung undichter Fässer in sog. Überfässer während des Transports im Hafen von Antwerpen verlangen konnte. Das Gericht verneinte dies mit dem Hinweis, dass keine Anspruchsgrundlage in der CMR ersichtlich sei, die zu einem Ersatz dieses Schadens führen könne, insbesondere, weil die Voraussetzungen des Art. 17 CMR nicht gegeben seien, wonach ein gänzlicher oder teilweiser Verlust sowie die Beschädigung des Gutes oder eine Überschreitung der Lieferfrist erforderlich sei. Umgekehrt wird man davon ausgehen können, dass gerade solche Kosten der Umverpackung seitens des Frachtführers vom Absender verlangt werden können, jedenfalls dann, wenn sie durch eine Weisung veranlasst sind, siehe auch zur Ersatzfähigkeit von Aufwendungen auf Grund von Weisungen in der CMR *MüKoHGB-Jesser-Huß* Art. 12 CMR Rn. 30.
[572] Vgl. *Oetker-Paschke* § 418 Rn. 5.
[573] Vgl. auch *Oetker-Paschke* § 418 Rn. 5.
[574] Nach BGH NJW 2001, 151.
[575] So ausdrücklich *Koller* § 418 Rn. 26 sowie der BGH bei der Festlegung einer Vergütung des Maklers in BGH NJW 1985, 1895 [1896].
[576] Vgl. BGH NJW 1985, 1895 [1897].

der Vergütung auf Grund einer Weisung nicht möglich sei, da die Weisung dann nachteilig iSd. § 418 I 3 1. Alt. HGB für den Frachtführer wäre[577]. Tatsächlich lässt sich gut argumentieren, dass sich aus der Regelung des § 418 I 3 1. Alt. HGB der allgemeine Gedanke ergibt, dass der Betrieb des Frachtführers durch die Weisung nicht schlechter stehen soll als bei Weitergeltung des vorherigen Vertragsinhalts. Aber nicht nur § 418 I 3 1. Alt HGB spricht gegen eine Herabsetzung des Vergütungsanspruchs. Aus systematischen Überlegungen ist hier insbesondere ein Wertungswiderspruch mit § 649 BGB sowie dessen transportrechtlicher Ausprägung in § 415 HGB zu denken, der es dem Absender erlaubt, den Frachtvertrag jederzeit einseitig und grundlos zu kündigen. Daraus ergibt sich zunächst, dass der Frachtführer nicht darin geschützt wird, dass er in jedem Fall seine (vollständige) Transportleistung erbringen kann, so dass es auch als unproblematisch für die Zulässigkeit einer Weisung zu qualifizieren ist, wenn diese dazu führt, dass die Leistungspflichten des Frachtführers schrumpfen. Entscheidender ist daneben jedoch die Frage, ob er in seinem Vertrauen auf den Erhalt der gesamten vereinbarten Vergütung geschützt ist. Zur Beantwortung dieser Frage erscheint es angezeigt, auf die Regelung des § 415 II HGB abzustellen[578], der detailliert die Rechtsfolgen einer einseitigen Kündigung des Absenders für den auf die Vergütung gerichteten Gegenleistungsanspruch des Frachtführers enthält. Nach der Grundregel des § 415 II 1 HGB hat der Absender entweder die vereinbarte Fracht unter Aufrechnung dessen, was er infolge der Aufhebung des Vertrages an Aufwendungen erspart oder anderweitig erwirbt oder zu bewerben unterlässt (Nr. 1) oder ein Drittel der Fracht (die sog. Fautfracht) zu entrichten (Nr. 2).

Ebenso wie bei der Kündigung des Werkbestellers im Rahmen von § 649 BGB[579] legt § 415 II 1 HGB mithin fest, dass dem Erbringer der Dienstleistung, hier dem Frachtführer, der Gewinnanteil an der Vergütung verbleibt, weil § 415 II 1 Nr. 1 HGB regelt, dass die vereinbarte Fracht bestehen bleibt und nur zu kürzen ist um die ersparten Aufwendungen sowie dasjenige, was anderweitig erworben wird bzw. zu erwerben böswillig unterlassen wird. Der Schutz des Frachtführers ist gegenüber dem Werkunternehmer dadurch noch erheblich erhöht, dass der Frachtführer nach seiner Wahl nach § 415 II 1 Nr. 2 HGB auch pauschal ein Drittel der vereinbarten Fracht verlangen kann, was für ihn insbesondere dann von Interesse sein wird, wenn der Transport noch nicht oder gera-

---

[577] So ausdrücklich *Oetker-Paschke* § 418 Rn. 5.

[578] So wie hier *Koller* § 418 Rn. 28, der zudem richtigerweise darauf hinweist, dass nicht stattdessen auf die Wertung des § 420 II HGB zurückgegriffen werden kann, da dieser nur bei Beförderungshindernissen eingreift und deshalb nicht auf den hier zu erörternden Fall passt.

[579] Siehe hierzu näher supra *§ 3, II, 1.*

de erst begonnen hat und dem Frachtführer entsprechend erst geringe Aufwendungen entstanden sind, die sonst – sofern sie entstanden sind – nur über § 415 II 1 Nr. 1 HGB verlangt werden können. Im Fall von geringen bisherigen Aufwendungen und einer Gewinnmarge, die unter 33 % der Vergütung liegt, ist ein Vorgehen über § 415 II 1 Nr. 2 HGB also vorteilhafter.

Die dargestellten Schutzregeln zu Gunsten des Frachtführers müssen auf die Weisung übertragen werden, da sonst ein Wertungswiderspruch dadurch entstehen könnte, dass der Absender die Regelung des § 415 II HGB mit Hilfe des Weisungsrechts unterlaufen könnte[580]. Wenn eine Weisung also zu einer Verminderung des vertraglichen Pflichtenprogramms führt, müssen die Regelungen des § 415 II 1 HGB entsprechend herangezogen werden[581].

c) Zwei Entscheidungen zur Verteilung des Kostenrisikos zwischen Weisungsberechtigtem und Frachtführer

Zwei jeweils vom AG Bremen entschiedene Fälle veranschaulichen, welche Vertragspartei im Zusammenhang mit Weisungen das Kostenrisiko für einen durch eine Weisung bzw. deren Nichteinholung entstandenen Mehraufwand zu tragen hat.

In der ersten Entscheidung des AG Bremen aus dem Jahr 2003[582], in der es um die Abrechnung zusätzlicher Aufwendungen auf Grund einer Weisung seitens des Absenders ging, geht das Gericht davon aus, dass – jedenfalls sofern es sich um einen professionell tätigen Weisungsberechtigten handelt – seitens des Frachtführers keine Hinweispflicht in Bezug auf die Auslösung von Mehrkosten durch die Weisung trifft:

Klägerin und Beklagte hatten hier im Jahr 2001 einen Transportvertrag mit dem Inhalt geschlossen, dass die Klägerin Maschinenteile an den Kamerunkai im Hamburger Hafen transportieren sollte. Man einigte sich auf einen Frachtsatz von 30 DM pro Tonne, den die Klägerin explizit für die Anlieferadresse Kamerunkai ausgehandelt hatte. Vor der Durchführung des Transportes wünschte die Beklagte statt des Transportes an den Kamerunkai einen Transport zum Unikai, was von der Klägerin auch durchgeführt wurde. An diesem Terminal musste die Klägerin jedoch Umschlagskosten in Höhe von 1207 € entrichten, die sie der Be-

---

[580] Vgl. *Koller* § 418 Rn. 28; *Fremuth/Thume-Fremuth* § 418 Rn. 20. Siehe auch *Ehrenberg/Rundnagel*, S. 145, der sich vor Bestehen einer entsprechenden Norm im Frachtrecht bei der Verringerung der Vertragsleistungen des Frachtführers durch Weisung für die Anwendung von § 649 BGB auf die Gegenleistung des Absenders aussprach.

[581] Warum *Koller* § 418 Rn. 28 den Anspruch des Frachtführers wenigstens auf die Fautfracht auf den Fall beschränken will, in dem durch die Weisung der Vertrag beendet wird, erschließt sich nicht, weil nicht ersichtlich ist, warum der Frachtführer bei anderen Weisungen als solchen, die zur unmittelbaren Beendigung des Transportvorgangs führen, nicht ebenso schützenswert ist, wie im Fall der Beendigung des Transports durch die Weisung.

[582] AG Bremen, 21.11.2003, 9 C 0053/03 (Juris).

klagten zusätzlich zum vereinbarten Frachtsatz in Rechnung stellte. Sie wurden jedoch nicht bezahlt und stellten nun den Gegenstand des Rechtsstreits dar.

Das AG Bremen gab der Klage auf der Grundlage von § 418 I 4 HGB statt, da es sich bei der Änderung des Lieferorts um eine Weisung iSd § 418 HGB handele, so dass die durch die Weisung zusätzlich verursachten Aufwendungen zu ersetzen seien.

Das Gericht trat damit sowohl der Argumentation der Klägerin als auch der Beklagten entgegen. Die Klägerin hatte argumentiert, die Änderung des Zielortes habe zur Folge, dass ein wesentlicher Bestandteil der ursprünglichen Vereinbarung weggefallen sei, so dass auch die ursprüngliche Vergütung nicht mehr als vereinbart angesehen werden könne. Das AG Bremen interpretierte diese Argumentation so, dass die Klägerin davon ausging, dass ein neuer Vertrag geschlossen wurde, erteilte einer solchen Einschätzung der Rechtslage jedoch mit Hinweis auf § 418 HGB eine Absage.

Die Beklagte meint dagegen, sie hätte auf etwaige Mehrkosten der Änderung des Zielortes durch die Klägerin hingewiesen werden müssen und diesen zustimmen müssen. Das Gericht stellte jedoch klar, dass eine solche Hinweispflicht nicht bestehe, was aus einem Umkehrschluss aus § 418 V HGB begründet wurde, wo eine Hinweispflicht nur für den Fall angeordnet wird, dass die Weisung seitens des Frachtführers nicht befolgt wird. Eine Hinweispflicht ergebe sich auch nicht aus dem Grundsatz von Treu und Glauben, da die Beklagte als international tätige Spedition mit Umschlagskosten hätte rechnen müssen.

Festhalten lässt sich damit in Zusammenfassung dieses Urteils, das in allen Punkten uneingeschränkte Zustimmung verdient, dass ein bei der Auslegung einer nachträglichen Kontaktaufnahme zum Zwecke der Veränderung des vertraglichen Pflichtenprogramms als Angebot zur (zweiseitigen) Vertragsänderung oder sogar als Angebot zum Abschluss eines neuen Vertrages Vorsicht geboten ist; solange sich dieser Modifikationswunsch als Weisung iSd § 418 HGB qualifizieren lässt und die Grenzen des § 418 I 3 HGB nicht überschritten werden, tritt die gewünschte Neuerung schlicht ohne Zutun der Gegenseite ein.

Diese weitreichende Autonomie des Weisungsberechtigten bei der Festlegung des vertraglichen Pflichtenprogramms in Form der nachträglichen Modifizierung bleibt jedoch nicht ohne Risiken für ihn. Die Regelung des § 418 I 4 HGB weist dem Weisungsberechtigten das Kostenrisiko zu. Sämtliche entstehende Zusatzaufwendungen sowie eine entsprechende Vergütung für die Mehrarbeit sind vom Weisungsberechtigten zu zahlen. Dabei hat – wie das AG Bremen zu Recht mit einem Umkehrschluss aus § 418 V HGB hergeleitet hat – der Frachtführer auch keine Pflicht (sieht man einmal von Extremfällen ab, in denen der Grundsatz von Treu und Glauben eingreift, die jedoch selten sein dürften, da Transportverträge in der Vielzahl der Fälle von professionellen Akteuren abgeschlossen werden), den Weisungsberechtigten über etwaige Mehrkosten aufzuklären. Derjenige, der nachträglich den Transportvertrag ändern möchte, ist also gut beraten, sich selbst vor einer entsprechenden Weisung darüber zu informieren, welche finanziellen Auswirkungen dies hat. Das AG Bremen schlägt diesbzgl. vor, dass der Weisungsberechtigte entweder schon im Vorfeld der Weisung gezielt beim Frachtführer nach Kostenrisiken fragt oder die Weisung mit einer entsprechenden Bedingung versieht, wonach sie bspw. nicht ausgeführt werden soll, wenn ein bestimmter Betrag an Mehrkosten zusammenkommt. Wenn der Weisungsberechtigte den Frachtführer konkret fragt, welche Kostenfolgen seine Weisung nach sich zieht, dann muss der Frachtführer freilich hinreichend informieren, sonst verletzt er seine Vertragspflichten, die sich in diesem Fall aus der Vertragsauslegung ergeben und der Weisungsberechtigte kann mit dem entsprechenden Schadensersatzanspruch aufrechnen.

Es bestehen somit Möglichkeiten für den Weisungsberechtigten, das von ihm zu tragende Kostenrisiko einzudämmen. Insgesamt kann man deshalb von einer ausgewogenen Regelung sprechen, denn auf der einen Seite erscheint es sinnvoll, dass grundsätzlich allein der Weisungsberechtigte das Kostenrisiko trägt und der Frachtführer, der nicht die Initiative zur Vertragsänderung ergriffen hat, sich hiermit nur dann vertieft auseinandersetzen muss, wenn er hierzu explizit befragt wird.

In einer weiteren Entscheidung des AG Bremen aus dem Jahr 2006[583] hat das Gericht dagegen im Zusammenhang mit einer nicht rechtzeitigen Weisungseinholung im Rahmen des § 419 HGB durch den Frachtführer entschieden, dass der Frachtführer gegenüber dem Weisungsberechtigten keine Kosten für einen Mehraufwand geltend machen kann, sondern diese selbst zu tragen hat:

Der Beklagte hatte für einen Umzug von Oldenburg nach Bremen ein Transportunternehmen zu einem Festpreis von 1700 € beauftragt. Da jedoch das Umzugsfahrzeug auf Grund beengter Straßenverhältnisse nicht in die Straße, in der sich die neue Wohnung des Beklagten befand, einfahren konnte, musste ein Shuttle-Fahrzeug für dieses letzte Teilstück eingesetzt werden, was zu erheblichen Mehraufwendungen (insbesondere auch auf Grund höherer Personalkosten für sechs weitere Mitarbeiter) auf Seiten des Frachtführers führte, die dieser nun zusätzlich zum vereinbarten Festpreis fordert.

Das Gericht verneint hier einen Anspruch aus § 418 I 4 HGB. Der Frachtführer habe es versäumt, seiner Pflicht aus § 419 I HGB gemäß im Falle eines Ablieferungshindernisses rechtzeitig eine Weisung seitens des Auftraggebers einzuholen. Dies hätte hier zu Beginn des Umzuges in Oldenburg passieren müssen, als das Problem der schwierigen Straßenverhältnisse am Abladeort mit dem Fahrer diskutiert wurde und dieser nicht ausschließen konnte, dass es zu Problemen kommen würde, so dass es für die Klägerin aus Sicht des Gerichts erkennbar und wahrscheinlich war, dass ein Ablieferungshindernis bestehen könnte. Die Erkennbarkeit wurde deshalb bejaht, weil bereits zu diesem Zeitpunkt – offenbar auf Grund der drohenden Probleme – ein kleineres Shuttle-Fahrzeug bereitgehalten wurde. Es könne vor diesem Hintergrund dahinstehen, ob eine Weisung bei der Ankunft in Bremen eingeholt wurde, da dies zu spät gewesen wäre. Zu diesem Zeitpunkt war der Beladevorgang und damit bereits die Hälfte der vertraglichen Leistung erbracht, so dass es für den Beklagten keine Reaktionsmöglichkeiten mehr gab, die die Vorschrift des § 419 I 1 HGB aber gerade schaffen solle. Schließlich sei es auch nicht zu einer konkludenten Vertragserweiterung gekommen,

---

583 AG Bremen, 29.09.2006, 9 C 0166/06 (Juris).

da der Beklagte im Rahmen des Gesprächs über die schwierige Straßensituation am Zielort darauf bestand, dass der Umzug zum vereinbarten Festpreis durchgeführt wird.

Die Entscheidung macht deutlich, dass ein Ersatzanspruch des Frachtführers nach §§ 419 I, 418 I 4 HGB nur dann besteht, wenn der Frachtführer rechtzeitig die erforderlichen Weisungen seitens des Weisungsberechtigten einholt. Dabei legt das AG Bremen einen durchaus strengen Maßstab an, denn der Wortlaut des § 419 I 1 HGB stellt darauf ab, dass es vor der Ablieferung an der vorgesehenen Stelle erkennbar wird, dass die Beförderung nicht vertragsgemäß durchgeführt werden kann. Im vorliegenden Fall soll schon genügen, dass man seitens des Frachtführers offenbar Zweifel an der reibungslosen Vertragsdurchführung hatte und auch schon mit der Vorhaltung eines Shuttle-Fahrzeugs entsprechende Vorsichtsmaßnahmen ergriffen hatte. Gemessen an dem Zweck der Vorschrift, durch die Pflicht zur Weisungseinholung und der damit verbundenen Information dem Weisungsberechtigten seine tatsächliche Dispositionsbefugnis und die Entscheidung über Abhilfe selbst zu treffen[584], erscheint es sinnvoll, dass die Pflicht zur Einholung der Weisung nicht erst in dem Moment eintritt, in dem sich das Hindernis realisiert, sondern schon dann, wenn die Erkennbarkeit für den Frachtführer darin besteht, dass es ernstzunehmende und in einem gewissen Maße konkrete Hinweise für ein Hindernis gibt. Schon in diesem Moment ist der Frachtführer in der Lage, die drohende Situation dem Weisungsberechtigten zu beschreiben, so dass dieser auf der Grundlage dieser Informationen reagieren kann. Durch die Anknüpfung der Weisungseinholungspflicht bereits an die Erkennbarkeit des Beförderungshindernisses wird die Anwendbarkeit des § 419 HGB nach vorn verlagert im Gegensatz zu den Unmöglichkeitsvorschriften des allgemeinen Schuldrechts[585]; mithin führt § 419 HGB dazu, dass im Transportrecht der Eintritt von Unmöglichkeit verhindert werden kann und somit weniger Fälle eintreten, in denen der Frachtführer von seiner Leistungserbringung frei wird[586].

Im vorliegenden Fall könnte man höchstens fragen, wie es sich auswirkt, dass dem Beklagten als Verfügungsberechtigtem ebenfalls die Problematik bzgl. der beengten Straßenverhältnisse bekannt war, denn mit ihm wurde dieses Problem beim Beladen diskutiert[587]. Allerdings erscheint es nicht sinnvoll, § 419 I HGB dahingehend einzuschränken, dass die Kenntnis der Problematik seitens des potentiell Weisungsberechtigten die Pflicht des Frachtführers zur Information entfallen lässt, jedenfalls sofern der Frachtführer – wie hier geschehen – nicht offen-

---

[584] AG Bremen, 29.09.2006, 9 C 0166/06 (Juris); *MüKoHGB-Thume* § 419 Rn. 17.

[585] So ausdrücklich *Braun*, S. 2.

[586] Vgl. *Braun*, S. 2, sowie insbesondere S. 25.

[587] Darüber hinaus geht aus dem Urteil hervor, dass der Beklagte schon bei den Verhandlungen zum Abschluss des Transportvertrages auf dieses Problem aufmerksam gemacht hatte.

legt, dass auch er nicht nur mit einem Transporthindernis rechnet, sondern sich dies auch auf die Kosten auswirkt. Der Vertragspartner des Frachtführers muss darauf vertrauen können, dass der Frachtführer das Hindernis für überwindbar hält und deshalb keine weiteren vereinbarten Kosten auf ihn zukommen.

Eines veranschaulicht der dargestellte Fall sowie die Vorschrift des § 419 I HGB im Allgemeinen damit ganz deutlich: Der Frachtführer hat im Gegensatz zum Absender bzw. Empfänger im Rahmen des Transportvertrages nicht das Recht, einseitig so auf den Vertragsinhalt einzuwirken, dass sich die Kosten für die anderen am Transportvertrag beteiligten Personen ändern. Sind spätere Veränderungen erforderlich, muss der Frachtführer die Kosten entweder selbst übernehmen oder bei Hindernissen vor der Veranlassung von Abhilfemaßnahmen die Weisungen des dazu Berechtigten einholen. Festgeschrieben wird damit das Prinzip, wonach der Transporteur für die richtige Kalkulation sowie die Durchführbarkeit des von ihm geplanten Transports das Risiko trägt.

2. Frankreich

Auch im französischen Recht erscheint es als Selbstverständlichkeit, dass die Veränderung des Vertragsinhalts dazu führen muss, dass die Höhe der Vergütung an das neue Pflichtenprogramm des Transporteurs anzugleichen ist. In Art. 4 al. 5 CT *général* heißt es: *„Toute modification au contrat entraîne un réajustement du prix initial."* Nicht erforderlich für die Neufestsetzung ist dabei, dass die Parteien erneut in Verhandlungen über die Höhe der Vergütung eintreten; vielmehr tritt die Änderung *„de droit"*, also ohne Zutun der Parteien ein[588].

Die Frage nach der Anpassung der Vergütung beschäftigt von Zeit zu Zeit die französischen Gerichte, wobei es sich um Fälle handelt, in denen nicht Weisungen primär eine Rolle spielen, sondern wo das Transportvolumen anfangs als zu gering eingeschätzt wurde und daraufhin Vergütungsanpassungen in Bezug auf die tatsächlich beförderten Transportgüter erforderlich werden, so dass ähnliche Mechanismen gefragt sind wie bei Weisungen, die zu Mehrarbeit führen. Einer neueren Entscheidung aus dem Jahr 2002[589] lag etwa folgender Sachverhalt zugrunde:

Die kenianische Botschaft (vermutlich in Paris) hatte für einen bevorstehenden Umzug einen Kostenvoranschlag (*devis*) des Unternehmens *Desbordes* eingeholt. Darin wurde für die Durchführung des Umzuges eine Vergütung von 47 000 F veranschlagt, wobei von einem Transportvolumen von 12 m³ ausgegangen wurde. Der Kostenvoranschlag enthielt ausdrücklich einen Passus, wonach diese Schätzungen noch modifiziert werden könnten, sofern wei-

---

[588] Vgl. *Tilche*, BTL 2006, 524 [525].
[589] CA Paris 5ᵉ ch. 27 févr. 2002, BTL 2002, 257.

tere Objekte zum Umzug hinzugefügt würden und damit das Umzugsvolumen steigen würde. Dazu kam es im weiteren Verlauf. Das Transportvolumen wuchs dabei so stark, dass ein zweiter Container erforderlich wurde, so dass sich die verlangte Vergütung seitens *Desbordes* für den Transport von insgesamt 20 m³ auf über 100.000 F erhöhte. Die Vorinstanzen ermittelten zwar nur ein Volumen von gut 16 m³, gaben *Desbordes*, die ihre Vergütung einklagten aber grundsätzlich Recht, denn die Erhöhung der Transportleistung müsse auch zu einer Erhöhung der Vergütung führen. Unerheblich sei dabei – so die Entscheidung weiter –, dass ein anderes Transportunternehmen einen Umzug mit einem Volumen von 20 m³ für nur gut 59 000 F vorgenommen hätte. In einem auf Konkurrenz ausgerichteten Wirtschaftssystem sei es normal, dass jedes Unternehmen die Vergütung auf Grundlage der eigenen Kostenrechnung und seiner Geschäftspolitik ermittle.

Aus dieser Entscheidung lässt sich also insbesondere entnehmen, dass bei der Ermittlung der neuen Vergütung keine Vergleiche mit Konkurrenten vorzunehmen sind, sondern allein die Methoden des Vertragspartners zur Ermittlung der Vergütung heranzuziehen sind. Alles andere erscheint auch wenig sinnvoll, denn der Anweisende hat sich ja seinen Vertragspartner selbst ausgesucht und auch die Anweisung beruht auf seinem Entschluss. Wenn er zwischenzeitlich festgestellt hat, dass Konkurrenten des Transporteurs günstiger arbeiten, könnte er ja (bzgl. der zusätzlichen zu transportierenden Güter) mit diesen kontraktieren.

Auch im Seetransportrecht beschäftigt die Gerichte die Frage nach der Höhe der Vergütung nach dem unerwarteten Anwachsen des Transportvolumens, wobei im vorliegenden Fall nicht leicht zu beantworten ist, ob es sich um eine Anpassung der Vergütung auf Grund einer Weisung handelt oder um einen Schadensersatzanspruch des Frachtführers auf Grund unzureichender vorvertraglicher Informationen seitens des Absenders[590].

In der Entscheidung des *Cour d'Appel* Paris ging es um einen Chartervertrag, in dem technisches Gerät von Bremen nach Gabun gebracht werden sollte. Das Transportvolumen wurde mit 250 m³ angegeben, woraufhin ein Preis von 650 000 F festgelegt wurde. Bei der Verladung stellte sich jedoch heraus, dass das Transportvolumen in Wirklichkeit bei 404,95 m³ lag. Das Gericht entschied deshalb, dass die Vergütung proportional anzugleichen sei, d.h. 427 662 F zusätzlich zu zahlen seien. Allerdings lässt sich dem Urteil nicht zweifelsfrei entnehmen, ob angenommen wird, dass der ursprünglich geschlossene Vertrag modifiziert worden ist. Vielmehr wird im Urteil darauf hingewiesen, dass der Kommissionär den Verfrachter zunächst falsch über das Transportvolumen informiert habe, weshalb sich der Verfrachter bereit erklärt habe, den Transport zu einer zu niedrigen Vergütung durchzuführen, weshalb der Kommissionär dem Verfrachter nun Schadensersatz in Höhe der zusätzlichen Transportkosten zu leisten habe.

Dadurch entsteht hier der Eindruck, dass es sich eher um eine Haftung auf Grund einer Pflichtverletzung im vorvertraglichen Bereich[591] handelt statt um

---

[590] CA Paris 5ᵉ chambre, 21 janvier 1994, BTL 1994, 582.

[591] Zur *faute précontractuelle* und der daraus resultierenden Haftung, die im französischen Recht deliktisch qualifiziert wird, siehe *Benabent*, Rn. 508.

eine Anpassung der Vergütung im Rahmen des geschlossenen Transportvertrages.

Nicht eindeutig klären lässt sich im französischen Recht die Frage, wie sich eine Weisung auf die Vergütung auswirkt, die den Umfang der erforderlichen Arbeiten verringert. Teilweise wird vertreten, dass die Anpassung der Vergütung grundsätzlich in einer Erhöhung derselben, aber auch in einer Absenkung bestehen könne[592]. *Llorens* will dagegen die Möglichkeit der Absenkung nicht zulassen und begründet dies mit der systematischen Überlegung, dass aus Art. 1794 CC, wonach zwar der Vertrag jederzeit beendet werden könne, dann aber die Aufwendungen sowie der entgangene Gewinn im Wege des Schadensersatzes zu ersetzen seien, folge, dass es nicht möglich sein dürfe, im Wege der *modification du contrat* den Vergütungsanspruch des Werkunternehmers nachträglich zu drücken[593]. Letztgenannte Argumentation ist auch aus dem deutschen Recht unter Bezugnahme auf §§ 649 BGB, 415 HGB bekannt[594].

3. England

Die Frage, welchen Einfluss eine Weisung auf den Vergütungsanspruch des Frachtführers hat, wird in den englischen Entscheidungen nur am Rande behandelt und ist deshalb nicht leicht zu beantworten.

a) Anspruch auf Bezahlung der gesamten Fracht trotz weisungsbedingter Verringerung der Transportstrecke

Inwieweit eine Verringerung der Transportleistung (also etwa ein vorzeitiges Annehmen der Ware durch den Empfänger) zu einem geringeren Vergütungsanspruch führen kann, wird in einigen wenigen englischen Entscheidungen behandelt, wobei der Aussagegehalt der Entscheidungen nicht ganz leicht zu ermitteln ist. Man wird aber davon ausgehen können, dass grundsätzlich ein Anspruch auf die volle Vergütung besteht, auch wenn sich durch nachträgliche Weisung die Transportleistung verringert[595]. Die Entscheidung, die sich am pointiertesten mit dieser Fragestellung beschäftigt, ist *Troy v. Eastern Company of Warehouses*[596]:

Der Kläger beauftragte die Beklagte, eine größere Menge von Zigarren und Zigaretten auf dem Seewege von Liverpool nach Wladiwostok und von dort mit der Sibirischen Eisenbahn nach Petrograd zu transportieren. Die Fracht wurde bei Vertragsabschluss gezahlt, wobei die

---

[592] *Gency- Tandonnet*, JClTransport, Fasc. 740, Rn. 123; *Tilche*, BTL 205, 648 [649].
[593] *Llorens*, S. 264.
[594] Siehe supra *§ 3, II, 4, c)* sowie *§ 7, III, 1*.
[595] So ausdrücklich *Cashmore*, S. 174 sowie *Leslie*, S. 99.
[596] (1921) 37 (T.L.R.) 833.

Kosten für die einzelnen Transportabschnitte einzeln aufgeführt waren. Auf Grund von Problemen bei der Sibirischen Eisenbahn entschied sich der Empfänger, die Transportgüter bereits in Wladiwostok an sich zu nehmen. Der Absender verlangte daraufhin von der Beklagten die Rückzahlung der auf den letzten Transportabschnitt entfallenden Fracht. Die Klage wurde abgewiesen.

Die Begründung seitens des Gerichts stützte sich insbesondere auf die allgemeine Regel, wonach im Voraus entrichtete Fracht nicht im Nachhinein zurückverlangt werden könne[597]. Auf Grund dieser Begründung ist der Aussagegehalt der Entscheidung leider eingeschränkt. Unklar bleibt, wie der Fall zu entscheiden gewesen wäre, wenn die Fracht erst nach Beendigung des Transportes zu zahlen gewesen wäre. Die hier vorgebrachte Begründung ließe Raum für die Ansicht, dass dann die Fracht seitens des Empfängers (oder wer sich sonst zur Bezahlung der Fracht verpflichtet hat) auf Grund der verringerten Transportstrecke reduziert werden kann.

Auch die Aussage von *Platt B.* in *Scothorn and Another v The South Staffordshire Railway Company*[598] bringt keine Klarheit: *„If a carrier undertakes to carry goods from one place to another, it is subject to a countermand to any part of the journey, though the owner may be bound to pay for the whole distance“.* Die Benutzung des Konjunktivs (*„may“*) statt des Indikativs (*„is“*) lässt Raum für die Überlegung, dass keineswegs immer die volle Fracht zu zahlen ist, wenn die Transportleistung verringert wird[599].

b) Automatische Anpassung der Vergütung bei Mehrarbeit durch implied contract

Auch bei der Frage, inwieweit eine automatische Anpassung der Vergütung nach oben auf Grund einer Weisung stattfindet, sind englische Entscheidungen Mangelware. *Cashmore*[600] spricht sich unter Bezugnahme auf amerikanische Entscheidungen dafür aus, bei der Erteilung einer Weisung einen *implied contract* anzunehmen, im Rahmen dessen sich der Weisungsberechtigte dazu verpflichtet, etwaige Mehrkosten durch die Ausführung der Weisung zu vergüten.

Besonders instruktiv sind in dieser Hinsicht die Ausführungen von *Finlayson, P.J.* in *Heath v Judson Freight Forwarding Co.*[601]:

---

[597] *Troy v Eastern Company of Warehouses* (1921) 37 (T.L.R.) 833 [834].

[598] (1853) 8 Ex. 341 [345].

[599] Keine Zweifel an der Pflicht zur vollständigen Zahlung hegt dagegen unter Rückgriff auf die hier dargestellten Entscheidungen *Cashmore*, S. 174.

[600] S. 174 mit den entsprechenden Nachweisen; *Leslie*, S. 99 vertritt ohne nähere Begründung die Ansicht, dass der Frachtführer bei einer Verlängerung des Transportes zusätzliche Fracht verlangen kann.

[601] (1920) 190 P. 839 [842].

„It is claimed that respondent could not be required to unload appellant's household furniture in order to ‚hold shipment‘, unless appellant entered into a new contract with respondent to pay the latter for unloading the car [...]. This insistence overlooks the fact that the owner's right to control the goods, and, if he pleases, to stop the shipment and direct and receive a redelivery of the goods, is, by law, implied in the shipment contract itself as a part thereof [...], and further, that the law implies an agreement by the owner to pay a reasonable charge for any extra services that may be necessitated by this exercise of the right thus to control the shipment."

Dieser Auszug aus dem Votum von *Finlayson, P.J.* stellt demnach klar, dass im Falle der Ausübung des Weisungsrechts ohne weiteres Zutun der Parteien eine Vereinbarung angenommen wird, wonach die durch die Weisung ausgelöste Mehrarbeit zu vergüten ist. Es wird dabei auch deutlich, dass die Vergütung „*reasonable*" sein muss[602].

Die Ansicht *Cashmores,* wonach ein *implied contract* zur Zahlung einer angemessenen Vergütung im Falle einer Weisung angenommen werden kann, gewinnt nicht nur vor dem Hintergrund dieser klaren amerikanischen Entscheidung an Gewicht, sondern insbesondere auch dadurch, dass man eine Querverbindung im englischen Recht zu anderen Fällen von Weisungsrechten zieht. So wurde bereits bei der obigen skizzenhaften Darstellung des höchst praxisrelevanten Weisungsrechts im Rahmen von *construction contracts* darauf hingewiesen[603], dass es englisches Fallrecht gibt, in dem das gewünschte Ergebnis, d. h. eine Vergütungspflicht seitens des Bauherren gegenüber dem Bauunternehmer im Falle einer nachträglichen Weisung zu konstruieren, mit Hilfe der Annahme eines entsprechenden *implied contract* erreicht wurde.

c) Die zusätzliche Vergütung muss reasonable *sein*

Wie sich wiederum vor allem aus der amerikanischen Entscheidung in *Heath v Judson Freight Forwarding Co* ergibt, ist es dem Frachtführer verwehrt, mehr als eine *reasonable sum* als Ausgleich für die durch die Weisung entstandene Mehrarbeit zu verlangen[604]. Eingeführt wird dadurch wohl eine Begrenzung des Vergütungsanspruchs in zwei Richtungen. Offensichtlich ist zunächst, dass es dem Frachtführer nicht möglich sein soll, die Situation, dass keine Vertragsverhandlungen über die Vergütung der weisungsbedingten Mehrleistungen durchgeführt worden sind, dazu auszunutzen, dass der Frachtführer eine besonders hohe Vergütung verlangt. Daneben ist davon auszugehen, dass die Anwendung des objektiven Standards der *reasonableness* zugleich bedeutet, dass nicht

---

[602] Siehe für Näheres hierzu sogleich *§ 7, III, 3, c).*

[603] Siehe supra *§ 4, II, 2.*

[604] (1920) 190 P. 839 [842] per *Finlayson, P.J.*: „For its services in taking his property from the carload, in obedience to appellant's instructions, respondent would not be allowed to charge more than a reasonable sum to compensate it for its trouble.".

etwa die vertraglich vereinbarten Preise gelten, die womöglich für den Vertragspartner des Frachtführers besonders günstig sind und die Anwendung dieser Preisgestaltungen auf die Vergütung von Weisungen Missbrauchspotential dahingehend beinhalten würde, dass der Weisungsberechtigte – wie womöglich von Anfang an geplant – nachträglich dem Frachtführer besonders viel Mehrarbeit zu den günstigen Konditionen aufzwingt, wobei der Frachtführer auf Grund seiner internen Kalkulationen die günstigen Preise eventuell nur für die ursprünglich vereinbarten Arbeiten vereinbart wissen wollte.

d) Der Vergütungsanspruch des Frachtführers bei weisungsbedingt mehreren Empfängern

Eine sehr interessante Frage ist, wer eigentlich Adressat des Vergütungsanspruchs des Frachtführers ist, wenn der Empfänger des Transportgutes vor der Ablieferung den Frachtführer anweist, das Transportgut zu einem anderen Empfänger zu transportieren. Haftet dann nur noch der zweite Empfänger für die Fracht, haften beide für die gesamte Strecke, oder haften beide nacheinander, d. h. der erste Empfänger haftet vom Absendeort bis zum Ort der Weisungsentgegennahme und der zweite Empfänger haftet von diesem Ort bis zu dem von ihm genannten Bestimmungsort?

Diese Fragen stellten sich in der Entscheidung *London and South-Western Railway Co. and Great Northern Railway Co. v Bishop*[605]:

Der Beklagte hatte die Klägerin damit beauftragt, Ziegelsteine von Newark nach Twickenham zu transportieren. Die Absenderin und Verkäuferin hatte das Transportgut mit der Aufschrift *„carriage forward"* (Fracht zahlt Empfänger) versehen. Bei der Ankunft der Ziegelsteine am Bahnhof in Twickenham wies der erste Empfänger (der Beklagte) das Transportunternehmen (die Klägerin) an, die Ziegelsteine – wiederum mit dem Zusatz *„carriage forward"* – zu einem anderen Empfänger, *Ward & Co* zu liefern. Die Klägerin kam dem nach, erhielt jedoch auch von der zweiten Empfängerin eine Weisung, die Ziegelsteine *„carriage forward"* zu einem dritten Empfänger, Tomlinson, zu transportieren. Nach Ablieferung der Steine bei Tomlinson verlangte die Frachtführerin erfolglos die Fracht von Tomlinson. Auch die zweite Empfängerin, Ward & Co, verweigerte die Zahlung, so dass die Klägerin nun vom ersten Empfänger, dem Beklagten, die Zahlung der Fracht verlangt.

Eines der Hauptargumente des Beklagten zur Verteidigung war, dass eine *novation* stattgefunden habe, wonach jeweils der neue Empfänger auch der neue Vertragspartner werde. Das Gericht folgte diesem Argument nicht, da für eine *novation* mehr nötig sei als das Auftreten einer zusätzlichen Partei. Es müsse eine klare Annahme der neuen Partei in den Vertrag geben. Im Ergebnis sind die zusätzlichen Empfänger damit im vorliegenden Fall nur zusätzliche Schuldner. Die Klage gegen den ersten Empfänger ist erfolgreich. Ausdrücklich hingewiesen wird seitens des Gerichts aber auf die Regressmöglichkeit gegenüber den anderen beiden Schuldnern.

---

[605] (1897–98) 42 Sol. J. 225.

Festhalten lässt sich damit, dass bei einer Weisung, die dem Frachtführer einen neuen Empfänger nennt, der ursprüngliche Schuldner der Fracht nicht aus seiner Haftung entlassen wird, sofern nicht die Voraussetzungen einer *novation* vorliegen[606]. Vielmehr tritt – wenn wie hier die Klausel *carriage forward* verwendet wird – die Haftung des neuen und des alten Empfängers nebeneinander zu einer gesamtschuldnerischen Haftung[607]. Eine andere Lösung wäre auch überaus überraschend, denn bei einer ausschließlichen Haftung des neuen Empfängers trüge der Frachtführer plötzlich dessen Insolvenzrisiko, obwohl sich der Frachtführer diesen neuen Empfänger nicht als Vertragspartner ausgesucht hat, sondern er ihm vielmehr von dem ursprünglichen Empfänger aufgezwungen wird. So nachvollziehbar diese Schutzüberlegung zugunsten des Frachtführers sein mag, muss jedoch gleichzeitig angemerkt werden, dass das englische Recht sonst nicht den Schutz des Frachtführers in das Zentrum seiner Überlegungen rückt. In aller Regel nämlich kommt der Transportvertrag mit dem Empfänger mit Hilfe des Absenders als *agent* des Empfängers zustande[608], so dass auch in diesem Regelfall der Frachtführer seinen Vertragspartner noch nicht einmal kennt und ihn sich somit auch nicht ausgesucht hat.

IV. Haftungsfragen

Schließlich stellen sich im Zusammenhang mit der transportrechtlichen Weisung Haftungsfragen. Besonders relevant ist dabei einerseits die Situation, in der der Frachtführer eine rechtmäßige Weisung nicht ausführt und andererseits die Situation, in der der Frachtführer eine Weisung ausführt unter der irrigen Annahme, dass derjenige, der ihm die Weisung erteilt hat, der wahre Weisungsberechtigte ist.

1. Haftung des Frachtführers für die Nichtbefolgung rechtmäßiger Weisungen

Im französischen Recht haftet der Frachtführer dem Weisungsberechtigten auf Schadensersatz, wenn er eine Weisung nicht ausführt, obwohl ihm keinerlei Weigerungsgrund zusteht[609]. Die Nichtbefolgung der Weisung stellt also offensichtlich eine *faute* dar, die zu einem vertraglichen Schadensersatzanspruch führt.

Auch im deutschen Recht stellt die Nichtbefolgung einer rechtmäßigen Weisung selbstverständlich eine Pflichtverletzung dar. § 418 HGB selbst regelt die

---

[606] Siehe auch *Leslie*, S. 102.

[607] Siehe zur gesamtschuldnerischen Haftung im englischen Recht *Chitty I-Burrows*, Rn. 17-001 ff.

[608] Siehe hierzu supra *§ 7, I, 3, a), dd)*.

[609] *Rodière*, Rn. 427.

Haftung für die Nichtbefolgung von an sich zulässigen Weisungen allerdings nur in einem Spezialfall, namentlich dann, wenn ein Sperrpapier ausgestellt worden ist[610]. § 418 VI HGB sieht in diesem Fall vor, dass der Frachtführer – unter Unanwendbarkeit der Vorschriften über die Beschränkung der Haftung und ohne ein Verschuldenserfordernis – dem Weisungsberechtigten für die Weisung haftet, die er durchführt, ohne sich die Absenderausfertigung des Frachtbriefes vorlegen zu lassen[611]. Daneben greifen die allgemeinen Regelungen, d. h. die §§ 425 ff. HGB, sofern es sich um Güter- und Verspätungsschäden handelt, sowie § 280 BGB bei allen sonstigen Schäden, wobei jeweils die Haftungsbeschränkung der §§ 433, 435 HGB zur Anwendung gelangt[612].

Im englischen Recht löst die Nichtbefolgung einer rechtmäßigen Weisung im Falle eines eintretenden Schadens auf Seiten des Weisungsberechtigten einen vertraglichen Schadensersatzanspruch gegen den Frachtführer aus[613]. Daneben kommt eine Haftung aus *bailment* oder *tort* gegenüber dem Eigentümer in Betracht, der jedoch auf Grund der *ownership-rule* in der Regel auch die aus dem Transportvertrag berechtigte Person sein wird.

2. Haftung des Frachtführers für die Befolgung unzulässiger Weisungen

In dieser Kategorie geht es um solche Weisungen, die entweder deshalb unzulässig sind, weil sie die Grenzen des Weisungsrechts überschreiten[614], oder weil sie von einer nur vermeintlich weisungsberechtigten Person an den Frachtführer herangetragen werden. Ein Schaden kann in der letztgenannten Situation insbesondere für den wahren Weisungsberechtigten entstehen. Im erstgenannten Fall stellt sich insbesondere die Frage, ob eine Weisung, die etwa Einfluss auf die Einordnung des Vertrages in das Vertragstypensystem hat, zur Anwendung der Haftungsnormen des nunmehr betroffenen Vertragstyps führt.

---

[610] Laut der Gesetzesbegründung in BR-Drucks. 368/97 S. 49 f. erklärt sich die ausdrückliche Regelung der Haftung für die Befolgung von Weisungen, die abhängig von der Vorlage des Frachtbriefes gemacht worden sind, daraus, „daß Pflichtenverstöße im Zusammenhang mit Sperrpapieren die Wirksamkeit und Verläßlichkeit der diesen Papieren gesetzlich zugewiesenen Schutzwirkung beeinträchtigen und daher besonders gravierend sind." Siehe hierzu auch supra *§ 7, I, 5, c)*.

[611] Siehe hierzu auch *Braun*, S. 192.

[612] Vgl. BT-Drucks. 13/8445, S. 51; *Koller* § 418 Rn. 30 f.; *MüKo-Thume* § 418 Rn. 40 meint allerdings, dass vor dem Hintergrund von § 418 VI 2 HGB, wonach die Haftung bei Verstößen gegen Absatz 4 nun auf den Betrag begrenzt worden ist, der bei Verlust des Gutes zu zahlen ist, dass für einen Gleichlauf der Fälle diese Haftungsbeschränkung auch für die nicht unter § 418 VI HGB fallenden Fälle heranzuziehen sei.

[613] *Scothorn and Another v The South Staffordshire Railway Company* (1853) 8 Ex. 341; *Kahn-Freund*, S. 304.

[614] Hierzu supra *§ 7, II*.

Im deutschen Recht zeitigt die Befolgung nicht bindender und damit nicht den Vertrag ändernden Weisungen dieselben Rechtsfolgen wie bei der Nichtbefolgung einer zulässigen Weisung. Die Befolgung der Weisung stellt eine Vertragsverletzung dar[615] und löst deshalb eine Haftung nach § 280 BGB (mit den Schranken des §§ 433, 435 HGB) für alle Schäden, die keine Güter- oder Verspätungsschäden sind, aus[616]. Im Fall von Güter- und Verspätungsschäden gelten die §§ 425 ff. HGB[617]. Es können aber auch andere Haftungsnormen zur Anwendung kommen, namentlich dann, wenn eine unzulässige Weisung andere Leistungen zum Gegenstand hat als die originär dem Transportvertrag entspringenden. Die Haftung des Frachtführers richtet sich dann nach den Grundsätzen des gemischten Vertrages[618], so dass der Frachtführer etwa bei einer (unzulässigen) Weisung zur Einlagerung des Gutes nach den Grundsätzen des Lagervertrages haftet[619]. Zu Recht wird aber in diesem Zusammenhang unter Rückgriff auf einen Erst-Recht-Schluss darauf hingewiesen, dass die Haftungsbegrenzungen zugunsten des Frachtführers auch in diesen Fällen Anwendung finden müssten, da er sonst schlechter stünde als bei der fehlerhaften Ausführung einer zulässigen Weisung[620].

Auch im französischen Recht stellt es eine *faute* dar, wenn der Frachtführer eine Weisung befolgt, obwohl diese nicht vom wahren Weisungsberechtigten stammte[621]. Der Frachtführer hat dann beispielsweise dem Empfänger den Schaden zu ersetzen, der dadurch entstanden ist, dass der Frachtführer eine Weisung einer nicht (oder im Falle des Absenders nicht mehr) weisungsberechtigten Person befolgt[622].

Im englischen Recht spielt an dieser Stelle wiederum die *ownership rule* eine entscheidende Rolle, weil unter ihrer Anwendung vermutet wird, dass der Empfänger derjenige ist, der im Rahmen des Transportgeschehens weisungsberechtigt ist[623]. Auf diese Grundregel wird auch die Frage der Haftung abgestimmt. So soll der Frachtführer bei einer Weisung seitens des Empfängers grundsätzlich nicht haften, weil er davor bewahrt werden soll, Nachforschungen über die Eigentumsverhältnisse zwischen Absender und Empfänger anstellen zu müssen[624]. Haftungsrisiken für den Empfänger entstehen somit nur dann, wenn er Weisungen befolgt, die nicht vom Empfänger stammen.

---

[615] *Koller* § 418 Rn. 33.
[616] *Koller* § 418 Rn. 34.
[617] *Koller* § 418 Rn. 33.
[618] *MüKo-Thume* § 418 Rn. 41.
[619] *MüKo-Thume* § 418 Rn. 41.
[620] Vgl. *MüKo-Thume* § 418 Rn. 41.
[621] Vgl. *Rodière*, Rn. 427.
[622] Vgl. *Rodière*, Rn. 427.
[623] Siehe supra *§ 7, I, 3, a)*.
[624] Vgl. *Cashmore*, S. 176.

§ 8 Zusammenfassung zum zweiten Hauptteil

Der zweite Hauptteil hatte das Ziel, das transportrechtliche Weisungsrecht innerhalb der drei zu untersuchenden Rechtsordnungen darzustellen. Ein Recht, nach Vertragsschluss seitens des Absenders und/oder Empfängers nachträglich auf den Transportvorgang Einfluss nehmen zu können, ist in allen drei Rechtsordnungen etabliert. Im deutschen Recht ergibt sich das Weisungsrecht aus der gesetzlichen Regelung des § 418 HGB, im französischen Recht spielen die *contrat-types*, in denen ein Modifikationsrecht ausdrücklich erwähnt wird, eine entscheidende Rolle, und im englischen *case law* bilden die Grundlage des Weisungsrechts mehrere Entscheidungen zu Eisenbahntransporten aus dem 19. Jahrhundert.

Die Funktion des transportrechtlichen Weisungsrechts wird dabei vor allem darin gesehen, ein Flexibilisierungsinstrument im Rahmen des zeitlich gestreckten Transportvertrages zur Verfügung zu stellen. Gleichzeitig stellt das transportrechtliche Weisungsrecht auch ein Sicherungsmittel dar, weil Transportverträge oft der Erfüllung von Kaufverträgen dienen und das Recht des Absenders, der oftmals im Rahmen des zugrundeliegenden Kaufvertrages der Verkäufer ist, gegenüber dem Frachtführer für den Absender ein wichtiges Mittel darstellt, auf sich auf dem Transport befindliche Ware Zugriff zu nehmen und damit die Ware faktisch zu sichern, falls der Käufer, der dann typischerweise der Empfänger im Rahmen des Transportvertrages ist, zwischenzeitlich insolvent geworden ist oder nicht bezahlen will. Im englischen Recht, wo grundsätzlich dem Empfänger das transportrechtliche Weisungsrecht zusteht, übernimmt diese Sicherungsfunktion das *right of stoppage in transit*, das im Kaufrecht geregelt ist und dem Verkäufer ermöglicht, unabhängig von einer Parteistellung oder sonstigen Beteiligung im Rahmen des Transportvertrages auf den Transport gegenüber dem Frachtführer Einfluss zu nehmen.

Gewisse Schwierigkeiten weist die rechtliche Konstruktion des Weisungsrechts in den drei zu untersuchenden Rechtsordnungen auf. Während im deutschen Recht die bereits im ersten Hauptteil dargestellte Offenheit bzgl. einseitiger Einwirkungsmöglichkeiten auf den Vertrag auch im Transportrecht durchschlägt und man sich allgemein darüber einig ist, dass eine transportrechtliche Weisung zu einer einseitig herbeigeführten Vertragsänderung führt, ist dies in den beiden ausländischen Rechtsordnungen weniger eindeutig. Das englische Recht schweigt zu dieser Frage größtenteils, wobei *Cashmore* unter Verweis auf amerikanische Entscheidungen dazu tendiert, dass es sich um eine rein einseitige Einwirkung auf den Vertrag handelt. Im französischen Recht muss die Situation dagegen als völlig offen bezeichnet werden. Der Wortlaut der *contrat-types* lässt durchaus den Schluss zu, dass rechtstechnische Voraussetzung einer tatsächlichen Modifikation des Vertrages eine Annahme seitens des Frachtführers ist, wobei dieser – sofern es sich um eine zulässige Weisung handelt – anzunehmen hat. Durch den Annahmezwang unterscheiden sich die beiden unterschiedlichen Konstruktionen praktisch kaum.

Als ebenso unsicher wie die Beantwortung der Frage, ob das Weisungsrecht einseitig ausgeübt werden kann, oder für eine wirksame Vertragsänderung Zweiseitigkeit erforderlich ist, hat sich die Beantwortung der Frage herausgestellt, ob sich das Weisungsrecht auf den Transportvertrag gründet, oder ob vielmehr die Eigentumsverhältnisse bezüglich des Transportgutes entscheidend sind. Betrachtet man allein das deutsche und das französische Recht, so herrscht in beiden Rechtsordnungen Einigkeit darüber, dass Grundlage des Weisungsrechts allein der Transportvertrag ist und die Eigentumsverhältnisse am Transportgut für das Bestehen oder die Zuordnung des transportrechtlichen Weisungsrechts keinerlei Rolle spielen. Ganz anders stellt sich die Situation dagegen im englischen Recht dar. Auf Grund der Besonderheit des englischen Rechts, das neben dem Transportvertrag auch immer eine sachenrechtliche Beziehung zwischen dem Frachtführer und dem Eigentümer des Transportgutes in Form des *bailment* entsteht, herrscht Unsicherheit darüber, ob sich das Weisungsrecht auf den Vertrag oder das *bailment* gründet. Die einschlägigen Urteile stellen teils auf den Vertrag, teils aber auch nur auf die Eigentumssituation ab. Die Unsicherheit wird noch dadurch verstärkt, dass sich die Frage, wer Vertragspartner des Frachtführers wird, auf Grund der sog. *ownership rule* ebenfalls danach richtet, wer Eigentümer des Transportgutes ist. Allerdings wird die *ownership rule* letztlich durch die Vermutungsregel überlagert, wonach Eigentümer der Empfänger des Transportgutes ist und deshalb der Vertrag letztlich grundsätzlich mit dem Empfänger zustandekommt. Entscheidend für die Inhaberschaft des Weisungsrechts ist damit in erster Linie, wer Empfänger ist. Diese weitgehende Loslösung von der Eigentümerstellung könnte den Schluss nahe legen, dass das Weisungsrecht letztlich doch auf den Vertrag zurückzuführen ist. Jedenfalls aber lässt sich festhalten, dass unabhängig von einer sachenrechtlichen oder vertraglichen Herleitung grundsätzlich der Empfänger weisungsberechtigt ist, was sich auch in den Haftungsregeln niederschlägt, weil ein Frachtführer, der ex-ante mangels anderer Hinweise davon ausgehen darf, dass der Empfänger Eigentümer des Transportgutes und Vertragspartner des Frachtführers ist, haftet selbst dann nicht für vom Empfänger erteilte Weisungen, wenn sich ex post herausstellt, dass der Empfänger doch nicht weisungsberechtigt war.

Im deutschen und französischen Recht ist dagegen grundsätzlich nicht der Empfänger, sondern der Absender weisungsberechtigt im Rahmen des Transportvertrages. Dies schließt jedoch eine spätere Weisungsbefugnis des Empfängers nicht aus, sondern das Weisungsrecht geht vielmehr mit der Ablieferung beim Empfänger, bzw. mit dessen Geltungmachung seiner Rechte am Transportgut, bei gleichzeitigem Erlöschen des Weisungsrechts des Absenders auf den Empfänger über.

Die im Rahmen von Weisungsrechten überaus bedeutsame Frage der Grenzen solcher einseitigen Vertragsänderungsrechte spielt selbstverständlich auch im Transportrecht eine zentrale Rolle, wobei sich die Detailliertheit entsprechender Regelungen in den drei zu untersuchenden Rechtsordnungen stark unterscheidet. Zunächst lässt sich festhalten, dass bei der Frage der Grenzen von Weisungsrechten eine Dreiteilung vorgenommen werden kann. Die allgemeinste Grenze, die gleichsam durch den Grundsatz der Bindungswirkung des Vertrages vorgegeben wird, greift dort ein, wo ein Weisungsrecht Gefahr läuft, in zu starkem Maße den Vertragsinhalt zu ändern und damit etwa die Risikoverteilung innerhalb des Vertrages zu verändern droht. Möglich sind deshalb etwa im deutschen Recht nur solche Weisungen, die sich auf den Transport des Gutes beziehen, also den Beförderungserfolg und die Beförderungsmodalitäten betreffen. Im französischen und englischen Recht wird selbstverständlich ebenfalls davon ausgegangen, dass die Weisungen den Vertragsinhalt nicht völlig verändern dürfen. Möglich sind jedenfalls auch hier die klassischen Weisungen, die sich auf den Beförderungserfolg, also das Umdirigieren der Ware beziehen. Ob daneben auch solche Weisungen möglich sind, die sich nicht auf den Erfolg, sondern nur auf die Modalitäten des Transportes beziehen und deshalb grundsätzlich eine geringere Intensität in Bezug auf die Veränderung des Vertrages aufweisen, muss für das französische und englische Recht als unklar bezeichnet werden.

Neben dieser allgemeinen Grenze gibt es eine weitere Grenze, die die typischen Interessen des Frachtführers in den Blick nimmt. Im deutschen Recht ist deshalb eine Weisung unzulässig, wenn sie Nachteile für den Betrieb des Unternehmens des Frachtführers mit sich bringt oder Schäden für die Absender oder Empfänger anderer Sendungen drohen. Im französischen Recht spielt allein eine Rolle, ob Verpflichtungen des Frachtführers gegenüber Dritten auf Grund der Weisung nicht mehr befolgt werden können. Auch im englischen Recht werden ähnliche Aspekte genannt.

Schließlich lässt sich noch ein Auffangtatbestand für krasse Einzelfälle denken, im Rahmen dessen man die Grenze zur Kontrolle von Gestaltungsrechten (bzw. *droit potestatifs* und *discretionary powers*) fruchtbar machen könnte. In keiner der zu untersuchenden Rechtsordnungen wird eine solche Grenze allerdings bislang diskutiert.

Schließlich ist neben der Frage der Grenzen des Weisungsrechts eine sehr bedeutsame Frage, wie sich die Ausübung des Weisungsrechts auf den Vergütungsanspruch des Frachtführers auswirkt. Dabei ist zum einen denkbar, dass sich durch die Weisung das vertragliche Pflichtenprogramm verringert oder, dass die Weisung Mehrarbeiten auslöst. Für den ersten Fall müsste sich eigentlich schon aus dem Grundsatz der Bindungswirkung des Vertrages oder zumindest aus einer Heranziehung der Grundsätze von § 649 BGB bzw. Art. 1794 CC ergeben, dass der Gewinnanteil dem Frachtführer verbleiben muss. Eindeutig erscheint dies aber nur für das deutsche Recht, wo man davon ausgeht, dass sonst ein Wertungswiderspruch zu § 649 BGB bzw. § 415 HGB entstehen würde. Auch im englischen Recht lässt sich eine entsprechende Tendenz ausmachen, während im französischen Recht diese Frage Gegenstand von Diskussionen innerhalb des Schrifttums ist.

Löst eine Weisung dagegen Mehrarbeiten aus, ist man sich innerhalb der drei zu untersuchenden Rechtsordnungen im Ergebnis darüber einig, dass eine solche Weisung eine Anpassung der Vergütung nach oben auslösen muss. Das deutsche Recht unterscheidet dabei zwischen Vergütung und Aufwendungsersatz, wobei der Aufwendungsersatz weitgehend im Anspruch auf die Vergütung aufgeht. Die anderen beiden Rechtsordnungen sehen ausschließlich eine Anpassung der Vergütung vor. Auffällig ist, dass es insbesondere im deutschen und französischen Recht – verglichen mit anderen Fragen des transportvertraglichen Weisungsrechts – besonders viele Urteile gibt, die sich mit der Frage der Anpassung der Vergütung beschäftigen. Es drängt sich deshalb die These auf, dass im Rahmen von Weisungsrechten die Frage der Vergütungsanpassung eine ganz entscheidende Rolle spielt, weil es dem Frachtführer (sowie anderen Dienstleistern) zumeist letztlich allein oder zumindest in erster Linie auf die Zahlung einer angemessenen Vergütung ankommt, und dann andere Fragen, etwa nach der Grenze von Weisungsrechten, in den Hintergrund treten.

Dritter Hauptteil

Der Versuch einer allgemeinen Lehre
vom Weisungsrecht

In diesem dritten und letzten Hauptteil soll der Versuch unternommen werden, auf Basis der Erkenntnisse der ersten beiden Hauptteile, in denen es um die allgemeine Einbettung von Weisungrechten in das Gesamtsystem des Schuldrechts einerseits sowie um die Untersuchung des transportrechtlichen Weisungsrechts als Referenzgebiet andererseits ging, allgemeine Lehren zum Weisungsrecht zu entwickeln. Ziel soll es dabei sein, die wichtigsten in dieser Arbeit herausgearbeiteten Aspekte erneut aufzugreifen und möglichst so zu verallgemeinern, dass sie ein theoretischer Unterbau für Weisungsrechte allgemein sein können. Dieser hier vorgenommene Versuch steht freilich unter dem Vorbehalt, dass es im Rahmen der vorliegenden Arbeit nur ein bestehendes Weisungsrecht in Form des transportrechtlichen Weisungsrechst ausführlich erörtert werden konnte. Die gefundenen Ergebnisse bedürfen also entsprechender ausführlicher Überprüfung bzgl. anderer bestehender Weisungsrechte, etwa beim Werk- oder Arbeitsvertrag.

§ 9 Verallgemeinerungsfähige Lösungsansätze

Der Versuch der Formulierung einer allgemeinen Lehre von Weisungsrechten erscheint auch deshalb so interessant als es bisher an solchen Versuchen weitgehend fehlt. Wie bereits erwähnt, stellt der Aufsatz *Demogues* aus dem Jahr 1907 bis heute die einzige Abhandlung dar, in der zusammenhängend auf die theoretischen Grundlagen von Weisungs- bzw. Modifikationsrechten eingegangen wird. Diese weitgehend fehlende zusammenhängende Behandlung von Weisungsrechten führt dazu, dass die bei verschiedenen Vertragstypen vorkommenden Weisungsrechte jeweils ein „Eigenleben" führen und sich voneinander unabhängig entwickeln. Diese mangelnde wissenschaftliche Durchdringung führt nicht nur dazu, dass die einzelnen Regelungen der Weisungsrechte bei den verschiedenen Vertragstypen oftmals kaum entwickelt sind, sondern insbesondere dazu, dass mangels einer allgemeinen Lehre vom Weisungsrecht zur Lösung von Zweifelsfragen nicht auf einen übergeordneten theoretischen Ansatz zurückgegriffen werden kann.

I. Weisungsrechte als (neuer) Regelfall ?

Die vorstehenden Überlegungen haben gezeigt, dass es in bestimmten Vertrags-konstellationen ein Interesse einer Vertragspartei geben kann, anhand von Wei-sungsrechten nachträglich auf den Vertragsinhalt einzuwirken. Es ist vor die-sem Hintergrund die Frage aufzuwerfen, ob Weisungsrechte, die bislang eher als Ausnahme und Randerscheinung gelten, im Vertragsrecht weitere Verbrei-tung erfahren sollten.

1. Die (bislang unterschätze) Funktion von Weisungsrechten in Form der Flexibilisierung von Verträgen

Ein Grund für die bisher nicht vorhandene wissenschaftliche Durchdringung von Weisungsrechten kann wohl darin gesehen werden, dass die Funktion und damit die Bedeutung von Weisungsrechten als ein Mittel des Vertragsrechts zur Flexibilisierung von Vertragsverhältnissen bisher weitgehend unterschätzt wird. Dies überrascht umso mehr als die Lebenswirklichkeit durchaus nach ein-seitigen nachträglichen Veränderungsmöglichkeiten im Vertragsrecht verlangt, wie man etwa an der großen Bedeutung des Anordnungsrechts im Bauvertrag oder dem Direktionsrecht im Arbeitsvertrag erkennen kann. Aber nicht nur im Rahmen der genannten Verträge, sondern in einer ganzen Reihe von vertragli-chen Situationen kann es ein Bedürfnis nach Flexibilität in Vertragsverhältnis-sen geben. Allgemein lässt sich festhalten, dass Flexibilität immer dann – jeden-falls für die von der Veränderung betroffene Partei – wünschenswert ist, wenn sich nach Vertragsschluss Gegebenheiten so ändern, dass der Vertrag in seiner ursprünglichen Fassung nicht mehr uneingeschränkt ihren Interessen entspricht. Allein diese Feststellung spricht allerdings für sich genommen nicht für das Recht einer einseitigen Vertragsänderung, weil völlig ungeklärt ist, ob eine sol-che Änderung zugunsten der neuen Interessen der von der Veränderung primär betroffenen Partei auch den Interessen der anderen Vertragspartei entspricht, da deren Interessen möglicherweise andere, typischerweise sogar gegenläufige sind. Sie zeigt aber zumindest auf, dass die Vorstellung, dass Verträge allein im Zeitpunkt des Vertragsschlusses die Interessen der Parteien ausreichend regeln können, in vielen Fällen verfehlt ist. Schafft man es, im Rahmen des Weisungs-rechts etwa durch klare Grenzen der Weisungsbefugnis sowie eine Anpassung der Vergütung insbesondere bei einer Vergrößerung des vertraglichen Pflich-tenprogramms auch die Interessen der anderen Vertragspartei in ausreichendem Maße zu berücksichtigen, können Weisungsrechte einen wichtigen Beitrag zur punktuellen Flexibilisierung von Vertragsverhältnissen leisten.

a) Das besondere Bedürfnis nach Flexibilität in Verträgen,
bei denen die Erfüllung einen gewissen Zeitraum in Anspruch nimmt

Die Frage nach flexiblen Einwirkungsmöglichkeiten auf den Vertragsinhalt stellt sich grundsätzlich bei allen Verträgen, bei denen der Vertragsabschluss und die Vertragserfüllung nicht zeitgleich stattfinden[625]. Besondere Relevanz entfaltet Flexibilität in Bezug auf den Vertragsinhalt deshalb bei allen Langzeitverträgen, die sich durch eine gewisse Länge der Erfüllungsphase auszeichnen, die z. T. Jahre oder gar Jahrzehnte in Anspruch nehmen kann[626]. Darunter fallen insbesondere sog. Dauerschuldverhältnisse, die auf wiederkehrende Leistungen ausgelegt sind, aber auch solche Verträge, etwa im Anlagenbau, deren Erfüllung auf Grund der Menge der (einmalig) zu erbringenden Leistungen zu einer langen Vertragsdurchführungsphase führen[627]. Der Bedarf für nachträgliche Änderungsbefugnisse liegt hier auf der Hand, weil niemand und damit auch nicht die Vertragsparteien dieser Langzeitverträge in der Lage sind, jegliche zukünftige Entwicklungen vorauszusehen und entsprechende vertragliche Abreden vorzusehen. In der vertraglichen Praxis reagieren die Vertragsparteien hierauf nicht selten mit der Vereinbarung von Anpassungsklauseln[628].

b) Die Komplexität des Vertragsgegenstandes als zusätzlicher Grund für
ein Flexibilisierungsinteresse

Eng verschränkt mit der soeben beschriebenen zeitlichen Dimension von Verträgen ist in Bezug auf das hier zu besprechende Flexibilisierungsbedürfnis in Verträgen ein weiterer Aspekt. Ein Interesse zur Anpassung des Vertrages mag

---

[625] Denkbar wäre es freilich auch, nicht einmal die Erfüllung des Vertrages als zeitliche Grenze für einseitige Änderungs- bzw. Rücktritts- oder Kündigungsmöglichkeiten festzulegen, sondern selbst über den Zeitpunkt der Erfüllung hinaus einseitige Einwirkungsmöglichkeiten auf den Vertrag zuzulassen. Dies ist jedoch – ohne anders lautende Parteiabrede – abzulehnen, weil es zu unerträglicher Rechtsunsicherheit führen würde und bei Weisungsrechten, wenn diese nach Erfüllung des Vertrages überhaupt noch Sinn machen können, was man bei einem Hausbau bzgl. etwa einer weiteren Ausgestaltung des Hauses eventuell annehmen könnte, praktisch dazu führen würde, dass die vertraglichen Leistungspflichten – bis zur Grenze der Verjährung – nicht erlöschen bzw. jederzeit wieder aufleben könnten. Eine solche Aushebelung der Regeln über die Erfüllung ist nicht wünschenswert. Wer über den Erfüllungszeitpunkt hinaus weitere Leistungen in Anspruch nehmen will, muss einen neuen Vertrag abschließen.

[626] Siehe zum Regelungsproblem der „Langfristigkeit des Vertrages" *Horn* in: Gutachten z. Überarb. d. Schuldrechts, Band 1, 551 [560].

[627] Treffend wird vor diesem Hintergrund etwa von *Müko-Busche* § 649 Rn. 1 darauf hingewiesen, dass ein Werkvertrag zwar in der Regel kein Dauerschuldverhältnis ist, aber einige typische Strukturen eines solchen aufweist.

[628] Siehe für entsprechende Nachweise supra *Fn. 2.*

vor allem auch dort bestehen, wo ein Vertragsgegenstand besonders komplex ist, so dass zu der rein zeitlichen Komponente, wonach sich allein durch Zeitablauf Umstände in der Zukunft verändern mögen, hinzu kommt, dass schon der Vertragsgegenstand eine solche Komplexität aufweist, dass es im Zeitpunkt des Vertragsschlusses nicht möglich ist, sämtliche Fragen bzgl. der Durchführung des Vertrages abschließend zu regeln. Als Paradebeispiel mag hier der Bau eines Hauses dienen, bei dem sich oft erst während der Bauarbeiten gewisse relevante Einzelheiten klären lassen. Ohne nachträgliche (einseitige) Flexibilierungsmöglichkeiten ließen sich solch komplexe Verträge zweckmäßigerweise überhaupt nicht abschließen, weil sich keine Vertragspartei darauf einlassen würde, einen Vertrag zu schließen, bei dem es im Zeitpunkt des Vertragsschlusses nicht möglich ist, sämtliche Details zu klären und sie während der Vertragsdurchführung keinen Einfluss mehr darauf nehmen könnte.

c) Volkswirtschaftliche Überlegungen

Nicht nur auf einer Mikro-Ebene bei der Betrachtung des einzelnen Vertrages, sondern auch auf einer Makro-Ebene, wo gesamtwirtschaftliche Überlegungen angestellt werden, lässt sich argumentieren, dass Weisungsrechte sinnvoll sein können. In der Ökonomie wird davon ausgegangen, dass maximaler Wohlstand dadurch erreicht werden kann, dass das Wirtschaftssystem effizient ist, d.h. eine bestmögliche Allokation der vorhandenen Ressourcen stattfindet[629]. Wendet man diese allgemeine Formel auf das Vertragsrecht an, so wird man solche Verträge als volkswirtschaftlich wünschenswert erachten müssen, die von den Vertragsparteien, so wie sie zustande gekommen sind, auch gewollt worden sind. Da Vertragsfreiheit, insbesondere auch in ihrer Ausformung als Abschlussfreiheit, herrscht[630], und somit die am Wirtschaftsleben beteiligten Akteure – jedenfalls in der Theorie – nur solche Verträge eingehen werden, die für die Vertragsparteien eine verbesserte Resourcenallokation mit sich bringen, sind Verträge grundsätzlich ein hervorragendes Mittel um eine bestmögliche Allokation der Güter herzustellen und damit einen effizienten Markt zu schaffen[631]. Umso größer jedoch der Zeitraum zwischen dem Abschluss des Vertrages und dessen Erfüllung ist, umso größer ist das Risiko, dass eine Vertragspartei den Vertragsabschluss insgesamt reut oder zumindest gewisse Teile des Vertrages

---

[629] Siehe *Weller*, S. 349 ff. mit zahlreichen weiteren Nachweisen.

[630] Freilich ist die in der Theorie gegebene Vertragsfreiheit in der Wirklichkeit nicht immer so gegeben, insbesondere, wenn eine der potentiellen Vertragspartei mit soviel (Markt-) Macht ausgestattet ist, dass sie der anderen Vertragspartei die von ihr gewünschten vertraglichen Bestimmungen aufoktroieren kann.

[631] Siehe zu dieser äußerst wichtigen volkswirtschaftlichen Bedeutung des Vertragsrechts *Weller*, S. 349 ff.

so nicht wieder abschließen würde. Ein Weisungsrecht, mittels dessen kleinere Korrekturen am ursprünglich Vereinbarten vorgenommen werden könnten, würde deshalb einen gewissen Beitrag dazu leisten, dass möglichst nur solche Verträge erfüllt werden, die auch wirklich gewollt werden und damit zur bestmöglichen Güterallokation beitragen[632]. Man mag dem versuchen entgegenzuhalten, dass man mit einer rein auf volkswirtschaftlichen Gesichtspunkten fußenden Argumentation auch solche Verträge für kündbar oder veränderbar ansehen könnte, die schon längst erfüllt sind, aber nun von einer Partei bereut werden. In diesen Fällen muss jedoch anderen Grundsätzen der Vorrang gegeben werden, insbesondere dem Grundsatz der Bindungswirkung von Verträgen, der Rechtssicherheit und Rechtsfrieden garantiert, was wiederum ebenfalls wichtige Aspekte einer funktionierenden Volkswirtschaft sind. Weisungsrechte während des Erfüllungszeitraums des Vertrages greifen zu einem deutlich früheren Zeitpunkt ein, in dem auch tatsächlich noch auf die neuen Wünsche des Vertragspartners eingegangen werden kann, weil eben noch nicht alle Erfüllungshandlungen vorgenommen worden sind.

2. Ausdehnung von Weisungsrechten auf welche Vertragstypen?

Wie bereits beschrieben[633], haben sich bisher die bei verschiedenen Vertragstypen vorkommenden Weisungsrechte weitgehend unabhängig voneinander entwickelt. Gleichzeitig fehlt es bislang an Überlegungen, ob sich die Vertragstypen, in denen Weisungsrechte bestehen, einer übergeordneten Vertragstypenkategorie zuordnen lassen und sich so die Erklärung für das Bestehen der Weisungsrechte von den einzelnen Vertragstypen ablösen ließe zugunsten eines allgemeineren Rasters, wann Weisungsrechte sinnvoll erscheinen.

a) Die Unschärfen des Begriffs des Dienstleistungsvertrages

Bei einem Blick auf diejenigen Vertragstypen, die bislang ein Weisungsrecht vorsehen, fällt auf, dass es sich sowohl beim Transportvertrag, beim Arbeitsvertrag, beim Werkvertrag und beim Auftrag um solche Verträge handelt, bei denen

---

[632] Mit der gleichen Argumentation sind auch die im Rahmen dieser Arbeit vielfach angesprochenen Vorschriften in § 649 BGB sowie Art. 1794 CC zu begrüßen, weil sie ebenfalls aus volkswirtschaftlicher Sicht der Verschwendung von Resourcen entgegentreten, indem nicht mehr gewollte Verträge seitens des Bestellers frei gekündigt werden können, so dass er nicht die volle Vergütung zu leisten braucht und gleichzeitig der Unternehmer seine Arbeitskraft wieder neuen, tatsächlich gewünschten, und damit aus volkswirtschaftlicher Sicht nützlicheren Aufträgen widmen kann.

[633] Siehe supra *§ 9.*

– im weitesten Sinne – eine „Dienstleistung" im Vordergrund steht[634]. Der Begriff der Dienstleistung ist freilich äußerst schillernd und weit davon entfernt, national oder auf europäischer Ebene auch nur annähernd einheitlich verstanden zu werden[635]. Die Bandbreite derjenigen Verträge, die als Dienstleistungsverträge verstanden werden, reicht – je nach Kontext – von einem sehr weiten Verständnis, wonach in manchen Richtlinien des Gemeinschaftsrechts – in Abgrenzung zum Kaufrecht – praktisch alle Verträge erfasst werden, deren Gegenstand nicht die Lieferung von Waren ist, bis zu einem deutlich engeren Verständnis etwa in der klassischen deutschen Lehre, die als Dienstleistungsverträge in erster Linie Dienstverträge und womöglich noch Werkverträge erfassen würde[636]. Die Unschärfe des Begriffes des Dienstleistungsvertrages, deren Auflösung nicht das Ziel dieser Arbeit sein kann, soll hier nicht weiter thematisiert werden, weil ohnehin die Begrifflichkeiten zurückzutreten haben hinter die entscheidenden materiell-rechtlichen Überlegungen, warum Weisungsrechte im Rahmen mancher Vertragskonstellationen sinnvoll erscheinen und in anderen nicht. In einem zweiten Schritt lässt sich sodann überlegen, ob die identifizierten Vertragstypen sich zu einem Oberbegriff zusammenfassen lassen.

b) Die zeitliche Streckung des Vertrages als allein nicht hinreichendes Abgrenzungsmerkmal

Nimmt man die im Rahmen dieser Untersuchung behandelten Vertragstypen mit Weisungsrechten zum Ausgangspunkt, so handelt es sich typischerweise eher um Verträge, deren Erfüllungszeitraum eine gewisse Zeitspanne in Anspruch nimmt. Ein klassisches Beispiel für einen Vertrag, bei dem ein Weisungsrecht – zu Recht – nicht diskutiert wird, ist etwa der Kaufvertrag[637], bei dem in seiner klassischen Ausprägung als Barkauf die Erfüllung der vertragscharakteristischen Leistung (Verschaffung des Eigentums und Besitzes an der Kaufsache) nur wenige Sekunden in Anspruch nimmt. Freilich gibt es andererseits – gerade auch im Kaufrecht – selbstverständlich nicht selten Verträge (etwa Sukzessivlieferungsverträge), die sich über lange Zeiträume erstrecken.

---

[634] Das Weisungsrecht im deutschen Kaufrecht mag an dieser Stelle auf den ersten Blick etwas aus der Reihe fallen, aber bei genauer Hinsicht bezieht es sich ebenfalls auf eine Dienstleistung, namentlich das Versenden des Kaufgegenstandes, siehe auch supra *§ 4, III.*

[635] Siehe hierzu *Wendehorst*, AcP 206 (2006), 205 [209 ff.].

[636] Siehe *Wendehorst*, AcP 206 (2006), 205 [209 ff.]; siehe zur heutigen herausgehobenen Bedeutung des Geschäftsbesorgungsvertrages im Dienstleistungssektor *Staudinger-Martinek/Omlor* [2017] § 675 Rn. A 3.

[637] Das Weisungsrecht des Käufers im deutschen Recht in § 447 II BGB lässt sich damit erklären, dass der Pflichtenkatalog des Kaufvertrages im Rahmen eines Versendungskaufs mit einem Dienstleistungselement, dem Versenden, aufgeladen wird, siehe supra *§ 4, III.*

Gleichzeitig gibt es viele Verträge, bei denen Weisungsrechte bestehen oder diskutiert werden und deren Erfüllungszeitraum sehr kurz sein kann (etwa im Rahmen eines Werkvertrages der Wechsel von Sommer- und Winterreifen, der in einer entsprechend ausgerüsteten, professionellen Werkstatt keine 15 Minuten in Anspruch nehmen wird). Sieht man einmal von kaufrechtlichen Dauerschuldverhältnissen etwa in Form eines Sukzessivlieferungsvertrages ab, der möglicherweise auf Grund der Lieferung ohnehin ein Dienstleistungsmerkmal enthält, das wiederum ein Weisungsrechts auslösen könnte, und konzentriert man sich auf den klassischen Kaufvertrag in Form der punktuellen Leistungserbringung, so gibt es dort zwar in der Regel keinen längeren Erfüllungszeitraum, aber durchaus nicht selten sind Kaufverträge, bei denen zwischen dem Vertragsabschluss und der Erfüllung des Kaufvertrages in Form der Eigentums- und Besitzverschaffung ein gewisser Zeitraum liegt. Auch dieser Zeitraum unterliegt selbstverständlich der Möglichkeit, dass sich für die Parteien relevante Umstände ändern, so dass die oben beschriebene Funktion von Weisungsrechten, einen Flexibilisierungsmechanismus für Vertragsverhältnisse bereit zu stellen, in denen ein gewisser Zeitraum zwischen dem Vertragsabschluss und der Erfüllung des Vertrages liegt[638], passen würde. Man könnte freilich überlegen, Weisungsrechte mit dem Argument abzulehnen, dass sie auf Grund der Punktualität keinen hinreichenden Anknüpfungspunkt hätten. Man müsste sich etwa fragen, wie ein Weisungsrecht bei einem Kaufvertrag aussehen könnte. Bezogen auf die Tätigkeit selbst (das Verschaffen von Eigentum und Besitz an der Kaufsache) ließe sich z.B. in Bezug auf die Besitzverschaffung (etwa den genauen Ort derselbigen) ein sinnvoller Weisungsinhalt denken. Der Austausch des Kaufgegenstands mittels Weisung oder eine Einflussnahme auf den Kaufpreis würde andererseits die Grenzen eines Weisungsrechts sprengen. Denkbar wäre noch, dass der Käufer versucht, auf Nebenabreden des Vertrages Einfluss zu nehmen, also etwa auf den Lieferzeitpunkt, die Zahlungsweise etc., wobei man hier begrifflich wohl nicht mehr von einem Weisungsrecht, sondern eher von einem Anpassungs – oder Änderungsrecht bezogen auf den Vertragsinhalt sprechen würde. Lässt man diese begrifflichen Fragen außen vor, zeigt sich, dass sich mit einem Abstellen *allein*[639] auf die Punktualität der Leistungserbrin-

---

[638] Siehe hierzu supra *§ 1, I* sowie *§ 9, I, 1, a)*.

[639] Das Zeitmoment spielt freilich eine wichtige Rolle, weil es überhaupt erst ein Weisungsrecht als Flexibilisierungsinstrument erfordert und typischerweise bei denjenigen Vertragstypen, bei denen richtigerweise ein Weisungsrecht diskutiert wird, vorliegt. Siehe auch *Horn* in: Gutachten z. Überarb. d. Schuldrechts, Band 1, 551 [560], der auf den Zusammenhang zwischen der Länge der Vertragsdauer und dem Eintritt veränderter Umstände aufmerksam macht und davon ausgeht, „daß sich die Wahrscheinlichkeit des Eintritts oder erheblicher Auswirkungen veränderter Umstände proportional zum Zeitablauf" erhöhe.

gung, jedenfalls sofern ein Zeitraum zwischen dem Vertragsabschluss und der Erfüllung des Vertrages liegt, nicht überzeugend solche Vertragstypen ausscheiden lassen, in denen bislang kein Weisungs- oder Anpassungsrecht besteht und dies auch nicht sinnvoll erscheint. Die zeitliche Streckung ist demnach erforderlich, damit Weisungrechte überhaupt sinnvoll erscheinen (und ist auch bei den sogleich behandelten Verträgen, die Weisungsrechte vorsehen (sollten), grundsätzlich gegeben), aber sie ist kein hinreichendes Abgrenzungsmerkmal.

c) Die fremdnützige Tätigkeit im Rahmen von „Tätigkeitsverträgen" als Auslöser für Weisungsrechte

Wenn das Zeitmoment allein zur Unterscheidung nicht genügt, müssen andere Vertragscharakteristika in den Blick genommen werden. Auffällig ist dabei, dass von den im Rahmen dieser Arbeit erwähnten Vertragstypen, bei denen Weisungsrechte eine Rolle spielen, solche Vertragstypen nicht vertreten sind, bei denen sich die vertragscharakteristische Leistung in der Hingabe einer Sachleistung erschöpft, so wie dies etwa im Kauf-, Darlehens- oder Mietvertrag der Fall ist. Demgegenüber handelt es sich bei den Verträgen, in denen Weisungsrechten eine Rolle spielen (Werkvertrag, Arbeitsvertrag, Auftrag etc.), um solche Verträge, bei denen die vertragscharakteristische Leistung eine Tätigkeit darstellt. Im deutschen Schrifttum finden sich vereinzelt Ansätze, solche Verträge als Tätigkeitsverträge zusammenzufassen[640]. Ein solcher Begriff hilft allerdings für sich genommen wiederum nicht weiter und schafft ohne inhaltliche Konkretisierung keine Abgrenzungslinien. Auch etwa das Erbringen der Sachleistung im Rahmen des Kaufvertrages in Form der Verschaffung des Eigentums und Besitzes an der Kaufsache könnte man als eine Tätigkeit auffassen.

Entscheidendes materielles Abgrenzungskriterium zwischen sog. Sachleistungs- und Tätigkeitsverträgen muss deshalb noch etwas anderes sein, auf das – soweit ersichtlich – bislang vor allem *Demogue* und *Wendehorst* hingewiesen haben. Neben anderen, in Bezug auf Weisungsrechte weitgehend weniger relevanten Unterscheidungsmerkmalen zwischen Dienstleistungs- bzw. Tätigkeitsverträgen und Sachleistungsverträgen besteht für *Wendehorst* der besondere Charakter des Tätigkeitsvertrages

„in dem Umstand, dass der materielle oder ideelle Zuwachs in der Sphäre des Leistungsempfängers – also der Gegenstand der Leistung im weitesten Sinn, um dessen Erlangung willen der Empfänger kontrahiert hat – nicht aus der Sphäre des Leistenden transferiert, sondern im Zuge der Leistungserbringung neu generiert wird."[641]

---

[640] Siehe *Amann*, S. 14 [für Dienst- und Werkvertrag sowie Auftrag]; *Weber*, S. 4 [Dienst- und Werkvertrag]. Vgl. auch *Wendehorst*, AcP 206 (2006), 205 [227].

[641] *Wendehorst*, AcP 206 (2006), 205 [227]; auch *Demogue*, RTD civ. 1907, 245 [264]

Dieser Unterschied – so *Wendehorst* weiter – lässt sich illustrieren anhand der französischen Unterscheidung zwischen einer *obligation de faire*, die Tätigkeitsverträgen zu Grunde liegt, und einer *obligation de donner*, die die vertragscharakteristische Leistung im Rahmen von Sachleistungsverträgen darstellt[642]. Der entscheidende Wert eines Tätigkeitsvertrages ist damit die Tätigkeit[643] selbst. Der Gläubiger der Tätigkeit profitiert allein von der Erbringung und dem Ergebnis der Tätigkeit. Umgekehrt hat die Leistung für den Schuldner der Tätigkeit in der Regel keinen Wert; hätte es keinen entsprechenden Vertragsschluss gegeben, wäre er wohl nicht von selbst auf die Idee gekommen, die Tätigkeit auszuführen, denn sie ist zuvörderst fremdnützig und wird für den Tätigwerdenden erst in dem Moment interessant, in dem er für sein Tätigwerden eine Vergütung erhält.

Démogue macht diese den Tätigkeitsverträgen innewohnende Fremdnützigkeit schon mit seiner Wortwahl deutlich, indem er diese Verträge unter dem Begriff *contrat d'aide* zusammenfasst[644]. Damit wird zum Ausdruck gebracht, dass es sich um eine Tätigkeit im Interesse eines anderen handelt[645]. Damit sind allerdings nicht nur Vermögensinteressen wie im Rahmen des deutschen Geschäftsbesorgungsvertrages nach § 675 BGB gemeint[646], der deshalb als „BGB-Übersetzung" des *contrat d'aide* zu eng angelegt wäre, weil etwa Werkverträge, die keine Geschäftsbesorgungsverträge sind, ausgeschieden würden[647]. Für die Auslösung von Weisungsrechten entscheidend ist allein, dass Gegenstand des Vertrages die Ausübung einer Tätigkeit ist, mit deren Hilfe ein Wert für den Empfänger der Leistung geschaffen wird.

Dabei ist auch für den Schuldner der Tätigkeit von vornherein evident, dass die andere Vertragspartei, in deren Interesse die Tätigkeit durchgeführt werden soll, das Geschehen nicht völlig aus der Hand geben will, sondern weiterhin – nicht zuletzt auf Grund der typischerweise vorhandenen Komplexität einer sol-

---

grenzt die Verträge, bei denen es aus seiner Sicht kein Weisungsrecht geben kann, danach ab, ob sie bloß dazu dienen, ein Recht zu übertragen, oder ob mit ihrer Hilfe überhaupt erst Rechte geschaffen werden.

[642] *Wendehorst*, AcP 206 (2006), 205 [228].

[643] Eine Tätigkeit soll hier nach *Staudinger-Martinek/Omlor* [2017] § 675 Rn. A 10 verstanden werden als „aktives Tun iS einer positiven Handlung".

[644] *Demogue*, RTD civ. 1907, 245 [264 ff.].

[645] Siehe *Demogue*, RTD civ. 1907, 245 [265].

[646] Ein Geschäftsbesorgungsvertrag ist dadurch gekennzeichet, „dass sich der Geschäftsbesorger gegenüber dem Geschäftsherrn dazu verpflichtet, eine selbstständige Tätigkeit wirtschaftlicher Art zur Wahrnehmung fremder Vermögensinteressen auszuführen", siehe *Staudinger-Martinek/Omlor* [2017] § 675 Rn. A 9.

[647] Die Fremdnützigkeit eines Werkvertrages wird ausdrücklich angesprochen etwa von *Bitter/Rauhut*, JZ 2007, 964 [967].

chen Tätigkeit und ihrer fehlenden Planbarkeit im Detail – auf die genaue Ausführung der Tätigkeit Einfluss nehmen will. Dies ist schon deshalb evident, weil
der Gläubiger der Tätigkeit typischerweise nur dann vom Ergebnis der Tätigkeit
den gewünschten Nutzen wird ziehen können, wenn die Ausführung und das
Ergebnis der Tätigkeit in höchstem Maße individualisiert sind. Vor allem aber
führen die hier beschriebenen Tätigkeiten in den meisten Fällen nicht zu einem
Ergebnis, das sich – im Falle zwischenzeitlich eingetretenen mangelnden Interesses auf Seiten des Gläubigers der Tätigkeit – durch Weitergabe über den Markt
weiterverwerten ließe[648], weil viele Tätigkeitsverträge nur auf die Ausführung
der Tätigkeit selbst gerichtet sind und nicht etwa zur Herstellung einer Sache
oder einer sonstigen handelbaren Ware führen sollen[649].

3. Auswirkungen von Weisungsrechten auf das Vertragsgefüge

Bei der Frage, inwieweit Weisungsrechte bei bestimmten Vertragstypen einen
sinnvollen vertraglichen Flexibilisierungsmechanismus darstellen können, ist
auch zu berücksichtigen, welche Auswirkungen das Bestehen von Weisungsrechten auf das Verhalten der Vertragsparteien und damit auf das Vertragsgefüge insgesamt haben könnte.

a) Rechtsunsicherheit durch zu viel Flexibilität

Eine erste Konsequenz des Bestehens eines Weisungsrechts könnte in einer Zu-
nahme von Rechtsunsicherheit innerhalb von Vertragsverhältnissen bestehen
und damit die Grundidee des Vertrages, Rechtssicherheit zwischen den Vertragsparteien zu schaffen in der Frage, die den Gegenstand des Vertrages bildet,
aushöhlen. Die entstehende Rechtsunsicherheit könnte ihren Ausdruck darin
finden, dass durch das Bestehen von Weisungsrechten eine erhebliche, zusätzliche Quelle für Streitigkeiten zwischen den Vertragsparteien geschaffen wird.
Entsprechende Tendenzen lassen sich zum Teil auch empirisch belegen, indem
sich etwa im englischen Bauvertragsrecht die meisten Streitigkeiten im Rahmen
von Bauverträgen auf *variations* beziehen, also die einseitige, nachträgliche
Modifikation des Vertrages durch den Besteller[650].

---

[648] Vgl. hierzu auch die Begründung des einseitigen Kündigungsrechts des Kunden im
Rahmen von Dienstleistungsverträgen im DCFR bei *V. Bar/Clive* DCFR, Full Edition, Comments, IV.C.-2:111 A., S. 1697.

[649] Selbst bei (Werk-)Verträgen, die auf die Herstellung einer Sache gerichtet sind, kann
die Weiterverwertbarkeit je nach Maß der Indivilisierung der Werkleistung durchaus in Frage stehen.

[650] *Abrahamson*, S. 168.

Es ist fraglos so, dass durch die Möglichkeit der Abänderung des vertraglichen Pflichtenprogramms mittels Weisungen und auf Grund der damit zusammenhängenden Folgefragen (Grenzen, Auswirkungen auf die Vergütung etc.) grundsätzlich die Komplexität des Vertragsverhältnisses erhöht wird (bzw. erhöht werden kann) und damit ein Nährboden für (weitere) Streitigkeiten entsteht. Ein Aspekt, der jedoch andererseits vielfach Differenzen erst gar nicht wird aufkommen lassen, ist die Tatsache, dass die Weisungen eine Anpassung der Vergütung auslösen. Dies wirkt gleich in zwei Richtungen beruhigend. Zum einen hat es eine disziplinierende Funktion für den Kunden, weil dieser sich jede Weisungserteilung genau überlegen wird, und andererseits nimmt die Anpassung der Vergütung der Weisung aus Sicht des Schuldners der vertragscharakteristischen Tätigkeit ein Großteil ihres Schreckens, weil sie – sofern es sich um eine Weisung mit der Erhöhung des Pflichtenprogramms handelt – mehr Umsatz und Gewinn für den Dienstleister bedeutet.

Die Rechtsunsicherheit kann außerdem dadurch reduziert werden, dass möglichst genaue Grenzen und klare Regeln über die Vergütungsanpassung zur Verfügung stehen. Dadurch erhält das Weisungsrecht ein rechtliches Gepräge, das Vorhersehbarkeit liefert und damit Rechtssicherheit für die Vertragsparteien generiert. Gleichzeitig verkleinert sich der Raum für Streitigkeiten, umso weniger offene Rechtsfragen zurückbleiben.

Andererseits wird man auch mit detaillierten Regelungen nicht alle in der Lebenswirklichkeit stattfindenden Sachverhalte genau abbilden können. Insbesondere sollte man den zulässigen Inhalt von Weisungen nicht zu stark im Vorhinein reglementieren, weil damit gerade die mit Weisungsrechten bezweckte Flexibilisierung des Vertragsverhältnisses wieder ein Stück weit verloren geht.

b) Missbrauchspotential insbesondere in nicht funktionierenden Märkten

Weisungrechte könnten dahingehend ein Problem darstellen, dass sie Ungleichgewichtslagen in nicht funktionierenden Märkten noch verstärken. Die für das Vertragsrecht so wichtige Vertragsfreiheit erfährt in tatsächlicher Hinsicht eine wichtige Einschränkung dadurch, dass oftmals ein wirtschaftliches Ungleichgewicht zwischen den potentiellen Vertragspartnern besteht, was dazu führt, dass die stärkere Partei der anderen Partei den Vertragsinhalt weitgehend diktiert und damit faktisch die Vertragsfreiheit der schwächeren Partei beschnitten ist, insbesondere, wenn sie keine Möglichkeit hat (etwa auf Grund einer Monopolstellung der stärkeren Partei), ihren Bedarf mittels eines anderen Vertragsschlusses zu decken.

Das Bestehen von Weisungsrechten könnte die einseitige Festlegung des vertraglichen Pflichtenprogramms noch verstärken, weil sie der stärkeren Partei –

sofern diese Inhaberin des Weisungsrechts ist – erlauben, nicht nur im Rahmen des Vertragsschlusses ihre Vorstellungen durchzusetzen, sondern zudem auch während der Phase der Vertragsdurchführung weiter auf die vertraglichen Pflichten der anderen Partei Einfluss zu nehmen. Man könnte nun argumentieren, dass – sofern man Weisungsrechte als Regelfall in allen Tätigkeitsverträgen vorsähe – ohnehin ein Weisungsrecht bestehen würde, völlig unabhängig von den Kräfteverhältnissen zwischen den Vertragsparteien. Dies würde jedoch verkennen, dass die Weisungsrechte nicht zwingender Natur sind, sondern von den Parteien abbedungen werden können, insbesondere um für die Fälle vorzusorgen, in denen der Schuldner der Tätigkeit ausnahmsweise ein besonderes Interesse an der Erbringung der ursprünglich vereinbarten Leistung hat oder er sich von vornherein nicht auf die mit der Gewährung eines Weisungsrechts verbundene Rechtsunsicherheit einlassen will. Eben diese Abbedingung wird er aber in Vertragsverhandlungen, in denen er sich einem besonders starken Kunden gegenübersieht, kaum durchsetzen können, so dass er mit dem Weisungsrecht selbst dann konfrontiert ist, wenn er es gerne ausschließen würde. Freilich würde diese Situation wohl auch dann eintreten, wenn das Weisungsrecht nicht der gesetzliche Regelfall wäre, sondern das Weisungsrecht von den Vertragsparteien zu vereinbaren ist, weil die überlegene Verhandlungsposition des Kunden dann wohl zu einer Aufnahme des Weisungsrechts in den Vertrag führen würde.

c) Vorteil für den Schuldner der vertragscharakteristischen Tätigkeit:
Weniger Kündigungen auf Grund des Weisungsrechts?

Für denjenigen, der im Rahmen eines Tätigkeitsvertrages die vertragscharakteristische Tätigkeit durchführt, könnten Weisungsrechte den Vorteil haben, dass der Kunde, dessen Ziele und Wünsche sich zwischen dem Abschluss des Vertrages und dessen Erfüllung geändert haben, auf Grund des Bestehens des Weisungsrechts einen Anreiz hat, an dem Vertrag festzuhalten und ihn mit Hilfe des Weisungsrechts zu ändern, statt mittels des ihm oft zustehenden freien Rücktrittsrechts (§ 649 BGB bzw. Art. 1794 CC oder § 415 HGB) den Vertrag zu beenden. Die Vertragsbeendigung sichert dem Dienstleister ausschließlich die Gewinnmarge unter Abzug der ersparten Aufwendungen. Weder kann der Dienstleister seine Arbeit zu Ende führen und damit für Beschäftigung unter den Mitarbeitern sorgen (jedenfalls wenn es keinen unmittelbaren Folgeauftrag gibt), noch kann er mit dem fertig gestellten Auftrag werben oder auf ihn als Referenz verweisen. Indem der Kunde durch das Weisungsrecht die Möglichkeit hat, auch noch nachträglich auf den Vertragsinhalt Einfluss zu nehmen, wird er seltener zur *ultima ratio*, namentlich der Kündigung des Vertrages greifen, nämlich nur noch dann, wenn auch mit Hilfe des Weisungsrechts der Vertrag aus der Sicht des Kunden nicht mehr zu retten ist.

d) Verhältnis zur zweiseitigen Vertragsänderung

Wenn, wie soeben angenommen, die durch das Weisungsrecht bewirkte Änderung des Vertrages letztlich auch im Sinne des Schuldners der vertragscharakteristischen Tätigkeit ist, weil sonst womöglich der Kunde ganz vom Vertrag Abstand nehmen würde, kann man die Frage stellen, ob es überhaupt eines Weisungsrechts bedarf, oder ob nicht die allgemeine Regelung, wonach zur Vertragsänderung eine Vereinbarung zwischen den Parteien erforderlich ist[651], ausreicht, weil der Schuldner der Tätigkeit ohnehin zustimmen wird, da auch für ihn die Vertragsänderung das geringere Übel gegenüber der Vertragsbeendigung darstellt. In solchen Fällen, in denen auch der Dienstleister von der Ausübung des Weisungsrechts profitiert, ist tatsächlich die Existenz eines solchen letztlich nicht erforderlich, weil die Vertragsparteien – so darf man annehmen – auch ohne das Weisungsrecht mittels einer zweiseitigen Vertragsänderung zum selben Ergebnis gekommen wären.

Allerdings wird der Dienstleister nicht immer mit einer nach Vertragsschluss stattfinden Vertragsänderung einverstanden sein. Dies wird insbesondere dann der Fall sein, wenn der Dienstleister durch die Weisung nicht mehr verdienen kann und die Weisung gleichzeitig ungelegen für den Dienstleister ist. Geht er gleichzeitig davon aus, dass zwar der Kunde gern eine Vertragsänderung hätte, er jedoch nicht bei Versagung einer solchen Änderung den Vertrag kündigen würde, etwa weil ihm die Kosten hierfür (der Gewinn des Dienstleisters sowie dessen bisherige Aufwendungen sind ja in jedem Fall zu zahlen) zu hoch sind in Abwägung mit dem Vorteil, den er durch eine Vertragsänderung erlangen würde, wird der Dienstleister die gewünschte Vertragsänderung ablehnen. Denkbar ist außerdem, dass der Dienstleister sich nur unter der Vereinbarung einer besonders hohen Vergütung zur Befolgung eines späteren Kundenwunsches bereiterklärt; insbesondere bei besonders teuren und/oder besonders weit fortgeschrittenen Leistungen ist der Dienstleister in einer starken Verhandlungsposition, weil eine Kündigung in solchen Fällen für den Kunden finanziell unattraktiv sein dürfte.

Auf Grund dieser Situationen macht es Sinn – jedenfalls wenn man Weisungsrechte in Tätigkeitsverträgen grundsätzlich für sinnvoll hält[652] –, dem Kunden das Weisungsrecht an die Hand zu geben um bei seinen Änderungswünschen nicht auf das Wohlwollen des Unternehmers angewiesen zu sein.

---

[651] Siehe § 311 I BGB, Art. 1134 CC.
[652] Siehe hierzu supra § 9, I, 2.

e) Gesetzliche Regelung von Weisungsrechten oder Privatautonomie?

Schließlich lässt sich die Frage stellen, ob es wirklich einer gesetzlicher Regelung von Weisungsrechten bedarf, die ihrerseits dispositiv ist, oder ob es nicht genügen würde, auf die Vertragsparteien zu vertrauen, die Weisungsrechte im Rahmen der Privatautonomie schon vereinbaren werden, wenn sie dies für nützlich halten.

In diesem Zusammenhang ist jedoch zu beachten, dass im Verhältnis Schuldner der vertragscharakteristischen Tätigkeit/Kunde in der überwiegenden Zahl der Fälle der Dienstleister der professionel Tätige sein wird, während der Kunde nur sporadisch mit der jeweiligen Dienstleistung in Berührung kommt und deshalb sowohl in tatsächlicher Hinsicht bzgl. der auszuführenden Tätigkeit und den ihr eigenen Problemen als auch in rechtlicher Hinsicht einen Wissensnachteil haben wird. Dieser größtenteils vorhandene[653] Wissensunterschied würde dazu führen, dass in den wenigsten Fällen Weisungsrechte individualvertraglich (oder durch Allgemeine Geschäftsbedingungen) vereinbart würden, weil (womöglich[654]) der Dienstleister kein Interesse an ihnen hat und der Kunde nichts von der Möglichkeit der Vereinbarung von Weisungsrechten weiß oder ihre zu einem späteren Zeitpunkt vorhandene Nützlichkeit nicht abzuschätzen vermag.

II. Begründungsmöglichkeiten für Weisungsrechte

Um Weisungsrechte zu begründen, lassen sich eine ganze Reihe von Begründungsansätzen auflisten, die teils sehr unterschiedlich ansetzen. Sofern es zunächst um die rechtliche Konstruktion geht, kann versucht werden, „am Gesetz" zu arbeiten um aus bestehenden gesetzlichen Normen aus dem Vertragsrecht Weisungsrechte abzuleiten (1. und 2.) oder, im Vertragsrecht allgemeiner ansetzend, eine Konstruktion über eine stillschweigende vertragliche Vereinbarung (3.) anzunehmen. Auch ein Rückgriff auf das Sachenrecht ist – jedenfalls bei sachbezogenen Tätigkeitsverträgen – denkbar (4.). Ergänzend danebenstellen lassen sich die Überlegungen *Demogues*, die ihren Fokus eher auf eine rechtspolitische Argumentation legen, die die Interessen der Vertragsparteien in den Mittelpunkt rückt (5.).

---

[653] Selbstverständlich mag es auch genau entgegengesetzte Fälle geben, siehe etwa supra *§ 9, I, 3, b)*, wo es um das mögliche Missbrauchspotential von Weisungsrechten geht.

[654] Zu berücksichtigen ist aber auch das Interesse des Dienstleisters, möglicherweise eine Abänderung des Vertrages einer vollständigen Kündigung vorzuziehen, siehe hierzu supra *§ 9, I, 3, c)*.

1. Erst-Recht-Schluss / Minusmaßnahme zur freien Kündigung nach § 649 BGB und Art. 1794 CC

Ein möglicher Begründungsansatz, der sowohl im deutschen als auch im französischen Recht nicht selten herangezogen wird, ist die Herleitung von Weisungsrechten aus den freien Kündigungsrechten des Werkbestellers in § 649 BGB und Art. 1794 CC. Dieser Ansatz hat zwei große Herausforderungen zu meistern. Zum einen müssen § 649 BGB respective Art. 1794 CC (oder zumindest ihre Rechtsgedanken) über ihren eigentlichen Anwendungsbereich im Werkvertragsrecht hinaus auch auf andere (Dienstleistungs-) bzw. Tätigkeitsverträge Anwendung finden, weil sich sonst – wenn überhaupt – nur das werkvertragliche Weisungsrecht mit ihrer Hilfe erklären ließe. Die zweite Herausforderung besteht darin, zu begründen, dass aus dem Bestehen eines freien Kündigungsrechts auch tatsächlich auf das Bestehen von Weisungsrechten geschlossen werden kann.

Die erste Frage wird innerhalb der drei untersuchten Rechtsordnungen nur im deutschen Recht am Rande in der Literatur diskutiert. Der DCFR hat in Art. IV.C.-2:111 (1) DCFR ein freies Kündigungsrecht im allgemeinen Teil zu den *service contracts* vorgesehen und damit erstmals das freie Kündigungsrecht vom Werkvertragsrecht gelöst und für alle Dienstleistungsverträge für anwendbar erklärt. Wie sich gezeigt hat[655], sind die Lösungen, die sich in Fällen, in denen der Gläubiger der vertragscharakteristischen Leistung kein Interesse mehr an der Leistung hat, in allen drei untersuchten nationalen Rechtsordnungen kaum anders als bei einer Loslösung vom Vertrag über ein freies Kündigungsrecht, weil die Abrechnung des Vertrages über die Regeln über das freie Kündigungsrecht bzw. über die schadensersatzrechtlichen Vorschriften des allgemeinen Vertragsrechts zu weitgehend gleichen Ergebnissen führen. Der einzige echte Unterschied, den die Einführung eines einseitigen Kündigungsrechts über das Werkvertragsrecht hinaus mit sich brächte, wäre – neben dem wahrscheinlich nicht zu unterschätzenden psychologischen Effekt, dass sich Gläubiger einer vertragscharakteristischen Leistung weniger zurückhaltend bzgl. einer Vertragsbeendigung verhalten würden, weil sie nun ein Recht dazu hätten, und nicht ihre Vertragstreue gegenüber der anderen Partei aufkündigen müssten, damit diese möglichst mittels Rücktritt und Schadensersatz gegen sie vorgeht –, dass auf Grund des Bestehens des freien Kündigungsrechts dem Schuldner der vertragscharakteristischen Leistung jegliche Möglichkeit zur Erbringung der eigenen Leistung gegen den Willen der anderen Vertragspartei genommen wäre. Dieser „Anspruch auf Vertragsdurchführung" gilt aber auch ohne ein freies Kündigungsrecht nur sehr eingeschränkt, namentlich nur dann,

---

[655] Siehe supra § 3, II, 3, c) und § 3, II, 6.

wenn die Leistung ohne die Kooperation der anderen Vertragspartei überhaupt erbracht werden kann und gleichzeitig auf Seiten des Schuldners der vertrags-charakteristischen Leistung ein legitimes Interesse an der Erbringung der Leistung (bzw. kein rechtsmissbräuchliches Verhalten) gegeben ist. Vor diesem Hintergrund erscheint eine Ausweitung des freien Kündigungsrechts als weniger revolutionär als es auf den ersten Blick erscheinen mag[656]. Eine wissenschaftliche Diskusstion dieser Frage findet freilich – wenn überhaupt – bislang nur am Rande statt.

Das zweite Hindernis, das es zu überwinden gilt, besteht in der Frage, ob es ein zulässiger Erst-Recht-Schluss ist, aus der Existenz eines freien Kündigungsrechts auf die Existenz von Weisungsrechten zu schließen. Entgegen einigen leichtfertigen Annahmen in der Literatur ist ein nicht unerheblicher Begründungsaufwand erforderlich, um einen solchen Erst-Recht-Schluss zu begründen[657]. Das Kernargument hierfür ist, dass eine Weisung, selbst wenn sie nicht allein das vertragliche Pflichtenprogramm reduziert, sondern auch umgestaltet, immer – jedenfalls sofern das Weisungsrecht nur innerhalb vorher definierter, enger Grenzen ausgeübt werden kann – einen geringeren Eingriff in die vertragliche Vereinbarung darstellt als ein Rücktrittsrecht, weil das Vertragsprogramm nur leicht modifiziert und nicht vollständig beendet wird.

2. § 315 BGB als Grundlage

Als eine weitere Grundlage für Weisungsrechte könnte das einseitige Leistungsbestimmungsrecht in § 315 BGB herangezogen werden. Dieses scheidet nicht schon etwa deshalb aus, weil § 315 BGB nur dann herangezogen werden kann, wenn bei Vertragsschluss noch nichts Bestimmtes vereinbart wurde, sondern nach richtiger Ansicht auch dann, wenn nachträglich einseitige Änderungen an im Zeitpunkt des Vertragsschlusses bereits Bestimmtem vorgenommen werden sollen[658].

Problematischer ist da im hier interessierenden Zusammenhang der Suche nach Begründungsmöglichkeiten von Weisungsrechten schon eher, dass das Eingreifen der Vorschrift des § 315 BGB immer voraussetzt, dass sich die Parteien zuvor vertraglich darüber geeinigt haben, dass ein einseitiges Leistungsbestimmungsrecht bestehen soll[659]. Die Vorschrift ist somit von vornherein nicht zu mehr in der Lage als – möglicherweise – einen Beleg dafür zu liefern,

---

[656] Siehe zum Ganzen und insbesondere auch zu weiteren Gründen, die für eine Ausweitung eines freien Kündigungsrechts sprechen könnten, supra *§ 3, II, 3, c)*.

[657] Siehe supra *§ 3, II, 4.*

[658] Siehe hierzu näher supra *§ 3, III.*

[659] Siehe supra *§ 3, III, 2, e).*

dass die Parteien in der Lage sind, Weisungsrechte zu vereinbaren. Dies folgt jedoch schon grundsätzlich aus der Vertragsfreiheit; § 315 BGB ist insofern nur ein Anhaltspunkt, wie weit die Parteien bezogen auf die Vereinbarung einseitiger Vertragsänderungsrechte gehen können. Die in § 315 BGB normierten Grundsätze, insbesondere die Ausübungsgrenze der Billigkeit in § 315 III BGB können hilfreich sein um Regeln für ein bestehendes Weisungsrecht zu erarbeiten[660]. Die Begründung eines Weisungsrecht mit Hilfe von § 315 BGB fällt dagegen schwer, sofern die Parteien keine Vereinbarung über das Bestehen eines Weisungsrechts getroffen haben.

3. Stillschweigende Vereinbarung bei Abschluss des Vertrages

Ein weiterer Weg, das Bestehen eines Weisungsrechts in bestimmten Vertragstypen zu begründen, ist die Annahme, dass die Vertragsparteien ein solches Recht bei einigen Vertragstypen regelmäßig stillschweigend bei Vertragsabschluss vereinbaren. Dies ist der Weg, mit Hilfe dessen etwa im deutschen Recht das Weisungsrecht des Arbeitgebers gegenüber dem Arbeitnehmer begründet wird (§ 315 BGB bzw. nunmehr § 106 GewO regeln nicht das Bestehen des Weisungsrechts, sondern nur dessen Grenzen)[661].

Auch *Demogue* erwähnt kurz die Möglichkeit, Weisungsrechte damit zu erklären, dass sich die Vertragsparteien stillschweigend bei Vertragsabschluss über die Möglichkeit einseitiger nachträglicher Modifikationen geeinigt hätten[662], sieht aber ein Abstellen allein auf die Natur des Vertrages zur Begründung von Weisungsrechten als die überzeugendere Lösung an[663].

Einer Begründung über eine stillschweigende Vereinbarung haftet fraglos der Makel an, dass eine solche stillschweigende Vereinbarung nichts weiter als eine Fiktion ist, für die wiederum nach einer Erklärung zu suchen ist. Wann eine solche Fiktion anzunehmen ist, hängt deshalb entscheidend von der Frage ab, welche Kriterien ein Vertrag erfüllen muss, damit von einer stillschweigenden Vereinbarung ausgegangen werden kann. Über die konkrete rechtstechnische Konstruktion des Weisungsrechts hinaus liefert der Ansatz über die stillschweigende Vereinbarung damit keine Hinweise für die Frage, wann Weisungsrechte bestehen.

---

[660] Siehe hierzu infra § 3, III, 2, a).
[661] Siehe supra § 4, I.
[662] Siehe *Demogue*, RTD civ. 1907, 245 [268].
[663] Siehe hierzu näher sogleich unter § 9, II, 5.

4. Anknüpfung an das Eigentum

Im englischen Transportrecht hat sich gezeigt, dass das transportrechtliche Weisungsrecht an das Eigentum am Transportgut angeknüpft wird[664]. Der Eigentümer ist nach den alten englischen Entscheidungen[665] dem Frachtführer gegenüber zu Weisungen berechtigt, weil er *bailor* und der Frachtführer *bailee* ist. Die Rolle des Eigentums spielt auch heute noch eine dominierende Rolle, weil grundsätzlich von der Eigentümerstellung abhängt, wer Vertragspartner des Frachtführers wird. Auf Grund weitreichender Vermutungsregeln, dass der Empfänger der Eigentümer ist, wird aber die Bedeutung der Eigentumsstellung überspielt zugunsten einer schematischeren und damit der Rechtssicherheit förderlichen Lösung. Diese Entwicklung des englischen Rechts ist schon selbst ein hervorragender Beleg für die Ungeeignetheit der Anknüpfung von Weisungsrechten an das Eigentum, denn sie zeigt, dass eine solche Anknüpfung unerträgliche Rechtsunsicherheit schafft, weil der Dienstleister oftmals nicht wissen kann, wer Eigentümer ist, bzw. ihm nicht zugemutet werden kann, dies herauszufinden. Dieses Argument gilt umso mehr als das heutige Wirtschaftssystem mit seiner Spezialisierung und Diversifikation sowie den vielfältigsten Finanzierungsmöglichkeiten, die mittels Abreden über die Eigentumsstellung abgesichert werden[666], oftmals dazu führt, dass derjenige, der einen Vertrag zur Durchführung einer Dienstleistung an einer Sache abschließt, gar nicht Eigentümer der Sache ist, und womöglich nicht einmal etwas von dem Vertragsschluss weiß noch etwas mit den Details des Vertrages zu tun haben möchte bzw. darf (auf Grund etwa einer entsprechenden Vereinbarung im Vertrag über das Sicherheitseigentum o. ä.). Ein Weisungsrecht des Eigentümers in solchen Fällen erscheint vor diesem Hintergrund sinnlos.

Vor allem aber muss hier angemerkt werden, dass eine Begründung von Weisungsrechten mit Hilfe der Eigentumsstellung überhaupt nur dort möglich ist, wo eine Dienstleistung sachbezogen ist und entsprechend überhaupt ein Eigentümer vorhanden ist. Beim Transportvertrag wird dies immer der Fall sein; auch bei vielen Werkverträgen (etwa wenn es um die Reparatur einer Sache geht) wird dies nicht selten vorkommen (wobei bei Werkverträgen hinsichtlich der Herstellung einer Sache die herzustellende Sache oftmals bis zur Übergabe an den Besteller im Eigentum des Werkunternehmers bleiben wird). Eine ganze Reihe anderer Dienstleistungs- bzw. Tätigkeitsverträge sind jedoch nicht sach-

---

[664] Siehe hierzu supra *§ 7, I, 3, a)*.

[665] Siehe nur etwa *Scothorn and Another v. The South Staffordshire Railway Company* (1853) 8 Ex. 341.

[666] Man denke nur etwa an die Vereinbarung von Sicherheitseigentum oder Eigentumsvorbehalten.

bezogen, (etwa sämtliche unter den Dienstvertrag oder Auftrag zu subsumierenden Verträge, aber auch etwa der Maklervertrag). Die Eigentümerstellung kann dort bei der Frage nach dem Bestehen von Weisungsrechten nicht helfen.

5. Die Vertragsnatur als Begründung für Weisungsrechte

Eine letzte Möglichkeit, die zur Begründung von Weisungsrechten herangezogen wird, ist diejenige, Weisungsrechte auf die Natur bestimmter Verträge zu stützen, denen Weisungsrechte – ohne Weiteres zutun der Vertragsparteien – immanent seien. Am weitesten ausgeführt wurden entsprechende Gedanken von *Demogue,* der in seinem Aufsatz zu Modifikationsrechten die Natur des Vertrages als Grundlage für Weisungsrechte in den Mittelpunkt rückt[667].

Demogue unternimmt als erster und wohl bisher einziger den Versuch, Weisungsrechte allgemein zu erklären und entsprechend dieser Erklärung auf alle Verträge auszudehnen, zu denen diese Erklärung passt. Die zentrale Idee *Demogues* ist dabei, dass Weisungsrechte auf dem Umstand beruhen, dass es gewisse Tätigkeiten gibt, die im Interesse eines anderen ausgeführt werden[668]. Derjenige, der sich für eine solche Tätigkeit eines anderen bedient, soll trotz der Einschaltung eines anderen mittels eines Vertrages weiterhin die Möglichkeit haben, auf die Durchführung des Vertrages Einfluss nehmen zu können, so wie er selbst die Möglichkeit hätte, die Ausführung der Tätigkeit zu verändern, wenn er sie selbst durchführen würde[669].

III. Ausgestaltung als Gestaltungsrecht

Weisungsrechte sollten, damit sie ihre Funktion als Flexibilisierungsinstrument innerhalb von Verträgen bestmöglich erfüllen können, möglichst einseitig ausübbar sein[670]. Aus deutscher Sicht bietet sich deshalb die Ausgestaltung als Gestaltungsrecht an. Dem steht auch nicht entgegen, dass sich Gestaltungsrechte gewöhnlich mit ihrer einmaligen Ausübung verbrauchen[671]. Vielmehr können Gestaltungsrechte auch als sog. Muttergestaltungsrechte gedacht werden, die mehrfach ausgeübt werden können[672].

Das französische und englische Recht hat jeweils deutlich größere Probleme, die einseitige Gestaltung des Vertrages anzuerkennen. Diskussionen über ein

---

[667] Siehe insbesondere *Demogue,* RTD civ. 1907, 245 [268].

[668] *Demogue,* RTD civ. 1907, 245 [264 f.].

[669] *Demogue,* RTD civ. 1907, 245 [265].

[670] Siehe hierzu auch schon supra *§ 9, I, 3, d)* zum Verhältnis von Weisungsrechten zur zweiseitigen Vertragsänderung.

[671] Vgl. *MüKo-Würdinger* § 315 Rn. 35.

[672] Siehe schon supra *§ 2, III, 1* sowie *MüKo-Würdinger* § 315 Rn. 35.

droit potestatif respective *discretionary powers* stecken noch in den Kinderschuhen[673] und oftmals lässt sich – insbesondere beim transportrechtlichen Weisungsrecht – nicht mit Sicherheit ermitteln, ob die mittels des Weisungsrechts herbeigeführte Modifikation des Vertrages rechtstechnisch durch einseitige Erklärung der Weisung oder die (erzwungene) Zustimmung der anderen Partei zustandekommt[674]. Im Interesse einer rechtstechnisch möglichst klaren Ausgestaltung ist die Lösung über ein (einseitiges) Gestaltungsrecht vorzuziehen.

IV. Verallgemeinerungsfähige Grenzen

Neben der Frage der Auswirkung einer Weisung auf den Vergütungsanspruch handelt es sich bei der Frage nach den Grenzen von Weisungsrechten um die zweite zentrale Regelungsfrage im Zusammenhang mit Weisungsrechten. Die nötigen Grenzen von Weisungsrechten lassen sich dabei in drei Gruppen einteilen. Die allgemeinste Grenze muss dafür sorgen, dass das Weisungsrecht nicht dazu benutzt werden kann, die vertraglichen Kernpflichten des Schuldners der vertragscharakteristischen Tätigkeit abzuändern (a). Auf der nächsten Stufe sind Grenzen dort zu ziehen, wo Weisungen typischen Interessen des Dienstleisters zuwiderlaufen (b). Schließlich lässt sich über einen Auffangtatbestand nachdenken, der mit Hilfe eines unbestimmten Rechtsbegriffs die Rechtmäßigkeit der Weisungen auf Missbrauch seitens des Weisungsberechtigten überprüft (c).

1. Allgemeine Grenze: Keine Änderung der Kernpflichten

Als geradezu selbstverständlich muss angesehen werden, dass ein Weisungsrecht nicht dazu führen darf, dass es den Weisungsberechtigten in die Lage versetzt, die vertraglichen Kernpflichten des Schuldners der vertragscharakteristischen Tätigkeit abzuändern. Der jeweilige konkrete Vertragsinhalt muss daher als erste wichtige Grenze des Weisungsrechts verstanden werden. Zuvörderst ist damit gemeint, dass mittels einer Weisung nicht derart das Leistungsprogramm der anderen Partei abgeändert werden darf, dass sich der Vertragstyp ändert. Die Grenze muss jedoch noch deutlich enger gezogen werden. Es muss im Ergebnis sichergestellt werden, dass dem Dienstleister mittels des Weisungsrechts nicht ein Vertrag aufgezwungen werden kann, den er so nie eingehen wollte. Entsprechend muss eine Weisung auch innerhalb eines Vertragstyps unzulässig sein, wenn von dem Dienstleister eine grundsätzlich andere Tätigkeit verlangt wird als ursprünglich vereinbart war. Unter dem Werkvertrag etwa wird ein ganzer Strauß unterschiedlicher Tätigkeiten erfasst. Wird etwa ein

---

[673] Siehe supra § 2, III, 2 und 3.
[674] Siehe hierzu supra § 6, II, 1.

Tischler beauftragt, eine Schrankwand aufzubauen, kann eine Weisung nicht zulässig sein mit dem Inhalt, dass stattdessen ein Ölwechsel beim Auto des Kunden durchzuführen sein soll. Der Dienstleister verfügt – in aller Regel – auf Grund der Spezialisierung der heutigen Arbeitswelt nur über eine sehr begrenzte Fachkunde, und selbstverständlich darf er mittels einer Weisung nicht in Arbeitsbereiche gezwungen werden, in denen ihm diese Fachkunde fehlt. Anders formuliert bedeutet dies: Eine Weisung muss dort inhaltlich an Grenzen stoßen, wo sich die vertragliche Risikoverteilung zu Ungunsten des Dienstleisters verschiebt, weil er zu Tätigkeiten gezwungen wird, denen er fachlich nicht gewachsen ist und damit sein Haftungsrisiko unter dem Vertrag sprunghaft ansteigt. Vielmehr muss die mittels der Weisung verlangte Arbeit zu seinem normalen Tätigkeitsbereich gehören.

Im Rahmen der transportrechtlichen Weisung schließt man etwa aus dem Wortlaut des § 418 HGB, dass sich die Weisung immer auf die Beförderung des Gutes beziehen muss[675]. Die Beförderung des Transportgutes stellt die Kernpflicht und die Kernkompetenz des Frachtführers dar[676]. Weisungen dürfen sich bei allen Verträgen nur auf diese Kernkompetenz beziehen. Dem Tischler, der eine Schrankwand aufbauen soll, muss sich auch nach der Ausübung des Weisungsrechts weiterhin einem Werkvertrag gegenübersehen, dessen Kernpflicht im Aufbau eines Schrankes besteht. Für alles andere ist ein neuer (weiterer) Vertrag erforderlich.

2. Spezielle Grenzen durch typische Interessen des Dienstleisters sowie betroffener Dritter

Neben der soeben erörterten allgemeinen Grenze von Weisungsrechten, wonach die Kernpflichten des Schuldners der vertragscharakteristischen Tätigkeit, die durch den jeweiligen Vertrag konkretisiert sind, durch die Weisung nicht abgeändert werden dürfen, muss es weitere, speziellere Grenzen geben, die typische Interessen des Dienstleisters schützen. Die Weisungen, die mittels dieser Grenzen „aussortiert" werden sollen, haben bereits die erste Hürde genommen, indem sie nicht unrechtmäßig sind, weil sie die Kernpflichten des Dienstleisters abzuändern versuchen. Der Dienstleister ist nicht fachlich überfordert oder sieht sich plötzlich einem Vertragsprogramm ausgesetzt, das er so nie eingehen wollte. Vielmehr kommt ihm die Änderung seiner zu verrichtenden Tätigkeit schlicht ungelegen. Die bloße Lästigkeit einer Weisung kann freilich nicht aus-

---

[675] Siehe hierzu supra § 7, II, 1, a).

[676] Unrechtmäßig sind im Rahmen des Transportvertrages etwa auch schon Weisungen, die sich auf die Einlagerung des Transportgutes beziehen, weil der Frachtführer eben kein Lagerist ist und deshalb die Einlagerung von Gütern nicht zu seinem Kerngeschäft gehört.

reichen, um eine Weisung als unrechtmäßig zu qualifizieren, weil dann der Dienstleister im Ergebnis völlig frei darin wäre, Weisungen, die er – aus welchen Gründen auch immer – nicht ausführen will, mit dem Hinweis abzulehnen, dass sie ihm ungelegen seien. Folglich kann es nur so sein, dass der Dienstleister nur dann eine Weisung ablehnen können soll, wenn bestimmte schützwürdige Interessen auf Seiten des Dienstleisters durch die Weisung betroffen sind.

Welche Interessen auf Seiten des Dienstleisters besonders relevant sind, ist eine Frage, die sich abschließend nur auf der Ebene des einzelnen Vertragstyps beantworten lässt, weil typische Interessen durchaus von Vertragstyp zu Vertragstyp variieren mögen. Gleichzeitig lassen sich aber auch schon auf allgemeiner Ebene Interessen des Dienstleisters herausarbeiten, die bei jedem Typ von Tätigkeitsverträgen eine Rolle spielen dürften. Dazu gehört einerseits zunächst, dass der Dienstleister fraglos nicht durch eine Weisung in die Situation versetzt werden will, dass er in zuvor geschlossenen Verträgen mit Dritten vertragsbrüchig wird, indem die Dritten entweder ganz auf die Dienstleistung verzichten müssen oder bloß eine verspätete Erbringung der Dienstleistung möglich ist[677]. Dem Dienstleister wird es dabei nicht nur um den unmittelbaren finanziellen Schaden durch die entstehenden Schadensersatzansprüche der Dritten gehen, die möglicherweise vom Weisungsberechtigten im Rahmen eines Aufwendungsanspruchs auf Grund der Weisungserteilung sogar zu erstatten sein könnten[678], sondern vielmehr vor allem auch um längerfristige Überlegungen, andere Geschäftspartner nicht auf Grund von Unzuverlässigkeit verlieren zu wollen oder eine gute Reputation durch die Nichteinhaltung von Verträgen aufs Spiel zu setzen.

Darüberhinaus weitere schützenswerte Interessen des Dienstleisters zu finden, ist deutlich schwieriger. Zwar mag es auf den ersten Blick plausibel erscheinen, dass etwa § 418 I 3 HGB im deutschen Transportrecht auch solche Weisungen für unzulässig erachtet, die Nachteile für den Betrieb des Frachtführers mit sich bringen[679]. Diese Grenze zu konkretisieren, erweist sich jedoch als durchaus anspruchsvoll, weil schon auf Grund der Anpassungspflicht bzgl. der Vergütung[680] nicht etwa jede Weisung, die Unkosten oder Mehrarbeit auslöst, als nachteilig für den Betrieb aufgefasst werden kann, sondern vielmehr wird der Betrieb auf Grund des höheren Umsatzes und Gewinns grundsätzlich eher davon profitieren. Auch höhere (Haftungs-)Risiken, die dem Dienstleister auf Grund der

---

[677] Auf dieses Interesse geht im Transportrecht sowohl § 418 HGB als auch Art. 4 CT *général* ein, siehe supra *§ 7, II, 2, a), bb)* und *b)*.

[678] Siehe hierzu supra *§ 7, III* und infra *§ 9, V.*

[679] Interessanterweise schreibt Art. 4 CT *général* für das französische Recht nur die Grenze fest, dass der Frachtführer durch die Weisung nicht darin gehindert werden darf, seine Verpflichtungen gegenüber Dritten zu erfüllen, siehe supra *§ 7, II, 2, b)*.

[680] Siehe zu § 418 I 4 HGB supra *§ 7, III, 1* und allgemein infra *§ 9, V.*

Weisung entstehen mögen, können sich entweder in einer entsprechend höheren Vergütung widerspiegeln oder aber die Weisung ist schon deshalb nicht zulässig, weil sie die allgemeine Grenze des Weisungsrechts überschreitet, wonach Weisungen insbesondere dann nicht zulässig sind, wenn sie den Dienstleister in Tätigkeits- und damit Risikobereiche zwingen, die nicht zu seinem eigentlichen Tätigkeitsbereich gehören. Als Nachteil für den Betrieb des Dienstleisters ließe sich wohl auffassen, wenn eine oder eine ganze Reihe von Weisungen dazu führt, dass der Dienstleister auf Grund der entstehenden Mehrarbeit und der ausschließlichen Beschäftigung mit der Abarbeitung der Weisungen quasi vom Markt abgeschottet wird und dadurch Wettbewerbsnachteile erleidet. Sinnvoll erscheint vor diesem Hintergrund eine Grenze wie etwa in § 418 III HGB für den deutschen Transportvertrag, auf Grund derer sich der Vertrag mittels Weisungen nicht nahezu unendlich verlängern lässt, wobei auch hier zu bedenken ist, dass viele Weisungen, durch die eine solche Gefahr droht, schon gegen die allgemeine Grenze verstoßen werden, weil sie die Kernpflichten des ursprünglichen Vertrages in zu starkem Maße verändern oder erweitern. Denkbar ist schließlich, solche Weisungen als nachteilig für den Betrieb des Dienstleisters aufzufassen, die den Dienstleister zu Umstellungen innerhalb des Betriebsablaufs zwingen, etwa weil Dienst- oder Urlaubspläne auf Grund der Weisung nicht eingehalten werden können, oder sonstige innerbetriebliche Planungen hinfällig werden. An dieser Stelle ist jedoch Vorsicht geboten, weil die Gefahr besteht, eine weitreichende Exkulpationsmöglichkeit für den Dienstleister zu schaffen, der versucht sein könnte – schon allein auf Grund der schwierigen Nachprüfbarkeit innerbetrieblicher Abläufe – , diese Grenze dafür zu instrumentalisieren, sich lästiger Weisungen, deren Befolgung er ohne tatsächlich vorhandenen sachlichen Grund ablehnen möchte, zu entledigen. Um ein effektives Weisungsrecht für den Weisungsberechtigten zu schaffen, ist deshalb bei einer weiteren konkreten Grenze neben der, dass der Dienstleister weiter allen anderen vertraglichen Verpflichtungen nachkommen können muss, eine gewisse Zurückhaltung geboten.

3. Einzelfallbezogenes Kriterium als flexible Grenze (etwa *Billigkeit,* abus, reasonableness)

Als Auffangtatbestand für auf sonstige Weise unzumutbare, missbräuchliche oder schikanöse Weisungen lässt sich schließlich darüber nachdenken, ob man nicht mit Hilfe eines unbestimmten Rechtsbegriffs wie der Billigkeit aus § 315 BGB, oder dem *abus* als Grenze einseitiger Leistungsbestimmungsrechte im französischen Recht bzw. schließlich mit der Grenze der *reasonableness*, die im englischen Recht dazu gebraucht wird, die aufkommenden *discreationary powers* einzudämmen, eine letzte Grenze für besonders gelagerte Einzelfälle schafft.

Eine solche breite Grenze kann nur dazu dienen, besonders krasse Fälle aus-
zuscheiden, in denen die Ausführung der Weisung aus anderen Gründen als den
typischen Interessen des Dienstleisters, die soeben erörtert wurden[681], für den
Dienstleister unzumutbar ist. Mehr Bedeutung hätte diese dritte Grenze mit ihrem Rückgriff auf allgemeinere Kriterien des Schuldrechts dort, wo – etwa bei
bestimmten Vertragstypen – eine Beschäftigung mit den typischen Interessen
des Schuldners der vertragscharakteristischen Leistung zur Konturierung der
zweiten Grenze bislang unterblieben ist. Die dritte Grenze von Weisungsrechten unterscheidet sich freilich von der zweiten Grenze, die aus den typischen
Interessen des Dienstleisters besteht, dadurch, dass nicht von vornherein feststeht, dass ein bestimmter Inhalt einer Weisung unrechtmäßig ist, sondern dass
im Einzelfall zu prüfen ist, ob Unzumutbarkeit gegeben ist. Dies wirkt sich auf
die Darlegungs- und Beweislast aus. Während der Dienstleister auf der zweiten
Ebene nur darlegen muss, dass ein Umstand vorliegt, wonach er Verpflichtungen gegenüber Dritten nicht nachkommen kann (oder womöglich ein Nachteil
für seinen Betrieb vorliegt), muss der Dienstleister auf der dritten Ebene neben
der Darlegung eines bestimmten Umstandes auch erklären, warum dieser Umstand für ihn die Befolgung der Weisung unzumutbar macht.

V. Auswirkungen der Weisung auf den Vergütungsanspruch des Dienstleisters

Neben den Grenzen des Weisungsrechts besteht die zweite wichtige Kernfrage
bei der Regelung von Weisungsrechten darin, zu klären, wie sich die Ausübung
des Weisungsrechts auf den Vergütungsanspruch auswirkt.

1. Garantie des Ertragsteils der ursprünglichen Vergütung auf Grund der Bindungswirkung von Verträgen

Zunächst stellt sich dabei die Frage, wie sich eine Weisung auf den Vergütungsanspruch auswirkt, durch die das Pflichtenprogramm des Dienstleisters reduziert
wird. An dieser Stelle tritt die Ausübung von Weisungsrechten in ein direktes
Spannungsverhältnis mit dem Grundsatz der Bindungswirkung von Verträgen.
Insbesondere lässt sich aus den Regelungen in § 649 BGB/Art. 1794 CC und § 415
HGB, wo das freie Kündigungsrecht des Absenders gegenüber dem Frachtführer
geregelt ist, ableiten, dass jedenfalls die Gewinnmarge (unter Abzug der ersparten Aufwendungen) bei dem Dienstleister verbleiben muss, wenn eine Weisung
die zu erledigende Arbeit reduziert. Ließe man dagegen zu, dass mittels des Weisungsrechts eine Reduzierung auch der Gewinnmarge und nicht bloß ein Abzug

---

[681] Siehe supra § 9, IV, 2.

der ersparten Aufwendungen möglich ist, würden die Regelungen über das freie Kündigungsrecht ausgehöhlt, indem es dem Weisungsberechtigten ermöglicht würde, den gegen ihn gerichteten Vergütungsanspruch auf nahezu „Null" zu drücken, indem er statt des Kündigunsrechts das Weisungsrecht ausübt.

2. Zusätzliche Vergütung für Mehrarbeit

Schwieriger als die Frage, wie sich eine Weisung auf den Vergütungsanspruch des Dienstleisters auswirkt, wenn die Weisung zu einer Reduzierung der durchzuführenden Tätigkeit führt, ist die Frage, wie sich Weisungen auswirken, mittels derer der Dienstleister zu Mehrarbeit bzw. anderer Arbeit als der ursprünglich vereinbarten veranlasst werden soll. Die Frage nach den Vergütungsmechanismen in diesen Fällen ist auch deshalb von so zentraler Bedeutung, weil sie nicht isoliert betrachtet werden kann, sondern in enger Wechselwirkung mit der Frage nach den Grenzen des Weisungsrechts steht, denn umso eher der Dienstleister eine angemessene Vergütung seiner zusätzlich zu erbringenden Leistungen erhält, desto großzügiger wird man die Grenzen des Weisungsrechts ziehen.

Grundsätzlich herrscht quer durch alle für Weisungsrechte relevante Vertragstypen und die untersuchten Rechtsordnungen Einigkeit darüber, dass die Erteilung einer Weisung, die zu Mehrarbeit führt, die Folge haben muss, dass sich die Vergütung angleicht. Anderenfalls wäre mit dem Weisungsrecht Missbrauch Tür und Tor geöffnet, denn der Weisungsberechtigte könnte bewusst (kostenintensive) Wünsche beim Vertragsschluss zunächst zurückhalten um sie dann zu einem späteren Zeitpunkt über das Weisungsrecht in den Vertrag einzubringen.

a) Automatische Anpassung vs. Einigung über die Erhöhung der Vergütung

Geht man aus den soeben genannten Gründen, insbesondere auf Grund der sonst bestehenden Missbrauchsmöglichkeiten davon aus, dass ein Weisungsrecht, das zu Mehrarbeit führt, zwingend auch zu einem entsprechenden Vergütungsaufschlag führen muss, stellt sich als erste Frage, wie ein solches Ergebnis konstruiert werden kann. Dabei konkurrieren zwei Alternativen. Zum einen kommt in Frage, dass die Ausübung des Weisungsrechts automatisch eine Anpassung der Vergütung veranlasst. Zum anderen lässt sich ein Vergütungsanspruch des Dienstleisters dadurch konstruieren, dass sich Dienstleister und Kunde darüber einigen. Der zweite Weg wird etwa zum Teil im englischen Recht beschritten, wobei dann jedoch das Einigungserfordernis faktisch übergangen wird, indem die Einigung fingiert wird mittels eines *implied contract*[682].

---

[682] So etwa im englischen Transportrecht (siehe supra § 7, III, 3, b)) und im englischen Werkvertragsrecht (siehe supra § 4, II, 2).

Durch diesen Kunstgriff entlarvt die zweite Möglichkeit ihre eigene Unzulänglichkeit, denn nimmt man das zuvor Gesagte ernst, wonach durch Weisungen verursachte Mehrarbeit sich zur Verhinderung von Missbrauchsmöglichkeiten direkt auf die Vergütung auswirken muss, so muss es außer Frage stehen, dass im Ergebnis die Ausübung eines Weisungsrechts die Anpassung der Vergütung nach sich zieht. Ein Einigungserfordernis bzgl. der zusätzlichen Vergütung, das ohne die Fiktion eines *implied contract* unter dem Vorbehalt steht, dass eine Partei (hier insbesondere der Weisungsberechtigte) sich mit der Vergütungsanpassung nicht einverstanden erklärt, würde die tatsächliche Anpassung vom Willen der Parteien abhängig machen. Die Lösung, dass die Vergütung – wie etwa in § 418 I 4 HGB bei der transportvertraglichen Weisung – automatisch angepasst wird, verdient damit klar den Vorzug, weil nicht ersichtlich ist, welchen Vorteil die Vereinbarungslösung mit der Einigungsfiktion bringen soll.

Wenn man an dem Einigungserfordernis unbedingt festhalten wollte, wäre noch eine andere Lösung, die Missbrauch vorzubeugen im Stande wäre, dass die Bindungswirkung der Weisung davon abhängig gemacht würde, dass es zu einer Einigung zwischen dem Kunden und dem Dienstleister über die Anpassung der Vergütung kommt. Dies würde jedoch – ohne Not – zu einem Umdenken im Recht der Weisungsrechte führen müssen, denn es wird z.Zt. nicht in Zweifel gezogen, dass Weisungsrechte binden, soweit sie sich innerhalb der anwendbaren Grenzen des Weisungsrechts befinden. Machte man die Bindungswirkung abhängig von den durch die Parteien getroffenen Abreden über die Vergütung, verkomplizierte dies zusätzlich das Recht der Weisungsrechte und würde zudem nur wirklich dort Sinn machen, wo die Weisung zu Mehrarbeit führt und nicht zu einer Reduzierung der verabredeten Arbeit, weil in letzterem Fall ohnehin bestimmte Grundsätze in Form des Erhalts der Gewinnmarge und der Anrechnung ersparter Aufwendungen gelten.

b) Unterscheidung zwischen Aufwendungsersatz und Vergütung

Es scheint außer Frage zu stehen, dass der Dienstleister die durch die Weisung entstehenden zusätzlichen Aufwendungen vom Kunden zurückverlangen kann, und dass der Dienstleister daneben eine Vergütung für die Mehrarbeit verlangen kann. So plausibel sich dies auf den ersten Blick anhört, so schwierig ist es beim genaueren Hinsehen, überhaupt zwischen beiden Rechnungsposten zu unterscheiden. Die Zuordnung bestimmter Beträge zum Rechnungsposten der Aufwendungen fällt auch deshalb so schwer, weil sonst in der Regel nicht ausdrücklich unterschieden wird zwischen Aufwendungen und der Vergütung. Die für die Dienste des Dienstleisters zu erbringende Gegenleistung umfasst in der Regel beides, wobei das Synonym für die Gegenleistung in der Regel allein das Wort „Vergütung" ist. Andererseits gibt es gerade dort, wo es keine Vergütung gibt, etwa im Auftragsrecht, den Aufwendungsersatz[683].

Es ist vor diesem Hintergrund eine gewisse Vorsicht geboten bei der Zugrundelegung des auftragsrechtlich geprägten Aufwendungsbegriffs, denn er umfasst einerseits freiwillige Vermögensopfer als auch andererseits Schäden. Ein Großteil der freiwilligen Vermögensopfer sowie die typischerweise entstehenden Schäden durch die Durchführung der Tätigkeit sind jedoch bereits mit der Vergütung abgegolten. Die allgemeinen Geschäftsunkosten sind demnach nicht als Aufwendungsersatz zu qualifizieren[684]. Damit verbleiben als ersatzfähige Aufwendungen nur solche Unkosten, die normalerweise nicht zum Rechnungsposten Vergütung gehören. Unter einem Werkvertrag werden das etwa Materialkosten sein, beim Transportvertrag ist denkbar, dass auf einer anderen Strecke, die auf Grund der Weisung zu befahren ist, eine Maut fällig wird. Daneben kann es sich um solche Kosten handeln, die auf Grund der Weisung zusätzlich entstehen, ohne dass die Weisung gleichzeitig zu einer Veränderung des Vergütungsanspruchs führt[685].

Festhalten lässt sich damit, dass der Aufwendungsersatzanspruch vor dem geschilderten Hintergrund nur dann eigenständige Bedeutung erlangt, wenn die Weisung keinen Einfluss auf die Vergütung hat (und somit etwaige zusätzliche Aufwendugnen nicht schon in die Berechnung der Vergütung einbezogen werden). Keinen Einfluss auf die Vergütung hat die Weisung aber praktisch nur dann, wenn die auszuführende Tätigkeit, auf die sich ja unmittelbar die zu leistende Vergütung bezieht, von der Weisung in keiner Weise betroffen ist. Dies wird manchmal so sein, aber doch überwiegend die Ausnahme bleiben. So wird man etwa in dem Beispiel mit der Maut-Strecke ohne Zweifel sagen können, dass das Zahlen der Maut nicht Gegenstand der Tätigkeit ist, die vergütet wird, aber sobald die Maut-Strecke auch nur einen Kilometer länger ist als die ursprüngliche Strecke, hat wiederum eine Anpassung der Vergütung zu geschehen.

---

[683] Zu Recht mahnen etwa *Staudinger-Martinek/Omlor* [2017] § 670 Rn. 2 an, dass im Rahmen des Geschäftsbesorgungsvertrages zwar § 675 BGB ausdrücklich eine entsprechende Anwendung des § 670 BGB vorschreibe, dabei jedoch Vorsicht geboten sei, weil der Geschäftsherr beim Geschäftsbesorgungsvertrag eben auch eine Vergütung erhält und deshalb ein Aufwendungsersatzanspruch überhaupt nur dort in Frage kommt, wo Aufwendungen noch nicht mittels der Vergütung abgegolten sind.

[684] *MüKoHGB-Thume* § 418 Rn. 35; siehe auch *Koller* § 418 Rn. 25.

[685] Siehe etwa supra unter *§ 7, III, 1, a)* die Entscheidung, in der weisungsbedingt ein anderer Kai angesteuert werden sollte, der höhere Gebühren verlangte.

c) Berechnung der zusätzlichen Vergütung

Eine weitere Frage im Bereich des Themenkomplexes, wie sich eine Weisung auf den Vergütungsanspruch auswirkt, ist die Frage, wie die durch die Weisung ausgelöste Zusatzvergütung zu errechnen ist.

aa) Auf Grundlage des Vertrages

Eine durchaus naheliegende Möglichkeit wäre dabei zunächst, die Preise, die im ursprünglichen Vertrag zugrunde gelegt worden sind, auch für die Vergütung bzgl. der Weisung zu verwenden. Ein solches Vorgehen ist deshalb durchaus naheliegend, weil es – so scheint es auf den ersten Blick – dem durch die Ausgestaltung der Preise im ursprünglichen zu Tage getretenen Parteiwillen am umfassendsten Rechnung trägt. Allerdings darf wiederum nicht vergessen werden, dass das Weisungsrecht einseitig seitens des Kunden ausgeübt wird, und deshalb durchaus fraglich erscheint, ob es dem Willen des Dienstleisters entspricht, wenn die ausgehandelten (und womöglich für den Kunden besonders attraktiven Preise) auch für die durch Weisungen ausgelösten Mehrarbeiten gelten. Freilich weiß der Dienstleister von vornherein, dass der Kunde mittels des ihm zustehenden Weisungsrechts das Pflichtenprogramm des Dienstleisters nachträglich noch erweitern kann und außerdem erfährt das Weisungsrecht vielfältige Einschränkugen, so dass der Dienstleister auch nicht von völlig überraschenden Weisungen getroffen werden kann. Trotzdem aber verbleiben Zweifel an der Lösung, den vertraglich vereinbarten Vergütungsmechanismus auch auf die durch die Weisung ausgelöste Mehrarbeit zu übertragen, denn neben den dargestellten Zweifeln, ob dies dem Willen des Dienstleisters entspräche, würde eine solche Lösung auch ein gewisses Missbrauchspotential auf Seiten des Kunden mit sich bringen. Dieser könnte in Versuchung geraten, die für ihn besonders attraktive Preisstruktur auszunutzen, und dem Dienstleister auf Grund der vorteilhaften Preise besonders viele Arbeiten mittels des Weisungsrechts „aufzudrücken".

bb) Unter Hinzuziehung objektiver Kriterien

Vor diesem Hintergrund erscheint es sachgerechter, die Vergütung für die durch eine Weisung ausgelöste Mehrarbeit anhand objektiver Kriterien zu bestimmen. § 418 I 4 HGB sieht im Rahmen des transportvertraglichen Weisungsrechts etwa vor, dass die Vergütung angemessen sein muss, womit die sonst übliche Vergütung am Ort der Niederlassung des Frachtführers gemeint ist[686]. Sofern es für eine bestimmte Tätigkeit keine übliche Vergütung gibt, etwa weil

---

[686] *Koller* § 418 Rn. 26.

diese Tätigkeit so (isoliert) nicht angeboten wird, wird man davon ausgehen müssen, dass der Dienstleister einseitig die Vergütung festsetzen kann. Dafür gelten dann die allgemeinen Grenzen in Form des billigen Ermessens (§ 315 BGB) bzw. des *abus* und *reasonableness* im französischen bzw. englischen Recht.

c) Vorschusspflicht zur Ausschaltung von Insolvenzrisiken

Ein Weisungsrecht, mittels dessen der Kunde den Dienstleister zu zusätzlicher Arbeit veranlassen kann, und das gleichzeitig einen erhöhten Vergütungsanspruch für den Dienstleister auslöst, hat für den Dienstleister die Folge, dass der wirtschaftliche Erfolg seines Betriebes fortan in größerem Maße von der Solvenz des das Weisungsrecht ausübenden Kunden abhängt, denn mit der Erhöhung des Vergütungsanspruchs erhöht sich auch das vom Dienstleister zu tragenden Insolvenzrisiko des Kunden. Man könnte nun argumentieren, dass der Dienstleister – sofern er nicht von vornherein auf Vorleistung seitens des Kunden bestanden hat – auch vor Ausübung des Weisungsrechts das Insolvenzrisiko getragen hat. Allerdings ist der Dienstleister eben dieses Insolvenzrisiko zum Zeitpunkt des Vertragsschlusses auf Grund seiner Zustimmung zu dem abgeschlossenen Vertrag ganz bewusst eingegangen. Das Weisungsrecht hingegen wird einseitig ausgeübt, so dass sich das vom Dienstleister zu tragende Insolvenzrisiko ohne dessen Zutun erhöht und nicht davon gesprochen werden kann, dass er sich auf diesen Teil des Tragens des Insolvenzrisikos eingelassen hat. Vor diesem Hintergrund sehen etwa § 669 BGB für den Auftrag (bzw. in Verbindung mit § 675 BGB für den Geschäftsbesorgungsvertrag) sowie beim Transportvertrag § 418 I 4 HS. 2 HGB vor, dass der Dienstleister im Falle von Weisungen, die zu zusätzlichen Kosten bzw. einem aufgestockten Vergütungsanspruch führen, die Möglichkeit hat, die Befolgung der Weisung von der Zahlung eines Vorschusses durch den Kunden abhängig zu machen.

VI. Vorbild DCFR?

Eine Vorbildfunktion[687] für eine breitere wissenschaftliche Diskussion von Weisungsrechten im Bereich von Dienstleistungsverträgen könnte der Draft Common Frame of Reference übernehmen, der Weisungsrechte an prominenter Stelle im allgemeinen Teil der Verträge über Dienstleistungen regelt und damit erstmals Weisungsrechte auf einer allgemeinen Ebene festschreibt.

---

[687] Siehe zu den verschiedenen, denkbaren Funktionen von DCFR bzw. CFR etwa *v. Bar/ Clive* DCFR, Full Edition, S. 3 f. sowie *v. Bar*, in: *Schmidt-Kessel*, Der Gemeinsame Referenzrahmen, S. 23 ff.

1. Nur vordergründig Einführung eines einseitigen Modifikationsrechts

Beim näheren Hinsehen[688] ist im DCFR bzgl. von Weisungsrechten im Rahmen von Dienstleistungsverträgen die große Revolution jedoch ausgeblieben. Die Voraussetzungen für *directions* (Art. IV. C. – 2:107 DCFR) und *variations* (Art. IV. C. – 2:109 DCFR) sind enger als man dies – insbesondere bezogen auf die *variations* auf Grund der Vorgängernorm Art. 1:111 PEL SC – erwarten durfte. *Directions* nach Art. IV. C. – 2:107 DCFR erfordern eine ausdrückliche vorherige Vereinbarung eines Weisungsrechts und *variations* sind nur in den vier Fällen, die in Art. IV. C. – 2:109 DCFR genannt werden, möglich. Die ursprünglich in den PEL SC vorgesehene allgemeine Möglichkeit zu *variations* unter Abwägung verschiedener Kriterien, insbesondere den Interessen *beider* Vertragsparteien, wurde im DCFR nicht mehr aufgegriffen.

2. Kritische Würdigung des Ansatzes des DCFR

Eine kritische Würdigung des Ansatzes des DCFR führt zu einem gemischten Ergebnis. Vorbildfunktion könnte der DCFR insofern haben, als er Dienstleistungsverträge als eine große Kategorie von Verträgen erfasst, die so in den untersuchten nationalen Rechtsordnungen bisher nicht vorkommt. Weiterhin ist positiv zu bewerten, dass der DCFR zur weiteren Systematisierung des Vertragsrechts und insbesondere des Dienstleistungsvertragsrechts dadurch beiträgt, dass er dem Abschnitt zum Dienstleistungsvertrag einen allgemeinen Teil voranstellt, in dem die Regelungen versammelt werden, die für alle Dienstleistungsverträge Geltung beanspruchen sollen. In diesem allgemeinen Teil, und dies ist der dritte begrüßenswerte Aspekt, hat auch die Regelung von Weisungsrechten Einzug gehalten. An so prominenter Stellung hat sich von den hier untersuchten Rechtsordnungen noch keine dieser Frage angenommen.

Gleichzeitig ist die Regelung der Weisungsrechte im Rahmen von *service contracts* jedoch enttäuschend, weil sie einerseits sehr eng ist und offensichtlich deshalb dem wichtigen Thema der Grenzen des Weisungsrechts keine weitere Beachtung widmet. Unklar bleibt auch, warum man der flexiblen Lösung der PEL SC mittels einer Abwägung verschiedener Kriterien nicht gefolgt ist und der im Text verbliebene Kriterienkatalog nun wie ein Fremdkörper wirkt. Nicht nachvollziehbar ist schließlich, warum auch der Dienstleister nach Art. IV. C. – 2: 109 DCFR ein Recht auf *variations* erhalten soll. Schon der Grundsatz der Vertragsbindung verbietet es, dass ein Schuldner seine eigene Leistung abändern kann. Gleichzeitig wird die Dienstleistung im Interesse des Gläubigers erbracht, so dass sich nur auf seiner Seite, und nicht auf Seite des Schuldners für

---

688 Siehe insbesondere *supra § 4, II, 3.*

die Begründung eines Weisungsrechts relevante Interessenverschiebungen identifizieren lassen sollten.

Zusammenfassung

Die vorliegende Untersuchung hat in Bezug auf Weisungsrechte im Allgemeinen sowie im Hinblick auf das transportvertragliche Weisungsrecht im Besonderen eine ganze Reihe von Erkenntnissen geliefert. Dies betrifft sowohl die Herausarbeitung der sich stellenden Sachfragen in Bezug auf Weisungsrechte als auch die Erarbeitung und Bewertung möglicher Lösungsansätze.

I. Wichtigste Fragestellungen

Die Arbeit hat gezeigt, dass sich drei große Fragestellungen bei der Beschäftigung mit Weisungsrechten unterscheiden lassen.

1. Existenz von Weisungsrechten

Weisungsrechte als Rechte einer Vertragspartei, das vertragliche Pflichtenprogramm nachträglich und einseitig zu ändern, stellen keine Selbstverständlichkeit im Rahmen von Vertragsverhältnissen dar. Im Gegenteil handelt es sich vielmehr um (begründungsbedürftige) Ausnahmen im Rahmen von Verträgen. Dies liegt daran, dass Verträge wegen des Grundsatzes der Vertragsbindung grundsätzlich die Vertragsparteien binden, und zwar an das, was im Zeitpunkt des Vertragsschlusses vereinbart worden ist. Ein einseitiges Recht, nachträglich auf den Vertragsinhalt Einfluss zu nehmen, steht diesem elementaren Vertragsprinzip grundsätzlich entgegen.

Am Beginn einer jeden Diskussion über Weisungsrechte ist deshalb auszuloten, inwieweit sie im Rahmen der einzelnen Vertragsverhältnisse überhaupt bestehen. Dabei hat sich gezeigt, dass in den einzelnen untersuchten Rechtsordnungen sowie innerhalb der unterschiedlichen Vertragstypen, in denen Weisungsrechte vorkommen, unterschiedliche Grundlagen für Weisungsrechte herangezogen werden. Im deutschen Recht sind teilweise Weisungsrechte gesetzlich vorgesehen, so insbesondere für das transportvertragliche Weisungsrecht in § 418 HGB[689] sowie

---

[689] Siehe näher supra *§ 6, I, 2.*

für den Auftrag in § 665 BGB[690, 691]. Das arbeitsvertragliche Weisungsrecht im deutschen Recht hat mittlerweile auch seinen Niederschlag im Gesetz, namentlich in § 106 GewO gefunden, wobei dieser Norm hinsichtlich der Existenz des arbeitsvertraglichen Weisungsrechts nur deklaratorischer Charakter zugesprochen wird und vielmehr davon ausgegangen wird, dass das arbeitsvertragliche Weisungsrecht konkludent zwischen den Vertragsparteien bei Abschluss des Arbeitsvertrages vereinbart wird[692].

Neben der gesetzlichen Niederlegung eines Weisungsrechtes stellt damit die Vereinbarung eines Weisungsrechts im Vertrag durch die Vertragsparteien eine zweite wichtige Möglichkeit dar, Weisungsrechte in Vertragsverhältnisse zu integrieren. Insbesondere im Werkvertragsrecht gehen alle drei Rechtsordnungen davon aus, dass ein Weisungsrecht des Bestellers im Vertrag vereinbart werden muss[693]. Im deutschen und französischen Recht gibt es jedoch gewichtige Stimmen in der Literatur, die ein Weisungsrecht für den Besteller als dem Werkvertrag inhärent betrachten[694]. Unbestritten ist, dass Weisungsrechte etwa im Rahmen von Verträgen über die Errichtung von Häusern in allen drei Rechtsordnungen eine praktisch sehr wichtige Rolle einnehmen. Die Existenz von Weisungsrechten entspricht hier – entgegen der gesetzlichen Grundkonzeption – der Vertragswirklichkeit. Rechtlich wird dieses Ergebnis durch die Benutzung von Musterverträgen sichergestellt, die im englischen Recht nahezu immer eine entsprechende *variation clause* enthalten[695], bzw. im deutschen Recht durch die regelmäßige Einbeziehung der VOB/B mit dem darin enthaltenen Recht zu Nachträgen in Art. 1 Abs. 1 Nr. 3 VOB/B[696]. Dieselbe Technik verwendet das französische Recht im Bereich des Transportvertrages durch die regelmäßige Einbeziehung der *contrat-types* zum Transportvertrag, die in Art. 4 CT *général* ein entsprechendes Weisungsrecht vorsehen[697].

Das englische Recht geht schließlich im Rahmen des transportvertraglichen Weisungsrechts einen Sonderweg, indem auch auf die Beziehung zwischen dem Eigentümer des Transportgutes und der Transportperson (*bailment*) abgestellt wird, so dass – jedenfalls im englischen Recht – auch aus der Eigentümerstellung ein Weisungsrecht folgen kann[698].

---

[690] Siehe supra *§ 4, II, 1.*

[691] Daneben gibt es im BGB an versteckter Stelle in § 447 II BGB sogar ein Weisungsrecht im Kaufrecht, siehe hierzu näher supra *§ 4, III.*

[692] Siehe supra *§ 4, I.*

[693] Siehe supra *§ 4, II, 2.*

[694] Siehe supra *§ 4, II, 2.*

[695] Siehe supra *§ 4, II, 2.*

[696] Siehe supra *§ 4, II, 2.*

[697] Siehe supra *§ 6, I, 1.*

[698] Siehe supra *§ 6, II, 5,* insbesondere auch zu den Aufweichungen der „*ownership rule*"

2. Grenzen von Weisungsrechten

Als zweite zentrale Sachfrage bei der Beschäftigung mit Weisungsrechten müssen die Grenzen von Weisungsrechten ausgelotet werden. Schon auf Grund des Prinzips der Bindungswirkung von Verträgen können Weisungsrechte nicht grenzenlos bestehen, weil sonst durch die Möglichkeit einer Partei, das vertragliche Pflichtenprogramm nachträglich und ohne Zustimmung der Gegenpartei zu verändern, das Vertragsgefüge „auf den Kopf gestellt" würde. Die Vertragspartei, die sich dem Weisungsrecht gegenüber sieht, muss bei Vertragsschluss im Großen und Ganzen wissen, worauf sie sich durch den Vertragsschluss eingelassen hat. Explizit geregelt ist diese erste Grenze nur selten. Im deutschen transportvertraglichen Schrifttum wird zum Teil davon ausgegangen, dass sie in § 418 HGB mitgeregelt ist[699]. Im französischen[700] und englischen[701] Recht scheint man eine allgemeine Greznze im Hinblick auf das transportvertragliche Weisungsrecht für eine Selbstverständlichkeit zu halten, die deshalb offensichtlich keiner weiteren Erwähnung bedarf. Gleiches gilt im Übrigen – und zwar für alle drei untersuchten Rechtsordnungen – auch für andere Weisungsrechte. Es handelt sich freilich auch immer um eine Auslegungsfrage im Einzelfall, weil sich letztlich allein unter Berücksichtigung des jeweiligen Vertragsinhalts sinnvoll ermitteln lässt, ob die jeweilige Weisung den Vertragsinhalt in zu starkem Maß verändert[702].

Deutlich konkreter wird insbesondere das Transportrecht hinsichtlich weiterer Grenzen des Weisungsrechts zum Schutz der typischen Interessen der anderen Vertragspartei, hier des Frachtführers. So sieht etwa § 418 I 3 HGB vor, dass solche Weisungen nicht binden, die Nachteile für den Betrieb des Unternehmens des Frachtführers mit sich bringen oder zu Schäden für die Absender oder Empfänger anderer Sendungen führen[703]. Im französischen Transportrecht darf die Weisung nicht dazu führen, dass zuvor eingegangene Transportverpflichtungen verhindert werden[704]. Im englischen Recht ist – als Relikt aus Zeiten des vorwiegenden Eisenbahntransportes – insbesondere erforderlich, dass die Güter während des Transports ohne unverhältnismäßigen Aufwand zugänglich sind[705].

---

durch die starke Vermutung, dass der Empfänger Eigentümer des Transportgutes und damit weisungsberechtigt ist.

[699] Siehe supra *§ 7, II, 1, a)*.

[700] Siehe supra *§ 7, II, 1, b)*.

[701] Siehe supra *§ 7, II, 1, c)*.

[702] Im englischen Werkvertragsrecht ist hierfür die sprachlich sehr anschauliche Formulierung gebräuchlich, ob die Änderungswünsche *„outside of the scope of the contract"* sind, siehe supra *§ 4, II, 2*.

[703] Siehe supra *§ 7, II, 2, a)*.

[704] Siehe supra *§ 7, II, 2, b)*.

[705] Siehe supra *§ 7, II, 2, c)*.

3. Vergütungsanpassungsmechanismen nach der Ausübung von Weisungen

Da Weisungsrechte das vertragliche Pflichtenprogramm beeinflussen und ändern können, drängt sich bei der Analyse von Weisungsrechten drittens auf,
inwieweit die Ausübung von Weisungsrechten Auswirkungen auf die im Rahmen des Vertrages zu leistende Vergütung hat.

Mit dieser Frage beschäftigen sich alle drei Rechtsordnungen. Wenig überraschend wird einhellig davon ausgegangen, dass Weisungen, die zu einer Erweiterung des Pflichtenprogramms führen, auch eine Vergütungsanpassung nach
sich ziehen müssen[706]. Dabei wird zum Teil, insbesondere im englischen Recht,
davon ausgegangen, dass es für die Anpassung der Vergütung einer Einigung
zwischen den Vertragsparteien bedarf, was jedoch durch die gleichzeitige weitreichende Annahme eines entsprechenden *implied contract* keine praktische
Bedeutung erlangt[707]. Ganz überwiegend wird von einer automatischen Vergütungsanpassung im Fall der Ausübung eines Weisungsrechts ausgegangen.

Die Unterscheidung zwischen Vergütung und Aufwendungsersatz, die das
deutsche Transportrecht vornimmt, hat sich dabei nur als bedingt brauchbar herausgestellt, weil in den meisten Fällen die Aufwendungen in der Vergütung
aufgehen[708]. Als Berechnungsmethoden für eine weisungsbedingt erhöhte Vergütung stehen sich zwei Möglichkeiten gegenüber: zum einen die Zugrundelegung der vertraglich vereinbarten Preise als auch die Berechnung anhand objektiver Kriterien.

Wenn eine Weisung zu einer Verringerung des Leistungsumfangs führt,
muss jedenfalls sichergestellt sein, dass die Partei, die die Weisung entgegen
nimmt, den Ertragsteil ihrer Vergütung (unter Abzug der ersparten Aufwendungen) behält[709]. Dies lässt sich im deutschen und französischen Recht schon
mit systematischen Überlegungen aus den Regelungen der §§ 649 BGB, 415
HGB, sowie Art. 1794 CC herleiten[710].

II. Rechtsdogmatischer Rahmen

Die Bestandsaufnahme hinsichtlich des in den einzelnen Rechtsordnungen vorhandenen rechtsdogmatischen Rahmens für Weisungsrechte hat vor allem ergeben, dass bislang kein einheitlicher Rahmen für Weisungsrechte in den untersuchten Rechtsordnungen gegeben ist. Weisungsrechte sind deshalb oft schon

---

[706] Siehe supra *§ 7, III*.
[707] Siehe supra *§ 7, III, 3, b)*.
[708] Siehe supra *§ 7, III, 1, a)*.
[709] Siehe supra *§ 9, V, 1*.
[710] Siehe supra *§ 7, III, 1, b) und § 7, III, 2 sowie § 9, V, 1*.

innerhalb einer Rechtsordnung unterschiedlich ausgestaltet, die Unterschiede werden aber noch größer beim Vergleich zwischen den Rechtsordnungen, wo unterschiedliche Rechtstraditionen etwa in Bezug auf die Behandlung von einseitigen Einwirkungsmöglichkeiten auf den Vertrag noch zusätzlich verstärkend wirken.

1. Fehlende Systematisierung vorhandener Weisungsrechte

Die Untersuchung hat verdeutlicht, dass in keiner der drei untersuchten Rechtsordnungen Weisungsrechte in irgendeiner Form systematisch-wissenschaftlich aufgearbeitet sind. Es fehlt eine einheitliche Lehre zu Weisungsrechten. Die vorhandenen Weisungsrechte werden allein in Bezug auf den Vertragstyp erörtert, in dessen Rahmen sie vorkommen. Es werden – von ganz wenigen Ausnahmen abgesehen – keine Verknüpfungen mit Weisungsrechten bei anderen Vertragstypen vorgenommen, noch werden Weisungsrechte in das System des jeweiligen allgemeinen Schuldrechts eingeordnet und daraus Schlussfolgerungen hinsichtlich der rechtlichen Ausgestaltung von Weisungsrechten gezogen. Diese bestehende Situation hat zur Folge, dass die jeweiligen Weisungsrechte im Rahmen der einzelnen Rechtsordnungen und Vertragstypen jeweils ein Eigenleben führen und die einzelnen Regelungen der Weisungsrechte auch innerhalb der Rechtsordnungen zum Teil ganz erheblich voneinander abweichen bzw. jedenfalls terminologisch keiner einheitlichen Struktur folgen.

2. Unterschiedliche Rechtstraditionen:
Beispiel einseitige Einwirkungsmöglichkeit auf den Vertrag

Die bisher fehlende Systematisierung und einheitliche Lehre in Bezug auf Weisungsrechte macht sich vor allem auch im Hinblick auf die unterschiedlichen Rechtstraditionen für die Möglichkeiten einseitiger Einwirkung auf den Vertrag in den einzelnen Rechtsordnungen bemerkbar. Für das englische und französische Recht lässt sich weder für das transportvertragliche, noch für andere Weisungsrechte mit Sicherheit klären, wie rechtsdogmatisch die Änderung des vertraglichen Pflichtenprogramms zu Stande kommt. Es könnte sich einerseits – wie wohl überwiegend[711] im deutschen Recht – um eine allein durch einseitige Gestaltung einer Vertragspartei hervorgerufene Änderung, andererseits aber auch um eine „normale" zweiseitige Vertragsänderung handeln, bei der die andere Vertragspartei jedoch auf Grund der Ausübung des Weisungsrechts dazu

---

[711] Im deutschen Transportrecht wird das Weisungsrecht aus § 418 HGB unstreitig als einseitiges Vertragsänderungsrecht aufgefasst, siehe supra § 6, II; auch im deutschen Recht gibt es aber gewisse Unsicherheiten, etwa im Arbeitsrecht oder Auftragsrecht, wo eher von einer „Konkretisierung" des Vertrages gesprochen wird, siehe supra § 4, I und § 4, II, 1.

verpflichtet ist, die im Rahmen des Weisungsrechts an sie heran getragene Vertragsänderung anzunehmen[712].

Dass im englischen und französischen Recht eine solche Unsicherheit besteht, während im deutschen Recht – jedenfalls im Rahmen des Transportvertrages – unzweifelhaft eine einseitige Änderung des Vertrages vorliegt, lässt sich insbesondere vor dem Hintergrund der unterschiedlichen Rechtstraditionen in den einzelnen Ländern erklären. Das deutsche Recht kann dabei auf eine lange Tradition einseitiger Einwirkungsmöglichkeiten auf den Vertrag zurückblicken, die zur Bildung eines Oberbegriffes in Form des ‚Gestaltungsrechts‘ geführt hat[713]. Es existiert zwar auch im deutschen Recht bislang keine allgemeine Lehre vom Gestaltungsrecht, und Weisungsrechte werden in der Regel auch nicht dieser Kategorie zugeordnet, obwohl sie freilich Gestaltungsrechte sind, aber die Existenz einer Vielzahl von Gestaltungsrechten im deutschen Recht mag durchaus erklären, warum Weisungsrechte im deutschen Recht problemlos als einseitig ausübbare Rechte verstanden werden können.

Das englische und das französische Recht dagegen blicken auf eine sehr zurückhaltende Tradition hinsichtlich der einseitigen Ausübung von Rechten im Rahmen von Vertragsverhältnissen zurück. Im französischen Recht liegt dies zunächst daran, dass traditionell ein besonderes Augenmerk auf die in Art. 1129 CC geregelte Bestimmtheit des Vertrages gelegt wird[714]. Dies führt nach traditioneller Auslegung etwa dazu, dass jegliche Vereinbarung eines nachträglichen einseitigen Leistungsbestimmungsrechtes – außerhalb von Vergütungsfragen bei der *louge d'ouvrage* – wegen Verstoßes gegen Art. 1129 CC unwirksam ist[715]. Erst in jüngerer Zeit ist die *Cour de Cassation* von dieser strengen Auslegung des Code Civil abgerückt und hat sich insbesondere im Bereich der nachträglichen Preisfestsetzung für einseitige Rechte offener gezeigt[716]. Das *droit potestatif* als Gegenstück zum deutschen Gestaltungsrecht führt jedoch trotzdem weiterhin in der französischen Rechtswissenschaft ein Schattendasein[717]. Das englische Recht ähnelt insofern dem französischen Recht, denn auch dort sind *discretionary powers* einer Vertragspartei traditionell Randerscheinungen[718]. Weder der Oberbegriff *droit potestatif* noch *discretionary powers* wird im französischen bzw. englischen Recht mit Weisungsrechten in Zusammenhang gebracht, weil offenbar entsprechende Systematisierungsgedanken nicht vorhanden sind.

---

[712] Siehe hierzu näher supra insbesondere *§ 6, II, 1, a) und b)*.
[713] Siehe supra *§ 2, III, 1*.
[714] Siehe supra *§ 2, II, 1*.
[715] Siehe supra *§ 2, II, 1*.
[716] Siehe supra *§ 2, II, 1, a), bb)*.
[717] Siehe supra *§ 2, III, 2*.
[718] Siehe supra *§ 2, III, 3*.

III. Rechtspolitische Überlegungen

Bislang in der Rechtswissenschaft kaum behandelt worden ist die Frage, ob und, wenn ja, bei welchen Vertragstypen Weisungsrechte existieren sollten. Im Rahmen der Arbeit konnte herausgearbeitet werden, dass mit Hilfe von Weisungsrechten im Rahmen von Vertragsverhältnissen die Selbstbestimmung des Einzelnen verwirklicht werden kann, und zwar insbesondere bei sog. Tätigkeitsverträgen, bei denen der Flexibilierungsbedarf besonders hoch ist.

1. Flexibilisierungsmechanismen als Ausdruck der Selbstbestimmung der Vertragsparteien

Weisungsrechte stehen im Spannungsfeld mit dem Grundsatz der Bindungswirkung von Verträgen[719]. Es konnte gezeigt werden, dass sich der (vermeintliche) Gegensatz zwischen Weisungsrechten und Vertragsbindung dadurch auflösen lässt, dass der Grundsatz der Bindungswirkung von Verträgen nicht als Selbstzweck aufgefasst wird, sondern entscheidend auf das Selbstbestimmungsrecht des Einzelnen abgestellt wird, das der Vertragsbindung zu Grunde liegt[720]. Als nicht hilfreich für die Erklärung von nachträglichen Einwirkungsmöglichkeiten auf den Vertragsinhalt haben sich dabei die herkömmlichen Theorien zur Erklärung der vertraglichen Bindungswirkung erwiesen, weil ihnen allen gemein ist, dass sie nur den Moment des Vertragsschlusses in den Blick nehmen, ohne Erklärungen für den weiteren Fortgang des Vertrages zu liefern bzw. liefern zu wollen[721].

Die entscheidende Überlegung für die Zulässigkeit von Weisungsrechten besteht darin, dass bei Verträgen, die einen längeren Zeitraum zwischen dem Vertragsabschluss und der Erfüllung und/oder einen komplexen Vertragsgegenstand aufweisen, nur dann tatsächlich eine aufgeklärte Selbstbestimmung des Gläubigers der vertragscharakteristischen Leistung möglich ist, wenn das vertragliche Pflichtenprogramm nicht allein im Zeitpunkt des Vertragsschlusses festgelegt wird, weil ihm zu diesem Zeitpunkt (möglicherweise) noch nicht alle relevanten Informationen zur Verfügung stehen[722].

2. Flexibilisierungsbedürfnis bei Tätigkeitsverträgen

Es ist außerdem erarbeitet worden, bei welcher Art von Verträgen Weisungsrechte sinnvoll erscheinen. Dass Weisungsrechte bislang in den drei untersuch-

---

[719] Siehe supra § 2, I.
[720] Siehe supra § 2, I, 4.
[721] Siehe supra § 2, I, 2 und 3.
[722] Siehe supra § 2, I, 4, a).

ten Rechtordnungen bei Transportverträgen, Werkverträgen, Arbeitsverträgen
und beim Auftrag (sowie hinsichtlich der Versendung auch im deutschen Kaufrecht) eine Rolle spielen, gibt bereits eine wichtige Richtung vor. Allen diesen
Verträgen ist gemeinsam, dass sie ein Dienstleistungselement aufweisen. Allerdings ist der Begriff des Dienstleistungsvertrages schillernd und zunächst selbst
erklärungsbedürftig[723].

Es hat sich zudem gezeigt, dass es nicht bereits hinreichende Bedingung dafür ist, dass Weisungsrechte bei einem bestimmten Vertragstyp sinnvoll erscheinen, wenn zwischen Vertragsschluss und Vertragserfüllung ein gewisser
Zeitraum liegt, denn ein solches Charakteristikum ist bei nahezu jedem Vertragstyp denkbar. Hinzukommen muss vielmehr, dass es sich um einen Tätig-
keitsvertrag handelt, also um einen Vertrag, bei dem der Leistungsgegenstand
in Abgrenzung zu Sachleistungsverträgen nicht übertragen, sondern im Rahmen des Vertrages überhaupt erst geschaffen wird[724]. Das französische Recht
hält insofern das Begriffspaar der *obligation de donner* einerseits und der *obligation de faire* andererseits bereit.

Bei solchen Tätigkeitsverträgen im Sinne einer *obligation de faire* ist es für
beide Vertragsparteien evident, dass die durchgeführte Tätigkeit allein im Interesse des Gläubigers erfolgt (während der Schuldner die Tätigkeit – allein oder
in erster Linie – wegen der ihm versprochenen Gegenleistung durchführt) und
es deshalb für die Vertragspartei, für die die Tätigkeit durchgeführt wird, die
Möglichkeit bestehen sollte, auch noch in der Erfüllungsphase auf den Vertragsinhalt Einfluss zu nehmen[725]. *Demogue* mit seinem bahnbrechenden, wenn
auch kaum beachteten Aufsatz von 1907 hat solche Verträge treffenderweise als
contrat d'aide bezeichnet[726].

IV. Lösungsvorschläge

Im dritten Teil dieser Arbeit ist der Versuch unternommen worden, Lösungsvorschläge für die sachgerechte Erfassung und Regelung von Weisungsrechten zu
formulieren. Aufbauend auf den Erkenntnissen zum allgemeinen Schuldrecht
im ersten Teil und dem transportvertraglichen Weisungsrecht im zweiten Teil
sind dabei systematisierte und verallgemeinerungsfähige Grundregeln entwickelt worden.

---

[723] Siehe supra § 9, I, 2, a).
[724] Siehe supra § 9, I, 2, c).
[725] Siehe supra § 9, I, 2, c).
[726] Siehe supra § 3, I.

1. Einführung von Weisungsrechten (und freien Kündigungsrechten) bei allen Tätigkeitsverträgen

Die sog. Tätigkeitsverträge sind als diejenigen Vertragstypen identifiziert worden, bei denen nachträgliche, einseitige Modifikationsrechte hinsichtlich des Vertragsinhalts sachdienlich erscheinen. Bei vielen dieser Verträge existieren bereits Weisungsrechte, allerdings ohne jegliche Verknüpfung untereinander oder erste Versuche einer Systematisierung. Als allgemein wünschenswert erscheint deshalb insbesondere eine nähere gesetzliche Regelung von Weisungsrechten, idealerweise in einem allgemeinen Teil für Tätigkeits- oder Dienstleistungsverträge, wie der DCFR einen ersten Anfang in diese Richtung unternommen hat[727] bzw. jedenfalls eine beginnende Theorienbildung durch Rechtsprechung und Schrifttum.

Eine entsprechende Einführung von Weisungsrechten sollte Hand in Hand gehen mit einer Ausdehnung des Anwendungsbereichs der § 649 BGB bzw. Art. 1794 CC, dem freien Kündigungsrecht des Werkbestellers, auf alle Tätigkeitsverträge außerhalb des Werkvertrages. Eine solche Ausdehnung wird bereits jetzt von einigen deutschen und französischen Autoren zu Recht befürwortet[728]. Zu beachten ist dabei der bestehende Zusammenhang zwischen dem freien Kündigungsrecht und Weisungsrechten, weil es auf Grund der geringeren Eingriffsintensität von Weisungen in das Vertragsgefüge als sehr überzeugend erscheint, Weisungsrechte als „Minusmaßnahmen" in Bezug auf eine freie Kündigung und damit als von einem freien Kündiungsrecht mitumfasst anzusehen[729], so dass für Weisungsrechte auf die Regelungen des freien Kündigungsrechts – insbesondere hinsichtlich der Vergütung bei weisungsbedingter Verminderung des Leistungsumfangs – zurückgegriffen werden kann. Die Ausdehnung des freien Kündigungsrechts auf andere Verträge als den Werkvertrag wäre dabei weit weniger „revolutionär" als es auf den ersten Blick den Anschein haben mag. Dies liegt daran, dass das allgemeine Schuldrecht in allen drei Rechtsordnungen für den Fall, dass der Gläubiger der vertragscharakteristischen Leistung kein Interesse mehr an der Leistungserbringung hat, im Ergebnis ganz ähnliche Mechanismen bereithält wie die in § 649 BGB bzw. Art. 1794 CC vorgesehene Abrechnung. Auch nach den allgemeinen Regeln gleicht das Ergebnis nämlich nicht selten demjenigen, das bei der Ausübung des freien Kündigungsrechts entsteht. Sofern der Schuldner der vertragscharakteristischen Leistung auf eine Mitwirkungshandlung des Gläubigers für die Leistungserbringung angewiesen ist, wird die Leistung bei fehlender Kooperation durch den Gläubiger unmöglich, so

---

[727] Siehe supra *§ 4, II, 3.*
[728] Siehe supra *§ 3, II, 3.*
[729] Siehe supra *§ 3, II, 4.*

dass sich über § 326 II BGB die gleichen Rechtsfolgen (insbesondere die Anrechnung ersparter Aufwendungen) ergeben[730]. Ist eine Mitwirkung des Gläubigers nicht erforderlich, so kann der Schuldner die Leistung vollständig erbringen (und sodann die volle Gegenleistung verlangen); allerdings wird er in solchen Fällen, wenn bereits feststeht, dass der Gläubiger ohnehin kein Interesse an der Leistung hat, nicht selten statt der vollständigen Leistungserbringung auf Schadensersatz nach §§ 280, 281 BGB umstellen, wo wiederum im Rahmen der Differerenzhypothese u. a. die ersparten Aufwendungen in die Berechnung des Schadensersatzes einzustellen wären[731]. Das französiche Recht kommt bei Anwendung der allgemeinen Regeln ebenfalls zu ähnlichen Ergebnissen wie über Art. 1794 CC[732], und selbst das englische Recht, das vordergründig den Anspruch auf Durchführung des Vertrages des Schuldners der vertragscharakteristischen Leistung betont, führt letztlich bei der (wohl ganz überwiegend stattfindenden) Wahl von Schadensersatz zu gleichlautenden Ergebnissen mit dem deutschen und französischen Recht[733].

2. Bestimmung der Grenzen von Weisungsrechten durch 3-Stufen-Modell

Um die Frage der Grenzen von Weisungsrechten bestmöglich zu lösen, dürfte es sich anbieten, ein 3-stufiges System zu Grunde zu legen. Auf der ersten Stufe darf eine Weisung vor dem Hintergrund der Bindungswirkung von Verträgen den Vertragsinhalt nicht in einer solchen Weise ändern, dass die andere Vertragspartei nicht mit einem solchen Vertrag rechnen konnte, weil die vorzunehmende Tätigkeit plötzlich eine andere ist[734]. Die vertragliche Risikoverteilung darf sich nicht zum Nachteil des Dienstleisters verschieben, insbesondere dürfen sich aus der Weisung keine deutlich höheren Haftungsrisiken ergeben.

Auf der zweiten Stufe müssen die typischen Interessen des Dienstleistungserbringers Berücksichtigung finden[735]. So wird es regelmäßig in dessen Interesse sein, dass er durch die Weisung nicht vertragsbrüchig gegenüber anderen Vertragspartnern werden muss. Weitere typische Interessen lassen sich nur im Rahmen des jeweiligen Vertragstyps näher festlegen.

Auf einer dritten Stufe sollten schließlich solche Weisungen aussortiert werden, die unzumutbar, missbräuchlich, oder schickanös sind. Insofern bieten sich einzelfallbezogen und flexible Grenzen wie etwa im deutschen Recht die aus

---

[730] Siehe supra *§ 3, II, 3 c).*
[731] Siehe supra *§ 3, II, 3 c).*
[732] Siehe supra *§ 3, II, 3 c) Fn. 464.*
[733] Siehe supra *§ 3, II, 6.*
[734] Siehe supra *§ 9, IV, 1.*
[735] Siehe supra *§ 9, IV, 2.*

§ 315 BGB bekannte Billigkeit, *reasonableness* im englischen Recht oder *abus* im französichen Recht an[736].

3. *Vergütungsanpassung nach oben und Erhaltung des Ertragsteils*

Die Frage nach der Anpassung des Vergütungsanspruches steht in sehr engem Zusammenhang mit der Frage nach den Grenzen von Weisungsrechten, weil eine Anpassung der Vergütung im Zuge der Weisungserteilung entlastend wirkt. Überhaupt kann davon ausgegangen werden, dass der Frage der Vergütungsanpassung im Zusammenhang mit der nachträglichen (einseitigen) Vertragsanpassung eine Schlüsselrolle zukommt, weil der Schuldner der vertragscharakteristischen Leistung, der oftmals professionell tätig sein wird, im Falle einer angemessenen Entlohnung sich nur selten einer halbwegs sich im vertraglichen Rahmen befindlichen Weisung widersetzen wird, so dass den Vergütungsanpassungsregeln eine weitreichende Streitvermeidungsfunktion zukommt.

Hinsichtlich der vorzunehmenden Anpassung der Vergütung bei Mehrarbeiten stehen sich die Möglichkeit gegenüber, die zusätzliche Vergütung objektiv zu bestimmen oder aber die vertraglichen Berechnungsgrundlagen für die Vergütung direkt auch für die zusätzliche Vergütung anzuwenden, sofern entsprechende Berechnungshilfen zur Verfügung stehen. Insbesondere aus Schutzgesichtspunkten hinsichtlich des Dienstleisters bei der Vereinbarung von Preisen unterhalb des Marktniveaus erscheint es im Ergebnis vorzugswürdig, objektive Kriterien bei der Ermittlung der Vergütung für weisungsbedingte Mehrarbeiten anzuwenden, damit dem Kunden nicht über das Weisungsrecht die Möglichkeit eröffnet wird, eine günstige Preisstruktur für eine weitreichende Ausübung des Weisungsrechts auszunutzen[737].

Führt die Weisung dagegen zu einer Verringerung des Leistungsumfangs des Dienstleisters, wird sich eine solche Weisung typischerweise nur dann mit seinen Interessen vereinbaren lassen, wenn er jedenfalls den Gewinnanteil (unter Abzug der ersparten Aufwendungen) erhält[738].

V. Ausblick

Die im Rahmen dieser Arbeit gefundenen Ergebnisse zur Rechtslage in Bezug auf Weisungsrechte aus einem allgemeinen Blickwinkel und aus dem Blickwinkel des Transportrechts im Speziellen in den drei zu untersuchenden Rechtsordnungen können nicht mehr als ein Anfang der Forschung auf diesem Gebiet

---

[736] Siehe supra *§ 9, IV, 3*.
[737] Siehe supra *§ 9, V, 2, c)*.
[738] Siehe supra *§ 9, V, 1*.

sein. Der Themenkomplex der Weisungsrechte wirft – wie die vorliegende Untersuchung gezeigt hat – eine ganze Reihe spannender Fragen auf, die der weiteren wissenschaftlichen Bearbeitung bedürfen. Dabei liegen längst noch nicht alle Fragen auf dem Tisch. Sollten Weisungsrechte tatsächlich im Dienstleistungssektor weiter Platz greifen und gleichzeitig der Trend zur Schaffung von Sondernormen des Verbraucher(schutz)rechtes weiter anhalten, wird es zukünftig etwa nicht mehr nur allein darum gehen, wie der Dienstleister vor Weisungen zu schützen ist, sondern auch darum, wie der Kunde (als Verbraucher) vor der Möglichkeit der Weisungsausübung geschützt werden kann, mittels derer er (z. Zt. ungeschützt mangels anwendbarer verbraucherschützenden Regelungen) seine eigene Position, etwa hinsichtlich des Risikos der Kostentragung, auch verschlechtern kann.

Literaturverzeichnis

Abrahamson, Max W: Engineering law and the I.C.E. contract, 4. Auflage, London 1995 (zitiert: *Abrahamson*)

Amann, Peter: Abgrenzung und Anwendungsbereich von Dienstvertrag, Werkvertrag und Auftrag in der Entstehungsgeschichte des Bürgerlichen Gesetzbuches, Dissertation, München 1987 (zitiert: *Amann*)

Anson's Law of Contract, 30. Auflage, Oxford 2016 (zitiert: *Anson*)

Armgardt, Matthias: Das Constructionvertragsrecht des Draft Common Frame of Reference aus Sicht des deutschen Werkvertragsrechts und der VOB/B, NZBau 2009, S. 12–17 (zitiert: *Armgardt*, NZBau 2009)

Aynès, Laurent: Indétermination du prix dans les contrats de distribution: comment sortir de l'impasse?, D. 1993, chron., S. 25–27 (zitiert: *Aynès,* D. 1993, chron.)

Ders.: Anmerkung zu Cour de Cass. Ass. Plén. 1er décembre 1995, D. 1996, Jurisp. S. 18–21 (zitiert: *Aynès,* D. 1996, Jurisp.)

Ders.: Note sous Cass. civ., 23 mai 1995, D. 1996, Somm. com., S. 114 (zitiert: *Aynès,* D. *1996,* Somm. com.)

Ders.: Rapport introductif, in: *Jamin,* Christophe/*Mazeaud,* Denis, L'unilatéralisme et le droit des obligations, S. 3–6, Paris 1999 (zitiert: *Aynès,* in L'unilatéralisme et le droit des obligations*)*

Ders.: À propos de la force obligatoire du contrat, Revue des Contrats 2003, S. 323–324 (zitiert: *Aynès,* RDC 2003)

Bamberger, Heinz Georg/Roth, Herbert (Hrsg.): Kommentar zum Bürgerlichen Gesetzbuch, Band 1, §§ 1–610, 3. Auflage, München 2012 (zitiert: *Bamberger/Roth-Bearbeiter*)

Bar, Christian von: Die Funktionen des Gemeinsamen Referenzrahmens aus der Sicht der Verfasser des wissenschaftlichen Entwurfs, in: *Schmidt-Kessel,* Martin (Hrsg.), Der Gemeinsame Referenzrahmen, Entstehung, Inhalte, Anwendung, München 2009 (zitiert: *v. Bar,* in: *Schmidt-Kessel,* Der gemeinsame Referenzrahmen)

Bar, Christian von/Clive, Eric (Hrsg.): Principles, Definitions and Model Rules of European Private Law, Draft Common Frame of Reference (DCFR), Full Edition, München 2009 (zitiert: *V. Bar/Clive* DCFR, Full Edition)

Barendrecht, Maurits/Jansen, Chris/Loos, Marco/Pinna, Andrea/Cascão,Rui/van Gulijk, Stéphanie: Principles of European Law, Study Group on a European Civil Code, Service Contracts (PEL SC), München 2007 (zitiert:*Barendrecht/Jansen/Loos/Pinna/Cascão/van Gulijk,* PEL SC)

Basedow, Jürgen: Der Transportvertrag, Habilitationsschrift, Tübingen 1987 (zitiert: *Basedow*)

Basedow, Jürgen/*Hopt,* Klaus J./*Zimmermann,* Reinhard (Hrsg.): Handwörterbuch des Europäischen Privatrechts, Band 1, A – Kar, Tübingen 2009 (zitiert: *Basedow/Hopt/Zimmermann-Bearbeiter*)

Baumbach, Adolf/Hopt, Klaus J.: Handelsgesetzbuch, 29. Auflage, München 1995 (zitiert: *Baumbach/Hopt*[29]*-Bearbeiter*), 30. Auflage, München 2000 (zitiert: *Baumbach/Hopt*[30]*-Bearbeiter*)

Baumbach, Adolf/Hopt, Klaus J./Merkt, Hanno: Handelsgesetzbuch, 34. Auflage, München 2010 (zitiert: *Baumbach/Hopt/Merkt-Bearbeiter*)

Baur, Jürgen F.: Vertragliche Anpassungsregelungen: dargestellt am Beispiel langfristiger Energielieferungsverträge, Heidelberg 1983 (zitiert: *Baur*)

Becker, Michael: Gestaltungsrecht und Gestaltungsgrund, AcP 188 (1988), S. 24–68 (zitiert: *Becker*, AcP 188 (1988))

Beale, Hugh/Fauvarque-Cosson, Bénédicte/Rutgers, Jacobien/Tallon, Denis/Vogenauer, Stefan: Cases, Materials and Text on Contract Law, Oxford und Portland 2010 (zitiert: *Beale/FauvarqueCosson/Rutgers/Tallon/Vogenauer*)

Bell, Andrew P.: Modern law of personal property in England and Ireland, London 1989 (zitiert: *Bell*)

Benabent, Alain: Les obligations, 12. Auflage, Paris 2010 (zitiert: *Benabent*[12]), 15. Auflage, Paris 2016 (zitiert: *Benabent*)

Ders.: Les contrats spéciaux civils et commerciaux, 9. Auflage, Paris 2011 (zitiert: *Benabent*, contrats speciaux)

Bilda, Klaus: Anpassungsklauseln in Verträgen, Gleitklauseln, Preisvorbehalte und ähnliche Sicherungsmittel, 2. Auflage, Berlin 1973 (zitiert: *Bilda*, Anpassungsklauseln)

Bitter, Georg/Rauhut, Tilman: Vertragsdurchführungspflicht des Werkbestellers? § 649 BGB zwischen wirtschaftlicher Vernunft und Treuwidrigkeit, JZ 2007, S. 964–970 (zitiert: *Bitter/Rauhut*, JZ 2007)

Bonassies, Pierre/Scapel, Christian: Droit Maritime, 2. Auflage, Paris 2010 (zitiert: *Bonassies/Scapel*)

Bötticher, Eduard: Gestaltungsrecht und Unterwerfung im Privatrecht, Berlin 1964 (zitiert: *Bötticher*)

Boubli, Bernard: Dalloz Encyclopéide juridique, Répertoire de droit civil, Tome IV, Contrat d'entreprise, Stand: 2010 (zitiert: *Boubli*, Rép. civ. Dalloz, Contrat d'entreprise)

Bowstead & Reynolds on Agency, 20. Auflage, London 2014 (zitiert: *Bowstead & Reynolds*)

Boyer, Louis: Dalloz Encyclopédie juridique, Répertoire de droit civil, Tome IV, Contrats et Conventions, Stand: 1993 (zitiert: *Tourneau*, Rép. civ. Dalloz, Contrats et Conventions)

Braun, Thomas: Das frachtrechtliche Leistungsstörungsrecht nach dem Transportrechtsreformgesetz, Eine Untersuchung der frachtrechtlichen Leistungsstörungstatbestände der §§ 407 ff. HGB, Hamburg 2002 (zitiert: *Braun*)

Bridge, M. (Hrsg.): Benjamin's Sale of Goods, 9. Auflage, London 2014 (zitiert: *Benjamin*)

Brunat, Pierre: L'apport des contrats types au droit français des transports, BTL 1989, S. 231–237 (zitiert: *Brunat*, BTL 1989)

Brunet, Andrée/*Ghozi, Alain:* La jurisprudence de l'Assemblée plénière sur le prix du point de vue de la théorie du contrat, D. chron. 1998, S. 1–9 (zitiert: *Brunet/Ghozi*)

Büdenbender, Ulrich: Begründung von Gestaltungsrechten als Wirksamkeitsvoraussetzung, AcP 210 (2010), S. 611–653 (zitiert: *Büdenbender*, AcP 210 (2010))

Bundesministerium der Justiz: Diskussionsentwurf eines Schuldrechtsmodernisierungsgesetzes (Entwurf), Stand: 4. August 2000 (zitiert: BMJ, Schuldrechtsmodernisiuerngsgesetz (Entwurf))

Burrows, Andrew: The law of restitution, 3. Auflage, Oxford 2011 (zitiert: *Burrows*)

Bydlinski, Franz: Privatautonomie und objektive Grundlagen des verpflichtenden Rechtsgeschäftes, Wien und New York 1967 (zitiert: *Bydlinski*)

Cashmore, Chris: Parties to a Contract of Carrage, Or who can sue on a contract of carriage of goods?, London 1990 (zitiert: *Cashmore*)

Ders.: Who are consignors and consignees for the purposes of a contract of carriage? [1990] J.B.L., S. 377–393 (zitiert: *Cashmore*, [1990] J.B.L.)

Carbonnier, Jean: Droit civil, Tome 4, Les Obligations, 22. Auflage, Paris 2000 (zitiert: *Carbonnier*, t. 4)

Carver: on Bills of Lading, 3. Auflage, London 2011 (zitiert: *Carver*)

Chevrier, Eric: Destinataire du transport: il y a l'avant et l'après 1998, note sous Cass. com., 18 mars 2003, D. 2003, S. 1164 (zitiert: *Chevrier*, D. 2003)

Chitty: on Contracts, Volume I, General Principles, 32. Auflage, London 2015 (zitiert: *Chitty I-Bearbeiter*); Volume II, Specific Contracts, 32. Auflage, London 2015 (zitiert: *Chitty II-Bearbeiter*)

Cholet, Didier: La novation de contrat, RTD civ. 2006, S. 467–492 (zitiert: *Cholet*, RTD civ. 2006)

Coendet, Thomas: Rechtsvergleichende Argumentation, Dissertation, Tübingen 2012 (zitiert: *Coendet*)

Collins, Hugh: Discretionary Powers in Contracts, in: David Campbell, Hugh Collins, John Wightman (Hrsg.), Implicit Dimensions of Contracts: Discrete, Relational and Network Contracts, S. 219–254, Oxford 2003 (zitiert: *Collins*, in: *Campbell/Collins/Wightman*)

Corbisier, Isabelle: La détermination du prix dans les contrats commerciaux portant vente de marchandises – Réflexions comparatives, RID comp. 1988, S. 767–831 (zitiert: *Corbisier*, RID comp. 1988)

Craushaar, Götz von: Der Einfluss des Vertrauens auf die Privatrechtsbildung, München 1969 (zitiert: *v. Craushaar*)

Daintith, Terence: Contractual Discretion and Administrative Discretion: A Unified Analysis (2005) 68(4) MLR, S. 554–593 (zitiert: *Daintith* (2005) 68(4) MLR)

Deakin, Simon/Morris, Gillian S: Labour Law, 4. Auflage, Oxford und Portland 2005 (zitiert: *Deakin/Morris*)

Dedouli-Lazaraki, Aikaterini: Third party rights of suit in contracts for the carriage of goods by sea and the Contracts (Rights of Third Parties) Act 1999, (2008) 14 JIML, S. 208–227 (zitiert: *Dedouli-Lazaraki*, (2008) 14 JIML)

Delebecque, Philippe: Le nouveau contrat type applicable aux transports publics routiers de marchandises, D. 2000, S. 135–139 (zitiert: *Delebecque*, D. 2000)

Ders.: Le destinataire; tiers ou partie au contrat de transport, Revue des contrats 2003, S. 139 ff. (zitiert: *Delebecque*, Revue des contrats 2003)

Ders.: Le droit de rupture unilatérale, Droit et Patrimoine 2004, S. 56–63 (zitiert: *Delebecque*, Droit et Patrimoine 2004)

Delebecque, Philippe/Germain, Michel: Droit commercial, Tome 2, 17. Auflage, Paris 2004 (zitiert: *Delebecque/Germain*)

Demogue, René: Des Modifications aux contrats par volonté unilatérale, RTD civ. 1907, S. 245–310 (zitiert: *Demogue*, RTD civ. 1907)

Diamond, Anthony: The next sea carriage Convention? [2008] LMCLQ, S. 135–187 (zitiert: *Diamond*, [2008] LMCLQ)

Domat, M.: Les Loix Civiles Dans Leur Ordre Naturel; Le Droit Public, et Legum Delectus, Paris 1777 (zitiert: *Domat*)

Dupré de Boulois, Xavier: Le pouvoir de décision unilatérale, Étude de droit comparé interne, Thèse, Paris 2006 (zitiert: *Dupre de Boulois*)

Duquesne, François: Droit du travail, Paris 2006 (zitiert: *Duquesne*)

Durand, Paul: Note sous Cass. com. 1er février 1955, D. 1956, S. 338–340 (zitiert: *Durand,* D. 1956)

Düringer, A./Hachenburg, M.: Das Handelsgesetzbuch vom 10. Mai 1897 auf der Grundlage des Bürgerlichen Gesetzbuches, Dritter Band, Handelsgeschäfte, Mannheim 1905 (zitiert: *Düringer/Hachenburg*[1])

Dies.: Das Handelsgesetzbuch vom 10. Mai 1897 (unter Ausschluss des Seerechts) auf der Grundlage des Bürgerlichen Gesetzbuchs, V. Band, 2. Hälfte, §§ 383–473, 3. Auflage, Mannheim und andere 1932 (zitiert: *Düringer/Hachenburg*[3]*-Bearbeiter*)

Dutilleul, Francois Collart/Delebecque, Philippe: Contrats civils et commerciaux, 9. Auflage, Paris 2011 (zitiert: *Dutilleul/Delebecque*)

Eckelt, Matthias: Vertragsanpassungsrecht, Vertragliche Vereinbarungen zur Erleichterung einer Vertragsänderung, Berlin 2008 (zitiert: *Eckelt,* Vertragsanpassungsrecht)

Eckhardt, Petra: Die Rechtsstellung des Empfängers im Frachtrecht, Dissertation, Hamburg 1999 (zitiert: *Eckhardt*)

Ehrenberg, Victor (Hrsg.): Handbuch des gesamten Handelsrechts, Fünfter Band, II. Abteilung, Leipzig 1915 (zitiert: *Ehrenberg/Bearbeiter* V)

Encinas de Munagorri, R.: L'acte unilatéral dans les rapports contractuels, Thèse, Paris 1996 (zitiert: *Encinas de Munagorri*)

Enriquez, Miguel: Zur Lehre vom Gestaltungsrecht, ZSR 2009, S. 355–386 (zitiert: *Enriquez,* ZSR 2009)

Ders: Die hybride Rechtsnatur des Weisungsrechts des Arbeitgebers, ZfA 2011, S. 121–159 (zitiert: *Enriquez,* ZfA 2011)

Esser, Josef: Schuldrecht, Allgemeiner und Besonderer Teil, Karlsruhe 1960 (zitiert: *Esser*)

Fabre, Régis: Les clauses d'adaptation dans les contrats, RTD civ. 1983, S. 1–30 (zitiert: *Fabre,* RTD civ. 1983)

Ferrari, Franco: Internationales Vertragsrecht, Rom I-VO, CISG, CMR, FactÜ, 2. Auflage, München 2012 (zitiert: *Ferrari-Bearbeiter,* Int. VertragsR)

Ferrier, Didier: Les apports au droit commun des obligations, RTD com. 1997, S. 49–66 (zitiert: *Ferrier,* RTD com. 1997)

Ders.: Une obligation de motiver ?, RDC 2004, S. 558–563 (zitiert: *Ferrier,* RDC 2004)

Festner, Stephan: Interessenkonflikte im deutschen und englischen Vertretungsrecht, Dissertation, Tübingen 2006 (zitiert: *Festner*)

Fischer, Christoph: Unilateral Variations in Construction Contracts, Const LJ 2013, S. 211–233 (zitiert: *Fischer,* Const LJ 2013)

Flamme, Maurice-André/Lepaffe, Jacques: Le contrat d'entreprise, Brüssel 1966 (zitiert: *Flamme/Lepaffe*)

Flume, Werner: Allgemeiner Teil des Bürgerlichen Rechts, Zweiter Band, Das Rechtsgeschäft, 3. Auflage, Berlin und andere 1969 (zitiert: *Flume,* Rechtsgeschäft)

Franz, Christian: Die Haftung des Frachtführers nach französischem Recht, Dissertation, Neuwied u. a. 1993 (zitiert: *Franz*)

Freedland, Mark R.: The Personal Employment Contract, Oxford 2003 (zitiert: *Freedland*)

Fremuth, Fritz/Thume, Karl-Heinz: Kommentar zum Transportrecht, 1. Auflage, Heidelberg 2000 (zitiert: *Fremuth/Thume-Bearbeiter*)

Frison-Roche, Marie-Anne: L'indétermination du prix, RTD civ. 1992, S. 269–303 (zitiert: *Frison-Roche,* RTD civ. 1992)

Frossard, Serge: Oberservations sur Cass. soc., 4 février 2003, D. 2003, S. 1658–1659 (zitiert: *Frossard,* D. 2003)

Gerke, Ernst: Schuldabänderungsverträge und ihre Grenzen nach dem BGB, Dissertation, Kiel 1932 (zitiert: *Gerke*)

Gency-Tandonnet, Dominique: Juris Classeur Transport, Fasc. 740, Transport Routier, Contrat de transport de marchandises, Exécution du contrat, Stand: 2010 (zitiert: *Gency-Tandonnet,* JClTransp, Fasc. 740)

Gernhuber, Joachim: Das Schuldverhältnis, Begründung und Änderung, Pflichten und Strukturen, Drittwirkungen, Tübingen 1989 (zitiert: *Gernhuber*)

Ghestin, Jacques: Traité de droit civil – Les obligations, Les effets du contrat, 1. Auflage, Paris 1992 (zitiert: *Ghestin*, Les obligations, Les effets du contrat)

Ders.: Note sous Cass. 1ʳᵉ civ., 29 nov. 1994, JCP 1995.II.22371 (zitiert: *Ghestin*, JCP 1995. II.22371)

Ghestin, Jacques/Loiseau, Grégoire/Serinet, Yves-Marie: Traité de droit civil – La formation du contrat, Tome 1 : Le contrat, le consentement, 4. Auflage, Paris 2013 (zitiert: *Ghestin/ Loiseau/Serinet,* Formation du contrat, Tome 1)

Ghozi, Alain: La modification de l'obligation par la volonté des parties, Thèse, Paris 1980 (zitiert: *Ghozi*)

Gibirila, Deen: Juris Classeur Civil, Art. 1787, Louage d'ouvrage et d'industire, fasc. 40, Contrat d'entreprise, Stand: 2014 (zitiert: *Gibirila*, JClCiv, Art. 1787, fasc. 40)

Gilson, Steve: La modification unilatérale du contrat de travail: vue d'ensemble, in: *Brasseur*, Paul/*Cordier*, Jean-Philippe/*Dear*, Laurent/*Gilson*, Steve/*Hautenne*, Nathalie/*Peltzer*, Loïc, Louvain-la-Neuve 2010 (zitiert: *Gilson*, in: *Brasseur/Cordier/Dear/Gilson/Hautenne/Peltzer*)

Glöckner, Jochen: § 649 Satz 2 BGB – ein künstlicher Vergütungsanspruch?, BauR 1998, S. 669–682 (zitiert: *Glöckner*, BauR 1998)

Goodhart, A.L.: Measure of Damages when a Contract is repudiated (1962) 78 LQR, S. 263– 270 (zitiert: *Goodhart* (1962) 78 LQR)

Gordley, James: The Philosophical Origins of Modern Contract Doctrine, New York 1991 (zitiert: *Gordley*, The Philosophical Origins of Modern Contract Doctrine)

Gounot, Emmanuel: L'autonomie de la volonté en droit privé, Thèse, Paris 1912 (zitiert: *Gounot*)

Greiner, Stefan: Grenzfragen des Erfolgsbezugs im Werkvertragsrecht, AcP 211 (2011), S. 221–261 (zitiert: *Greiner*, AcP 211 (2011))

Haarmann, Wilhelm: Wegfall der Geschäftsgrundlage bei Dauerrechtsverhältnissen, Dissertation, Berlin 1979 (zitiert: *Haarmann*)

Halsbury's: Laws of England, Volume 3(1), 4. Auflage, London 2005 (zitiert: *Halsbury's* Laws of England, Volume 3(1))

Harvey: on Industrial Relations and Employment Law, London 1971 (zitiert: *Harvey*)

Hattenhauer, Christian: Einseitige private Rechtsgestaltung, Habilitation, Tübingen 2011 (zitiert: *Hattenhauer*, Einseitige private Rechtsgestaltung)

Ders.: Zur Widerruflichkeit einer Anfechtungserklärung – Begriffliche Befangenheit in der Lehre vom Gestaltungsrecht, Anmerkung zur Entscheidung des Schweizerischen Bundesgerichts vom 30. Oktober 2001, ZEuP 2003, S. 404–417 (zitiert: *Hattenhauer*, ZEuP 2003)

Hau, Wolfgang Jakob: Vertragsanpassung und Anpassungsvertrag, Habilitation, Tübingen 2003 (zitiert: *Hau*, Vertragsanpassung und Anpassungsvertrag)

Helm, Johann Georg: Probleme der CMR: Geltungsbereich – ergänzendes Recht – Frachtbrief – Weisungsbefugnis – aufeinanderfolgende Frachtführer, VersR 1988, S. 548–556 (zitiert: *Helm*, VersR 1988)

Ders.: Frachtrecht I, 2. Auflage, Berlin und New York 1994 (zitiert: *Helm*)

Hémard, Jean: Ventes, Transports et autres Contrats Commerciaux, RTD com. 1951, S. 103–120 (zitiert: *Hémard,* RTD com. 1951)

Henkel, Johannis: Die gesetzliche Regelung und juristische Konstruktion der Stellung des Empfängers im Frachtgeschäft nach dem 6. Abschnitt des 3. Buches des Handelsgesetzbuches vom 10. Mai 1897, Dissertation, Leipzig 1907 (zitiert: *Henkel*)

Herberger, Maximilian/Martinek, Michael/Rüßmann, Helmut/Weth, Stephan/Würdiger, Markus (Hrsg.): juris Praxiskommentar BGB, Band 2 – Schuldrecht, 8. Auflage, Saarbrücken 2017 (zitiert: *jurisPK-BGB-Bearbeiter*)

Herrmann, Harald: Vertragsanpassung – Ein Problem des Freiheitsschutzes nach Vertragsschluß, Jura 1988, S. 505–511 (zitiert: *Hermann,* Jura 1988)

Heuzé, Vincent: La réglementation française des contrats internationaux, Thèse, Paris 1990 (zitiert: *Heuzé*)

Hibberd, Peter R.: Variations in construction contracts, London 1986 (zitiert: *Hibberd*)

Hill, Christopher: Maritime Law, 6. Auflage, London und Hong Kong 2003 (zitiert: *Hill*)

Höhn, Kurt: Das Verfügungsrecht über das Frachtgut während des Transportes, insbesondere des Eisenbahntransportes, Dissertation, Weimar 1910 (zitiert: *Höhn*)

Holmes, Oliver Wendell: Common Law, London und Melbourne 1968, Nachdruck der Originalausgabe von 1881, (zitiert: *Holmes)*

Horn, Norbert (Hrsg.): Heymann, Handelsgesetzbuch, Band 4, Viertes Buch, §§ 343–475h, 2. Auflage, Berlin 2005 (zitiert: *Heymann/Horn-Bearbeiter*)

Horn, Norbert: Vertragsdauer, Die Vertragsdauer als schuldrechtliches Regelungsproblem. Empfiehlt sich eine zusammenfassende Regelung der Sonderprobleme von Dauerschuldverhältnissen und langfristigen Verträgen, in: Gutachten und Vorschläge zur Überarbeitung des Schuldrechts (hrsg. vom Bundesminister der Justiz), Band 1, S. 551–645, Köln 1981 (zitiert: *Horn* in: Gutachten z. Überarb. d. Schuldrechts, Band 1)

Ders.: Neuverhandlungspflicht, AcP 181 (1981), S. 255–288 (zitiert: *Horn,* AcP 181 (1981))

Ders.: Vertragsbindung unter veränderten Umständen, Zur Wirksamkeit von Anpassungsregelungen in langfristigen Verträgen, NJW 1985, S. 1118–1125 (zitiert: *Horn,* NJW 1985)

Hough, Barry: The Doctrine of Consideration: Dead or Alive in English Employment Contracts, JCL 2001, S. 193–211 (*Hough,* JCL 2001)

Houin, Roger: Note sous Cass. com., 11 octobre 1978, D. 1979, Jurisp. S. 136–138 (zitiert: *Houin,* D. 1979, Jurisp.)

Hoyningen-Huene, Gerrick von: Die Billigkeit im Arbeitsrecht, Habilitationsschrift, München 1978 (zitiert: *v.Hoyningen-Huene*)

Huber, Ulrich: Right of Stoppage in Transitu und deutsches Konkursrecht, in: Festschrift für Friedrich Weber zum 70. Geburtstag, S. 253–273 (zitiert: *Huber,* in: Festschrift Weber)

Huc, Théophile: Commentaire théorique et pratique du Code Civil, Tome VII, Art. 1101 à 1233, Paris 1894 (zitiert: *Huc*)

Hürten, Björn: Das Erfordernis der Gegenleistung (*consideration*) im englischen Vertragsrecht, Eine rechtsvergleichende Untersuchung des Vertragsschlusses, der Vertragsänderung und -aufhebung sowie der Vertragshaftung nach englischem und deutschem Recht, Dissertation, Köln 2004 (zitiert: *Hürten)*

Jestaz, Philippe: Urteilsanmerkung zu Cour de Cassation, 3ᵉ civ., 22 mai et juin 1968, D. 1970, S. 453–457 (zitiert: *Jestaz,* D. 1970)

Jeol, Michel: Le contenu juridique des décisions du 1ᵉʳ décembre 1995, RTD com. 1997, S. 1–6 (zitiert: *Jeol,* RTD com. 1997)

Joerden, Jan C.: Logik im Recht, Grundlagen und Anwendungsbeispiele, 2. Auflage, Berlin 2010 (zitiert: *Joerden*)

Joost, Detlev/Strohn, Lutz (Hrsg.): Handelsgesetzbuch, Band 2, §§ 343–475 h, Transportrecht, Bank- und Börsenrecht, 3. Auflage, München 2015 (zitiert:*Ebenroth/Boujong/Joost/Strohn-Bearbeiter*)

Josserand, Louis: Les Transports, En service intérieur et en service international (Transports ferroviaires, roulage, navigation intérieure et navigation aérienne), A l'exclusion des transports maritimes, 2. Auflage, Paris 1926 (zitiert: *Josserand)*

Joussen, Jakob: Das Gestaltungsrecht des Dritten nach § 317 BGB, AcP 203 (2003), S. 429–463 (zitiert: *Joussen*, AcP 203 (2003))

Kahn-Freund, Otto: The Law of Carriage by Inland Transport, 4. Auflage, London 1965 (zitiert: *Kahn-Freund*)

Keating: on Construction Contracts, 8. Auflage, London 2006 (zitiert: *Keating*)

Knütel, Rolf: Weisungen bei Geschäftsbesorgungsverhältnissen, insbesondere bei Kommission und Spedition, ZHR 137 (1973), S. 285–333 (zitiert: *Knütel*, ZHR 137 (1973))

Kohler, Jos.: Annahme und Annahmeverzug, Jahrbücher für die Dogmatik des heutigen römischen und deutschen Privatrechts (Jherings Jahrbücher) 17, (1879), S. 261–424 (zitiert: *Kohler*, JheringsJb 17 (1879))

Koller, Ingo: Rechtsnatur und Rechtswirkungen frachtrechtlicher Sperrpapiere, TranspR 1994, S. 181–189 (zitiert: *Koller*, TranspR 1994)

Ders.: Transportrecht, Kommentar zu Spedition, Gütertransport und Lagergeschäft, 9. Auflage, München 2016 (zitiert: *Koller*)

Kolwey, E.A.: Die rechtliche Stellung des Empfängers im Frachtgeschäft, Dissertation, Bremen 1910 (zitiert: *Kolvey*)

Köndgen, Johannes: Selbstbindung ohne Vertrag, Habilitationsschrift, Tübingen 1981 (zitiert: *Köndgen*)

Kornblum, Udo: Die Rechtsnatur der Bestimmung der Leistung in den §§ 315–319 BGB, AcP 168 (1968), S. 450–469 (zitert: *Kornblum*, AcP 168 (1968))

Kötz, Hein: Vertragsrecht, 2. Auflage, Tübingen 2012 (zitiert: *Kötz*)

Labarthe, Francoise: La fixation unilatérale du prix dans les contrats cadre et prestations de services, JCP G 2016, 642 (zitiert: *Labarthe*, JCP G 2016)

Lakies, Thomas: Das Weisungsrecht des Arbeitgebers (§ 106 GewO) – Inhalt und Grenzen, BB 2003, S. 364–369 (zitiert: *Lakies*, BB 2003)

Lamy Transport: Tome 1: Route, transport intérieur et international, Paris 2010 (zitiert: *Lamy Transport*)

Lécuyer, Hervé: La modification unilatérale du contrat, in: *Jamin*, Christophe/*Mazeaud*, Denis L'unilatéra- lisme et le droit des obligations, S. 47–59, Paris 1999 (zitiert: *Lecuyer*, in: L'unilatéralisme et le droit des obligations)

Lefebvre, Francis: Transport routier de marchandises, Réglementation, relations entreprises – transporteurs, Stand: 1997 (zitiert: *Lefebvre*, Transport routier)

Lent, Friedrich: Die Notwendigkeit einer Begründung bei Ausübung von Gestaltungsrechten, AcP 152 (1952), S. 401–419 (zitiert: *Lent*, AcP 152 (1952))

Lenzen, Elmar: Ansprüche gegen den Besteller, dem Mitwirkungspflichten unmöglich werden, BauR 1997, S. 210–215 (zitiert: *Lenzen*, BauR 1997)

Leonhard, Franz: Allgemeines Schuldrecht des BGB, Band 1, München und Leipzig 1929 (zitiert: *Leonhard*)

Leslie, Alan: The Law of Transport by Railway, London 1928 (zitiert: *Leslie*)

Leturcq, Maurice: De la situation respective de l'expéditeur et du destinataire dans le contrat de transport, Thèse, Paris 1903 (zitiert: *Leturcq*)

Leutke, P.: Das Verfügungsrecht beim Frachtgeschäft unter besonderer Berücksichtigung des Postfrachtgeschäftes, Berlin 1905 (zitiert: *Leutke*)

Liu, Qiao: The *White & Carter* Principle: A Restatement (2011) 74 MLR, S. 171–194 (zitiert: *Liu*, (2011) 74 MLR)

Llorens, François: Contrat d'entreprise et marché de travaux publics (contribution à la comparaison entre le contrat de droit privé et contrat administratif), Paris 1981 (zitiert: *Llorens*)

Lorenz, Stephan: Der Schutz vor dem unerwünschten Vertrag, Eine Untersuchung von Möglichkeiten und Grenzen der Abschlußkontrolle im geltenden Recht, Habilitationsschrift, München 1997 (zitiert: *Lorenz*)

Loussouarn, Yvon: Note sous Cass. com. 11 octobre 1978, JCP 1979.II.19034 (zitiert: *Loussouarn*, JCP 1979.II.19034)

Malaurie, Philippe/Aynès, Laurent/Stoffel-Munck, Philippe: Les obligations, 5. Auflage, Paris 2011 (zitiert: *Malaurie/Aynès/Stoffel-Munck*[5]); 8. Auflage, Paris 2016 (zitiert: *Malaurie/ Aynès/Stoffel-Munck)*

Malaurie, Philippe/Aynès, Laurent/Gautier, Pierre-Yves: Les contrats spéciaux, 5. Auflage, Paris 2011 (zitiert: *Malaurie/Aynès/Gautier*[5]); 7. Auflage, Paris 2014 (zitiert: *Malaurie/ Aynès/Gautier)*

Malaurie, Philippe: Note sous Cass. civ. 3e, 22 février 1968, D. 1968, S. 608 (zitiert: *Malaurie*, D. 1968)

Marganne, Hugues: Les principes essentiels du marché à forfait, JCP G 2007, I, 178 (zitiert: *Marganne*, JCP G 2007, I, 178)

Martin, Gilles J./Racine, Jean-Baptiste: Juris Classeur Civil, Art. 1126 à 1130, Contrats et obligations, fasc. 10, Objet du contrat, Stand: 2010 (zitiert: *Martin/Racine*, JClCiv., Art. 1126 à 1130, Fasc. 10)

Marty, Gabriel/Raynaud, Pierre: Droit civil, Tome II, 1er Volume, Les obligations, Paris 1962 (zitiert: *Marty/Raynaud*, Tome II, 1er Volume)

Mckendrick, Ewan: Contract Law, 11. Auflage, Basingstoke 2015 (zitiert: *McKendrick*)

Mazeaud, Henri et Léon/Mazeaud, Jean/Chabas, Francois: Leçons de droit civil, Tome II/ Premier volume, Obligations, théorie générale, 9. Auflage, Paris 1998 (zitiert: *Mazeaud/ Mazeaud/Chabas/Chabas)*

Medicus, Dieter: Die Lösung vom unerwünschten Schuldvertrag, JuS 1988, S. 1–8 (zitiert: *Medicus*, JuS 1988)

Mestre, Jacques: Obligations et contrats spéciaux, Vers une nouvelle lecture de l'article 1129 du code civil?, RTD civ. 1995, S. 358–360 (zitiert: *Mestre*, RTD civ. 1995)

Ders.: Obligations et contrats spéciaux, Article 1120 et détermination de la chose, RTD civ. 1995, S. 620–621 (zitiert: *Mestre*, RTD civ. 1995)

Ders.: La cour de cassation contrôle l'abus dans l'exercice d'une clause de résiliation unilatérale, Anmerkung zu Cass. com. 14 janvier 1997, RTD civ. 1997, S. 427 (zitiert: *Mestre*, RTD civ. 1997)

Mestre, Jacques/Fages, Bertrand: Distribution de dividendes et abus dans la fixation unilatérale des conditions de vente, RTD civ. 2002, S. 294–296 (zitiert: *Mestre/Fages*, RTD civ. 2002)

Meurer, Karsten: Änderungsbefugnis des Bauherrn im Architekten- oder Planungsvertrag? BauR 2004, 904–909 (zitiert: *Meurer*, BauR 2004)

Meyer-Rehfueß, Maximiliane: Das frachtvertragliche Weisungsrecht, Dissertation, Hamburg 1995 (zitiert: *Meyer-Rehfueß*)

Miller, Jonathan/Cohen, Lewis: One change too many! Is there any position for the American concepts of „cardinal changes" and the „cumulative impact doctrine" in English law? Const LJ 2002, S. 378–389 (zitiert: *Miller/Cohen*, Const LJ 2002)

Mignot, Marc: Juris Classeur Civil, Art. 1591 à 1593, Vente, fasc. 110, Nature et forme, Prix et frais, Stand: 2015 (zitiert: *Mignot*, JClCiv, Art. 1591, à 1593, Fasc. 110)

Moll, Vera Ricarda: Die Änderung der Arbeitsbedingungen durch den Arbeitgeber – insbesondere in der Unternehmenskrise Reichweite und Grenzen von Direktionsrecht und erweiterten Leistungsbestimmungsrechten, Dissertation, Frankfurt am Main 2009 (zitiert: *Moll*)

Mommsen, Friedrich: Beiträge zum Obligationenrecht, Drittel und letzte Abtheilung: Die Lehre von der Mora nebst Beiträgen zur Lehre von der Culpa, Braunschweig 1855 (zitiert: *Mommsen*)

Morgan, Jonathan: Against judicial review of discretionary contractual powers [2008] LMCLQ, S. 230–242 (zitiert: *Morgan* [2008] LMCLQ)

Moury, Jacques: La détermination du prix dans le „nouveau" droit commun des contrats, D. 2016, S. 1013–1023 (zitiert: *Moury*, D. 2016)

Motive zum BGB: Motive zu dem Entwurfe eins Bürgerlichen Gesetzbuches für das deutsche Reich, Band II, Recht der Schuldverhältnisse, Amtliche Ausgabe, Berlin und Leipzig 1888 (zitiert: *Motive zum BGB II*)

Müller-Foell, Christoph: Die Mitwirkung des Bestellers beim Werkvertrag, Berlin 1981 (zitiert: *Müller-Foell*)

Najjar, Ibrahim: Le droit d'option, Contribution à l'étude du droit potestatif et de l'acte unilatéral, Thèse, Paris 1967 (zitiert: *Najjar*)

Nicklisch, Fritz: Mitwirkungspflichten des Bestellers beim Werkvertrag, insbesondere beim Bau- und Industrieanlagenvertrag, BB 1979, S. 533–544 (zitiert: *Nicklisch*, BB 1979)

Ders.: Empfiehlt sich eine Neukonzeption des Werkvertragsrechts? – unter besonderer Berücksichtigung komplexer Langzeitverträge, JZ 1984, S. 757–771 (zitiert: *Nicklisch*, JZ 1984)

Nienaber, P.M.: The Effect of Anticipatory Repudiation: Principle and Policy, [1962] Cambridge L.J., S. 213–233 (zitiert: *Nienaber*, [1962] Cambridge L.J)

Oetker, Hartmut: Das Dauerschuldverhältnis und seine Beendigung: Bestandsaufnahme und kritische Würdigung einer tradierten Figur der Schuldrechtsdogmatik, Tübingen 1994 (zitiert: *Oetker*)

Oetker, Hartmut (Hrsg.): Kommentar zum Handelsgesetzbuch (HGB), 4. Auflage, München 2015 (zitiert: *Oetker-Bearbeiter*)

Palandt, Otto: Bürgerliches Gesetzbuch, 76. Auflage, München 2017 (zitiert: *Palandt-Bearbeiter*)

Palmer, Norman: Palmer on Bailment, 3. Auflage, London 2010 (zitiert: *Palmer*)

Paulin, Christophe: Juris Classeur Transport, Fasc. 610, Contrat de transport, Notion, Stand: 2016 (zitiert: *Paulin*, JClTransp, Fasc. 610)

Pélissier, Jean: Clauses informative et clauses contracutelles du contrat de travail, RJS 2004, S. 3 ff. (zitiert: *Pélissier*, RJS 2004)

Pétel, Philippe: Les obligations du mandataire, Paris 1988 (zitiert: *Pétel*)

Peters, Frank: Die Stornierung von Verträgen, JZ 1996, S. 73–78 (zitiert: *Peters*, JZ 1996)

Ders.: Das geplante Werkvertragsrecht II, in: *Ernst*, Wolfgang/*Zimmermann*, Reinhard (Hrsg.), Zivilrechtswissenschaft und Schuldrechtsreform, Zum Diskussionsentwurf eines Schuldrechtsmodernisierungsgesetzes des Bundesministeriums der Justiz, Tübingen 2001 (zitiert: *Peters*, in: *Ernst/Zimmermann*, Zivilrechtswissenschaft und Schuldrechtsreform)

Ders.: Abrechungsmodelle für den vorzeitig beendeten Werkvertrag, in: Festschrift für Prof. Dr. Reinhold Thode, S. 65 -76, München 2005 (zitiert: *Peters*, in Festschrift Thode)

Peters, Heinrich: Das Verfügungsrecht des Absenders nach § 433 HGB, Dissertation, Leipzig 1907 (zitiert: *Peters, Das Verfügungsrechts des Absenders*)

Petit, Florent: Juris Classeur Transport, Fasc. 735, Transport Routier, Contrat de transport de marchandises, Formation et preuve, Stand: 2009 (zitiert: *Petit*, JClTransp, Fasc. 735)

Pitt, Gwyneth: Employment Law, 8. Auflage, London 2011 (zitiert: *Pitt*)

Planiol, Marcel/Ripert, Georges: Traité pratique de droit civil francais, Tome VI, Obligations, 2. Auflage, Paris 1952 (zitiert: *Planiol/Ripert*, Tome VI)

Planiol, Marcel/Ripert, Georges: Traité pratique de droit civil francais, Tome XI, contrats civils, deuxième partie, 2. Auflage, Paris 1954 (zitiert: *Planiol/Ripert*, Tome XI)

Poppen, Kevin: Die Mobiliarmiete im englischen und deutschen Recht, Dissertation, Osnabrück 2011 (zitiert: *Poppen*)

Pomart-Nomdedeo, Cathy: Le régime juridique des droits potestatifs en matière contractuelle, entre unité et diversité, RTD civ. 2010, S. 209–227 (zitiert: *Pomart-Nomdedeo, RTD* civ. 2010)

Priestley, L J: Conduct after Breach: the Position of the Party not in Breach (1990–91) 3 JCL, S. 218–231 (zitiert: *Priestley*, (1990–91) 3 JCL)

Prigent, Stéphane: Le dualisme dans l'obligation, RTD civ. 2008, S. 401–415 (zitiert: *Prigent, RTD* civ. 2008)

Prütting, Hanns/Wegen, Gerhard/Weinreich, Gerd (Hrsg.): BGB Kommentar, 11. Auflage, Köln 2016 (zitiert: *PWW-Bearbeiter*)

Quack, Friedrich: Einige Probleme der Vergütungsabrechnung nach § 649 Satz 2 BGB, in: Festschrift für Götz *von Craushaar*, Düsseldorf 1997 (zitiert: *Quack*, in: Festschrift *v Craushaar*)

Rabe, Dieter: Seehandelsrecht, 4. Auflage, München 2000 (zitiert: *Rabe*)

Ramming, Klaus: Die Entlastung des Frachtführers von seiner Haftung nach § 425 Abs. 1 HGB für Verlust und Beschädigung des Gutes und Überschreitung der Lieferfrist, TranspR 2001, S. 51–69 (zitiert: *Ramming*, TranspR 2001)

Rehberg, Markus: Vorüberlegungen zum Weisungsrecht des Arbeitgebers, Ritsumeikan Law Review 2011, S 291–305 (zitiert: *Rehberg*, Ritsumeikan Law Review 2011)

Ders.: Das Rechtfertigungsprinzip, Habilitationsschrift, Tübingen 2014 (zitiert: *Rehberg*)

Revet, Thierry: Les apports au droit des relations de dépendance, RTD com. 1997, S. 37–47 (zitiert: *Revet, RTD* com. 1997)

Ders.: La détermination unilatérale de l'objet dans le contrat, in: L'unilatéralisme et le droit des obligations, S. 31–45, Paris 1999 (zitiert: *Revet* in: L'unilatéralisme et le droit des obligations)

Ders.: L'obligation de motiver une décision contractuelle unilatérale, instrument de vérification de la prise en compte de l'intérêt de l'autre partie, RDC 2004, S. 579–588 (zitiert: *Revet*, RDC 2004)

Rideout, Roger W.: Rideout's Principles of Labour Law, 5. Auflage, London 1989 (zitiert: *Rideout*)

Richter, Rudolf/Furobotn, Eirik G.: Neue Institutionenökonomik, 4. Auflage, Tübingen 2010 (zitiert: *Richter/Furobotn*)

Rochfeld, Judith: Les droits potestatifs accordés par le contrat, in: Le contrat au début du XXIe siècle, Mélanges Ghestin, Paris 2001 (zitiert: *Rochfeld*, in: Le contrat au début du XXIe siècle, Mélanges Ghestin)

Rodière, René: Droit des transports, Transports terrestres et aériens, Paris 1977 (zitiert: *Rodière*)

Roth, Herbert: Die Reform des Werkvertragsrechts, JZ 2001, S. 543–551 (zitiert: *Roth*, JZ 2001)

Säcker, Jürgen/Rixecker, Roland/Oetker, Hartmut/Limperg, Bettina (Hrsg.): Münchener Kommentar zum Bürgerlichen Gesetzbuch, Band 2, Schuldrecht, Allgemeiner Teil, §§ 241–432, 7. Auflage, München 2016; Band 3, Schuldrecht, Besonderer Teil I, §§ 433–610, 7. Auflage, München 2016; Band 4, Schuldreht, Besonderer Teil II, §§ 535–630 BGB, 7. Auflage, München 2016; Band 4, Schuldrecht, Besonderer Teil II, §§ 611–704, 6. Auflage, München 2012; Band 7, Sachenrecht, §§ 854–1296, 7. Auflage, München 2017 (zitiert: *MüKo-Bearbeiter*)

Sargeant, Malcolm/Lewis, David: Employment Law, 3. Auflage, Harlow 2006 (zitiert: *Sargeant/Lewis*)

Savatier, Jean: La modification unilatérale du contrat de travail, DS 1981, S. 219–227 (zitiert: *Savatier*, DS 1981)

Ders.: Modification unilatérale du contrat de travail et respect des engagements contractuels, DS 1988, S. 135–138 (zitiert: *Savatier*, DS 1988)

Savigny, Friedrich Karl von: System des heutigen römischen Rechts, Band 3, 2. Neudruck der Ausgabe Berlin 1840, Aalen 1981 (zitiert: *V. Savigny*)

Scapel, Paul: Le destinataire de marchandises, Traité théorique et pratique sur les transports par mer, terre, eau, air, fer, Paris 1958 (zitiert: *Scapel*)

Schiemann, Gottfried: Das Rechtsgeschäft, in: Staudinger BGB, Eckpfeiler des Zivilrechts, Berlin 2008 (zitiert: *Schiemann*, in: *Staudinger/*Eckpfeiler (2008))

Schlechtriem, Peter: Vertragsordnung und außervertragliche Haftung, Eine rechtsvergleichende Untersuchung zur Konkurrenz von Ansprüchen aus Vertrag und Delikt im französischen, amerikanischen und deutschen Recht, Habilitationsschrift, Frankfurt am Main 1972 (zitiert: *Schlechtriem*)

Schlechtriem, Peter/Schmidt-Kessel, Martin: Schuldrecht, Allgemeiner Teil, 6. Auflage, Tübingen 2005 (zitiert: *Schlechtriem/Schmidt-Kessel*, AT)

Schmidt, Karsten (Hrsg.): Münchener Kommentar zum Handelsgesetzbuch, Band 7, Viertes Buch, Handelsgeschäfte, Transportrecht, 2. Auflage, München 2009 (zitiert: *MüKoHGB2-Bearbeiter);* 3. Auflage, München 2014 (zitiert: *MüKoHGB-Bearbeiter*)

Schmidt, Karsten: Handelsrecht, 6. Auflage, Köln 2014 (zitiert: *Schmidt*)

Schmidt-Kessel, Martin: Standards vertraglicher Haftung nach englischem Recht, Limits of Frustration, Dissertation, Baden-Baden 2003 (zitiert: *Schmidt-Kessel*, Standards vertraglicher Haftung)

Ders.: Schadensersatz wegen Vertragsbruchs im System der Rechtsbehelfe, in: *Remien*, Oliver (Hrsg.), Schuldrechtsmodernisierung und Europäisches Vertragsrecht, Tübingen 2008 (zitiert: *Schmidt-Kessel*, in: *Remien*, Schuldrechtsmodernisierung und Europäisches Vertragsrecht)

Ders.: The Right to Specific Performance under the DCFR, in: *Wagner*, Gerhard (Hrsg.), The Common Frame of Reference: A View from Law & Economics, S. 69–86, München 2009 (zitiert: *Schmidt-Kessel,* in: *Wagner*, The Common Frame of Reference)

Ders.: Gläubigerverzug, in: *Basedow, Jürgen/Hopt, Klaus J./Zimmermann, Reinhard* (Hrsg.), Handwörterbuch des Europäischen Privatrechts, Band 1, A- Kar, S. 764–768, Tübingen 2009 (zitiert: Schmidt-Kessel, in: *Basedow/Hopt/Zimmermann)*

Schmoeckel, Mathias/*Rückert,* Joachim/*Zimmermann,* Reinhard (Hrsg.): Historisch-kritischer Kommentar zum BGB, Band II, Schuldrecht: Allgemeiner Teil, §§ 241–432, 2. Teilband: §§ 305–432, Tübingen 2007 (zitiert: *HKK-Bearbeiter*)

Scholz, Stephan: Gestaltungsrechte im Leistungsstörungsrecht, Dissertation, Berlin 2010 (zitiert: *Scholz*)

Schulze, Reiner (Schriftltg.): Bürgerliches Gesetzbuch, Handkommentar, 9. Auflage, Baden-Baden 2017 (zitiert: *HKBGB-Bearbeiter*)

Schwenker, Hans Christian: Gegen die Aufhebung des § 649 BGB – Von der Notwendigkeit, den Werkvertrag frei kündigen zu können, BauR 2001, S. 1028–1032 (zitiert: *Schwenker,* BauR 2001)

Seckel, Emil: Die Gestaltungsrechte des bürgerlichen Rechts, Darmstadt 1954 (zitiert: *Seckel*)

Sekolec, Jernej: Foreword, in: *Ziegler,* Alexander von/ *Schelin,* Johan/ *Zunarelli,* Stefano (Hrsg.), The Rotterdam Rules 2008, Austin und andere 2010 (zitiert: *Sekolec,* in: *Ziegler/ Schelin/Zunarelli,* The Rotterdam Rules 2008)

Selwyn, Norman: Law of Employment, 17. Auflage, Oxford 2012 (zitiert: *Selwyn*)

Soergel: Bürgerliches Gesetzbuch mit Einführungsgesetz und Nebengesetzen, Band 2, Schuldrecht I (§§ 241–432), Stuttgart und andere 1990; Band 3, Schuldrecht II (§§ 433–515), Stuttgart und andere 1991 (zitiert: *Soergel-Bearbeiter*)

Söllner, Alfred: Einseitige Leistungsbestimmung im Arbeitsverhältnis, Mainz 1966 (zitiert: *Söllner*)

Ders.: Die Änderung der Arbeitsbedingungen durch Weisung, in: Wolfgang *Hromadka,* Änderung von Arbeitsbedingungen, S. 13–34 (zitiert: *Söllner,* in: *Hromadka*)

Sonnenberger, Hans Jürgen: Verfassungsrechtliche *libertés publiques* und Vertragsfreiheit, in: *Hohloch,* Gerhard/*Frank,* Rainer/*Schlechtriem,* Peter (Hrsg.), Festschrift für Hans Stoll zum 75. Geburtstag, S. 385–402, Tübingen 2001(zitiert: *Sonnenberger,* in: Festschrift Stoll)

Starck, Boris/Roland, Henri/Boyer, Laurent: Obligations, Tome 2, Contrat, 6. Auflage, Paris 1998 (zitiert: *Starck/Roland/Boyer*)

Staudinger, Julius von: Kommentar zum Bürgerlichen Gesetzbuch mit Einführungsgesetz und Nebengesetzen, Buch 2, Recht der Schuldverhältnisse, §§ 255–304 (Leistungsstörungsrecht 1), Berlin 2014; Buch 2, Recht der Schuldverhältnisse, §§ 311, 311a, 312, 312a-i (Vertragsschluss), Berlin 2013; Buch 2, Recht der Schuldverhältnisse, §§ 315–326 (Leistungsstörungsrecht II), Berlin 2015; Buch 2, Recht der Schuldverhältnisse, §§ 433–487 (Kaufrecht und Leasingrecht), Berlin 2004; Buch 2, Recht der Schuldverhältnisse, §§ 433–480 (Kaufrecht), Berlin 2013; Buch 2, Recht der Schuldverhältnisse, §§ 631–651 (Werkvertragsrecht), Berlin 2014; Buch 2, Recht der Schuldverhältnisse, §§ 662–675b (Auftrag und Geschäftsbesorgung), Berlin 2017 (zitiert: *Staudinger-Bearbeiter*)

Ders.: Eckpfeiler des Zivilrechts, Berlin 2014 (zitiert: *StaudingerEckpfeiler-Bearbeiter*)

Stoffel-Munck, Philippe: Le contrôle *a posteriori* de la résiliation unilatérale, Droit et Patrimoine 2004, S. 70–77 (zitiert: *Stoffel-Munck,* Droit et Patrimoine 2004)

Strunk, Marcus Daniel: Die Mitwirkung des Bestellers und ihre Auswirkungen auf den Vollzug des Werkvertrages, Zugleich ein Beitrag zur Lehre vom Annahmeverzug und ihrer historischen Entwicklung, Dissertation, Hamburg 2008 (zitiert: *Strunk*)

Stumm, Carolin: Der Ablader im Seehandelsrecht, Dissertation, Berlin 2010 (zitiert: *Stumm*)

Tabachnik, E.: Anticipatory Breach of Contract, Non-acceptance of the repudiation and its consequences, [1972] CLP 149, S. 164–172 (zitiert: *Tabachnik* [1972] CLP 149)

Taisne, Jean-Jacques: Juris Classeur Civil, Art. 1168–1174, Contrats et Obligations, fasc. 40 à 43, Obligations conditionnelles, Caractères de la condition, Stand: 2011 (zitiert: *Taisne*, JClCiv, Art. 1168–1174, fasc. 40 à 43)

Tallon, Denis: Le surprenant réveil de l'obligation de donner (à propos des arrêts de la Chambre commerciale de la Cour de cassation en matière de détermination du prix), D. chron. 1992, S. 67–70 (zitiert: *Tallon*, D. chron. 1992)

Terré, Francois/Simler, Philippe/Lequette, Yves: Les obligations, 11. Auflage, Paris 2013 (zitiert: *Terré/Simler/Lequette*)

Thioye, Moussa: Juris Classeur Civil, Art. 1788 à 1794, Louage d'ouvrage et d'industire, fasc. 62, Contrat d'entreprise, Marché à forfait, Stand: 2014 (zitiert: *Thioye*, JClCiv, Art. 1788 à 1794, fasc. 62)

Tilche, Marie: Aléas du droit de disposition, BTL 1993, S. 380–381 (zitiert: *Tilche*, BTL 1993)

Dies.: Modification du transport, BTL 2001, Informations, n° 2912 (zitiert: *Tilche*, BTL 2001)

Dies.: Les aléas de la route, BTL 2005, S. 648–649 (zitiert: *Tilche*, BTL 2005)

Dies.: Frais de transport: A qui les imputer?, BTL 2006, S. 524–525 (zitiert: *Tilche*, BTL 2006)

Dies.: Il casse, je paie?, BTL 2006, S. 704–705 (zitiert: *Tilche*, BTL 2006)

Dies.: Destinataire – Droits et devoirs, BTL 2007, S. 726–727 (zitiert: *Tilche*, BTL 2007)

Dies.: Instructions de l'expéditeur, Devoirs et sanctions, BTL 2008, S. 326–328 (zitiert: *Tilche*, BTL 2008)

Dies.: Prix de transport: Incidents et arrangements, BTL 2010, S. 493 (zitiert: *Tilche*, BTL 2010)

Tillmanns, Kerstin: Strukturfragen des Dienstvertrages, Leistungsstörungen im freien Dienstvertrag und im Arbeitsvertrag, Habilitationsschrift, Tübingen 2007 (zitiert: *Tillmanns*)

Tourneau, Philippe le: Dalloz Encyclopédie juridique, Répertoire de droit civil, Tome VIII, Mandat, Stand: 2011 (zitiert: *Tourneau*, Rép. civ. Dalloz, Mandat)

Treder, Lutz: Methoden und Technik der Rechtsanwendung, Heidelberg 1998 (zitiert: *Treder*)

Treitel, G.H./Peel, Edwin: The law of contract, 14. Auflage, London 2015 (zitiert: *Treitel-Peel*)

Tunn, Jürgen: Rechtsstellung des Empfängers im Frachtrecht, TranspR 1996, S. 401–406 (zitiert: *Tunn*, TranspR 1996)

Unberath, Hannes: Die Vertragsverletzung, Habilitationsschrift, Tübingen 2007 (zitiert: *Unberath*, Vertragsverletzung)

Van Venrooy, Gerd J.: „Kündigung" des Werkvertrages durch den Besteller nach § 649 I BGB JR 1991, S. 492–497 (zitiert: *Van Venrooy*, JR 1991)

Vasseur, Michel: Un nouvel essor du concept contractuel – Les aspects juridiques de l'économie concertée et contractuelle, RTD civ. 1964, S. 5–48 (zitiert: *Vasseur*, RTD civ. 1964)

Vatinet, Raymonde: Le mutuus dissensus, RTD civ. 1987, S. 252–285 (zitiert: *Vatinet*, RTD civ. 1987)

Vogel, Louis: Plaidoyer pour un revirement: contre l'obligation de détermination du prix dans les contrats de distribution, D. 1995, chron. S. 155–162 (zitiert: *Vogel*, D. 1995, chron.)

Voit, Wolfgang: Die außerordentliche Kündigung des Werkvertrages durch den Besteller, BauR 2002, S. 1776–1788 (zitiert: *Voit*, BauR 2002)

Wagner, Armin: Das Verfügungsrecht des Absenders über das Frachtgut während des Transportes, Dissertation, Leipzig 1911 (zitiert: *Wagner*)

Wahl, Albert: Urteilsanmerkung zu Cass. civ., 2 mai 1900, S. 1901, I, S. 217–218 (zitiert: *Wahl*, S. 1901, I)

Wank, Rolf: Die Änderung von Arbeitsbedingungen – Systematik der Änderungsmöglich-keiten, mit Vergleich zum japanischen Recht, RdA 2005, S. 271–284 (zitiert: *Wank*, RdA 2005)

Waquet, Philippe: Le renouveau du contrat de travail, RJS 1999, S. 383–394 (zitiert: *Waquet*, RJS 1999)

Weber, Gerald: Die Unterscheidung von Dienstvertrag und Werkvertrag, Dissertation, München 1977 (zitiert: *Weber*)

Wendehorst, Christiane: Das Vertragsrecht der Dienstleistungen im deutschen und künftigen europäischen Recht, AcP 206 (2006), S. 205–299 (zitiert: *Wendehorst*, AcP 206 (2006))

Weisel, Klaus: Ausgewählte Probleme des straßengebundenen Binnenfrachtrechts in Eng-land – Vertragsparteien und -strukturen, Pflichten und Haftungsbeschränkungen, Disser-tation, München 1999 (zitiert: *Weisel*)

Weller, Marc-Philippe: Die Vertragstreue, Vertragsbindung – Naturalerfüllungsgrundsatz – Leistungstreue, Habilitationsschrift, Tübingen 2009 (zitiert: *Weller*)

Werba, Ulf: Die Willenserklärung ohne Willen, Dissertation, Berlin 2005 (zitiert: *Werba*)

Westermann, Harm Peter (Hrsg.): Erman, Bürgerliches Gesetzbuch, Band I, 14. Auflage, Köln 2014 (zitiert: *Erman-Bearbeiter*)

Weyers, Hans-Leo: Typendifferenzierung im Werkvertragsrecht, AcP 1982 (182), S. 60–79 (zitiert: *Weyers*, AcP 1982 (182))

Wilken, Sean/Villiers, Theresa: The Law of Waiver, Variation and Estoppel, 2. Auflage, Oxford 2002 (zitiert: *Wilken* and *Villiers)*

Zelcevic-Duhamel, Ana: Note sous Cass. com., 19 novembre 1996, D. 1997, Jurisp., S. 610–612 (zitiert: *Zelcevic-Duhamel*, D. 1997, Jurisp.)

Ziel, GJ van der: Delivery of the goods, rights of the controlling party and transfer of rights (2008) 14 JIML, S. 597–607 (zitiert: *van der Ziel*, (2008) 14 JIML)

Zunarelli, Stefano/Alvisi, Chiara: Rights of the Controlling Party, in: *Ziegler*, Alexander von/ *Schelin*, Johan/*Zunarelli*, Stefano (Hrsg.), The Rotterdam Rules 2008, S. 219–237, Austin und andere 2010 (zitiert: *Zunarelli/Alvisi*, in: *Ziegler/Schelin/ Zunarelli*, The Rotterdam Rules 2008)

Zweigert, Konrad/Kötz, Hein: Einführung in die Rechtsvergleichung, 3. Auflage, Tübingen 1996 (zitiert: *Zweigert/Kötz)*

Sachverzeichnis

Ablieferungsstelle 233 ff.
Abnahmepflicht 90
Absender 199 ff.
– *agent* für den Empfänger 219 ff.
abus 40 ff., 63 ff., 137, 142, 274, 319
agency 135 ff.
agent 137 ff.
authority 137 f.
Annahmeverweigerung 96 ff.
Annahmeverzug 90, 96 f., 102
Arbeitsvertrag 123 ff., 330
Auftrag 135 ff., 181, 330
Aufwendungsersatz 275 ff. 322 ff.
Aussonderungsrecht des Vorbehalts-
     verkäufers 195

bailment 184 ff., 293
bargain-Theorie 23 f.
Bauvertrag 143
Beförderungserfolg 252
Beförderungsmodalitäten 253
Bestimmtheitsgrundsatz 31 ff., 155 f.
– Art. 1129 CC (a. F.) 34 ff.
– Bestimmtheit des Preises 35 ff.
– *certainty* 50 ff.
Betrieb des Unternehmens des Frachtfüh-
     rers 262 ff., 318
Billiges Ermessen 117 ff., 131 f., 274
– Allgemeine Geschäftsbedingungen 117
– Einseitige Vertragsänderung 117
– Grenze für Weisungsrechte 119 ff.
Billigkeit 119, 319
Bindung von Verträgen 14 ff., 154 f.
– Begründungsansätze 20 ff.
– *binding force of contract* 19 f.
– *force obligatoire* 16 f., 76
– Vertragsprinzip 17 ff.
breach of contract 112

change order 170
claim for the agreed sum 113
condition potestatif 59 ff.
consideration 134, 175 ff.
construction contract 139 ff.
*Contracts (Rights of Third Parties) Act
     1999* 205 ff.
contrat d'aide 71 ff., 157, 305
contrat de commandement 72
contrat d'entreprise 139 ff.
contrats-types 163 ff., 292, 330
– *contrat-types adminstratif* 164 f.
– *contrat-types privé* 164

damages 112
Dauerschuldverhältnis 15
Dienstleistungsvertrag 301 f.
directions 147 f., 150
Direktionsrechts des Arbeitsgebers 118,
     128 ff., 158
discretionary powers 67 ff., 156, 178 f.,
     294, 334
donneur d'ordre 199
Draft Common Frame of Reference (DCFR)
     108 ff., 147 ff., 157, 159, 325 ff.
droit potestatif 56 ff., 156, 178 f., 294, 334

Eigentumsübergang 203 ff.
Eigentumsvorbehalt 195
Einseitige Leistungsbestimmung 49 ff.,
     116 ff., 183 ff., 312 f.
– Dissens 116
Empfänger 201 ff.
Erfüllungszeitraum 299, 302 ff.
Erklärungstheorie 22

faute 136
Frachtbrief 239 ff.

Funktionale Rechtsvergleichung 8

Gefahrtragung 144
Gestaltungsrecht 52 ff., 156, 178 f., 315 f.,
  334
– Muttergestaltungsrecht 55 f.
– Weisungen als Gestaltungsrechte 120 f.
Gewerbeordnung 129 ff., 158
Grundsatz von Treu und Glauben 94,
  151 ff., 262, 275

Haftung 289 ff.

implied term 191 f.
instructions 137 ff.
interpretation approach 134
irrationality 68

„Kasse gegen Dokumente" 196
Kaufvertrag 151 ff., 158
Komplexität des Vertragsgegenstandes
  299 f.
Konnossement 243
– Orderkonnossement 243 f.
– Rektakonnossement 243 f.
Kündigungsrecht des Werkbestellers 78 ff.,
  157
– § 649 BGB 78 ff.
– Anrechnung ersparter Aufwendungen
  80
– Art. 1794 CC 73 f., 78 ff.
– Begründung 83 ff.
– entgangener Gewinn 80
– Erst-Recht-Schluss auf Weisungsrechte
  104 ff., 311 f., 337 f.
– finanzielles Interesse des Werkunterneh-
  mers 85 f., 93
– freies Kündigungsrecht 79 f.
– Interessenlage der Parteien 84 ff.
– Loslösungsinteresse des Werkbestellers
  84 f.
– Modellcharakter 91 ff.
– Pilotprojekt 86 f.
– Schadensersatz 80
– Teilkündigung 107, 157
– Werbeeffekt 86 f.

Ladeschein 239 ff.

legitimate interest 114 f.
lettre de voiture 238

mandat 135 ff., 180 f.
marché à forfait 75 f., 82, 142, 158
modification du contrat 123 ff., 162
– *changement de conditions de travail*
  125 ff.
– *clause informative* 125 ff.
– *modification non substantielle du contrat*
  124
– *modification substantielle du contrat*
  124
– *modification unilatérale* 127 f.

Nachtrag 143
novation 257 f.

Obliegenheit 101
obligation de donner 305
obligation de faire 305
obligation de motivation 65 f.
Ökonomische Theorien 24
Ontologische Theorien 23
order bill of lading 239
ownership rule 208 ff., 293

PEL SC 147 ff., 159
principal 137 ff.
Privatautonomie 14
privity of contract 205 ff.

quantum meruit 145 f.

reasonableness 274, 319
repudiation 112
Resourcenallokation 300
right of control 169, 245
right of disposal 246
right of stoppage in transit 151, 226 ff., 292

Schäden für die Absender oder Empfänger
  anderer Sendungen 266 ff.
Schadensersatz 98, 136
*Scothorn and Another v. The South
  Staffordshire Railway Company* 167 ff.
Seerechtsreformgesetz 165, 243
Selbstbestimmungsrecht 26 ff., 335 ff.

service contracts 108 ff., 115, 144, 147 ff., 157
Sittenwidrigkeit 262
Sperrpapier 241, 245
Stellvertretung 137
Stilk v. Myrick 175

Tätigkeitsverträge 304 ff., 335, 337 f.
Transportarten 6 f.
transport-mandat 180
Transportpapiere 237 ff.
Transportrecht
– Teilrechtsordnung 6 f., 165
Transportrechtsreformgesetz 165
Transportvertrag
– Definition 161
– Vertrag sui generis 179
Trennungs- und Abstraktionsprinzip 137

unilateral variations 147 ff.
Unmöglichkeit 95 ff., 259 ff.
Unsicherheitseinrede 195
unzulässige Weisungen 269

variation 133, 147 ff.
variation clauses 145 f., 330
Verbotsgesetz 261
Verfügungsrecht 166 f.
Vergütung 277 ff., 322 ff.
Versendungskauf 151 ff.

Vertragsänderung
– einseitig 170 ff., 333
– zweiseitig 170 ff., 309 ff.
Vertragsdurchführungspflicht 100 ff., 111 ff.
Vertrag zugunsten Dritter 179
VOB/B 143, 330

Wednesbury reasonableness 67 ff.
Weisungsrecht
– Auswirkungen auf den Vergütungsanspruch 30, 75 f., 275 ff., 294, 320, 332, 339
– Existenz 329 ff.
– Flexibilisierungsinstrument 193 f.
– Grenzen 29 f., 75, 119 ff., 131 f., 250 ff., 294, 316, 331, 338
– Inhaber 198 ff.
– sachenrechtliche Grundlage 192
– Sicherungsmittel 194 ff.
– vertragsändernd 8
– vertragskonkretisierend 8
Werklieferungsvertrag 81, 92 f.
Werkvertrag 139 ff., 181 ff.
White and Carter v. McGregor 111 ff.
Willenstheorie 21 ff.
work 144

Zug-um-Zug Leistung 97

Rechtsvergleichung und Rechtsvereinheitlichung

Herausgegeben von der
Gesellschaft für Rechtsvergleichung e.V.,

vertreten durch
Generalsekretär Martin Schmidt-Kessel

Die Schriftenreihe *Rechtsvergleichung und Rechtsvereinheitlichung* (RuR) wird von der *Gesellschaft für Rechtsvergleichung e.V.* herausgegeben und trägt Veränderungen im Bereich der Rechtsvergleichung Rechnung. Mehr als früher ist Rechtsvergleichung zur Voraussetzung der Rechtsvereinheitlichung geworden, insbesondere im europäischen Rahmen. Rechtsvergleichung hat seit längerem neben dem Privatrecht auch die anderen großen Teilgebiete des Rechts erfasst, das Strafrecht wie auch das öffentliche Recht. Auch hier sind Wege zur Rechtsvereinheitlichung zu begehen. Rechtsvergleichung und Rechtsvereinheitlichung spricht als Reihentitel deshalb das gesamte Veröffentlichungsgebiet der *Gesellschaft für Rechtsvergleichung* an.

ISSN: 1861-5449
Zitiervorschlag: RuR

Alle lieferbaren Bände finden Sie unter *www.mohr.de/rur*

Mohr Siebeck
www.mohr.de